XINBIN YEARBOOK 2020

新宾年鉴

（2020）

新宾年鉴编纂委员会　编

方志出版社
Publishing House of Local Records

图书在版编目（CIP）数据

新宾年鉴. 2020 / 新宾年鉴编纂委员会编. -- 北京：方志出版社，2020.12

ISBN 978-7-5144-4700-2

Ⅰ. ①新… Ⅱ. ①新… Ⅲ. ①新宾满族自治县—2020—年鉴 Ⅳ. ① Z523.14

中国版本图书馆 CIP 数据核字（2021）第 141796 号

新宾年鉴（2020）

编　　者：新宾年鉴编纂委员会
责任编辑：李　静

出 版 者：方志出版社
地址　北京市朝阳区潘家园东里 9 号（国家方志馆 4 层）
邮编　100021
网址　http://www.zgfzcb.cn
发　　行：方志出版社图书经销中心
电话　（010）67110500
经　　销：各地新华书店
排　　版：北京纺印图文设计制作有限公司
印　　刷：北京中科印刷有限公司

开　　本：889mm × 1194mm　1/16
印　　张：25.625
字　　数：940 千字
版　　次：2020 年 12 月第 1 版　2020 年 12 月第 1 次印刷

ISBN 978-7-5144-4700-2　定价：230.00 元

序 一

贫困问题一直是困扰人类社会发展的重大问题。中国作为世界上最大的发展中国家，为解决贫困问题进行了长期不懈的努力。改革开放以来，特别是党的十八大以来，以习近平同志为核心的党中央把脱贫攻坚作为全面建成小康社会的底线任务和标志性指标，纳入“五位一体”总体布局和“四个全面”战略布局，以前所未有的力度推进精准扶贫、精准脱贫，扶贫开发成就举世瞩目，显著改善了贫困地区和贫困群众生产生活条件，具有重大的现实意义和深远的历史意义。身处中华民族几千年发展历史上将首次整体消除绝对贫困现象的伟大时代，如何更好地发挥地方志的存史、育人、资政的作用，是新时代全国地方志系统必须深入研究和着力解决的重大课题。

党的十八大以来，在党中央国务院的正确领导下，全国地方志系统深入学习贯彻习近平新时代中国特色社会主义思想，紧紧围绕党和国家事业发展需要，深入推进地方志改革创新发展，凝心聚力，稳扎稳打，勇于担当，主动作为，全国地方志形势和地方志工作者的精神面貌发生了深刻变化，取得了优异成绩。其中，为贯彻落实《全国地方志事业发展规划纲要（2015—2020年）》，经中国地方志指导小组领导批准，中国地方志指导小组办公室于2015年、2017年先后启动民族地区与贫困地区志书、年鉴出版资助工程（以下简称“志鉴出版资助工程”），对国家级贫困县（区、旗、县级市），中西部地区、少数民族边疆地区面临出版经费困难的志书和综合年鉴给予出版资助。实施志鉴出版资助工程是紧扣时代脉搏、坚持创新发展、传承弘扬中华优秀传统文化的一项创举，不仅有力推动了“两全目标”的实现，而且数十部资助出版的志书、年鉴及时记述了民族地区与贫困地区在全面建成小康社会伟大征程中取得的新成绩和新经验、出现的新情况和新问题、涌现的优秀人物和典型事迹，留住地方文化的“根”和“魂”，为这些地区的经济社会发展、地域文化传播、爱国主义教育、精神文明建设等提供了历史借鉴和智力支持，对全面提升民族地区与贫困地区文化建设水平、确保民族地区与贫困地区和全国其他地区同步全面建成小康社会具有重要意义。

尤为可喜的是，志鉴出版资助工程促成了一批扶贫志书的编纂出版，在文化脱贫攻坚中发挥了独特的作用。例如，《贵州省减贫志》全面系统客观记述了从1978

年至2015年贵州省扶贫、减贫工作的历程及取得的经验，为贵州省实施大扶贫战略提供了有力的资政辅治参考，集中体现了地方志工作因时而动、顺势而为的新作为。前不久，由福建省地方志编委会和人民网共同编纂的《闽宁扶贫协作图志》，是全国首部扶贫协作图志，图文并茂、直观立体、全方位地展现闽宁扶贫协作波澜壮阔的历程，弘扬“闽宁一家亲”“携手奔小康”的深厚情谊和滴水穿石、久久为功的精神，是贯彻落实习近平总书记扶贫工作重要论述精神，服务国家精准扶贫、精准脱贫战略的有力举措。希望各地以此为鉴，编纂出版更多、更好的扶贫志书、年鉴，助力国家精准扶贫、精准脱贫战略的实施，充分展现地方志的独特价值和作用。

当前，我国脱贫攻坚已进入全面决战决胜的关键时期，尚未脱贫的贫困地区集中分布在中西部深山区、极端干旱山区、高寒阴湿地区等，文化建设还比较薄弱，文化产品还不够丰富，文化精品更是少之甚少。同时，这些地区往往是民族文化、历史文化、红色文化、生态文化富集区，具有发展文化旅游、推进文化扶贫的巨大潜在优势，也是繁荣发展地方志事业的巨大文化宝库。要发挥好文化扶贫凝聚人心的优势，善于利用方志文化优势为贫困地区“赋能”，在脱贫攻坚中做出方志人应有的贡献。要发挥好中国名镇志文化工程、中国名村志文化工程的引领作用，大力加强乡镇村志编纂，让百姓记得起乡情、记得住乡愁，凝聚贫困乡镇村庄的强大民心，补齐贫困乡镇村庄的文化短板，以“扶智”的方式“扶志”，践行习近平总书记强调的“扶贫先扶志，扶贫必扶智”的重要理念。

求木之长者，必固其根本；欲流之远者，必浚其泉源。扶贫扶起的是志气骨气，传承的是家国情怀，守护的是绿水青山。扶贫既要富口袋，也要富脑袋。必须坚持文化脱贫和物质脱贫两手抓，筑牢贫困地区文化之基，补足信仰精神之钙，引领脱贫发展之舵。全国地方志系统要围绕中心、服务大局，坚决投入脱贫攻坚这场必须打赢的硬仗，积极参与脱贫攻坚战，发挥优势和特长，深入挖掘文化资源，着力补齐文化短板，努力帮助民族地区与贫困地区的文化建设实现较大的发展提升，在全面建成小康社会、实现中华民族伟大复兴中国梦的征程中贡献方志人的力量。

是为序。

中国社会科学院院长
中国地方志指导小组组长　谢伏瞻

序 二

时值盛夏，新宾满族自治县有史以来第一部地方综合性年鉴——《新宾年鉴（2020）》出版发行了，这不仅是我县物质文明建设和精神文明建设的一件大事，也是全县民族文化事业发展的又一丰硕成果，可喜可贺。

岁月不居，时节如流。过去的2019年，是我县“十三五”规划实施的关键之年，也是我县在稳中求进发展道路上砥砺奋进的一年。面对发展中的种种困难和压力，县四家班子始终坚定必胜信念，有效应对各种风险挑战，紧紧围绕“生态立县、工业强县、旅游活县、文化名县、科教兴县”五大发展战略，坚定不移推进“生态、新材料、新能源和旅游”四大产业，带领全县各族人民以经济建设为中心，开拓创新，抢抓机遇，攻坚克难，奋发图强，实现了经济和社会各项事业的持续健康发展。

志书是“一方全史”。《新宾年鉴（2020）》涵盖了我县自然、政治、经济、文化、社会事业等方面内容，翔实记录了2019年全县经济和社会发展取得的新成就、新经验，全景展现了全县各族人民奋发有为，建设美好家乡的时代风采，是社会各界了解新宾、认识新宾、研究新宾的一个新“窗口”。

“治国者以史为鉴，治郡者以志为鉴”。《新宾年鉴（2020）》是一部地方百科全书，是我县宝贵历史经验的总结，是权威、完整的县情资料，是全县各级领导干部掌握地情、察古通今、决策未来的依据，是向全县人民进行“知家乡、爱家乡”爱国主义传统教育不可或缺的乡土教材，更是我县精神文明建设史上具有里程碑意义的文化战略精品。

《新宾年鉴（2020）》的编修是一项浩繁的文化建设工程，凝结了全体编修人员的智慧和心血，更是全县各级各部门通力合作的产物。值此《新宾年鉴（2020）》出版之际，谨向全体编纂人员及所有支持《新宾年鉴（2020）》编辑出版的社会各界人士表示由衷的钦敬和谢意。

编修地方志，功在当代，利在千秋。我相信，随着历史的不断发展，社会的不断进步，《新宾年鉴（2020）》必将放射出更加璀璨夺目的光彩。

县长：

民族地区与贫困地区年鉴出版资助工程领导小组

组　　　长：高　翔

常务副组长：冀祥德

副　组　长：高京斋　邱新立

民族地区与贫困地区年鉴出版资助工程领导小组办公室

主　　　任：冀祥德

副　主　任：邱新立

成　　　员：于伟平　刘永强　冷晓玲　李　静

《新宾年鉴》编委会

主　　任：陶承海

副 主 任：谢大利　张报吉　杨　东

委　　员：冯志辉　陈晓东　李有功　高　忠　焦凤英　侯雪峰

《新宾年鉴（2020）》编纂人员

总　　编：杨　东

主　　编：焦凤英

副 主 编：侯雪峰

编　　辑：辛旭升　徐向阳　广玉艳　富晓倩　焦凤虹

编 辑 说 明

一、《新宾年鉴》坚持以马克思列宁主义、毛泽东思想、邓小平理论、“三个代表”重要思想、科学发展观、习近平新时代中国特色社会主义思想为指导，坚持辩证唯物主义和历史唯物主义的立场、观点和方法。

二、《新宾年鉴（2020）》为第一次公开出版，是系统记述2019年新宾满族自治县自然、政治、经济、文化、社会、生态等方面的年度资料性文献，旨在翔实反映全县各行业、各领域的新特点、新变化、新进展、新成效和新问题，编纂遵循“修志问道、直笔著史”的精神，力争实现存史、育人、资政的功能。

三、《新宾年鉴（2020）》采用类目、分目、条目三个层次，个别分目视情况设次分目。全书分为文前彩图、综合情况、地方文献和统计资料4个部分。文中县指新宾满族自治县。

四、本年鉴所用资料，部分由编辑部选编，其余由各乡镇、县直各部门、各企事业单位提供。年鉴图片由县内各有关单位提供，不再一一注明。各单位提供的数据，由于统计口径不同，有的数据可能不尽一致，使用时请以统计年报为准。

五、本年鉴以记录2019年的基本情况为主，部分条目因内容需要，时间有所上溯。

抚顺市勘察测绘院有限公司　编制　（审图号：辽 DS（2020 年）003 号）　二〇二〇年五月

重要会议

2019 年 12 月 5 日，新宾满族自治县第九届人民代表大会第三次会议召开

2019 年 12 月 4 日，中国人民政治协商会议新宾满族自治县第九届委员会第三次会议召开

2019 年 9 月 12 日，中共新宾满族自治县委召开“不忘初心、牢记使命”主题教育工作会议

2019 年 8 月 21 日，县委十四届九次全体（扩大）会议召开

2019 年 8 月，辽宁秘参堂药业有限公司生产的秘制参获选“辽宁礼物”

抚顺东工冶金材料技术有限公司二期铝合金电弧熔丝增材及智能制造应用产业化项目在国内首次实现专用铝合金焊材出口欧洲

2019 年 4 月，落地永陵农产品加工集聚区的辽宁中科诺维生物科技有限公司人参提取物车间

新宾满族自治县榆树乡工业园区木材加工车间

农业农村

下夹河乡黑木耳产业园

榆树乡建档立卡贫困户在振平香菇合作社务工

红升乡短梗刺五加产业园

2019年7月19日，抚顺·新宾第五届蓝莓采摘节，游客们正在北四平乡蓝莓园采摘蓝莓

2019年6月24日，全县农村妇女代表在大四平镇小四平村参观学习美丽乡村建设

美丽乡村红升乡张家村巷道整洁、干净、美观

交通

抚顺市至吉林通化市高速（抚通高速）新宾境内旺清门镇夹河北段

新宾满族自治县公路交通主干线通武线（国道）永陵段

省级公路傅桓线景观建设

红庙子乡西岔村干净整洁的村路

世界文化遗产——清永陵　　陈绍华　摄

后金第一都城——赫图阿拉城　　孙　旭　摄

岗山秋色　　丛滋平　摄

鸟瞰参仙谷　　吴亚楠　摄

文体活动

2019 年 1 月 29 日，新宾满族自治县书法家协会走进新宾镇五里村为村民书写春联

2019 年 3 月 7 日，新宾满族自治县最美家庭表彰会召开

2019年1月12日，“2019抚顺·新宾满族农庄过大年”启动仪式在新宾永陵镇赫图阿拉村隆重举行

2019年9月24日，新宾各族群众喜迎国庆70周年暨2019民族团结进步宣传月文艺展演在新宾镇和平广场举行

2019 年 9 月 23 日，新宾满族自治县庆祝中华人民共和国成立 70 周年暨第五届“舞动梦想 · 魅力满乡”广场舞大赛在新宾镇和平广场举行

2019 年 9 月 23 日，第五届“舞动梦想 · 魅力满乡”广场舞大赛中的腰鼓舞

满族冰嬉——赛冰龙舟

传统满族秧歌

摇篮曲《悠悠巴卜扎》剪纸　金雅贞

桦树皮剪纸　关素镅

我为祖国唱喜歌剪纸　关素镅

满族人物剪纸　车世梅

欢庆剪纸

车世梅

目　录

国民经济和社会发展

中共新宾满族自治县委员会

综　述

重要会议

重要决定、通知、意见

县委办公室

组　织

营商环境建设

应急管理

中国人民政治协商会议
新宾满族自治县委员会

综　述

重要会议

重点协商

专题调研

专项视察

重要活动

提案工作

界别建设

机　构

组　织

纪检监察

综　述

重要会议

执纪监督

巡 察

群众团体

总工会

团 委

妇 联

科 协

工商联

文 联

残 联

红十字会

生态环境

综　述

环境保护

商　贸

服务业

商业零售企业简介

对外贸易

烟草专卖

供销合作

集市贸易

文化　体育　旅游　广电

木奇镇

上夹河镇

南杂木镇

榆树乡

平顶山镇

大四平镇

苇子峪镇

下夹河乡

人　物

附　录

统计资料

特 载

保持发展定力 激发拼搏干劲 高质量推动幸福美丽新宾建设

——在县委十四届十次全体（扩大）会议上的工作报告

（2019年12月2日）

县委书记 那学成

一、2019年工作回顾

2019年，面对繁重的改革发展稳定任务，县委常委会总揽全局、协调各方，充分发挥党的领导核心作用，坚持以习近平新时代中国特色社会主义思想为指导，始终保持政治定力、战略定力和发展定力，在省市委的坚强领导下，团结带领全县党员干部群众攻坚克难、砥砺前行，推动县域经济社会和党的建设取得新进展。

一是“不忘初心、牢记使命”主题教育成效明显。全县各级党组织和党员干部围绕主题教育总要求，注重把学习教育、调查研究、检视问题、整改落实融会贯通、统筹推进。坚持把学习贯彻习近平新时代中国特色社会主义思想作为根本任务，下发“学习纲要”和“论述摘编”3.4万余本，通过举办读书班和“夜间课堂”集中研讨学，利用“三会一课”、主题党日开展领学，组建流动党员微信群不定期送学等方式，确保理论学习有收获、思想政治受洗礼。坚持聚焦县域经济社会发展的突出问题、党的建设面临的紧迫问题、群众反映强烈的热点问题，广泛开展调查研究，拿出破解难题的实招、硬招，真正做到问题在一线发现，矛盾在一线化解，作风在一线体现。年底，副县级以上领导干部的调研报告已转化为文件8个、形成规章制度9个。坚持把主题教育与县域经济社会发展和全面从严治党重点工作紧密结合，充分发挥广大党员干部的先锋模范作用，以钉钉子精神抓好落实，努力营造出干事创业敢担当的良好氛围。坚持用群众获得感检验主题教育成效，注重以刀刃向内的自我革命精神抓好整改落实。全县各级党组织共检视出各类问题2117个，完成整改1587个，为群众办实事解难题4321件，让广大群众切实感受到主题教育带来的变化。新宾满族自治县主题教育开展情况在全市推进会上作了交流发言。

二是全面从严治党深入推进。始终把政治建设摆在首位，坚持用习近平新时代中国特色社会主义思想武装头脑、指导实践，开展理论宣讲100余场，受众7000余人次，党员干部的“四个意识”更加牢固，“四个自信”更加坚定，“两个维护”更加自觉。举办庆祝新中国成立70周年系列活动，广大党员群众的爱国主义情感得到极大激发。牢牢掌握意识形态领导权，积极推广使用“学习强国”平台，稳步实施融媒体中心等阵地建设，持续开展“树德明礼”主题实践活动。坚持新时代组织路线，认真落实《党政领导干部选拔任用工作条例》，强化干部监督管理，真正把好干部及时发现出来、精心培养起来、合理使用起来。大力实施基层党组织规范化建设，完成22个软弱涣散村（社区）党组织整顿，调整补齐村“两委”空缺职位111个，全县有集体经济的村达到97%，比2018年增加7个百分点。大力加强农村人才队伍建设，重点做好“三向培养”工程“前半篇”文章，实施“雁归巢”行动，筛选有意回乡创业重点人员151人。进一步强化党内监督，完成140个基层党组织巡察工作，不断加强整改落实的过程跟踪和实时监控。新宾满族自治县推进村级党组织巡察全覆盖工作在全省巡视巡察工作会议上作了经验交流。严格落实中央八项规定精神，持之以恒正风肃纪反腐，紧紧围绕群众身边的腐败和作风问题，聚焦重点、靶向纠治，风清气正政治生态正在形成。2019年，共处置问题线索501件，立案261件，结案239件，党纪政务处分170人，移送司法机关3人。

三是县域经济保持平稳发展。牢牢把握高质量发展要求，坚持“强县富民”目标，始终把主导产业培育作为壮大县域经济实力的核心支撑和重要抓手，助推县域经济加快发展。预计全年地区生产总值完成55.5亿元，同比增长6.5%；社会固定资产投资完成10.5亿元，同比增长15.4%；财政一般预算收入完成5.6亿元，同比增长16.7%；农村居民人均可支配收入完成14215元，同比增长6.5%。围绕生态“两优先”产业，新增人参种植面积26.67公顷，人参市场完成主体工程建设，中科诺维人参提取物深加工二期项目投产达效，与四川好医生集团达成共同打造人参、细辛、五加、五味子四个标准化种植基地的合作意向。围绕材料产业，东工冶金二期铝合金电弧熔丝增材制造产业化项目完成设备调试，向规模化生产迈出坚实一步；辽宁捷通电工园铝杆项目三条生产线竣工投产，填补了该项目在东北三省的空白；南杂木工业园区完成规划调整，企业完成环评验收后即可恢复生产。围绕新能源产业，积极推动金风科技风力发电项目落地，与沈抚新区以“飞地经济”方式共同推进氢燃料电池汽车产业园项目建设。围绕旅游产业，深入挖掘猴石和草帽山红色文化旅游资源，不断丰富赫图阿拉村精品民宿满族文化内涵，加快推进参仙谷AAA级景区质量提升工程，二十四节气小镇建设项目瓶颈问题得到破解，新宾满族自治县定制旗袍荣获“2019辽宁省纺织服务行业十大设计师定制品牌年度大奖”。2019年，全县游客接待人数和门票收入分别增长13.7%、9.3%。

四是改革开放全面深化。完成党政机构、事业单位和五大领域综合行政执法等改革任务，为民服务能力和水平有效提升。充分发挥县委各议事协调机构职能作用，进一步加强党对国家安全、财经和审计等工作领导。持续深化“放管服”改革，完成“1+8”服务中心建设，有序推进政务服务事项“一窗”受理、“互联网+政务服务”和“3490”改革，认真落实减税降费政策，新增各类市场主体2641户。对外开放水平进一步提升，全年共“走出去、请进来”50余次，洽谈项目63个，实现签约13个，落地“飞地项目”6个，域外引资到位额7.1亿元，同比增长17.3%。坚持量力而行、尽力而为，化解政府性债务4998万元，完成债务化解年度目标。全力推动创新驱动发展，新宾满族自治县被确定为辽宁省首批“省级创新型县”建设单位。农村集体产权制度改革全面铺开，土地承包经营权确权登记颁证工作完成91.3%，165个村全部完成清产核资、身份界定等各项程序要求。

五是生态建设质量持续提升。牢固树立“绿水青山就是金山银山”的理念，全力推进中央环保督察及“回头看”反馈意见整改落实，南杂木工业园区环保设施进一步完善，大伙房二级保护区养殖户全部搬迁，信访案件办结率达到90%。开展集中式饮用水水源地环境保护专项行动，红升水库保护区生活面源污染、餐饮旅游污染等8项整改任务全部完成，初步划定全市唯一一个“千吨万人”农村饮用水水源地保护区。全年空气质量优良率达到90.5%，高于考核指标5.5个百分点。完成全县424家工业企业污染源排查和建档工作，顺利通过国家普查办核查验收。坚持以“七美新宾”建设为抓手，实施造林绿化3000公顷，全部通过省级验收；全面落实河长制，实现县乡村三级河长巡河常态化；稳步实施农村人居环境整治，颁布实施《新宾满族自治县农村生活垃圾分类及资源化利用管理条例》，制定《关于打造农村生活垃圾分类及资源化利用工作“升级版”实施意见》，全力推进农村生活垃圾闭环治理，新宾满族自治县农村生活垃圾分类及资源化利用做法先后两次在全省会议上介绍经验；完成“厕所革命”改厕任务2130座、“一事一议”财政奖补村内道路建设117公里，实施农村生活污水处理项目4个，全县地膜回收利用率达到85%。全力抓好“大棚房”专项整治和违建别墅清查整治等专项行动，对排查出的7处“大棚房”和5处违建别墅实施拆除。

六是民生保障坚强有力。牢固树立以人民为中心的发展理念，不断满足人民群众日益增长的美好生活需要。将财政支出的87%用于民生改善。坚持聚焦“两不愁三保障”，抓重点、补短板，年度脱贫1298户2685人，代表抚顺市迎接省第三方评估验收。实施促进城乡居民和各类群体收入增长三年行动计划，农村居民人均可支配收入持续增长，基本养老金实现按时足额发放，城镇登记失业率控制在5%以内，零就业家庭动态保持为零。城乡基础设施不断完善，完成8个老旧小区改造，实施供热分户改造3.8万平方米、裸露地面“全覆盖”1.4万平方米；新建农村公路37公里、维修改造108公里；大力实施农村饮水安全工程，农村居民饮水安全问题得到有效解决。持续加大教育、医疗等民生投入，完成14所学校维修改造工程，全县28所义务教育阶段中小学校全部实施营养改善计划，受益学生1.5万人；扎实推进14所乡镇卫生院标准化建设及中医馆建设，基层医疗水平有效提升。广泛开展文艺汇演、广场舞大赛、书画展等群众性文体活动，满族传统文化得到有效传承和发展，“新宾满族袍服制作技艺”和“新宾满族刺绣”列入省级非遗保护项目。全力抗击“8·15”洪灾，积极做好灾后重建工作，受灾群众生产生活秩序得到及时恢复。

七是社会大局和谐稳定。弘扬新时代“枫桥经验”，探索实施上夹河马尔墩村群众自我管理新模式，不断提升社会治理水平。“五级书记抓信访”责任进一步落实，信访矛盾减存控增三年攻坚任务提前完成。大力推进扫黑除恶专项斗争，立案97件，破案90件，打击处理97人，成功打掉以黄某某为首的涉恶家族犯罪团伙。扎实推进平安新宾创建，不断强化立体化治安防控体系建设，严厉打击各类犯罪行为，刑事案件发生率同比下降14%。持续抓好食品药品监管、防灾减灾、安全生产等工作，非洲猪瘟疫情得到及时有效控制，全县安全生产形势总体平稳。

2019年，县委常委会始终坚持党的领导、人民当家做主和依法治县有机统一。大力支持县人大及其常委会依法行使职权，支持县政府依法行政、改革创新、推动发展，支持县政协协商民主制度化、规范化和程序化建设，保证司法机关依法、公正行使职权。深入实施中央宗教工作督察和省委巡视反馈意见整改落实，依法加强宗教事务管理。党管武装、群团、老干部等工作取得较好成效。

在看到成绩的同时，也要看到新宾满族自治县存在的问题和不足。一是县域经济总量小，财政收支矛盾突出，主导产业尚处于培育蓄势阶段，对县域经济的支撑作用还不明显。二是营商环境还有待进一步优化，企业和群众办事难问题还没有得到有效解决，不担当、不作为、慢作为问题依然存在。三是部分干部思想不够解放，传统思维定式依然束缚手脚，还习惯于“背手招手”、说“不行、不能”。四是全面从严治党主体责任落而不实，少数基层党组织软弱涣散，“四风”问题禁而未绝，群众身边的腐败问题时有发生。以上这些问题需要我们高度重视，并在今后的工作中认真加以解决。

二、2020年工作部署

2020年，我们要继续坚持以习近平新时代中国特色社会主义思想为指导，全面学习贯彻党的十九大和十九届二中、三中、四中全会精神，深入落实习近平总书记到辽宁及抚顺考察时和在深入推进东北振兴座谈会上的重要讲话精神，坚持稳中求进工作总基调，以实施“五大战略”、聚焦“四业”为主题，以推进乡村振兴战略为重点，以保障和改善民生为出发点和落脚点，按照既定的思路、既定的目标、既定的措施，坚持“实、好、干”工作理念，努力走出一条质量更高、效益更好、结构更优的加快振兴发展之路。

主要预期目标是市政府考核各项指标增速不低于全市平均水平。

一是深入学习贯彻党的十九届四中全会精神。党的十九届四中全会是我们党站在“两个一百年”奋斗目标历史交汇点上召开的一次十分重要的会议，是在新中国成立70周年之际、我国处于中华民族伟大复兴关键时期召开的一次具有开创性、里程碑意义的会议。全会重点研究坚持和完善中国特色社会主义制度、推进国家治理体系和治理能力现代化问题并作出决定，是以习近平同志为核心的党中央从政治上、全局上、战略上全面考量，立足当前、着眼长远做出的重大决策，对于坚定全党全国各族人民的道路自信、理论自信、制度自信、文化自信，全面建成小康社会、全面建设社会主义现代化国家、实现中华民族伟大复兴的中国梦，具有十分重要的意义。全县各级党组织和广大党员干部要把深入学习贯彻党的十九届四中全会精神作为当前和今后一个时期首要政治任务和头等大事，切实提高政治站位，增强政治自觉，重点围绕全会《决定》和习近平总书记在全会上的重要讲话，认真学习、深刻领会，准确把握十九届四中全会的精神实质，充分认识到坚决贯彻落实十九届四中全会精神，是树牢“四个意识”、坚定“四个自信”、做到“两个维护”的具体体现、是加强党的全面领导的必然要求、是推进新宾加快振兴发展的根本遵循。全县上下要坚持带着问题学、结合实际学，着力在学懂弄通做实上下功夫，坚决把思想和行动统一到党中央重大决策部署上来，全面实施县委全会下发的两个方案，切实把党的十九届四中全会精神转化为干事创业的强大动力，转化为推动新宾加快振兴发展的自觉行动。

二是推动全面从严治党向纵深发展。坚持把政治建设放在首位，巩固“不忘初心、牢记使命”主题教育成果，持续推进“两学一做”学习教育常态化制度化，深学笃用习近平新时代中国特色社会主义思想，始终在思想上政治上行动上同以习近平同志为核心的党中央保持高度一致，确保全县经济社会发展沿着正确的方向前进。严守党的政治纪律和政治规矩，严格执行新形势下党内政治生活若干准则，弘扬共产党人价值观，坚决抵制和反对各种腐朽、庸俗文化侵蚀。推动意识形态责任制有效落实，持续巩固壮大主流思想舆论，牢牢把握意识形态领导权。

坚持党管干部原则，进一步建立健全素质培养、知事识人、选拔任用、从严管理、正向激励的干部管理体系，坚持在招商引资、脱贫攻坚、社会治理等急难险重工作一线培养、识别干部，注重年轻干部、妇女干部和非党干部的培养选拔。开展执行力提升行动，强化“立即行动、马上就办”工作理念，不断提升干部抓落实能力。坚持正向激励和严管重处双向发力，进一步规范干部行为，全面净化干部社交圈、生活圈、朋友圈，激励干部重实干、强执行、抓落实，努力打造忠诚干净担当的干部队伍。

坚持固本强基，分层分类推进各领域党的建设，全面提升基层党建工作整体水平。深入推进党支部标准化、规范化建设，扎实做好“三向培养”工程“前半篇”文章，持续推进软弱涣散村（社区）党组织整顿，不断夯实党在基层的执政根基。严把党员“入口关”，不断提升党员质量、优化党员队伍结构。抓实以党建促经济发展、促脱贫攻坚、促乡村振兴、促社会稳定等工作，不断增强党的政治领导力、思想引领力、群众组织力、社会号召力。

持续加强党风廉政建设和反腐败斗争，严格落实中央八项规定精神，紧紧抓住领导班子特别是一把手这个“关键少数”，压实主体责任和监督责任，层层传导压力。深入开展党章党规党纪教育，深化运用好监督执纪“四种形态”，突出抓早抓小，真正用纪律和规矩管住绝大多数。持续深化政治巡察，适时开展巡察“回头看”，着力做好巡察“后半篇文章”。始终保持惩治腐败的高压态势，推进群众身边腐败和作风问题专项治理，严查公职人员参与经商办企业等违纪违法行为。

三是加快推进县域经济发展。坚持以高质量项目推进高质量发展，持续抓好重点产业培育，补齐县域经济没有主导产业支撑短板。大力推进3D打印、核级石墨、冶炼辅助材料、木制品加工等材料产业加快发展，不断提升产业贡献率；全力推进人参、五加等中药材功能食品、饮品产业发展，健全中药材种植、加工、流通链条，持续提升产业竞争力；积极推进氢燃料电池汽车产业园项目实现签约和风力发电项目开工建设，全面提升产业影响力；紧紧抓住沈白客专高铁建设契机，加快推进旅游产业发展，有效提升产业集聚力，努力实现强县富民目标。深入研究国家政策导向，超前包装对接项目，推动项目政策早承接、早见效。健全项目招商体系和项目服务机制，县级领导要全员上阵，各部门要靠前服务，形成共同解决问题、合力推进项目的工作格局。深入推进“双招双引”工程，积极发展“飞地经济”，突出抓好产业链招商、以商招商、精准招商，形成全域招商、全员招商的浓厚氛围。

四是打造优质高效的营商环境。坚持把推进深化改革、优化营商环境作为推动高质量发展的关键步骤。不断深化巩固党政机构和事业单位改革成果，进一步提高履职尽责能力和水平。认真落实国家、省《优化营商环境条例》，深化“放管服”改革，实施减税降费政策，深化“3490”改革，推进依申请类政务服务事项进大厅，推动审批服务“马上办、网上办、就近办、一次办”。着力推进县乡财政体制改革，进一步调动乡镇发展经济积极性。深入开展“重实干、强执行、抓落实”专项行动和“严明纪律、转变作风、优化营商环境”专项整治活动，全方位整治吃拿卡要等行为，切实解决群众“办事难”问题，努力实现在新宾办事不求人，构建“亲”“清”政商关系。

五是扎实推进生态文明建设。坚持以习近平生态文明思想为指引，坚决打好污染防治攻坚战。全面完成中央环保督察及“回头看”反馈意见整改任务，加快推进20吨以上燃煤锅炉除尘、脱硫、脱硝设施建设。加强施工扬尘监管，全面禁止秸秆焚烧，实施秸秆综合利用示范工程。高位推进“河长制”，启动苏子河县城段污水治理和污水处理厂升级改造工程，还江河以洁净美丽。强化水源地保护，实施大伙房、红升水库水源保护区污染防治工程。加强农业面源污染治理，强化土壤污染管控，稳步实施高标准农田建设，提高土壤环境质量。扎实推进人工造林、森林抚育、退耕还林、生物多样性保护等工程，使良好生态环境成为最普惠的民生福祉。持续巩固农村生活垃圾分类及资源化利用成果，进一步建立健全农村生活垃圾闭环治理机制，大力实施“厕所革命”，高标准推动“千万工程”建设。

六是持续补齐民生短板。继续贯彻过“紧日子”要求，进一步压减一般性支出，把有限资金向民生倾斜，全力解决好重点领域民生问题。聚焦“两不愁三保障”，持续巩固脱贫攻坚成效。推进义务教育均衡发展，促进教师队伍师风改变，教学质量提升，努力办好人民满意教育。深化医药卫生体制改革，加强卫生体系基础设施和设备建设，建强基层医疗卫生人才队伍，着力提高基层医疗卫生机构服务水平和质量。加强社会保障体系建设，提高社会救助、慈善事业、优抚安置等工作水平，健全农村留守儿童和妇女、老年人关爱服务体系。加强实用技术推广和科普宣传，提高科技贡献率。实施文化惠民工程，加强非物质文化遗产和满族文化、红色文化传承保护。

七是营造安全稳定的社会环境。坚持创新发展新时代“枫桥经验”，总结推广上夹河镇马尔墩村群众自我管理经验，积极探索共建共治共享的社会治理体系。大力开展移风易俗攻坚战，破除大操大办、人情攀比等陈规陋习。积极践行社会主义核心价值观，推进新时代文明实践中心建设，大力开展学习时代楷模、道德模范、“新宾好人”等活动，弘扬良好社会道德风尚。加强矛盾纠纷排查化解，压实信访工作责任，推进信访问题集中攻坚。抓实“七五”普法工作，推进法治信访，打破个别群众“信访不信法”的怪圈。完善重大决策社会风险防范机制，健全决策风险评估制度。深入推进扫黑除恶专项斗争，深挖细查“保护伞”，持续开展水利、林业、交通等重点领域乱象综合治理。加强社会治安防控体系建设，依法防范和惩治各类违法犯罪活动，落实安全生产责任制，抓好食品药品安全监管，加强防灾减灾能力建设，严防重特大事故和重大群体性事件发生，确保人民群众安居乐业，社会大局和谐稳定。

八是坚持和加强党的全面领导。支持和保证县人大及其常委会依法行使监督权、决定权、任免权，充分保障各级人大代表依法履职。深入开展依法治县工作，扎实推进严格执法、公正司法、全面守法，加强法治政府建设。认真落实《中共中央关于新时代加强和改进人民政协工作的意见》，支持县政协不断完善协商议政内容和形式。支持监委、法院、检察院依法独立行使职权，确保每一个案件经得起法律和历史检验。充分发挥统一战线优势，积极引导非公经济人士、党外知识分子和新的社会阶层人士为新宾振兴发展献计出力。持续巩固中央宗教工作督察整改成果，规范宗教事务管理。切实加强党管武装、群团、老干部、国防动员和“双拥”共建等工作。

名词解释：

1.“1+8”服务中心建设：“1”是指县政务服务中心、“8”是指就业服务大厅、婚姻登记处、车辆办事服务大厅、医疗保障事务服务中心、办税服务厅、不动产交易登记中心、交通运输行政服务大厅、人民来访接待中心等8个分中心。

2.“一窗”受理：即，开办综合服务窗口，实行一窗受理、综合服务。

3.“3490”改革：即，压缩一般性经营企业开办时间在3个工作日内，压缩经营性许可办结时间在4个工作日内，工程建设项目审批时限压减至90个工作日内。

4.“千吨万人”农村饮用水水源地划定：即，划定供水人口在10000人以上或日供水1000吨以上的饮用水水源地。

5.“两不愁三保障”：即，吃不愁、穿不愁，义务教育、基本医疗、住房安全有保障。

6.“实、好、干”工作理念：“实”指，谋事要实、创业要实、做人要实；“好”指，政治生态好、营商环境好、生态环境好；“干”指，苦干、实干、肯干。

7.全会《决定》：即，党的十九届四中全会审议通过的《中共中央关于坚持和完善中国特色社会主义制度、推进国家治理体系和治理能力现代化若干重大问题的决定》。

8.“三向培养”工程“前半篇”文章：“三向培养”工程是指，将党员培养成致富能手、将致富能手培养成党员、将党员致富能手培养为村干部；“前半篇”文章是指，实施“雁归巢”行动，吸引在外务工人员回乡创业，为农村基层组织建设和乡村振兴提供人才支撑。

9.监督执纪“四种形态”：第一种形态是指：经常开展批评和自我批评、约谈函询，让“红红脸、出出汗”成为常态。第二种形态是指：党政纪轻处分、组织调整成为违纪违规处理的大多数。第三种形态是指：党政纪重处分、重大职务调整的成为违纪违规处理的少数。第四种形态是指：严重违纪涉嫌违法立案审查的成为极少数。

10.“双招双引”工程：即，推进招商与招才并举、引资与引智并重。

11.“千万工程”：即，“千村示范、万村整治”工程简称“千万工程”，是浙江“绿水青山就是金山银山”理念在基层农村的成功实践。

政府工作报告

——在新宾满族自治县第九届人民代表大会第三次会议上

（2019年12月5日）

县长　陶承海

2019年工作回顾

过去的一年，在市委、市政府和县委的正确领导下，在县人大的依法监督、县政协的民主监督和社会各界的大力支持下，县政府团结带领全县人民，以习近平新时代中国特色社会主义思想为指导，全面落实党的十九大和十九届二中、三中、四中全会精神，积极适应经济发展新常态，坚持稳中求进工作总基调，较好地完成了九届人大二次会议确定的各项工作任务。预计到年末，全县地区生产总值实现55.5亿元，完成年计划的100%，同比增长6.5%；公共财政预算收入实现5.6亿元，完成年计划的100%，同比增长17.2%；全社会固定资产投资实现10.6亿元，完成年计划的101%，同比增长16.9%；农村居民人均可支配收入实现14215元，完成年计划的100%，同比增长6.5%。

2019年，我们认真贯彻习近平总书记在辽宁、抚顺考察时和在深入推进东北振兴座谈会上的重要讲话精神，优化环境不停歇，咬住目标不放松，紧扣发展不动摇，强化作风不懈怠，主要做了以下五方面工作。

一、深化改革激发活力，营商环境不断优化

放管服改革不断深化。确认依申请类政务服务事项580项，集中办理495项，实现“应进

必进”。着力推行“互联网+政务服务”，全面推进一体化政务服务平台建设，推进服务事项“一窗”受理和“3490”改革，启动企业和群众办事“一网、一门、一次”和“8890”服务平台建设。实现审批服务“马上办、网上办、就近办、一次办”和高频事项“最多跑一次”，审批服务中心受理批件12.7万件，办结12.7万件，办结率100%。

重点改革扎实推进。完成政府机构改革，设置政府工作部门22个，公益性事业单位14个。全面完成国有林场改革工作。进一步完善农垦集团改革工作，完成嘉禾农牧业有限公司国有资产划拨。推进农村集体产权制度改革和土地承包经营权确权颁证工作。厂办大集体改革顺利进行，完成厂办大集体职工身份认定工作，争取国家资金1183万元。

营商环境持续优化。将营商环境建设指标纳入全县绩效考核指标体系。建立项目管家制度，构建“亲”“清”政商关系，为25个项目和企业配备项目管家。开展“一转三服务”工作，积极推进银企对接，解决企业融资难问题。全面落实减税降费政策，新增各类市场主体2991户。

二、全力培育主导产业，发展质量日益提升

工业经济平稳运行。统筹推进产业发展，工业经济负重前行。高新企业日益壮大，东工冶金二期铝合金电弧熔丝增材及智能制造应用产业化项目正式投产，在国内首次实现专用铝合金焊材出口欧洲；中科诺维人参提取物深加工项目实现当年落地、当年建设、当年达效，年出口创汇1500万美元。骨干企业作用凸显，辽宁捷通电工圆杆铝线项目完成3条生产线建设，产值达3亿元；隆烨化工完成3条生产线验收，产能增至5.9万吨。新能源产业实现突破，由沐海氢能有限公司投资的抚顺地区唯一一座35兆帕撬装式加氢站建成投入使用，加氢超70万立方米；燃料电池系统及关键部件产业化项目进入试生产阶段；成功举办“抚顺·新宾氢能与燃料电池产业推介会暨氢燃料电池旅游观光车产品发布会”；金风科技风力发电项目顺利签约。“飞地经济”初见成效，重点打造永陵农产品加工集聚区和高新材料智能制造产业园两个“飞地”园区，引进“飞地”项目6个。全县新增个转企115家、小升规2家。

现代农业扎实推进。深化农业供给侧结构性改革，新调减玉米种植面积1333.33公顷，农田中药材种植面积达7133.33公顷，完成粮食两区划定面积37933.33公顷。特色农产品基地建设有突破，与“中国制药百强企业”四川好医生集团达成合作意向，打造好医生集团东北最大道地药材基地；投资1500万元，完成新增粮食生产能力田间工程建设项目666.66公顷；新宾满族自治县被农业农村部列为“化肥减量增效示范县”“国家中药材产业技术体系示范基地县”。加大品牌创建和深加工能力建设，“三品一标”认证面积25333.33公顷、产品36个、企业28家；赫城贡米等4家企业产品被评为辽宁百强农产品品牌，新宾辽细辛被评为区域公用品牌；“新宾人参”地理商标通过国家商标总局审核；新宾满族自治县荣获第二批“国家农产品质量安全县”称号。农业社会化服务体系建设加强，破解农事融资难，投放惠农贷2亿元；培训新型职业农民380人；农业保险投保52666.67公顷，“8·15”水灾后理赔142万元。人参博物馆建成正式开放。人参市场完成一期6.7万平方米主体工程建设。强化农村集体“三资”管理，村集体经济不断壮大。加大对非洲猪瘟等重大动物疫病防控力度，全县未发生重大动物疫情。

文旅产业不断壮大。发挥资源优势，打造特色文旅品牌，满族农庄过大年等节庆活动品牌效益转化初见成效。依托人参文化融入“清王朝探秘之旅”旅游路线。旅游产品不断丰富，投资1600万元，完成草帽山景区、猴石景区等项目部分基础设施建设；投资1000万元，完成参仙谷景观瀑布、玻璃观景桥建设。神树柜石景区、花溪林里度假田园综合体、九凤四季田园综合体等旅游项目取得新进展。乡村旅游创新发展，投资270万元，进行赫图阿拉村民宿和商铺升级，入选全国首批乡村旅游重点村；投资400万元，完成药语花香房车营地20公顷花海基地建设。旗袍文创方兴未艾，兴京旗袍文化公司完成商标注册，取得进出口业务权限，与沈阳故宫签订了《商品代销意向协议书》。新宾满族袍服制作技艺与满族刺绣列入省级非物质文化遗产名录。完成人参炮制技艺等3个国家级非物质文化遗产申报。满族饽饽、秘制人参等特色商品在省旅游商品大赛中获得2金5银的佳绩。举办庆祝新中国成立70周年等公益演出及文体活动20余场。建设农村文化广场28个。旅游综合效益显著提升，全年接待游客140万人次，同比增长13.7%。

开放水平显著提高。完善全县招商引资工作体系，构建招商引资组织架构。实施重大项目领导包保制度，强力推进重大项目落地生根。明确招商引资方向，采取定向招商、以商招商等方式，县级领导亲自带头，先后到珠三角、长三角等地开展有针对性地招商引资活动，全年走出去15次，请进来35次。续建项目16个全部开工，签约新建项目15个，开工率及签约数均为全市前列。积极对接国家“一带一路”贸易平台，新增外贸进出口企业3家。组织企业参加第二届“进博会”等6个展会，秘参堂等3家企业产品被评为2019“辽宁礼物”。壮大农村电商平台，拓宽农特产品销售渠道，积极推进与华晨宝马、阿里巴巴、京东商城等知名公司深度对接，促成兴京惠农商城与省农产品交易集团合作，盘活红升香菇市场，建设农产品配送中心，实现助农增收，全年销售额达8000万元；省供销社下属丰立达肥业有限公司与县农垦集团签订合作协议，推进农村电商服务工作。

三、继续巩固绿色优势，生态环境持续向好

生态建设不断加强。投资1260万元完成春季造林3000公顷，封山育林666.67公顷，森林抚育2333.33公顷。处置松材线虫病疫木11.5万株、防治面积666.67公顷。积极推进中央环保督察及“回头看”反馈意见整改落实，对大伙房水库饮用水源上游存在环境风险问题开展综合整治。投资3300万元对红升水库周边风险源进行综合整治，水质达标率100%。完成苏子河、太子河流域禁养区划定工作。完成河长制信息管理平台建设。开展河库“清四乱”专项行动。全年空气质量优良率达90.5%，高于考核指标5.5个百分点。投资3700万元，建设县城日处理能力300吨的垃圾分类处理厂。投资500万元为乡镇配备湿式清扫车、垃圾压缩车。完成“厕所革命”改厕任务2130座。加大生态保护执法力度，查办涉林、涉水、涉地等违法违规案件957件，打击处理950人。全力开展“大棚房”和违建别墅清查整治专项行动，拆除“大棚房”7处、违建别墅5处。

基础设施逐步夯实。投资3439万元，完成上五线等51项公路维修改造工程150公里、桥梁7座。投资3491万元，完成“一事一议”村内道路建设117公里、桥梁9座。投资188万元，完成重点扶贫村路面工程1.4万平方米。完成“沈白客专”高铁线路新宾段可研拆迁测算、签订征占补偿合同等工作。投资4280万元，完成太子河新宾段防洪治理工程。投资2709万元，完成双河治理工程。投资1905万元，完成66项移民工程。投资1760万元，完成3项水土流失治理项目。获得省政府“大禹杯”竞赛优胜奖。完成66千伏新宾变电站改造工程、66千伏北四平变电站新建工程，新宾镇内无稳定安全双电源的历史问题得到彻底解决。

城乡品质显著提升。投资895万元，完成县城1.4万平方米裸露地面改造和8个老旧小区配套基础设施改造项目。投资368万元，完成书香

门第、人参市场、殡仪馆供热管网项目。投资4570万元，完成永陵镇自来水、污水、供暖管网改造和滨河路硬化等项目。投资2470万元，完成南杂木镇五一河治理、木材市场污水整治等项目。加大对县城综合执法力度，查处违建7处、违停4500次，不断规范城乡建设管理。贯彻执行《农村生活垃圾分类及资源化利用管理条例》，以“七美新宾”建设为抓手，推进“千村美丽、万村整洁”专项行动，“户分类、户处理、不出院、零填埋”的模式被省委、省政府确定为“可复制、可推广”的成功经验，以奖代补方式投入1000万元，实现农村生活垃圾分类及资源化利用全覆盖。

四、着力补齐民生短板，人民福祉不断增进

社会事业全面进步。成功入围省级创新型县创建试点范围，申报省重大科技项目4项、省级直接投资项目征集1项、省科技进步奖三等奖1项。开展统计法律法规宣传，完成第四次全国经济普查工作。投资6200万元，完成新宾镇中心小学建设工程；投资2710万元，完成北四平、永陵满族小学等14所学校维修改造工程；争取1200万元对28所中小学校学生实施营养午餐补贴；争取530万元完成乡村教师差异化补贴发放；制定《校车安全管理办法》，规范校车管理。投资2000万元的新宾一脉阳光医学影像中心项目正式运营，新增磁共振、CT等设备，全部实施远程诊疗；完成乡镇卫生院标准化建设，基层卫生服务能力得到提升；新农合常住人口参合率不断提高，支付补偿资金8910万元。人口出生率、自然增长率和出生人口性别比均在省控指标内。

脱贫成果持续巩固。实施多产业“叠加式”扶贫，拨付产业扶持资金2882万元，对接产业项目58个，带动6387户12907人增收致富。落实健康扶贫政策，建档立卡贫困人口全部参加城乡居民基本医疗保险，为贫困人口投保医疗补充保险206万元。投资1174万元，完成贫困户危房改造325户。投资7143万元，完成农村饮水安全工程270项，受益农村人口11万人。为贫困家庭学生补助34万元。整合政府债券资金和扶贫专项资金1590万元，支持贫困村基础设施建设。完成2685人脱贫。通过脱贫成效第三方评估验收。

民生保障更加有力。实名制培训1900人，城镇新增就业905人，城镇登记失业率2.5%。保持零就业家庭动态为零。发放城乡低保金2458万元。发放困难残疾人和重度残疾人补贴345万元。发放特困人员救助供养金719万元。发放优抚金2150万元，完成县、乡、村三级退役军人服务保障体系建设。投资400万元建成残疾人托养中心并投入使用。坚持量力而行、尽力而为，严控政府新增债务，化解政府债务4998万元，完成年度债务化解目标。

防灾救灾卓有成效。“8·15”水灾涉及红庙子乡等4个乡镇，造成桥涵、堤防、道路、农业设施、房屋等损毁，受灾人口1.67万人，直接经济损失2.28亿元，是全市受灾最严重的地区。新宾满族自治县迅速启动防汛二级应急响应，包保人员到岗到位，全力抢险救灾，做到了大灾无伤亡，获得省市的高度评价。灾后重建工作迅速启动，抢通道路30公里、桥梁10座。灾区群众生活有保障，社会大局稳定。

五、积极加强政府建设，管理能力显著提升

社会大局和谐稳定。健全完善“五位一体”包保责任体系，突出重点整治，强化情报信息搜集研判，全力打赢推进信访矛盾减存控增三年攻坚战。加大治安管控和整治力度，圆满完成新中国成立70周年大庆等重大活动维稳安保任务。全力开展“扫黑除恶”专项斗争和雷霆治爆专项行动，实现刑事案件持续下降，人民群众安全感逐步提升。深入实施中央宗教工作督查整改落实，依法加强民族宗教事务管理。推进安全生产管理责任制落实，安全生产形势持续稳定。严厉打击制售假冒伪劣商品行为，强化食品、药品、特种设备及产品质量安全监管，处理食品药品案件 44 件。

行政效能不断提升。加强法治政府建设，依法完善决策机制，严格履行决策程序，自觉接受人大依法监督和政协民主监督，认真向人大报告工作，向政协通报情况，自觉执行人大及其常委会做出的决议、决定和审议意见，落实政协的意见建议。全年办理人大代表建议批评意见 104 件，解决率 74%、满意率 100%；办理政协委员提案 130 件，解决率 80%、满意率 100%。深入推进政务公开，公开政府信息 1652 条。建设工程招投标项目 21 项、中标金额 1.49 亿元。完成政府集中采购 72 项，支出资金 3076 万元，节资 580 万元。

党的建设持续加强。县政府各级党组坚持以习近平新时代中国特色社会主义思想为指导，全面贯彻落实市委、市政府和县委各项决策部署，旗帜鲜明讲政治。各级认真落实省委巡视整改工作，对标“四个短板”“六个方面”找差距，狠抓整改。认真开展“不忘初心、牢记使命”主题教育，增强了贯彻落实的自觉性和坚定性。坚持全面从严治党，严格落实“两个责任”，不断强化党风廉政建设，严守中央八项规定，狠抓正风肃纪，营造了风清气正的良好政治生态。

武装、消防、审计、人防、粮食、档案、气象、老龄、妇女儿童、红十字会等各条战线都取得了可喜成绩。慈善总会、老科协、关工委等社会组织付出了辛勤汗水。省市直管部门、驻新金融机构为县域经济社会发展做出了积极贡献。

2020 年工作安排

2020 年是打赢脱贫攻坚战，全面建成小康社会的收官之年，我们将按照县委的统一部署，进一步坚定信心，沉着应对各种挑战，不断开创新宾经济社会发展的新局面。

政府工作指导思想是：高举习近平新时代中国特色社会主义思想伟大旗帜，全面贯彻党的十九大和十九届二中、三中、四中全会精神，认真落实市委、市政府和县委的决策部署，拉齐补长“四个短板”，以“重实干、强执行、抓落实”专项行动为载体，持续实施“1+8 文件”，坚持五大发展战略，持续培育四个产业，以新气象新担当新作为，推动新宾经济社会创新发展、高质量发展。

根据县委十四届十次全体（扩大）会议精神，确定政府工作主要预期目标是：全县地区生产总值实现 59.15 亿元，比上年增长 6.5%；公共财政预算收入实现 5.61 亿元，比上年增长 0.2%；全社会固定资产投资实现 11.55 亿元，比上年增长 10%；农村居民人均可支配收入实现 15139 元，比上年增长 6.5%。力争主要经济指标增幅不低于全市平均水平。

为实现上述目标，主要做好以下五方面工作。

一、坚持创新发展理念，持续增强发展动能

牢固树立项目为先理念，聚焦开放合作，狠抓招商引资，打造经济增长新引擎。

打好项目建设大会战。持续开展“项目建设年”活动，积极对上争取，全力抓项目、促投资，继续谋划推进一批项目，完善全县项目库建设。把服务贯穿项目建设全过程，强化为企业提供专业化、专属性“项目管家”服务。全力保障县医院门诊楼、污水处理厂、供热供水提标升级和交通、水利、电力等重点项目开工建设。

打赢“双招双引”攻坚战。把招商引资和招才引智作为长期任务抓实、抓紧、抓好。围绕“四业”抢抓产业链招商，实行项目准入联动审核机制，着力引进一批产业契合度高、带动性强、发展前景好的优质项目，全年力争落地投资超亿元项目 2 个，引进域外资金 9.5 亿元。对接国家“一带一路”倡议，优化对外贸易格局。深入推进“飞地经济”模式，确保永陵农产品加工集聚区在省级“飞地”园区行列，引进 10

个“飞地”项目落地，总投资达15亿元。加大高层次人才引进和激励力度，为经济社会发展提供人才保证。

打胜要素保障持久战。清理要素保障瓶颈，积极化解用地紧缺难题，加大土地开发整理、存量用地清理力度，保障重点工程项目建设用地按需供应，全年预计出让国有土地5.48万平方米。加大金融支持实体经济力度，抓实融资渠道，更好地借助政策、银行、民间资本力量，为项目建设、经济发展提供资金保障，推进永陵农产品加工集聚区和县城供热PPP项目实施。千方百计降低企业物流、用电成本。

二、加快产业优化升级，推动经济高质发展

增强创新内生动力，加快新动能成长和传统动能提升，补齐经济结构短板，让发展质量更高、效益更好。

促进工业提质增效。理顺园区管理体制，启动省级经济开发区申报工作，推进高新材料智能制造产业园区提档升级。积极应对大伙房水源保护地区划调整，协调省市相关部门，帮助南杂木园区企业尽快恢复生产。支持东工冶金等高科技含量企业做大做强，助力中科诺维等农产品加工企业以工业生产为引领促进一二三产业融合发展，扶持大化国瑞、隆烨化工、添泷耐火等原有骨干企业创新发展，为传统工业提档升级提供各项服务支持；与沈抚新区合作，以“飞地经济”方式共同推进氢燃料电池汽车产业园建设。推进金风科技风力发电项目尽快投产达效，合兴万家生物质颗粒及生态板材项目签约落地。实施科技创新驱动，促进企业与科研院所、大专院校技术联合，提升企业研发能力，认证国家高新技术企业1家。个转企90家、小升规2家。

加快农业产业发展。推进种植业结构调整，调减玉米种植面积666.67公顷，新增人参、五加等中药材平地种植面积533.33公顷，香菇、木耳等食用菌种植面积133.33公顷。以北四平蓝莓、苇子峪香瓜、榆树香菇、旺清门大米等农产品为重点，着力培育农业品牌。制定“新宾人参”地理商标管理规则。发展大健康、中医药产业，推进与四川好医生集团合作建设“四个基地”。持续深化农村集体产权制度改革，不断规范农村集体“三资”管理。全面实施乡村振兴战略，壮大农村集体经济。培育壮大新型农业经营主体，全年新增市级以上农业产业化重点龙头企业2家、农民专业合作社10家、家庭农场10家。继续开展“三品一标”认证工作。强化动物疫病防控和畜产品安全监管。全面落实各项惠农政策，提高农业保险覆盖面。

助推文旅商贸升级。聚焦旅游产业，突出文化引领。推进二十四节气小镇、花溪林里田园综合体、参仙谷等项目建设。持续举办满族农庄过大年、蓝莓节、开山节等活动。加快文创商品研发，旗袍系列创意产品在全国范围内进行展示销售。推进传统服务业提档升级。积极实施“互联网+”战略，促进本地电商企业与省农产品交易集团深度合作，推进电子商务、物流等新兴业态发展。大力发展金融、保险、中介等生产性服务业，为地方经济发展提供资金、信息支持。科学统筹调配土地供应数量，确保房地产业健康有序发展。

三、推进城乡绿色发展，构建生态宜居环境

持续推进绿色低碳发展，统筹抓好城乡建设和生态保护，切实改善城乡环境。

全力推进生态建设。牢固树立“绿水青山就是金山银山”的理念，扎实推进“青山、碧水、蓝天、沃土”工程。完成第三次全国国土调查工作。实施荒山造林333.33公顷，封山育林666.67公顷，退化林分修复800公顷。做好松材线虫病除治及监测工作。进一步推进河长制，强化各级责任落实。持续推进大伙房饮用水水源保护区的环保督察整改和环境风险防范工作。争取资金实施苏子河输水河道一级保护区硬防护工程和南杂木镇污水处理厂提标改造工程，完成农村生活污水集中处理项目2个。推进10吨以下燃煤锅炉提标改造。确保农村“厕所革命”落地见效。巩固农作物秸秆综合利用重点县成果，加强秸秆禁烧防控，推进资源化利用。实施化肥农药“零增长”计划，加强农业面源污染管控。加大生态保护执法力度，坚决制止和惩处破坏生态环境行为。

持续提升城乡品质。全面启动全县国土空间规划编制工作。投资3900万元，推进县城老旧小区改造，实施滨河小区、教师公寓、启运路北等小区给排水、路面、供暖、亮化工程。对县城内老旧小区20幢房改楼进行维修改造。启动县城西部新城水系景观二期工程。完成集中供热续建工程和供热分户改造项目。推进西部新城、河南农贸市场房屋征收工作。推进书香门第、人参市场续建项目。启动永陵镇老旧小区改造工程，继续打造滨河路景观。推动南杂木镇园区路污水管网改造、五一河治理工程三期项目。贯彻执行《农村生活垃圾分类及资源化利用管理条例》，实施“美丽乡村”示范村建设，推进农村生活垃圾分类及资源化利用村屯全覆盖，实现“户分类、户处理、少出院、村收集、乡运转、县处理、零填埋”的闭环运营，推进“七美新宾”建设和城镇垃圾分类试点工作，完成县城垃圾分选项目建设。加强城乡精细化管理，提升执法管理水平。

致力完善基础设施。深入推进“四好”农村路建设，全力推进“路长制”工作。完善交通设施，做好“沈白客专”高铁线路建设地方跟进工作。实施龙色线、哪上线等农村公路维修改造工程37.5公里，危桥改造2座，二干线、王房线等农村公路新改建8.7公里，修复水毁路面11.3公里。加强水利建设，治理水土流失面积500公顷，实施头道砬子水库除险加固工程，推进乡镇水厂建设，实施水闸除险加固工程。加强电网建设，实施旺清门—响水河、杨家—苇子峪等输电线路新建、改造41.5公里，启动响水河、苇子峪、杨家变电站改扩建工程。

四、健全民生保障体系，推进城乡统筹发展

着力发展民生社会事业，把改善民生、增进福祉作为落脚点，满足人民群众日益增长的美好生活需要。

持续提高保障水平。鼓励创业带动就业，落实好各项就业政策，全年实名制培训1900人、新增就业800人，城镇登记失业率控制在5%以内。持续推进全民参保计划，完成城乡居民基本医疗保险整合工作，完善城乡低保动态管理体系，做到应保尽保、应退尽退按时足额发放养老金。健全社会服务体系，关爱退役军人、农村留守儿童、妇女和老年人，推进残疾人托养中心专业化运营。决胜脱贫攻坚，继续加大产业、住房、教育、医疗、金融和政策兜底扶贫力度，创新电商扶贫等新模式，拓宽精准扶贫渠道，促进贫困群众稳定增收，确保完成脱贫任务。推进灾后重建工作。

大力发展社会事业。积极改善办学条件，争取1300万元，实施大四平幼儿园、平顶山学校体育馆、木奇镇中心幼儿园及食堂等建设项目；争取1000万元薄改资金进行义务教育阶段学校维修改造。加强校园及校车安全管控，成立校车服务公司。强化师德师风建设，不断提升教师业务能力和道德水平。推进公共文化服务体系建设，开展丰富多彩的群众文化体育活动。推进红色抗联文化挖掘和省级文物保护项目申报工作。启动县医院门诊楼建设。深化公立医院改革，有效促进分级诊疗。加快医疗人才引进和培养，提高基层医疗卫生服务能力。启动县档案馆建设。开展第七次全国人口普查工作。

全面加强社会治理。全力完善社会治理体系和治理能力建设。充分发挥社区、村“两委”基层政权作用。健全重大事项信访风险评估、领导干部接访和包案调处制度，有效开展排查预警，最大限度化解信访积案和各类社会矛盾。建立“扫黑除恶”协作配合长效机制，坚决遏制黑恶势力滋生。推进社会治安立体化防控体系和信息化建设，新建联勤指挥中心、执法办案管理中心并投入使用。大力推进平安创建工作，防范和打击各类违法犯罪。深入开展“七五”普法工作，完善公共法律服务体系。健全应急联动机制，全面提升应急处置能力。严格落实安全生产责任制，加大隐患排查力度，坚决防止重特大事故发生。加强食品、药品监管，筑牢人民群众饮食用药安全防线。强化国防教育和民兵预备役工作，积极开展双拥共建活动，推动军民深度融合发展。贯彻落实民族宗教政策，促进民族团结与宗教和睦。加大公共安全、交通消防、防汛抗旱、森林防火等工作力度，营造更加平安和谐的社会环境。

五、完善体系提升能力，打造人民满意政府

恪守为民、法治、务实、高效、清廉的执政理念，健全“不忘初心、牢记使命”主题教育常态化机制，激发新担当新作为，努力打造人民满意政府。

加强服务型政府建设。县政府各级党组认真学习习近平总书记系列重要讲话精神和经济社会、生态文明、安全生产、统计法规等各方面业务知识，不断提高适应新常态下的理论知识水平和业务能力。加强“不忘初心、牢记使命”主题教育成果转化。持续优化营商环境，深化放管服改革。全面推行“互联网 + 政务服务”，持续推进政务服务一体化平台建设，解决企业和群众反映强烈的办事难、办事慢、办事繁问题。完善和推进国有土地、宅基地、林地不动产登记发证工作。优化“三农”信贷服务。深化商事制度改革，全面实施“多证合一、一照一码”，推动“双随机、一公开”监管全覆盖。深化社会信用体系建设。推进县乡财政体制改革，提高财政服务水平。严控债务增量，加快债券置换，有效防范潜在风险。强化国有资产管理，确保资产保值增值。

加强法治型政府建设。把政府活动全部纳入法治轨道，坚决执行县委决策，自觉接受人大法制监督、政协民主监督和社会舆论监督。坚持科学、民主、依法决策，衔接好机构改革后各项工作，全面推行行政决策、执行、管理、服务、结果公开，努力实现公共资源配置全流程透明化。

加强廉洁型政府建设。时刻把党的纪律和规矩挺在前面，全面落实党风廉政建设责任制，做好主题教育整改后半篇文章，推动全面从严治党向纵深发展。加强对权力的监管，让制度管钱管权管事，严肃查处各类违法违纪行为。从严控制“三公”经费支出，把有限的财力用在促进发展、改善民生上。

名词解释：

1.“一窗”受理：开办综合服务窗口，实行一窗受理、综合服务。

2.“3490”改革：压缩一般性经营企业开办时间在 3 个工作日内，压缩经营性许可办结时间在 4 个工作日内，工程建设项目审批时限压减至 90 个工作日内。

3.“一网、一门、一次”：政务服务一网办通，企业和群众办事力争只进一扇门，最多跑一次。

4.“一转三服务”：指辽宁省开展的机关部门联系帮扶企业“转变作风、服务基层、服务企业、服务群众”工作，是推动辽宁全面振兴、推动机关干部作风转变和支持企业加快发展，推进“党建 + 营商环境建设”工作的一项举措。

5. 飞地经济：指打破区划限制，以目前已经批准的位于各市、县（市、区）省级以上各类开发区为主要载体，在园区内划分部分区域，通过创新规划、建设、管理和税收分成等合作机制，把招商引资过程中因功能区位不同、资源环境制约、规划或产业配套限制等原因不宜在本区域

（即飞出地）实施的项目到承接区域（即飞入地）落户建设的经济合作模式。

6. 四乱：乱占、乱采、乱堆、乱建。

7. 项目管家：一个项目、一个“管家”，责任上肩、全程跟进，事无巨细、无微不至提供全流程、全周期的优质服务。

8.PPP 项目：即政府和社会资本合作，是公共基础设施中的一种项目运作模式。在该模式下，鼓励私营企业、民营资本与政府进行合作，参与公共基础设施的建设。

9. 三品一标：无公害农产品、绿色食品、有机农产品和农产品地理标志。

10.“双招双引”工程：推进招商与招才并举、引资与引智并重。

专 记

“不忘初心、牢记使命”主题教育工作巡礼

2019年9月12日，按照中央和省委、市委统一部署，中共新宾满族自治县委启动“不忘初心、牢记使命”主题教育工作。县委紧紧围绕主题主线，牢牢把握“守初心、担使命，找差距、抓落实”总要求，坚持抓思想认识到位、抓检视问题到位、抓整改落实到位、抓组织领导到位，紧密结合新宾实际，以彻底的自我革命精神解决违背初心和使命的各种问题，努力实现理论学习有收获、思想政治受洗礼、干事创业敢担当、为民服务解难题、清正廉洁作表率的目标，为加快推进新宾全面振兴、全方位振兴提供政治和组织保障。

一、组织领导

县委成立了由县委书记那学成担任组长的主题教育工作领导小组，下设乡镇联络指导组、县直机关联络指导组、县直事业单位联络指导组、综合统筹推进组、专项整治指导组、宣传组、秘书组7个工作组，明确责任分工。领导小组下设办公室，由县委常委、组织部部长王志伟担任办公室主任。县委书记、县委主题教育领导小组组长那学成先后主持召开领导小组会议11次，对主题教育进行统筹研究。领导小组办公室实行日碰头、周调度工作机制，编制了《县委“不忘初心、牢记使命”主题教育领导小组办公室工作手册》，先后下发《工作提示单》20期、《工作简报》24期，及时安排部署、宣传贯彻主题教育相关工作。成立县级联络指导组3个，成立县、乡两级巡回指导组161个，其中县级巡回指导组9个，乡镇巡回指导组109个，各县直机关党委（党组）巡回指导组43个，累计下基层指导2499次。同时选派15名县级领导干部到乡镇和农村，推进主题教育扎实开展。

县委认真研究制定全县《关于开展“不忘初心、牢记使命”主题教育的实施意见》，分别为机关、农村、社区、国有企业、非公有制经济组织和社会组织等五个领域党组织制定《主题教育实施方案》，为县级领导干部分别制定《读书班实施方案》《调查研究实施方案》《检视问题实施方案》，实现全县各层级、各领域主题教育高标准开局、稳步推进。9月12日，县委召开“不忘初心、牢记使命”主题教育工作会，全县150名党员干部参加会议。到9月20日，全县34个党委、26个党总支、540个党支部全部完成了主题教育启动工作，17557名党员全部参加主题教育。

先后制定《县级领导干部主题教育工作图表》及乡镇、县直（事业）单位主题教育工作清单，把学习教育、调查研究、检视问题、整改落实四项重点措施贯通起来、有机融合、一体推

进。针对各领域、各层级工作实际，注重分级分类开展指导，下发《通报》2期，对发现的问题，及时督促纠正解决。

工作中注重正面宣传和舆论引导，充分运用新闻报道、言论评论、典型宣传等形式，利用学习强国、中华先锋网、辽沈智慧党建云平台、东北新闻网、辽宁纪检网、抚顺新闻网、抚顺传媒等主流媒体及“新宾宣传”“新宾普法与百姓生活”“抚顺组工直通车”等微信公众号，及时宣传主题教育进展成效、好经验、好做法，让人民群众切实感受到主题教育带来的新气象、新变化。全县在国家、省、市、县级主流媒体及新兴媒体上发表各类稿件134篇。

二、学习教育

9月24—30日，县委常委集中一周时间，带头参加县级领导干部主题教育读书班，围绕“传承红色基因，牢记初心使命”“坚守绝对忠诚，做到‘两个维护’”“勇于担当作为，推动振兴发展”“坚持全面从严治党，营造良好政治生态”“牢固树立底线思维，防范化解重大风险”5个专题共撰写研讨文章123篇，进行研讨发言。为切实解决工学矛盾，在读书班结束后，县委率先举办“夜间课堂”，继续开展集中学习。至12月4日，县级领导干部“夜间课堂”共举办9期。在县级领导干部以上率下的示范带动下，全县各乡镇县直各部门领导班子全部开展3次以上集中学习研讨。主题教育开展以来，县级领导干部组织集中学习14次，各乡镇、县直部门、事业单位组织集中学习716次，领导干部参加集中学习研讨399人，其中县级领导干部27人，乡科级领导干部372人。针对部分党员年龄较大、行动不便的实际，党支部采取走访谈心、设置流动学习点、发送音视频资料等方式组织党员学习；针对外出党员学习不及时问题，党支部积极利用流动党员微信群，定期发送学习资料，送学上门，推进主题教育全覆盖。

主题教育开展期间，县委邀请市委党校副校长、教授戴力为各党委（党组）书记、基层党支部书记、驻村干部等共计744人进行了集中培训；组织各级党员干部参观抚顺市“不忘初心、牢记使命”主题教育专题展；组织各单位和民间团体1000余人，拍摄《我和我的祖国》大型快闪，成功登录“学习强国”APP平台；举办“舞动梦想·魅力新宾”广场舞大赛、“重温红色经典·传承红色基因”主题话剧大赛、“迎接国庆70周年暨2019民族宣传月文艺展演”和国庆升旗仪式等活动。组织全县党员干部观看电影《雷锋在1959》。组织全县各级领导和党员干部通过现场教学和观看纪录片等形式开展反腐倡廉警示教育。全县391个支部组织党员6338人集中收看庆祝中华人民共和国成立70周年大会，未能参加集中收看的党员和干部，在家中利用电视、手机、网络直播等多种形式收看收听盛会。

三、调查研究

县委围绕解决新宾在振兴发展中存在的突出问题和群众反映强烈的热点难点问题，聚焦自身存在的突出问题、党的建设面临的紧迫问题，针对工作中的弱项和短板，分别围绕农村垃圾分类、“三向培养”、乡村治理、脱贫攻坚等突出问题制定调研方案。县级领导干部以身作则，按照调研方案，直接深入基层采取面对面交流、座谈研讨、听取群众意见等方式深入开展调查研究。县委书记那学成同志对班子成员开展调研进行总体把关和统筹安排，并对5名领导干部调研题目提出重新调整要求。各基层党员领导干部联系工作实际深入基层了解民情、掌握实情，广泛听取群众意见建议，搞清楚制约本乡镇、本部门的突出问题是什么、症结在哪里，就群众关心关切和热点难点问题做好深入调研。县级领导干部形成调研报告27篇，提出了具有可操作性的对策建议。10月30日，县级领导班子、各乡镇、县直各部门、各事业单位按要求先后召开调研成果交流会。县级领导干部结合调研成果，形成文件7件，制定规章制度9个，采取转化措施办法等48项。乡镇、县直部门、事业单位共形成文件43件，制定规章制度37个。县级领导班子、各乡镇、县直各部门、各事业单位领导干部深入基层通过调研解决实际问题427个。

在认真学习调研基础上开展讲专题党课活动。10月30日，县委书记那学成为全县正科级以上领导干部讲了题为“守初心、担使命，坚持‘实、好、干’工作理念，推进全县振兴发展”的专题党课。至11月5日，县领导班子成员分别到各自分管领域讲了专题党课。各党支部书记也开展了讲一次专题党课，或向所在支部报告一次个人学习体会活动，相互交流学习成果。

四、检视问题

县委召开主题教育征求意见座谈会，采取个别访谈、发放征求意见表等方式，真心实意听取基层党员群众、工作服务对象的意见建议，收集汇总各类意见建议877条，整理后全部列入问题清单。全县各乡镇、县直各部门、各事业单位班子及成员对照党章党规，对照人民群众新期待，对照先进典型、身边榜样，结合谈心谈话征求到的意见建议，共检视出各类问题3997个，逐一建立问题清单。全县基层党员共检视问题32328个。紧扣中央提出的“18个是否”，县领导班子成员共查找出问题263条，并逐一说明问题原因。11月上旬，全县各乡镇、县直各部门、各事业单位全部召开了对照党章党规找差距专题会议。

五、整改落实

县委坚持把整改落实作为主题教育的基本点，注重实际效果，将“改”字贯穿始终。县级领导班子共检视问题95个，已经解决67个，正在解决的28个；班子成员检视问题389个，已经解决334个，正在解决的55个。全县各乡镇、县直部门、事业单位领导班子检视问题812个，已经解决656个，正在解决156个；班子成员检视问题3185个，已经解决2579个，正在解决606个。全县各级领导班子、班子成员和基层党员对查摆出的各类问题，逐条制定了整改措施，对能够当下改的问题，全部明确整改时限和要求，确保年底前整改到位；一时解决不了的，制定阶段目标，盯住不放，坚决防止虎头蛇尾、久拖不改，确保在2020年底前取得阶段性成效。12月2—10日，全县540个党支部全部召开了专题民主生活会和组织生活会，对照检视问题深刻剖析问题根源，明确整改措施和时限，抓好问题整改。

结合整改落实，县委在承接抚顺市委“10+2”专项整治工作的基础上，结合新宾工作实际，增加“农村生活垃圾分类及资源化利用工作存在问题”专项整治，形成了“10+2+1”专项整治方案。由县委副书记直接抓专项整治工作，明确县纪委监委作为专项整治工作牵头部门，建立周计划、日记录、周调度、双周汇报分头联系制度，定期对“10+2+1”专项整治工作进行实地督导，做实专项整治“后半篇文章”。通过开展专项整治，中央环保督察交办的29个案件全部完成整改，制定了大伙房水源保护区内的66个风险源“一源一策”整改清单。全县文件较同期减少33%，会议同比减少41%。查处形式主义、官僚主义问题33起；违反中央八项规定精神问题14起；处置问题线索473件，其中立案238件，结案205件，推进建章立制77个。累计追回、补发、解决未到位涉农资金项目等相关款项390万元，解决民生资金项目大数据监督平台对比问题1601个，追回资金9580元。侦破“黄赌毒”案件58件；扫黑除恶立案97件，破案90件，打击处理97人；依法查处1个家族恶势力犯罪团伙，清理执行难案件10件，执行到位金额3700万元，办结涉企营商案件9件，清还政府失信欠款143万元。提前完成“减存控增”案件化解任务，13个共性信访问题化解7个，重点领域信访案件息访率达到75.76%。储备年轻干部132人，选树先进党支部1个、优秀党员干部2名、新宾好人10名。完成22个软弱涣散村（社区）党组织整顿，调整补齐村“两委”空缺职位111个，全县有集体经济的村达到97%。

六、特色做法

举办夜间课堂。在县委“读书班”集中学习结束后，为推动党员干部持续跟进学、融会贯通学，做到集中学习与日常工作两不误、两促进，县委安排每周三举办“夜间课堂”，各乡镇、县直各部门也同步开展“夜间课堂”学习活动。

开展“雁归巢”行动。针对农村人才匮乏、“青黄不接”“后继乏力”问题，县委印发《关于实施“雁归巢”行动计划助推乡村振兴和“三向培养”工程的实施方案》，制定“雁归巢”行动计划，重点做好“三向培养”工程“前半篇”文章，对农村人才现状进行深入调研，统计出18—45周岁外出人口达3307人，列入重点回乡创业人员151人，为返乡创业人员提供政策扶持、资金支持和跟踪服务，现已有14人返乡创业。

打造垃圾分类“升级版”。县委针对在主题教育中检视出农村生活垃圾分类还存在管理体制机制不完善，分类、运输、处理没有形成工作闭环等问题，在原有垃圾分类及资源化利用体系基础上，建立了“户分类、户处理、少出院、村收集、乡运转、县处理、零填埋”的垃圾处理闭环运营体系，制定《关于打造垃圾分类及资源化利用工作“升级版”的实施意见》，进一步完善了垃圾分类闭环运营体系，从根本上解决终端垃圾和积存垃圾问题。

（宫希庆）

新宾满族自治县2019年机构改革工作综述

按照省市关于党政机构、事业单位和乡镇机构改革的总体部署，2019年，全县已全面完成各项机构改革工作任务，达到了改革预期目的，取得了阶段性成果，改革后全县党政、事业及乡镇工作机构运行情况良好。

一、党政机构改革情况

1.加强领导明确责任。县委成立了县深化党政机构改革工作领导小组，统一领导全县党政机构改革，明确党政主要负责同志为机构改革的第一责任人，县委、县政府分管领导负责分管领域改革的实施工作。县委办公室、县政府办公室印发了《关于做好县级机构改革有关事项的通知》，并于1月18日召开了县党政机构改革动员大会，公布了中共新宾满族自治县委、新宾满族自治县人民政府关于转发《中共辽宁省委办公厅、辽宁省人民政府办公厅关于印发〈新宾满族自治县机构改革方案〉的通知》的通知。至2月底基本完成了县党政机构调整、职责划转、新机构挂牌、人员转隶、集中办公、领导班子配备、统一社会信用代码赋码、刻制公章、发文启动新公章工作。印发“三定（定机构、定职能、定编制）”规定29个，县应急管理局“三定”规定跟进省市印发。2月21日，完成涉改部门领导班子任命。

2.改革组织实施情况。新组建机构应挂牌机构10个，完成10个。应完成人员转隶机构17个、112人，完成17个、112人。应完成集中办公机构12个，完成12个。新组建机构应完成开立文件户头、涉密文件清理机构11个，完成11个。应完成国有资产划转机构9个，完成9个。应完成档案交接和管理机构8个，完成8个。在改革期间做好离退休干部管理服务，在人员转隶过程中确定了相关部门的离退休人员归属等事宜。落实统一领导、统一管理和归口领导、归口管理有关要求，将县委编办归口县委组织部领导，县委编办主任兼任县委组织部副部长职务。

3.“三定”规定执行情况。落实“三定”规定中明确的部门职责分工情况。除县应急管理局外，将19项职责明确到17个部门“三定”规定中，明确牵头部门，分清主次责任，避免职能交叉重叠。除县应急管理局外，在17个部门“三定”规定中，明确47项职能转变要求。按规定，县党政机构不设内设机构，不涉及中层干部配备，人员由县党政机构安排。29个党政机构开展定岗定责定流程工作，应急管理局因“三定”规定未印发暂未开展，29个党政机构共梳理职责数2675条，设定岗位数649个，明确责任数4769条，制定流程图1532个。

4.党政机构运行情况。新组建党政机构以新机构名义对外开展工作机构11个，完成新机构启用新印章工作。党政部门均能按《关于调整机构编制事项的通知》完成职责交接，以“三定”规定为依据履行新的职责。党政部门运行时间较短，本着先有物理变化的基础上产生化学反应的过程，在职能融合、人员配置等方面落实，确保履职能力优化提升。各部门各项工作运转正常、内部外部工作衔接顺畅。全县于4月启动了实名制网络管理系统中党政机构编制信息和实名制数据更新工作。

二、事业单位改革

1.改革方案落实情况。2019年3月15日，县委常委会通过《新宾满族自治县公益性事业单位调整方案（草案）》。3月21日，中共新宾满族自治县委员会办公室印发《新宾满族自治县公益性事业单位调整方案》。调整后，全县公益性事业单位整合组建了16个事业中心。5月5日，县委任命了调整后的事业单位领导班子，同时，县委设立了调整后的事业单位党组织，并明确了事业单位党组织隶属关系。《新宾满族自治县公益性事业单位调整方案》和事业单位“三定”规定中明确调整后的事业单位由相应主管局代管或归口领导，明确了事业单位和党政机关的协调、衔接机制。乡镇不再设立事业单位。4月18日，经县机构改革领导小组会研究决定，乡镇事业站整建制划入县人力资源和社会保障中心，在乡镇依然分别设置农业技术推广站、林业站、企业服务站、社会事业站，作为县人力资源和社会保障中心的分支机构。设在乡镇的分支机构（包括人、财、物）由乡镇党委政府负责管理，并由乡镇对管理情况负全责。县行业主管部门配合乡镇履行好行业指导职责。制定了事业单位改革相关配套政策，《新宾满族自治县公益性事业单位优化整合方案》中明确了县纪委监委、县委组织部、县委宣传部、县人力资源和社会保障局、县财政局、县审计局、县改革办、县委编办的责任分工。相关责任部门依据省市要求制定了相关配套政策。

2.改革组织实施情况。5月上旬，完成10个调整后事业单位挂牌工作，完成调整后16个事业单位人员转隶、法人登记、集中办公、涉密文件清理和启用新印章。5个新组建事业单位完成开立文件户头。完成国有资产划转机构16个。完成档案交接和管理机构16个。做好改革期间离退休干部管理服务工作，在人员转隶过程中确定相关部门的离退休人员归属等事宜。15个事业单位“三定”规定设置了内设机构、分支机构，完成配备干部和人员工作。调整后事业单位“三定”规定，除县应急服务中心外，其余15个事业单位共划转公益主要职能83项。完成承担行政职能事业单位行政职能划转工作。2019年5月，县编委办按照《关于开展事业单位承担行政职能清理工作的通知》，清理了全县事业单位被授权或委托承担的行政决策、行政许可、行政裁决、行政处罚、行政强制、行政检查等职能。共清理出行政职能（行政许可、行政裁决、行政决策）78项，在党政机关“三定”规定中，全部交回行政机关；清理出行政执法职能（行政处罚、行政强制、行政检查）492项，继续交由整合后的事业单位综合承担。15个县直事业单位开展定岗定责定流程工作，共梳理职责数2030条，设定岗位数1207个，明确责任数1681条，制定流程图701个。应急管理中心因“三定”规定未印发暂未开展。

3. 事业单位运行情况。调整后新组建的16个事业单位均以新机构名义对外开展工作，单位各项工作运转正常，内部整合到位，与党政机关工作衔接顺畅。5月10日，完成调整后事业单位基层党组织设立工作。按照改革的要求，于4月启动了实名制网络管理系统中调整后事业单位编制信息和实名制数据更新工作。

三、乡镇机构改革

1. 加强组织领导深入调查研究。县委将乡镇机构改革作为重要政治任务，切实履行主体责任，明确党政主要负责同志为乡镇机构改革的第一责任人，县深化党政机构改革工作领导小组统一领导乡镇机构改革工作，不折不扣落实好各项改革任务。为准确合理表述《新宾满族自治县乡镇机构改革方案》中的机构设置、编制核定、党委委员核定、便民服务平台、综合执法、网格管理和指挥平台等内容，在较短时间内，以电话咨询、函件征求意见等方式，多次向有代表性的乡镇开展调查研究，为制定符合新宾特点的《乡镇机构改革方案》提供支撑和保障。

2. 集体研究讨论，拟订改革方案。县委书记那学成主持召开县党政机构改革领导小组第13次会议，专题研究《新宾满族自治县乡镇机构改革方案（讨论稿）》，对重新核定乡镇人员编制、领导职数、机构设置等内容进行了深入细致地讨论，原则通过《新宾满族自治县乡镇机构改革方案（初稿）》，并确定由县委副书记统筹协调乡镇机构改革的各项工作，切实做好实施阶段的准备工作。8月29日，县委办公室、县政府办公室联合印发《新宾满族自治县乡镇机构改革方案》。

3. 机构设置。严格落实“规定动作”，严格按照省委要求，较小乡镇设置4个综合办事机构，中等乡镇设置5个综合办事机构。因地制宜做好“自选动作”，在征求2个较大乡镇意见的基础上，结合乡镇实际，除4个必设机构外，新宾镇设置审批服务办公室、第一产业办公室、第二产业办公室；永陵镇设置审批服务办公室、第一产业办公室、第三产业办公室，形成了新宾满族自治县乡镇机构改革的亮点。

4. 人员编制。将乡镇按第一产业、第二产业和第三产业分类对待，充分考虑乡镇经济发展、城镇建设管理、人口、地域面积等因素，将476名乡镇行政编制统筹分配，较小乡镇行政编制25名，中等乡镇行政编制29—33名，较大乡镇行政编制47—50名。

5. 领导职数。大、中、小乡镇党政领导职数按8、7、6名重新核定；党委委员9名，含党委书记、乡（镇）长、党委副书记、纪委书记、组织委员、宣传委员、政法委员、统战委员、武装部长各1名。党委委员按照乡镇领导职务配备。乡镇设人大主席1名，较大乡镇另设专职副主席1名。

四、取得的成效

1. 党政机构改革后，县委、县政府的工作机构由原来的36个缩减到30个，其中县委工作机构由10个缩减到8个，政府工作机构由26个缩减到22个。改革后，从体制机制上对全面加强党的领导做出制度安排，从机构及职能设置上把加强党的领导落实到各领域、各方面、各环节。统筹设置党政机构，增强党的领导力，提高政府执行力，强化党组织在同级组织中的领导地位，党的领导得到加强。在做到县委、县政府部门在机构设置和职能配置上同市委、市政府机关保持基本对应外，对这次机构改革没有涉及的部门，也按照上下对应的原则对部门间职责关系进行了理顺，确保上下贯通、执行有力。因地制宜设置机构和配置职能，突出地方特色。按职责相近、方便管理的原则将县信访局并入县委政法委，将县机关事务管理局并入县政府办公室。理顺部门职责分工。坚持一件事情原则上由一个部门负责，在确定党政部门机构设置基础上，对政府部门承担的职能进行调整，分清主次责任，避免职能交叉重叠、避免推诿扯皮现象。推动党政机构编制问题整改。对全县机构编制存在的超规格核定机构级格和领导职数的67个问题进行了全面整改，取消了拟核定的8个领导职数，确保党政机构核定的领导职数准确规范。

2. 事业单位改革按照全省统一要求，除学校、医院等事业单位不参与改革外，参与改革的县本级事业单位211个整合为15个，精简比例达92.9%。不再保留乡镇事业单位，60个乡镇事业单位全部销号。通过改革，有效解决了事业单位规模小、散、乱的问题，解决了有人没事干、有事没人干的问题，解决了事业单位体制机制不活等问题。在机构设置上，结合全县实际，按职责相近、方便管理的原则将事业单位重新调整整合，基本保证党政机构对应代管一个事业中心，保证工作有序衔接。合理设置内设机构和分支机构。事业单位职责进一步理顺，为党政机构履职提供技术支持和服务保障。整合后的事业单位有效解决了机构编制工作中超规格核定领导职数、超审批权限设置事业单位等问题。

3. 乡镇机构改革后，乡镇人员编制结构进一步优化，机构设置更加突出职能定位，重点体现在新宾镇、永陵镇两个较大乡镇的机构设置上，区分两个乡镇的职能定位和发展方向，按需设置综合办事机构。重新明确了纪委书记、党委委员、人大主席、武装部长等职数，从机构编制管理方面更加符合乡镇实际情况，使乡镇的领导职数更加合理、规范、严格，基层管理体制更加适应新形势新任务需要。

（徐　亮）

庆祝中华人民共和国成立70周年大型活动纪实

为喜迎中华人民共和国成立70周年，歌颂新宾经济社会发展成就，展示城乡群众健康向上的精神面貌，凝聚全县人民文明力量，助推幸福美丽新宾建设，新宾各界举办了20场不同形式的庆祝活动。

9月19日，由县慈善会、团县委、县教育局共同主办的“重温红色经典，传承红色基因”主题话剧大赛（决赛）暨颁奖典礼在新宾职教中心报告厅举行。县委副书记王庆伟，县委常委、统战部部长朱涛，县委常委、宣传部部长张报吉，县教育局局长苏岫珉，县慈善会会长孙金义，县教育局副书记张迪，团县委副书记任娟参加此次大赛。大赛历时4个月，通过各团委、各少先大队的积极宣传发动，每个团支部、少先大队积极上报参赛作品，经过层层选拔和筛选，最终有21组作品进入大赛决赛。新宾镇中心小学的《小英雄雨来》荣获大赛一等奖；红庙子小学的《金色的鱼钩》、新宾镇中心小学的《小英雄王二小》荣获大赛二等奖；木奇中学的《赵一曼》、永陵满族小学的《人民的好儿子罗学义》、实验小学的《战火中的大学生》荣获大赛三等奖；永陵中学的《金色的鱼钩》、实验小学的《金色的鱼钩》等荣获大赛优秀奖。

9月23日，中共新宾满族自治县委、县政府在新宾镇和平广场举办庆祝新中国成立70周年暨第五届“舞动梦想·魅力满乡”广场舞大赛，为全县人民献上了一场精彩纷呈的视觉盛宴。县委书记那学成，县政协主席赵晓日，县委常委、纪委书记魏兵，县委常委、统战部部长朱涛，县委常委、宣传部部长张报吉，县委常委、县政法委书记程佩林，县委常委、组织部部长王志伟等县领导出席并观看比赛。一曲《我和我的祖国》奏响了大赛的序幕，县“四家”班子领导同千名干部群众同唱《我和我的祖国》，表达了对祖国的深情热爱。来自全县各乡镇的15支代表队陆续闪亮登场。他们的表演精彩纷呈，或节奏明快，或优美舒缓，呈现出了一幅幅精美的画卷，给观众一种美的享受。各表演队队员精神饱满，神采飞扬，她们用优美的舞姿，展现了全县各族人民奋发向上的精神风貌。在表演环节，由金色年华艺术团、久扬女子艺术团、满族民间艺术团、快乐角健身队、幸福乐万家健身艺术团表演了舞蹈《我和我的祖国》《爱我中华》，充分表达了满乡人民的爱国情怀和乐观向上的精神风貌。平顶山镇、永陵镇获得了一等奖，新宾镇、响水河子乡、榆树乡、南杂木镇、上夹河镇获得了二等奖，下夹河乡、大四平镇、木奇镇、北四平乡、红升乡、苇子峪镇、旺清门镇、红庙子乡获得了三等奖。金色年华艺术团、久扬女子艺术团、快乐角健身队、幸福乐万家健身艺术团、满族民间艺术团获得了优秀表演奖。

9月24日，由县委、县政府主办，县民族和宗教事务局、县教育局承办的“民族一家亲，奋进新时代”全县各族群众喜迎国庆70周年暨2019年民族团结进步宣传月文艺展演在和平广场拉开序幕。县委副书记王庆伟出席活动并致辞。县委常委、统战部部长朱涛，县委常委、宣传部部长张报吉、县人大、县政府、县政协相关领导及相关部门领导出席活动并观看了演出。

文艺展演分为大型团体展演和舞台节目两部分，新宾镇中心小学团体操《威风锣鼓》为演出拉开序幕，孩子们敲起锣鼓，为民族一家亲呐喊，为奋进新时代喝彩。满族秧歌《满童乐》《满乡吉祥娃》《欢腾满乡娃》、满族舞《满家娃》等节目，表现了满族豪放、矫健的民族特色，演员们用曼妙的舞姿来表达他们在这个时代里积极乐观、拼搏向上的飒爽英姿。舞蹈《竹竿舞》《欢腾》《吉祥谣》等节目，用优美的舞蹈全心演绎“民族平等、团结、进步、繁荣、发展”的佳话，谱写出民族团结进步的华彩乐章。独唱《今天是你的生日》《苏子河、母亲河》表现了各族人民紧密团结、共同绘制小康社会的宏伟蓝图的决心。舞蹈《庆丰收》《老师亲、妈妈亲》、健美操《燃烧我的卡路里》、旗袍秀《赫图阿拉之心》、器乐合奏《笊篱姑娘下山来》等节目轮番上演，赢得观众阵阵掌声和喝彩。整台节目表达了民族一家亲、同心共筑中国梦的美好愿望。

县直各单位录制《我和我的祖国》快闪8篇，在“学习强国”学习平台发表。实验幼儿园组织全体师生共唱《今天是你的生日，我的中国》；组织离退休老干部和青年志愿者录制《我和我的祖国》快闪；以全县广场舞大赛为契机，组织机关干部、群众参与录制《我和我的祖国》快闪。县融媒体中心全体记者、锦州银行新宾支行、县检察院、新宾农商银行分别录制了《我和我的祖国》快闪；结合县职教中心学生运动会组织录制了一篇《我和我的祖国》快闪。悠悠故乡情，拳拳爱国心。嘹亮的歌声通过“学习强国”学习平台、新宾电视台、新宾宣传微信微博传过万水千山，唱出新宾人民对美好生活的向往，对祖国的美好祝愿。

（焦凤虹）

大事记

1月

8日　县政协召开企业家“解放思想推动高质量发展大讨论”座谈会。

9日　县教育局出重拳开展在职教师有偿补课大检查，严厉打击寒假期间在职教师有偿补课行为。

14日　“2019抚顺·新宾满族农庄过大年”活动在赫图阿拉城盛大启幕。

18日　县委召开机构改革动员大会。

21日　县委理论学习中心组召开“解放思想推动高质量发展大讨论”第四阶段扩大会议。

23日　副县长段晓云到南杂木镇看望和慰问特困户，并送去面、油等生活物资。

31日　辽宁省广电局暨抚顺市2019年文化、科技、卫生“三下乡”集中示范活动启动仪式在永陵镇举行。

是日　辽宁凯恩启运旅游开发有限公司携中冶沈勘工程技术有限公司与新宾满族自治县人民政府签订神树柜石旅游开发项目协议，项目总投资22.95亿元。

2月

22日　中共新宾满族自治县第十四届纪律检查委员会第四次全体会议召开。

26日　凤城市委书记李友、凤城市市长刘向东到平顶山镇下青村、大琵琶村参观学习垃圾分类减量及资源化利用经验。

27日　县车辆运输管理所正式启用机动车“通道式”查验。

28日　县政协召开九届五次常委会。

3月

4日　县总工会召开第十五届委员会第六次全体（扩大）会议。

5日　县公安局刑侦大队成功破获系列盗车抵押案。

6日　县人民法院成功审理首例侵犯公民个人信息案。

7日　县妇联、县司法局、县法律援助中心共同开展维护妇女儿童合法权益普法宣传活动。

是日　省委第四巡视组巡视新宾满族自治县情况反馈会议召开。韩振平进行巡视情况反馈，刘子正传达省委书记陈求发讲话精神，吕凤军就抓好巡视整改工作提出要求。

是日　县妇联召开“建设幸福家庭、热爱美丽家乡、共抒家国情怀”为主题的全县最美家庭表彰会，表彰2017—2018年全国、省、市最美家庭285户和3620个全县最美庭院。

9日　全县2018年农村生活垃圾分类及资源

化利用表彰暨“七美新宾”建设工作动员大会在县会展中心召开。大会表彰先进乡镇8个、精品村69个、先进个人100人。

11日 全县经济工作暨项目建设和“双招双引”工作会议召开。

12日 全县森林防火暨松材线虫防控工作会议召开。

13日 县检察院“12309”检察服务中心开始试运行。

14日 县政协副主席张云起组织政协教育组委员就中小学课后服务推进工作开展调研。

15日 十四届中共新宾满族自治县委召开第六轮巡察情况反馈会议，巡察组分别对红升乡7个行政村、红庙子乡10个行政村、旺清门镇9个行政村巡察情况进行反馈。会议要求各乡镇党组织从源头出发，逐项推进，细化措施，落实责任，务求取得整改实效。

是日 辽宁省农科院水稻研究所与县科技局开展科技特派服务行动。

18日 召开2019年县委工作会议。

19日 县检察院被辽宁省检察院评为全省“先进基层检察院”。

20日 全县首例监委移送起诉案件开庭，县检察院党组书记、检察长兰程以国家公诉人身份出席法庭审判支持公诉。

22日 县农业信息培训中心组织42名新型职业农民参观考察辽宁省果树科学研究所，学习陆地果树和设施果树栽培技术。

26日 新宾镇积极引进秸秆综合利用试验项目，积极探索秸秆综合利用、变废为宝新方式。

29日 第五届“新宾好人”颁奖典礼举办，荣获“新宾好人”荣誉称号的人员有：王冲、王妍、潘文财、李炳旭、许帆、张泽富、刘艳红、李玉忠、臧绍新、王明芳。

4月

1日 市委宣传部副部长张晓飞检查广播电视行业安全播出工作。

2日 县医保局在百货大楼广场举行“打击欺诈骗保”宣传月活动。

3日 全县2019年森林防火安全培训会议召开。

4日 以“青春心向党、建功新时代”为主题的清明祭扫烈士墓活动举办。县委宣传部、团县委、县教育局、县慈善会、新宾镇内各学校师生代表1200余人参加祭扫活动。

5日 县委书记那学成深入南杂木镇、上夹河镇、永陵镇、苇子峪镇督查森林防火工作落实情况。

是日 市人大代表新宾团第二小组成员共9人到红升乡白旗村调研脱贫攻坚工作。

17日 市人大常委会副主任王玉霜调研新宾满族自治县殡葬陋习整治工作。

是日 省新型职业农民信息培训中心副主任冯景波对新宾满族自治县新型职业农民培训工作进行回访。

是日 县森林公安局重拳打击野外违法用火行为，查处野外违法用火案件36起，行政拘留36人。

22日 共青团新宾满族自治县委召开二十届二次全体（扩大）会议。会上，对全体与会团干部进行了集体廉政谈话。

25日 团市委、团县委联合举办“青年文明号”手牵手结对助学活动。

27日 第二届满族文化梨花节举办。

29日 县总工会举办第五届劳动模范表彰大会，表彰劳动模范49人，先进集体9个。全县各阶层487人参加会议。

30日 抚顺新宾氢能与燃料电池产业推介会暨氢燃料电池旅游观光车产品发布会举行。县委副书记、县长陶承海推介了氢能与燃料电池产业现状和发展规划，陶承海与中国能源工程集团有限公司就中国氢能装备检测中心项目签约，与江苏奥新新能源汽车有限公司就奥新新能源汽车辽宁专用车生产基地项目签约。

5月

1—4日　第三届满族开山节举办。

10日　县融媒体中心正式挂牌成立。县委常委、宣传部部长张报吉出席揭牌仪式。

15日　全县26个县直部门、单位及市属单位在百货广场开展了“5·15政务公开日”宣传活动。

16日　县妇幼保健中心举办全县农村妇女“两癌”检查、预防艾滋病、梅毒、乙肝母婴传播培训会。

17日　团县委、县总工会、县妇联联合举办“壮丽70年、奋斗新时代”青年职工交流联谊活动。全县各机关的54名青年干部参加联谊活动。

19日　县退役军人事务局为烈属、军属和退役军人家庭悬挂光荣牌仪式启动。县武装部领导、各乡镇的退役军人服务干部等共计49人参加。

23日　山西省工商联副主席隋淑静带领全国工商联省际交叉检查组检查新宾满族自治县“万企帮万村”精准扶贫行动台账。

24日　省财政厅驻永陵镇陡岭村帮扶工作队邀请省农科院经济作物研究所药材种植专家3人走进陡岭村，传授中药材种植、管理等方面技术知识。

25日　市人大代表新宾团9人针对新宾满族自治县文化传承及满绣发展情况进行视察。

27日　县委副书记、县长陶承海代表全县受邀参加辽宁省职工技能大赛暨全省匠心杯首届辽菜烹饪职业技能大赛开幕式，在现场开展了满族特色小吃、旗袍文化等方面互动交流。

28日　违法违规私建“住宅式”墓地等突出问题专项摸排工作部署会议召开。

29日　县政协副主席孔祥禄带领党群委相关界别委员，对全县社区矫正工作进行视察。视察组分别到红庙子乡司法所、新宾镇司法所、司法局社区矫正教育管理中心视察社区矫正工作。

31日　市委常委、宣传部部长戴小梅看望“吊车侠”兰郡泽，并颁发“百姓雷锋”证书。

6月

3日　“农村人居环境整治新宾教育在行动”启动仪式在新宾镇中心小学举行。

4日　县烟草公司组织开展第32个“世界无烟日”宣传活动。

5日　国务院妇儿工委办公室到抚顺调研，听取新宾满族自治县政府妇儿工委主任徐卫华及县法院、卫生健康、教育等部门工作汇报。

6日　县检察院“12309”检查服务中心揭牌成立。

7日　县委副书记、县长陶承海，县政协主席赵晓日、副主席孔祥禄到第二高级中学检查高考各项工作。

12日　新宾镇等五个乡镇380名农民参加2019年度新型职业农民培训活动。参加培训的人员全部获得了新型职业农民资格证书。

13日　抚顺市道地中药材种植与加工发展协会在新宾召开了成立大会。

是日　中共新宾满自治县委做出关于开展向“百姓雷锋”兰郡泽学习的决定。

是日　《新宾满族自治县文物志》正式出版。

14日　召开2019年“安全生产月”和“安全生产抚顺行”动员会暨季度安委会（扩大）会议。

是日　县司法系统首个人民调解工作室在北四平乡火石村挂牌成立。

17日　县安全生产委员会23家成员单位开

展“防风险、除隐患、遏事故”主题咨询日活动。

是日 在赫图阿拉城举办朝鲜族民俗节活动，全县朝鲜族群众1000余人参加活动。

19日 县人大邀请市委党校讲师对县各级人大代表370人进行《中华人民共和国宪法》培训。

20日 省农村工作委员会主任王大鸣到新宾调研农村生态环境和特色产业融合发展情况。

是日 民盟、民进抚顺市委百余名盟员和会员到上夹河镇开展送教送医下乡活动。

21日 县政府召开防汛抗旱工作会议，安排部署2019年防汛抗旱工作。

是日 省政协文化和文史资料委员会主任王意恒到新宾调研非物质文化遗产满族剪纸保护传承发展情况。

22—23日 以“森林深呼吸、康养零距离”为主题的首届“森林瑜伽节”举行。

24日 县交警大队12小时破获一起交通肇事致人死亡逃逸案。

25日 新宾满族自治县首批中小学生名师工作室成立。

26日 一脉阳光医学影像诊断中心在县人民医院成立。副县长杨东、一脉阳光影像医院总院长徐克为中心揭牌。

29日 辽宁中科诺维生物科技有限公司1.2亿元人参提取物加工项目落户永陵农产品加工园区，实现当年落地、建设、达产。

30日 庆祝中华人民共和国成立70周年大型文艺晚会在和平广场举行。

7月

1日 县委、县政府主办的庆祝建国70周年暨迎“七一”大型文艺晚会在和平广场演出。

2日 十四届中共新宾满族自治县委召开第七轮巡察情况反馈会议。

3日 县市场监督局等七个部门联合开展“尚德守法、食品安全让生活更美好”为主题的食品安全宣传月活动。

4日 召开全县脱贫质量“大普查大排查大督查”工作会议暨业务培训会议，脱贫攻坚领导小组成员单位和各乡镇共计47人参加会议。

是日 九届人大常委会召开第九次会议，通过了县人大代理主任、县政府副县长、县监察委员会、检法两院等相关人事任免决定。会议推选谢大利为县人大常委会代理主任。

是日 “2019年抚顺市乒乓球联赛新宾分站赛”开赛。

5日 《满乡大讲堂》邀请省委党校副教授李海鹏以《全面优化辽宁营商环境》为题对全县副科级以上领导干部进行专题辅导。

10日 全县民生资金项目大数据监督平台正式上线启动会召开。

12日 省广播电视局党组书记、副局长李丽红一行3人到县广播电视中心调研有线电视节目传送机构播出安全工作。

16日 市委书记来鹤到新宾调研防汛和脱贫工作开展情况，并慰问见义勇为模范兰郡泽。

18日 县政协副主席张云起组织宣教文卫委员会部分政协委员7人，到北四平乡宝汤村、木奇镇柜石旅游区、抚顺青松药业有限公司调研温泉旅游发展项目情况。

20日 “抚顺·新宾第五届蓝莓采摘节”在北四平乡冯家村隆重开幕。省市电视台及相关人员约3000人参加开幕式活动。

23日 县政法委组织县委统战部、县公安局、县司法局、县文旅局、县教育局、团县委以及15个乡镇开展反邪教宣传活动。

24日 金满园钙业发展股份有限公司与新宾满族自治县人民政府签订投资协议，该项目总投资1.5亿元。

29日 市委书记来鹤到新宾检查指导防汛工作。

30日 市委副书记于万军、副市长王金华检查指导新宾防汛工作。

31日 县委副书记、县长陶承海，副县长杨东走访慰问县武装部、武警中队等现役官兵与建国以前退役老兵李志明。

8月

1日 《新宾满族自治县农村生活垃圾分类及资源化利用管理条例》施行。

3—7日 猴石国家森林公园举办第三届乞巧节，来自各地的游客在节日期间观看精彩的节目、品尝精致的满族民间小吃、参加篝火晚会、体验各种游戏。

7日 孟广顺烈士迁葬仪式在永陵镇烈士陵园举行。

9日 永陵镇赫图阿拉村被评为全国首批乡村游重点村。

12日 新宾满族自治县启动防汛三级应急响应，全面迎战台风“利奇马”。

14—16日 新宾遭遇特大暴雨侵袭。红庙子乡、旺清门镇、响水河子乡、红升乡等乡镇灾情尤为严重。此次灾情新宾受灾人口18236人，转移安置人口1827人，没有出现失踪人口及人员伤亡。造成直接经济损失24416.8万元，其中农业经济损失7329.6万元、水利经济损失11290.5万元、交通经济损失5081万元、其他经济损失715.7万元。

21日 十四届中共新宾满族自治县委第九次全体（扩大）会议召开。

是日 省妇联在新宾满族自治县上夹河镇召开“千村美丽、万村整洁”现场拉练推进会，与会人员实地察看了上夹河镇古楼村、马尔墩村美丽乡村和美丽庭院建设情况。

23日 市委常委、副市长蒲信子、副市长朱光明到新宾满族自治县响水河子乡富江西自然屯、红庙子乡四道沟村、西岔村、英盈村考察灾区灾情，研究部署灾后重建工作。

26日 县政协副主席耿忠柱带领部分委员对全县农村集体产权制度改革工作开展情况进行调研。

27日 县政协主席赵晓日、副主席耿忠柱、孔祥禄及委员代表王淑华把委员捐款6.693万元送至红庙子乡、旺清门镇，并慰问灾区群众。

28日 召开2019年创建省级文明城市推动暨迎检工作会议。

是日 辽宁广播电视台乡村广播、县文化旅游和广播电视中心承办的2019年全省“三下乡”系列活动—庆祝新中国成立70周年公益演出在南杂木镇举行。

9月

2日 县安委会召开第三次全体会议暨“压事故、保平安”专项整治工作会议，在全县范围内开展“压事故、保平安”专项行动。

4日 副市长朱祥林到新宾检查营养配餐工作开展情况。

5日 县综合执法大队开展以“全面治理城市、共建宜居家园”为主题的县城环境卫生综合整治行动。

9日 县委组织收听收看全省“不忘初心、牢记使命”主题教育第一批总结暨第二批部署电视电话会议。

是日 县政府召开2019年度“双合格”人员定兵排序会议，批准“双合格”应征青年入伍。

是日 “兴京满绣”品牌荣获“2019辽宁省纺织服务行业十大设计师定制品牌”年度大奖。

10日 县政府召开上半年经济形势分析暨“重强抓”专项行动推进会议。总结全县上半年经济运行情况、分析存在的问题，通报全县“重强抓”专项行动任务完成情况，部署全县下半年经济工作。

11日 中冶沈堪与辽宁凯恩启运旅游开发有限公司圆满完成神树柜石景区开发项目总承包签约。

12日 县总工会组织市、县医疗单位到辽宁华驰专用汽车有限公司开展送健康进企业活动。

16日 县人大党组副书记、代理主任戴清江带领县级市人大代表视察电商产业发展情况。

19日 县人民法院正式启动“移动微法院”网上立案。

20日 县委书记那学成，县委副书记、县长陶承海，县人大党组书记张明友、县政协主席赵晓日等县四家班子领导分别走访慰问新中国成立前老战士4人、离休老干部4人、老党员4人。

23日 县委、县政府举办第五届“舞动梦想·魅力满乡”广场舞大赛。

24日 县九届人大常委会召开第十次会议，会议通过了县人大常委会代理主任、县人民政府副县长、县监察委员会代理主任等相关人事任免决定。

是日 县公安局网安大队开展以“网络安全为人民、网络安全靠人民”网络安全宣传周活动。

27日 县委召开主题教育读书班暨“勇于担当作为、推动振兴发展”专题研讨会。

是日 新宾满族自治县举办庆祝新中国成立70周年“重温红色经典、传承红色基因”主题话剧大赛（决赛）暨颁奖典礼。

28日 2019“一带一路”国际旗袍模特大赛分会场赛事在清永陵举行，参赛人员200余人。

10月

8日 县委主题教育读书班围绕“坚持全面从严治党、营造良好政治生态”“牢固树立底线思维、防范化解重大风险”两个方面主题召开研讨会。

17日 县扶贫办组织农业农村局、住建局、卫健局、人社局、教育局等部门在百货广场开展“国家扶贫日”宣传活动。

18日 县政协副主席耿宗柱带领政协农林组部分委员调研农业产业发展情况。

21日 县妇联举行助学捐赠仪式，来自江苏无锡“爱心大使、和谐菁英汇”的爱心人士对新宾满族自治县部分贫困学生进行一对一捐助。

23日 县政协召开九届七次常委会议。

24日 县林业草原局、县公安局等部门开展保护野生动植物宣传活动。

25日 副县长杨东到文化旅游和广播电视中心调研指导建设工作。

28日 全县营商环境建设工作会议召开。要求全县上下提高思想认识，以更高标准、更实措施、更大力度抓好营商环境建设。

是日 县殡葬陋习整治联合执法队在全县开展联合执法工作，重点检查殡葬用品行业从事生产经营丧葬用品业户，共检查生产经营业户150家、集贸市场13处，对违规业户进行了处罚。

30日 县委、县政府、县人大、县政协分别召开“不忘初心、牢记使命”主题教育调研成果交流会。

31日 县九届人大常委会召开第十一次会议。审议通过了《县政府关于九届人大二次会议期间代表建议批评意见办理情况的报告》《县政府关于2018年县财政预算执行及审计发现问题整改情况的报告》。

11月

1日 县委召开第十轮巡察县营商环境局、县文化旅游和广播电视中心等15个县直单位进驻动员会议，巡察组分别赴县营商环境局、县文化旅游和广播电视中心等15个单位召开进驻动员会，重点围绕营商环境建设情况及机构改革落实情况开展巡察。

4日　县政法委在全县开展反间谍法集中宣传周专题教育活动，增强人民群众反间谍安全防范意识和国家安全意识。

5日　《新宾满族自治县林业管理条例（修订）》施行。

6日　辽宁中科诺维生物科技有限公司一期工程正式竣工投产。

11日　新宾满族自治县举办首届“新宾农商银行杯”乒乓球大赛。

是日　猴石国家森林公园举办第三届“颁金节”庆祝活动，弘扬满族传统文化。

是日　辽宁省扶贫办委托沈阳农业大学对新宾脱贫攻坚成效进行评估。

12日　市政协、市关工委视察新宾满族自治县“雏鹰建言、共筑梦想”主题社会实践活动开展情况。

22日　全县粮食生产功能区和重要农产品生产保护区（“两区”）划定工作通过专家组评定验收，“两区”保护面积37946.67公顷。

26日　召开全县“学习强国”学习平台学用推广工作会议，进一步推进“学习强国”学习平台推广使用。

27日　由县政府主办、抚顺市荷之韵承办的“2019一带一路国际旗袍文化大赛”在抚顺热高乐园举行。

28日　县九届人大常委会召开第十二次会议，通过《关于补选代表的资格审查报告》《关于召开九届人大三次会相关事宜报告》、县九届人大常委会工作报告，以及有关人事任免事项。

29日　《满乡大讲堂》邀请市委党校、市委理论宣讲中心主任徐岩为全县各级领导干部解读党的十九届四中全会精神。

是日　市委宣传部新闻科科长姜云峰、科教文副科长孙明月检查指导新宾满族自治县融媒体中心建设进展情况。

是日　县工商联举行非公经济人士爱心奖学金发放仪式。县政协副主席、工商联主席徐锦玉及12家非公经济企业爱心人士参加仪式。

12月

2日　十四届中共新宾满族自治县委召开第十次全体（扩大）会议。

3日　“弘扬宪法精神、推进国家治理体系和治理能力现代化”《满乡大讲堂》专题讲座举办。

4—6日　政协新宾满族自治县第九届委员会第三次会议召开。县政协主席赵晓日作政协常委会工作报告。县政协副主席耿宗柱作提案工作报告。

5—7日　新宾满族自治县第九届人民代表大会第三次会议召开。

6日　新宾满族自治县被确定为全国乡村治理首批试点单位。

12日　市委书记来鹤、市长杨维、副市长李宏德到永陵农产品加工集聚区开展拉练检查。

是日　新宾法院公开宣判首例“村霸”恶势力犯罪案件。

是日　新宾满族自治县被辽宁省农业厅确定为省级现代农业产业园（中药材）创建县，主导产业定位为人参、细辛、刺五加等中药材，建设新宾镇、永陵镇等7个中药材产业园。

23日　县政府召开生产集中整治暨冬春火灾防控工作会议。县长陶承海要求守牢安全生产和火灾防控底线，确保全县安全生产稳定。

是日　县委召开关心下一代工作委员会全体会议。县委副书记、县关工委主任王庆伟围绕扎实开展好青少年服务和教育工作，建设团结、和谐、干事的关工委组织，展现新形象、新作为作重要讲话。

25日　县政府与辽宁谷德滋味管理有限公司实施战略合作，推动新宾满族自治县农产品销售模式升级，进一步扩大农产品在全国市场的影响力，助推一、二、三产业融合发展。

26日　根据县政府统一安排，县人社中心、市场监督管理局、住建局、公安局和交通运输局组成殡葬管理联合执法大队，对制造、销售封建迷信丧葬用品行为开展专项整治行动。

30日　以“激情冰雪·浪漫温泉·相约辽宁”为主题的2019—2020辽宁冬季旅游推广暨抚顺“嬉冰雪·泡温泉·满族老家过大年”活动在永陵镇赫图阿拉村正式启动。

县情概览

自然概况

【地理概貌】 新宾满族自治县是辽宁省抚顺市辖县，地处辽宁省东部，抚顺市东南部，居北纬41°14′10″—41°58′50″、东经124°15′56″—125°27′46″。东与吉林省通化县、柳河县搭界；西与抚顺县相接；南与本溪、桓仁满族自治县为邻；北与清原满族自治县毗连。全境东西长100公里，最狭处74公里；南北宽84公里，最狭处35公里。县政府所在地新宾镇。

新宾地处长白山支系的龙岗山余脉，地貌类型属于构造侵蚀的中低山区，这里峰峦叠嶂，山丘起伏，谷深地狭，沟壑纵横，地势由东北向西南倾斜。平均海拔492米，其中，苏子河出口最低处海拔123.8米，岗山最高海拔1346.7米，相对高差1208.4米。山地占全县总面积的71.8%，丘陵占15.9%，平地占8.9%，河流沼泽占2.3%。是“八山半水一分田，半分道路和庄园”的山区县。

【土地资源】 县域土地总面积428450.46公顷，其中耕地面积57012.05公顷、园地面积1488.55公顷、林地面积340872.07公顷、草地面积4158.58公顷、城镇村及工矿用地8182.31公顷、交通运输用地6105.93公顷、水域及水利设施用地10063.92公顷、其他土地567.05公顷。

【矿产资源】 境内经勘测确定有煤炭、金、银、铜、铅、铁、硫化铁、磷铁、赤铁、镜铁、钾长石、硅石、石灰石、磷灰石、大理石、辰砂、蛭石、云母、石英砂岩、泥炭、草炭等金属、非金属矿藏40余种，分布在境内144个矿点，其中黑色金属分布于46个矿点，总储量约1560万吨；铁矿储量3738万吨、煤炭储量3000多万吨、绿斑花岗岩储量30万立方米、黑色橄榄辉长岩储量1200万立方米。全县有铜矿点36个，矿石储量256万吨，有铅、锌矿点8处，矿量储量达16800吨。石灰岩主要分布在境内南部4个乡镇，品位在38%—60%，含二氧化硅99%以上。

【物产资源】 新宾山深林茂，资源丰富，土地潜在肥力高，有利于林、草、野生植物及农作物的生长发育。境内种植的农作物种类丰富，主要粮食作物有水稻、玉米、高粱等品种，主要油料作物有大豆、花生、向日葵等品种，此外还有大麻、晒烟、中药材等经济作物和各种蔬菜100余种。其中水稻、玉米、大豆为新宾县的优势品种。

森林是本县一大资源优势，全县林业用地面积占土地总面积的82.3%。活立木总蓄积量3214.2万立方米。天然林面积201472.3公顷，占全县林业用地面积的57.1%；人工林面积135206.6公顷，占全县林业用地面积的38.4%。公益林面积162500.1公顷，占全县林业用地面积的46.1%；商品林面积190146.2公顷，占全县林业用地面积的53.9%。全县森林覆盖率75.7%，林木绿化率77.4%。主要树木有松树、榆树、柞树、杨树、桦树、楸树、椴树、柳树等170余种。

境内野生动物177种，主要有野猪、獐、狍、獾、貉、狐、兔、野鸡、野鸭、鹰、鹊、蛇、林蛙等。其中兽类33种、鸟类124种、爬行类11种、两栖类9种。野生植物多达700余种，其中可利用的野生经济植物有12类、300余种。野生药材主要有人参、刺五加、细辛、黄芪、桔梗、五味子等139种。山野菜有刺嫩芽、枪头菜、大叶芹、猫爪子、蕨菜、猴腿、广东菜等。野生菌类有小灰蘑、松蘑、榛子蘑、木耳、榆蘑、大腿蘑、趟子蘑。野生淀粉类植物有山葡萄、山里红、山梨、猕猴桃、山胡萝卜等。野生油料类植物有山芝麻、山核桃、榛子等。全县草场辽阔，有各种野生饲料类植物250余种，正常年景可产饲草91万吨。

【水资源】 新宾是苏子河、太子河、富尔江3条河流的发源地。境内有大小河流近1700条，分布在苏子河、太子河、富尔江三大流域内，多年平均径流量13.40亿立方米。水资源丰富，全县平均每人占有水资源量3686立方米，平均每公顷耕地占有水资源量22455立方米。

新宾水资源主要来源于天然降水，年平均降水780—840毫米，水资源总量为14.6亿立方米。新宾为低山丘陵区，山地岩石出露地层基岩主要为前震旦系鞍山群之混合岩系，地下水的补给、径流、排泄等主要受地质、地貌条件控制，水位埋藏复杂，地下水水量不丰，泉水流量较小。浅层水约2—4米，河川为浅水的主要排泄场所。

【气　候】 新宾属暖温带大陆性季风气候，但因地形地貌影响，形成了寒冷湿润的中温带大陆性气候。其特征是四季分明，春季干燥少雨；夏季炎热多雨；秋季昼夜温差大；冬季寒冷漫长。境内东北冷，西南温。2019年，全县平均气温6.3℃，比常年偏高0.7℃，最低气温出现在2月，-29.3℃；最高气温出现在7月，34℃。全县降水量749.2毫米，比常年偏少1成。日照时数2440小时，比常年偏多243小时。

无霜期162天。2019年农业气象灾害主要为暴雨、洪涝灾害。

行政区划

【建置沿革】 新宾地区战国时期为燕国辽东郡管辖。汉代隶玄菟郡，历经魏、晋、东晋、前燕等朝。后燕慕容熙四年（404年），新宾为高句丽辖境。唐总章元年（668年），新宾隶属安东都护府。辽契丹天显元年（926年），新宾受辖东丹国。辽会同二年（939年），新宾属东京道辖地。金收国元年（1115年），新宾隶东京路。至元二十四年（1287年），新宾属辽阳行中书省。元贞二年（1296年），设沈阳路，新宾属之。明洪武四年（1371年），新宾属辽东都指挥使司。正统七年（1442年），新宾隶属女真建州右卫。明万历四十四年（1616年）正月，努尔哈赤在新宾地区建立后金国，定都赫图阿拉城，新宾隶后金管辖。后金天聪八年（1634年），赫图阿拉改称兴京。清康熙二十八年（1689年），设兴京城守尉衙门。乾隆二十八年（1763年），设兴京理事通判衙门。光绪元年（1875年），设兴京副都统衙门，统管光京协领、关防、总管三署。光绪三年（1877年），设东边道，兴京为其管辖。是年，升兴京理事通判厅为兴京抚民府，移治新宾堡（今新宾镇）。光绪三十三年（1907年），兴京属奉天省东边道管辖。宣统元年（1909年），升兴京抚民府为兴京府。民国二年（1913年）2月，改兴京府为兴京县，隶属奉天省东边道。民国十八年（1929年）3月，改兴京县为新宾县，隶属辽宁省。民国二十二年（1933年）10月，新宾恢复兴京旧称。民国三十四年（1945年)12月，新宾由辽宁省第三行政督察专员公署管辖。民国三十五年（1946年）7月，新宾由辽宁省属第三分区管辖。民国三十六年（1947年）6月，新宾划归安东省第三专署管辖。1949 年 4 月 21 日，设置辽东省，新宾县隶之。1954 年 7 月 23 日，辽东、辽西两省合并为辽宁省，新宾县为辽宁省直辖县。1956 年 2 月 8 日，成立铁岭专区，新宾归其辖属，同时撤销县属区建置。1959 年 1 月 5 日，新宾县归抚顺市管辖。1964 年 3 月 7 日，新宾县改隶沈阳专员公署管辖。1969 年 1 月，划新宾县归抚顺市管辖。1985 年 1 月 17 日，撤销新宾县，建立新宾满族自治县，隶属抚顺市管辖。至 2019 年，隶属关系没有变化。

【区划设置】 2019 年，全县设有 15 个乡镇，共辖 181 个村民委员会、13 个社区居民委员会。即新宾镇、旺清门镇、永陵镇、平顶山镇、大四平镇、苇子峪镇、木奇镇、上夹河镇、南杂木镇、红升乡、响水河子乡、红庙子乡、北四平乡、榆树乡、下夹河乡。

【地名管理】 自 2014 年 12 月，第二次全国地名普查工作开展以来，新宾满族自治县地名普查共收集 11 类、3509 条地名信息，其中，行政区域 37 条（含历史地名 21 条）、非行政区域 494 条、群众自治组织 194 条、居民点 723 条、交通运输设施 456 条、水利电力通信设施 128 条、纪念地与旅游景点 103 条、建筑物 296 条、单位 574 条、陆地地形 411 条、陆地水系 93 条。经省市验收，于 2019 年 10 月输入国家地名和区划数据库管理系统。

【勘　界】 2019 年 5—6 月，根据《辽宁省第四轮省内行政区域界线联合检查方案的通知》要求，县政府制定《新宾满族自治县乡镇勘界工作实施方案》，对全县 15 个乡镇的 25 条行政区域界线进行勘界。勘界涉及省际界线 1 条，界线长 71.95 公里，共设界桩 5 处。其中新宾、柳河界长 6.77 公里；新宾、通化界长 65.18 公里。市际界线 1 条，抚顺、本溪界长 186.12 公里，共设界桩、界点 24 处。其中新宾、本溪界长 67.64 公里；新宾、桓仁界长 118.48 公里。县际界线 2 条，其中新宾、抚顺界线长 128.89 公里，共设界桩 8 处；新宾、清原界长 120.962 公里，共设界桩 5 处。乡镇行政区域界线共勘定界线 25 条，全长 539.609 公里，设界点 219 处。

2019 年新宾县乡镇行政区域界线勘定情况表

表 1

序号	界线名称	界线总长度（公里）	起点	止点	界点数（处）
合计		539.609			219
1	上夹河南杂木线	20.302	上夹河、章党、南杂木三乡镇交会点	上夹河、南杂木、苍石三乡镇交会点	8
2	木奇上夹河线	42.356	木奇镇北沟村	上夹河镇五龙村	14
3	永陵木奇线	24.457	神树沟西山主山脊与龙岗山主山脊交结处，海拔 949 米，木奇、永陵、敖家堡三乡镇交会点	永陵、木奇、榆树三乡镇交会点	11
4	新宾永陵线	41.712	新宾、永陵、大苏河三乡（镇）交会点	永陵、新宾、红庙子三乡（镇）交会点	13
5	新宾北四平线	24.315	新宾镇、北四平、湾甸子三乡（镇）交会点	新宾镇、红升、北四平三乡交会点	9
6	新宾红升线	33.72	红升乡白旗村北茶壶吊山制高点海拔 727.2 米，新宾、北四平、红升三乡（镇）交会点	红升乡妈妈伙洛西南，永陵、新宾、红升三乡（镇）交会点	23
7	红升北四平线	13.893	北四平、红升、新宾镇三乡（镇）交会点	红升、北四平、旺清门三乡（镇）交会点	12
8	旺清门北四平线	16.457	旺清门、北四平、富江三乡（镇）交会点	红升、北四平、旺清门三乡（镇）交会点	7

续表 1

序号	界线名称	界线总长度（公里）	起点	止点	界点数（处）
9	旺清门红升线	18.729	红升、北四平、旺清门三乡（镇）交会点	红升、旺清门、红庙子三乡（镇）交会点	10
10	红升红庙子线	11.141	红升、永陵、红庙子三乡（镇）交会点	红升、旺清门、红庙子三乡（镇）交会点	3
11	旺清门红庙子线	14.487	红升、旺清门、红庙子三乡（镇）交会点	旺清门、响水河子、红庙子三乡（镇）交会点	6
12	旺清门响水河子线	24.75	旺清门、响水河子、红庙子交会点	旺清门、响水河子、三棵榆树三乡、镇交会点	13
13	响水河子红庙子线	19.145	旺清门、响水河子、红庙子三乡（镇）交会点	响水河子、红庙子、业主沟三乡（镇）交会点	7
14	永陵红升线	0.68	新宾镇、红升、永陵三乡（镇）交会点	红升、红庙子、永陵三乡（镇）交会点	
15	永陵红庙子线	32.562	永陵、红升、红庙子三乡（镇）交会点	永陵、红庙子、桦尖子交会点	3
16	苇子峪木奇线	24.525	苇子峪、木奇、后安三镇交会点	苇子峪、木奇、榆树三乡（镇）交会点	6
17	木奇榆树线	14.058	永陵、木奇、榆树三乡（镇）交会点	苇子峪、木奇、榆树三乡（镇）交会点	2
18	永陵榆树线	37.174	木奇、永陵、榆树三乡（镇）交会点	永陵、榆树、桦尖子三乡（镇）交会点	20
19	苇子峪榆树线	9.445	苇子峪、木奇、榆树三乡（镇）交会点	平顶山、苇子峪、榆树三乡镇交会点	3
20	平顶山苇子峪线	15.878	平顶山、苇子峪、榆树三乡（镇）交会点	平顶山、大四平、苇子峪三镇交会点	4
21	平顶山榆树线	27.832	平顶山、苇子峪、榆树三乡（镇）交会点	平顶山、榆树、桦尖子三乡镇交会点	10
22	苇子峪下夹河线	19.979	苇子峪、下夹河、马圈子三乡镇交会点	苇子峪、大四平、下夹河三乡镇交会点	12
23	大四平苇子峪线	13.189	平顶山、大四平、苇子峪三镇交会点	大四平、苇子峪、下夹河三乡（镇）交会点	6
24	平顶山大四平线	28.603	平顶山、大四平、苇子峪三镇交会点	平顶山、大四平、木盂子三镇交会点	14
25	大四平下夹河线	10.22	大四平、苇子峪、下夹河三乡（镇）交会点	大四平、下夹河、碱厂三乡（镇）交会点	3

民族　人口

【民　族】 新宾满族自治县是一个以满族为主的民族自治地区，满族人口 225876 人，占全县总人口的 78.6%；汉族人口 58689 人，占全县总人口的 20.4%。

全县有 27 个少数民族成分，少数民族人口 228798 人，占全县总人口的 79.6%. 其中，满族 225876 人、朝鲜族 10751 人、回族 182 人、蒙古族415 人、锡伯族244 人、苗族29 人、壮族17 人、彝族 11 人、白族 10 人、瑶族 3 人、藏族 3 人、阿昌族 3 人、布依族 2 人、达斡尔族 2 人、布朗族 2 人、仡佬族 1 人、土家族 10 人、哈尼族 26 人、傣族 14 人、黎族 4 人、佤族 2 人、哈萨克族 1 人、拉祜族 3 人、水族 2 人、景颇族 3 人、侗族 1 人、保安族 1 人。全县有 1 个民族社团组织，即朝鲜族经济文化交流协会。

【人　口】 2019 年底，新宾满族自治县总人口 287487 人，比 2018 年底减少 2856 人。按城镇、乡村人口划分，乡村人口为 192059 人；城镇人口 95428 人。从总户数看，全县总户数（家庭户）为 99724 户，比上年同期减少 305 户，平均每个家庭户人口由上年的 2.9 人下降为 2.88 人，家庭户规模有所下降。从性别看，在全县总人口中，男性人口为 145806 人，占总人口的 50.7%；女性人口为 141681 人，占总人口的 49.3%，性别比为 97.2（以女性为 100），比上年减少 0.1%。

2019 年，全县共出生人口 1747 人，出生率为 6.08‰，与上年持平；2019 年全县死亡人口 1649 人，死亡率 5.74‰，比上年上升 0.8 个千分点，人口自然增长率为 0.34‰，出生人口的男女性别比为 102（以女性为 100），与 2018 年持平。2019 年，全县迁入人口为 819 人，其中省内迁入 578 人，省外迁入 241 人；迁出人口为 3667 人，其中迁往省内 2729 人，迁往省外 938 人。

国民经济和社会发展

【概　况】 2019 年，全县地区生产总值实现 52.4 亿元，同比增长 -0.4%，其中第一产业增加值 16.6 亿元，同比增长 1.3%；第二产业增加值 8.8 亿元，同比增长 7.1%；第三产业增加值 27.1 亿元，同比增长 -4.0%。三个产业的比重为 31.6 : 16.7 : 51.7。公共财政预算收入实现 6.0 亿元，同比增长 17.1%，其中税收完成 4.2 亿元，同比增长 23.0%；全社会固定资产投资达到 11.3 亿元，同比增长 24.0%；农村居民人均可支配收入实现 14607 元，同比增长 9.4%。

【现代农业】 全县实现农业总产值 343773 万元，同比增长 3.5%，其中种植业 178130 万元、林业 49096 万元、牧业 82245 万元、渔业 21645 万元、服务业 12657 万元，分别增长 4.0%、0.8%、13.0%、-19.8%、2.1%。

2019 年，新宾满族自治县被农业农村部列为“化肥减量增效示范县”“国家中药材产业技术体系示范基地县”，被省农业厅确定为省级现代农业产业园（中药材）创建县。新调减玉米种植面积 1333.33 公顷，农田中药材种植面积达 7133.33 公顷，完成粮食两区划定面积 37933.33 公顷。与四川好医生集团达成合作，建设 10000 公顷道地药材基地；投资 1500 万元，完成新增粮食生产能力田间工程建设项目 66.67 公顷；“三品一标”认证面积 25333.33 公顷、产品 36 个、企业 28 家；赫城贡米等 4 家企业产品被评为辽宁百强农产品品牌，新宾辽细辛被评为区域公用品牌；“新宾人参”地理商标通过国家商标总局审核；荣获第二批“国家农产品质量安全县”称号。投放惠农贷 2 亿元；培训新型职业农民 380 人；农业保险总投保面积 54480 公顷，累计理赔 1296.287 万元，其中“8·15”水灾理赔 142 万元。人参博物馆建成正式开放。人参市场完成一期 6.7 万平方米主体工程建设。盘活红升香菇市场，建设农产品配送中心，全年销售额达 8000 万元。完成 177 个行政村清产核资、身份办界定各项工作。

大牲畜存栏 21928 头，同比增长 19.4%，其中牛存栏 20199 头，同比增长 19.1%。生猪饲养量 153487 头，同比增长 12.5%。生猪存栏 69906 头，同比增长 17.0%。羊饲养量 173305 只，同比增长 14.5%，羊存栏 88349 只，同比增长 0.5%。家禽饲养量 882.6 万只，同比增长 -1.9%。

【工业产业】 2019 年，规模以上工业总产值实现 175341 万元，增长 -14.7%。东工冶金二期铝合金电弧熔丝增材及智能制造应用产业化项目正式投产，在国内首次实现专用铝合金焊材出口欧洲；中科诺维人参提取物深加工项目出口创汇 1500 万美元。辽宁捷通电工圆杆铝线项目完成 3 条生产线建设，产值达 3 亿元；隆烨化工完成 3 条生产线验收，产能增至 5.9 万吨。由沐海氢能有限公司投资的抚顺地区唯一一座 35 兆帕撬装式加氢站建成投入使用，加氢超 70 万立方米；燃料电池系统及关键部件产业化项目进入试生产阶段；成功举办“抚顺·新宾氢能与燃料电池产业推介会暨氢燃料电池旅游观光车产品发布会”；金风科技风力发电项目顺利签约。引进“飞地经济”项目6个。全县新增“个转企”115家、“小升规”企业2家。

续建项目16个全部开工，签约新建项目15个。新增外贸进出口企业3家。秘参堂等3家企业产品被评为2019“辽宁礼物”。为25个项目和企业配备项目管家。新增各类市场主体2991户。

【水 利】 投资3425万元，完成太子河新宾段防洪治理工程。投资2167万元，完成双河治理工程。投资1950万元，完成66项移民工程。投资1760万元，完成3项水土流失治理项目。投入84万元，完成3项小型农田水利工程建设，改善灌溉面积39400公顷。投入470万元，共完成29项小型农田水利工程建设，改善灌溉面积297.87公顷。获得省政府“大禹杯”竞赛优胜奖。总投资100万元，完成县域节水型社会达标建设工作。

【交 通】 投资3439万元，完成上五线等51项公路维修改造工程150公里、桥梁7座。投资3491万元，完成“一事一议”村内道路建设117公里、桥梁9座。投资188万元，完成重点扶贫村路面工程1.4万平方米。完成“沈白客专”高铁线路新宾段可研拆迁测算、签订征占补偿合同等工作。

【供 电】 全年供电量累计完成33056万千瓦时，同比下降1.94%；售电量完成30834万千瓦时，同比下降4.55%。完成66千伏新宾变电站改造工程、66千伏北四平变电站新建工程，新建及改造变压器197台。

【城镇基础设施】 投资895万元，完成县城1.4万平方米裸露地面改造和8个老旧小区配套基础设施改造项目。投资368万元，完成书香门第、人参市场、殡仪馆供热管网项目。投资4570万元，完成永陵镇自来水、污水、供暖管网改造和滨河路硬化等项目。投资2470万元，完成南杂木镇五一河治理、木材市场污水整治等项目。查处违建7处、违停4500次。以奖代补方式投入1000万元，实现农村生活垃圾分类及资源化利用全覆盖。

【生态建设】 投资1260万元完成春季造林3000公顷，封山育林666.67公顷，森林抚育2333.33公顷。完成经济林建设1435公顷。处置松材线虫病疫木11.5万株、防治面积687公顷。完成闭坑矿山治理面积4.76公顷。开展“林美”建设，完成12个乡镇造林85.78公顷、8个乡镇19个村村屯绿化工程。对大伙房水库饮用水源上游存在环境风险问题开展综合整治。投资3300万元对红升水库周边风险源进行综合整治，水质达标率100%。完成苏子河、太子河流域禁养区划定工作。投入资金193.8万元，开展河库“清四乱”专项行动，清理河库垃圾1.84万立方米。全年空气质量优良率达90.5%，高于考核指标5.5个百分点。投资3700万元，建设县城日处理能力300吨的垃圾分类处理厂。投资500万元为乡镇配备湿式清扫车、垃圾压缩车。完成“厕所革命”改厕任务2130座。查办涉林、涉水、涉地等违法违规案件957件，打击处理950人；拆除“大棚房”7处、违建别墅5处。

【文化事业】 公共文化体系不断完善，完成2个乡镇文化站、28个村级文化广场、20个村文化服务中心标准化建设，为17个行政村安装体育器材17套。县图书馆全部对外开放，接待读者36284人次。完成人参炮制技艺、新宾满族放路灯习俗、新宾满族祭祖习俗3个国家级非物质文化遗产申报。新宾满族袍服制作技艺与满族刺绣列入省级非物质文化遗产名录。满族饽饽、秘制人参等特色商品在省旅游商品大赛中获得2金5银的佳绩。举办庆祝中华人民共和国成立70周年等公益演出及文体活动20余场。

【旅游产业】 2019年，投资1600万元，完成草帽山景区、猴石景区等项目部分基础设施建设；投资1000万元，完成参仙谷景观瀑布、玻璃观景桥建设。赫图阿拉村入选全国首批乡村旅游重点村，投资270万元，进行民宿和商铺升级。投资400万元，完成药语花香房车营地20公顷花海基地建设。兴京旗袍文化公司完成商标注册，取得进出口业务权限。全年接待游客140万人次，同比增长13.7%。门票收入1430万元，同比增长9.3%。

【民生保障】 全年社会养老保险金征缴完成256721万元，比年初计划增收7005万元。实名制培训1900人，城镇新增就业905人，城镇登记失业率2.5%。保持零就业家庭动态为零。发放城乡低保金2458万元。发放困难残疾人和重度残疾人补贴345万元。发放特困人员救助供养金719万元。发放优抚金2150万元，完成县、乡、村三级退役军人服务保障体系建设。投资400万元建成残疾人托养中心并投入使用。农村饮水安全项目建设总投资6725万元，改造完成农村饮水安全工程198处，解决125个村屯、130644人的饮水困难问题，覆盖贫困人口1202人。化解政府债务6317万元，完成年度债务化解目标。

【教育事业】 投资6200万元，完成新宾镇中心小学建设工程；投资2710万元完成北四平、永陵满族小学、旺清门中心幼儿园等14所学校维修改造工程；争取1200万元对28所中小学校学生实施营养午餐补贴；争取530万元完成乡村教师差异化补贴发放；制定《校车安全管理办法》，规范校车管理。为农村学校招聘特岗教师68人，为县实验小学选调教师6人。审批发放非公办教师养老补助1097人，补助233.5万元。

【卫生健康】 全县基层医疗卫生机构243个，其中乡镇卫生院15个、村卫生室188个、社区卫生服务站1个；个体、厂矿卫生所39个，医疗机构实现全覆盖。有公共卫生机构4个，有卫生人员1267人。投资2000万元的新宾一脉阳光医学影像中心项目正式运营，新增磁共振、CT等设备，全部实施远程诊疗；完成乡镇卫生院标准化建设，基层卫生服务能力得到提升；新农合常住人口参合率不断提高，支付补偿资金8910万元。全县3所县级医院健康扶贫兜底1479人，兜底资金137.6万元。贫困人口慢病签约服务2786人，签约率100%；常住人口签约服务覆盖率35.8%，重点人群签约覆盖率62%。人口出生率、自然增长率和出生人口性别比均在省控指标内。

【科学技术】 成功入选辽宁省首批“省级创新型县”创建试点。申报省重大科技项目4项、省级直接投资项目征集1项、省科技进步奖三等奖1项。抚顺东工冶金材料技术有限公司获得抚顺市创新创业大赛总决赛第一名。新增2家科技型中小企业。

【财税金融】 全县一般公共预算收入完成55998万元，完成年度预算的100%，同比增加8187万元，增长17.1%。其中县本级完成28074万元，完成年度预算的131.8%；乡镇级完成27923万元，完成年度预算的80.4%。税务收入完成43327万元，完成年度预算的102.3%，其中县本级完成16128万元，完成年度预算的198.2%；乡镇级完成27198万元，完成年度预算的79.5%。财政（非税）收入完成12671万元，完成年度预算的92.7%，其中县本级完成11946万元，完成年度预算的90.8%；乡镇级完成725万元，完成年度预算的140%。

全县金融机构人民币存款余额1520513万元，比2018年同期增加185547万元，同比增长13.9%，其中城乡居民储蓄余额1300556万元，比2018年同期增加154620万元，同比增长13.49%。金融机构贷款余额676523万元，比2018年同期增加151947万元，同比增长28.97%。

（焦凤英）

中共新宾满族自治县委员会

综　述

【概　况】 2019年，中共新宾满族自治县委员会在市委正确领导下，坚持以习近平新时代中国特色社会主义思想为指导，团结带领全县党员干部群众攻坚克难、砥砺前行，推动县域经济社会和党的建设取得新进展。

“不忘初心、牢记使命”主题教育成效明显。新宾主题教育开展情况在全市推进会上作交流发言，广大群众切实感受到主题教育带来的变化。

开展理论宣讲100余场，受众7000余人次，党员干部的“四个意识”更加牢固，“四个自信”更加坚定，“两个维护”更加自觉。

【县域经济发展】 新增人参种植面积266.67公顷，人参市场完成主体工程建设，中科诺维人参提取物深加工二期项目投产达效。新宾定制旗袍荣获“2019辽宁省纺织服务行业十大设计师定制品牌年度大奖”。

【生态建设质量】 全年空气质量优良率达到90.5%，高于考核指标5.5个百分点，顺利通过国家普查办核查验收。全力推进农村生活垃圾闭环治理，新宾农村生活垃圾分类及资源化利用做法先后两次在全省会议上介绍经验。

【民生保障】 年度脱贫1298户2685人，代表抚顺市迎接省第三方评估验收。农村居民人均可支配收入持续增长，基本养老金实现按时足额发放，城镇登记失业率控制在5%以内，零就业家庭动态保持为零。

【社会稳定】 大力推进扫黑除恶专项斗争，立案97件，破案90件，打击处理97人。严厉打击各类犯罪行为，刑事案件发生率同比下降14%。

重要会议

【概　况】 县委总揽全局、协调各方，充分发挥党的领导核心作用，坚持以习近平新时代中国特色社会主义思想为指导，始终保持政治定力、战略定力和发展定力，在省、市委的坚强领导下，团结带领全县党员干部群众攻坚克难、砥砺前行。全年，县委召开重要会议7次（其中县委全会2次），听取和审议县委工作报告，对重要工作进行贯彻部署。

【机构改革动员会议】 1月18日，全县党政机构改革动员会议召开。县委常委、副县长张明友宣读《中共新宾满族自治县委、新宾满族自治县人民政府关于转发〈中共辽宁省委办公厅、辽宁省人民政府办公厅关于印发新宾满族自治县机构改革方案〉的通知》《县委办公室、县政府办公室关于做好县级机构改革有关事项的通知》；县委常委、组织部部长杨玉民宣读县级机构改革新组建单位筹备组组长名单。

【**省委巡视情况反馈会议**】3月7日，省委第四巡视组巡视情况反馈会议召开。韩振平进行巡视情况反馈，刘子正传达省委书记陈求发讲话精神，吕凤军就抓好巡视整改工作提出要求。

【**垃圾分类表彰会议**】3月9日，全县农村生活垃圾分类及资源化利用表彰暨“七美新宾”建设动员大会召开。大会表彰先进乡镇8个、精品村69个、先进个人100人。

【**经济工作会议**】3月9日，全县经济工作暨项目建设和“双招双引”工作会议召开。县委副书记、县长陶承海作《全县经济工作报告》，副县长张明友宣读《关于表彰2018年度绩效考核经济工作先进单位和优秀企业的决定》，县长陶承海与乡镇、部门代表签订《经济工作责任状》。

【**县委全会**】8月21日，十四届县委第九次全体（扩大）会议召开。县委书记那学成代表县委常委会向全会作工作报告。

8月21日，十四届县委第九次全体（扩大）会议第一讨论组

12月2日，十四届县委第十次全体（扩大）会议召开。县委书记那学成代表县委常委会向全会作题为《保持发展定力、激发拼搏干劲，高质量推动幸福美丽新宾建设》工作报告。县委副书记王庆伟就《中共新宾满族自治县委贯彻落实〈中共中央关于坚持和完善中国特色社会主义制度、推进国家治理体系和治理能力现代化若干重大问题的决定〉责任分工方案（讨论稿）》《新宾满族自治县贯彻落实〈中共中央、国务院关于支持东北地区深化改革创新推动高质量发展的意见〉的实施方案（讨论稿）》作说明。

重要决定、通知、意见

【**概　况**】县委始终坚持党的领导、人民当家作主和依法治县有机统一，大力支持县人大及其常委会依法行使职权，支持县政府依法行政、改革创新、推动发展，支持县政协协商民主制度化、规范化和程序化建设，保证司法机关依法、公正行使职权。全年制发各类重要文件291个，内容涉及机构改革，民营经济发展，“不忘初心、牢记使命”主题教育，村级集体经济，乡村振兴，招商引资，党建，巡视巡察等。

【**省委巡视反馈意见整改落实报告**】按照省、市委关于召开省委巡视反馈意见整改专题民主生活会的安排部署，县委于2019年3月25日召开县委常委班子专题民主生活会。会上，县委书记那学成代表县委班子围绕五个方面作深刻检查，指出存在问题，剖析问题原因，提出整改措施和今后努力的方向。县委常委依次进行个人对照检查并开展相互批评。县委班子共检视和梳理反馈问题27项，已整改完成14项，正在整改13项，制定制度8项。

【**开展新时代“三向培养”工程实施方案**】根据《中共抚顺市委印发〈关于深入开展新时代“三向培养”工程实施意见〉的通知》精神，提出新宾满族自治县实施方案。内容包括指导思想、培养方式、任务目标、培养措施和组织保证。

【**扶持壮大村级集体经济实施方案**】根据《中共辽宁省委组织部 辽宁省财政厅 辽宁省农业农村厅关于坚持和加强农村基层党组织领导扶持壮大村级集体经济的通知》和《关于印发〈辽宁省扶持壮大村级集体经济财政奖补资金管理办法〉的通知》精神，结合新宾实际，制定此实施方案。主要内容包括指导思想、扶持范围、健全机制和强化责任。

【开展向“百姓雷锋”兰郡泽学习的决定】 为大力弘扬雷锋精神，县委决定号召全县广大人民向兰郡泽学习，在全县迅速掀起“敬英雄、学英雄、做英雄”学习热潮。

【做好县级机构改革有关事项】 为贯彻落实省委、市委决策部署及县委具体要求，确保县级机构改革工作平稳有序推进，下发此通知。主要内容包括充分认识深化机构改革的重要性和紧迫性，积极有序做好职责调整和各项工作衔接运转，依法依规管理处置机构变动部门和单位的经费资产，规范机构变动部门和单位文件的发送、印章使用及名称牌子悬挂，认真做好改革涉及部门和单位的档案交接管理等。

【促进“飞地经济”发展的实施方案】 按照省委、省政府关于发展“飞地经济”总体要求和抚顺市促进“飞地经济”发展实施方案，为整合全县资源要素，打破行政区划界限，承接域外招商引资项目，制定此方案。主要内容包括总体思路、主要原则、主要内容、政策措施和组织保障。

【加快推进民营经济发展的若干意见】 为认真贯彻落实习近平总书记在辽宁考察时和在深入推进东北振兴座谈会、民营企业座谈会上的重要讲话精神，营造更好发展环境，加快民营经济发展，按照省、市相关会议及文件精神，结合新宾实际，制定此意见。主要内容包括营造公平竞争环境、降低企业生产经营成本、解决民营企业融资难问题、推动民营企业创新发展、依法保护民营企业和民营企业家合法权益和保障措施。

【贯彻落实“千村美丽、万村整洁”行动实施方案（2019—2020年）】 为认真贯彻习近平总书记关于改善农村人居环境重要指示批示精神，全面落实中央和省委农村工作会议、农村人居环境整治工作会议决策部署，按照《辽宁省委办公厅、辽宁省人民政府办公厅关于印发〈辽宁省“千村美丽、万村整洁”行动实施方案（2019—2020年）〉的通知》要求，加快提升全县农村人居环境整体水平，结合新宾实际，制定此方案。主要内容包括指导思想、基本原则、主要任务和保障措施。

【“不忘初心、牢记使命”主题教育专项整治方案】 为认真贯彻落实党中央、省委、市委决策部署，扎实有效开展“不忘初心、牢记使命”主题教育专项整治，特制定此方案。主要内容包括指导思想、整治原则、整治任务和组织领导。

【新宾满族自治县乡镇机构改革方案】《新宾满族自治县乡镇机构改革方案》经县委常委会议审议后上报，经省委编办审核后，报省委、省政府批准。根据省、市委关于乡镇机构改革的总体安排，为确保在8月底前基本完成改革工作，县委、县政府决定印发此通知。方案主要内容包括总体部署、乡镇机构改革（推进职能转变、统筹机构设置、人员编制配备、领导职数核定）、创新基层管理体制和组织领导。

【实施“雁归巢”行动计划助推乡村振兴和“三向培养”工程的实施方案】 为落实县委关于“做好新时代‘三向培养’工程‘前半篇’文章”部署要求，推动解决乡村振兴实用人才和村“两委”干部后继乏人、后劲不足问题，县委决定印发此方案。主要内容包括指导思想、目标任务、推进措施和工作要求。

【打造农村垃圾分类及资源化利用工作“升级版”的实施意见（试行）】 为深入贯彻落实中央乡村振兴战略，推进美丽乡村建设，经县委、县政府决定，在新宾近几年推行农村垃圾分类及资源化利用工作的基础上，全面打造以优化人居环境为主的垃圾分类及资源化利用工作“升级版”。主要内容包括指导思想、总体工作目标、实现全覆盖及闭环式管理的具体措施、加强督导考核和组织制度保障。

【完善全县招商引资工作体系的意见】 为进一步

加强对招商引资工作统筹、指导和协调，完善招商引资工作协调机制，使全县各乡镇、相关部门进一步明确职责，发挥各自优势，互促联动，推进新宾满族自治县招商引资和项目建设工作走上良性、高效的轨道，结合新宾实际情况制定此意见。主要内容包括健全招商人员架构体系、明确招商引资工作方向、切实做好项目策划包装、抓好业务培训制度建设、强化调度提升管理水平、全面优化项目服务流程、建立完善项目联审机制、落实人员经费保障措施、完善企业投诉处理机制、优化招商引资考核办法。

县委办公室

【概　况】 2019年，中共新宾满族自治县委办公室（以下简称县委办公室）坚持以习近平新时代中国特色社会主义思想为指导，积极履行“三服务”工作职责，充分发挥县委参谋助手作用，较为出色地完成全年各项工作任务。

县委办公室负责上级文件办理和县委、县委办公室文件制发工作；县委重要的政务活动组织安排、相关会议的会务工作；县委文件、文稿、领导讲话的起草、修改和审核工作；上级决策部署及县委具体工作安排贯彻落实情况的督促检查；围绕县委中心工作部署收集信息、反映动态、综合调研，应急突发情况的信息报送；负责保密、密码、档案等工作；完成县委和县委改革委、县委财经委交办的其他任务。

【办文办会】 办文办会做到程序严谨规范。全年办文681个，制发文件291个；办会134次，其中县委全委（扩大）会议2次，常委会会议59次，书记专题会议41次，百人以上大型会议7次，其他类型会议32次，协助部门办会20余次。完成2018年度档案的收集整理归档工作。全年接待档案查询121人次。

【政策研究】 围绕县委中心工作深入开展战略性和对策性研究，为县委决策提供依据。调研报告《新宾旅游产业发展的思考与建议》，获全市优秀调研成果二等奖。全力为县委领导提供文字综合服务，全年为领导撰写讲话稿、汇报材料等各类文稿20余篇。承担县委改革办、县委财经办日常工作，全面服务县委深化改革工作。起草制定县委深改委、深化改革专项小组、改革办及县委财经委、县委财经办工作规则、工作细则，为县委深改委、财经委议事协调机构有序运转提供保障。共协调承办县委深改委会议5次，机构改革领导小组会议6次，财经委会议2次，为全县党政机构改革、事业单位改革等重点领域改革全面做好协调服务与督查督办。圆满完成市委改革办交办各项任务，向市委改革办报送改革信息20篇，季度、半年、全年工作总结、调研文章等各类稿件20余篇。

【保密工作】 开展“保密法治宣传月”活动。积极发挥新兴媒体作用，充分利用网站、电子显示屏、计算机屏保、手机短信、微信等载体开展丰富多彩的学习宣传活动。以发放保密资料，张贴宣传挂图、标语，群发保密警示文章、短信等形式，宣传保密常识，提高广大机关干部和群众保密意识。持续开展学习观看大型保密文献纪录片《胜利之盾》。充分利用“保密观”微信公众号，及时了解保密工作重要动态，学习掌握保密知识。聘请市保密局领导对新任公务员进行保密知识培训。规范保密工作日常管理。加强全县涉密岗位、涉密人员分类确认登记和涉密人员上岗审查工作。加强对各部门、各乡镇的计算机及网络管理，配齐保密检查、无线信号屏蔽器等技术装备，增强保密技术防护和技术服务能力。建立保密行政管理权责清单。采取不定期抽查和定期检查相结合的方式，对各部门、各乡镇保密工作进行督查检查，对检查发现的问题提出整改意见，责令限期整改。对全县党政机关进行一次普查。开展自评自查工作。全县各单位严格按照自查自评的详细要求，积极主动组织专人对本机关、单位保密工作落实情况进行全面检查，建立健全各项保密管理制度，实行计算机分类管理，实现明密隔离，详细登记、造册，并报县保密办备份。开展窃密泄密问题和隐患排查整改工作。

【督　查】 围绕省委巡视整改、市委巡察乡镇共性问题整改和主题教育专项整治等重点工作开展专项督查，向责任部门下发督查督办类通知10个。聚焦民生领域问题，协调相关部门办理《人民网网民留言》6件。会同县营商局和相关单位开展联合督查，重点对森林防火、“大棚房”整治等工作进行督查，印发《督查通报》8期。按照中央和省市委关于为基层减负的有关要求，精心制订年度督查计划，合并同类督查事项，全年督查频次同比减少50%以上，切实提升督查质量，减轻基层负担。

【上报信息】 全年上报市委办公室信息120多条，宣传展示新宾工作亮点和工作成效。县委正能量平台发布信息15条，值班通报1条，领导动态每日均在领导动态板块发布。

（周　源）

组　织

【概　况】 2019年，中共新宾满族自治县委组织部（以下简称县委组织部）认真履行党组织建设、党员管理和发展、干部队伍建设、公务员监督管理及教育培训、人才队伍建设、县直机关党等工作职责，调整、完善基层党组织582个，打造党支部规范化建设示范点153个；集中整顿完成26个软弱涣散村（社区）党组织，排查清理存在前科劣迹村干部26人。全年，完成207名发展党员任务，全县党员达到17694名。调整、任免干部383人次。抽调局级干部6人次、科级干部39人次到省、市委党校参加脱产培训；举办《满乡大讲堂》8期，培训副科级以上领导干部3100余人次。组织全县1200余名公务员（参公人员）开展在线学习活动，建立132人的年轻干部库。完成党政机构改革126名人员转隶；县直、乡镇机关录用公益性事业单位工作人员180名。落实公务员职务与职级并行政策，职级套转单位56家，套转人员471名。

【党　建】 2019年召开支委会12次，召开党员大会集中学习13次，开展专题党课5次，进行为民服务3次。进行党支部换届选举，选举出党支部书记、组织委员及宣传委员。9月18日，召开“不忘初心、牢记使命”主题教育启动会，安排落实部内主题教育工作。组织党员自学《习近平关于“不忘初心、牢记使命”重要论述摘编》《习近平新时代中国特色社会主义思想学习纲要》等，开展集中学习3次，夜间读书班5次，观看影片5部。组织全体党员参观三块石红色教育基地、抚顺市“不忘初心、牢记使命”主题教育展，开展为民服务活动2次。认真查摆问题，梳理检视问题65条，全部建立清单，制定整改措施，全部完成整改。

【基层党组织建设】 年内，全县有基层党组织582个，其中党委28个、党总支24个、党支部530个；党组40个，县委派出工委3个，分别是县直机关工委、教育派出工委、非公企业和社会组织党工委。围绕“打基础、抓根本、树典型、解难题”思路，出台《贯彻落实〈辽宁省基层党建质量提升行动计划（2019—2021年）〉的实施方案》（新委办发〔2019〕121号），打造党支部规范化建设示范点153个，其中省级示范点1个；在主题教育中完成26个软弱涣散村（社区）党组织集中整顿。排查清理存在前科劣迹村干部26人；完成68个村的111个村党支部、村民委员会（以下简称村“两委”）空缺岗位补选；按照《中共辽宁省委组织部、辽宁省民政厅印发〈关于建立村、居（社区）“两委”换届候选人联审机制的实施意见〉的通知》要求，联审初步人选57批次、221人。推广村级工作“千分目标责任制”考核，增强村干部干事创业积极性。开展“把致富能手培养成党员，把党员培养成致富能手，把党员致富能手培养成村干部和乡村振兴领军人物”的新时代“三向培养”工程，确定培养对象407名。印发《关于实施“雁归巢”行动计划助推乡村振兴和“三向培养”工程的实施方案》（新委办发〔2019〕138号），引导扶持87名农村外出务工人员返乡创业。探索总结“乡镇党委+基地+党支部+贫困户”等产业扶贫模式，助推1298户2685人顺利脱贫。完成全省第三批47名选派干部的分配和对接，引导各级选派干部争取产业项目资金3476万元。

【党员教育培训】 5月6—31日，县委组织部联合县委党校分期分批对全县各党委党员发展对象开展为期三天的集中培训。培训包括四节党课：《十九大的主要成果》《中国特色社会主义进入新时代》《端正入党动机，做一名合格共产党员》《提升共产党员的党性修养》，三节视频学习课：《榜样3》《信仰》《厉害了我的国》，培训后开展党的相关知识考试。9月17—19日，县委组织部举办2019年第二期全县发展党员业务培训班，全县15个乡镇党委、4个县直党委、1个派出工委、9个县直机关工委所属二级党委参加此次培训。培训内容为发展党员业务、党员信息系统操作、党建工作座谈会和发展党员业务座谈会，组织全体参训人员到红升乡和红庙子乡开展发展党员档案交叉检查，现场指导检查发展党员档案方法、应注意问题和错误纠正方法。组织全县发展党员业务考试。全年，县委组织部按计划完成207名发展党员任务，全县党员达到17694名。

【干部调整配备】 全年涉及干部调整召开县委常委会10批次，共调整任免干部383人次。其中提拔重用52名，交流145名，免职、党组成员、挂职干部、试用期转正等情形共计调整186名。

【干部培训】 配合市委组织部抽调局级干部6人次、科级干部39人次到省、市党校参加脱产培训。围绕“学习贯彻《中国共产党支部工作条例》”“领导干部要做好新形势下意识形态工作”等内容，举办《满乡大讲堂》8期，培训副科级以上领导干部3100余人次。组织全县1200余名公务员（参公人员）利用辽宁省公务员在线学习网站集中开展在线学习活动，人均完成不少于50学时。

【人才队伍建设】 制定《校企合作助力地方产业发展》，作为县委书记抓重点人才工作项目书。辽宁中科诺维生物科技有限公司、新宾满族自治县善道果树种植专业合作社等企业与辽宁医药职业学院、省果树科学研究所等省内高校院所签订项目、技术合作协议，通过“柔性引才”的方式，为新宾发展提供人才智力支持。落实企业高层次人才发放生活补助政策，全年发放生活补助28.8万元。采取发放调查问卷、座谈走访等方式，摸清全县年轻干部底数，建立132人的年轻干部库，形成年轻干部专项调研报告，起草《新宾满族自治县优秀年轻干部培养锻炼三年工作计划（2020—2022年）》。

【公务员管理】 完成党政机构改革126名人员转隶，县直、乡镇机关录用公益性事业单位工作人员180名。对2019年招考公务员报名资格进行审查。完成2018年公务员年度考核单位80家，公务员1292名，其中评为优秀等次242名，称职1027名，不称职1名，不确定等次22名。县森林公安局马春华被授予辽宁省第六届“人民满意的公务员”。落实公务员职务与职级并行政策，职级套转单位56家，套转人员471名；10月首次晋升人员585名、11月再次晋升人员232名。严格执行中央及省市公务员工资、津补贴相关政策，落实公务员职务与职级并行制度职级序列工资标准，切实保障公务员合理待遇。开展新录用公务员初任培训178人。

【非公有制经济和社会组织党建】 全县纳入党内

统计的非公企业41家，其中单独建立党组织21个；联合组建党组织7个，覆盖非公企业18家，党的组织覆盖率为95.1%。采取依托村方式建立党组织2个，覆盖有党员的非公企业2家。纳入党内统计的社会组织32家，其中单独建立党组织3个，党的组织覆盖率为9.4%。此外，以流动党员为主建立的党组织8个，采取吸收未转入组织关系的党员建立党组织1个，覆盖社会组织1户；采取依托主管部门方式建立党组织8个，覆盖有党员的社会组织20家。

【老干部工作】 全县有离休干部65人，所有离休干部都是解放战争时期参加工作人员。全年，为享受副科级以上离休干部及遗属、特困离休干部及遗属94人发放春节慰问金2.8万元；县委、县政府在国庆节给每名离休干部发放500元慰问金，共计3.25万元。

【巡察整改】 完成省委第四巡视组巡视反馈意见整改落实。责成企业对5名在企业兼职的干部立即予以解聘。对8家县直党委的工会主席予以免职。责令广电中心撤销4名中层干部班子成员的身份。制定干部档案查（借）阅、收集、鉴别、归档等八项工作制度，围绕新修订的《干部人事档案工作条例》及相关人事档案管理业务，对全县36家单位的档案人员进行培训。规范基层党委（党组）民主生活会的程序，并加强督导。4月21日，县委组织部依据市委巡察组巡察乡镇发现党员发展中存在的问题，组织开展规范党员发展专项培训，对照巡察发现的党员发展问题再次下发《党员发展工作注意事项》《党员发展工作流程图》和《党员档案常见问题清单》，对党员发展中容易出现的问题进行讲解分析，提出初步解决方法，督促各党委进一步完善党员发展工作。制定《巡察党建工作发现问题提醒单》，对旺清门镇、红升乡、木奇镇违规发展党员情况进行调查核实。开展《中国共产党支部工作条例（试行）》《中国共产党农村基层组织工作条例》的学习宣传和教育培训工作。新增30个村作为党建示范点重点打造，筹备召开全县基层党建和人才工作述职评议会议，压实各级党组织书记抓基层党建主体责任。清理23名受过刑事处罚的村干部，完成村“两委”班子补选工作。择优选取407名“三向培养”对象，建立工作台账。起草《2019年度新宾满族自治县履行全面从严治党主体责任主要工作一览表》，明确具体内容、时限要求、责任单位和证明材料。

（兰晓影）

2019年新宾县干部队伍情况表

表2　　单位：人

单位＼内容	数量	行政级别					文化程度				
		小计	副县级以上	正科级	副科级	科员	小计	研究生	本科	专科	高中
合计	1350	1350	27	130	340	853	1350	36	988	21	5
县直	972	972	27	80	171	694	972	27	716	225	4
乡镇	316	316	0	41	116	159	316	9	237	70	0
事业	62	62	0	9	53	0	62	0	35	26	1

续表2　　单位：人

单位＼内容	年龄					性别			民族					非党干部
	小计	20—29	30—39	40—49	50以上	小计	男	女	小计	汉族	满族	朝鲜族	其他民族	
合计	1350	145	466	329	410	1350	954	396	1350	293	950	91	16	317

续表2

内容 单位	年龄					性别			民族					非党干部
	小计	20—29	30—39	40—49	50以上	小计	男	女	小计	汉族	满族	朝鲜族	其他民族	
县直	972	98	332	214	328	972	694	278	972	225	700	40	7	260
乡镇	316	47	129	90	50	316	209	107	316	57	200	50	9	50
事业	62	0	5	25	32	62	51	11	62	11	50	1	0	7

宣　传

【概　况】 2019年，全县宣传思想文化战线以习近平新时代中国特色社会主义思想为指导，深入贯彻党的十九大和十九届二中、三中、四中全会精神和《中国共产党宣传工作条例》，坚持不懈用党的创新理论武装党员、教育群众，牢牢掌握意识形态工作主动权，不断巩固壮大主流思想，持续培育和践行社会主义核心价值观，自觉担负起举旗帜、聚民心、育新人、兴文化、展形象的使命任务，为新时代新宾全面振兴、全方位振兴提供有力思想保证和强大精神力量。

【理论学习】 坚持用习近平新时代中国特色社会主义思想武装党员、教育群众。坚持把学习宣传贯彻习近平新时代中国特色社会主义思想作为首要政治任务抓紧抓实，将《习近平新时代中国特色社会主义思想三十讲》《习近平新时代中国特色社会主义思想学习纲要》《习近平谈治国理政》以及习近平系列讲话等作为学习的重点内容。制定印发《2019年全县理论武装工作要点》，指导各党委（党组）利用个人自学和集中学习相结合、专题研讨和调查研究相结合、传统方法和现代手段相结合的学习方式提高学习质量。全年对各党委（党组）理论学习开展督导3次，各党委（党组）开展学习200多次。创新学习形式，抓好领导干部这个“关键少数”的学习，县委理论学习中心组集中学习研讨12次，其中，听取报告会2次，观看视频3次，答题1次，运用PPT开展学习会议1次。开展“不忘初心、牢记使命”夜读课堂9课。深化理论宣讲，全县各党委（党组）开展《习近平新时代中国特色社会主义思想学习纲要》系列主题宣讲活动60余场，党的十九届四中全会宣讲180余场，受众1万余人。持续开展“唱响三个好、凝聚正能量”基层理论宣讲活动，采取到人员较少地区集中宣讲、送讲上门等方式，不断改进宣讲方式和宣讲艺术，提升宣讲效果。推广使用“学习强国”学习平台，全县党员上线率达到83%。成立“学习强国”供稿小组为平台供稿，在平台发表稿件20余篇，其中，拍摄发表庆祝新中国成立70周年快闪《我和我的祖国》8个。做好“解放思想推动高质量发展大讨论”各项工作。全县各党委（党组）围绕“四个短板”“六项重点工作”深入查摆自身问题，建立整改台账，持续转化“解放思想推动高质量发展大讨论”成果，促进全县各项工作稳步推进。

【主题教育】 县委宣传部党支部扎实开展“不忘初心、牢记使命”主题教育，制定主题教育实施方案，成立领导小组，于9月18日召开主题教育启动会议。把学习教育贯穿全过程，领导班子和党员干部认认真真读原著学原文悟原理，围绕“传承红色基因，牢记初心使命”等五个专题开展交流研讨，开展集中学习6次，夜间课堂3次。参观“庆祝新中国成立70周年大型成就展”网上展、抚顺“不忘初心、牢记使命”主题教育专题展，开展志愿服务3次。统筹安排调查研究，确定调研题目5个，开展调查研究10余次，形成调研报告5篇，组织调研成果交流会1次，转化调研成果2篇，特别是在制止、改变农村大操大办的陋习上取得显著成效。把整改落实贯穿主题教育全过程，党支部共查找出问题2个，全体党员干部共查找出10个方面问题35个，所有问题全部整改完成。12月6日，县委宣传部召开组织生活会，每位支部成员发扬刀刃向内的自我革命精神，认真检视反思。

【意识形态】 严格落实意识形态工作责任制，健全问责协调联动机制，以刚性约束压实意识形态工作主体责任，做到守土有责、守土尽责。严格执行意识形态工作各项制度，认真履行指导、组织、协调、督查和抓好落实的责任，制定《2019年全县意识形态工作要点》，完成意识形态分析研判报告4份，工作报告2份，开展督查指导4次。加强培训指导及人才队伍建设，对全县副科级以上领导和相关干部开展题为“领导干部进一步做好新形势下意识形态工作”的培训，组织全县正科级以上领导干部观看警示教育片《增强忧患意识、防范风险挑战》，进一步增强干部的政治敏锐性和政治鉴别力。

【媒体宣传】 突出迎接、宣传中华人民共和国成立70周年系列主题活动这条主线，结合脱贫攻坚、项目建设、扫黑除恶专项斗争等重点工作在县融媒体中心开设“我和我的祖国”“壮丽70年、奋斗新时代”等专题专栏，宣传中华人民共和国成立70周年来特别是改革开放以来新宾满族自治县的巨大变化、脱贫攻坚工作取得的成就、全县干部群众攻坚克难的精神，切实展现全县上下奋力发展的良好精神风貌，全年完成电视新闻发稿1200多篇。强化大外宣意识，拓展大外宣载体，不断加强与中央、省、市主流媒体沟通协作，重点围绕全县旅游、产业发展（重点是人参产业发展布局）、精神文明建设（特别是南杂木救火少年兰郡泽的先进事迹）、生态建设（重点是农村生活垃圾分类及资源化利用）、“不忘初心、牢记使命”主题教育等工作宣传报道，全县共接待央视国际频道、央视新闻频道、新华社、辽宁电视台、辽宁日报、东北新闻网、抚顺电视台、抚顺日报等主流媒体30余家，合计发表稿件200余篇。强化社会宣传，全年共开展大型户外广告检查工作两次，清除破旧广告面8个。通过电子屏、户外广告、挂图、条幅等社会宣传形式，圆满完成“庆祝中华人民共和国成立70周年”“扫黑除恶”“不忘初心、牢记使命”主题教育等重点工作的社会宣传，共制作条幅1000余条，利用电子屏70余个。推进融媒体中心建设落实落地。按照县委、县政府工作要求，整合文化旅游和广播电视中心所属的广播电视台、县政府门户网站、“新宾宣传”微信公众号等职能，组建新宾满族自治县融媒体中心，并于5月9日挂牌成立。新宾融媒APP正式投入使用，至年底的下载量为1870人次，发稿量为297篇。

【网络安全和信息化】 组建县委网络安全和信息化委员会，设立网信办。开展以“网络安全为人民、网络安全靠人民”为主题的网络安全宣传周活动，利用电视、横幅、电子显示屏和新媒体等平台，广泛宣传《中华人民共和国网络安全法》的基本知识，提高网络安全防范意识，全年未发生网络安全事故。利用“新宾宣传”微博、微信公众号宣传阐释习近平新时代中国特色社会主义思想和习近平总书记重要讲话精神，宣传全县的重点工作。开设“壮丽70年、奋进新抚顺”话题，全面展示新宾的辉煌成就，累计阅读量26万余次。邀请新华网采访拍摄“满族农庄过大年”专题片，并在新华网首页播发。邀请省、市网络新媒体，“网络大V”，网红等，对第五届“舞动梦想·魅力满乡”广场舞大赛和“第五届蓝莓采摘节”等活动进行报道。

【精神文明建设】 推动社会主义核心价值观教育常态化，在县城广场、交通路口、建筑围挡等区域增加公益广告200多平方米。利用县内电子屏、出租车的车载显示屏滚动播放社会主义核心价值观宣传标语。开展典型选树和宣传工作，组织开展全县第五届“新宾好人”评选表彰活动，评选出“新宾好人”10名，制作电视专题片在媒体及网络广泛宣传。南杂木镇青年兰郡泽面对突发火灾临危不惧，勇敢救出14名被困者，被媒体和群众称为“吊车侠”，被市文明委授予“百姓雷锋”荣誉称号，成功入选“中国好人榜”榜单。响水河子乡徐根绪荣获抚顺市第12届“百姓雷锋”称号。在全县中小学开展“新时代好少年”评选活动中有5名同学被授予2019年度抚顺市“新时代好少年”荣誉称号。推荐报送抚顺市“最美人物”2人，“最美人物”团队2个，抚顺市“身边好人”5人。深入开展学雷锋活动，全县中小学制作雷锋事迹宣传板30块，悬挂宣传标语60条，发放雷锋书籍200册，开展学雷锋主题团日、队日和诵读“雷锋日记”活动。组织各党委、党组在中国志愿服务网注册学雷锋志愿服务团体195个，注册志愿者人数4500余人，开展“春暖辽宁·爱在新宾”和“垃圾变黄金、黄金变爱心”志愿服务活动200余次。县税务局学雷锋志愿服务队和县红十字蓝天救援队荣获抚顺市“优秀学雷锋志愿服务项目”优秀奖，县检察院王艳、蓝天救援队赵铁男荣获抚顺市“最美学雷锋志愿者”称号。民主社区、和平社区荣获抚顺市“最美志愿服务社区”。开展群众性精神文明创建活动，扎实开展省级文明城市（县城）创建工作。以“关爱、互助、和谐、文明”为主题，在社区开展“邻居节”活动。在响水河子乡开展新时代文明实践所（站）试点建设。开展“七美新宾”建设之“人美”建设工作，打造“人美示范村屯”15个。开展移风易俗、抵制大操大办、树立文明新风尚活动。评选推荐市级文明乡镇6个、文明村58个、文明单位4家、文明家庭9户、文明校园5所。加强校园文化建设，全县中小学举办“开学第一课——我心中的雷锋”“学习和争做美德少年”“传承英烈精神、立志报效祖国、网上祭英烈”网络文明传播、“话说清明、文明祭祖”国旗下演讲及“忆英雄、筑梦想，争做新时代好队员（团员）”活动。在15个乡镇小学开展“小手拉大手、传递好家风”主题故事、话剧大赛，全县近50名选手参加比赛。

【文化繁荣发展】 公共文化服务体系不断完善，完成全县2个乡镇文化站、28个村级文化广场、20个村文化服务中心标准化建设，为17个行政村安装体育健身器材17套。县图书馆各阅览室实行全部免费对外开放，共接待读者36284人次。利用微信平台开展“读经典、学新知、链接美好生活”主题阅读活动。送书下乡1200册。文化馆开设声乐、舞蹈、电子琴、葫芦丝公益辅导培训班，培训学员320余人。开办“手推绣”和“旗袍手工制作”公益培训班，培训学员41人，永陵满绣培训中心常态化培训学员29人。举办“满族刺绣展”“关长胜满族剪纸展”“祁连喜书画展”“老干部书画展”等，共展出作品150余幅。落实“春雨惠民”行动，邀请市满族艺术团到新宾演出2场。举办全县中小学生迎春长跑比赛、全国象棋业余棋王赛新宾预选赛、全县篮球赛、抚顺市乒乓球联赛新宾分站赛。联合锦州银行共同举办庆祝新中国成立70周年暨迎“七一”广场文艺晚会，承办第五届“舞动梦想·魅力满乡”广场舞大赛。在榆树乡中学试点开展冰上活动课，推进冰雪运动进校园。成功举办第六届满族农庄过大年、满族冰嬉文化节、上夹河古勒城第三届梨花节、猴石国家森林公园开山节、收山节等活动。召开文化产业大普查培训推进会议，以企业为重点，组织各乡镇完成79家文化产业相关企业数据填报工作。

（董亚军）

统战工作

【概　况】 2019年1月，根据《新宾满族自治县机构改革方案》，将新宾满族自治县民族宗教事务局的民族宗教事务管理职责、新宾满族自治县工信局的侨务管理职责划入中共新宾满族自治县委统战部，加挂中共新宾满族自治县委台湾工作办公室（新宾满族自治县人民政府台湾事务办公室）、新宾满族自治县侨务办公室、新宾满族自治县民族和宗教事务局牌子。主要职责是协调统一战线各方面关系，巩固壮大最广泛的统一战线；负责发现、联系、培养党外代表人士、无党派代表人士，支持、帮助无党派人士加强自身建设、发挥作用；团结、服务、引导、教育非公有制经济人士，促进非公有制经济健康发展和非公有制经济人士健康成长；开展港澳台海外统一战线工作，统一管理侨务工作；协调处理民族关系、参与民族地区社会稳定工作，推动民族团结进步；拟订少数民族事业等专项规划，研究分析少数民族和民族地区经济发展、社会事业方面的问题；依法履行宗教事务管理职责，负责宗教法律法规和政策的督促检查、宣传教育工作，依法保护公民宗教信仰。

【政治引领】 深入学习全面贯彻党的十九大、十九届二中、三中、四中全会精神及习近平总书记到辽宁、抚顺考察时和在深入推进东北振兴座谈会上的重要讲话精神，组织全县广大统一战线成员开展学习、调研，推动落实，促进大联合、巩固大团结。制订全县统一战线教育培训计划，分批次、分阶段开展基层统战干部、非公经济人士、宗教界代表人士培训班；积极开展非公经济人士理想信念教育工作；组织党外干部及党外知识分子开展主题教育活动及调研活动。

【民族工作】 按照“开放式、嵌入式、递进式、全覆盖”的思路体系，以民族团结进步“6+1+N”（6：民族团结进步进机关、进企业、进社区、进乡镇、进学校、进军队。1：进宗教活动场所，N：进其他场所）创建模式，创新推进民族团结进步创建活动。在9月民族宣传月期间，与县教育局联合举办“民族一家亲、奋进新时代”新宾各族群众喜迎国庆70周年暨2019民族团结进步宣传月文艺展演活动。认真落实精准扶贫攻坚任务，实施《抚顺市少数民族事业“十三五”规划》“少数民族百乡万户惠民工程”，全年争取少数民族发展资金593万元，少数民族地区补助费100万元，实施8个惠民工程。5月22日，举办第三届全县中小学满族故事大赛。5月完成少数民族非文化遗产整理工作。6月14日，举办朝鲜族民俗节，全县1000多名朝鲜族同胞参加活动。7月15—16日，举办全县中学生满族传统项目珍珠球比赛；11月9日（农历十月十三日），举办满族颁金节庆祝活动。

【宗教工作】 加强县乡村三级宗教工作网络和乡村两级责任制建设，强化宗教属地管理责任，建立督查考核问责制度，推动宗教领域重点难点问题的解决。做好中央宗教工作督查反馈意见整改工作及辽宁省第四巡视组巡视反馈问题的整改工作。完成全县宗教工作基础信息库数据更新工作。开展民间信仰场所普查工作，为全省出台管理办法提供基础信息。走访慰问宗教界代表人士8次，宗教场所8个。加强宗教三支队伍建设，12月17日，举办全县宗教工作“三支队伍”培训班，邀请辽宁省民族和宗教事务委员会专家顾问肖景林作题为《高举旗帜，勇于作为，精心做好新时代基层宗教工作》的专题辅导报告。在宗教界开展中华优秀传统文化、社会主义核心价值观、宪法、宗教法律法规进宗教场所及在宗教场所悬挂国旗活动。做好宗教场所的安全检查及重要时间节点的安保工作。全县宗教领域和谐和顺，没有发生不稳定事件。

【非公经济领域统战】 加强工商联基层基础建设。全面启动“五好”县级工商联和“四好商会”创建活动，通过自下而上逐级推荐审核，新宾满族自治县工商联被评为2018—2019年度全国“五好”县级工商联。扩大交往交流，助力经济发展。1月24日，县工商联与县工信局联合承办新宾籍在外企业家迎新春茶话会，对新宾满族自治县经济发展可行性新思路进行交流和商讨。4月15日，县工商联组织新宾商会会员企业慰问团赴广东走访慰问在粤的新宾籍企业家，共叙乡情、共话发展，共促“双招双引”。与清原县工商联及法库县工商联进行交流互访，并与法库县工商联签订缔结友好商会协议。加强非公经济人士理想信念教育。提升“百企帮百村”精准到户扶贫行动的社会影响力，调动民营企业参与精准扶贫的积极性，助力精准脱贫攻坚战。在全国工商联省际交叉检查组到新宾满族自治县开展“万企帮万村”精准扶贫行动台账交叉检查中，新宾满族自治县“百企帮百村”精准扶贫工作得到检查组的充分肯定。举办第8期新宾企业家讲堂。“8·15”洪灾后，县工商联组织民营企业家积极参与抗洪救灾，共有40多家县内会员企业和4家新宾籍在外企业家响应号召，捐助救灾款、救灾物资共计40余万元。县工商联与新宾高中联合举办非公经济人士爱心奖学金发放仪式，为69名高中学生发放爱心奖学金。搭建商会交流平台，引导企业健康发展。1月，县工商联召开第六届四次执委扩大会议暨新春联谊会，会上作了题为《以新气象新担当新作为全力推进新宾非公经济健康发展》的工作报告。4月11日，结合市委统战部到新宾调研，组织全县非公企业代表召开民营经济发展情况座谈会，民营企业家就自身在经营发展过程中所遇到的困难和问题进行发言，为政府决策提供参考。8月28日，县工商联与县人民检察院举行“检察护航民企发展”检察开放日活动。民营企业负责人走进检察机关，对检察工作提出意见和建议，同时增进他们对检察工作的认识和了解，让民营企业家充分了解检察机关为民营企业健康发展提供的全面完备的司法保障，加强民营企业信心。

【党外代表人士队伍建设】 做好党外干部的培养和使用，与县委组织部联合向各乡镇及县直党委（党组）征求意见，推荐非党优秀年轻干部，加大非党干部储备。下发《关于对全县无党派人士、党外知识分子开展摸底调查的通知》，对全县无党派人士及党外知识分子进行摸底调查，建立健全数据库，优化县知识分子联谊会会员结构。组织党外干部及党外知识分子到抚顺雷锋学院及雷锋纪念馆开展主题教育，围绕“农村生活垃圾分类及资源化利用工作”到上夹河镇开展调研活动。完善新的社会阶层党外代表人士名录和信息库，选派县新的社会阶层人士代表参加全省新的社会阶层人士培训班及市委统战部召开的抚顺市新的社会阶层人士联谊会成立大会。

【台湾事务及侨务】 开展台属和侨眷春节走访慰问活动，做好机构改革后的侨务工作交接，积极参加市侨办举办的培训班，做好中高考加分审核、贫困归侨侨眷三类人员精准识别、归侨侨眷基础数据普查工作。

【主题教育】 扎实开展“不忘初心、牢记使命”主题教育，全面把握“守初心、担使命、找差距、抓落实”的总要求，贯通学习教育、调查研究、检视问题、整改落实四项重点措施，努力做到理论学习有收获、思想政治受洗礼、干事创业敢担当、为民服务解难题、清正廉洁作表率。成立“不忘初心、牢记使命”主题教育领导小组，制定《县委统战部开展“不忘初心、牢记使命”主题教育方案》《县委统战部“不忘初心、牢记使命”主题教育读书班方案》《县委统战部“不忘初心、牢记使命”主题教育调查研究工作安排方案》《县委统战部“不忘初心、牢记使命”主题教育检视问题工作安排方案》，召开主题教育动员大会，对主题教育进行动员部署。把深入学习贯彻习近平新时代中国特色社会主义思想作为根本任务，贯穿主题教育全过程。读原著学原文悟原理，坚持自学和集中研讨相结合，有计划地通读精读《习近平关于“不忘初心、牢记使命”重要论述摘编》、党章、《习近平新时代中国特色社会主义思想学习纲要》，及时跟进学习习近平总书记在庆祝中华人民共和国成立70周年大会上的重要讲话精神、党的十九届四中全会精神等。开展专题研讨5次，夜读课堂7次，领导干部讲党课5次。党支部依托“三会一课”，召开党员大会集体学习13次。深入开展调研，提升为民服务意识。调研中了解到新宾镇尹家村因河水阻隔村民出行不方便问题，少数民族困难群众冬季取暖难问题，针对发现问题，协调少数民族地区补助资金，为尹家村实施在河内搭建涵管项目方便百姓出行，为少数民族群众买煤解决冬季取暖问题。坚持问题导向，积极进行整改。统战部班子及成员、党支部及全体党员将检视问题与整改落实贯穿于主题教育始终，主题教育期间班子共梳理检视问题7个，班子成员检视问题32个，支部共梳理检视问题7个，党员检视问题16个。对梳理出的问题列出清单，制定相应整改措施，全部完成整改。

（于清华）

机构编制

【概　况】 2019年，全县机构编制工作紧紧围绕县委、县政府中心工作，深化党政机构改革、乡镇机构改革、“五大领域”综合行政执法改革，持续推进事业单位分类改革，进一步严格控制和优化机构编制资源，为振兴新宾提供体制机制保障。

根据《新宾满族自治县机构改革方案》，将新宾满族自治县机构编制委员会改为中共新宾满族自治县委机构编制委员会，作为县委议事协调机构。中共新宾满族自治县委机构编制委员会办公室（以下简称县委编办）为县委机构编制委员会的办事机构，归口县委组织部管理。内设机构2个，即办公室、机构编制股；直属行政机构1个，即县事业单位登记管理局。

【党政机构改革】 县委成立县深化党政机构改革工作领导小组，统一领导全县党政机构改革，明确党政主要负责人为机构改革的第一责任人，县委、县政府分管领导负责分管领域改革的实施工作。1月14日，县委、县政府转发省委、省政府批准的《新宾满族自治县机构改革方案》。1月18日，召开全县机构改革动员大会，县机构改革转入具体实施阶段。县委成立11个新组建机构的筹备组，负责新组建部门的各项改革工作的实施。原有19个机构的领导班子负责部门改革工作的实施。1月20日，县委办公室印发30个党政部门《关于调整机构编制事项的通知》。2月14日，印发29个党政机构的“三定”规定，县应急管理局“三定”规定跟进省市进程制发。按照省对县级机构改革有关要求，按时完成改革部门挂牌、集中办公、人员转隶、核发法人证、刻制公章、开立文件户头、涉密文件清理、国有资产划转、档案交接和管理、离退休干部管理服务等工作，落实统一领导、统一管理和归口领导、归口管理有关要求。

1月18日，新宾满族自治县召开机构改革动员大会

【乡镇机构改革】 根据省、市委关于乡镇机构改革的总体安排，按照省委、省政府《关于乡镇（街道）改革的指导意见》，就乡镇综合办事机构设置、领导职数表述等内容征求有代表性乡镇的意见。7月24日，县委召开县党政机构改革领导小组会议，专题研究通过《县乡镇机构改革方案（送审稿）》、乡镇综合办公室设置、编制和领导职数核定等事项。8月13日，县委常委会审议《县乡镇机构改革方案（呈报稿）》，会后以新委〔2019〕

26号文件将《县委关于呈报县乡镇机构改革方案的请示》呈报市委。8月23日，省委办公厅、省政府办公厅批复《县乡镇机构改革方案》，8月29日，按照市统一规定的模式，县委办公室、县政府办公室印发《新宾满族自治县乡镇机构改革方案》。

【“五大领域”综合行政执法改革】 按照省、市推进“五大领域”综合行政执法改革工作的要求，新宾满族自治县于6月18日召开县党政机构改革领导小组会，启动县“五大领域”综合行政执法改革工作。印发《关于做好县“五大领域”综合行政执法改革有关事项的通知》。6月28日，县委办公室、县政府办公室联合印发《新宾满族自治县市场监管综合行政执法改革实施方案》《新宾满族自治县农业综合行政执法改革实施方案》《新宾满族自治县文化市场综合行政执法改革实施方案》《新宾满族自治县交通运输综合行政执法改革实施方案》四个方案。跟进省市“五大领域”的行政执法改革进程，科学规范地制定“三定”规定；按照“编随事走、人随编走”原则，准确锁定执法人员编制，完成人员转隶等工作。

【事业单位改革】 按照省、市关于事业单位改革的总体部署，进一步深化县公益性事业单位改革，调整县公益性事业单位职能和布局，适应实际工作需要。3月21日，印发《新宾满族自治县公益性事业单位调整方案》（新委办发〔2019〕68号）。调整后，事业单位总数仍为15个。《新宾满族自治县公益性事业单位调整方案》中明确县公益性事业单位的名称、职责调整、机构规格及由党政机关代管等事项。调整后，完成事业单位“三定”规定、领导班子任命、法人登记、刻制公章、人员转隶和岗位聘用、集中办公、资产划转等工作。调整后的县事业单位均以新机构名义对外开展工作，县事业单位各项工作运转正常，内外部工作衔接顺畅。

按照省、市要求和实际工作需要，成立县融媒体中心、县退役军人服务中心等机构，至年底，全县公益性事业单位共有18个。

【代码证书管理】 结合党政机构改革和公益性事业单位改革，重新核发县乡机关、群团《统一社会信用代码证书》22个，依申请办理变更登记手续52个；新组建事业单位法人设立登记3个。完成事业单位法人年度报告公示工作，公示率达100%，合格率100%。按照市登记局统一部署，与顺城区开展跨地区事业单位法人公示信息随机抽查1次，抽查结果合格率100%。

（徐　亮）

机关党建

【概　况】 2019年，新宾满族自治县直属机关工作委员会（以下简称县直机关工委）深入学习贯彻习近平总书记新时代中国特色社会主义思想和党的十九大精神，深入推进党的基层组织建设，突出规范化建设，严格落实党风廉政建设“两个责任”，全面提升机关党建工作科学化水平。

【思想政治建设】 组织开展“不忘初心、牢记使命”主题教育。组织机关党员干部原原本本学习党的十九大报告、党章、《习近平关于“不忘初心、牢记使命”重要论述选编》《习近平新时代中国特色社会主义思想学习纲要》及习近平总书记重要指示批示，跟进学习习近平总书记最新重要讲话，把党员干部的思想和行动统一到以习近平同志为核心的党中央各项决策部署上来，切实增强政治意识、大局意识、核心意识、看齐意识。认真落实意识形态工作责任制，强化责任意识、阵地意识，做好意识形态阵地的管理。开展“机关支部书记上党课”活动，机关党支部书记每季度上一次党课，加大新常态下机关思想政治工作力度。以加强机关党组织积分管理为抓手，以创“五星级”党支部为牵引，加强年度党建工作责任的落实。

【规范化建设】 制定《县直机关2019年工作要点》，明确全年机关党建工作的主要任务和工作步骤，针对党员活动日、党组织和党员积分管理等重点工作，整合各项工作要求，明确工作内容、标准、完成时限。认真执行政治学习、组织生活会、“三会一课”、主题党日、民主评议、党建工作责任制等制度，严格落实党员领导干部参加双重组织生活制度，加强机关党组织规范化建设。

【组织建设】 采取培训等有力措施，对因县直机构改革新成立或职能有调整的31家单位党务工作者进行培训，指导帮助这些单位建立党组织。认真做好换届工作，完成2019年应换届的19个党支部换届工作。认真执行发展党员预审制、培训制、公示制、考核制、票决制、谈话制，严把“入口关”，保证发展党员质量。全年确定党外积极分子29名，预备党员转为正式党员14名，新发展党员18名。加强对党员党费收缴和党费使用的严格管理。

【廉政建设】 落实党风廉政主体责任和履行“第一责任人”职责，明确党组织的主体责任和党组织书记的第一责任，严格抓好党风廉政建设主体责任和监督责任的贯彻落实，形成一级抓一级，层层抓落实的机关抓党风廉政建设和反腐败工作的格局。组织丰富多样的正面舆论宣传，开展党员干部廉洁自律教育，严防违纪违规行为的发生。

【作风建设】 指导各基层支部加强对党员干部的经常性纪律教育，运用好监督执纪“四种形态”，开展经常性谈话提醒、约谈函询。指导各支部通过组织开展主题党日、专题辅导、廉政党课和参观学习等，开展多种形式廉政警示教育。组织“优化营商环境”专业知识考试，在行业窗口单位深入开展“三亮三比三争创”主题服务活动，提高机关干部为民服务意识和服务质量。

（张明涛）

信　访

【概　况】 2019年，新宾满族自治县信访局（以下简称县信访局）继续全面深化信访秩序集中整治工作，全县未发生大规模集体上访事件、个人极端事件和因工作不当引起的负面炒作，为维护全县社会稳定做出重要贡献。规范信访业务办理流程，开展信访代理，落实信访事项首办责任制，推进最多访一次，坚持县领导每日信访值班制度。全年开展信访代理271件，全县案件及时受理率98.55%、办结率97.46%、满意率53.82%，综合排名全市前列。

【信访案件化解】 至2019年底，化解案件172件，化解率98.29%，超额完成省市年初下达的减存控增案件化解95%的目标任务。强化“五级书记抓信访”责任落实。把信访矛盾减存控增三年攻坚纳入县、乡党委政府“一把手工程”，建立县委书记月调度、县委副书记半月调度、县委常委会季度听汇报、县信访联席办公室每季度至少召开一次联席会、乡镇党委书记每周专题研究一次信访案件工作制度，并将信访工作纳入村党支部书记“千分制”考核内容。创新工作机制，实施“排查有报表、登记有台账、交办有清单、工作有专班、调度有专报、化解有协议”的“六有”工作法，健全完善“五位一体”包保责任体系建设，组织开展县领导大接访和带案下访，重点解决进京上访、重复登记问题。夯实基础工作，严格督导检查。县委常委、县委政法委书记程佩林带队对15个乡镇、县直部门进行实地督导检查，共整改问题33个，推进一批信访积案化解。

【信访接待】 全国、省、市“三级两会”“一带一路”国际合作高峰论坛、中央扫黑除恶专项斗争督导组“回头看”“国家领导人北戴河疗养”、新中国成立70周年大庆和十九届四中全会期间，建立健全214件重点案件“五位一体”包保责任体系，严格落实县领导“一岗双责”，召开17次协调推进会议，下发105件督办函。县信访局班子成员亲自部署、亲自指挥，到现场指导工作，圆满完成中央、省、市交办的重要任务，全面实现“六个严防发生，三个确保”的工作目标。

【“信访突出问题”专项整治】“不忘初心、牢记使命”主题教育中，县信访局作为“信访突出问题”专项整治牵头单位，坚持问题导向，组成工作专班，实行清单销号式推进。严格落实县领导包案工作机制，重点领域信访案件化解率达到75.76%，提前完成工作任务。注重发挥信访联席会议综合指导、协调督办、推进落实的作用，召开信访联席会议14次，推进会33次，下发访情通报12期，基本解决“五级书记抓信访”责任落实不到位、信访矛盾减存控增力度不够、初访事项处理不及时、共性信访问题化解进度不快、重点领域信访矛盾高发、信访秩序不规范等方面突出问题。深化包案县领导接访和带案下访制度，切实解决林权证“办证难”等13个共性信访问题。

（于海霞）

党　校

【概　况】 2019年3月，根据《新宾满族自治县公益性事业单位优化调整方案》，重新组建中共新宾满族自治县委党校（以下简称县委党校），为县委直属事业单位机构，规格正科级。县委党校以习近平新时代中国特色社会主义思想为指导，学习、研究、宣传马克思列宁主义、毛泽东思想和中国特色社会主义理论体系；承担党员领导干部、公务员、统战人才、党务干部等培训任务；承担全县基层党员网络教育任务；协助组织人事部门对学员在校期间表现进行考核。

【主题教育培训】 县委党校（行政学校）以党的十九大及三中、四中全会精神为指导，深入开展“不忘初心、牢记使命”主题教育，按照“守初心、担使命、找差距、抓落实”的总要求，因地制宜，采取灵活多样的培训方式对全县党员及领导干部进行培训，与县委组织部联合举办为期12天的“2019年初任示范培训班”，全员聘请市委党校（行政学院）公务员培训团队17名教师担任课程讲师，共培训初任公务员174人；与县委统战部联合举办为期3天的宗教工作培训班，培训43人；为机关党委和15个乡镇党委举办7个班次的入党积极分子培训班，培训350人。结合形势和任务需要，选派优秀教师深入县直、乡镇等部门进行集中授课。年初，县委宣传部与党校合作，在全县15个乡镇逐一开展内容为“三个好——共产党好、新宾好、家乡好”“中国特色社会主义进入新时代”的党建正能量宣传，年受教育群众达2000多人次；杨洪生、关丽凤在6月28日至10月31日期间以《深刻理解和认识中国共产党的初心和使命》《不忘初心、牢记使命做合格共产党员》为题目到北四平乡、响水河子乡、上夹河镇等乡镇及县烟草局、县自然资源局、县公共资源和行业服务中心等单位进行宣讲，听众达400多人次。利用《满乡大讲堂》对全县县、乡、村三级领导干部和党员进行培训。从不同层次不同领域聘请相关专家、教授进行专题授课。采取大课讲授形式，针对时事政治、经济、文化、社会、生态、工业、农业、法律法规等领域内容进行培训。全年《满乡大讲堂》共举办8期。第一期《中国共产党党支部工作条例（试行）》，由中共辽宁省委党校牟广东教授讲授辅导；第二期《领导干部要做好新形势下意识形态工作》，由中共辽宁省委党校李英教授讲授辅导；第三期《全面优化辽宁营商环境》，由中共辽宁省委党校副教授李海鹏讲授；第四期《习近平新时代中国特色社会主义思想纲要》，由中共抚顺市委党校宣讲处徐岩处长讲授辅导；第五期《加强党的政治建设、推进全面从严治党》，由中共辽宁省委党校牟广东教授讲授辅导；第六期《学习贯彻党的十九届四中全会精神》，由中共抚顺市委党校宣讲处徐岩处长讲授辅导；第七期《弘扬宪法精神推进国家治理体系和治理能力现代化》，由中共抚顺市委党校罗美副教授讲授辅导；第八期《学习贯彻党的十九届四中全会精神市委宣讲团新宾报告会》，由抚顺市委组织部副部长宣讲辅导。

9月20日，第五期《满乡大讲堂》专题讲座

【党　建】 全面开展“不忘初心、牢记使命”主题教育，按照“守初心、担使命、找差距、抓落实”的总要求和习近平总书记关于“四个对照”“四个找一找”的要求，突出力戒形式主义、官僚主义，检视问题、深入剖析、召开专题民主生活会、解决问题，推动党员领导干部进一步坚定“四个自信”、做到“两个维护”，推动领导班子履职尽责、团结奋进，牢记初心使命，重整行装再出发，在新时代把党的自我革命推向深入。按照县直机关工委《关于同意召开中共新宾满族自治县委党校支部委员会党员大会的批复》（新工委复字〔2019〕105号）要求，8月8日召开党员大会，选举金明日为党支部书记、赵爽为组织委员、关丽凤为宣传委员。

8月5日至9月30日，县委第六巡察组对县委党校开展为期两个月的巡察，12月3日，巡察组向县委党校反馈党的领导、党的建设、全面从严治党3个方面存在的主要问题。县委党校高度重视巡察反馈问题，立即召开会议传达巡察反馈意见，成立整改落实领导小组，强化整改落实工作的领导。对反馈问题进行细化分解，建立清单，制定整改措施，于12月30日前全部完成整改。

（金明日）

新宾满族自治县人民代表大会

综　述

【概　况】 2019年，新宾满族自治县人民代表大会常务委员会（简称县人大常委会）深入学习习近平新时代中国特色社会主义思想和党的十九大，十九届二中、三中、四中全会精神，坚定政治信念，强化责任担当，充分发挥人大常委会职能作用，各项工作取得新成效。县人大常委会旗帜鲜明讲政治，自觉把党的领导贯穿于人大工作全过程，确保人大工作沿着正确方向前进。坚持全面从严治党，强化政治担当，严守党的政治纪律和政治规矩，坚决在思想上政治上行动上同以习近平同志为核心的党中央保持高度一致。认真开展“不忘初心、牢记使命”主题教育，紧密结合人大工作实际，守初心、担使命、找差距、抓落实、促整改、见成效，全体党员干部思想上得到净化、理论上得到提升，增强干事创业为民服务的担当意识。制定县人大常委会党组重大事项向县委请示报告制度，定期向县委报告工作，始终将人大工作置于县委绝对领导之下，确保与县委同心同向同力。牢牢把握意识形态工作主动权，持之以恒正风肃纪，着力净化政治生态，努力营造风清气正、担当作为、干事创业的良好氛围。积极对接省市人大常委会工作，主动接受省市人大常委会工作指导，健全联动长效机制，确定联动工作重点，提高县乡人大工作整体水平。全年共召开人大常委会会议4次，听取和审议“一府一委两院”工作报告9项，做出决议、决定、审议意见9项，开展“三查（察）”活动19次，依法任免国家机关工作人员129人次，圆满完成全年各项工作任务。

【机构改革】 2019年4月上旬，县人大常委会机关进行机构改革。按照县机构改革总体方案要求和市人大常委会机关机构改革方案意见，县人大常委会设置7个正科级工作机构，分别是人大常委会办公室、人事代表工作委员会、监察和司法工作委员会、财政经济工作委员会、教科文卫工作委员会、民族侨务工作委员会以及社会建设工作委员会。有常委会组成人员31人，人大代表188人。

根据公务员职务与职级并行制度实施方案规定，县人大常委会职级套转2人，其中三级调研员1人、四级调研员1人；职级晋升7人，其中三级调研员2人、四级调研员2人、二级主任科员3人。按照《中共新宾满族自治县委、新宾满族自治县人民政府关于印发〈新宾满族自治县工作部门考核实施办法〉的通知》（新委办〔2019〕22号）要求，评定县人大常委会机关内设机构“好”等次2个，分别是县人大常委会办公室及监察和司法委员会，“较好”等次2个，分别是财经委员会和人事委员会，“合格”等次3个，分别是教科文卫委员会、民侨委员会和社会建设委员会。

重要会议

【概　况】 全年召开人大常委会会议4次，听取和审议“一府一委两院”（即政府、人大常委会、法院、检察院）工作报告9项；召开全体代表会议1次，听取和审议“一府一委两院”工作报告、国民经济和社会发展计划执行情况、2019年财政预算执行情况和2020年财政预算情况、环境保护与生态建设情况等报告，做出决议，并进行选举。

【县第九届人民代表大会第三次全体会议】 会议于2019年12月5—7日召开。会议听取和审议了县长陶承海作的《政府工作报告》，并作出相应的决议；审议了《关于新宾满族自治县2019年国民经济和社会发展计划执行情况及2020年计划（草案）的报告》，审查批准2020年计划，并作出相应的决议；审议了《关于新宾满族自治县2019年财政预算执行情况和2020年财政预算（草案）的报告》，审查批准2020年财政预算，并作出相应的决议；听取和审议了县人大常委会代理主任、副主任戴清江作的《新宾满族自治县人民代表大会常务委员会工作报告》，并作出相应的决议；听取和审议了县法院院长吴亮作的《新宾满族自治县人民法院工作报告》，并作出相应的决议；听取和审议了县检察院检察长兰程作的《新宾满族自治县人民检察院工作报告》，并作出相应的决议；审议了《新宾满族自治县2019年环境保护与生态建设情况的报告》；审议了《新宾满族自治县九届人大二次会议代表建议批评意见办理情况报告》。

12月7日，县人大常委会全体成员合影

会议选举张明友为新宾满族自治县第九届人民代表大会常务委员会主任；黄野为新宾满族自治县第九届人民代表大会常务委员会副主任；曲春雨、张涛、岳有新为新宾满族自治县第九届人民代表大会常务委员会委员；魏兵为新宾满族自治县监察委员会主任；庄守刚、张明友、赵桂元为抚顺市第十六届人民代表大会代表。

【县九届人大常委会第九次会议】 会议于2019年7月3日召开。因工作调动，赵连舜县人大常委会主任职务已终止，经县九届人大常委会第11次主任会议提名，谢大利为新宾满族自治县人大常委会代理主任人选，此次会议进行表决并通过。会议听取县人大常委会办公室副主任乔琳作的《新宾满族自治县第九届人大常委会2019年工作要点（草案）》，县委常委、副县长张明友作的《关于2019年财政预算部分指标调整方案（草案）的报告》《关于2018年县本级财政决算的报告》。县审计局局长孟宪宾作的《关于2018年度财政预算执行及其他财政收支情况的审计工作报告》；县人大常委会人事委员会副主任杨慧作的人事事项说明。

会议经过审议，通过《新宾满族自治县第九届人大常委会2019年工作要点（草案）》《关于2019年财政预算部分指标调整方案（草案）的报告》《关于2018年县本级财政决算的报告》《关于2018年度财政预算执行及其他财政收支情况的审计工作报告》；会议通过人事事项。

【县九届人大常委会第十次会议】 会议于2019年9月23日召开。因工作调动，谢大利辞去县人大常委会副主任职务，经县九届人大常委会第12次主任会议提名，戴清江为县人大常委会代理主任人选，县人大常委会副主任黄绍华作提请说明；会议通过谢大利辞去县九届人民代表大会常务委员会副主任职务请求的决定（草案）及关于推选戴清江为新宾满族自治县人大常委会代理主任的决定（草案）。会议听取县政府《关于2019年上半年国民经济与社会发展计划执行情况的报告》《关于2019年上半年财政预算执行情况的报告》《关于2018年落实县人大常委会决议决定审议意见情况的报告》；检察院《关于落实公益诉讼工作决定情况的报告》；审议人事事项。

会议经过审议，通过县政府《关于2019年上半年国民经济与社会发展计划执行情况的报告》《关于2019年上半年财政预算执行情况的报告》《关于2018年落实县人大常委会决议决定审议意见情况的报告》；检察院《关于落实公益诉讼工作决定情况的报告》；会议通过人事事项。

【县九届人大常委会第十一次会议】 会议于2019年10月31日召开。会议听取县政府《关于九届人大二次会议期间代表建议批评意见办理情况的报告》《关于2018年县财政预算执行及审计发现问题整改情况的报告》；部分市人大代表向县人大常委会进行述职。

会议经过审议，通过县政府《关于九届人大二次会议期间代表建议批评意见办理情况的报告》《关于2018年县财政预算执行及审计发现问题整改情况的报告》；部分市人大代表向县人大常委会进行述职并测评；会议通过人事事项。

【县九届人大常委会第十二次会议】 会议于2019年11月27日召开，会议听取《关于补选代表的资格审查报告》《关于召开县九届人大三次会议有关事宜的报告》《县九届人大常委会工作报告（讨论稿）》。

会议经过审议，通过《关于补选代表的资格审查报告》《关于召开县九届人大三次会议有关事宜的报告》《县九届人大常委会工作报告（讨论稿）》；会议通过人事事项。

重要决议、决定、审议意见

【概　况】 严格规范决策程序，完善议事制度，全面行使好重大事项决定权和人事任免权，提高决策科学化、民主化、法治化水平。全年依法作出决议、决定、审议意见10项。

【县第九届人大常委会2019年工作要点】 2019年7月3日，新宾满族自治县第九届人大常委会第九次会议，听取了县人大常委会办公室副主任乔琳作的关于《新宾满族自治县第九届人大常委会2019年工作要点（草案）》的说明，并对工作要点进行审议。会议决定通过《新宾满族自治县第九届人大常委会2019年工作要点（草案）》。

【批准2019年县财政预算部分指标调整方案的决议】 2019年7月3日，新宾满族自治县第九届人大常委会第九次会议，听取了常务副县长张明友作的《关于2019年财政预算部分指标调整方案（草案）报告》的说明，并对报告进行了审议。会议决定通过《关于2019年财政预算部分指标调整方案（草案）的报告》，批准2019年财政预算部分指标调整方案。

【批准2018年县本级财政决算的决议】 2019年7月3日，新宾满族自治县第九届人大常委会第九次会议，听取了常务副县长张明友作的《关于2018年县本级财政决算报告》的说明，并对报告进行审议。会议决定通过《关于2018年县本级财政决算的报告》。

【2018年度财政预算执行及其他财政收支情况审计工作报告的审议意见】 2019年7月3日，新宾满族自治县第九届人大常委会第九次会议，听取了县审计局局长孟宪宾作的《关于2018年度财政预算执行及其他财政收支情况的审计工作报告》的说明，并对报告进行审议。会议认为2018年审计部门围绕全县中心工作依法开展审计，覆盖面广、力度大、针对性强，较好地履行了审计监督职能，同时要求县政府就审计报告揭示的问题，采取有效措施，认真研究整改。会议决定通过《关于2018年度财政预算执行及其他财政收支情况的审计工作报告》。

【2019年上半年国民经济与社会发展计划执行情况的审议意见】 2019年9月23日，新宾满族自治县第九届人大常委会第十次会议，听取了县政府副县长孟庆光作的《关于2019年上半年国民经济与社会发展计划执行情况的报告》的说明，并对报告进行审议。会议决定通过县政府《关于2019年上半年国民经济与社会发展计划执行情况的报告》。

【2019年上半年财政预算执行情况的审议意见】 2019年9月23日，新宾满族自治县第九届人大常委会第十次会议，听取了县政府副县长孟庆光作的《关于2019年上半年财政预算执行情况的报告》的说明，并对报告进行了审议。会议决定通过《关于2019年上半年财政预算执行情况的报告》。

【县政府2018年落实县人大常委会决议决定审议意见情况的报告】 2019年9月23日，新宾满族自治县第九届人大常委会第十次会议，听取了县政府副县长孟庆光作的《关于县政府2018年落实县人大常委会决议决定审议意见情况的报告》；会议认为县政府主要领导高度重视人大工作，相关部门行动迅速，报告内容翔实具体。会议决定通过《关于县政府2018年落实县人大常委会决议决定审议意见情况的报告》。

【加强和保障县人民检察院开展公益诉讼工作决定情况报告的审议意见】 2019年9月23日，新宾满族自治县第九届人大常委会第十次会议，听取了县检察院检察长兰程作的《关于落实公益诉讼工作决定情况的报告》，并对报告进行审议，会议决定通过县检察院《关于落实公益诉讼工作决定情况的报告》。

【九届人大二次会议期间代表建议批评意见办理情况的报告】 2019年10月31日，新宾满族自治县第九届人大常委会第十一次会议，听取了副县长谢大利作的《关于九届人大二次会议期间代表建议批评意见办理情况的报告》，并对报告进行审议，会议决定通过县政府《关于九届人大二次会议期间代表建议批评意见办理情况的报告》，提交县九届人大三次会议。

【2018年县财政预算执行及审计发现问题整改情况的报告】 2019年10月31日，新宾满族自治县第九届人大常委会第十一次会议，听取了副县长谢大利作的《关于2018年县财政预算执行及审计发现问题整改情况的报告》，会议认为县政府高度重视审计报告提出的问题整改，认真落实县人大常委会关于审计工作报告的审议意见，强化组织领导，落实整改责任，加强跟踪督查，整改效果明显。会议决定通过县政府《关于2018年县财政预算执行及审计发现问题整改情况的报告》。

【县人民代表大会常务委员会工作报告（讨论稿）】 2019年11月27日，新宾满族自治县第九届人大常委会，听取了县人大常委会办公室副主任乔琳作的《新宾满族自治县人民代表大会常务委员会工作报告（讨论稿）》，并对报告进行审议，会议决定通过《新宾满族自治县人民代表大会常委会工作报告（讨论稿）》。

监督工作

【概　况】 围绕“一府一委两院”的重点工作，综合运用各种监督方式，创新监督方式方法，突出重点、破解难点，有效实施财政预、决算监督权、司法监督权和专项监督权，全年开展监督活动19次。

【财政预算决算监督】 重点听取和审议2018年财政预算执行情况及发现问题的审计报告。根据中共中央办公厅印发的《关于人大预算审查监督重点向支出预算和政策拓展的指导意见》和《中共中央关于建立国务院向全国人大常委会报告国有资产管理情况制度的意见》精神，县人大常委会起草新宾满族自治县《关于人大预算审查监督重点向支出预算和政策拓展的实施意见》《关于建立县政府向县人大常委会报告国有资产管理情况制度的意见》，分别经县人大常委会主任会议、县委常委会议审议通过，并以县委正式文件印发执行。

【司法监督】 先后两次组织人大代表到法院开展旁听庭审活动，将人大司法监督扩展到法院庭审这一司法活动的核心领域，进一步提升司法公信力，同时增强人大代表的法律意识。听取县人民法院关于落实《县人大常委会加强执行工作审议意见的情况报告》，着力加强和规范执行工作，维护当事人胜诉权益，破解执行难问题。听取和审议县人民检察院关于落实《县人大常委会加强和保障开展公益诉讼工作决定的情况报告》，并提出审议意见，要求检察院进一步加大办案力度，坚持“公益”这一核心要素，密切关注人民群众反映强烈、严重侵害国家利益和社会公共利益的行为，严格执法，维护宪法法律权威，维护社会公平正义，维护国家和社会公共利益。全年共接待群众来信来电来访56件（次）。

【专项监督】 组织县人大常委会组成人员和部分人大代表视察“七五”普法工作，针对存在问题，提出建议和意见；开展垃圾分类及资源化利用专项视察，推进新宾满族自治县农村生活垃圾分类及资源化利用工作升级；组织部分市代表视察全县满族文化传承及满绣发展情况、全县电子商务产业发展情况。与省市人大常委会联动开展《辽宁省大伙房饮用水水源保护条例》执法检查、脱贫攻坚视察，对新宾满族自治县“项目建设暨双招双引”工作进行视察，提出工作意见和建议，并形成视察报告。

代表工作

【概　况】 全年以提高代表的政治素养、理论水平和依法履职能力为目标，先后培训人大代表1600余人，新建市人大代表之家1处。对代表建议进行督办，满意率100%。

【代表培训】 县人大常委会先后组织人大常委会组成人员及乡镇人大主席赴北京全国人大培训中心和青岛人大培训基地开展履职培训；举办全县省市县乡四级人大代表培训会议，旨在提高代表的政治素养、理论水平和依法履职能力。县乡两级人大共举办代表培训班23期。加强代表之家建设，新建市代表之家1处，完善乡镇人大代表之家15处。以代表之家为平台，以“不忘初心、牢记使命”主题教育为载体，开展代表学习培训、调研视察、联系选民等丰富多彩的活动。加强对乡镇人大工作的指导，推进乡镇人大工作规范化、制度化。

【代表建议办理】 实行全面督办与重点督办相结合的办理方式对代表建议进行督办。县九届人大二次会议期间共收到代表建议95件，上年列入计划建议9件。年底，已解决76件，列入办理计划12件，向代表解释说明16件，办结、走访、满意率100%。全年共邀请36名市、县代表列席县人大常委会会议；为群众办实事257件，为基层解难题178件。完善县人大常委会组成人员联系县代表机制。继续实行市代表向县人大常委会述职、县乡代表向选民述职制度，主动接受监督，共有7名市代表向县人大常委会述职，165名县乡代表向选民述职。

新宾满族自治县人民政府

综　述

【概　况】 2019年，新宾满族自治县人民政府在抚顺市委、市政府和县委的正确领导下，在县人大的依法监督、县政协的民主监督和社会各界的大力支持下，坚持稳中求进工作总基调，以新发展理念为引领，认真落实高质量发展要求，扎实推进“三大攻坚战”，持续优化环境，着力推进稳增长、促改革、调结构、惠民生、防风险、保稳定，在经济下行压力持续加大的逆境中，咬住目标，紧扣发展，强化作风，全县经济发展实现从“开门红”到“全年稳”的目标，为未来发展奠定坚实的基础。全县地区生产总值实现52.4亿元，同比增长-0.4%；公共财政预算收入实现5.6亿元，同比增长17.1%，其中税收完成4.2亿元，同比增长23.0%；全社会固定资产投资实现11.25亿元，同比增长24%；域外招商引资到位额完成9.04亿元，同比增长8.4%；社会消费品零售总额实现38.95亿元，同比增长0.2%；农村居民人均可支配收入实现14607元，同比增长9.4%。

【机构改革】 完成政府机构改革和“五大领域”行政执法改革，设置政府工作部门22个，公益性事业单位14个。全面完成国有林场改革和嘉禾农牧业有限公司国有资产划拨。推进农村集体产权制度改革和土地承包经营权确权颁证工作。

【营商环境】 推行“互联网+政务服务”，推进服务事项“一窗办理”，实现审批服务“马上办、网上办、就近办、一次办”和高频事项“最多跑一次”。营商环境建设指标纳入全县绩效考核指标体系。为25个项目和企业配备项目管家。积极推进银企对接，全面落实减税降费政策，新增各类市场主体2991户。

【工业产业】 高新企业日益壮大，骨干企业作用凸显，成功举办“抚顺·新宾氢能与燃料电池产业推介会暨氢燃料电池旅游观光车产品发布会”。“飞地经济”初见成效，重点打造永陵农产品加工集聚区和新宾镇高新材料智能制造产业园两个“飞地经济”园区，引进“飞地经济”项目6个。全县新增个转企115家、小升规2家。

【现代农业】 深化农业供给侧结构性改革。特色农产品基地建设有突破。完成新增粮食生产能力田间工程建设项目666.67公顷。新宾满族自治县被农业农村部列为“化肥减量增效示范县”“国家中药材产业技术体系示范基地县”。荣获第二批“国家农产品质量安全县”称号。农村集体“三资”管理不断强化，村集体经济不断壮大。

【文旅产业】 满族农庄过大年等节庆活动品牌效益转化初见成效。乡村旅游创新发展，赫图阿拉村入选全国首批乡村旅游重点村。神树柜石景区、花溪林里度假田园综合体、九凤四季田园综合体等旅游项目取得新进展。完成药语花香房车营地花海基地建设。新宾满族袍服制作技艺与满族刺绣列入省级非物质文化遗产名录。完成人参炮制技艺等3个国家级非物质文化遗产申报。满族饽饽、秘制人参等特色商品在省旅游商品大赛中获得2金5银的佳绩。

【生态环境】 生态建设不断加强。完成春季造林、封山育林、森林抚育任务。对大伙房水库饮用水源上游、红升水库周边存在环境风险问题开展综合整治，水质达标率100%。完成苏子河、太子河流域禁养区划定工作。开展河库“清四乱”专项行动。建设县城日处理能力300吨的垃圾分类处理厂。完成改厕2130座。查办涉林、涉水、涉地等违法违规案件。全年空气质量优良率达90.5%。

【基础设施建设】 完成上五线等县级公路维修改造工程51项150公里、桥梁7座；完成“一事一议”村内道路建设117公里、桥梁9座；完成重点扶贫村路面工程1.4万平方米。完成太子河新宾段防洪治理工程、双河治理工程；完成66项移民工程；完成3项水土流失治理项目。完成66千伏新宾变电站改造工程、66千伏北四平变电站新建工程，新宾镇内无稳定安全双电源的历史问题得到彻底解决。

完成县城1.4万平方米裸露地面改造和8个老旧小区配套基础设施改造项目。完成永陵镇自来水、污水、供暖管网改造和滨河路硬化等项目。完成南杂木镇五一河治理、木材市场污水整治等项目。查处违建7处、违停4500次，城乡建设管理不断规范。推进“千村美丽、万村整洁”专项行动，垃圾分类及资源化利用“户分类、户处理、不出院、零填埋”的模式被省委、省政府确定为“可复制、可推广”的成功经验。

【社会生活】 完成第四次全国经济普查工作。完成新宾镇中心小学建设工程及北四平、永陵满族小学等14所学校维修改造工程。对全县28所中小学校学生实施营养午餐补贴，完成乡村教师差异化补贴发放。制定《校车安全管理办法》，规范校车管理。新宾一脉阳光医学影像中心项目正式运营，全部实施远程诊疗；完成乡镇卫生院标准化建设，基层卫生服务能力得到提升。新农合常住人口参合率不断提高，支付补偿资金8910万元。人口出生率、自然增长率和出生人口性别比均在省控指标内。启动县综合档案馆建设项目。

实施多产业“叠加式”扶贫，拨付产业扶持资金2882万元，对接产业项目58个，带动6387户12907人增收致富。落实健康扶贫政策，为贫困人口投保医疗补充保险206万元。完成贫困户危房改造325户。完成农村饮水安全工程270项，受益农村人口11万人。为贫困家庭学生补助34万元。整合政府债券资金和扶贫专项资金1590万元，支持贫困村基础设施建设。脱贫成效通过第三方评估验收。

实名制培训1900人，城镇新增就业905人。保持零就业家庭动态为零。发放城乡低保金2458万元。发放困难残疾人和重度残疾人补贴345万元。发放特困人员救助供养金719万元。发放优抚金2150万元，完成县、乡、村三级退役军人服务保障体系建设。投资400万元建成残疾人托养中心并投入使用。

【法治建设】 加强法治政府建设，严格履行决策程序，自觉接受人大依法监督和政协民主监督，认真向人大报告工作，向政协通报情况，自觉执行县人大及其常委会作出的决议、决定和审议意见，落实县政协的意见建议。深入推进政务公开，主动公开政府信息1694件，发布政务微博1095条。办理建议、提案234件。建设工程招投标项目21项、中标金额1.49亿元。完成政府集中采购72项，支出资金3076万元，节资580万元。

健全完善“五位一体”包保责任体系，全力

打赢推进信访矛盾减存控增三年攻坚战。加大治安管控和整治力度，全力开展“扫黑除恶”专项斗争，实现刑事案件持续下降，人民群众安全感逐步提升。依法加强民族宗教事务管理。推进安全生产管理责任制落实，安全生产形势持续稳定。严厉打击制售假冒伪劣商品行为，处理食品药品案件44件。

重要会议

【概　况】 全年，新宾满族自治县人民政府召开常务会议16次，审议并原则通过104项议题。召开县长办公会议13次，听取招商引资、土地收储、项目建设等汇报，部署重点工作任务；研究审议10项议题。

2019年新宾满族自治县人民政府常务会议一览表

表3

召开时间	会议名称	主要议题
1月19日	县政府第18次常务会议	审议并原则通过《新宾满族自治县大四平镇土地利用总体规划（2006—2020年）修改方案的请示》《新宾满族自治县2017年绩效奖金分配方案》《关于对新宾满族自治县道路旅客运输氢燃料电池车辆制定优惠政策的请示》《关于辽宁沐与康氢能科技产业发展有限公司申请氢燃料电池汽车运营补贴的汇报》《关于返还沐与康公司50万元借款的情况说明》《关于给予撬装加氢站建设补贴的建议》
2月27日	县政府第19次常务会议	审议并原则通过《新宾满族自治县促进“飞地经济”发展的实施方案》《关于加快推进民营经济发展意见》《2019年主要经济指标任务书》《2019年重点工业企业、重点项目和招商引资县领导包保责任分工表》《2019年产业园区和特色小镇建设责任分工》《关于表彰2018年度经济工作先进单位和优秀企业的决定》《关于红升水库水源保护区养殖户关闭拆迁等事项的报告》《关于上报新宾满族自治县沃谷铜锌矿有限公司申请探矿权保留登记的请示》
3月15日	县政府第20次常务会议	审议并原则通过《2019年新宾满族自治县城乡建设项目计划》《新宾满族自治县加氢站审批及管理暂行办法》《关于盘活辽宁旭智机电设备制造有限公司资产的请示》《关于收回原河北轻工农贸市场地块国有土地使用权的请示》《关于新宾满族自治县东瓜岭石料开采有限公司申请采矿权变更矿区范围及采矿权延续登记的请示》《关于上报抚顺市金岭矿业有限公司申请探矿权延续登记的请示》《关于新宾满族自治县长岭泥炭矿申请采矿权变更矿区范围的请示》《关于特色农产品产业园区建设项目推进过程中需要明确相关问题的请示》《关于对国有林场退役军人等转变事业身份的请示》《关于将国有林场资产划拨到林业集团的请示》《关于国有林场财务收支纳入财政预算管理的请示》
3月27日	县政府第21次常务会议	审议并原则通过《关于将新宾满族自治县嘉禾种畜场国有资产划拨至新宾满族自治县兴京嘉禾农牧业有限公司的请示》
4月26日	县政府第22次常务会议	审议并原则通过《新宾满族自治县氢能与燃料电池产业发展扶持办法》《关于参仙谷项目办理用地手续的承诺函》《关于新宾满族自治县兴京宾馆部分固定资产和低值易耗品报废的请示》《关于落实抚顺市监察委员会监察建议的报告》《人防专项整治存在问题整改实施方案》
5月14日	县政府第23次常务会议	审议并原则通过《2019年县政府“重实干、强执行、抓落实”专项行动实施方案》《关于减税降费工作情况的汇报》《关于成立新宾满族自治县第三次全国国土调查领导小组的通知》《关于新宾满族自治县供热管理所30年经营权价值核实项目资产评估报告》《关于新宾满族自治县县城集中供热PPP项目实施方案》《关于上报支持县域经济发展专项资金贴息项目的请示》《关于建设新宾满族自治县满族文化博物馆人参文化分馆的请示》《关于进一步加强农村集体“三资”管理工作的实施意见》《关于矿管办、国土监察大队与木材检查总站整合的实施方案》《关于自然资源中心退休人员发放养老金的请示》《关于红升水库水源保护区养殖户关闭拆迁等事项的报告》
6月21日	县政府第24次常务会议	审议并原则通过《新宾满族自治县人民政府关于调整县政府领导同志工作分工的通知》《新宾满族自治县红升水库饮用水水源地环境保护攻坚战实施方案》《关于天然饮料厂对外出售部分资产的请示》《新宾满族自治县残疾人托养服务管理办法》《关于移交关闭煤矿管理权属的申请》《关于新宾满族自治县2019年度第1批次用地等13个建设用地项目涉及保护区用地报批的请示》《关于以回迁安置房抵顶拆迁养殖户补偿款的请示》《关于红升香菇市场招商的请示》
6月25日	县政府第25次常务会议	审议并原则通过《新宾满族自治县推行农村公路“路长制”实施方案》《新宾满族自治县交通运输综合行政执法改革实施方案》《关于组建新宾满族自治县农业综合行政执法队实施方案》《新宾满族自治县文化市场综合行政执法改革实施方案》《新宾满族自治县市场监管综合行政执法改革实施方案》

续表 3

召开时间	会议名称	主要议题
7 月 16 日	县政府第 26 次常务会议	审议并原则通过《关于严格控制 2019 年财政支出的通知（草案）》《新宾满族自治县深入推进审批服务便民化工作方案》《新宾满族自治县关于开展“营商环境建设突出问题”专项整治的工作方案（审议稿）》《全县安全生产领域“保平安、迎大庆”专项整治行动工作方案》《关于授予兰郡泽“新宾满族自治县见义勇为先进个人”的请示》《关于调整新宾满族自治县行政审批中介服务事项清单的通知》《新宾满族自治县解决部分退役士兵社会保险问题工作方案（草案）》《关于构建新宾满族自治县退役军人服务保障体系的实施方案（草案）》《关于上报抚顺华威矿业科技发展有限公司“辽宁省新宾满族自治县下营子地区铜金矿详查”项目保留的请示》《关于收储荣泰药业地块国有土地使用权的请示》《关于殡仪馆拆除锅炉并入热力网和环评验收情况的说明》《关于县医疗卫生综合服务设施楼建设项目实施配套工程等问题的报告（草案）》《关于新宾满族自治县公安局派遣辅警工资的请示》《关于解决部分教师职称问题的有关意见的汇报》《新宾满族自治县木奇镇土地利用总体规划（2006—2020 年）修改方案的请示》《新宾满族自治县北四平乡土地利用总体规划（2006—2020 年）修改方案的请示》
8 月 8 日	县政府第 27 次常务会议	审议并原则通过《关于解决过渡时期林权登记发证工作的请示》《辽宁省新宾满族自治县沃谷铜锌矿有限公司采矿权扩界整合（变更）、延续的请示》《关于国有林场林木资产划拨林业集团的请示》《关于对公路管理段部分职工理顺事业身份的请示》《人参市场扶持政策》《关于解决县纪委监委办公地点的请示》《新宾满族自治县残疾人托养康复服务管理办法（试行）》《新宾满族自治县关于依申请类政务服务事项进驻县政务服务大厅集中办理的实施方案》。
8 月 20 日	县政府第 28 次常务会议	审议并原则通过《关于设立新宾满族自治县政务服务中心分中心的请示》《新宾满族自治县县城集中供热 PPP 项目（PPP）融资人直接介入协议》《新宾满族自治县县城集中供热 PPP 项目合同》《关于新宾禾旺规模化养殖场设施农用地备案的请示》
9 月 16 日	县政府第 29 次常务会议	审议并原则通过《终身供养协议》《关于审核确认全县行政主体执法资格的报告》《新宾满族自治县工程建设项目审批制度改革实施方案》《新宾满族自治县畜禽禁养区补充划定方案》《关于开展政府规范性文件清理工作的报告》《红升水库饮用水水源地规范化建设实施方案》《新宾满族自治县人民政府关于加强和改进公安工作的意见》《关于辽宁兴京省级地质公园项目建设的报告》
10 月 14 日	县政府第 30 次常务会议	审议并原则通过《关于进一步完善全县招商引资工作体系的意见》《关于新宾满族自治县公路管理段知青综合厂部分职工劳动关系和新宾满族自治县造纸机械修配厂部分职工劳动关系认定的请示》
10 月 22 日	县政府第 31 次常务会议	审议并原则通过《关于将新宾满族自治县县城集中供热 PPP 项目跨年度财政支出责任纳入中期财政规划的请示》《关于调整新宾满族自治县食品安全委员会成员的通知》《新宾满族自治县食品安全委员会工作规则》《新宾满族自治县食品安全事故应急预案》
10 月 24 日	县政府第 32 次常务会议	学习传达《唐一军省长在扩大有效投资和招商引资工作会议上的讲话精神》《习近平总书记关于统计工作的重要讲话精神》《中华人民共和国统计法》《中华人民共和国统计法实施条例》等相关法律法规和文件
11 月 14 日	县政府第 33 次常务会议	审议并原则通过《新宾满族自治县 2019 年农作物秸秆综合利用重点项目实施方案》《关于东工冶金申报县科技创新基金项目立项的请示》《关于新宾满族自治县义务教育学生营养改善计划工作实施方案》《关于新宾满族自治县农村教师差别化补助实施方案》《新宾满族自治县融媒体中心人员转隶实施方案》《关于国有林场棚改剩余楼房及车库处置的请示》《关于国有苇子峪林场商品林划拨给新宾满族自治县林业集团名下的请示》《关于国有林场人员经费全员纳入财政预算管理的请示》

2019 年新宾满族自治县人民政府县长办公会议一览表

表 4

召开时间	会议名称	主要议题
1 月 2 日	第 1 次县长办公会议	听取相关部门关于项目策划包装、招商引资、土地收储等工作汇报，并就当前及今后一段时期的重点工作进行安排部署，提出具体要求，明确责任分工
1 月 19 日	第 2 次县长办公会议	研究审议《关于解决县农村商业银行股份有限公司抵债林权过户问题的请示》
2 月 2 日	第 3 次县长办公会议	会议研究审议《关于法院执行华晨房地产公司拖欠土地出让金一案执行和解问题的请示》
2 月 27 日	第 4 次县长办公会议	研究审议《关于聘请北京荣邦瑞明投资管理有限责任公司为新宾满族自治县县城集中供热项目、永陵供暖与农产品加工集聚区项目 PPP 咨询服务情况说明》
3 月 9 日	第 5 次县长办公会议	研究审议《沈白客专新宾满族自治县段征地拆迁补偿标准》
3 月 15 日	第 6 次县长办公会议	研究审议《关于废止新政发〔2017〕15 号文件的请示》

续表 4

召开时间	会议名称	主要议题
5 月 14 日	第 7 次县长办公会议	研究审议《关于新宾满族自治县净水厂消毒工艺及配套设施改造计划资金的申请》《关于新宾满族自治县县城改造建设房屋征收补偿补充方案》《关于新宾满族自治县河道公益性采砂管理（审批）办法》
7 月 31 日	第 8 次县长办公会议	研究审议《〈关于给予沐海氢能有限公司撬装加氢站自用许可〉的说明》
8 月 5 日	第 9 次县长办公会议	听取县发改局局长贾深关于县医院门诊病房综合楼建设项目相关情况介绍和设计工程师张岚峰关于《新宾满族自治县人民医院门诊病房综合楼建设项目可行性研究报告》
9 月 19 日	第 10 次县长办公会议	听取政府办公室副主任倪惠森关于张国祥《供养终身协议》的汇报
9 月 30 日	第 11 次县长办公会议	研究审议新宾满族自治县农村生活污水治理与户厕改造项目
10 月 16 日	第 12 次县长办公会议	听取县委常委、宣传部部长张报吉关于《新宾满族自治县融媒体中心人员转隶实施方案》的汇报
10 月 24 日	第 13 次县长办公会议	听取副县长徐卫华《新宾满族自治县氢燃料电池汽车运营产业发展项目财政补助协议》《燃料电池生产项目投资协议》《燃料电池生产项目补充协议》的汇报

重要通知、决定

【概　况】 2019 年，新宾满族自治县人民政府共印发各类通知 92 项，对民生、生态建设、农村水利、粮食生产、农村产权制度改革、节约用水、耕地保护、控辍保学、“四好农村公路”、电子商务等各项工作的开展进行有效规范管理。

【推进医疗卫生与养老服务结合发展实施方案】 2019 年 5 月 17 日，县政府印发《新宾满族自治县人民政府关于印发新宾满族自治县推进医疗卫生与养老服务结合发展实施方案的通知》，提出到 2020 年，实现医疗卫生和养老服务资源共享，服务便捷，建立医养融合模式。100% 医疗机构开设为老年人提供挂号、就医等便利服务的绿色通道，100% 养老机构能够以不同形式为入住老年人提供医疗卫生服务，基本适应老年人健康养老服务需求的目标。通知要求，按照党中央、国务院决策部署，围绕积极支持养老机构开展医疗服务，推动医疗卫生服务延伸至社区、家庭，努力提高综合医院为老年人服务的能力，加快发展为老年人服务的专业医疗机构，充分发挥中医药在健康养老中的作用，进一步推进医疗卫生与养老服务相结合，实现医疗、养老资源有效融合，建成一批兼具医疗卫生和养老服务资质和能力的医疗卫生机构或养老机构，逐步提升基层医疗卫生机构为居家老年人提供上门服务的能力。

【电子商务发展规划（2019—2021）】 2019 年 5 月 10 日，县政府办公室发布《新宾满族自治县人民政府办公室关于印发新宾满族自治县电子商务发展规划（2019—2021）的通知》，提出按照“市场为主、政府引导、强化服务、聚焦上行”的原则，围绕“生态、旅游、新材料、新能源”四大主导产业，以生态产品、民族特色、产业发展、农村农民为重点，培育和壮大农村电子商务经营主体，充分利用和提升改造农村网络设施、乡村服务网点和物流配送等基础设施，建立健全农村电子商务服务体系。搞活农产品流通，拓宽农特产品网络销售渠道，改变农民生产生活方式，促进农业增效和农民增收，实现县域经济全面协调发展。

【“重实干、强执行、抓落实”专项行动实施方案】 2019 年 5 月 17 日，县政府办公室发布《新宾满族自治县人民政府办公室关于印发 2019 年新宾满族自治县人民政府“重实干、强执行、抓落实”专项行动实施方案的通知》，提出全面贯彻落实省、市经济工作会议部署，坚持以习近平新时代中国特色社会主义思想为指导，深入落实习近平总书记在抚顺考察和深入推进东北振兴座谈会上的重要讲话精神，坚持“实好干”工作理念，进一步认清发展形势，明确发展任务，强化发展措施，确保完成市政府确定的“重强抓”工作任务，推进全县经济社会平稳健康良好发展的总体要求。

【推进“四好农村路”建设实施方案】 2019年6月5日，县政府办公室发布《新宾满族自治县人民政府办公室关于印发推进“四好农村路”建设实施方案的通知》，提出实现农村公路路网结构明显优化，质量明显提升，养护全面加强，真正做到有路必养。路产、路权得到有效保护，路域环境优美整洁，做到有路必管。农村客运和物流服务体系健全完善，城乡交通一体化格局基本形成，适应全面建成小康社会和新型城镇化建设要求。

【依申请类政务服务事项进驻县政务服务大厅集中办理的实施方案】 2019年9月4日，县政府办公室发布《新宾满族自治县人民政府办公室关于印发新宾满族自治县关于依申请类政务服务事项进驻县政务服务大厅集中办理的实施方案的通知》，提出按照“应进必进”的原则，各部门要高度重视，积极配合，全面做好依申请类政务服务事项进驻县政务服务大厅工作。政务服务事项中，除因涉及泄密、安全、敏感等问题不应进厅和不宜进厅外，要求全部纳入县政务服务大厅集中办理，不得在原单位受理，坚决杜绝“明进暗不进”“两头受理”和“体外循环”，保证“一个窗口受理、一站式办结、最多跑一次”服务理念得到有效落实。

（杨奎利）

建议、提案办理

【概　况】 2019年，县政府系统共承办建议和提案234件，其中县人大代表建议104件、县政协委员提案130件。建议解决率为74%，提案解决率为80%，建议和提案办结率、走访率、满意率均为100%。

【工作推进】 加强组织领导，办理责任层层落实。县政府通过县长专题会议等方式共同研究落实抓好建议和提案交办、督办等事项，按照“主要领导亲自抓，分管领导具体抓”的原则，把责任落实到各承办单位。各承办单位把建议和提案办理工作与本乡镇、本部门工作安排结合起来，制定切实可行的方案，建立部门主要领导负总责、班子成员分工督办、综合科室协调督促、业务科室具体办理的工作机制，形成“一级抓一级，层层抓落实”的工作责任体系。县长、副县长定期听取建议和提案办理情况，推进办理进度，确保建议和提案办理工作日常有人问、问题有人管、结果有人核。抓落实、抓解决、提高解决率。各承办单位对能够解决的问题，及时予以解决；对有困难的问题，采取召开专题会议，各相关部门共同研究解决问题的方法，抓紧解决落实；对暂时不能解决的问题，建立清单，列入规划，积极对上争取，创造条件逐步解决。积极沟通，了解问题，做好办理工作。各承办单位及时与代表沟通，了解代表真实意图，促进建议和提案办理及时、准确、到位。各承办单位加大“上门办理”力度，通过电话征询、上门面询、召开座谈会等方式，详细汇报，坦诚交流，取得代表的理解和支持。

【聚焦百姓民生】 对建议和提案中关于百姓生活环境、安全出行、饮水安全、文化教育等民生问题，县政府采取有力措施加以解决。通过争取上级补助和县配套资金1700万元，支持全县17个“美丽乡村”示范村落实美化、绿化、亮化、净化工程，年内完成9个示范村建设。为20597名建档立卡贫困人口投放医疗补充保险205.97万元。治理河道405米，维修护村河堤1021米、渠道105米，修复桥梁2座、修复道路128.5公里、修复路面61870平方米，累计投入资金1167.3万元。投资100余万元建立河南新农贸市场。加强对全县32所民办幼儿园监管力度，确保儿童安全。开展学生普法教育宣传，增强法律意识，预防青少年犯罪，促进青少年健康成长。组织心肺复苏等应急知识进校园，提高学生应急能力。加强对农村饮水安全管理，积极上报农村饮水项目441项，全县农村饮水安全项目建设总投资6725万元，改造完成农村饮水安全工程198处，解决125个村屯、130644人的饮水困难问题，覆盖贫困人口1202人。

（徐宏刚）

县政府办公室

【概　况】 2019年，新宾满族自治县政府办公室全体干部职工紧紧围绕全县工作重心，自觉服从和服务于全县经济社会发展大局，积极履行参谋助手职责，强化服务，狠抓落实，保证县政府工作的优质高效运转，为全县经济社会平稳较快发展发挥积极作用。

【政务公开】 全年通过政府门户网、电子屏等多种形式，主动公开政府信息1694条，其中政府文件99件，其他信息1595条；发布政务微博1095条。积极争取协调、理顺政府网站管理体制。用最短时间完成政府网站升级工作，新增加栏目和内容，制定相应规定和制度，升级后的政府门户网站以"依法公开、注重实效、方便群众"为原则，持续稳步推进全县政府信息公开工作，有力地保障公众的知情权、参与权和监督权。

【机关事务管理】 完成全县党政机关及事业单位办公用房改革工作。对县直机关及事业单位办公用房进行摸底调查，按照既要集中办公又要兼顾群众办事方便、业务关联密切单位相互靠拢、资源共享、尽量减少浪费、结合事业单位工作职能特征等原则，对15家县直部门、事业单位办公用房进行搬迁整合，解决县直机关办公用房存在零散、不集中、管理混乱的问题。完成公务接待工作。不断优化服务流程，提高服务质量，全年共完成接待任务320批次、8350多人次。其中公务接待140次、商务接待180次。完成多次省市领导到新宾调研、招商等重要接待任务。完成全市各县区领导和市委书记市长拉练等重要任务。加强公务用车管理。建立新宾满族自治县公务用车平台，采用向新宾客运公司购买服务的方式解决县四家班子、县直各单位公务出行问题，全年共派车500余次。完成全县事业单位公务用车改革工作。召开全县事业单位车辆改革工作会议，对全县事业单位公务用车进行登记造册，核准事业单位公务用车180辆。完成和推进公共机构节能工作。认真组织全县节能宣传周活动，提高全县党政机关和事业单位工作人员的节能和环保意识。积极参加抚顺市组织的节能型机构和示范单位创建工作。准时认真完成节能统计工作。

（杨奎利）

公共资源和行业服务

【概　况】 新宾满族自治县公共资源和行业服务中心于2019年5月由原县粮食局、原县科技创业服务中心、原县发展改革局所属煤炭行业管理办公室、价格认证中心、原县科技局所属科技开发中心、原县集中采购中心、原县政务服务管理办公室所属建设工程招投标服务中心共7个机构整合组建，为县政府直属事业单位，机构规格正科级，由县发展和改革局代管。

县公共资源和行业服务中心主要职责是负责为全县粮食和物资储备事业发展提供技术支持和服务保障；负责贯彻落实煤炭行业产业政策，为全县煤炭行业产业管理提供技术支持和服务保障；负责提供技术开发等服务，为全县科学技术事业发展提供技术支持和服务保障；负责对全县刑事、行政、经济等案件中涉及的各类标的进行价格认定；负责全县公共资源交易工作；负责政府集中采购和招投标服务工作；承担县委、县政府及县发展和改革局交办的其他工作。

【国有资产管理】 健全和完善管理体制，对全县10家粮食企业的国有资产情况进行全面普查，进行资产统计、登记、备案，防止和纠正各种损害国有资产权益的行为。企业财产统一保险，保险总额度为1464.8万元。盘活北四平粮库闲置资产租赁给辽宁企业科技有限公司。完成全县粮食企业新一轮的承包合同签订工作。

【政府采购和价格认定】 共受理采购项目78项，预算总额为3691.41万元，共完成采购项目52项，完成项目预算1943.13万元，实际采购金额1793.3万元，节约资金149.83万元，节支率为7.7%；剩余26个采购项目已全部完成前期考察询价工作，并且确定项目供应商。全年累计完成工程建设招投标项目24个，项目总金额为1.59亿元。

受理涉案物品价格认定案件51件，认定标的额331.02万元。其中受理县公安局价格认定案件45件，受理县森林公安局价格认定案件3件，受理县自然资源局价格认定案件2件，受理县水务局价格认定案件1件。

（贾 昕）

外事工作

【概 况】 2019年，新宾满族自治县人民政府外事工作以党的十九大精神为指导，紧紧围绕县委、县政府中心工作履行外事职能，加强对外宣传，突出工作重点，提高工作质量，各项工作有序推进。

【风险排查】 认真排查外事工作风险点，制定防范化解对外工作领域重大风险工作方案。做好外国务工人员的备案和变动情况的跟踪工作。8月，陪同辽宁省政府外事办到永陵镇雅臣工艺品厂调研外来人员（朝鲜）务工“三无”情况，经走访和查阅相关资料，明确该厂外来务工人员均属合法入境务工，不存在非法入境、非法居留、非法工作情况。

【交流接待】 7月，协助辽宁省、抚顺市政府外事办，完成韩国MBC电视台摄制组接待工作。7月接待中日学生友好文化交流团，承担接待服务与交流沟通工作，推介新宾地域文化特色。

（杨 萍）

营商环境建设

【概 况】 2019年1月，根据《新宾满族自治县机构改革方案》，成立新宾满族自治县营商环境建设局（以下简称县营商局）。县营商局是县政府工作部门，为正科级，加挂新宾满族自治县行政审批局牌子。主要负责县营商环境建设、“放管服”工作推进、县行政审批大厅运行管理、政府综合服务热线日常管理、县政府政务督查及实绩工作考核等工作。

县营商局下设政务服务中心，进驻县政务服务中心综合窗口单位13个：水务局、公共资源和行业服务中心、生态环境局、教育局、气象局、应急局、审计局、财政局、农业农村局、司法局、档案局、工信局和文化旅游和广播电视局。进驻中心设部门窗口单位6家：公安局、住建局、发改局、卫健局、市场监督局和自然资源局。政务服务中心下设8个分中心，有8家单位进驻，分别是办税服务厅、不动产交易登记中心、交通运输行政服务大厅、车辆办事服务大厅、人民来访接待中心、医疗保障事务服务中心、就业服务大厅和婚姻登记处。至12月末，县政务服务中心设置窗口29个，其中部门窗口19个、综合窗口8个、绿色通道窗口2个，办理517项事项。中心共有工作人员39名。政务服务中心下设的8家分中心，承办295项事项。全年中心共受理批件5540项，办结5540项；8家分中心共受理批件133964项，办结133874项。

【行政审批】 按照《国务院关于加快推进全国

一体化在线政务服务平台建设的指导意见》（国发〔2018〕27号文件）精神，深入推进“互联网+政务服务”，经过调整完善现系统内各部门“6+1”（即行政许可、行政确认、行政给付、行政奖励、行政裁决、其他行政权力+公共服务）类政务服务事项911项。完成“10+1”（即行政许可、行政给付、行政确认、行政征收、行政奖励、行政裁决、行政处罚、行政强制、行政检查、其他行政权力+公共服务）类政务服务事项目录的录入工作，全县共认领和录入“10+1”类政务事项主项1567项，子项3644项。8月底，行政许可、行政给付、行政确认、行政奖励、行政裁决、其他行政权力和公共服务“6+1”类812项政务服务事项全部进驻县政务服务中心和分中心，实现“应进必进”。同时，确因特殊情况不能进入中心办理的事项，也已纳入服务平台统一监管。

全县共录入认领“6+1”类政务服务事项主项数为679项，网办数638，网办率达94%。县政务服务事项已经全部录入抚顺市政务服务网，与抚顺市同步达到网上可查。推行一般的事项“网上办”，中心和分中心利用市政务服务网和各部门国家级、省级自建网站，进行政务服务事项网上办理和查询，全县每月“网上办”办件量5000余件。“网上办”已与抚顺市政务服务网完成对接，实现“一网通办”。

逐步推进高频事项“最多跑一次”和“一件事”工作。组织开展高频事项统计核查工作和“一件事”认领填报工作，制作高频事项“最多跑一次”对照表和办事指南，公布县100个高频事项“最多跑一次”清单，并在抚顺市政务服务网和县政府网站公示。全县“一件事”共认领97项，全部按要求填报办事指南、一表申请和材料清单。

推进政务服务事项“一窗”受理和“3490”（即压缩一般性经营企业开办时间在3个工作日内，压缩经营性许可证办结时间在4个工作日内，工程建设项目审批时限压减至90个工作日内）改革。先后对进厅的698个政务服务事项设立“建设项目”“卫生健康”“商事登记”“公安服务”“高频事项”“社会事业”“不动产交易”等7类综合受理窗口，一律实行“前台综合受理、后台分类审批、统一窗口出件”服务模式。至年底，进入“综合窗口”的政务服务事项占比达76.6%。压缩一般性经营企业开办时间在3个工作日内，开展企业登记电子化服务，政务服务中心在服务大厅设置2台电脑开展自助服务。压缩经营性许可办结时间在4个工作日内；工程建设项目审批时限压减至90个工作日内。减少不动产登记办结日期，在压缩不动产登记办理时限和提高不动产登记效率上下功夫，在住建局三楼组建不动产登记大厅，税务及公证处都搬迁到大厅，流程再造实现了智能审批和链条办理。

推动审批服务“马上办、网上办、就近办、一次办”和“四减”工作。多次开展“四办”情况统计核查工作，结合各单位工作实际确定“四办”清单571项事项，落实政务服务事项的办理流程和方式。组织各部门以辽宁省营商局核定的“四减”清单为重点，按照“减材料、减环节、减时限、减次数”要求，大幅精简办事过程中需要申请人提交的纸质申请材料、办理时限和环节，最大限度减少群众办事跑动次数。

【提升服务水平】 县政务服务中心建立“好差评”制度，开展“码上服务”。为县政务服务中心39名窗口人员和分中心50名窗口人员制作二维码，完成“码上服务”桌牌及胸牌的制作。利用“好差评”制度对窗口人员的服务态度和工作效率进行评价和监督。

完善便民设施，提升服务能力。与县图书馆合作租借一台电子图书机，设立电子阅览区；在原有自助服务区配置一台电脑和打印机的基础上又增设一台电脑；设立引导员，为群众解答咨询，引导协助办理业务；增设便民服务箱，内置应急物品；增设排椅7组56个座位，方便办事群众休息等候。

加强“绿色通道”建设，优化审批程序。对进入绿色通道项目，实行领办代办、特事特办、跟踪督办、预约办理、上门服务、协助办理等服务制度，大大提高审批效率。

【绩效考核和督查】 配合县委组织部共同研究制定《新宾满族自治县工作实绩考核实施办法》，制定《2019年度政府绩效考评操作办法》，将县委、县政府全年重点工作及全县“重、强、抓”任务指标全部纳入绩效考评细则中，经县委常委会讨论通过后下发。

开展“大棚房”清理整治、营商环境建设及护林防火专项督查等28次，每项工作督查结束都形成督查报告，便于领导随时掌握工作进展情况，全年共形成督查通报8期。

按照序时进度开展政府工作部门绩效考评工作，当场打分；对承担“重、强、抓”工作任务较多的部门进行重点督考，发现问题及时反馈，及时解决，确保各项工作顺利完成。

【营商环境建设】 5月15日，开展“推行政务公开、优化营商环境”宣传工作，发放《辽宁省优化营商环境条例》127本。9月开展《辽宁省优化营商环境条例》及《辽宁省推进“最多跑一次”规定》宣传月活动。县政务服务大厅、各分中心、各窗口单位将宣传手册摆放到明显位置，方便办事企业群众拿取，了解优化营商环境的相关事宜。通过新宾微信公众号及电子屏进行宣传，县政府将《条例》《规定》原文挂在政府门户网站上。9月11日，由县机关工委组织学习《条例》《规定》，并组织各单位进行知识测试，于9月25日前全部完成。

5月，聘请营商环境监督员10名，聘请人员主要包括人大代表、政协委员、机关工作人员、企业法人等，对营商环境监督员开展相关业务培

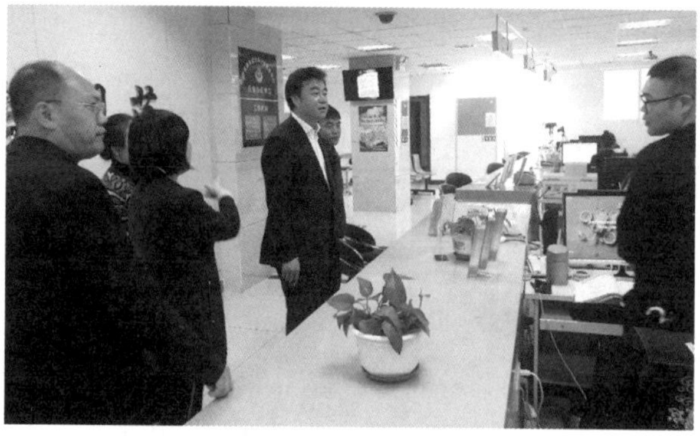

10月，县委副书记、县长陶承海（右三）对全县营商环境进行检查、调研

训。7月，按抚顺市营商局全市3县5区进行互检的工作部署，安排3名营商环境监督员代表到东洲区进行明察暗访。全年对营商环境建设工作开展不定时监督检查3次。

全年，接到省市转办营商环境案件9件，已全部办结。规模以上工业企业11家、限额以上商贸流通企业4家、重点项目（5000万元以上，入统计库）10项，全部配备“项目管家”，实现“项目管家”全覆盖。清理执行积案101件，执行到位金额3593.36万元。

“8890”热线平台已完成整合后热线的对接工作，畅通群众诉求渠道。采用微信、媒体等方式进行宣传推广。全年共受理投诉1817件，办结1765件，办结率97.14%，满意率83.66%。

（赵俊杰）

应急管理

安全生产

【概　况】 2019年，全县应急管理工作围绕确保不发生重特大安全生产事故的目标和底线，积极开展“不忘初心、牢记使命”主题教育，提高政治站位，严格落实“党政同责、一岗双责”安全生产责任，深入开展安全生产大检查和重点行业领域专项整治行动。按照“管行业必须管安全、管业务必须管安全、管生产经营必须管安全”的

要求履行职责，认真贯彻落实中央、省、市有关安全生产工作的一系列安排部署，坚决执行县委、县政府对安全生产工作提出“严、细、实”的指示精神，夯实安全监管责任，圆满完成各项生产目标任务。全年，全县共发生各类安全生产死亡事故18起，死亡19人，事故起数、死亡人数同比分别下降36%和24%。其中，工矿商贸企业发生1起生产安全事故，死亡1人；道路交通发生死亡事故16起，死亡17人，受伤31人；发生一般火灾100起，死亡1人；森林火灾27起，无人员伤亡。全县未发生重特大安全事故，继续保持安全生产形势基本稳定的良好态势。

1月，根据《新宾满族自治县机构改革方案》，原新宾满族自治县安全生产监督管理局更名为新宾满族自治县应急管理局（以下简称县应急局）。县应急局内设机构6个，分别是办公室、综合科、监察一室、监察二室、救灾科、安全生产应急救援指挥中心。主要职责是负责全县应急管理工作，拟定应急管理、安全生产等政策，指导应急预案体系建设，组织指导协调安全生产类、自然灾害类等突发事件应急救援，统一协调指挥各类应急专业队伍，统筹应急救援力量建设，负责全县消防工作，组织协调灾害救助工作，依法行使安全生产综合监督管理职权等。

5月，按照《新宾满族自治县公益性事业单位调整方案》（新委办发〔2019〕68号），原县安全生产监督管理局所属的安全生产监察大队、煤炭安全生产管理办公室2个机构整合为县应急管理中心，为县政府直属事业单位，机构规格副科级，由县应急局代管，主要负责全县工矿商贸企业安全生产监督检查及违法案件查处工作。

【安全生产责任制】 强化领导责任，严格落实《地方党政领导干部安全生产责任制规定》，调整县安全生产委员会，成立县安全生产工作领导小组。领导小组定期研究各行业领域安全生产工作，多次召开全县安全生产工作会议，县政府与15个乡镇和18个安全监管职能部门签订安全生产责任书。以安委办名义分别召开消防、非煤矿山、危险化学品及烟花爆竹等安全专项会议，落实企业安全生产的主体责任。落实部门监管责任。县安委会印发《2019年全县安全生产工作要点》，县政府下发《安全生产执法计划》，明确县政府相关部门及各乡镇安全生产监管责任和各行业监管部门责任，实行分级分类监管。强化末端管控，认真落实部门、乡镇安全生产年度考核制度，明确“一票否决”的规定要求，加强各乡镇、各部门对安全生产工作的领导力度。推进所有生产经营单位实行网格化管理，做到安全生产监管全覆盖。压实属地管理责任。各乡镇成立安委会，强化本区域安全生产日常监管。推进“双重预防体系”有效运行。

【安全生产监督检查】 紧盯非煤矿山、危险化学品、烟花爆竹、工贸企业四块“责任田”。非煤矿山方面，全县39家非煤矿山企业，共下达现场检查记录25份，整改指令书4份，查出安全隐患121处，安全隐患已整改到位；危险化学品方面，全县17家民营加油站、4户氧气和乙炔中转站、8家涉氨制冷企业，共检查21家，下达执法文书15份，发现隐患26条，已整改26条。烟花爆竹方面，全县160家烟花爆竹零售批发企业，共检查120家，下达执法文书21份，发现隐患62条，已整改62条。烟花爆竹批发公司、个体经营业户严格控制经营场所存放数量和安全距离，杜绝烟花爆竹行业下店上宅和前店后宅现象；工贸企业方面，全县工贸企业70家，检查32家，下达执法文书23份，发现隐患92条，整改92条，罚款23万元。

【专项整治行动】 按照“全覆盖、零容忍”的总体要求，组织开展“两节”、两会、“十一”等时期和重点时段安全大检查、隐患大排查活动。发挥安委办作用，统筹协调各单位、各行业做好安全生产监管。召开4次安委会扩大会议，召开2次安全生产警示教育会议，会同消防、公安、交通、林业、水利、旅游、教育、工信、市场监督、住建等部门对全县重点行业领域开展安全拉网式督查检查。对发现的隐患问题由各行业主管部门分别下达整改指令书，督促“两个责任”真正落到实处。危险化学品方面，主要针对加油站、加气站、涉氨制冷等经营和使用单位安全开展隐患排查，发现较大隐患10处，下达执法文书14份，国庆前全部整改完毕。非煤矿山与工贸方面，突出对非煤矿山、工贸企业开工复产验收和后期生产安全的监管。严把验收关，对申请复工复产企业的作业现场、员工培训教育、设施设备安全运行、应急预案、操作规程、责任制度、工伤保险、隐患排查治理等安全条件进行检查验收，强化风险管控。烟花爆竹方面，通过“回头看”专项治理，下达执法文书21份，发现和整改隐患49条。煤矿监管方面，完成两家煤矿关闭移交工作，对一家停产煤矿坑口进行安全防护。开展专项整治行动期间，聘请专家全程参与，全年共排查各类隐患161条，即时整改137条，其余隐患均在限期内整改完毕。

【宣传教育】 围绕“防风险、除隐患、遏事故”“防风险、保平安、迎大庆”“安全生产百日攻坚”“冬春安全生产和火灾防控集中整治”等宣传主题，集中开展安全七进、应急演练、事故警示教育、安全生产咨询、防灾减灾救灾宣传等形式多样的活动，普及安全知识、强化安全意识、提升自救技能、营造安全氛围。安全生产月活动期间，组织安全主题日一条街宣展活动，通过各种媒体倡导全社会关注安全、重视安全。全县共发放宣传单（册）8000份，展出展板50块，悬挂宣传横幅30条，参与干部300余人次。聘请专家、教授进行安全生产专题培训2次，组织较大型应急演练4次。将“安全生产抚顺行”活动贯穿全年，营造浓厚的宣传教育氛围。

【行政执法】 严格推行行政权力清单和责任清单制度，做到安全生产监管执法不缺位、不越位。制订年度执法计划，明确重点监管对象、检查内容和执法措施，结合安全生产实际情况及时进行调整和完善。对执法人员进行培训，提高执法队伍整体水平。

【防灾减灾】 防汛和防火期间，严格执行领导带班及24小时值班制度，对17座尾矿库实行五级包保责任制，每2小时向市局报告一次尾矿库库容情况。省市启动应急响应后，按要求对非煤矿山企业依法责令关停。发生较大火情能及时赶赴现场，配合指挥部开展火灾扑救处置工作。积极开展灾后救助工作。“8·15”洪灾过后，第一时间投入灾后救助工作，保证救灾物资及时送达到位。对上争取救灾资金270万元，调拨物资（衣被）4000余套，妥善解决灾民房屋修缮、粮食、衣物、被褥等基本需求。政策性农村住房保险工作稳步推进。按照《抚顺市政策性农村住房保险实施方案的通知》总体要求，县应急局制定下发《关于新宾满族自治县农村住房保险工作实施方案》。全县共有44739户农户参加农村住房保险，农户自缴保费38.18万元，政府补贴52.28万元，圆满完成政策性农村住房保险工作。加强减灾示范社区的创建工作。南杂木镇建设社区被评为省级减灾示范区，结束新宾满族自治县无减灾示范社区的历史。

【应急物资储备】 对救灾储备物资进行全面的盘点清查、重新包装，储备物资按类整齐摆放，粘贴物资明细标签，方便物资的存取，保证救灾物资发挥应急作用。县应急局共有储备物资23类、2978件，价值为50万元。

（陈　凤）

消　防

【概　况】 2019年，新宾满族自治县消防救援大队（以下简称县消防大队）围绕“恪尽职守、苦练本领”的要求，高标准部署开展练兵活动，对标“主力军”和“国家队”定位，积极适应“全灾种”和“大应急”任务需要，科学研训、组训、施训。县消防大队在抚顺市消防支队冬、夏练兵比武考核中，均获得好成绩。全年共接警144起，出动车辆265台次、出动警力1574人次，抢救财产19万元、疏散人员20人。

县消防大队有消防指战员55人，其中指挥员10人、消防员14人、政府专职消防员28人、文职雇员3人。下辖1个消防站、2个政府专职消防站。执勤车辆10台，其中水罐消防车5台、泡沫消防车2台、18米高喷1台、20米云梯消防车1台、抢险救援车1台，行政执法车辆3台。灭火剂66.5吨，其中水61吨，泡沫灭火剂5.5吨。

贯彻落实《消防安全责任制实施办法》，理清政府和行业部门责任清单，推动各单位落实消防责任；构建责任体系，把消防工作纳入党委政府工作全局和重要议事日程，强化行业部门监管责任，提高消防工作时效性和部门联动水平。县政府组织召开专题会议，年底组织考核验收。全县上下初步建立“政府主导、部门监管、单位负责”的消防工作格局。持续深化火灾隐患排查整治，提升防控能力和公共消防安全水平。消防安全形势持续平稳，没有发生重大以上火灾事故，有力保障全县经济发展和社会稳定。

【消防基础建设】 购置18吨大型水罐车，配备新型灭火防护服等装备器材50件（套）、9升空气呼吸器15具、8人消防救援艇、160盘消防水带等。推动装备系统型建设，加强高精装备的配备比例。

【消防管理】 对全县三级消防列管单位开展地毯式、分片式、交叉式、突击式检查，彻底消除隐患排查的“盲区”。检查社会单位3050家次，发现隐患485处，当场整改300处，下达责令整改通知书178份，临时查封3家。

【整治火灾隐患】 扎实推进冬春火灾防控、夏季消防检查，先后开展春节、国庆节、两会、清明节、“五一”、赫图阿拉城庙会、高考等时期消防安全保卫工作。组织消防文员深入全县各乡镇开展消防勤务工作，组织辖区15个派出所民警开展业务集中培训，提升民警消防业务水平。组织召开重点单位消防安全责任人、人员密集场所消防安全责任人、高层建筑物业负责人集中约谈会议，与各单位签订《消防安全责任书》。深刻汲取多起文物古建筑火灾事故教训，针对辖区文物保护单位进行消防安全大排查，提高消防安全意识，及时消除部分消防安全隐患。

【消防宣传教育】 利用“3·15”消费者权益日、“6·18”安全生产月、“119”消防宣传月活动载体开展系列消防宣传活动。走进高层住宅小区，走访住户，发放宣传资料，写宣传标语；走进高、中、小学校园，宣讲消防安全知识，与中小学生开展消防安全技能互动；组织全县物业服务企业责任人开展消防培训，提高安全意识。对微型消防站负责人开展业务技能培训，全面提升微型消防站业务能力，最大程度发挥微型消防站快速处置初期火灾优势。

（薛卷海）

中国人民政治协商会议新宾满族自治县委员会

综 述

【**概 况**】2019年，中国人民政治协商会议新宾满族自治县委员会（以下简称县政协）内设政协办公室、提案和人口环境委员会、文史和科教法制委员会、民宗和委员联络委员会、经济和农业农村委员会5个正科级工作机构，有常务委员37人，政协委员193人。县政协始终在县委的领导下，以马克思列宁主义、毛泽东思想、邓小平理论、"三个代表"重要思想、科学发展观、习近平新时代中国特色社会主义思想为指导，坚持团结和民主两大主题，把握时代发展脉搏，紧扣全县工作重心，认真履行政治协商、民主监督、参政议政职能，围绕中心、服务大局、凝聚共识、汇聚力量，为全县经济社会发展做出重要贡献。

【**把握正确履职方向**】以政治建设为统领，完善以党组理论学习中心组学习为引领，常委会会议集体学习、委员培训学习相配套的学习制度体系，不断增进对中国共产党领导和中国特色社会主义的"四个认同"，夯实团结奋斗的共同思想政治基础。坚持在全县大局中推进政协工作，思考问题从大局着眼，谋划工作从大局出发，自觉服从和服务于大局，用心研究县委聚力推进的重点、着力突破的难点和倾力疏解的堵点，找准政协工作的切入点和着力点，县委工作部署到哪里，政协履职就跟进到哪里，智慧力量就凝聚到哪里，与党政同频共振、同轴运转、同向发力。党组认真贯彻落实《关于加强新时代人民政协党的建设工作的若干意见》，深入开展"不忘初心、牢记使命"主题教育，增强"四个意识"，坚定"四个自信"，做到"两个维护"。全力推进党的基层组织建设，实现"两个全覆盖"。

【**提升协商议政实效**】全年共召开1次全体会议、2次专题议政性常委会会议、3次专题协商会议、6次对口协商会议、3次提案办理协商会议，已形成常态化、多层次、各方面有序参与的协商议政格局。围绕改革发展和民生改善，深入开展农村产权制度改革、民营经济发展、县域温泉资源开发、县城物业管理、中小学校课后服务、社区矫正工作等15个课题调研视察。其中县政协专题议政性常委会议集中献计献策有8个课题，5个课题转化为抚顺市政协专题协商会发言议题，2个课题列入抚顺市政协年度大会发言。针对苏子河县城段水环境问题，再次组织民主监督员和"民主监督+"联席会议成员单位集中视察，形成《关于苏子河县城段水环境治理视察建议》，县政府及住建、水务等有关部门和新宾镇通力合作，拆除二道河北河堤障碍物，畅通居民休闲健身循环线，解决多年历史遗留问题。对13家执法执纪、综合服务部门派驻的民主监督员小组开展定向监督，提出38条意见建议均被采纳。

【**凝聚各界智慧力量**】健全落实与县工商联等各

人民团体和无党派代表人士联系制度，完善对政协共同性事务的情况交流机制。认真学习全国宗教工作会议精神，贯彻落实党的民族宗教政策，不断加强与民族宗教界代表人士联系沟通，积极促进民族团结、宗教和睦。注重团结以非公经济人士为主体的社会新阶层，召开庆祝新中国成立暨人民政协成立70周年座谈会，促进社会各阶层和不同利益群体之间增进理解、形成共识，努力使政协成为各团体民主协商、合作共事的政治平台。主动向省市政协领导汇报南杂木园区问题、氢能源产业发展、垃圾分类推广等工作，从省市层面争取指导和支持。积极联系市政协港澳台侨委，追加资助贫困在校大学生“黄土计划”名额。领导班子与工商联共同走访新宾籍在外企业家，组织台侨界别委员走访慰问困难“三胞”眷属。配合中央电视台国际频道，同声传译政协全会委员发言，向世界展示新宾协商民主政治建设。积极向省市报刊媒体和政协信息部门报送稿件95篇，其中采用43篇。

【增强履职本领】 按照“懂政协、会协商、善议政”和“守纪律、讲规矩、重品行”的要求，严把委员“入口关”，届中调整委员17名。修订完善委员履职考核办法，督促委员做好“委员作业”，树好“委员形象”。组织常委会组成人员听取县“一府两院”重点工作情况通报，常委全员提交履职报告，5名常委代表作履职发言。鼓励支持界别依托各自优势开展调研视察、座谈协商、学习联谊等活动，全年共开展界别活动78次。以党建促履职，推进学习型、服务型、效能型、创新型机关建设。按期完成党支部换届。扎实推进“两学一做”学习教育常态化、制度化，认真开展警示教育和廉政教育，驰而不息地改进作风、反对“四风”。制定各委办职责、工作流程等机构改革配套制度，完善党组议事规则和“三重一大”决策程序等，实现机关综合服务质量和水平进一步提升。

重要会议

【概　况】 全年召开全体会议1次，审议通过县政协工作报告。召开常委会会议4次，主席会议8次，审议通过24项议题。

【九届三次全体会议】 2019年12月4—6日，政协新宾满族自治县第九届委员会第三次全体会议召开。会议审议通过主席赵晓日所作的《县政协九届常务委员会工作报告》和耿宗柱所作的《县政协九届常务委员会提案工作报告》，审议通过《县政协九届委员会三次会议决议》。会议补选王正军、张扬、吴殿华、林景华、高忠5人为常务委员会委员，4名政协委员代表作大会发言。会议听取并讨论陶承海所作的《县政府工作报告》，讨论《关于县2019年国民经济和社会发展计划执行情况及2020年计划（草案）的报告》《关于县2019年财政预算执行情况和2020年财政预算（草案）的报告》《县人民法院工作报告》《县人民检察院工作报告》；会议执行常委与政府领导、法检两长、发改、财政等部门负责人专题协商“一府两院”报告及其他报告，提出23条意见建议被吸纳。在4日上午举行的预备会议上，组织全体委员专题学习党的十九届四中全会和中央政协工作会议精神，由市委讲师团学习指导处长徐岩作《夯实党长期执政国家长治久安的制度根基》专题辅导。

12月4—6日，政协新宾满族自治县第九届委员会第三次全体会议召开

【五次常委会会议】 2019年2月28日，县政协召开九届五次常委会议。会议审议通过《县政协常委会2019年工作要点》和《县政协2019年重点协商计划》。县纪检委副书记蔡闯传达中央及省市纪委全会精神，并通报县纪委监委2018年工作情况和2019年工作安排。

【六次常委会会议】 2019年7月17日，县政协召开九届六次常委会议。会议审议通过《关于社区矫治工作情况的视察报告》《关于新宾满族自治县中小学校课后服务情况的视察报告》《关于全县民营经济发展情况的调研报告》和《全县政协委员履职量化考核办法》，县法院民二庭庭长朱春欣作《不忘初心学宪法，奋力前行勇担当》专题讲座。

【七次常委会会议】 2019年10月22日，县政协召开九届七次常委会议。会议听取“一府两院”重点工作情况通报，审议通过《关于全县温泉资源开发情况的调研报告》《关于新宾满族自治县农村产权制度改革工作的视察报告》《县城物业管理情况的调研报告》。党组副书记、副主席耿宗柱主持会议，并专题辅导《习近平总书记在中央政协工作会议暨中国人民政治协商会议成立70周年大会上的讲话》。

【八次常委会会议】 2019年11月25日，县政协召开九届八次常委会议。会议听取副县长谢大利所作的《关于提案办理工作情况通报》，听取并审议通过《县政协常委会工作报告》《县政协常委会提案工作报告》《县政协九届三次会议有关事项》《县政协九届三次会议表彰安排》《请辞县政协九届委员、常务委员情况的说明》，审议通过县委常委、统战部部长朱涛所作的《补选县政协九届常务委员候选人情况说明》，并通过建议名单。审议通过《补聘县政协九届委员名单》和《县政协九届三次会议选举办法》。会议由党组副书记、副主席耿宗柱主持，并传达学习《中共辽宁省委关于认真学习宣传贯彻党的十九届四中全会精神的通知》。

【八次主席会议】 2019年2月26日，县政协召开九届八次主席会议。会议听取各委办主任关于2月工作情况和3月工作安排的汇报，审议并通过《县政协常委会2019年工作要点》和《县政协2019年重点协商计划》。

【九次主席会议】 2019年5月6日，县政协召开九届九次主席会议。会议听取各委办主任关于3月、4月工作情况和5月工作安排的汇报，审议并通过《政协新宾满族自治县委员会机关职能配置、内设机构和人员编制方案》。

【十次主席会议】 2019年6月3日，县政协召开九届十次主席会议。会议听取各委办主任关于5月工作情况和6月工作安排的汇报。

【十一次主席会议】 2019年7月1日，县政协召开九届十一次主席会议。会议听取各委办主任关于6月工作情况的汇报和7月工作安排。

【十二次主席会议】 2019年7月12日，县政协召开九届十二次主席会议。审议并通过《关于社区矫正工作情况的视察报告》《关于新宾满族自治县中小学校课后服务情况的视察报告》《全县政协委员履职量化考核办法》《关于全县民营经济发展情况的调研报告》，研究确定县政协九届六次常委会议议题和召开时间。

【十三次主席会议】 2019年8月2日，县政协召开九届十三次主席会议。会议听取各委办主任关于7月工作情况和8月工作安排汇报，审议《县政协委员调整方案》。

【十四次主席会议】 2019年10月18日，县政协召开九届十四次主席会议。会议审议《关于新宾满族自治县农村产权制度改革工作的视察报告》《县城物业管理情况的调研报告》和《关于全县温泉资源开发情况的调研报告》。

【十五次主席会议】 2019年11月22日，县政协召开九届十五次主席会议。会议审议县政协九届三次会议工作报告、提案工作报告、补聘九届县政协委员名单、补选常务委员候选人建议名单和议程、日程、执行主席、秘书长、副秘书长、提案审查委员会名单，听取各主任分组筹备全会进展情况汇报、大会发言、表奖情况安排、解聘有关九届县政协委员情况说明，党组书记、主席赵晓日安排近期工作。

重点协商

【概　况】 认真履行政治协商、民主监督、参政议政职能，围绕乡村振兴战略、农村人居环境整治问题，分别召开专题协商会，共提出11个方面48条协商建议，形成同心同德贯彻落实县委、县政府中心任务的合力。

【农村人居环境整治】 2019年10月26日，县政协召开农村人居环境整治专题协商会议。5名党群界别委员围绕议题献策，主要是科学规划，统筹安排；加强督查，促进落实；强化宣传，营造范围；多方争取，加大投入；学习先进，创新模式。会议形成《关于全县农村人居环境整治工作的建议》。

【推进“河长制”工作】 2019年11月14日，县政协召开推进河长制工作专题协商会。经济和农业农村界别6名委员代表围绕协调运行、监督保障、舆论宣传、考核评价等机制议政建言，县水务、生态环境、农业农村、自然资源等8个部门和永陵、木奇等3个乡镇负责人表态发言。县委书记那学成、县长陶承海分别讲话，县政协主席赵晓日总结讲话。会议形成《关于健全河长责任机制全面推进水美新宾建设的建议》，以请阅件形式报送县委、县政府。

专题调研

【概　况】 科学确定调研视察课题，周密制定调研计划，精心组织调研活动，全年围绕农村产权制度改革、民营经济发展、县域温泉资源开发等课题进行专题调研，提交调研报告。

【温泉资源开发】 2019年4月，由县政协副主席张云起带队，宣教文卫委组织相关委员对北四平宝汤村温泉、木奇柜石旅游区温泉、抚顺青松药业公司温泉3处资源情况进行调研，并听取相关乡镇政府和企业汇报，同时到盖州市虹溪谷温泉旅游度假区和大连市香洲温泉国际旅游度假区考察学习，形成《关于全县温泉资源开发情况调研报告》，提出充分论证编制温泉产业发展规划、加大争取办理探矿证工作力度、保证温泉项目建设用地指标、加快落实项目建设资金等对策建议，供党政决策参考。

【民营经济发展】 2019年7月，县政协副主席耿宗柱带领经科委界别相关委员，围绕贯彻落实习近平总书记在东北振兴座谈会上重要讲话，全力推进县域民营经济发展开展专题调研，提出优化产业布局、强化靶向“双招双引”；统一企业发展思路、发展壮大民营经济；着力破解要素难题、服务民营经济发展；重点优化营商环境、营造良好发展氛围；树立品牌战略意识、集群打造名优产品；加强经服部门力量、完善体制工作机制等意见建议。形成《关于全县民营经济发展情况调研报告》，报县委、县政府决策参考。

【县城物业管理】 7月，县政协副主席孔祥禄带领党群委界别相关委员对县城物业管理情况进行专题调研。调研组实地踏查苏水花园、优山福地、舒美方洲、御熙家园等具有代表性的住宅小区，召开由政协委员、小区业主代表、住建部门、所在社区、物业企业等相关人员参加的座谈会，听取住建部门关于县城物业管理情况汇报，共同查找县城物业管理工作存在问题，就如何加强和改进县城物业管理工作，提出健全物业管理体制机制、建立健全专职物业管理机构、着力解决新老问题、逐步化解历史欠账、创新物业经营管理等建议，并以《关于县城物业管理情况调研报告》形式，报县委、县政府决策参考。

专项视察

【概　况】围绕改革发展和民生改善，深入开展县城物业管理、中小学校课后服务、社区矫正工作等15个课题进行专项视察。其中，县政协专题议政性常委会议集中献计献策8个课题；以农产品深加工为切入点促进县域工业高质量发展、加速旅游融合发展培育发展新业态、推进少数民族特色村寨建设的建议等5个课题转化为市政协专题协商会发言议题；《着力解决农村突出问题，助力乡村振兴战略实施》等2个课题已列入市政协年度大会发言。

【中小学校课后服务】2019年4月，副主席张云起带领宣教委相关界别委员，对全县中小学课后服务工作情况进行视察。视察组深入到三个乡镇中小学校，通过召开各种形式座谈会，指出中小学课后服务工作存在的交通安全、收费标准不统一、相关部门统筹协调失衡等问题，提出统一收费和补贴标准、加强日常管理、保障教师权益等建议，形成《关于新宾满族自治县中小学校课后服务情况视察报告》。

【全县社区矫正工作】2019年5月，副主席孔祥禄带领党群委相关界别委员，对全县社区矫正工作进行视察。视察组旁听红庙子司法所社区矫正人员集中法律法规学习，听取红庙子司法所社区矫正工作汇报，旁观新宾镇司法所社区矫正人员公益劳动，体验社区矫正工作惩戒和塑造功效，参观司法局社区矫正教育管理中心，听取司法局领导社区矫正工作汇报。视察中了解到社区存在对社区矫正工作重要性认识不够、社区矫正法律体系不完善和社区矫正工作队伍力量不足等问题，提出普及社区矫正法律知识、呼吁国家加快立法、加强社区矫正队伍建设等建议，形成《关于社区矫正工作情况视察报告》。

【县城水环境治理】2019年6月，组织相关政协民主监督员和“民主监督+”联席会议成员单位，对苏子河县城段水环境治理进行视察。主席赵晓日、副主席徐锦玉全程参与并指导。视察组实地查看东河沟、砬子沟沙出口、佳泰园居民区等8处点位，随即集中座谈，并提出狠抓源头、突出重点；各司其职，合力推进；拆除二道河桥北河堤至启运桥间障碍物，打通居民休闲健身循环线“最后一公里”等5条建议，形成《苏子河县城段水环境视察报告》。

【农村集体产权制度改革】2019年8月，副主席耿宗柱带领农林和财贸界别相关委员，对全县农村集体产权制度改革工作进行视察。委员们在听取县农业农村局工作情况汇报基础上，深入到乡镇、村屯，通过征求意见、召开座谈会和实地考察等方式，了解到干部群众对改革认识不足、部分村清产核资不细、资源性资产存在差异、多数村组集体债务负担沉重、经营管理水平不高等问题，提出加强政策法规宣传、增强乡村干群改革主动性；夯实产权改革基础、认真开展清产核资回头看；用好国土调查成果、重新界定资源性资产面积；发展壮大集体经济、重点巩固和利用改革成果；着力抓好学习培训、切实提高村干部能力水平；健全农经管理体系、强化农村三资的经营管理等意见和建议，形成《关于新宾满族自治县农村产权制度改革工作视察报告》。县委常委

4月23日，县政协主席赵晓日（右一）带领经科和民营界委员视察永陵镇雅臣工艺品厂

谷凤威陪同调研并参加专题协商会。

重要活动

【概　况】 紧扣群众反映最强烈、感受最直接的现实问题，有效地发挥提案、调研视察、社情民意信息等监督作用，全年组织不同界别委员开展大讨论、大学习3次，针对旅游市场、农产品品牌建设、满族剪纸、县城物业管理等开展专项视察、调研活动7次。

【企业界“解放思想推动高质量发展大讨论”座谈会】 1月7日举行。县政协主席赵晓日作总结讲话，要求各级政协组织和政协委员要对照“四个短板”和“六项重点工作”开展深入研讨，主要围绕产业升级、项目建设、营商环境方面协商议政、建言献策，以新气象、新担当、新作为推动新时代新宾全面振兴、全方位振兴。

【市政协港澳委员考察旅游市场】 1月8日，以港澳友好人士刘孝铨为团长的市政协港澳委员、港澳台侨友好人士代表团一行12人到新宾满族自治县考察清永陵、赫图阿拉城等旅游市场。

【省政协民宗委调研《中华人民共和国民族区域自治法》贯彻落实情况】 4月23日，省政协民族和宗教委员会主任梅冬带领调研组到新宾满族自治县就“深入贯彻实施《民族区域自治法》，推动我省民族地区全面发展”开展专题调研。调研组实地考察雅臣工艺品厂、永陵满族小学、农产品加工集聚区、赫图阿拉特色村寨和旗袍制作培训中心，并召开座谈会，县政府副县长徐卫华汇报工作。

【市政协农业农村委视察人居环境综合治理】 4月12日，市政协组织农业和农村委界别11人到新宾满族自治县视察红升乡红升村人居环境治理情况。

【省政协农业农村委调研农产品品牌建设】 6月11—12日，省政协农业与农村委员会主任尹学义带领调研组到新宾满族自治县调研“打造农业产品品牌，推动农业提质增效问题”。调研组召开座谈会，听取县政协副主席耿宗柱关于农产品电子商务平台建设情况汇报，实地视察调研县现代农业技术推广服务中心、东星葡萄酒有限公司。

【省政协文史资料委调研满族剪纸情况】 6月20日，省政协文化和文史资料委员会主任王意恒带领调研组，就非物质文化遗产满族剪纸发展情况到新宾满族自治县调研，重点考察永陵满族小学剪纸项目。

【参加宽城、围场两县县庆】 7月2—5日，县政协主席赵晓日代表县委、县政府分别到宽城县、围场县参加宽城满族自治县建县30周年庆祝大会、围城满族蒙古族自治县成立30周年庆祝大会。

【市政协民宗委调研少数民族特色村寨建设】 7月16日，市政协副主席董树兴带领调研组实地考察木奇镇大房子村、永陵镇嘉禾村、新宾镇蓝旗村少数民族特色村寨建设情况，并听取县民宗局关于少数民族特色村寨情况汇报。

【省政协民宗委调研氢能源产业发展】 7月17日，由省政协民族和宗教委员会主任梅冬带队的调研组，到新宾满族自治县调研氢能与燃料电池产业发展状况、存在的主要问题和省级层面需要解决的问题。调研组实地考察赫图阿拉城电瓶车、刘家园区氢能源生产车间和加气站、维保中心并座谈。沐与康集团董事长代威介绍生产规划、电堆样品等产业情况。

【市政协经济委调研实体经济发展】 8月2日，市政协副主席董树兴带领经济界别调研组12人，围绕抚顺“坚持工业立市，做实做优实体经济”课题，实地察看永陵镇有关企业和走访后堡村贫困户并召开座谈会，听取县政府副县长杨吉国汇报。

【组织县政协委员向东部乡镇“8·15”特大洪灾捐款】 8月26日，县政协主席赵晓日、副主席耿宗柱、孔祥禄及委员代表王淑华把委员捐款

6.693万元送至红庙子乡和旺清门镇并慰问灾民。

【市政协农业农村委调研电子商务平台】 9月5日，由市政协副主席王文晶带领市政协农业农村委和民进界别委员14人，到新宾满族自治县视察调研电子商务平台发展情况。调研组实地视察榆树乡产业基地、红升乡配送中心、新宾镇马塘沟村级站点、兴京惠农商城等调研点，并听取县工信局和调研点负责人情况汇报。

【庆祝新中国暨人民政协成立70周年座谈会】 9月27日举行。县政协委员代表回顾人民政协和新中国一道成长、一起前行的光辉历程。县政协主席赵晓日强调政协委员继续深化对中国特色社会主义制度的理解和对人民政协重要地位的认识，深刻领会习近平总书记提出的关于加强和改进人民政协工作的重要思想，在加强思想政治引领、广泛凝聚共识上发挥好优势作用，将自己对政协工作的深刻认识和对人民政协的深厚感情传承下去。

【市关工委视察新宾高中“雏鹰建言，共筑梦想”主题实践活动】 11月11日，市关工委主任张敏、市政协副主席王文晶等领导视察“雏鹰建言，共筑梦想”主题社会实践活动试点学校新宾高中，召开专题座谈会，听取新宾高中党支部书记王洪涛关于开展“雏鹰建言，共筑梦想”主题社会实践活动情况汇报。

【持续开展“弘扬雷锋精神忠诚履职尽责”主题实践活动】 以弘扬雷锋精神为主要内容，引导委员和社会各界人士积极参与慈善捐赠、爱心资助、结对帮扶等社会公益事业。全年助学40名、助困185户，为基层办好事、实事107件。

提案工作

【概　况】 2019年，县政协坚持早筹划、早安排、早部署的工作原则，于7月下发《关于征集县政协九届三次会议提案的通知》。全县政协委员按照通知要求，认真履行职责，广泛开展调研，积极踊跃建言献策。到12月5日（县政协九届三次会议期间），共征集委员提案163件，经提案委员会认真严格审查，予以立案144件，不予立案3件，并案16件。立案的144件提案内容涉及六个方面，其中城市管理方面48件、社会事业方面39件、农业农村方面22件、基础设施方面12件、产业发展方面18件、生态保护方面5件。全部提案于12月6日提交县委、县政府有关部门落实办理。

【提案办理】 县政协九届二次会议以来，共办理2018年委员立案提案130件，其中重点提案10件。在办理过程中，县政协坚持将提案办理作为履行政协职能总抓手，将办理效果作为评判提案工作根本标准，将创新工作方法作为推动提案提质增效重要法宝，全过程贯穿协商民主。通过专题协商、疑难提案剖析、提案办理“双评会”、重点提案主席包保办理等系列创新举措，使提案办理工作取得显著成效。至11月11日，立案提案全部办结，其中解决104件，占80%；列入计划解决10件，占7.7%；解释说明16件，占12.3%。

【提案评优】 2019年提案办理先进单位5个：县农业农村局、教育局、文化旅游和广播电视局、交通运输局、住房和城乡建设局。提案办理先进个人5人：贺树新、高岩、贺明明、曲波、王栋栋。优秀提案人26人：郭鹏、张丽雅、商常军、蔡闯、苗金龙、刘铮、于合秋、王青松、王晓玉、关旭、许士伟、鹿志慧、郎立华、王冕、杨玉良、冯敏、杨红军、贾元宏、刘爱民、孟兆丽、郭俊辉、崔凤日、宋婷婷、毕洋、王洪岩、张玉娟。

界别建设

【概　况】 加强对界别活动的指导，鼓励支持界别依托各自优势开展调研视察、座谈协商、学习联谊等活动，全年共开展界别活动78次。各乡镇政协工委立足地域实际，灵活运用各种履职方式，向当地党委、政府建言献策。

【县直界别】 12个，110人。即党政组（9人）、卫生组（7人）、民营组（14人）、文旅组（6人）、教育组（8人）、政法组（7人）、民宗组（5人）、台侨组（6人）、群团组（8人）、财贸组（14人）、工交组（14人）、农林组（12人）。全年集中开展“三下乡”活动2次，现场答疑658次，发放科普和法律资料2.3万份，免费体检70余人次，送药品0.3万元，提交调研视察报告和大会发言21篇。

【乡镇界别】 15个，73人。即新宾镇（9人）、北四平乡（4人）、榆树乡（4人）、永陵镇（5人）、木奇镇（5人）、上夹河镇（4人）、南杂木镇（6人）、平顶山镇（5人）、苇子峪镇（4人）、大四平镇（6人）、下夹河镇（4人）、红升乡（4人）、旺清门镇（4人）、响水河子乡（4人）、红庙子乡（5人）。各乡镇均建立“委员之家”，依托“两代表一委员”工作室，向当地党政建言献策48条，帮助基层群众解决实际问题72件。

机　构

【概　况】 2019年4月上旬，按照县机构改革总体方案要求和市政协机关机构改革方案意见，县政协机关在原设置的县政协办公室、经济科技委员会、宣传文教卫生委员会、委员联络委员会4个正科级内设机构基础上，增设农业农村委员会，并对职能重新整合，成为5个正科级内设机构，即政协办公室、提案和人口环境委员会、文史和科教法制委员会、民宗和委员联络委员会、经济和农业农村委员会。

【主要职责】 负责县政协全体会议、常委会会议、主席会议及其他重要会议、活动的组织和服务工作；负责县政协全体会议、常委会会议、主席会议决议和决定的组织实施工作；研究统一战线和人民政协的理论、政策，提出人民政协履行职能的工作建议，起草县政协重要文稿，协调和组织人民政协宣传工作；负责县政协专门委员会实施专题调研计划和开展相关活动的组织服务工作；负责县政协委员提案办理的协调和服务工作；负责整理、报送政协组织和委员的调研报告、视察报告、大会发言、建议案，收集反映社情民意，处理政协委员和人民群众的来信来访；负责县政协委员视察、学习等活动的组织服务工作；负责县政协委员教育管理，参与县政协委员的协商推荐和届中调整等有关人事工作；负责与县委、县人大、县政府各有关部门的工作联系，负责联系县工商联及县政协的其他参加单位。

组　织

【概　况】 政协新宾满族自治县第九届委员会组织健全，经补选、补聘后，县政协九届政协委员193人，额满，其中中共党员78人、民建1人、致公党1人、宗教4人、无党派109人。

【主席班子成员】 政协新宾满族自治县第九届委员会主席赵晓日、分管日常工作副主席耿宗柱、副主席张云起、徐锦玉、孔祥禄。

【请辞常务委员】 请辞县政协九届常务委员5人（2019年11月25日县政协九届八次常委会议通过，以姓氏笔画为序）：王世波、岑沛然、杨东、孟庆玮、黄殿龙。

【补选常务委员】 补选县政协九届常务委员5人（2019年12月6日县政协九届三次会议通过，以姓氏笔画为序）：王正军、张扬、吴殿华、林景华、高忠。

补选后，县政协九届常务委员37人，额满，以姓氏笔画为序：马立宝、王正军、王晓玉、王淑华、孔祥禄、邓巍、白立权、任娟、刘铮、李祥忠、李遵杰、吴殿华、初俊明、张扬、张云起、张玉娟、张丽雅、林景华、周国清、郑继平、孟兆丽、赵晓日、钟惠丽、宫希庆、骆庆、耿宗柱、徐丽鸣、徐锦玉、栾波、高忠、高志超、崔忠海、董亚军、蔡闯、肇旭、潘来、潘立名。

【解聘政协委员】 解聘县政协九届委员14人（2019年11月25日县政协九届八次常委会议通过）：陈福兴、刘金柱、孟庆玮、刘宏伟、朱婷婷、霍长红、张馨方、杨东、曲春雨、毛秀兰、孙进、岑沛然、关振波、黄殿龙。

【补聘政协委员】 补聘县政协九届委员17人（2019年11月25日县政协九届八次常委会议通过）：葛洪泽、刘晓、潘永金、赵荣利、施小林、姜丽杰、孟凡扬、苏洪敏、张扬、许丽艳、张锐、高忠、吴殿华、王正军、刘冶、杨萍、张宇。

【主题教育】 县政协机关成立“不忘初心、牢记使命”主题教育领导小组，制定工作方案，精心筹备，周密组织。自2019年9月18日动员会开始至2020年1月22日总结会结束，历时3个多月。整个主题教育按照“守初心、担使命、找差距、抓落实”的总要求，聚焦“不忘初心、牢记使命”的主题和学习贯彻习近平新时代中国特色社会主义思想的主线，稳步开展、有序推进。按照“四个对照”“四个找一找”和“18个是否”要求，认真检视问题。共检视问题147个，整改120个，正在推进整改27个。组织党员参观抚顺雷锋纪念馆、通化杨靖宇烈士陵园、本溪东北抗联史实陈列馆，重温入党誓词、重忆入党经历、重问入党初心。充分发挥政协作为专门协商机构作用和大团结大联合组织优势，积极回应群众关切和期待，助力推动群众关心关注的实际问题解决。全部完成5个重点协商议题任务、15个调研视察课题、7件社情民意信息。深入开展以案示警、以案为戒、以案促改警示教育，组织党员干部学习中纪委三次全会精神、《中国共产党廉洁自律准则》《中国共产党纪律处分条例》，观看《雁过拔毛的村官》《伸向村集体的黑手》等警示教育片。认真贯彻落实中央八项规定精神，自查自纠形式主义、官僚主义问题，正文风，改会风，转作风。

（刘　爽　王亭亭）

纪检监察

综 述

【概 况】 2019年，新宾满族自治县各级纪检监察组织在市纪委、县委的坚强领导下，忠实履行党章和宪法赋予的职责，坚持稳中求进、实事求是、依规依纪依法，协助县委持续深化全面从严治党，坚持和完善党和国家监督体系，强化对权力运行的制约和监督，充分发挥监督保障执行、促进完善发展作用，坚持主动监督、精准监督、创新监督，推进不敢腐、不能腐、不想腐，净化修复政治生态。发挥好政治巡察利剑作用，将巡察工作与机构改革和营商环境建设结合起来，有效推进巡察工作向纵深发展。注重将巡察整改贯穿巡察全过程，完成县委巡察762个问题和市委巡察及市委巡察“回头看”221个问题的整改工作，提升巡察工作“后半篇文章”实效。

1月，按照《新宾满族自治县机构改革方案》，将新宾满族自治县监察局的职责，以及新宾满族自治县检察院查处贪污贿赂、失职渎职及预防职务犯罪等反腐败相关职责整合，组建新宾满族自治县监察委员会（以下简称县监察委），同中共新宾满族自治县纪律检查委员会（以下简称县纪委）合署办公，实行一套工作机构、两个机关名称，履行党的纪律检查和国家监察两项职责。县纪委在县委和市纪委双重领导下进行工作，县监察委对新宾满族自治县人民代表大会及其常务委员会和抚顺市监察委员会负责，并接受其监督。

【压实主体责任】 始终坚守协助县委推进全面从严治党的职责定位，强化担当作为，将“严”和“实”的要求落到实处，对全县15个乡镇和71个县直单位领导班子及党政领导干部进行述廉测评，运用廉政测评结果开展“三函两谈一提醒”。围绕信访举报、诫勉谈话、问责、立案、受处分情况等重点核查2202人次。

【制度建设】 下发《关于进一步规范实名举报受理和答复工作流程的通知》，保证群众信访举报“件件有落实、事事有回音”。制定《新宾县纪委监委关于“乡案县审”工作的暂行办法》，确保问责靶向不偏、程序规范，助推“精准问责”目标实现。全年，派驻纪检监察组督促相关综合监督单位健全制度90项，完善廉政风险防控措施49项。

【监督执纪】 全年，全县各级党组织和纪检监察组织运用“第一种形态”处置2130人次。紧盯重点岗位，建立科级以上干部廉政档案549份。围绕重点问题，对大操大办婚丧喜庆事宜、违规操办“学子宴”、领导干部利用名贵特产类特殊资源谋取私利等问题，加大监督、检查和惩处力度。聚焦重点领域，对公款消费、公车使用、办公用房及隐形变异的“四风”等突出问题开展23次专项监督检查。全年查处违反中央八项规定精神问题20起。

【作风建设】 围绕“四个不直接分管”“三重一大”集体决策、“四议一审两公开”等制度执行不到位问题开展专项整治，紧盯贯彻党的路线方针政策、联系群众服务群众、履职尽责服务经济社会、学风会风文风及检查调研共5个方面20项形式主义、官僚主义问题开展整治，查处形式主义官僚主义问题48起。

【反腐败斗争】 创建新宾纪检监察网、新宾纪委监委微信公众号，以“互联网+纪检宣传”形式打造党风廉政建设宣传新阵地。在新宾纪检监察网设置信访举报板块，拓宽信访举报渠道。对问题线索实行专人负责、统一编号、分类建账、定期汇总。率先筹建了全市第一家民生资金项目大数据监督平台，彰显县纪委监委坚决打掉“蝇贪”“蚁腐”的决心。全年共处置问题线索978件。

【专项整治】 开展涉农资金涉农项目问题大排查大起底专项治理，全县15个乡镇累计发现问题4180个，其中纪检监察职责范围内处置196件，累计追回、补发、解决资金426.6万元；开展扫黑除恶专项斗争执纪问责，共处置涉黑涉恶问题线索105件，办结101件，开展“大棚房”问题清理整治监督执纪问责，查处“大棚房”问题违纪案件1起，党纪处分1人；开展人防系统腐败问题专项治理，查处违纪违法案件1起，处理2人，追缴人防易地建设费480余万元。

【巡察整改】 将巡察工作与机构改革和营商环境建设结合起来，推进巡察工作向纵深发展。全年共开展4轮巡察，发现问题701个，提出建议692个，移交问题线索59件。督促被巡察单位边巡边改、即知即改、全面整改。指导7个乡镇完成市委巡察和市委巡察“回头看”221个问题的整改工作。指导9个乡镇、20个县直部门完成了县委巡察762个问题的整改工作。

重要会议

【概　况】 2019年，县纪委先后组织召开纪委全会、巡察整改工作推进会两次重要会议，报告纪委工作，并进行审议；对巡察移交问题线索办理情况和专项整治工作进展情况进行通报，敦促领导干部以巡视巡察中发现的问题为导向，针对巡视巡察整改问题。

【县纪委十四届四次全会】 2月22日，中共新宾满族自治县第十四届纪律检查委员会召开第四次全体会议。会议听取和审议了市纪委常委、县委常委、县纪委书记、监委主任张敏作的《立足新时代，对标新要求，扎实推动纪检监察工作高质量发展》的工作报告，并做出相关决议。会上，与会全体委员集中观看了县纪委监委制作的专题片《正风肃纪正当时》。

2月22日，中国共产党新宾满族自治县第十四届纪律检查委员会第四次全体会议上，与会全体委员观看由县纪委监察委制作的《正风肃纪正当时》专题片

【巡视巡察整改推进会】 4月10日，全县巡视巡察整改工作推进会暨集体廉政谈话会议召开。市纪委常委、县委常委、纪委书记、监委主任、县委巡察工作领导小组组长张敏传达全市基层党风廉政建设警示教育大会精神，通报市、县巡察移交问题线索办理情况及市委巡察乡镇12个共性问题整改完成情况，敦促领导干部对巡视巡察整改问题，对号入座、举一反三、抓好落实。

4月10日，新宾县委召开巡视巡察整改工作推进会暨集体廉政谈话会议

执纪监督

【概　况】 全年，协助县委推进全面从严治党主体责任落实，组织全县468名党政领导述责述廉，完善风险防控措施49项；紧紧围绕监督职责，筑牢党员干部遵规守纪第一道防线重点领域，对公款消费、公车使用、办公用房及隐形变异的“四风”等突出问题开展了23次监督检查；对权力运行进行制约和监督，全县各部门建章立制95个，规范流程15项。全年，查处形式主义官僚主义问题48起；处置问题线索978件，党纪政务处分187人，组织处理68人；处置涉黑涉恶问题线索105件，查处扶贫领域违纪违法案件39起。

【政治建设】 按照“守初心、担使命、找差距、抓落实”的总要求，深入开展“不忘初心、牢记使命”主题教育。县纪委监察委班子集中安排为期5天的领导干部读书研讨班，机关4个支部双周开展一次集中学习。组织高标准调查研究。主要领导率先垂范带着课题进村入户进行调研，班子成员在形成调研报告的同时注重实际问题的解决，保证“出好题”，更能“解好题”。刀刃向内，真抓实改。纪委监察委班子检视出问题6个，全部整改；班子成员检视出问题81个，已整改78个。机关党总支组织4个支部党员开展“走基层、解难题、办实事、做好事”主题党日活动，为群众做实事、好事28件。

【落实两个责任】 开展述责述廉工作，年初会同县委组织部对全县15个乡镇和71个县直单位领导班子及468名党政领导干部进行述责述廉测评，依据民主测评情况开展“三函两谈一提醒”，向54个单位发放廉政测评结果反馈函，根据测评结果对8名领导干部进行约谈。对县委《关于运用监督执纪“第一种形态”的实施办法（试行）》贯彻落实情况监督检查，全县运用“第一种形态”提醒谈话2130人次。严把党风廉政意见回复关，围绕信访举报、诫勉谈话、问责、立案、受处分情况等重点内容进行审核，共核查2202人次，防止干部“带病提名”“带病提拔”，坚决把好选人用人政治关、廉洁关。建立全县科级以上干部廉政档案549份并实行动态管理，及时、准确、完整地掌握领导干部廉洁情况。

【落实中央八项规定精神】 紧紧围绕重要节点，通过新宾电视台发布通知、发送廉政短信的方式，对各级党组织落实“两个责任”和党员干部廉洁自律提出明确要求，坚持抓早抓小，全年共发布纪律规定4项，发送廉政短信9000余条。聚焦重点领域，针对党员、公职人员大操大办不良风气深入开展“违反中央八项规定精神的突出问题”专项整治，并将领导干部利用名贵特产类特殊资源谋取私利问题纳入主题教育专项整治内容统筹落实。充分运用监督执纪“第一种形态”，对欲办理婚丧事宜的个人及时进行提醒谈话。结合本地区实际，针对公款消费、公车使用、办公用房、违规操办喜庆事宜以及隐形变异的“四风”等突出问题开展23次监督检查，查处违反中央八项规定精神问题20起，党纪政务处分16人，组织处理4人，并对5起典型问题进行通报曝光。

【执纪审查】 全年处置问题线索978件，其中立案323件，结案259件，党纪政务处分187人，组织处理68人，对7人采取留置措施，移送司法机关4人。筹建全市第一家民生资金项目大数据监督平台，通过平台对比共发现2890条问题数据，已解决 2176 条，反馈核实结果 370 条，其他问题正在逐步转核中，累计追回移民直补等多项资金共计 9580 元。开展涉农资金、涉农项目大排查大起底专项治理，全县 15 个乡镇累计发现问题 4180 个，其中转相关部门处置整改 3984 件，已解决 3848 件，纪检监察职责范围内整改 196 件，已办结 142 件，立案 43 件，党纪政务处分和组织处理 42 人，累计追回、补发、解决资金 426.6 万元。深入开展扫黑除恶专项斗争执纪问责，全年收到各级交办和自己梳理的涉黑涉恶问题线索共计 105 件，办结 101 件，在查 4 件。印发《对县委县政府部署"慢作为"问题开展集中整治工作方案》，组织全县各单位开展自查自纠，敦促解决思想上"懒"、作风上"散"、行动上"慢"、效率上"拖"等问题。通过对扶贫惠民政策落实情况实地核验回访，查处扶贫领域违纪违法案件 39 起，党纪政务处分 32 人，组织处理 7 人，留置 1 人，移送司法机关 3 人。对"大棚房"问题清理整治进行监督执纪，经过 4 轮排查，查出"大棚房"问题 7 处、违法违建设施 10 座、违法违规占用耕地 1.3 公顷，已全部完成整改，恢复农业生产功能面积 1.19 公顷，查处"大棚房"问题违纪案件 1 起，党纪处分 1 人。县纪委监察委对县人防办 2013—2018 年资金、资产管理方面开展专项检查，已查处人防系统违纪违法案件 1 起，处理 2 人，追缴人防易地建设费 480 余万元。紧盯贯彻党的路线方针政策、联系群众服务群众、履职尽责服务经济社会、学风会风文风及检查调研共 4 个方面 20 项形式主义、官僚主义问题进行整治，共查处形式主义、官僚主义问题 48 起，其中党纪政务处分 32 人，组织处理 16 人。敦促"三项制度"落实，围绕"四个不直接分管""三重一大"集体决策、"四议一审两公开"等制度执行不到位问题开展系列专项整治，加强对权力运行的制约和监督，全县各部门建章立制 95 个，规范流程 15 项。全年派驻纪检监察组共开展驻点办公 54 次，参加（列席）监督单位会议 71 次，开展集体和个人廉政谈话 74 次，开展专项检查 49 次，督促相关综合监督单位健全制度 90 项，完善廉政风险防控措施 49 项。

【完善自身建设】 年底，机关实有 38 人，派驻纪检监察组实有 18 人。15 个乡镇纪委，基本完成"两专""三兼"人员配备，其中"两专"人员 30 人，"三兼"人员 50 人。开展教育培训 33 次、知识测试 3 次。执行"结对帮带""以干代训"工作制度，分 5 批共调训 15 名乡镇纪检监察干部到县纪委监察委进行工作，快速提升乡镇纪检监察干部业务能力和水平。充分发挥派驻纪检监察组日常监督"探头"作用，创新采取"驻点办公"工作方式，2019 年，5 个派驻纪检监察组共驻点办公 54 次、深入单位 105 次，参加（列席）监督单位会议 71 次，督促指导监督相关单位加强党风廉政建设工作、推动相关单位健全制度机制 90 项，开展集体和个人廉政谈话 74 次，开展专项检查 49 次，完善廉政风险防控措施 49 项，发现问题 44 项，立行立改 44 项。按照抚顺市纪委监察委规范协作区的指导意见，着重对纪检监察协作区建设管理体制和运行机制进行完善，实现联合办案、协同作战的整体优势。

【廉政教育宣传】 累计在市级以上媒体发布宣传稿件 77 篇，被《中国纪检监察报》采用 2 篇，省级网站、报纸杂志采用 63 篇；发送廉政宣传短信 9000 余条。新建新宾纪检监察网、新宾纪委监察委微信公众号等宣传平台，发挥新媒体在宣传教育等方面的作用，全年网站访问量 54963 人次、微信公众号关注量 2033 人次。开展宣传贯彻《中国共产党纪律处分条例》活动，累计 4196 名党员参与知识测试；开展"五个一"廉政宣传教育活动，各级领导干部讲廉政党课 110 余节，各单位组织观看警示教育片 80 余场，参观省市警示教育基地 30 余次。已建廉政文化广场 3 个、各类形式廉政文化墙 45 处，15 家单位开展家庭助廉活动。

开展廉政谈话，组织召开全县警示教育大会1次，全县副科级以上领导干部384人参加会议。对全县新任职干部开展集体廉政谈话会议2次，为新任职领导干部提神、鼓劲、警示。

7月12日，县纪委组织新任领导干部开展集体廉政谈话暨廉政知识测试　　庄红帅　摄

巡　察

【概　况】 2019年，县委巡察工作紧跟中央、省、市委巡视巡察工作新步伐，准确把握政治巡察工作方向，严格按照县委的统一安排部署，在全面从严治党中充分发挥巡察“利剑”作用，扎实推进县委巡察工作有序开展。按照巡察工作规划，全县纳入巡察范围的单位共计250个，其中县直部门56个，行政村（社区）194个。十四届县委共计开展10轮巡察工作，巡察46个县直部门和110个行政村（社区），巡察发现问题998个，提出建议935个，向县纪委监察委移交问题线索264件，县直部门巡察覆盖率达82%，超额完成省、市委要求的“2019年县区县直部门巡察覆盖率达60%”的指标任务。

【组织领导】 按照中央、省、市委关于巡视巡察的工作要求，县委对巡察工作加强领导，在原有的五年巡察规划基础上，修订全覆盖工作计划，每一轮听取巡察工作情况汇报，县委书记听取汇报并“点人、点事、点问题”；县委巡察工作领导小组按照巡察工作流程要求，每轮巡察召开巡察动员会议，“一次一授权”，针对每轮巡察对象特点，提出有针对性的巡察重点及工作要求，组织巡察业务培训；每轮巡察结束及时召开巡察工作领导小组会议听取巡察情况汇报；巡察办组织修改后，县委巡察工作领导小组提请书记专题会议，听取巡察工作情况汇报。

【制度建设】 在修订完善原有的12项巡察工作制度外，重新制定和完善《关于规范县委巡察准备工作实施办法》《县委巡察机构信访工作及问题线索管理办法》《县委巡察干部抽调管理办法》，进一步规范巡察工作流程，使巡察工作“巡”而有章，“察”而有据。巡察办完成“巡察准备”“总结归档”两个重点模块的前期编写任务，并经省委巡视办审核通过后印发，为进一步规范村（社区）级党组织巡察融入新宾“智慧”。

【巡察整改】 全年，共开展4轮巡察，其中第七轮为常规巡察，巡察公安局等8个县直部门；第八轮为脱贫攻坚专项巡察，巡察56个行政村和6个社区；第九轮为常规巡察，巡察政府办等13个县直部门；第十轮为机构改革落实情况和营商环境建设情况专项巡察，巡察营商环境建设局和14个县直事业中心。巡察发现并向被巡察单位反馈问题701个，提出整改意见建议692个，移交问题线索59件。整改完成658个，整改完成率94%，指导被巡察单位建章立制共计12类120余个。

始终将巡察整改贯穿巡察全过程，督促被巡察单位边巡边改、即知即改、全面整改。严格执行一个整改问题、一套整改措施、一名责任领导、一个责任单位、一个整改时限、一套整改说明的“六个一”标准。指导7个乡镇完成市委巡察和市委巡察“回头看”221个问题的整改工作。指导9个乡镇、20个县直部门完成县委巡察762个问题的整改工作，提升巡察“后半篇文章”实效。

【经验推广】 全县巡察工作在全市7个县区中走在前列。8月1日，在全省召开的巡视巡察工作会议暨十二届省委第八轮巡视工作动员部署会议上，县委书记那学成针对“积极推进村级党组织巡察全覆盖、推动全面从严治党向纵深发展”这一主题，在主会场向全省作经验交流。8月16日，在抚顺市召开的巡察工作会议暨十二届市委第九轮巡察工作动员部署会议上，县委书记那学成在会上作经验交流，将新宾满族自治县巡察工作的先进经验在全省内进行宣传推广。3月和8月，调兵山市委、抚顺县委巡察机构全体人员先后到新宾满族自治县进行交流学习。结合工作实际，巡察办组织编写《巡察工作知识手册》，将巡察的概念、意义、类型、工作职能、机构设置、基本流程、方式方法以及中央、省、市关于巡视巡察重要论述、推进巡视巡察高质量发展的意见等规范性制度一并纳入编写范围。巡察办在每轮巡察工作开展过程中及时做好宣传工作，2019年在辽宁纪检监察网上发表信息5篇，给全省巡察工作提供经验和借鉴。

（张　洵）

群众团体

总工会

【概　况】 2019年，新宾满族自治县总工会（以下简称县总工会）带领全县各级工会紧紧围绕全县中心工作，紧扣全县经济社会发展大局，以保持和增强政治性、先进性、群众性为主线，以强党建、转作风、重实效为重点，突出服务振兴发展、服务职工群众主责主业，深化改革创新，主动担当作为，较好地完成全会确定的目标任务。全年有2名职工获得全市技能大赛技术状元；2名职工书画作品在全省分获金银奖；1名职工获得全市职工演讲比赛第二名；17家基层工会和24名个人分别获得省、市模范职工之家、职工小家和优秀工会工作者等荣誉称号；2家单位和8名个人分别获得省、市五一劳动奖章、五一劳动奖状及工人先锋号等荣誉称号；4家基层工会和9名个人分别获得抚顺市优秀班组和新时代好工人荣誉称号；2项“五小”成果和3家企业班组受到市总工会奖励。

【落实“双服务”】 新建工会3家，发展会员164人，重新组建机关、事业中心工会3家。开展全县“八大群体”入会建会工作，对全县货车司机、家政服务人员、快递人员等群体进行摸底排查，指导新宾立净人力资源有限公司召开第一次会员代表大会。下拨乡镇补助经费46.4万元，为基层工会建设提供资金保障。完成省总工会数据库基层工会和会员信息录入；完成对全县基层工会、个体工商户和社会组织的两次摸底调查；完成8000多职工大病互助和40多家企事业单位近千名女职工的两癌筛查工作。开展“推进双服务工作、普惠全县职工”系列活动10余场，惠及职工千余人。下拨中央、省总工会送温暖资金95万元。为工会系统特困职工发放生活救助金12万元；为一线职工送清凉2.5万元、送月饼2.3万元；资助困难职工家庭大学生2.1万元；为全县8名创业带头人争取小额无息贷款80万元；第一时间为“8·15”洪灾最重的红庙子乡送去1万多元急需食品；为永陵镇金岗村协调安装路灯18盏，新建自来水井一眼。先后组织18名市县两级劳模参加疗休养。与县域内17家商户签订会员雷锋卡定向服务协议；与县书法家协会联合开展“同心同书、祖国新春好、送万福进万家”公益活动4场。完成15家乡镇总工会经费收管用的内部审计工作。

【丰富活动载体】 组织评选全县第五届先进集体和劳动模范。举办全县第五届先进集体劳动模范技术能手表彰大会、全县职工“庆五一”文艺演出、《弘扬孝道文化、传承良好家风》农民工专题讲座、第六届全县职工技能大赛和“奋斗70年、壮丽新时代”全县职工书画摄影比赛等活动。组织全县单身青年参加拓展训练活动。举办职工培训班4期、200多人次。选派年轻干部参加省市总工会培训班5次。

（王　雷）

团　委

【概　况】 2019年，共青团新宾满族自治县委员会（以下简称团县委）领导全县共青团、青联、少先队扎实开展工作，指导和管理全县青年社团组织，组织和带领全县青年在社会主义物质文明、政治文明和精神文明建设中发挥生力军和突击队作用。至年底，全县共有基层团委37个、团支部328个、团员4501名、专兼职团干部668名。

【思想政治引领】 组织全县1000余名青年参与网上主题团课学习。扎实开展“不忘初心、牢记使命”主题教育，注重创新学习形式、丰富学习内容、提升学习效果，确保学懂、弄通、做实。清明节前夕，组织新宾镇中小学生代表共计300余人开展主题团日活动（祭扫英雄烈士墓）。围绕纪念“五四运动”100周年，以青少年学生为重点，组织1200余名团员、少先队员在红山广场开展“青春心向党、建功新时代”主题活动。9月19日，与县慈善会、县教育局共同主办的“重温红色经典、传承红色基因”主题话剧大赛（决赛）暨颁奖典礼在新宾职教中心报告厅举行。此次大赛历时4个月，经过层层选拔和筛选，最终有21组作品进入大赛决赛。10月1日，组织全县少先队员观看阅兵直播，征集国庆阅兵征文200余篇、手抄报500余份。

9月19日，庆祝中华人民共和国成立70周年“重温红色经典、传承红色基因”主题话剧大赛（决赛）暨颁奖典礼举行

【青少年成长成才】 积极争取社会支持，充分发挥“青年文明号”、青企协集体作用，与团市委联合组织20家单位，开展“手牵手”助学活动，为贫困学生送去生活学习物资，共计捐赠4万元。满足单身青年对美好生活的需求，为青年搭建思想交流、生活互动、婚恋交友的平台。组织全县130余名单身青年开展“壮丽70年、奋斗新时代”主题活动，为在新宾工作的单身青年提供沟通交流的平台。与县司法局、县教育局联合在全县36个中小学团委、少先大队组织开展法制宣传手抄报进校园活动。组织税务局、抚银村镇银行、国家电网等45名优秀团组织青年代表走进县特殊教育学校，开展“特别的爱献给特别的你”主题活动，与孩子们开展互动游戏，为孩子们送去温暖和关爱。组织少先大队开展“关爱留守儿童、欢欢喜喜迎端午”包粽子传统节日文化活动等。

5月16日，组织全县单身青年开展“壮丽70年、奋斗新时代”拓展训练

【基层团组织建设】 4月19日，共青团新宾满族自治县二十届二次全委（扩大）会议召开。会议通过《共青团新宾满族自治县二十届委员会委员、候补委员卸职递补确认案（草案）》《共青团新宾满族自治县二十届二次全会工作报告》。团县委书记于超代表共青团新宾满族自治县二十届常委会作题为《践行新思想、勇担新使命，为新时代新宾振兴发展贡献青春力量》的全会工作报

告。全会工作报告从聚焦思想政治引领、工作主线、青少年需求、共青团改革四个方面，全面系统地总结过去一年新宾共青团取得的成绩。7月11日，团县委组织召开认真学习贯彻习近平总书记在纪念“五四”运动100周年大会上重要讲话精神暨共青团基础团务培训会议，对全县各乡镇、县直、中学团干部40余人进行培训。11月1日，县少工委召开三届二次全会暨全县中小学少代会工作推进会议。全县少先大队辅导员28人参加会议。全会全面总结三届一次全会以来全县少先队工作。

【典型引领】 通过层层推荐评选，新宾青年丁辉荣获“辽宁省青年致富带头人标兵”荣誉称号。5月2日，新宾满族自治县南杂木镇青年兰郡泽不顾生命安危、不顾热浪和爆炸危险，驾驶吊车救出14名被困在居民楼上的群众，团县委积极宣传兰郡泽临危不惧、英勇救人的事迹，向全县各级团组织下发《关于开展全县各级团组织向兰郡泽同志学习活动的通知》，号召全县各级团组织、团员青年向兰郡泽学习。团省委授予兰郡泽“新时代向上向善辽宁好青年”荣誉称号、团市委授予兰郡泽“抚顺青年五四奖章”荣誉称号。

【服务中心大局】 组织各乡镇团员、青年、少先队员组成志愿服务队伍，开展“千村美丽、万村整洁”专项行动暨垃圾分类及资源化利用宣传活动，全县375名志愿者佩戴统一发放的志愿者帽子，暑期深入各村开展农村环境整治宣传，带动家庭形成生态环境保护和垃圾分类及资源化利用的生活习惯。

（任　娟）

妇　联

【概　况】 2019年，新宾满族自治县妇女联合会（以下简称县妇联）继续深化妇女思想政治引领工作，抓实抓细载体活动，承办第五届“舞动梦想·魅力满乡”全县广场舞大赛等主题活动。助力乡村振兴发展，落实投放农村妇女创业惠农贷1043.5万元，审核发放涉农创业贴息贷款190万元。推进美丽庭院建设，评出最美庭院3620个、整洁庭院30000个，在全市位居前列。推动家庭家教家风建设，开展“最美家庭”评选、表彰活动和家庭教育活动48场。开展依法维权法律法规宣传活动116次，“两癌”筛查近万人，开展“暖春行动”“两癌”救助、助学圆梦等活动，为贫困妇女儿童资助救助金75.6万元。依托“妇女之家”开展各类活动340场。县妇联荣获全县第五届先进集体。

【政治引领】 利用“学习强国”“女性享学吧”“妇联通”三个学习平台和基层妇女之家，开展“巾帼学堂”大宣讲活动，传达习近平新时代中国特色社会主义思想和十九届四中全会精神，强化妇联干部政治理论学习。推进“女性终身学习计划”，累计注册学员3000余人。9月19日，承办第五届“舞动梦想·魅力满乡”全县广场舞大赛及《我和我的祖国》快闪活动。5月16日，以“壮丽70年、奋斗新时代”为主题，与县总工会、团县委联合开展单身青年拓展训练活动，服务单身青年交友需求，把青年人才留在满乡热土，为新宾社会事业建设凝聚力量。

【助力乡村振兴发展】 深入开展“创业创新巾帼行动”。与就业部门联合举办“春风行动”女性专场公益招聘会，组织600余人参加，为180人办理求职登记，为妇女提供就业平台。开展电商培训，为全县200余名乡村妇联干部讲授《兴京惠农商城与“互联网+农村”》课程，带动广大农村家庭参与惠农电商网络，丰富广大农村妇女创业模式，提高家庭收入。深入推进“乡村振兴巾帼行动”，培养女致富带头人186人。落实惠农贷和创业贷项目，共投放惠农贷1043.5万元，108户农户受益。在全市率先开展涉农创业贴息贷款工作，审核放款13户190万元。发挥巾帼脱贫示范基地带动作用，加大对贫困妇女的政策、金融、培训等扶持力度，其中苇子峪镇杉松村菇满香香菇种植专业合作社吸引带动建档立卡贫困户 126 户，累计脱贫 85 户，被评为全国巾帼建功先进集体。

【美丽庭院建设】 4 月 3 日，接待省妇联主席陈弘专题调研，到上夹河镇、永陵镇实地查看美丽乡村、美丽庭院建设情况。4 月 22 日，召开乡村两级妇联主席专题培训，全面落实《新宾满族自治县“七美新宾”建设之“村美”建设三年行动计划》，实施户院小环境整治，全县乡村两级妇联干部 200 人参加。开展“美丽乡村妇女行”活动，累计深入 15 个乡镇 141 个行政村，完善并实地讲解“最美庭院”评比标准，评出最美庭院 3620 个、整洁庭院 30000 个。7 月 15 日、8 月 21 日，先后在平顶山镇、上夹河镇承办全市、全省“千村美丽、万村整洁”工作现场会；接待丹东市、辽阳市妇联干部调研学习，累计向全省 350 余名妇联干部展示和推广新宾满族自治县“千村美丽、万村整洁”工作成果和经验。鼓励全县 1275 户精准脱贫户开展庭院卫生整治，改造家庭环境，提升精神面貌。对上争取 800 套洗涤用品，发放给贫困户。

8 月 16 日，县妇联组织妇女姐妹到永陵镇五道堡村“美丽庭院”孙素兰家参观学习

【家庭家教家风建设】 3 月 7 日，以“争创最美家庭、建设美丽家乡、共抒家国情怀”为主题，召开最美家庭表彰会，表彰 2017—2018 年度全国、省、市 379 个最美家庭和市级慈母贤妻孝女 35 人，表彰 209 个全县最美庭院。推选市级以上“最美家庭”285 户，市级慈母贤妻孝女 57 人，受到省市妇联表彰。开展家庭开放日活动 200 余次，引导周边家庭向榜样学习，传播最美家庭创建经验，弘扬向上向善好家风。组织开展“网约家康”健康打卡活动，引导全县妇女关注家庭健康，推荐评选出 9 个全市最美健康家庭。组织队伍参加“网约家康杯”市妇联广场舞大赛，荣获一等奖和优秀组织奖。邀请省市专家和县家庭教育讲师团走进基层学校，开展家庭教育活动 48 场，受益家庭达到 3300 个。

【依法维权和服务妇女】 加强妇儿工委办公室组织、协调、指导、督促作用，开展“两纲”指标监测评估；接待国务院妇儿工委办调研，为下一周期全国“两纲”指标体系确定提出建议。深化“平安家庭”创建工作，排查化解婚姻家庭纠纷 10 起。“三八”妇女节期间，与司法局、法律援助中心等部门联合开展“普法乡村行”“三八维权宣传月”“平安家庭宣传周”“禁毒宣传进家庭”“安全生产进家庭”等活动 116 次，发放宣传单 2600 份。5 月 15 日，与县卫健部门联合开展农村妇女“两癌”免费筛查启动仪式，组织妇女特别是贫困妇女参加“两癌”筛查项目，免费筛查宫颈癌 9088 人、乳腺癌 3200 人。救助符合条件的农村“两癌”贫困妇女 27 名，发放救助金 27 万元。开展“为爱行走”活动，募集资金 3.2 万元，为 835 名贫困妇女办理“两癌”保险。开展“暖春行动”，救助贫困母亲 89 人，发放救助金 3.5 万元。“六一”儿童节期间，开展关爱留守儿童活动，看望救助 137 名贫困留守儿童和 73 名残障儿童。5 次开展助学圆梦行动，为 410 名大中小学生发放助学金 41.9 万元。援建朗宁书屋 3 个、巨才书屋 1 个，争取图书 400 本。组织 93 名贫困小学生免费参加市妇联科普训练营和夏令营。联合爱尔眼病医院等机构深入4个乡镇开展免费眼病筛查，惠及百姓400余人次。

“六一”儿童节，县领导到新宾镇中心小学看望留守儿童（左起：副县长段晓云、副县长张明友、县长陶承海、县委书记那学成、县政协主席赵晓日、组织部部长杨玉民）

【推进新时代妇联改革】 推进乡镇妇联组织区域化建设，评选表彰“十杰百佳千优”妇联执委212名。组织村级“妇女之家”开展“我爱我家”系列活动340场次。加强妇联组织网上阵地，492名执委注册“学习强国”平台，建立197个妇联执委微信群。开展“家庭家教家风”执委履职能力培训班6场，培训执委490人。落实全面从严治党主体责任，积极配合纪委巡视巡察，进一步严肃党内政治生活，全面提升机关党建水平。加强问题整改，持之以恒落实中央八项规定和县委有关规定，深入推进党风廉政建设和反腐败工作。扎实推进“不忘初心、牢记使命”主题教育学习活动，开展学习、调研活动，检视整改问题，让妇联组织红色基因薪火相传。

（王晓玉）

科　协

【概　况】 新宾满族自治县科学技术协会（以下简称县科协）是群团组织，是县科技工作者之家。主要职能是为科技工作者服务、为创新驱动发展服务、为提高全民科学素质服务、为党和政府科学决策服务。2019年，围绕县委、县政府的中心工作，认真履行工作职责，较好地完成全年各项工作任务。

【科普宣教】 为进一步加大科普惠农力度，提升农民科学素质，依托科普学校、乡村e站等基层科普阵地举办科普知识讲座。与县电视台联合开办《致富之路》和《科普与生活》两档科普栏目，每周一期，每档每期播出时间为10分钟左右，于每周五晚在《新宾新闻》之后播出，周六、周日重播，全年共播出52期。创新科普宣传渠道，利用微信和朋友圈平台，转发“科普中国”内容，推送与百姓息息相关的食品安全、养生保健、应急避险、健康教育、科学生活等信息1000余条。拓宽科普宣传渠道，多措并举收集整理科普挂图，为已建科普画廊的28个乡镇、村发放科普挂图600余张，包括食品安全、节能环保、防震减灾、科技致富、疫情防控等内容，图文并茂、寓教于乐地开展科普宣传。开展科普阵地建设，先后在北四平乡政府、红升乡政府、永陵镇政府各建设一个32平方米的标准科普画廊。开展科普大集活动，在永陵镇开展科普之冬送科技下乡的科普大集活动，组织县直涉农、涉科、涉医的10家单位和部门，通过设立展示版、发放科普资料、现场咨询解答等方式，把老百姓需要的科技知识和生活常识送到百姓家门口。

1月29日，县科协在永陵镇举办科普大集活动，把老百姓需要的科技知识送到百姓家门口

【基层组织建设】 深入实施“基层科普行动计

县科协组织科技工作者到科普示范基地开展技术服务活动

划”项目。通过“基层科普行动计划”项目申报推荐工作，确定响水河子乡政府、大四平镇政府、苇子峪镇政府、上夹河镇南嘉河村、响水河子乡下围子村为科普信息化建设项目单位，并通过省、市科协项目认定，获得12万元科普信息化项目建设资金。加强《科普中国·乡村e站》建设，建立科普中国微信群，有效推动科普中国落地应用。每个行政村和学校确定一名科普信息员推动乡村e站建设。年底，建设学校、乡村、社区科普e站212个，注册科普信息员560人，分享文章1万余篇。

（赵成伟）

工商联

【概　况】 2019年，新宾满族自治县工商业联合会（以下简称县工商联）牢牢把握“两个健康”工作主题，坚持“团结、服务、引导、教育”的工作方针，凝心聚力，主动作为，为推动全县经济社会发展做出应有贡献，有效发挥工商联组织的桥梁纽带作用。县工商联被全国工商联确认为2018—2019年度全国“五好”县级工商联。至年底，全县共有乡镇商会15家，行业商会2家，会员941人。

县工商联主要职责是团结、服务、引导、教育非公有制经济人士爱国、敬业、诚信、守法、贡献，培养拥护党的领导、走中国特色社会主义道路的非公有制经济人士队伍；参与政治协商，发挥民主监督作用，积极参政议政；广泛联系各地工商界人士，开展民间外交，推动经贸交流和协作，促进经济社会发展；参与协调劳动关系，指导本会直属商会积极参与社会组织建设工作；反映非公有制企业和非公有制经济人士利益诉求，维护其合法权益；为会员提供政策信息、人才交流培训、组织会员企业参加各类经贸活动，外出参观考察，帮助会员企业拓展市场；配合有关部门开展非公有制会员企业党建工作；积极引导非公有制企业及其非公有制经济人士承担社会责任，大力支持慈善公益事业发展，积极投身光彩事业。

【基层组织建设】 制定《新宾满族自治县工商联2019年“五好”县级工商联建设工作实施方案》（新联发〔2019〕4号）。县工商联围绕创建内容积极开展创建活动，在以往工作的基础上，重点在工作软件部分进行规范、强化和分类整理，达到标准化、规范化要求，规定时间内向辽宁省工商联申报创建国家级“五好”县级工商联材料。

【思想政治建设】 强化政治引领作用。深入学习领会习近平总书记在民营经济座谈会上的重要讲话精神和“不忘初心、牢记使命”主题教育精神实质，引导广大非公经济人士坚定理想信念，增强发展信心，带头发展产业、做强企业，争做爱国敬业、守法经营、创业创新、回报社会的典范。全年，县工商联党组中心组学习8次、主席（会长）会议集中学习1次；举办第八期新宾企业家大讲堂，各基层商会按县工商联的工作部署同步开展相关学习活动。全面落实党风廉政建设主体责任，制定《新宾满族自治县工商联机关管理工作制度》《新宾满族自治县工商联“四不直接分管”制度》《新宾满族自治县工商联“五查五看”整治“机关病”工作制度》《新宾满族自治县工商联关于规范执行“三重一大”集体决策制度的实施意见》，开展党风廉政建设警示教育，认真履行“一岗双责”责任。

【基层商会】 召开全县基层商会工作会议，全面部署商会主要工作任务。下发2019年工商联工作要点和《县工商联2019年“四好”商会建设工作实施方案》，推动基层商会在“五有五好”标准基础上，再上新台阶。各基层商会结合商会建设和自身实际开展形式多样和丰富多彩的创建活动，提高商会建设水平，调动广大会员的积极性，增强基层商会的活力和凝聚力。

【协调服务企业】 4月11日，协助市委统战部召开全县民营经济发展座谈会，市委统战部、县委统战部、工商联以及县工信局、县统计局、县市场监督局、县营商局、县就业局、县税务局的分管领导就当前加快民营经济发展的相关政策进行解读，同与会的20名企业家代表进行座谈交流，深入了解掌握全市民营经济运行情况，摸清底数，掌握实情。8月28日，县人民检察院会同县工商联举行“检察护航民企发展”检察开放日活动。县委统战部、县工商联、县营商局领导和县域15个民营企业负责人应邀参加活动。发挥检察院驻工商联检察联络室作用，积极维护民营企业合法权益。2019年春，县内2家民营企业的利益受到不法侵害，在县工商联积极与县检察院沟通协调下，得到依法公正解决。

【“百企帮百村”精准扶贫】 5月，全国工商联省际交叉检查组到新宾开展“万企帮万村”精准扶贫行动台账交叉检查工作，检查组实地走访查看市县工商联会员企业“百企帮百村”项目实施情况，对新宾满族自治县给予充分肯定，并希望工商联组织和民营企业再接再厉，助力打赢精准脱贫攻坚战。至2019年底，全县“百企帮百村”共有35家县内民营企业结对帮扶29个村，开展产业扶贫项目11个，累计投入资金5062万元；开展捐赠扶贫项目36个，捐赠资金27.24万元；就业安置224人，技能培训68人次，通过电商平台及各类商贸活动帮助销售农副产品价值280万元。

11月29日，县工商联组织非公经济人士到新宾高中发放爱心奖学金

【光彩事业】 “8·15”特大洪灾发生后，县工商联急灾区群众之所急，向所属商会和广大非公经济人士发出倡议，号召大家伸出援助之手，献出一份爱心，帮助灾区群众渡过难关。有40多家县内会员企业、4家新宾籍在外企业家和2家异地商会响应号召，为东部3个受灾严重乡镇捐助救灾款、救灾物资共计40余万元。开展捐资助学活动。积极引导非公经济人士弘扬优秀企业家精神，践行致富思源，奉献爱心，回馈社会，县工商联牵头组织两次捐资助学活动，6月末在永陵小学开展爱心助学金捐赠活动，捐赠资金2万元；11月末在新宾高中开展非公经济人士爱心奖学金捐赠活动，捐赠资金4.95万元。牵手新宾籍在外企业开展贫困学生救助活动。12月10日，县工商联会同沈阳红塔工业集团公司和新宾高中入户走访30名高中贫困学生家庭，实施贫困生助学活动，发放助学金15万元。

【“双招双引”】 1月24日，县工商联与县工信局

1月24日，县工商联与县工信局联合承办新宾籍在外企业家迎新春茶话会

联合承办新宾籍在外企业家迎新春茶话会，邀请新宾籍在外优秀企业家21人相聚新宾，商讨家乡发展。市工商联、县委、县政府、县政协主要领导及部分乡镇、县直部门负责人出席此次会议。

4月15日，县工商联组织部分企业家赴广东走访慰问新宾籍在粤企业家，与40余名在粤新宾籍企业家座谈，鼓励他们回乡创业，寻找合作共赢商机。10月23日，与法库县工商联缔结友好商会，双方组织相关企业人士互相进行考察并开展联谊活动，为企业间的后续合作打下基础。

（李广宏）

文　联

【概　况】 2019年是新宾满族自治县文学艺术界联合会（以下简称县文联）工作巩固中提高的重要一年。在县委领导下，县文联认真贯彻落实习近平新时代中国特色社会主义文艺思想，始终坚持文艺为人民服务、为社会主义服务的正确方向，紧紧围绕县委、县政府工作部署，团结带领全县文艺工作者积极投身“文化名县”战略实施当中，深入生活，扎根人民，以繁荣发展新宾文艺事业为己任，充分发挥自身优势，开展力所能及、群众欢迎的送文艺下乡、书法进校园、义务写春联、主题采风创作等一系列丰富多彩的文艺活动；办好《新宾文艺》杂志，培养一批文艺创作骨干，推动全县文艺事业发展，为决胜全面建成小康社会创造更加丰硕的文艺成果。

【健全组织】 11月23日，县文联召开三届二次全委会，听取所属7个文艺协会的工作汇报，增补美术家协会主席白哲浩、舞蹈家协会主席赵燕、摄影家协会主席张玉宾、满语协会主席广玉艳、县文联秘书长王长安为县文联副主席。补选后，县第三届文联主席团成员如下：县文联主席崔凤日，县文联副主席、县书法家协会主席吕传刚，县文联副主席、县作家协会主席徐爱国，县文联副主席、县音乐家协会主席苗壮，县文联副主席、县美术家协会主席白哲浩，县文联副主席、县舞蹈家协会主席赵燕，县文联副主席、县摄影家协会主席张玉宾，县文联副主席、县满语协会主席广玉艳，县文联副主席、县文联秘书长王长安，县文联秘书长王长安（兼），县文联副秘书长侯雪峰、武振艳。

【丰富文艺实践活动】 县文联组织各协会和文艺工作者深入生产生活第一线，开展多项文艺活动。于4月26日组织全县7个协会的50多名文艺骨干深入上夹河镇古勒城、胜利村、古楼村以及永陵镇错草村开展“庆祝新中国成立70周年”文艺采风活动。开展“《新宾文艺》进校园”活动，提高新宾一中、苇子峪中心小学广大师生的创作水平，活跃校园文化生活。1月20日，组织县书法家协会骨干成员走近妈妈伙洛村、五里村义务为村民写春联1000多副；继续开展“书法进校园”活动，县朝中一名学生获全市中小学书法大赛金奖。县音乐家协会、舞蹈家协会结合自身特点，积极配合、参与本县及各部门的广场舞大赛、文艺联欢、汇演等活动。县美术家协会于1月4日举办“祁连喜个人美术作品展，于12月27日举办“新宾喜迎2020年”全县美术作品展，开文联此项工作新河。县摄影家协会以会员单位身份加入辽宁省公安系统摄影家协会，并开展宣传新宾旅游采风活动。县作家协会开展猴石森林公园诗词采风活动。县满语协会开展校园满语竞赛等活动。

【办好《新宾文艺》】 全年共编辑发行4期，每期文字量约7万字，书法、绘画、摄影、剪纸、刺绣等彩页4页，发行量1000册。为丰富文艺创作，《新宾文艺》开辟主题专栏予以重点宣传。开辟“新宾满族自治县文联文艺采风作品专栏”，刊发22篇（首）诗文作品；开辟“献给新中国成立70周年”专栏，发表《忠魂》等作品；开辟

“猴石公园采风作品集锦”专栏，发表35位作者的90多首古诗词。全年发表40多幅摄影、绘画、书法、剪纸、刺绣等作品。

【培养本地文艺作者】 加强与域外文艺团体和文艺工作者的联系。县文联立足活动、会议和《新宾文艺》杂志，广泛团结县内外文艺作者，促进新宾文艺事业的繁荣发展。本着“立足新宾、面向省内外”的原则，《新宾文艺》发表大量本县作者的文艺作品，还有一定数量的外地作者优秀作品，作者上至76岁的老人、下至7岁的儿童，涉及各行各业、各个领域，活跃全县文艺气氛，激发广大作者的创作热情，也涌现出一些具有创作潜力的文艺骨干。老作家解良有40多篇作品在《鸭绿江》《草原》等报刊发表，青年作家那锁男的小说在《北京文学》《满族文学》发表，并在全市小说大赛中获得一等奖。全年新加入省作协会员3人，市作协会员25人，有10余人成为抚顺市音乐家协会、舞蹈家协会会员。协会文艺骨干还主创新宾电视台评书系列节目《天命雄鹰》《新宾地名故事》等文艺作品，全年出版2部文艺书籍。

（崔凤日）

残　联

【概　况】 2019年，全县残疾人总数7944人，其中肢体残疾3982人、听力残疾560人、言语残疾54人、视力残疾602人、精神残疾491人、智力残疾1018人、多重残疾1237人，占人口总数的2.6%。

【组织建设】 加强基层残疾人组织规范化建设。全县共配备211名残疾人专职委员，年度考评、考核合格率100%。举办1期残疾人基本服务状况和需求动态更新调查培训班，各乡镇专职委员和部分社区残协委员参加培训。对全县8027名残疾人进行入户调查并填写调查表，完成网上录入工作，全面掌握残疾人的基本情况，做好残疾人证件办理工作，经市、县残联和卫健局协调，确定县人民医院为新宾鉴定肢体残疾的定点医院；确定抚顺五院为精神智力鉴定医院；确定抚顺中心医院为视力、听力、言语鉴定医院。共组织残疾人评残鉴定19次，参加评残人员456人，其中351人符合办证条件。2019年到期换证共3603人、新办证351人、注销残疾证190件。

【维护残疾人权益】 全面加强残疾人维权服务工作。依法保障残疾人合法权益，为贫困残疾人提供法律援助，办理残疾人法律民事诉讼案件7件，结案7件。对下肢残疾人使用机动轮椅代步车及农用三轮车燃油补贴对象的资格进行审核，对残疾人驾驶机动轮椅车数量进行统计、核实、上报和存档工作，保证补贴发放数量、基础数据和资料真实可靠。全县有292人符合补贴标准，已全部录入系统。做好残疾人信访工作，全年共接待来访来电66件，做到件件有着落，事事有回音，结案率为100%。

【扶贫帮困】 扶持489名2018年未脱贫和返贫残疾人。每人发放2000元用于购置农业生产资料，共计97.8万元。为已脱贫残疾家庭（脱贫不脱政策的残疾人）1675户1929人发放价值1000—3000元的通过政府统一购买的复合肥，合计25.7万元。争取省残联拨付20万元专项资金用于县残联开展贫困残疾人脱贫攻坚工作，重点支持发展残疾人精准扶贫基地（合作社）。为下夹河乡扶贫产业基地下拨30万元扶贫资金。开展贫困残疾人生产就业实用技能培训，建立贫困残疾人脱贫长效机制，为199户解决春耕农用物资。为“8·15”洪灾东部四乡镇（旺清门镇、红庙子乡、响水河子乡、红升乡）受灾残疾人贫困家庭救助2.1万元。全年举办实用技术培训班三次共300人，每人补贴500元，计15万元。扫盲培训班一次12人，每人补贴1000元，计1.2万元。为34户残疾人家庭发放危房改造补助款项，每户

10000元，计34万元。为55—59周岁重度残疾人发放生活补贴7.898万元。享受两项补贴的人数为5584人，其中享受生活补贴的人数为3164人，享受护理补贴的人数为2420人。

【教育帮困】 扶持残疾人大学生2人，每人2000元；残疾人子女大学生12人，每人1000元；残疾人子女高中生8人，每人800元；建档立卡贫困残疾人子女学生2人，每人1000元，共计补助2.44万元。扶持义务教育阶段残疾儿童58人，每人1000元，共计5.8万元。

【社会养老保险补贴】 积极开展残疾人个体工商户法人社会养老保险补贴工作的调查、审核工作。通过乡镇申报，县残联审核，有6名残疾人个体工商户符合社会养老保险补贴标准。

【就业培训基地建设】 争取省级残保金扶持残疾人创业带头人2人，扶持资金3万元；个体从业扶持195人，扶持资金58.5万元；扶持省级就业培训基地1个，扶持资金10万元；省级残疾人辅助性就业基地1个，扶持资金7.7万元。争取市级残保金扶持创业带头人1人，设备扶持1.5万元；个体从业65人，设备扶持19.5万元；市级就业培训基地4个，扶持资金24.2万元。

【无障碍改造】 全县无障碍改造省市任务130户、中央彩票公益金无障碍改造29户，总投资达47.9万元，全县施工改造全部结束，经验收达到标准。

【康复服务】 为18名有康复需求的残疾儿童办理康复救助申请，并录入儿童康复救助系统。3月26日，邀请抚顺爱尔眼科的医生到新宾为白内障患者进行免费筛查，共有92名白内障患者接受筛查，其中有42人到抚顺爱尔眼科医院进行免费白内障复明手术。认真协调做好精神障碍患者免费投药工作，有107人坚持常年服药。5月10日，邀请抚顺市残联康复部主任范曾伟和抚顺市脑科医务人员到新宾开展精神疾病患者家庭护理讲座、免费义诊送药活动。

【辅助器具适配】 全年发放各类残疾人辅助器具共计1167件，其中助听器33台、假肢3例。

【综合服务中心建设】 新宾满族自治县残疾人综合服务中心于2018年9月9日正式开工建设，2019年6月20日通过验收，7月6日正式入驻，有序开展残疾人综合服务工作。为推进残疾人托养工作的开展，参考国家试点县区成功经验，结合实际制定《新宾满族自治县残疾人托养中心托养康复服务管理办法（试行）》，并以县委办公室、县政府办公室名义联合发文。县残联积极推进托养运营工作，至年底已有6人进行托养登记，其中4人已试住。

（南顺锦）

红十字会

【概　况】 2019年，新宾满族自治县红十字会（以下简称县红十字会）深入开展“不忘初心、牢记使命”主题教育，坚定秉承全心全意为人民服务的宗旨，大力弘扬“人道、博爱、奉献”的红十字精神，紧紧围绕红十字“三救”（人道救助、应急救护、应急救援）“三献”（献血、遗体器官捐献、造血干细胞捐献）核心业务工作，用实际行动践行“红十字雷锋在线”主题实践活动。6月，县红十字会被抚顺市卫建委授予“抚顺市无偿献血优秀组织”奖。

【组织建设】 健全优化红十字会组织结构。全县15个乡镇、181个村、13个社区、19个红十字家园、28所学校建立基层红十字组织256个。基层红十字组织形成网格化发展模式，确保红十字会各项工作在基层有序开展。

【救　助】 积极开展中国红十字基金会、辽宁省红十字会和抚顺市红十字会的大病医疗救助工作。2019年有3名求助者递交材料，2名获批，累计救助金额4万元。在“博爱送万家”活动中，自筹价值1.5万元的大米、食用油等生活必需品及时送到贫困家庭手中。5月9日，“脱贫攻坚博爱行”活动走进响水河子乡下围子村，为19户贫困村民送去19桶豆油、19袋大米及5000元现金。9月2日，走访入户调查拔堡沟村2名贫困学生，在确定情况属实后为他家送去3桶豆油、100公斤大米和1000元救助金，并联系聚沙公益团队取得长期结对救助。“8·15”洪灾中，第一时间把灾情向上级红十字会做详细汇报，又多方联系县内爱心团队筹集资金和物资。在市、县两级红十字会的共同感召下，志愿者们为灾区送去急需物资和慰问款累计近10万元。助力精准扶贫，广泛发动社会资源，利用一切可以宣传的力量，为下夹河乡致富带头人李秀准推广销售榛子项目，并代表抚顺市参加全国红十字系统第二届众筹扶贫大赛。

【救护活动】5月8日，组织全县红十字负责人参加应急救援救护培训演练活动。邀请抚顺市蓝天救援队应急救护讲师刘振讲授突发事件和灾难发生时正确的徒手心肺复苏、创伤救护技术（止血、包扎）以及自救互救知识等技能。5月10日，以“护士节”为契机联合中医院共同走进响水河子乡开展心肺复苏、义诊等培训活动。5月27日，在县第一中学红十字青少年学生中开展红十字防灾避险知识宣传，组织该校中高年部200多名学生进行“全国红十字防灾避险知识竞赛”笔试答卷活动。在新宾高中开展“自救互救能力建设工程”活动。全年，共开展初级卫生救护知识和技能培训5次，普及人数达500余人。

【救援活动】“5·8”博爱周期间，组织县红十字蓝天救援队、巡特警大队、应急救援大队联合开展应急救援救护培训演练活动，累计参加人数100余人。新宾红十字蓝天救援队常年执行各种救助任务。6月，在刘家水库打捞78岁溺水老人；8月，在清原豆腐屯打捞50多岁女性溺水者；9月，在抚顺县李家村大伙房水库打捞55岁男性溺水者；12月，在抚顺小青岛打捞61岁男性溺水者。全年共出队6次，打捞溺水者4人。6月

5月8日，新宾红十字蓝天救援队、巡特警大队、应急救援大队联合开展应急救援救护培训演练活动

28日，“吊车侠”兰郡泽加入新宾红十字蓝天救援队伍中。

【捐　献】开展无偿献血、遗体器官捐献、造血干细胞捐献活动。在全县医疗机构、养老院及社区中醒目位置摆放宣传展牌。以“5·8”博爱周为契机，动员群众成为造血干细胞捐献和遗体器官捐献志愿者，累计参与人数达410余人，发放宣传册子800余册，10名志愿者填写人体器官（眼组织）捐献志愿书。

【志愿服务】做好中国红十字会网络平台会员系统和志愿者系统的信息录入，深入推进志愿服务工作，将注册的志愿者和志愿服务队全部纳入系统管理。在重阳节期间，县红十字会全体工作人员看望慰问民主社区“幸福老年之家”的老人，并为他们送去1000元的生活必需品。与新宾聚沙公益团队到平顶山镇中学开展主题为心理健康专题讲座的爱心活动，引导青少年以积极健康的心态度过学生时期。各乡镇、社区、家园志愿服务队不定期开展各种爱心活动。在抚顺市“红十字雷锋在线”主题实践活动中，新宾红十字蓝天救援队被评为先进集体，队长丁彦军和南杂木镇红十字负责人王琳被评为“在线雷锋”。

【宣　传】注重抓好红十字精神的宣传，全年利用宣传手册、悬挂条幅、电子屏、两微一端等新媒体方式，开展各类宣传活动。在市电视台、市红十字会官网发布信息13条，向全社会

积极传播“人道、博爱、奉献”的红十字精神。在“5·12”国家防灾减灾日、“10·13”国际防灾减灾日期间，共发放宣传折页700余份，广泛宣传防灾减灾相关知识及自救互救技能。在全县开展“我和我的祖国”主题宣传教育活动。各乡镇红十字负责人积极响应，通过电子屏、悬挂条幅、升旗仪式、广场舞等各种形式开展爱国主义教育活动。在全县开展“社会治理法制先行”宣传年活动。各乡镇围绕主题开展《中华人民共和国宪法》和《中华人民共和国红十字会法》宣传讲座、知识解答、咨询等活动。全年各类宣传活动达22次，发放宣传资料3000余份，以实际行动践行社会主义核心价值观，弘扬社会正能量。

（杨　爽）

法 治

综 述

【概 况】 2019年，全县政法系统认真贯彻落实中央、省委、市委政法会议精神和各项决策部署，提升政治站位，忠诚履职尽责，围绕中心、服务大局，扎实推进平安新宾、法制新宾建设，全面完成各项目标任务，政法工作取得明显成效并迈上新台阶。9月，新宾满族自治县获“辽宁省法治文化基地”、永陵镇及新宾实验小学获“抚顺市法治文化基地”称号。

【安全稳定】 牢牢掌握意识形态工作主动权，严格落实“三同步”要求，扎实推进“国家安全城”建设。持续深入推进“社会稳定风险攻坚年”工作，对重大公共决策、重大工程项目、重大改革举措、重大群体活动等重大决策事项，严格评估程序和风险管理，注重动态评估，全面查找各类影响社会稳定的风险隐患，将不稳定因素化解在项目决策、开工之前，切实做到科学论证，严格标准，规划合理，群众满意。全年完成社会稳定风险评估项目30项。

着力推进“五级书记抓信访”制度。推动“五级书记抓信访”责任全面落实，切实担负起“促一方发展、保一方平安”的政治责任。做好矛盾纠纷排查化解稳控工作，圆满完成两会安保，“新中国成立70周年”等重大敏感节点信访安保工作。

【社会治理】 以加强基层社会治理为重点，以加强信息化建设为支撑，深入推进矛盾纠纷排查化解专项行动，全年共排查矛盾纠纷594件，调解成功587件，调解成功率99%。扎实推进“雪亮工程”建设，以市场化运作方式在城镇和农村主要地段安装614处高清视频监控，整合企业视频资源105家、社会摄像头1000余个。落实“天目—19”工作部署，完成“天目—19”检测和县区互检工作任务。在全县开展“禁种铲毒”工作，与15个乡镇和181个村、13个社区签订《2019年禁种铲毒责任书》。加强社会治安重点地区排查整治，开展“缉枪治爆”“黄赌毒”“社区矫正人员监管帮教”“寄递物流”“校车安全管理及校园周边治安环境”等专项整治行动，严厉打击违法犯罪行为，刑事案件发案率同比下降14.2%，命案发案率同比下降50%。完成县、乡、村三级综治风格建设。扎实推进扫黑除恶专项斗争，全年立案97件，破案90件，打击处理97人。

【政法领域改革】 全面落实改革部署，全力推进司法体制等政法领域改革。审判机关改革审判权力运行机制，全面落实院长办案要求；推行员额遴选机制，遴选德才兼备法官；全面构建多元化解模式，搭建诉调对接平台。检察机关组建员额检察官办案团队，对案件质量终身负责；科学设立案件分配规则，形成精诚高效、权责明晰的办案机制；开展“3+2”内设机构设置改革。

【优化营商环境】 全县政法机关严格贯彻习近平总书记"三个没有变"的重要指示和县委工作要求，践行以人民为中心的发展思想，强化服务，不断优化营商环境。检察机关全年办理涉民营企业案件4件7人，挽回损失110余万元。审判机关全年审结民商事案件1534件，结案率达98.1%，调撤率为62%，比2018年上升了7个百分点。县司法局全年接待法律咨询800余人次，审查重大行政决策项目16项，组织起草县政府及各部门协议28件，出具合法性审查意见15件，参与处理县政府及各部门具体涉法事项26件，为新宾振兴发展提供法律和政策支持。

（闫柏臣）

立 法

【概 况】 推进重点领域立法。依据五年立法规划，县人大常委会开展中华蜜蜂保护条例的前期立法调研工作。重点推进单行条例的报备工作。完成《新宾满族自治县农村生活垃圾分类及资源化利用管理条例》报请批准和备案工作，并于8月1日起正式实施。完成《新宾满族自治县林业管理条例》报请批准和备案工作，并于11月5日起正式实施。条例的施行将对生态环境保护、改善农村人居环境提供法律保障。

【经验交流】 8月15—18日，在全国部分少数民族自治县（旗）人大工作第21次联席会议上，县人大常委会副主任戴清江就《加强民族立法工作，促进经济社会发展》同与会的64个少数民族自治县（旗）进行交流。10月18日，在辽宁省人大常委会召开的民族立法工作会议上，县人大常委会主要负责人就《加强民族立法工作，助推地方经济发展》进行发言，重点对《新宾满族自治县农村生活垃圾分类及资源化利用管理条例》制定的背景及必要性进行介绍，为全省农村垃圾分类工作的开展提供可以借鉴的经验和做法；在抚顺市人大常委会召开的纪念地方人大及其常委会成立40周年座谈会上，县人大常委会主要负责人以《注重立法实效，助推县域经济发展》为主题，就新时代人大立法、监督等方面工作取得的成效，进行重点发言。

（赵启航）

政法委及综治

【概 况】 2019年1月，根据《新宾满族自治县机构改革方案》，中共新宾满族自治县委政法委员会（以下简称县委政法委）加挂中共新宾满族自治县委、新宾满族自治县人民政府信访局牌子。中共新宾满族自治县委国家安全委员会办公室是中共新宾满族自治县委国家安全委员会的办事机构，设在县委政法委。县委政法委的主要职责是深入贯彻落实党中央、省委、市委对政法工作的全局性部署和县委对政法工作的部署要求，推进平安新宾、法治新宾建设；指导推动政法系统党的建设和政法队伍建设，协助组织部门考察、管理政法部门领导班子和领导干部，代管县法学会；了解掌握和分析研判政法工作情况动态，分析社会稳定形势，协调应对和处置重大突发事件；统筹协调社会治安综合治理、维护社会稳定、反邪教有关法律法规政策的实施工作；组织开展政法领域的调查研究，及时向县委提出建议，参与有关地方性法规和政府规章的起草修改工作；指导协调政法各部门媒体网络宣传工作；指导和协调政法各部门密切配合，研究和协调重大、疑难案件，推进严格执法、公正司法；承担县社会体制改革专项小组日常工作；组织开展对新宾国家安全形势和影响国家安全重大问题的研究，负责处理县委国安委日常事务，指导推动全县国家安全工作。

【综合治理】 开展"缉枪治爆""黄赌毒""社区矫正人员监管帮教""寄递物流""精神病人治安

隐患”“校车安全管理及校园周边治安环境”等专项整治行动，消除社会治安隐患。在全县开展“禁种铲毒”工作，与15个乡镇和181个村、13个社区签订《2019年禁种铲毒责任书》。以乡镇司法所为支撑，建立以村（社区）综治工作站、调委会、网格员等为基点的矛盾纠纷排查调处网络体系，定期排查、调处、汇总、上报。全部建立登记台账和交办清单。全年共排查520件社会矛盾纠纷，化解520件，化解率为100%。持续推进治安防控体系、综治网格化、信息化及视联网建设。以市场化运作方式在城镇和农村主要地段安装614处高清视频监控，整合企业视频资源105家、社会摄像头1000余个。完成县、乡、村三级综治网格建设。全县划分为420个网格，有420名网格员，195名网格长。县级网格长由县委政法委分管副书记担任，乡镇网格长由乡镇政法委员担任，村（社区）网格长由村（社区）党支部书记担任，网格员由村“两委”其他成员或村民小组长及党员、村民代表担任。全县221个综治信息化固定端点位全部开通，九大模块信息录入率已达到90%以上。全力做好铁路护路联防工作，县护路办联合县教育局、县公安局、南杂木护路办，在南杂木镇铁路沿线开展“平安铁路宣传月”、春季综合整治等多项宣传活动。南杂木镇九年一贯制学校举办护路知识讲座。南杂木镇3个社区先后开展平安宣传活动3次，发放宣传资料1200余份，受教育群众达到1100余人。在南杂木镇榔头沟村开展入户宣传，覆盖70余户，200余人次。结合开展矛盾纠纷排查化解专项行动，实行周排查、月小结及不定期排查相结合的方式开展涉铁路矛盾纠纷排查化解工作，排查并化解涉铁路纠纷1件。

【信访工作】 坚持条块结合，对信访矛盾和信访案件进行全面摸底排查，做到底数清、情况明。在全国两会和“新中国成立70周年大庆”期间，县公安、信访、政法及各乡镇、县直部门全员参与，把矛盾化解在基层。

【维护稳定工作】 深入推进对重大公共决策、重大工程项目、重大改革举措、重大群体活动等重大决策事项，严格按照稳定风险评估程序进行组织实施，全年完成社会稳定风险评估项目30个。在项目评估过程中，严格评估程序和风险管理，注重动态评估，全面查找各类影响社会稳定的风险隐患，将不稳定因素化解在项目决策、开工之前，切实做到科学论证，严格标准，规划合理，群众满意。4月1日至5月1日在全县范围内深入开展社会稳定风险评估宣传月活动，共悬挂宣传条幅26条，设立咨询台16处，摆放宣传展示板15处，发放宣传单5000余份。

【国家安全】 加大宣传力度，提升广大群众的防渗透和反奸防谍意识。按照《全县机关工作人员国家安全教育管理实施方案》要求，在机关企事业内部宣传国家安全知识，使工作人员注重政治安全、网络安全、文化安全等。结合普法宣传，将《中华人民共和国国家安全法》《中华人民共和国反间谍法》等涉及国家安全的法律法规作为宣传重点，让广大干部群众学法、遵法、守法。提升广大干部群众的反渗透意识，自觉维护国家安全和核心秘密安全。打击防范并重，管控邪教风险。认真落实国家安全人民防线建设和建设“国家安全城”工作部署，按照“专群结合、标本兼治、防范在先”原则，进一步完善国家安全人民防线组织，建立健全反间谍防范责任制，积极构建反奸防谍钢铁长城，切实维护国家安全、政治安全、核心秘密安全。全年未发现敌对势力渗透情况，未发生敌对势力渗透破坏案（事）件。

【执法监督】 政法各部门建立党组成员和各部门负责人把守分管案件的工作领导体系。对于处理难度较大，案情较为复杂的涉法涉诉信访案件，严格实行领导包案制，逐一建立台账，加快办案进度，做好法律法规解释和当事人的疏导工作。严格落实摸排、化解、疏导责任，将摸排调研工作落到实处。县财政拿出一部分资金进行司法救助，司法救助资金发放严格按照相关规定执行。严格落实每月县领导接访日制度。各政法部门继续坚持责任部门日常接访及主要领导接待日制度。在重大敏感节点加强值班备勤，涉法涉诉信访案件得到及时有效地处理。

【队伍建设】 开展“不忘初心、牢记使命”主题教育，成立以县委常委、政法委书记程佩林为组长的主题教育领导小组，制定《县委政法委“不忘初心、牢记使命”主题教育实施方案》，于9月18日召开“不忘初心、牢记使命”主题教育动员部署会议。采取自学、集中学习、专题研讨、调研督导等方式，在全体政法干警队伍中严格推进主题教育，达到“理论学习有收获、思想政治受洗礼、干事创业敢担当、为民服务解难事、清正廉洁解难题”的目标要求。干警牢固树立政治意识、大局意识、责任意识、法律意识和廉洁意识。10月8—12日，组织全体党员围绕“传承红色基因，牢记初心使命”“坚守绝对忠诚，做到‘两个维护’”“勇于担当作为，推动振兴发展”“坚持全面从严治党，营造良好政治生态”“牢固树立底线思维，防范化解重大风险”5个专题开展交流研讨。10月12日，组织全体党员进行学习心得交流。10月、11月开展夜间课堂学习7次。10月17日，组织全体党员参观雷锋纪念馆，观看电影《我和我的祖国》《雷锋在1959》《毛丰美》《榜样4》等影片，组织全体党员观看庆祝中华人民共和国成立70周年大会。10月31日，召开调研成果交流会，班子成员之间各自交流调研成果。11月6日，全体党员开展互评互议，检视自身问题41条，全部整改完毕。

【扫黑除恶专项斗争】 认真落实中央、省、市、县委关于开展扫黑除恶专项斗争工作部署和省委“五级书记抓扫黑除恶”要求，全县上下共同努力，推动扫黑除恶专项斗争向纵深发展。全年立案97件，破案90件，打击处理97人。结合“不忘初心、牢记使命”主题教育“10+2+1”（即专项整治工作省10项、市2项、县1项）专项整治部署安排，在“对黄赌毒和黑恶势力听之任之、失职失责，甚至包庇纵容、充当‘保护伞’问题”专项整治工作中，查处涉黄案件12件、涉赌案件1件、涉毒案件45件，缴获毒品600克。开展文化市场扫黄打非专项检查，没收盗版光碟137张，盗版书籍199本，取得阶段性成果。

【政法宣传】 2019年，组织15个乡镇和相关县直单位全力做好“三同步手机舆论引导”平台工作，形成“三同步”的工作合力。大力宣传维护政治安全和社会稳定的工作进展和成效、创新社会治理取得的成果、全县政法机关服务经济建设推动高质量发展的进展和成效、政法队伍建设成果和扫黑除恶专项斗争工作。加强政法新媒体建设，打造应对及时、效果突出的新媒体宣传阵地。紧扣庆祝新中国成立70周年这条主线，全年完成中央8篇、省50篇及市级媒体发稿任务，在全市8个县区位列第2名。

【法学会】 制定印发《2019年县法学会工作要点》，将县法学会工作纳入平安新宾建设考核，推动县法学会工作开展。组织开展“东北法治论坛”“辽宁法治论坛”以及“学习贯彻习近平全面依法治国新理念新思想新战略”等一系列法治论坛的论文征集研讨活动，其中评审并征集和优先选送“东北法治论坛”论文6篇、“环渤海区域法治论坛”论文7篇、“辽宁法治论坛”论文5篇、“学习贯彻习近平全面依法治国新理念新思想新战略论坛”论文3篇、“全国人民调解论坛”论文21篇。其中获奖论文5篇。

（赵　燕）

法治政府建设

【机　构】 2019年4月，新宾满族自治县法治建设委员会正式成立，办公室设在新宾满族自治县司法局。4月19日召开第一次法治建设委员会暨全县法治建设委员会启动会议，成立立法协调小组、执法协调小组、司法协调小组和守法普法协调小组，明确各机构职责分工及工作规则。

【规范性文件清理】 开展规范性文件清理，及时公布规范性文件目录。对以县政府及县政府办公室名义于2019年7月31日前制定的规范性文件（包括涉企政策性文件）进行全面清理。经县政府第29次常务会议审议通过，下发《关于公布县政府（办公室）规范性文件清理结果的通知》（新政发〔2019〕9号），决定28件继续有效、修订2件、废止4件。

【法律监督】 下发《关于公布新宾满族自治县县级行政执法主体名单的通知》（新政发〔2019〕8号），对在新宾满族自治县行政区域内具有法定职能的38个行政执法机关、18个授权行使行政执法职能的单位的行政执法主体资格进行公布。印发关于落实《抚顺市全面推行行政执法公示制度执法全过程记录制度重大执法决定法制审核制度工作方案》的通知，在行政执法机关全面推行行政执法公示制度、执法全过程记录制度、重大执法决定法制审核制度工作。发挥法制科在政府决策中的参谋助手作用，为领导决策提供准确的法律支持。全年共审查重大行政决策项目16项，组织起草县政府及各部门协议28件，出具合法性审查意见15件，参与处理县政府及各部门具体涉法事项26件。回复省、市拟出台的法规征求意见函8件。上报法治政府建设工作情况报告1份，起草政府法律顾问、行政应诉工作调研报告2份。审查呈报县政府林权纠纷确权文件16件，土地权属纠纷确权文件11件。做好县政府招商引资项目合同的法律审查工作。对新宾满族自治县氢能与燃料电池发展扶持办法、新宾满族自治县县城集中供热PPP项目合同等13个项目合同进行法律审查，提出的合理化建议被县政府采纳。

【行政复议及诉讼】 办理行政复议案件9件，其中维持5件，不予受理3件，终止审理1件。行政复议案件受理率和法定期限内答复、审结率都达到100%。受县政府委托到市中级人民法院出庭应诉案件7件，其中诉县政府征收土地补偿2件，房屋征收补偿1件，诉县政府土地确权1件，撤销林权证3件；到清原法院与作出具体行政行为的乡镇政府、行政机关共同应诉6件。法院判决驳回4件，撤销1件，未审结8件。

（张桂娥）

公 安

【概 况】 2019年，全县公安工作面对异常严峻的维稳形势和日益繁重的公安任务，以“争先锋、站排头”为引领，以深化公安改革为助力，以新中国成立70周年大庆安保为载体，勇于担当，忠诚履职，有力维护全县政治大局和治安大局的持续平稳。

【治安管理】 2019年，侦破邪教刑事案件1件，查处治安案件5件，抓获违法犯罪人员8人，收缴宣传品1000余份。清查歌舞厅72家次、旅店760家次、网吧200家次、涉危涉爆单位36家次，查处涉黄涉赌案件21起、治安处罚45人、收缴销毁赌币机5台。针对群众关心关注的乱象乱点问题，主动出击，联动协作，成功打掉一个大肆盗采河沙犯罪团伙，端掉3处非法储存液化气窝点，依法查处1起非法充装液化气违法案件和2起非法运输液化气案件。妥善解决“黑出租”等6个治安突出问题，行政拘留1人，警告3人，治安罚款2人，查处“黑出租”8台，收缴枪支12支，依法查处散布“某银行在倒闭”谣言违法嫌疑人6名。

【刑事侦查】 全年公诉犯罪嫌疑人222人，其中侵财犯罪嫌疑人42人；侦破刑事案件278起，其中侵财案件143起；抓获历年网上逃犯13人；查处治安案件1590起，治安拘留598人；强制戒毒17人，查处吸毒人员109人，刑事发案同比往年下降5.13%。成功打掉套路贷恶势力犯罪团伙、苇子峪涉恶犯罪集团；部督涉枪逃犯郝某玉第一时间缉捕归案，实现全省率先清零，省厅、市局专门发贺电祝贺；“云剑”行动率先完成市局下达任务，受到市局通报表扬；成功侦破的跨省系列盗窃抵押车案得到公安部肯定，在全国刑侦会议上作交流发言。

【交通管理】 依法治理“三超两无两驾”突出交通违法行为。现场查处交通违法行为为2482起，查处客车超员145起、超载510起、涉牌涉证715起、饮酒驾驶217起、醉酒驾驶17起，暂扣违法车辆224台，行政拘留88人次。全年发生道路交通事故49起、死亡22人、受伤24人，直接经济损失85万元，四项指标同比往年均呈下降趋势，全年未发生重特大道路交通事故。

【窗口服务】 筹措资金3万余元用于改造窗口、升级网络、购置装备和完善标识。县公安局行政审批事项于8月28日进驻县行政服务中心，开设出入境、户政、综合三个窗口，单独运行交警服务大厅，全面清除行政审批体外循环。出入境窗口推出免费照相、免费复印、免手写申请表的“三免服务”、办证时限由10个工作日缩短为6个工作日、港澳台签注实现立等可取等举措，全面实现办理证件“只跑一次”。户政窗口将新生儿落户、民族变更、儿童更名、身份证办理等权限下放到基层派出所，快证由19个工作日缩短为11个工作日，临时证即来即办，省内户口迁移一站式办结。窗口服务工作在全县营商环境工作会议上作经验交流。

9月5日，公安机关窗口工作人员耐心为办事群众解答业务问题

【户政管理】 2019年，辖区共有99724户，常住人口287487人，流动人口14566人（其中暂住人口6713人、寄住人口7853人）。清理重复户口5个，清理无照片人员1283人，人像采集率达到100%。办理身份证件1.5万件，为群众办理临时证件5000余件，开具各类证明2300余件，服务群众2.3万人次。核查常驻户32662户，申请二维码门牌200张，走访三级列管单位2300家。组织派出所排查各类矛盾120余起，化解矛盾110余起，移交其他部门10余起；核查征兵政审人员其中发现问题12人。对村“两委”班子成员共计520人进行审查，发现问题人员22人。协助县社保局、就业局、公证处等部门出具未受刑事处罚证明420余张。

【出入境管理】 全年办理业务8077件，其中护照6007件、往来港澳通行证1597件、往来台湾通行证279件；受理报备重点人员194人，其中国家工作人员22人，受理撤销报备78人。查处冒用他人身份出入境案件3起，查处非法居留人员2人。

【安保工作】 准确把握公安职能定位，圆满完成中华人民共和国70周年大庆、三级两会、中高考、民族团结进步宣传月文艺展演、广场舞比赛等60余场次的各类安保警卫任务。对全县列管安保单位开展排查清查，彻底消除隐患排查的“盲区”。年内，检查社会单位2820家次，发现隐患460处，当场整改285处，下达责令整改通知书175份，临时查封3家。

【信访工作】 以全县开展“五级书记抓信访”专项整治活动为契机，加大领导接访和积案清理力度，源头化解涉公安访信访案件3起。严格按照“一人一档”“一案一专班”和每日动态写实模式对全县49个重点信访案件进行跟踪落实，配合县住建局、木奇镇党委、政府做好社会访重点案件的化解工作。

【基层基础建设】 县公安局业务技术用房开工建设，投入资金975万元，建筑面积4400平方米，已竣工投入使用。针对部分车辆老旧严重及影响办案需求等情况，投入中央转移支付资金330余万元，一次性更新27台公务用车；投入资金40余万元，为一线民警配发防弹衣、防弹头盔、防刺服、防暴盾牌、防雾霾口罩、阻车路障、执法记录仪、单警装备等必要警用装备。积极争取县委、县政府支持，解决执法办案管理中心、联勤指挥中心等资金缺口880万元；修缮办公楼、改造干警食堂。

【科技强警】 采购350兆数字集群手持台50部、数字基地台7部、车载移动基站1个、扩容350兆PDP数字集群基站1处、租用联通铁塔机房2处，实现新宾镇、旺清门镇、永陵镇、南杂木镇使用350兆集群通信设备和部、省、市、县之间的信息互通及高效运转；投入67万元建设派出所高清视频系统，全面实现可视化调度和指挥；投入106万元对派出所和警务工作站视频系统进行升级改造，全面提升高端应用和内部防范水平。

【廉政建设】 严格落实廉政谈话制度，对所队负责人开展提醒谈话2人次，有效预防违法违纪和腐败现象的发生。加大对敏感节点、重点工作的督导检查，及时督促基层整改问题。发布11期督查通报，对26人进行全局通报批评，对2人进行诫勉谈话，党内警告4人，党内严重警告1人。积极挖掘鲜活素材，深入提炼宣传亮点，积极传递公安正能量。在公安部主题专栏发表稿件1篇、省级媒体4篇、市级媒体12篇，警方发布1篇，平安抚顺9篇，公安内部网站发稿260余篇。

（任俊龙）

检 察

【概 况】 2019年，新宾满族自治县人民检察院（以下简称县检察院）按照高检院“讲政治、顾大局、谋发展、重自强”工作要求和地方党委决策部署，紧紧围绕全县振兴发展大局，依法全面履行检察职能。2019年，县检察院荣获辽宁省检察机关先进基层检察院集体三等功。

【服务大局】 充分履行批捕、起诉职能，积极参与防范化解重大风险专项行动，依法惩治信用卡诈骗等扰乱社会主义市场经济秩序犯罪，严厉打击骗取贷款、违法发放贷款等破坏金融秩序犯罪。持续开展扶贫领域国有财产保护公益诉讼专项监督工作，跟踪督促12个乡镇共计催收欠款180余万元，保障逾期被占用的扶贫互助资金全部收回，以法治帮扶促进精准脱贫。按照县委统一部署，选派1名检察官担任镇长助理，履行驻村扶贫工作。就红升水库水源保护地污染防治开展专项调研，千方百计保护饮用水安全。认真落实对非公有制经济平等保护、贴近服务等司法政策，严格落实县检察院制定的《服务非公经济发展思路举措》，认真实施与县工商联签订的《关于服务保障和促进非公经济健康发展的意见》，对民营企业平等保护，杜绝差异性、选择性执法。突出保护民营企业产权和民营企业家人身权、财产权，检察长接待企业代表3人次，帮助解决涉法涉诉问题16个。办理涉民营企业案件4件7人，帮助挽回损失110余万元。注重改进办案方式方法，让民营企业家专心创业、放心投资、安心经营。深入非公企业调研，开展普法宣传、释法答疑等工作，帮助企业建章立制、堵塞漏洞、合规经营、防控风险；举办“护航民企发展”检察开放日活动，构建“亲”“清”检企关系，搭建司法服务“连心桥”，努力让法治成为民企最大的坚强靠山。聚焦让农业强起来，开展“体民情、察民意”夯实基层党建送法下乡宣讲活动。选派工作组对“软、弱、涣、散”村党组织进行整顿建设工作，围绕争议焦点零距离普法释法化解纠纷，既解“法结”又解“心结”，引导群众依法合理表达诉求，深化检察环节社会治安综合治理工作。聚焦让农村美起来，依法打击破坏生态环境资源类犯罪，依法起诉盗伐林木案12件16人、滥伐林木案17件35人、非法占用农用地案5件8人、非法狩猎案4件8人、非法采伐国家重点保护植物案5件11人。制定《发挥检察职能服务保障乡村振兴战略的工作意见》。

【扫黑除恶】 依法办理“黄某某等人恶势力团伙”案，批准逮捕并提起公诉6人，成功打响全县涉恶案件“第一枪”。本案由检委会专职委员任组长，抽调精干员额检察官组成专业办案团队，采取24小时受案、提前介入、捕诉一体、领导督办等措施，利用“五一”假期全面审查案件，在出庭支持公诉环节，4名检察官在历时12个多小时庭审中有力指控犯罪，6名被告人均被法院作出与指控意见完全一致的有罪判决。积极协调统一执法思想，加大对涉黑涉恶案件背后腐败和“保护伞”案件线索的收集排查力度，促进“扫黑”与“打伞”同步进行，确保全县社会大局和谐稳定。

【刑事检察】 全年共受理提请批捕案件91件114人，批准逮捕67件77人；受理起诉案件163件229人，提起公诉132件165人。开展以案释法宣讲活动10次、受教育群众1200余人。继续开展“法治进校园”巡讲活动，院党组成员担任中小学法治副校长，用法治力量呵护未成年人健康成长。主动融入反腐败工作大局，加强与县纪委监委工作衔接。检察长率先垂范带头办理县监委调查终结移送起诉的首例涉案金额80余万元的职务犯罪案件。履行检察官在刑事诉讼中的主导作用，简化办案流程、保障诉讼权利，共适用认罪认罚从宽制度处理案件66件91人，占年度提起公诉案件数的50%。认罪认罚案件适用率高于全省检察机关48%的平均数。

【刑事诉讼监督】 严格立案监督，办理立案监督案件3件3人。严格侦查监督，依法对重点敏感案件提前介入、引导侦查取证6件，督促完善证据96份，纠正侦查活动违法4件，纠正漏捕3件3人，以事实不清、证据不足不批准逮捕24件37人。依法追诉犯罪嫌疑1件1人，追诉遗漏罪行5件，不起诉18件33人，建议公安机关撤回起诉2件4人。严格审判监督，对3起案件的7名被告人的一审判决提出抗诉。

【刑事执行监督】 强化刑罚交付执行监督，清理判处实刑罪犯未交付执行刑罚16人。强化刑罚变更执行监督，审查暂予监外执行案4件，纠正变更不当1件。强化刑事强制措施执行监督，依法对法院财产执行检察监督3次。强化社区矫正检察监督，依法收监监外执行罪犯3人。强化监管秩序监督，开展监管场所安全检察监督8次，提出整改建议4件。强化羁押必要性审查监督，建议释放或变更强制措施11人，同比上升10%，进一步维护和保障人权。

【民事行政诉讼监督】 针对县人民法院在抚顺华晨房地产开发有限公司没有合理抗辩理由的情况下，未支持国土资源局要求全额支付违约金的诉讼请求，可能导致国有资产流失的民事判决，依法提请抗诉并获得市人民法院支持。严惩虚假诉讼，监督纠正“假官司”，办理马某某虚假诉讼监督案，对因虚假诉讼导致的一审错误裁判向县人民法院发出再审检察建议，县人民法院裁定再审并予以改判，并将马某某涉嫌虚假诉讼犯罪的案件线索移送公安机关立案侦查，马某某最终受到刑事惩罚。就审理民事行政案件送达不规范等问题，向县人民法院发出检察建议20件，得到积极回应。监督、支持人民法院依法执行，对执行案件过程中存在的终结本次执行程序不规范等违法情形提出检察建议15件。

【公益诉讼】 认真贯彻落实县人大常委会审议通

过的《关于加强和保障县人民检察院开展公益诉讼工作的决定》，各项业务指标考核均位居全市10个基层检察院首位。

围绕生态环境和资源保护、食品药品安全、国有财产保护、国有土地使用权出让等重点领域，通过调查，共发现公益诉讼案件线索并立案63件，制发检察建议52件。开展饮用水水源地保护专项监督活动。构建公益诉讼网格化监督体系，积极调动社会力量参与公益诉讼监督，聘任首批水资源保护公益诉讼观察员15名，重点监督违反饮用水源保护区规定的违法行为及行政机关的监管责任，用检察监督护卫饮用水安全，促进生态环境综合治理。办理的规范农贸市场活禽经营的公益诉讼案例入选省院检察公益诉讼专项监督典型案例。8月，微信公众号公益诉讼“随手拍”举报平台正式上线运行。

【司法责任制】 落实检察官、检察辅助人员、司法行政人员分类管理，组建员额检察官办案团队，落实权力清单、责任清单，检察官在授权范围内独立办案，对案件质量终身负责。落实领导带头办案制度，从检察权运行和司法责任全方位入手，科学设立案件分配规则、合理优化办案组织设置，精简高效、权责明晰的办案机制初步形成，内部监督制约机制进一步完善。以最高人民检察院《关于推进省以下人民检察院内设机构改革工作的通知》为指导，综合考虑落实司法责任制、提高办案质量效率、提升检察官专业能力等因素，开展“3+2”内设机构改革设置。

【业务创新】 健全司法办案组织，科学界定内部司法办案权限，完善司法办案责任体系，构建公正高效的检察权运行机制和公平合理的司法责任认定、追究机制，健全“谁办案谁负责、谁决定谁负责”的检察权运行模式。严格落实《领导干部干预司法活动、插手具体案件处理的记录、通报和责任追究规定》和《司法机关内部人员过问案件的记录和责任追究规定》。强化对司法行为的过程控制，严把案件质量关，采取“办案人员自查，条线内部互查，分管领导督查，案管部门监察，检察长抽查”的办法，对案件进行认真评查。完善非法证据排除机制，构建以证据为核心的刑事犯罪指控体系。在全省创新制定实施《案件亲历性审查工作办法》，完善对侦查取证的监督引导，坚持书面审查与实际补查并重，以案件质量评查、工作月报等方式对工作进行评价，有效提高公诉工作质效，防范冤假错案发生。上述系列办法，被省院局域网全文转发推广。

【队伍建设】 就《关于加强和保障县人民检察院开展公益诉讼工作决定》落实情况，主动向县人大常委会认真作专题报告；主动接受政协民主监督，向县政协常委会通报2019年重点工作情况，对审议和反馈意见认真落实改进；建立定向联络代表、委员制度，及时就扫黑除恶专项斗争、公益诉讼等重大行动向代表、委员通报情况，听取

10月17日，全体检察干警参观抚顺雷锋纪念馆，以雷锋精神为引领，加强检察队伍建设

5月30日，举办“携手关爱，共护明天”为主题的检察开放日活动

意见、建议。集中走访代表、委员361人次，邀请代表观摩业务竞赛、参与检务活动186人次。加大案件信息公开力度，发布案件程序性信息226条、法律文书178份、重要案件信息21条，为律师及当事人提供案件查询320余次。深化检务公开，邀请人大代表、政协委员、人民监督员、群众代表亲历“检察开放日”活动；依托检察信息公开平台和“两微一端”平台，及时依法发布法律文书公开重要信息等，在市级以上新闻媒体刊发宣传稿件47篇，增强检察透明度和社会公信度。深化检察新媒体建设和应用，打造立体化检察新闻宣传矩阵，11次入选由省委政法委和《辽宁法制报》主办的辽宁政法微信影响力排行榜全省检察系统榜“十佳”序列。

（白英宇）

法 院

【概　况】 2019年，新宾满族自治县人民法院（以下简称新宾法院）共受理各类案件2982件，审结2926件，结案率达到98.12%，与2018年相比，结案率上升0.52%。上诉案件206件，与2018年相比，多16件。发回改判案件39件，与2018年相比，少18件。

9月26日，新宾法院参加抚顺两级法院庆祝新中国成立70周年合唱比赛

【刑事审判】 严厉打击各类多发频发刑事犯罪，维护全县社会平安稳定。全年共受理刑事案件172件，审结162件，结案率为94.19%。上诉案件21件，发回重审8件。无超审限案件。继续深入推进扫黑除恶专项斗争，审理新宾满族自治县开展扫黑除恶专项斗争以来的第一案，依法严惩“村霸”，判处罪犯7人。严厉打击涉环境资源犯罪，助力“生态县”建设，共受理涉环境资源犯罪案件39件，审结33件，判处罪犯62人。受理新宾满族自治县首例侵犯个人信息案，判处罪犯3人。

【民商审判】 按照“能调则调，当判则判、调判结合、案结事了”的原则着力化解民商纠纷，依法保护各种所有制主体的合法权益，促进社会安定和谐。全年受理民商事案件1564件，审结1534件，结案率为98.08%。充分利用财产保全机制，根据案件需要对机械设备、化肥、钢材等非固定资产妥善采取保全措施，平等保护当事人的合法权益。

【行政审判】 积极落实行政机关负责人出庭应诉制度，行政机关负责人出庭应诉率较去年大幅度提高，促进行政争议的实质性解决，社会效果明显。全年行政庭共收案193件，其中，行政诉讼案件84件、行政非诉执行审查案件100件、国家赔偿案件2件、行政赔偿案件3件、司法救助案件3件、行政再审案件1件，全部依法审结，结案率为100%。

【执行工作】 加大执行力度，形成长期执行高压态势。与县直各部门密切配合，让失信被执行人“一处失信、处处受限”。加强执行宣传，努力争取社会支持，营造良好执行环境。全年受理执行案件1045件，执结1030件，结案率为98.56%，执行回款7296万元，限制被执行人高消费568人，司法拘留37人。新宾法院更是利用除夕将至、被执行人易寻的契机，精准发力，主动出击，在临近春节的几天内，出动警车30余辆次，出动干警60多人次，拘传被执行人20多人次，执行到位金额共计200余万元。

【立案信访工作】 根据最高人民法院《关于建设一站式多元解纷机制、一站式诉讼服务中心的意见》的要求，从细节着手，完善工作流程，提高立案服务水平。全年立案2933件，其中民事一审案件1520件、民事特别程序审理案件14件、财产保全案件14件、民事申诉案件1件、民事再审案件1件、民事特别程序监督案件1件、刑事一审案件159件、刑事申诉案件1件、刑事再审案件1件、行政一审案件84件、非诉行政行为申请执行审查案件100件、行政再审案件1件、行政依职权再审审查案件1件、执行770件、执行恢复案件129件、执行保全94件、执行异议29件、上诉移送182件，市法院调卷34件，委托协助送达14件。立案庭直接收案2113件，当场立案率98%，未能当场立案的，均采取一次性告知补正材料、做好诉讼辅导等处理，确保当事人及时便利地行使诉权。根据一站式多元解纷机制的建设要求，立案庭设有诉调对接人民调解室、家事调解室、道路交通纠纷一体化调解室，引导当事人将纠纷化解在源头，为减轻全院审判任务做出贡献。

办理信访案件64件，接待来访115次。制定信访工作实施方案，完善工作台账，严格落实“五位一体”包保责任，对每一个信访案件压实责任主体，督促各部门绷紧信访这根弦。全年无集体访、无个体非访、无回流访。

【审判监督】 全年共受理各类审判监督案件4件，其中刑事案件2件、民事案件1件、行政案件1件，占同期已发生法律效力的各类案件的0.2%。依法审结4件，其中驳回申诉1件、撤回申请1件、本院决定再审2件，结案率100%。

【司法服务】 深入推进智慧法院建设，不断完善智慧服务、智慧审判、智慧执行、智慧管理，推动诉讼服务和审判辅助智能化。依托最高人民法院裁判文书、审判流程、执行信息和庭审公开“四大公开平台”，强力推进司法公开，构建阳光司法机制。立案、庭审、裁判、执行等应当公开的7大类信息、136项内容、52个节点，在网上全部公开。审务公开，做到每庭必录，全程留痕，每个案件都同步制作电子卷宗，裁判文书按规定公开上网；执行公开，在司法公开平台上同步公开并及时更新执行案件和被执行人失信信息。

按照省高院统一要求，各个审判庭配备语音识别系统。开设法院微信公众号网上立案功能。针对当事人行动（交通）不便以及具有典型教育意义的案件，新宾法院开展下乡、村巡回审判36次，缩短司法便民的“最后一公里”。

【司法改革】 司法责任制改革。以审判责任制为核心，制定法官审判管理权限清单，规定履职全程留痕，真正实现“让审理者裁判，由裁判者负责”；改革审判权力运行机制，实现随机分案为主、指定分案为辅的案件分配机制；全面落实院庭长办案要求，院庭长全年办结案件1452件，占办结案件总量的52%。

刑事诉讼制度改革。严格执行庭前会议、非法证据排除、法庭调查“三项规程”，保证庭审发挥决定性作用；加强人权司法保障、坚持罪刑法定、证据裁判、疑罪从无等原则；落实侦查人员、证人出庭作证制度，规范鉴定人出庭作证活动；全面推行刑事速裁和认罚从宽制度。

多元化解工作改革。通过司法调解、行政调解、人民调解、行业调解等手段，全面构建多元化解工作模式，搭建诉调对接平台。在诉讼服务中心设立速裁庭，在5个派出法庭成立速裁团队，对适宜以速裁方式处理的案件及时走速裁程序。各法庭将诉讼服务常态化，不定期到诉讼服务站提供法律咨询，解答法律问题，将基层矛盾化解在萌芽状态。

法官员额制改革。依据《全省法院2019年遴选员额制法官实施方案》《辽宁法院司法体制改革工作实施方案》《抚顺市法院2019年遴选员额制法官实施方案》等文件规定，制定《新宾满族自治县人民法院2019年遴选员额制法官实施方案》（以下简称《方案》）。对遴选原则、遴选范围、组织实施方面进行规定。明确各类人员的遴选方式，参加遴选的资格条件。对整个遴选工作的程序，包括制订方案、安排部署、报名及岗位、资格审查、考试形式及内容、考核形式及办法、确定建议人选等进行详细的说明，并严格按照《方案》遴选出两名员额法官。

【队伍建设】 新宾法院纪检监察部门定期通报纪检机关发布的违法违纪典型案例，做到廉政教育警钟长鸣。组织干警观看先进典型影片和警示教育片，通过正反两方面的学习教育，让干警规范业内行为，约束业外活动、守住从业底线，树立廉洁自律意识。层层签订《廉政责任状》，按照“谁主管、谁负责”原则，建立一级抓一级、层层抓落实的责任体系。健全廉政警示诫勉制度，防止权力失控、行为失控，有效预防违法违纪行为发生，全年新宾法院未发生一起违纪违法事件。

推进“创新学习型法院”活动，组织各种学习培训，邀请市法官学院的审判专家到院上课，以座谈的形式解决审判中遇到的热点、难点问题；组织干警到省法院进行轮训，按时参加上级法院组织召开的视频培训会；充分发挥老法官“传、帮、带”的作用，促进年轻法官快速成长；开展业务竞赛活动，比文书公开、比审判质效、

7月5日，新宾法院组织全体干警到抚顺市雷锋纪念馆、平顶山惨案纪念馆接受廉政教育和爱国主义教育

10月24日，新宾法院到榆树乡边外小学开展扶贫助学活动

比执法公正。

【典型案例】 依法严惩“村霸”一案。该案移送至新宾法院后，新宾法院严格按照之前制定的审理预案、宣判预案、安保预案对案件进行审理。经过近12个小时的庭审，新宾法院以强迫交易罪、敲诈勒索罪、寻衅滋事罪、滥伐林木罪判处黄某某有期徒刑十二年六个月，并处罚金人民币27万元；对白某等人也分别判处有期徒刑一年二个月至四年六个月不等的刑罚，并判处罚金人民币24万元。同时责令被告人黄某某等人退赔各被害人经济损失共8万余元。

新宾首例侵犯公民个人信息案。经审理查明，2016年7月，被告人赵某某以获利为目的，以微信名“A赵二蛋”的微信号通过微信网络与微信名为“农商”的被告人孙某某联系，以每条个人征信信息人民币65—70元的价格向被告人孙某某购买600余条公民个人征信信息，并以人民币68—75元的价格出售给付某某（另案处理），非法获利人民币4000余元。被告人孙某某亦以获利为目的，联系其在营口融生农村商业银行股份有限公司上班的朋友被告人张某，通过银行系统查询非法获取个人征信信息，并出售给赵某某，非法获利人民币5000余元。新宾法院以侵犯公民个人信息罪，判处赵某某有期徒刑三年三个月，并处罚金人民币1.6万元；以侵犯公民个人信息罪，判处张某某有期徒刑三年二个月，并处罚金人民币0.9万元；以侵犯公民个人信息罪，判处

孙某某有期徒刑三年，缓刑四年，并处罚金人民币 1.5 万元。

（杨思文）

司法行政

【概　况】2019 年，全县司法行政工作以习近平新时代中国特色社会主义思想为指导，践行以人民为中心的发展思想，以政治引领为导向，坚持和发展“枫桥经验”，切实加强司法所规范化建设，夯实基层工作基础，为统筹协调法治新宾和法治政府建设做出积极贡献。新宾满族自治县司法局被司法部通报表扬，获得“大排查、早调解、护稳定、迎国庆”专项活动表现突出集体荣誉称号。1 月，因全县党政机构改革，重新组建新宾满族自治县司法局（以下简称县司法局），原县政府法制办合并到司法局。2019 年 4 月，按照《新宾满族自治县公益性事业单位调整方案》，公证处被整合到新宾满族自治县自然资源发展中心，办公场所迁往不动产服务中心大厅。

【普法宣传】“七五”普法以“12·4”宪法宣传学习为依托，组织全县领导干部开展学法培训，参与培训干部 1000 余人次。联合团县委、教育局开展全县中小学生法治手抄报比赛。在永陵镇红旗村举办新年法治文化联欢会。在“国家安全日”“5·15 政务公开日”“6·26 禁毒日”“八一建军节”等重大节点，联合法援、律师进村入屯、走进军营、深入企业开展集中宣传 100 余次，悬挂横幅 120 条，发放法治宣传资料 4000 余份，为民众解答各类咨询 2300 余人次。宣传稿被《辽宁法制报》采用 2 篇、《抚顺日报》采用 8 篇、《抚顺晚报》采用 3 篇、抚顺新媒体采用 4 篇，在微信公众号“新宾普法与百姓生活”发表宣传稿 18 篇、新宾电视台报道新闻 8 条。投资 7 万余元在新宾打造“两广场一街路”法治文化基地，修缮第一批民主法治示范村——榆树乡罗圈村、第六批全国民主法治示范村——新宾镇五副甲村，新建新宾实验小学及上夹河镇大堡村两个法治文化基地。

【社区矫正和安置帮教】全县在册社区矫正人员 203 人，安置帮教刑满释放 107 人，安置帮教率 100%。全年与社区矫正人员开展教育谈话 300 人次。为确保特殊敏感时期社区矫正安全稳定，先后开展社区矫正安全隐患大排查专项行动、“保平安迎大庆”百日攻坚专项行动，圆满完成社区矫正人员特赦工作。县政协于 5 月底视察社区矫正工作；9 月 21 日，司法部和省司法厅领导莅临检查指导，对新宾满族自治县社区矫正工作给予充分肯定和表扬。

【扫黑除恶】始终保持扫黑除恶高压态势，做好本地区本领域苗头性倾向性问题线索排查。有效掌握社区矫正人群的思想动态，做好心理疏导、思想转化，主动抢抓扫黑除恶专项斗争有利时机，多措并举，设立法律大讲堂，在重大节点开展扫黑除恶宣传活动，发放宣传资料，解答百姓法律咨询，营造全民参与的浓厚氛围。深化重点行业领域扫黑整治，持续进行行业专项整治，优化营商环境，降低不稳定因素，维护社会稳定。

【公共法律服务】先后投资 5 万余元加强县、乡、村三级公共法律服务平台建设，统一制作牌匾及工作流程，实现建成率 100%。与各部门联动开展“自治、法治、德治”三治工作，建立健全专业化、素质化队伍，成立专业性、行业性调解委员会、“法律援助中心驻退役军人事务工作站”，对每个法律服务站点开展法治培训，培养更多的法律明白人和法律服务志愿者，为百姓提供高效便捷的法律服务。全县共设立 22 个法律援助工作站，扩大法律援助覆盖面。协调市、县律师事务所，建立一村（社区）一法律顾问制度，对全县所有行政村和社区配备一名法律顾问，解决农村、农民法治问题，提高农村法治化水平。与县法院合作在法院诉讼服务中心立案大厅设立法律援助中心工作站，由各律师事务所轮流指派值班律师，确保每天有1名律师在岗，提供免费法律咨询、引导和帮助申请法律援助、转交申请材料等服务。

全年开展各类公共法律服务宣传活动27场次，受益3000余人次。公益法律讲堂4次，受理法律援助诉讼仲裁案件238件，其中农民工案件25件，118人；结案21件，75人，为农民工挽回经济损失50余万元。受理工伤保险待遇案件15件，接待法律咨询800余人次。向上争取法律援助专项经费90万元。

【人民调解及司法所建设】 组建并完善县、乡、村三级216个调解组织，成立县人民调解中心，协调指导行业性、专业性调解组织调解重大、疑难纠纷。设立信访事项、民商事项等接待室，特邀人大代表等社会知名人士，专门调解社会影响较大的案件。强化《坚持发展“枫桥经验”实现矛盾不上交三年行动实施方案》，组织好“大排查早调解、护稳定、迎国庆”专项活动，深入开展矛盾纠纷排查化解，确保国庆期间无重大群体性事件、无民转刑案件发生。发挥调解能手示范引领作用，成立“老潘调解工作室”等21个个人品牌调解工作室，形成以点带面横纵交叉的网格化调解体系。投资40余万元对6个司法所进行全面改造、装修，更换新式门楣门15个，提前完成司法所新门楣标识规范化更换，有13个司法所业务用房面积达120平方米以上。年初增加从事业单位转岗11人，全部充实到基层一线，解决基层司法所工作人员紧张和“无人所”的问题。全年调解矛盾纠纷案件594件，调解成功587件，调解成功率99%，同比增加197%。

【公　证】 根据司法部、最高院、国家银监会联合下发的《关于充分发挥公证书的强制执行效力服务银行金融债权风险防控的通知》规定，与辽宁农村商业银行股份有限公司新宾支行协议合作，办理贷款合同赋强公证。县公证处认真落实“最多跑一次”的惠民措施，主动协调县户政科、县不动产登记中心等部门调查取证，减少当事人不必要的证明材料，大力简化办证环节，实行首问负责和一次性告知制度。倡导午休延时、容缺受理、预约办证等服务制度，全年公证处共办理公证3035件，其中国内民事1043件、国内经济855件、涉外公证1125件、港澳台公证12件，无错证、假证及群众投诉案件发生。其中办理放弃继承权、小额继承承诺书、具结保证书等视频公证100余件，与公安部门对接为当事人开具证明200余件，休息日预约办证10余件，代写法律文书1000多件，共接待当事人10000余人次。联合法律援助中心到苇子峪镇为当地村民现场办理遗产继承、直补发放等公证业务25件，解答法律咨询40余人次，发放法治宣传资料200余份，将公证的便民利民深入到乡村。

（张桂娥）

军 事

县人民武装部

【概　况】 2019年，新宾满族自治县人民武装部认真贯彻习近平新时代中国特色社会主义思想，着力提升政治环境建设、应急响应机制、保障需求正规化，严格落实上级赋予的年度任务，军地联动体系建设稳步提升。按照军分区党委统一部署，抓好党委中心组理论学习和“传承红色基因、担当强军重任”“不忘初心、牢记使命”主题教育，强化使命意识、职能意识、责任意识，保证全面建设整体推进；以应急行动准备为牵引，修订完善应急行动预案和各项配套方案，抓好民兵整组、训练演练。完成民兵调整改革任务。

【民兵整组】 按照省军区及军分区相关要求，对民兵分队组织进行调整，编兵方式方法向科学系统、精准分类、严格要求等方向转变，改变以往纸上编兵、重复编兵等问题，极大地提高党员、复员战士和专业对口率。

【征　兵】 年初，对兵役登记、民兵整组、征兵工作等进行集中研究、统筹设计，组成联合调研组，开展综合调查摸底，调整县武委会和征兵办成员，加强组织领导，保证整体推进。将征兵任务与县域人口实际相融合，把握兵员质量是第一标准的核心精神，建立“高质量征兵、多元化宣传”的工作方式，采取送立功受奖喜报、播放征兵宣传片等办法，加大法规政策宣传力度，激发参军入伍热情。组织力量下基层检查指导近35人次，悬挂宣传口号240余幅、张贴宣传标语1300余条、发放宣传单4300余份，与县委宣传部、县公安局、县教育局等职能部门密切协作，有针对性地做好大学生和高中生宣传发动工作。严守廉洁征兵底线，抓好兵役登记、体检政审、审批定兵等关键环节，完成新兵征集任务。征兵过程中严肃征兵纪律，发放廉洁征兵卡，公开举报电话。征兵办公室和专武干部签订责任书，聘请廉洁征兵监督员，全程监督检查征兵情况，确保廉洁征兵。严格落实《辽宁省男兵审批定兵组织实施办法》。严格落实役前训练要求，通过参观部队营区、聘请消防救援人员授课激发新兵参军热情。

【军官队伍建设】 以“能打仗、打胜仗”为目标，以军事训练大纲和上级训练指示为依据，以基础课目、实用课目训练为重点，采取得力措施，抓好训练落实，完成年度训练任务。贯彻军委主席负责制，主官带头，分工负责，严管细查，责任到人，推动正规化建设水平整体提升。每周组织条令法规学习、讲评正规化建设，定期组织条令法规教育整顿，强化干部职工依法办事、按规办事意识。落实好党委中心组带头领学机制，以习近平主席系列强军讲话为学习切入点，提升领导干部政治站位、为民服务的政治素养，培养干部求真务实、敬业精神、刻苦学习的意识。

【双拥共建】 以进一步密切军政关系、加强军民团结为目标，共筑军民鱼水情，树立以作为求地位、靠政绩树形象观念，以多元化、多形式的工作手段开展年度双拥共建活动。按照“组织领导坚强有力、宣传教育广泛深入、拥政爱民成果显著、政策法规落到实处、双拥活动坚持经常、军民共建富有成效、军政军民关系融洽”的标准要求积极做好各方面工作。协调县退役军人事务局为全县5名三等功、4名优秀士兵家庭送喜报、发放奖金。积极参与地方精神文明建设，先后5次与军分区政治工作处到大四平镇小四平村进行帮扶。在县委和军分区的支持帮助下，发挥桥梁纽带作用和协调优势，三位部领导帮助木奇镇下湾子村3户帮扶对象成功实现脱贫。协助大连九六三医院完成义诊活动，帮助群众解决医疗困难。

【国防教育】 注重发挥自身优势，组织开展以“知国情、爱国防”为主题的国防教育活动。协调县委宣传部、县广电中心等部门，利用现代媒体，结合工作实际开展国防教育，在繁华商业街区设立国防教育流动宣传车，深入大街小巷进行宣传。利用新闻媒体、手机信息进行宣传，营造良好的国防教育氛围。注重把国防教育与实际工作结合起来，抓住有利时机，开展国防教育。利用民兵整组之机，进行国际形势教育，增强广大民兵责任意识和使命意识。利用征兵宣传之机，向群众普及《中华人民共和国兵役法》，讲清兵役制度、优抚政策及兵役要求，号召全县人民增强国防观念，自觉依法履行兵役职责和兵役义务，为实现中国梦、强军梦做出应有贡献。开展爱国主义教育，在县、乡镇政府网站开设国防教育专栏，普及国防知识，组织全县240个乡、村广播站，开展国防兵役法规宣传，推动全民国防教育深入开展。4月初，在全县中小学开展“缅怀革命先烈、继承优秀传统”祭扫烈士墓和网上祭先烈活动。9月20日，县委宣传部、县武装部、县退役军人事务局联合在百货广场开展国防教育日宣传活动，参观人数达1000多人。9月30日，举行烈士纪念日公祭活动，全县社会各界代表共计380余人参加公祭活动。

（鲁 毅）

武警新宾中队

【概 况】 2019年，武警新宾中队以贯彻落实习近平主席一系列重要指示精神为指导，以《军队基层建设纲要》和《基层正规化管理规定》为依据，以建设一支听党指挥、能打胜仗、作风优良的现代化人民军队为目标，始终坚持依法治军、从严治军。全体官兵在中队党支部的正确领导下，始终牢记我军的性质宗旨和使命，发扬我军的优良传统和作风，坚持把思想政治建设摆在首位，严格管理、严格训练、科学建队，完成以执勤和处置突发事件为中心的各项任务。

【重大任务】 夏季，新宾周边地区持续遭受暴雨袭击，多地出现道路冲毁、桥梁冲断等险情，中队积极响应驻地政府号召，时刻做好抗洪救灾的准备。8月，受连续强降雨影响，东部乡镇河流水位不断上涨，村中河道被河水漫灌，多处房屋受损，人民财产受到严重威胁，中队官兵积极参与此次灾后重建。8月18日上午，在支队领导的带领下，中队出动官兵，携带抗洪救援器材赶赴受灾地域，在灾后重建任务中，对受灾严重的房屋进行淤泥清理。经过6个多小时的连续奋战，村民家中淤泥全部清理干净，交通恢复正常。

【中心任务】 坚持把执勤工作作为“饭碗”工程，确保任何时期不发生任何问题，坚决守护驻地安宁。在重大节日和敏感时期，中队采取边训练边执勤，边查勤边教授的方法，学习事故案例和专题研讨相结合等形式，组织对官兵进行执勤战备教育，增强官兵对执勤工作重要性的认识，牢固树立居安思危意识。中队严格落实《执勤规定》《执勤设施建设标准》和《中华人民共和国人民武装警察法》，坚持以从严治勤为切入点，狠抓执勤制度的落实，确保中心任务的圆满完成。

【城市维稳】 春节、两会、国庆阅兵等重大节日敏感时期，按照“两警结合、徒步与乘车结合”原则，先后出动40余次与公安特警共同担负县城内主要街道联勤武装巡逻和重点区域机动备勤任务。

【政治工作】 官兵政治立场坚定，开展“不忘初心、牢记使命”和“传承红色基因、担当强军重任”两个主题教育实行常态化、制度化，党支部战斗堡垒作用发挥明显。涉及战士考学、提干、入党、转改士官、技术学兵、评功评奖等敏感问题，坚持“公平、公正、公开”，树立支部威信。中队注重密切内部关系，抓好经常性思想教育，大力为战士营造快乐、健康的成长、成才环境。中队官兵紧紧跟随党支部步伐，提高自身的政治素养，不断凝聚部队战斗力。

【拥政爱民】 继承和发扬部队的光荣传统，开展军民共建和拥政爱民活动。积极投身地方生态文明建设大潮中，广泛开展“把驻地当故乡，视人民为父母”活动。3月参加“学雷锋”活动；4月5日参加“祭祀扫墓”活动；6月、12月开展走访慰问中队多年帮扶对象、看望当地养老院老人等活动。加强与县政府、县退役军人事务局和企业联系。县政府和县退役军人事务局对官兵慰问，激发官兵为第二故乡奉献青春和热血信心。

（佟　达）

人民防空

【概　况】 2019年，新宾满族自治县人民防空工作重点放在警报维护管理上，按照《抚顺市防空警报设施管理规定》要求，进一步明确各警报所在单位的管理责任，确定具体管理人员。通过资源整合，完成全县固定防空警报网建设，形成县城—乡镇—行政村—居民组全覆盖的预警报警体系。3月25日和9月18日，县城内及各乡镇均圆满完成警报试鸣和鸣响。

【宣传教育】 按照省、市人防宣传教育“五进”要求，结合新宾实际，扎实开展人防进学校、进社区、进企业、进机关和进媒体宣传活动。在“5·15”政务公开日，组织开展以宣传人防法规、讲解人防基本知识、展示人防建设成就为主要内容的宣传活动，发放宣传资料400余份，扩大人民防空影响，提高全民人防意识。

经济管理

发展改革

【概　况】 2019年，全县发展改革工作坚持以习近平新时代中国特色社会主义思想为指导，加强部门自身建设，狠抓重点项目建设，强化服务管理体系，抢抓机遇、扎实工作，为全县经济社会发展服务。

1月，根据《新宾满族自治县机构改革方案》，对县发改局的职责进行优化，将县科学技术局的职责，县人力资源和社会保障局的外国专家管理职责，县民政局、县工业和信息化局（县商务局）的组织实施重要物资和应急储备物资收储、轮换和日常管理职责，相关机构的粮食管理职责划入县发改局，加挂新宾满族自治县科学技术局、新宾满族自治县粮食和物资储备局牌子，不再加挂新宾满族自治县物价局牌子。

【编制发展规划】 编制《关于新宾满族自治县2019年上半年国民经济和社会发展计划执行情况的报告》和《关于新宾满族自治县2019年国民经济和社会发展计划执行情况及2020年计划（草案）的报告》，在全县经济工作会上对各项计划指标进行分解。12月，启动“十四五”规划编制前期思路研究工作，制定《新宾满族自治县国民经济和社会发展第十四个五年规划纲要编制工作方案》，明确编制工作领导小组。

【经济运行预测和监控】 加强对经济运行的预测和监控，确保各项经济指标按期完成。按照县政府和上级部门需求，以每月、每季度为时间节点对经济指标进行预测、汇总和对比，为全县经济工作的调度提供支持，并上报至省、市政府相关部门，为上级了解新宾经济发展情况提供依据。在7月召开的半年经济工作会上，对各项经济指标上半年的完成情况和各领域上半年的发展情况进行通报，指出存在问题，提出下步工作安排。按季度对县农业农村局、县工信局、县住建局、县文广局等部门就“三区两镇一景一牌”的基础设施建设、入驻企业、实现产值、建设进展等情况开展调度，收集相关材料汇总形成全县经济运行情况分析及县域经济发展情况汇报，客观分析经济运行走势，及时发现经济运行中存在的问题，提出对策建议。

【固定资产投资管理】 固定资产投资完成11.2526亿元，完成全年任务的107.2%。在县委、县政府主要领导的高度重视和亲力亲为下，带领发改局、工信、统计等部门，数次深入企业和项目所在地进行现场督导和跟踪服务，推动固定资产投资实现增长。

【项目建设】 发挥项目支撑引领作用，推动落地项目开工、开工项目投产、投产项目达效。全年开复工500万元以上项目43个，完成年度开复工项目计划。按照“五大战略”和聚焦“四业”的发展方向充实项目储备库，先后三次全口径梳理并随时更新完善储备项目，涉及全县27个部门，整理出储备项目330个，总投资386亿元。其中，招商引资项目177个，总投资347亿元；对上争取项目133个，总投资39亿元。

充分发挥服务项目和企业职能。建立县级领导包保重点项目制度，确定18位县级领导包保65个重点项目和重点企业。建立项目管家制度，实行定人定责的清单化管理，精准对接服务企业项目，提高服务项目水平。推进县城集中供热PPP项目，完成社会资本采购，签订PPP项目合同。开展“走出去、请进来”招商引资工作，全力协调促成御风升启（新宾满族自治县）风力开发有限责任公司北四平乡风力发电项目、辽宁亿家衣服装加工项目落地。

【重点项目】 抚顺东工冶金二期铝合金电弧熔丝增材及智能制造应用产业化项目正式投产；辽宁沐与康燃料电池系统及关键部件产业化项目进入试生产阶段；书香门第、龙昇湖畔二期、星都花园三期房地产项目基本建成；人参市场一期基本完工；辽宁中科诺维人参提取物深加工项目建成厂房及生产线，实现当年签约、当年达产；辽宁捷通机械制造有限公司年产9万吨电工圆铝杆铝线技改项目利用原有厂房改造并扩建，完成3条生产线建设，实现当年签约、当年达产。

【审批服务】 压缩立项、审批时限，备案类项目办理基本达到即达即办件水平。按照全县统一安排，县发改局将4项行政依法申请许可类审批服务事项全部纳入县营商管理服务体系，进驻县政务服务中心，进一步压缩审批时限，配合全县稳步推进“3490”工作。全年审批、备案项目34个。招投标项目开标28项，开标项目投资总额约1.3亿元，中标金额约1.23亿元。2019年招投标项目无投诉。

【争取专项资金】 发改局组织协调各部门包装上报项目，与上级有关部门积极对接争取专项资金，2019年依托下夹河乡污水管网改造工程、永陵镇污水管网改造工程等14个项目，对上争取资金总计8225万元（其中中央预算内资金13笔，累计8078万元；省财力资金3笔，累计147万元），共涉及部门8个，惠及全县各领域发展建设。

【“飞地经济”】 3月，按照《抚顺市促进“飞地经济”发展的实施方案》要求，成立由县长为组长的“飞地经济”工作领导小组，出台《新宾满族自治县促进“飞地经济”发展的实施方案》。新宾满族自治县有“飞地经济”园区2个，其中省级“飞地经济”园区—永陵农产品加工集聚区，重点发展农产品加工、木制品深加工产业；市级“飞地经济”园区—新宾镇高新材料智能制造产业园，重点发展新型材料、高端智能设备、配套加工、高端电子科技等高新技术产业。县委常委、副县长张明友，县委常委、副县长谢大利分别带队深入15个乡镇，对“飞地经济”项目开展梳理调度两次，分片区听取乡镇招商引资情况和“飞地经济”项目情况，并对重点乡镇督促指导。全年落地“飞地经济”项目6个，在谈“飞地经济”项目17个。

【援　疆】 加强与新疆生产建设兵团166团的交流，9月，县发改局协调166团人员接洽香菇种植、灵芝孢子粉生产企业；向166团介绍新宾垃圾分类减量及资源化利用成功经验。

【价格服务】 全县保持价格总水平基本稳定，居民消费价格涨幅控制在3.5%左右的目标范围内。按照《辽宁省定价目录》对全县各单位的收费情况进行清理，形成全县行政事业性及经营服务性收费清单。落实减税降费，按照《转发省发展改革委关于降低一般工商业电价有关事项的通知》（抚发改价格〔2019〕120号），全县一般工商业平均电价降低10%。做好价格监测及预警工作，对农产品市场30个监测品种的市场价格进行日报送和月分析；针对2019年猪肉价格涨幅明显的现象，多次开展市场价格调研，及时向市价格主管部门上报情况。开展农产品成本调研，按照省、市要求对新宾满族自治县大豆、粳稻以及蛋鸡等农产品的成本收益进行分析。

（陈　宇）

审　计

【概　况】 2019年，新宾满族自治县审计局（以下简称县审计局）完成审计项目11个，查出管理不规范资金12528万元，审计期间整改资金3359万元。提出审计建议33条。县审计局被辽宁省审计厅评为全省审计机关先进集体，两个审计项目被抚顺市审计局评为县以上优秀审计项目。

【预算执行审计】 扎实开展财政同级审计工作，以促进财政增收节支、盘活存量、优化结构、提高绩效、防范风险为目标，加强对预算科学性的审计，改变以往由单一股室负责审计的形式，全局各股室围绕与预算执行相关的项目进行审计，使全年预算执行审计扩大审计覆盖面。县委、县人大、县政府先后召开专题会议，审议预算执行情况审计报告。

【经济责任审计】 召开全县经济责任工作领导小组专题会议，安排部署全年经济责任审计工作任务。拓展审计方式，推进“自下而上”与“自上而下”相结合的审计方法及时对经济决策全过程审计。拓展审计内容，建立以权力运行公开化、资源配置市场化、操作行为规范化和廉洁从政情况的“三化一廉”为重点的审计内容和评价体系。前移监督“关口”，全面推行领导干部经济责任告知、报告制度，加大规范权力运行力度，受县委组织部委托，开展苇子峪镇、旺清门镇、大四平镇、榆树乡党政一把手和县民政局局长任职期间经济责任履行情况审计项目5个，涉及领导干部9名。

【审计整改】 严格执行《新宾满族自治县审计整改工作暂行办法》，努力破除“犯了不改、改了还犯”的审计整改壁垒。2019年度审计发现问题132个，完成整改116个，未完成整改16个，纠正管理不规范资金18418万元；追缴节约财政资金1501万元；盘活财政资金2135万元。

【巡察整改督导审计】 把市委巡察乡镇涉及财经方面问题整改落实作为一项重要政治任务来抓，充分发挥审计的监督职能，全力督导各乡镇做好巡察整改的“后半篇”文章。成立整改“回头看”审计工作领导小组，制定《已巡察乡镇整改“回头看”情况审计工作方案》，实施领导班子成员分片包保责任制，派出7个审计小组，分两批次对全县15个乡镇开展涉及财经方面共性问题整改工作专项审计督导。督导各乡镇完成整改问题124项，提出合理化建议38条，指导建章立制60项。

【主题教育】 召开动员部署会议，成立领导小组，制定实施方案，举办读书班和研讨交流会，开展调查研究，进行检视反思和整改落实，以实际行动推进主题教育向纵深发展。到12月底，领导班子集中学习12次，开展党纪法规知识考试1次，为永陵镇朝鲜族村义务劳动1次，为朝鲜族村贫困户捐款1次。领导班子检视问题4个，整改完成4个。领导班子成员检视问题9个，整改完成9个。领导班子调研题目3个，完成调研报告3个。为民办实事2次。

（王丽红）

统　计

【概　况】 2019年，全县统计工作者以提高统计数据质量为目标，以统计优质服务为重点，以提升统计干部队伍素质为基础，全面做好“四上企业”一套表联网直报和项目入库工作，精心组织各专项调查，精诚团结，扎实苦干，使统计整体功能得到有效发挥，统计工作水平显著提高，各项工作任务和目标都取得较好成果。

【严控数据】 全面贯彻落实中央、省领导关于“确保统计数据真实可靠，防范弄虚作假”批示精神，切实提高统计数据质量，认真分析县域经济形势，主动查找出现数据失实的原因，严控各项指标基础数据。为保证数据的真实性，在规模以上工业、固定资产投资和住户调查等方面做了大量工作，对不符合规模的企业单位予以剔除，根据企业生产经营状况如实报送相关数据；按照国家联网直报要求，会同企业主管部门多次深入基层、深入企业进行调研，实现规模以上企业全部联网直报，为县政府提供真实可靠统计数据资料。

【第四次全国经济普查】 组建普查机构。县政府下发《关于做好新宾满族自治县第四次全国经济普查工作的通知》，成立全县第四次全国经济普查工作领导小组，领导小组办公室设在县统计局。按照普查区域划分原则及“两员”选调标准，全县共划分15个普查区、231个普查小区；选调231个普查员、35个普查指导员。结合“5·15政务公开日”、综合治理宣传月活动，利用农村大集、电台电视台进行宣传，共下发宣传单20000份，制作条幅200幅，创办《经济普查简报》等；做好“两员”培训工作。在前期集中培训基础上，组织人员到全县15个乡镇进行轮回指导和业务培训，讲解普查报表和PAD的操作，使普查指导员和普查员对经济普查业务更加熟悉，胜任普查登记工作。为保证普查工作顺利开展，提高数据质量，县普查办成立两个督查指导小组，深入到各个普查区进行具体业务指导，以解决普查工作中出现的困难和问题，保证普查表的填报质量。在各部门的配合下，克服人员匮乏、任务繁重等诸多困难，圆满地完成第四次全国经济普查工作。

【项目入库】 全面落实县政府关于固定资产投资项目入库调度会议精神，确保入库项目不漏报、不虚报、不瞒报，建立固定资产投资项目管理联席制度，加大与县发改局、县住建局、县工信局等单位的联系，实现部门信息共享。加强新开工项目的管理，加大沟通和调研力度，及时把握全县项目动态，掌握重点项目投资情况。组织人员分别对15个乡镇投资项目进行实地调研，对全县31个项目的投资情况逐个进行核实，确定全年可入库项目31个，计划总投资15.21亿元。

【统计服务】 针对县党政领导关心和关注的重点经济问题，广泛进行监测预测，深入开展调研分析，及时提供科学准确的统计资料，撰写《全县经济运行情况简析》，共6篇。及时分析整理统计信息资料，全面提供翔实的数据资料，保证县委、县政府各项会议的召开和指导经济工作的需要。完成2019年《统计年鉴》数据收集工作。完成2018年统计年报和2019年定期报表任务。完成全县名录库维护工作及计算机设备维护工作。

【统计调查】 按照上级统计部门的要求，精心组织限额以下批发零售贸易业样本单位小型和个体抽样调查、城乡住户一体化调查、个体服务业及规模以下服务业企业抽样调查、个体工业及规模以下工业企业抽样调查、文化产业研发调查等5项专项调查，提前做出专项调查工作方案，对调查结果及时进行数据分析。

（李德波）

国有资产管理

【概　况】 2019年1月，因全县党政机构改革，新宾满族自治县国有资产管理局（以下简称县国资局）合并到县财政局，对外挂县国资局牌子，对内相对独立。县国资局直属企业12家，分别是：抚顺市新宾硫化铁矿矽肺服务处、抚顺市东岭钢厂、抚顺市马架子水泥厂、抚顺市新宾造纸实业有限公司、地方国营新宾毛纺、新宾石油化工有限责任公司、新宾满族自治县天然饮料厂、新宾满族自治县食品公司、新宾满族自治县木材开发公司、新宾满族自治县兴盛煤矿、新宾满族自治县民族贸易公司、新宾满族自治县百货商场，直属企业中运营5家，破产7家。

【资产管理】 制定《新宾满族自治县属企业国有资产管理办法》，针对资产管理薄弱环节，制定下发大额资产购置、实物资产处置、管理等方面的规定和意见。逐步强化事中监督、事后评估。其中，事中监督突出全程跟进、即时监督、及时预警，强化对企业重点领域、重点区域、重点项目的即时监督，及时进行分析预警，建立跟踪报告和提醒函制度，及时解决问题和有效控制风险。

整合原嘉禾种畜场资产，剥离非生产人员，组建新宾满族自治县农垦集团，使该集团成为全县最大的功能类企业。整合原15个国有林场，组建林业企业集团，建立产权清晰、权责明确、政企分开、管理科学的现代企业制度。完成包括15个事业单位转企后的第一次全县企业国有资产情况调查，进行全县企业国有资产产权登记。形成《关于强化县属企业国有资产监管工作的调研报告》，为县委、县政府加强企业国有资产管理提供依据。

【企业改革】 完成新宾百货商场、民贸公司、客运公司、新华书店4家全民所有制企业向国有独资有限公司的过渡。上述企业改制为国有独资公司后，建立健全的现代企业制度落地，企业管理人员由政府任命改为由股东委派董事，董事会选择聘任经理层。明确出资人、董事会、监事会、经理层和党组织之间的权责边界，有利于推动国有企业政企分开、完善公司法人治理结构。完成县公路管理段知青综合厂、县造纸机械修配厂、新宾小四平煤矿综合服务处、抚顺五一厂综合厂4家厂办集体企业的改制和职工安置工作。争取国家补助资金1183万元，解决在职职工的经济补偿和返还退休职工垫付的养老保险。为在职职工争取近3000万元的养老保险缴费政策。使639名厂办集体企业职工与企业解除劳动关系，为主办厂减轻负担。完成对人参加工厂改制遗留问题的处理工作。解决多年遗留的关于企业与职工合同纠纷、拖欠留守人员工资等问题。完成天然饮料厂部分资产出售工作，解决职工急需的安置费用。争取省政府给予关闭30万吨以下的两家煤矿的奖励金500万元，解决政策性关矿后的企业部分遗留问题。

【企业管理】 召开2018年度工作总结会，与各经营性企业签订2019年度目标管理责任书，与破产企业签订资产管理协议，明确企业资产看护、职工队伍稳定等事项。组织对全县国有企业进行资产清查、财务审计，进行资产重新登记，并制定全年考核管理目标。检查落实新宾满族自治县企业国有资产管理办法的落实情况，规范企业国有资产管理原则。指导县供热公司按照企业国有资产处置原则，进行闲置供暖设备的规范处置，确保企业国有资产的保值与增值。完成县政府对大四平兴盛煤矿近年来帮扶情况调查，形成调查报告；完成对马架子矿区开发管理处所属的四平煤矿租赁者杨宝铧经营期间的债权、债务的调查，并形成调查报告；开展对马架子水泥厂的经营情况调查，并形成调查报告；完成对矽肺服务处的管理、经营情况调查，推行账目公开，政务公开。配合县委巡察组开展国资局管理及财务审计工作，及时纠正在企业管理、经营活动中的不足和失误。

【临时工作】 完成全县136家企业3150户独生子女家庭未发放奖补资金的调查统计报送工作，为相关部门发放独生子女奖补资金提供依据。完成全县33家国有企业2605名退休职工的情况调查工作，为县政府下步对上述人员进行社会化管理摸清底数。完成兴京宾馆对外出租、出售、合作的三套方案，为县委、县政府决策奠定基础。

（张　玲）

新宾满族自治县国资局监管企业名单一览表

表 5

序号	单位名称	序号	单位名称
1	抚顺市东岭钢铁厂	21	新宾小流域水土资源开发经营服务公司
2	抚顺市新宾硫化铁矿矽肺服务处	22	肇兴水利工程有限公司
3	新宾满族自治县食品公司	23	红升水库管理所
4	新宾满族自治县百货商场有限公司	24	县江河水利资源开发有限公司
5	新宾满族自治县民族贸易有限公司	25	水利勘测设计院
6	农垦集团	26	木奇粮库
7	抚顺市马架子水泥厂	27	中心粮库
8	国营新宾毛纺厂	28	启程客运有限公司
9	抚顺市造纸实业有限公司	29	南杂木房管所
10	新宾满族自治县天然饮料厂	30	公路工程段
11	新宾满族自治县木材开发有限公司	31	新华书店
12	兴盛煤矿有限责任公司	32	县电影公司
13	南杂木石油化工厂	33	殡仪馆
14	兴京宾馆	34	饮服公司
15	永陵房管所	35	红升电站
16	新宾满族自治县污水处理厂	36	旧门电站
17	新宾满族自治县自来水公司	37	夹河北水库鱼种场
18	新宾满族自治县供热管理所	38	马架子开发管理处
19	新宾满族自治县兴京房产经营物业管理处	39	保安大队
20	新宾满族自治县城乡建设勘察规划设计院		

市场监督管理

【概　况】 2019 年 1 月，根据《新宾满族自治县机构改革方案》，重新组建新宾满族自治县市场监督管理局（以下简称县市场监督局），加挂新宾满族自治县知识产权局牌子。

5 月，由原县市场监督管理局所属消费者权益保护中心、个体劳动者（私营企业）服务中心、市场监督管理执法大队、气瓶检验所、计量测试所、特种设备检验所、产品质量检验检测中心、原县工业和信息化局所属酒类管理办公室共 8 个机构整合组建新宾满族自治县市场监管事务服务中心。

【企业登记与监督管理】 加快推进“多证合一、一照一码”及“全程电子化”政策落实到位，激发市场主体创业新热潮。全年共设立公司制企业 634 家、独资企业 315 家、农民专业合作社 107 家、个体工商户 2278 家。全年在网上办理各类登记 5504 家，包括名称预先核准 2150 家、设立登记 2735 家、变更登记 572 家、注销及简易注销 38 家、备案 9 家。其中全程电子化设立登记占设立登记总数的 81.67%。鼓励支持个体工商户转型升级。支持、鼓励、引导够规模的个体工商户升级为私营企业或公司，按照前期确定的重点升级行业积极进行政策宣传和“事前”引导。共为 117 家个体工商户办理升级手续，完成全年任务的 103.54%。有效落实企业信息公示制度。采取业务培训指导、开辟咨询热线、发放宣传材料等方式全力帮助全县企业落实年度报告公示制度。全县企业共年报 3666 户，年报率达 93.67%，位列全市各县区首位。

【食品安全】 制订方案、落实责任，健全食品安全工作机制。先后调整食品安全委员会成员名单，印发食品安全委员会工作规则和食品安全应急预案。4 月 1 日，组织召开全局市场监管工作会议，部署省局食品安全建设年工作方案，围绕十大重点任务，分三个阶段确保完成全年食品安全工作。组织协调、整合资源，推进各环节食品安全检验检测。制定《新宾满族自治县食品安全抽检监测工作计划》，对全县各环节定性检验任务进行抽样，并配备专车保障抽样工作，确保全县定量检验检测目标任务全面完成。全年完成省、市及县本级抽样检测970批次。开展食品生产企业风险等级划分，对全县30家食品生产企业实行ABC三级风险等级鉴定，及时向社会进行公布，并签订食品安全公开承诺书和自律承诺书，监管率达到100%。强化对农村集体聚餐监管，对集体聚餐实行乡村厨师备案登记、签订食品安全承诺书，对乡村厨师进行食品安全培训，聘请全县181个行政村村干部兼职食品安全协管员，将食品安全监管工作的触角延伸到村。完成规模以上社会餐饮单位以及500平方米以上的大型餐饮机构“明厨亮灶”升级工作。以学校和托幼机构食堂、学生集体用餐配送单位、校外托餐单位以及校园周边200米区域餐饮服务提供者为检查重点，开展专项整治，明确责任人。全县36所公立学校、7所公立托幼机构和30所私立幼儿园食堂全面完成“明厨亮灶”，完成率达到100%。全年检查学校食堂、供餐单位及校园周边食品经营者178次，责令改正5家，罚没金额5000元；关停未达到食品安全标准的幼儿园食堂1家。加强食品加工小作坊提升改造和示范店建设。县市场监督管理局采取“边清理、边规范”的工作原则，年底共清理未达标企业2家，引导办理生产许可证170家，规范小作坊生产经营条件，改善卫生条件差的小作坊25家，改造率达到25%。其中一家小作坊通过改造，主动申请食品生产企业许可证，并一次性通过专家现场核查，获得辽宁省食品生产企业许可证。全县共建立小作坊示范店12家。强化食品全过程、全流程、全链条监管，完成校园食品安全建设、农村假冒伪劣食品监管、蔬菜肉类食品安全监管等专项整治活动。全年，共组织食品安全相关宣传5次，发放宣传资料1500余份。出动执法人员500余次，出动执法车辆160余台次，共检查食品生产经营业户共计1200家次，受理和查处违法违规案件15件，其中查处案件10件，调解质量纠纷案件5件，收缴罚没款4.97万元，案件查处率达100%。在县公安局、县市场监管局相关部门组织开展的整治食品安全问题联合行动中，共检查商场超市15家、各类食品生产企业及经营者150余家，主要涉及豆芽、面食制品、豆制品等经检验不合格问题，共立案3件，罚没金额8000万元。

9月5日，新宾满族自治县校园食品安全建设工作培训会　　李坚 摄

【药械安全】 全县有医药单体零售和连锁门店共108家。强化药品全过程、全流程、全链条监管，加强疫苗生产、流通和预防接种管理，做到防患于未然。克服监管人员少、监管任务重、监管对象点多面广等困难，全面加强对全县涉药涉械单位的日常监管。全年，共出动执法人员209人次，检查557家次，其中检查药品零售及连锁门店258家次、医疗器械经营企业28家次、各级医疗机构269家次、疾病预防控制机构1家次、结核病防治所1家次、妇幼保健部门1家次，监督检查覆盖率100%，做到药械监管全覆盖。同时在加强日常监管的基础上，严厉查处违法行为并有效进行打击。全年，共办理药械案件32件，全部办结。其中药品一般程序案件9件、简易程序案件15件，器械一般程序案件6件、简易程序案件2件，没

收物品货值1200元，收缴罚没款1.26万元。

【特种设备安全】 全县共有特种设备使用单位75家，特种设备246台。其中电梯使用单位16家82台，锅炉使用单位32家45台，压力容器使用单位11家38台，起重机械使用单位5家22台，场内专用机动车辆使用单位3家26台，无大型游乐设施，无客运索道。电梯维保单位6家，与县域内15家电梯使用单位签订维保合同，并按照安全操作规程为使用单位提供维护保养服务。全年未发生特种设备安全事故。制定“百日安全攻坚战”“特种设备安全隐患专项整治”工作方案，分别召开“百日安全攻坚战”“特种设备安全隐患专项整治工作”动员大会，副县长、专项领导小组组长孟庆光代表县政府与特种设备使用单位及监管责任部门代表签订“特种设备安全管理目标责任书”，层层压实安全生产责任。开展燃气安全专项整治工作。7月12日，由县市场监督管理局联合县住建局、县应急局、县交通运输局、县公安局等多家单位成立新宾满族自治县燃气安全整治工作领导小组，重点对县域内非法运输、无证经营、违规使用等违法行为进行专项打击，查处非法运输车辆2台、无证经营窝点6处、非法倒卖、违规倒灌1起，惩治妨碍执行公务2人，拘留10天。推进“电梯保险+服务”工作。11月22日，组织召开全县电梯安全管理推进工作会议，县级电梯使用单位、维保单位共计5家代表参加会议，提高电梯维保水平。制作“特种设备安全警示宣传片”在县电视台、广场荧幕及微信公众平台循环播放。全年共向群众发放《特种设备安全法及安全宣传知识手册》等宣传资料2000多份，接受咨询300多人次。共出动执法人员320余人次，现场监察使用单位130余家，检查特种设备221台套，开展专项检查12次，检查重点企业38家，排查整改隐患6项，下达整改指令书12份，全部完成整改，整改率100%。

【产品质量监督与计量检验】 开展计量监督检查。制定《新宾满族自治县2019年加油机、加气机计量监督检查工作方案》，对全县35家加油站、1家加气站的加油机及加油枪进行检查，出动执法人员52人次，出动执法车辆13次，经检查未发现存在或使用擅自改动或拆装加油机及利用计量芯片等进行计量作弊行为。开展“5·20世界计量日”主题宣传活动。在百货大楼门前张贴主题为“国际单位制（SI）——根本性飞跃”画报3幅，现场讲解有关出租汽车计价器、燃油加油机的防作弊相关知识，发放宣传单176张，解答群众咨询85人次，让群众了解计量在衣食住行等日常生活和在维护市场秩序、保障民生和谐中的重要作用，让更多的社会大众了解计量、认识计量、关心计量、支持计量。9月18—20日，开展以“共创中国质量、建设质量强市”为主题的“质量月”宣传活动，现场通过悬挂条幅、展示样品、发放资料等多种形式，集中宣传名牌产品、获证的优质产品，现场讲解如何鉴别假冒伪劣商品，解答群众咨询76人次，发放宣传单180张。组织开展“标准进万家”企业行活动。按照县政府“三区两镇一景一牌”的规划要求，帮助永陵后金宾馆制定“八碟八碗”辽宁省地方标准，为“八碟八碗”争创辽宁省“老字号”品牌打下良好基础。帮助县人参产业办公室制定《新宾人参种植技术规范》等抚顺市地方标准。开展企业产品和服务标准自我声明公开和监督制度试点工作，帮助5家企业的14个产品标准在标准信息公共服务平台上完成企业产品标准自我声明。

【商标战略】 抓好著名商标的培育，细化规范商标申报、认定、推荐流程，针对具有核心技术、重视品牌建设的企业申报驰名、著名商标，实行专人对接、跟踪服务，做到“成熟一个、申报一个、成功一个”。新宾满族自治县药材协会成功申请“新宾人参”地理标志商标；新宾满族自治县土特产协会正在申请注册“新宾山核桃”地理标志商标。积极开展动产抵押登记，为企业拓宽融资渠道。对资金困难的企业，特别是中小企业，积极想方设法、牵线搭桥，运用动产抵押融资方式帮助他们破解生产经营中的融资难题，帮助企业排忧解难，解决资金问题。全年共办理动产抵押登记7户，为企业融资达6663.69万元。

【价格监管】 垄断性服务行业、涉企、涉农、电力等价格专项检查、节日市场价格检查等工作均取得显著成果。对公章刻制、教育、医疗、电信、金融、公证、供水供电等8个公共服务领域收费进行监督检查，其中，公章刻制业4家、电信业15家、公证1家、供水1家、供电10家、金融业17家，医疗、教育行业共35所，查处价格违法案件1件，清退多收价款2803.60元。国庆期间为维护市场秩序，出动检查人员80人次，车辆20辆次，检查公路客运企业1家、高速公路收费站6个、宾馆酒店16家、旅游景点7个、冷藏库10个、超市10家、大商场3家。全年共受理价格咨询、投诉、举报11件，其中民心网投诉件5件、市长公开办电话2件、来访4件，办结11件，办结率100%。

【消费维权】 强化流通领域商品质量监管。以儿童服装、儿童玩具等为重点商品，以商场、超市为重点场所，对全县儿童用品经营者开展全面执法检查，检查经营主体185家。举办“3·15”消费者权益纪念活动，在百货广场设宣传展板、咨询台28个，印制宣传材料1万多份，利用百货大楼电子显示屏滚动播出“3·15”国际消费者权益日宣传标语，参加群众3000多人次，现场解答消费者咨询问题20余条，受理投诉2件。强化消费者申诉处理工作，畅通维权渠道，规范处理程序，提高调解成功率。成功处理县长公开电话办转投诉案件128件，民心网投诉案件24件，信访局转投诉举报案件1件，消费者咨询、投诉85件，解决率达100%，满意率达100%，为消费者挽回经济损失13000余元。

（薛壬壬）

招商引资

【概　况】 2019年，成立由县委书记、县长为组长，乡镇主要行政领导和县直相关部门负责人为成员的招商引资工作领导小组，办公室设在县工信局。各乡镇乡镇长作为招商引资工作第一责任人，形成“乡镇长+产业办主任”的专门招商工作组；县农业农村局、文旅和广电局、卫健局、住建局局长作为招商引资第一责任人，形成“局长+工作人员”的专门招商工作组。

全年完成域外到资额9.04亿元，同比增长8.4%；续建项目20个，签约额37.73亿元；已签约新建项目20个，签约额36.095亿元；重点在谈项目34个，总投资78.264亿元，其中2019年新增在谈项目20个，“飞地经济”项目落地6个。

【工作方向】 围绕“四业”进一步突出新宾满族自治县产业招商重点，加强产业链招商，推动全县产业结构调整，促进县域经济转型、升级，鼓励外来投资者进入新材料、农产品、林木深加工等传统优势产业的上下游配套产业链条，集聚资本强化传统产业；鼓励和引导外来投资者进入新材料、新能源、智能装备、功能食品、康养保健、电子科技等战略性新兴产业，加快推进绿色生态工业集群的形成；鼓励和引导外来投资者进入文化旅游、健康养老、商贸物流、电子商务、金融服务等现代服务业，不断提升第三产业在经济中的比重。了解省内各飞地经济园区情况，广泛沟通洽谈，加大“飞地经济”引进力度，拓宽项目引进方式方法。

【重点项目】 重点招商项目采取走出去、请进来的方式。县领导分批次先后到河北、四川、江苏、上海、北京、广东、浙江、广西等地有针对性地开展招商引资活动。1月20日，县长陶承海邀请辽宁凯越旅游开发有限公司董事长刘女士和中冶沈勘22集团副总经理杨先生就神树柜石旅游开发项目签约事宜进行商讨。1月24日，召开新宾籍在外优秀企业家新年茶话会，30余位新宾籍外地企业家参加，部分县领导出席会议。3月21—24日，由县长陶承海带队，先后到盐城、上海、北京就氢能源项目及分散式风力发电项目对江苏盐城奥新新能源汽车有限公司和金风科技股份有限公司总部进行回访。4月22—23日，县委书记那学成率队到四川就好医生项目合作事宜展开洽谈。4月30日，邀请上海同砚设计有限公司及桑春董事长就二十四节气小镇项目到新宾商谈合作事宜，县委书记那学成、县长陶承海出席会议。6月26—29日，县委书记那学成带领工信局一行到广东深圳、东莞等珠三角地区开展招商引资活动，分别与潮汕资本管理有限公司、鑫鸿海电子设备有限公司洽谈人参综合开发、电子产品组装和粮食物流项目。7月3—5日，县长陶承海陪同王金华副市长到北京与汇力基金主席孟晓苏洽谈帮助新宾推动氢能产业发展事项。12月6日，经过近一年的论证和协商，与国内最大风力发电企业——北京金风科技有限公司签订风力发电开发协议，拟在新宾满族自治县建设规模为300兆瓦的风电项目。县领导拜访深圳华联恒通投资管理公司、河北金风科技有限公司、奥新新能源有限公司、四川好医生有限公司等10多家企业，邀请近20家企业到新宾洽谈项目，全年累计“走出去”15次，“请进来”35次。

【多种形式招商】 发放《投资指南》《2019年拟招商策划包装项目表》《新宾满族自治县招商专题片》等宣传资料。网络招商。利用好县政府门户网站、“投资新宾”微信平台以及其他网络平台开展网络宣传招商。依托工商联、商会、同乡会进行招商，注重紧密联系好新宾在外创业精英，通过他们宣传推介家乡；充分利用外地客商参观考察新宾之际，为招商引资牵线搭桥。利用“满族农庄过大年”、上夹河镇古勒城梨花节、旅游（旗袍）节、“香瓜节”“颁金节”“冬捕节”，通过体验不一样的民族风情，吸引更多游客和投资商，用“大旅游”推动《魅力中国城》成果转化，推动城市转型，全面营造“旗袍故里”氛围，推进旗袍产业和旅游产业快速发展。

【重大签约项目】 1月31日，辽宁凯恩启运旅游开发有限公司携手中冶沈勘工程技术有限公司战略合作与新宾满族自治县人民政府签订神树柜石旅游项目开发协议。神树柜石项目是以景点建设、温泉开发等为主，预计投资22.295亿元，6年内完成全部建设。4月2日，辽宁中科诺维生物科技有限公司与新宾满族自治县人民政府签订永陵农产品加工集聚区人参提取物深加工项目2期投资协议。该项目当年建厂，当年投产。7月24日，金满园钙业发展股份有限公司与新宾满族自治县人民政府签订投资协议，该项目总投资1.5亿元。8月5日，辽宁沐与康燃料电池产业发展有限公司与新宾满族自治县人民政府签订燃料电池生产线项目投资协议，该项目总投资1亿元，项目占地31208平方米，新建氢燃料电池堆、燃料电池堆系统生产线。12月5日，御风升启风电开发有限公司与新宾满族自治县人民政府正式签订开发协议书，测风塔已经建成并开始测风。

（房志轩）

国土资源管理

【概　况】 2019年1月，按照《新宾满族自治县机构改革方案》，将新宾满族自治县林业局和国土资源局整合成立新宾满族自治县自然资源局。国土资源管理主要负责国土空间管制及规划、自然资源和不动产统一确权登记、自然资源有偿使用和合理开发、国土空间生态修复、耕地保护、地质勘查、防灾减灾、矿产资源管理、测绘地理信息管理、自然资源调查监测、所有者权益保护等。

【地质灾害防治】 组织编制《新宾满族自治县2019年地质灾害防治方案》，与技术指导部门密切合作，对所有地质灾害隐患点开展汛前、汛中、汛后巡查工作。召开2019年度新宾满族自治县地质灾害防治知识培训会，邀请地质灾害防治专家对各乡镇分管领导及各地质灾害隐患点负责人进行地质灾害防治知识培训。为地质灾害隐患点受威胁群众发放地质灾害明白卡、避险卡400余份。做好地质灾害值班巡查工作，值班人次200余人，巡查地质灾害隐患点100余次。申请省财政资金325万元，实施北四平地质灾害隐患点的治理工程、苇子峪后沟灾害隐患点治理工程。

【存量土地盘活】 全年盘活存量土地1.01公顷，使用新增建设用地7.55公顷，土地出让收入7238.1万元。完成批而未供土地清理处置任务14.7369公顷，完成率18.066%。超额完成2019年度“双降”任务。

【耕地保护】 落实耕地保护责任，县政府与乡镇政府签订耕地保护责任书15份；乡（镇）政府与各村签订耕地保护责任书176份（南杂木镇南汉村及榔头沟村、新宾镇和平莱村、永陵镇蔬菜村、陡岭村5个村无基本农田），与所在辖区内水库、林场各签订耕地保护责任书2份。建设永久基本农田保护标志牌和界桩，全县已在11个乡镇建设永久基本农田保护标志牌和界桩，其中新建保护牌6个，改造保护碑21个，新建界桩151个。

【国土空间用途管制】 2015—2019年完成33个批次建设用地组卷报批，2019年经省厅审批通过并下发批复33个批次、60.1076公顷，其中农用地53.9259公顷（含耕地48.3623公顷）。

【矿产资源管理】 制定并印发《关于新宾满族自治县非煤矿山综合治理实施方案》和《新宾满族自治县非煤矿山综合治理专项行动工作方案》，成立新宾满族自治县非煤矿山综合治理领导小组，开展全县非煤矿山综合治理工作。下达采矿权延续、划定矿区范围等限期补正通知书共计4份。完成新宾满族自治县东瓜岭石料开采有限公司、抚顺金隆矿业有限公司采矿权延续工作。完成新宾满族自治县沃谷铜锌矿有限公司采矿权延续、扩界整合（变更）上报工作；完成新宾满族自治县鑫发经贸有限公司矿业权出让收益公示公告工作；完成新宾满族自治县金来顺矿业有限公司红庙子分公司、新宾满族自治县平顶山矿业有限公司、新宾满族自治县鑫发经贸有限公司、抚顺市马架子水泥厂4家采矿权延续前期准备工作并上报审批。对2017—2019年全县辖区内省级发证采矿权限期补正通知书进行统计，共计30份。全年征收采矿权出让收益共计14.48万元，征收采矿权使用费1.55万元。协助一〇一地质队做好2019年度矿山储量动态监测工作。

【自然资源调查监测】 5月17日，下发《新宾满族自治县人民政府办公室关于成立新宾满族自治县第三次全国国土调查领导小组的通知》（新政办发〔2019〕27号），成立新宾满族自治县第三次全国国土调查领导小组和第三次全国国土调查领导小组办公室，在全县开展第三次全国国土调查工作。完成地类图斑勾绘86919个，完成调查面积428452公顷；国家下发A类问题图斑12252个，B类问题图斑35221个，实地举证A类问题图斑17801个，实地举证自主提取B类问题图斑9608个，城镇村细化勾绘地类图斑14906个。根据国家第三次全国国土调查领导小组办公室“宁要数据的真实性，不要虚假的前后一致性”的要求，县自然资源局对全县第三次国土调查成果数据进行严格自检、自查，对各乡镇、村逐个图斑进行核实，于9月10日将第三次国土调查成果数据提交辽宁省自然资源厅核查。

【信访工作】 推进信访制度改革和“信访突出问题”专项整治工作，强化领导包案责任。所有信访事项办理均实现网上信访系统操作，件件有结果，件件可查询，办理信访件质量大幅提高。至12月底，辽宁信访系统接收来信来访总量为25件13人次，接件同比下降36%。接到市局转来信访件1件，市委巡察第二巡察组转交县信访局案件1件，均已办结。召开专题会议落实国庆安保稳控及信访工作，制定领导班子成员工作日接访值班表，严格执行一把手带队值班制度。全年未发生大规模聚访和重大群体性事件。

（徐　筝）

农业和农村经济

综 述

【概 况】2019年是全面建成小康社会关键之年，全县各级农业农村部门以实施乡村振兴战略为“三农”工作总抓手，以农业供给侧结构性改革为主线，持续深化农村改革，扎实推进农业产业结构调整和高标准农田建设，促进农业绿色发展，注重培育优秀农业品牌，农业实现高质量发展。加强农村人才培养，推广农业适用技术，农业科技服务水平明显提升。在保持粮食、畜牧、渔业生产稳定的基础上，农村与一、二、三产融合不断加深，人参产业、农产品加工集聚区得到稳步推进。积极落实惠农政策和产业扶贫政策，乡村振兴战略稳步实施。加大农业执法力度，农畜产品质量安全监管不断加强，农畜产品质量安全显著提升。推进农村人居环境综合整治，开展美丽示范村创建，农村人居环境得到极大改善。2019年，全县农业总产值实现34.38亿元，同比增长3.5%。其中，种植业实现17.81亿元，林业实现4.91亿元，牧业实现8.22亿元，渔业实现2.16亿元，服务业实现1.27亿元，分别增长4.0%、0.8%、13%、-19.8%、2.1%。农林牧渔增加值实现17.38亿元，同比增长1.3%。农村居民人均可支配收入达到14607元，同比增长9.4%，实现农民增收、农业增效，全县农村经济平稳发展。

1月，根据《新宾满族自治县机构改革方案》，由原新宾满族自治县农村经济发展局、新宾满族自治县动物卫生监督管理局、新宾满族自治县扶贫开发领导小组办公室组建新宾满族自治县农业农村局（以下简称县农业农村局），隶属新宾满族自治县人民政府，规格为正科级，另挂新宾满族自治县扶贫开发领导小组办公室牌子。将新宾满族自治县农村工作领导小组改为中共新宾满族自治县委农村工作领导小组，作为县委议事协调机构，下设办公室，设在县农业农村局。6月28日，根据《新宾满族自治县农业综合执法改革实施方案》（新委发〔2019〕117号），将原县农业综合执法大队、县动物卫生监督所、县畜产品质量安全监察所、县农机管理服务中心、县农机监理所、永陵动物卫生监督所、新宾动物卫生监督所、南杂木动物卫生监督所、旺清门动物卫生监督所、平顶山动物卫生监督所、木奇动物卫生监督所、苇子峪动物卫生监督所、红升动物卫生监督所及原县水务局所属的县水政执法监察大队的渔政执法职能整合，组建县农业综合行政执法队，在县农业农村局加挂农业综合行政执法队牌子，实行“局队合一”体制。

5月，由原县农村经济发展局所属现代农业中心、农机服务中心、农机推广站、动物疫病预防控制中心、种畜禽管理和草原监理站、农业综合执法大队、农机监理所、动物卫生监督所、畜产品质量安全监察所、永陵动物卫生监督所、南杂木动物卫生监督所、新宾动物卫生监督所、旺清门动物卫生监督所、平顶山动物卫生监督所、木奇动物卫生监督所、苇子峪动物卫生监督所、红升动物卫生监督所、农业信息培训中心及原县粮食局所属粮油检测站共19个机构整合组建，为县政府直属事业单位，机构规格正科级，由县农业农村局代管。10月，经县委编委批准成立普查调查中心，为县现代农业和生态产业发展中心分支机构。

【政务公开】“5·15政务公开日”宣传1次，悬挂标语1条，发宣传单、材料86份。对网民咨询、投诉和建议，及时作出公开回应，共收到市长、县长公开电话办理件2件、民心网联网直办件10件，及时回复率均为100%，办结率100%。全面清理本部门的行政职权，对行政许可、行政奖励等“10+1”进行完善，能简化的简化，能进政务服务大厅的审批项进大厅办理，共清理职权28项，行政职权294项，应进行政审批大厅的行政职权37项全部进大厅。全年办理行政许可共计344件。信访案件1件，办结率100%，满意率100%。业务接待、解答群众来电来人咨询土地确权、惠农政策、惠农贷款等400余人次；共受理土地经营权纠纷案件11起，其中仲裁3起，调解8起。

【对上争取资金】全年对上争取农业发展、农村建设、高标准农田建设等项目24项，资金总额20177.03万元，其中中央资金17476.24万元，省级资金1153.57万元，市级资金1309.72万元，县政府配套资金237.5万元。

农　业

【农业生产】全县年末实有耕地面积57012公顷，粮食作物总播种面积45700公顷，其中玉米34126.67公顷、水稻8666.67公顷、杂粮66.67公顷、大豆2133.33公顷、薯类666.67公顷，其他作物40公顷。2019年调减籽粒玉米种植面积1333.33公顷，调增中药材、食用菌等高效经济作物种植面积1333.33公顷。粮食总产量23.28万吨，其中玉米产量18.55万吨。特色产业面积25633.33公顷，食用菌面积413.33公顷，中药材18220公顷，山野菜6133.33公顷，水果866.67公顷。推动农业绿色发展，实施化肥农药减量行动，建立化肥减量示范区666.67公顷，测土配方施肥技术覆盖率达到95%。

【种植业结构调整】新建设施农业指标面积为43公顷，已完成省级种植结构调整设施农业补贴申报，设施内面积4公顷以上的4家，共计31.47公顷。

【惠农政策落实】7月，落实耕地地力保护补贴政策，补贴标准每公顷1332.6元，补贴面积33873公顷，补贴59763户，拨付资金4514.2万元。2019年玉米、大豆、稻谷生产者补贴面积为33140公顷，补贴资金4524.08万元。

【农业保险】开展粮油作物和特色农产品的投保工作，粮食作物投保总面积为53073.33公顷，中药材投保总面积1406.67公顷，食用菌投保总量为1508.63万段。全县种植业保险累计理赔1296.287万元，理赔面积7673.33公顷，涉及农户26411户。

【高标准农田建设】新建高标准农田2826.67公顷（含高效节水200公顷）。其中中央预算内投资733.33公顷，分别是红升乡红升村120公顷，下夹河乡岗东村、下夹河村和双河村613.33公顷；财政专项投资2093.33公顷，分别是平顶山镇冬瓜岭等7个行政村1100.67公顷，苇子峪镇小堡村500公顷，永陵镇腰堡等2个行政村492.67公顷。项目总计投入资金5609.4万元，全部为财政资金，其中中央资金4159万元、省资金975.4万元、市资金237.5万元、县资金237.5万元。年末完成项目设计及批复和项目实施计划批复，开展招投标前期准备工作。同时开展“十三五”时期以来高标准农田建设评估工作及《新宾满族自治县高标准农田建设实施规划（2019—2022年）》编制工作。

【“两区”划定】 完成37946.67公顷粮食生产功能区和重要农产品生产保护区（以下简称“两区”）划定，完成任务面积37933.33公顷的100.03%。11月22日，召开验收工作会议，组织有关专家对“两区”划定工作进行县级自验，通过专家论证验收评定。

【农业产业化】 新增省级农业产业化龙头企业1家、市级4家，全县共有市级以上农业产业化重点龙头企业50家，其中省级8家，市级42家。按产业类型分优质大米龙头企业6家、中药材龙头企业5家、食用菌龙头企业3家、山野菜龙头企业2家、果品龙头企业4家、畜牧业龙头企业8家、木制品龙头企业19家、其他龙头企业3家。2019年申报4家市级以上农业产业化重点龙头企业。全县以中药材、食用菌、山野菜、优质稻米、果蔬、木制品加工等为主的重点农业产业已形成规模。12月16日，新宾满族自治县被辽宁省农业农村厅确定为省级现代农业产业园（中药材）创建县，产业园主导产业定位为人参、细辛、刺五加等中药材，建设新宾镇、永陵镇、红升乡、旺清门镇、响水河子乡、红庙子乡、北四平乡7个中药材产业园区。

【农业品牌建设】 新增有机产品认证1家，绿色食品认证1家。农业品牌知名度不断扩大，全县“三品一标”认证面积25900公顷，认证产品36个，认证企业28家。罕王泉天然矿泉水、东星原汁葡萄酒、赫城贡米和塬浩杂粮被评为辽宁百强农产品品牌。获批辽宁省首个国家生态原产地产品保护示范区，“利核”牌野生山核桃油、“红升”牌香菇、新宾“金稻一品”牌大米、“御稻农乡”牌大米、“盛稻农夫”牌大米、“于大米”牌大米、“汇禾源”牌大米、“准记”牌东北野生榛子、“兴京御贡”牌东北野生榛子、“兴京御贡”牌野生松子、“丰晟源”牌蓝莓11个产品获批生态原产地保护产品。县域内有新宾大米、新宾辽细辛、新宾香菇、新宾林蛙、林下参、辽五味、哈什蚂7个国家地理标志登记保护产品，“新宾人参”地理商标通过国家商标总局审核；中国辽细辛、辽五味之乡，中国林蛙之乡，辽宁特产“大米”之乡，辽宁特产“香菇”之乡，辽宁特产“香瓜”之乡5个省级以上特产之乡；“红升香菇”“赫城贡米”“塬浩杂粮玉米碴”“秘制参”“丰晟源牌蓝莓”5个省级以上名牌农产品。全县有机产品认证面积3506.67公顷，新宾满族自治县和丰林下中药材专业合作社（人参）等4家企业、6个产品获得绿色食品认证，认证面积4040公顷；新宾满族自治县东星葡萄酒有限公司、抚顺沃土农业科技开发有限公司（满乡甜水稻米）等17家企业、20个产品获得认证。

【农产品安全】 新宾满族自治县被授予为国家农产品质量安全县。推广国家农产品质量安全追溯管理信息平台，加强农产品质量安全管理，共出动执法人员328人次，执法车辆84台次，检查农资商店、生产企业、生产基地126家，接待农资投诉案件9起，田间现场鉴定9起，处理各类农业投入品违法案件8起，农产品、畜产品检测合格率100%。

【产业扶贫】 制定并下发《产业扶贫工作要点》《关于继续扶持贫困户自主发展扶贫产业项目带动贫困户增收的实施意见》等相关文件，加强产业扶贫工作力度，带动贫困户增收。开展叠加式产业扶贫工作，全县下拨产业扶持资金3297万元，对接产业项目58个。共带动贫困户6387户，带动贫困人口12907人增收致富。实现贫困户参与产业全覆盖，贫困户变股东完成100%。产业扶贫项目入库数531个，其中实施项目108个、储备项目423个。组建233名贫困户产业发展指导员队伍，对贫困户产业发展给予技术指导和服务，做到村村都有产业技术指导员。培育贫困村产业致富带头人，全县53个贫困村共培育164名致富带头人。致富带头人通过在贫困村领办创办产业项目，吸纳贫困人口稳定就业并建立密切的利益联结机制，引领带动贫困户稳定脱贫。组织召开1次全县产业扶贫现场会，并承办抚顺市产业扶贫现场会。

【洪涝灾害】 受台风“利奇马”影响，8月15日，红庙子乡、响水河子乡、旺清门镇、红升乡及新宾镇部分地区出现大暴雨天气造成农业灾情。县农业农村局迅速行动，成立农业洪涝灾害核查工作领导小组，分设设施农业、动物防疫、农机、基础设施等9个工作组，编制《新宾满族自治县洪涝灾后恢复农业生产技术指导意见》，出动车辆10余台次、30多人，与6个重灾乡镇20多名农业干部一起深入受灾乡镇村屯进行调查核查，开展灾后恢复工作技术指导。同时向养殖户发放消毒药品对圈舍进行消毒，使用火碱等消毒药品2吨。全县农作物受灾面积4066公顷（其中粮食作物3600公顷、经济作物466公顷），农作物绝收面积467公顷，水毁地200公顷；畜牧业共有4户受灾，死亡牲畜582（其中牛4头、羊553只、猪8头，蜂17箱）；渔业共有19户受灾，水产养殖损失13.3公顷。总经济损失7418.6万元。就畜牧水产养殖、农业基础设施、经济作物三方面损失，向抚顺市农业农村局申请救灾资金1443.6万元，上级共拨付新宾满族自治县救灾资金80万元。

【农业技术推广】 食用菌、中药材、三大作物种植、化肥减量增效、农作物病虫害防治及安全用药等方面举办培训班45次，培训农户1.3万人，发放宣传材料3.5万份。累计下乡指导320人次，召开现场观摩会4次。完成国家及省、市、县级试验共计30个。建立水稻化肥减量增效示范区698.33公顷，建设秸秆还田示范基地1个300公顷，中药材高产栽培示范基地2个100公顷，食用菌高产栽培基地2个33.33公顷，山野菜高产栽培基地2个4公顷。

2019年水稻肥料田间试验基地

全县布设5个监测点，种子植物检疫带证率达到90%以上，无苹果蠹蛾等病虫害出现。测土配方施肥技术覆盖率达到95%，农用化肥使用量实现负增长，肥料利用率40%以上。免费发放生物有机肥366.81吨、水稻缓控释肥54吨、秸秆腐熟剂4吨。建立县域耕地地力评价质量监测点4个。蔬菜市场抽样检测，全年抽样120个批次，样品达标率100%。

【基层农技推广体系建设】 农技推广体系改革与建设补助项目，围绕玉米、水稻和食用菌等主导产业，选聘10名专家、77名指导员、181名农民技术员，确定535户科技示范户，辐射带动周边2万户。全县举办各类培训班、现场会、观摩交流会、科技讲座80多次，接受培训农民达到5450人次，重点推广水稻玉米秸秆腐熟还田技术、可降解膜覆盖水稻直播种植技术、水稻工厂的育苗技术、水稻钵苗行栽及水稻旱直播技术、鸭稻共作技术、秸秆生物反应堆技术、蔬菜工厂化育苗技术。主导品种和主推技术入户率和到位率达到95%以上。

【粮油检验监测】 扦取玉米样品6份，代表数量9600吨，没有出现压等、压价和提等、提价行为，没有出现质量事故和纠纷。根据地方储备粮轮换计划，木奇粮库对轮换入库的6000吨储备玉米进行质量复查，扦取地方储备玉米样品3份，代表数量6000吨，合格率100%。扦取粮食自然质量调查样品118份、原粮卫生调查样品45份、品质测报样品27份、国家会检样品8份、国家质量安全样品6份、国家级稻谷样品6份，对粮食质量进行检测分析。12月，争取到中央财政专项粮食质量安全检验监测体系建设项目。

2019年粮食质量及农作物生长情况调查

农　村

【农村一、二、三产业融合】 新宾满族自治县是辽宁省一、二、三产业融合发展试点县。组织农产品加工企业参加省内外农博会72家次，宣传新宾农产品，提升品牌形象；组织农产品企业参加2019年中国抚顺首届名特优农产品展销会。中草药产业园区获批为省级现代农业产业园创建主体。国家商务部中药材仓储物流协会确定新宾满族自治县为国家级中药材仓储物流基地。农产品加工集聚区稳步推进。永陵农产品加工集聚区实现主营业务收入5.13亿元、同比增长8%。辽宁中科诺维生物科技有限公司入驻园区，正式生产，年产300吨产品。

【乡村振兴产业发展项目】 成立全县乡村振兴战略专项推进组，完成全县乡村振兴战略规划编制工作，制定《新宾满族自治县2019年乡村振兴产业发展项目实施方案》，确定南杂木镇榔头沟村、新宾镇林子头村、永陵镇嘉禾村、苇子峪镇三道关村、榆树乡红旗村、北四平乡善道村6个行政村实施2019年新宾乡村振兴产业发展项目。2019年，抚顺市分配乡村振兴产业发展补贴资金847万元，分配给南杂木镇榔头沟村120万元、新宾镇林子头村120万元、永陵镇嘉禾村120万元、苇子峪镇三道关村200万元、榆树乡红旗村160万元、北四平乡善道村120万元。年末，各项目村项目均已进入收尾阶段，实际下拨项目资金370万元，后续资金在项目竣工并验收合格后再予以拨付余款。

【乡村治理试点示范】 8月，按照农业农村部开展乡村治理体系建设试点工作要求，新宾满族自治县上报到省农业农村厅并进行公开答辩。12月6日，中央农村工作领导小组办公室、农业农村部、中央组织部、中央宣传部、民政办、司法部联合下发中农发〔2019〕21号文件，确定新宾满族自治县为全国乡村治理首批试点单位。

【农村人居环境整治】 按照《新宾满族自治县农村人居环境整治三年行动实施方案（2018—2020年度）》，筛选并确定永陵镇嘉禾村、金岗村；红升乡张家村、白旗村；上夹河镇马尔墩村、古楼村；平顶山镇下青村、大琵琶村；旺清门镇头道沟村；北四平乡宝汤村；木奇镇下湾子村、东韩家村等12个村创建美丽示范村。印发《新宾满族自治县“千村美丽、万村整洁”行动农村“厕所革命”专项方案（2019—2020）》，重点围绕省级美丽示范村创建全力推进“厕所革命”。计划建设无害化厕所2650座，建成后各美丽示范村无害化厕所改造率将达到85%以上。县级财政拿出167万元，采取每户农户室内补助1000元，室外由乡镇政府统一组织实施的建设模式，全年建设无害化厕所2360座，完成率90%。其余290座由于气候原因不利于施工待2020年完成。

先后制定《新宾满族自治县“千村美丽、万村整洁”行动村庄绿化专项方案》和《新宾满族自治县“千村美丽、万村整洁”行动庭院整洁工作实施方案》，推进村庄清洁行动。投入资金147.6万元、出动人员3316人次、出动车辆2696台次、清运垃圾2658吨、清理“三堆”（柴草堆、粪便堆、杂物堆）2663个，实现全县181个行政村村庄清洁集中整治全覆盖。投入310.95万元，植树3.6万株，种草9万余平方米，栽花270余万株。美丽示范村村庄内可绿化隙地绿化率达到80%以上。落实“户院小环境”整治工作任务，深入15个乡镇、141个村屯实地拉练评比最美庭院，评出最美庭院3610个、整洁庭院30000个，并为最美庭院和部分整洁庭院挂牌。

【农村能源建设】 新宾满族自治县被确定为辽宁省2019年农作物秸秆综合利用重点县，推进农作物秸秆综合利用，利用率达到90%，缓解秸秆废弃和焚烧带来的资源浪费及环境污染。开展农村能源生产安全隐患大排查大整治、安全生产月等活动。

【固定观察点】 北四平乡北旺清村是1986年成立的全国农村固定观察点村之一，该观察点设联络员1名、记账员4名、100个记账户。完成上半年农民家庭可支配收入及农户劳动力就业和返乡创业情况调查表100份，返乡下乡人员创业创新情况调查表19份、村表调查1份；北旺清村村庄补充调查1份；农村固定观察农村调查制度100份、村综合调查1份；固定观察点村双创情况调查问卷19份、村表1份；报送辽宁省人民政府发展研究中心布置的观察点村基本信息表1份；观察点村种植业新型农业经营主体专项调查5份、村新型农业经营主体生产经营和土地流转情况调查1份。参加由辽宁省人民政府发展研究中心组织的到大石桥观察点、阜蒙县观察点开展农户记账检查工作。12月末完成观察点6户记账农户换户工作。完成三季度动态反映161篇。

【“大棚房”整治】 完成全县7个“大棚房”、10个违法违规设施整治整改，恢复农业生产功能面积1.193公顷。为避免“大棚房”问题反弹，下发《关于报送“大棚房”问题排查整改情况的通知》与《关于切实做好“大棚房”问题专项清理整治行动后续工作的通知》，以确保工作无死角。

农　民

【劳　模】 按照上级部署，完成省级困难劳模申报工作。完成7名省级特殊困难劳模春节帮扶金申报工作，省政府给每人补助1000元。完成全国农村系统先进个人、集体的申报，张明东被中华人民共和国农业农村部授予全国农业农村系统先进个人。完成9名省级以上劳动模范及军转立大功人员补贴9960元发放工作。

【农民负担监督管理】 指导乡镇做好村民“一事一议”筹资筹劳民主议事工作，配合财政等部门做好一事一议财政奖补村内道路和美丽乡村示范村项目建设。指导各乡镇和其他相关部门，对检查中发现的问题做出有针对性的整改。

【农业信息培训】 组织新型农业经营主体带头人考察全省24个地区、21场次、159学时。全县新型职业农民评价两项指标均达到90%以上。取得新型职业农民资格证书人数380人。4月，在14个乡镇150余个村屯，针对2017年、2018年两年培育的590名新型职业农民学员进行走访核验。11月8日，召开新型职业农民培训工程项目启动会，招录学员260名，组建7个教学班。集中学习162学时，考察26个特色产业基地，技术指导30多场次，发放培训资料2600册。

农技推广体系科技示范主体培训4天，参训人数238名，实用技术及惠农政策宣讲12场次，发放书籍、科普资料8000多本。继续开展农民学历教育，全年共有145名农民学生完成为期三年的中专学历教育。

11月15日，举办2019年新型职业农民培育开班典礼

农村经济

【农村集体经济】 全县共有村级集体经济组织167个，农村集体资产总额为2.22亿元。其中流动资产6394.16万元（货币资产1396.04万元、短期投资825.23万元、应收款4142.20万元、存货30.69万元、农业资产1216.02万元、长期资产1.46亿元、长期投资311.58万元、固定资产1.43亿元、其他资产8.85万元）。农村集体经济组织总收入2929.06万元，其中，经营性收入265.02万元、发包及上缴收入311.75万元、投资收益23.36万元、补助收入1209.68万元、其他收入1119.25万元。总支出2173.13万元，其中经营支出156.23万元、管理费用810.08万元、其他支出1206.82万元。本年收益755.93万元。

【土地确权登记颁证】 组织召开两次确权工作会议，下发两期《工作通报》，共有168个村、1016个组完成集体耕地确权54493.33公顷，占实测面积（56400公顷）的96.6%，其中确权到户30986.67公顷，确权到集体23306.67公顷。全县15个乡镇启动颁发土地承包经营权证工作，共签订确权成果确认书49585份，占调查承包方（农户）数量（54247户）的91.4%；颁发土地承包经营权证49585户，占调查承包方（农户）数量（54247户）的91.4%。

【农村集体产权制度改革】 组织召开全县农村集体产权制度改革工作暨培训会议，全县12个省级试点村的负责人、15个乡镇长、经管站站长、县农业农村局的负责人和具体工作人员共110余人参加培训。组织召开2次调度会议。对各乡镇农村集体产权制度改革工作开展1次全面的督查，全县共有177个村、1018个组完成清产核资工作，完成比例为100%；全县共有167个村，完成成员身份界定、资产量化、股份设置及赋码登记工作。

【农村土地“三权”分置改革】 指导各乡镇做好家庭农场备案工作和信息录入工作，全县共有345个家庭农场完成录入工作，录入比例超过上年家庭农场总数的93%。认真落实农村土地所有权承包经营权分置并行工作，构建农村土地“三权”分置格局，全县土地流转总面积达12066.67公顷，占家庭承包耕地总面积的35.2%，其中，签订合同的规范流转面积达9733.33公顷，占土地流转总面积的80%。

【农业新型经营主体】 全年新增合作社38家，总数达到589家；新增家庭农场47个，总数达383个。全县共20个农民合作社纳入2019年度省种植业（含农机类）标准化建设合作社名单；新宾满族自治县振平香菇种植专业合作社等6个合作社获得国家级示范社称号；新宾满族自治县绿地中药材种植专业合作社等6个合作社获得省级合作社（种植业、农机类）示范社称号；新宾满族自治县跃虎家庭农场等13个家庭农场获得省级示范家庭农场称号。确定15个农民合作社和15个省级示范家庭农场可以承担2019年中央财政农业生产发展资金项目。

【惠农贷】 2017年8月起，新宾满族自治县开展政府征信“惠农贷”工作，至2019年12月，累计放款800多笔，放贷总额近4亿元，贷款余额2.3亿元，解决新型经营主体融资难的问题。

养殖业

【畜牧生产】 认真贯彻落实安全生产责任，全年区域内没有发生安全生产事故。大力推广畜禽健康养殖，全年完成畜牧业增加值4.11亿元，同比增加12.91%；全县实现肉类总产量2.84万吨，同比持平；禽蛋产量0.56万吨，同比增长27.27%；奶类产量0.01万吨，同比下降58.33%；生猪饲养量15.35万头，同比增长12.54%，其中生猪出栏8.36万头，同比增长9%；肉牛饲养量2.87万头，同比增长12.99%，其中肉牛出栏0.85万头，同比增长1.19%；奶牛存栏0.002万头，同比下降58.33%；羊饲养量17.35万只，同比增长13.77%，其中羊出栏8.42万只，同比增长31.77%；蛋鸡饲养量44.35万只，同比增长38.02%；肉鸡饲养量797.43万只，同比下降4.62%，其中肉鸡出栏711.16万只，同比下降9.13%。全县养蜂户达801户，蜂饲养量达11164群，其中中华蜜蜂养殖户470户，蜂饲养量5266群；年产蜂蜜226吨，其中中华蜜蜂蜂蜜133吨，实现产值8032万元。全县种畜禽场9个，存栏24.86万头只，其中种猪场3个，存栏0.1万头；种羊场1个，存栏0.1万只；种肉鸡场5个，存栏24.66万只。

【渔业生产】 积极发展现代生态渔业，全县淡水养殖场44个，面积514公顷，水产品总量0.3566万吨，产值21645万元。开展县域内渔业生产情况调查统计工作，选择具有代表性渔民50户开展收支情况调查工作。

【政策性养殖业保险】 全县2019年度（2018年7月1日至2019年6月30日）养殖业保险共完成投保牲畜2.0504万头，其中能繁母猪0.3435万头、育肥猪1.7069万头，总保费71.817万元。

【动物疫病防控和畜牧技术推广】 坚持“政府保密度，业务部门保质量”的原则，在做好春秋集中免疫基础上，加强每月的补免工作，抓好高致病性禽流感、口蹄疫、猪瘟、高致病性猪蓝耳病、小反刍兽疫和布鲁氏菌病等动物疫病免疫工作。开展两病净化、牲畜炭疽病和非洲猪瘟防控工作。加大对重大动物疫病防控工作的督查力度，组织有关人员于春季、秋季集中免疫期间，对全县15个乡镇集中强制免疫工作进行督查。举办非洲猪瘟技术防控专业技术人员和养殖场户培训班共2次，受训人员130多人，发放宣传防控资料挂图2.1万余份。完成各类样品监测3796份，其中集中监测450份，日常监测3346份。监测O型口蹄疫免疫抗体社会散养户16户、规模场5个，监测数320份，合格率96.6%。A型口蹄疫免疫抗体社会散养户16户、规模场3个，监测数90份，合格率94 %。禽流感免疫抗体种禽场2个、商品代鸡场2个、农贸市场1个，监测数390份，合格率100%。新增疫免疫抗体150份，合格率100%；猪瘟免疫抗体160份，合格率98%，高致病猪蓝耳病免疫抗体100份，合格率100%。布病监测羊2144只、牛182头（其中奶牛22头）。结核病净化奶牛22头，马传贫净化100匹，马鼻疽监测50匹全部为阴性，犬100只，合格率100%。使用高致病性禽流感灭活苗134.5万毫升、羊小反刍兽疫疫苗5.5万头份、猪瘟传代细胞苗19.9万头份、牲畜口蹄疫疫苗6508万毫升、布病苗11.44万头份。禽流感免疫禽165.2万羽次，口蹄疫免疫猪11.1万头次、牛2.2万头次、羊19.5万只次、奶牛44头次，猪瘟免疫10.5万头次，小反刍兽疫免疫2.8万只，布病免疫牛8853头，羊4.2万只。应免疫畜禽免疫密度均达到100%；全县未发生农畜产品质量安全事件。

改良肉牛5000多头，母猪鲜精人工授精38000多头，改良低产母羊15000多只。举办培训班5次，培训1500多户。开展基层农技推广体系改革与建设补助项目申报工作；申报“新宾蜂蜜”地理标志。

【畜禽屠宰管理】 全县原有生猪屠宰点11家，2019年根据上级关于建立屠宰环节非洲猪瘟实验室，配备专用检测仪器，聘用专业的实验检测人员的要求，对生猪屠宰点进行整改，有7家屠宰点因未选到新址未进行整改被取消，余下的4家屠宰点中，新宾满族自治县食品公司屠宰点、木奇树生生猪屠宰点、南杂木安舸生猪屠宰点、永陵供销社屠宰点均已通过市级有关部门的验收，屠宰证已经颁发，可正常开展屠宰环节非洲猪瘟的实验室检测等工作。

【动物及动物产品检疫、抽样】 对全县70多处规模养殖场及4处屠宰点进行监管，发现问题及时处理。养殖环节无害化处理病死猪751头、病死禽类无害化处理12316只。加强外引动物监管，全县查验出境雏鸡56000只、种鸡32500只、雏鸭9800只、鹿13只、牛50头。产地检疫生猪46188头、牛911头、羊4116头、鸡2292万只，屠宰检疫生猪9500头、鸡3300万只。畜产品安全监管抽样420批次，检测2900批次。监督检查600余次，发放宣传材料1.5万份。

5月17日，中蜂养殖技术现场培训会

【畜禽粪污资源化利用】 完成全年各个节点的畜禽粪污资源化利用。6月30日前完成1个畜禽粪污资源化利用典型方式，于8月23日、8月26日组织开展两次畜禽粪污资源化利用典型方式的推广应用工作。全县畜禽粪污产生总量659639.38吨，资源化利用量为581521.3吨，粪污综合利用率为74%。全县47家规模养殖场均已通过县级畜牧、生态环境部门验收，规模养殖场粪污处理设施装备配套率90%。开展全国第二次污染源养殖业源核算总结工作。

农业机械化

【概　况】 农机保有量达20336台，农机总值3.73亿元，综合机械化水平达到82.1%。完成机械整地42466.67公顷，机械种植34266.67公顷，机收总面积24400公顷。机耕水平达到99.24%，机播水平达到84.28%，机收水平达到57.02%。深松作业1666.67公顷。农机购置补贴指标840万元，受益农户336户，补贴各类农机具374台套，带动农户投入1845万元。新增大中型拖拉机76台、玉米收割机203台、水稻收割机9台、水稻插秧机29台，四类机具占新增补贴机具总量的85%。

【农机化技术推广服务】 2019年，农机技术推广玉米全程机械化，8666.67公顷水稻全程机械化。在合作社进行2000只的稻田养鸭技术推广，全县中药材种植机械化面积达100公顷，秸秆还田机械化面积达66.67公顷。全县综合机械化水平达到82.1%。检验拖拉机、联合收割机326台，登记挂牌259台，签订农机安全生产责任书330份。

10月12日，县电视台记者录制红庙子乡英盈农机专业合作社水稻机械收获

路检田查50次，出动执法检查人员160人次，检查农机300台，查处无证驾驶21起，违法载人15起，超速超载6起，纠正违法行为42起，排除安全隐患15起。发放各类宣传资料3000余份。

农业综合执法

【概　况】 2019年，起草《农业综合行政执法改革实施方案》《农业行政执法公示管理办法》《农业行政执法全过程记录管理办法》《重大农业行政执法决定法制审核管理办法》《农产品质量安全追溯与重大创建认定、农业品牌推选、农产品认证和农业展会等工作挂钩办法》等改革性、制度性文件。制定《2019年全县农产品质量安全专项整治工作方案》《2019年农资打假专项治理行动实施方案》《"重强抓"第167项任务"五个一"实施方案》《关于禁止销售和使用非标准地膜的通知》等治理行动方案。126家农资商店全部纳入县监管平台监管名录，开展常态化监管工作。农资营销管理坚持实行购销台账制度，农药经销实行电子台账管理。

【农资监管】 2019年农药、种子、化肥质量抽查检测，农药合格率在95%以上，种子、化肥合格率100%。162个生产经营主体全部在国家农产品质量安全追溯管理信息平台注册账户。开展农产品质量安全专项整治行动，累计出动200多人次，发放文件、资料2000余份。农资监管联合集中执法大检查2次，累计出动执法车辆120多台次，执法人员200多人次，受理和查处违法违规案件15件，其中查处案件9件，调解质量纠纷案件6件，收缴罚没款4.4万元，案件查处率达100%。

【行政执法】 制定并下发《2019年新宾满族自治县农业农村局涉企行政执法检查计划》，严格按计划开展涉企行政执法检查。开展"中国渔政亮剑2019"辽宁省系列专项执法行动，为渔政执法队伍配置执法记录仪10台，张贴《中华人民共和国农业农村部关于实行海河、辽河、松花江和钱塘江等4个流域禁渔期制度的通告》20份，悬挂禁止捕鱼条幅60条，累计出动执法人员150余人次，调配执法车辆60余台次，对各乡镇重点区域、重点河流进行逐一排查，在主要河流开展渔业资源增殖放流活动，共计放流鲢鱼、鳙鱼0.8万公斤，约32万尾。

【普法宣传】 推动落实国家机关"谁执法谁普法"普法责任制，充分利用手机短信、微信、QQ平台、标语、展板、挂图等多种宣传形式开展农业农村法律法规知识宣传。组织开展"2019年农产品质量安全月活动""2019年畜产品质量安全月活动""禁止非法捕鱼宣传活动"等普法宣传活动共5次，共计出动执法和科技人员300人次，印发宣传资料6000余份，悬挂各类普法条幅220余条，接待咨询群众500余人次。

新宾人参

【概　况】 成立新宾满族自治县人参产业发展中心，根据"凤来雁归、抚顺振兴"工程实施方案，制定相关优惠政策及《关于推进新宾人参产业发展的意见》和《新宾农田人参种植技术规范》。成立新宾人参种植协会，入会会员80名。全县发展林下参种植面积14466.67公顷，农田人参种植面积1266.67公顷。新宾人参产量占东北人参产量的60%左右，产品质量优良，在全国乃至世界均有市场。全县有人参经营业户1.2万户，年收入60余亿元，占农民人均收入的30%以上，是全县农业重要的支柱产业之一。2019年，"新宾人参"地理商标通过国家商标总局审核。

【人参市场建设】 4月，启动新宾人参（中药材）市场建设项目，建设集商贸、旅游、度假、养老、娱乐为一体的满族特色人参（中药材）园区，由凤来雁归人参有限公司开发建设，是抚顺市委、市政府，新宾满族自治县委、县政府的重点建设项目，旨在建成东北乃至全国最大、最专业，集生产、加工、销售、质检、科研、仓储、物流于一体的国际化人参（中药材）交易中心。项目建设地点位于新宾镇西出口，国道通武线公路旁，距抚通高速公路出入口500米，距离县政府所在地2.5公里。总占地面积61681平方米，一期建筑面积67000平方米，全部设计为独立门店，仿古式建筑结构，一户三层，商住两用。建设商铺205户，已预售108户，主体建设已完成。二期规划建设人参一条街、西洋参一条街、中药材一条街和土特产一条街，配套建设科研检验区、仓储物流区、大型宾馆、餐饮、洗浴、超市、养老院、保健中心和幼儿园等，建筑面积12万平方米。项目总投资额2.1亿元。

4月开工新建的新宾人参（中药材）市场

【人参加工企业】 2019年，辽宁中科诺维生物科技有限公司人参提取物深加工正式落户农产品加工集聚区，实现当年达产见效。新宾境内人参初加工企业执行农业生产电价。6月，在赫图阿拉城建新宾人参文化博物馆，展示新宾的林下参、农田参和参制产品，以及人参相关的历史知识典故，宣传新宾的人参文化以及女真人与人参文化的历史渊源。开发新宾人参精品旅游路线暨清王朝探秘之旅，全年接待游客500余人，带动消费70余万元。完成《新宾人参产业发展规划》《新宾红参历史文化概述》编纂工作。

兴京嘉禾农牧业有限公司

【概　况】 新宾满族自治县兴京嘉禾农牧业有限公司2019年主要经营项目有家畜、梅花鹿饲养与销售；农产品、中药材种植与销售；木材加工与销售；自来水、热力生产与销售。全年完成销售收入总额3586万元，比上年销售收入增加194万元，增长幅度5.7%，实现利润85万元，比上年利润增加14万元，增长幅度19.7%。

【项目建设】 6月，完成新宾满族自治县农产品加工集聚区建设工程，项目占地16.53公顷，投入资金1700万元，建设项目包括道路建设、电力电缆铺设、路灯安装、排污管网铺设、雨水管网铺设、自来水管网铺设、暖气管道铺设、园区绿化等。

完成永陵镇供热站收购、改造工作，公司投入资金4000万元收购、改造永陵镇供热站。8月，完成供热主管道及分户支管道改造工程，保证供热管网安全稳定运行。积极筹措资金采购供热用煤，维修供暖设备，供热做到提前供热、延时停供。及时受理和处理用户投诉，提高供热质量。

【生产经营】 存栏梅花鹿283只，比上年增加26只，增长幅度10%；存栏生猪303头，比上年减少185头，减少幅度37.9%。

完成植树造林10.6公顷，完成计划任务的100%；完成天然林抚育作业，采伐蓄积2500立方米；完成人工林割灌除草修枝作业面积62公顷。

农作物播种面积631公顷，比上年减少6公顷。其中粮食播种面积524公顷，中药材种植51公顷，瓜果及蔬菜播种面积43公顷。粮食总产量8300吨，与上年8065吨相比增加235吨，增长幅度2.9%。实现农业总产值1662万元，与上年1539万元相比增加123万元，增长幅度7.9%。

（张　平　李　扬　马振海）

林　业

综　述

【概　况】 2019年1月，按照《新宾满族自治县机构改革方案》，经县委批准，将新宾满族自治县林业局和国土资源局整合成立新宾满族自治县自然资源局，加挂新宾满族自治县林业和草原局（以下简称县林草局）牌子。

3月，根据《新宾满族自治县公益性事业单位调整方案》，将新宾满族自治县旅游产业发展中心更名为新宾满族自治县自然资源发展中心（以下简称县自然资源发展中心），原县林业局所属的青山保护局、木材检查站、森林病虫害防治检疫站、林木种子站、生态公益林管理办公室、森林资源监测中心、国管站、林业工作总站、林业技工学校、林业职工学校、林科所、育林基金征收管理站、造林办、森林调查队、国营林业总场、苇子峪林场、城郊林场、赵家林场、钢山林场、大东沟林场、北旺清林场、永陵林场、三道关林场、上夹河林场、陡岭林场、通沟林场、关家林场、边外林场、朝阳林场等机构划入县自然资源发展中心。机构规格正科级，为县政府直属事业单位，由县自然资源局代管。

县林草局主要履行全民所有森林、草原、湿地、水等自然资源资产所有者职责；负责自然资源调查监测评价、统一确权登记工作、资产有偿使用、合理开发利用、林业和草原及其生态保护修复、造林绿化、荒漠化防治、陆生野生动植物资源、自然保护地、综合防灾减灾规划、防火巡护、火源管理、防火设施建设等工作。

县自然资源发展中心涉林方面主要承担全县森林资源培育、保护、生产经营、植树造林、城乡绿化、村屯绿化、种苗管理工作，全县木材、苗木、野生动植物及其他林产品运输的检查工作，全县森林资源培育、生产作业的设计、审核及检查验收工作和全县森林资源消长的动态监测、审计、资源变档、经营编限及资源档案管理工作。

【对上争取资金】 县林草局、县自然资源发展中心共争取国家项目资金2528.5万元，其中三北防护林工程造林250万元，封山育林50万元；中央财政补助荒山造林100万元，采伐迹地造林170万元，退化林分修复360万元；中央财政森林抚育补贴1282.5万元；国有林场木材战略储备林基地建设100万元；国家特殊及珍稀木材培育100万元；林木良种育苗补助116万元。

森林服务

【概　况】 坚持便民高效的服务理念，科学设置服务事项，依法处理林地纠纷及林木权属，妥善处理好涉林信访问题。做好征占林地服务工作，简化办案和林权证发放手续。对上争取林业发展资金9项2528.5万元。

【便民服务】木材检查方面，对途经检查站木材车辆采取目测和实测相结合的办法，对手续完备的运输车辆登记盖章后放行；对各种违法运输木材车辆核实木材来源和相关手续，能结案的当天结案，不能立即结案的力争在24小时内结案。林权登记发证方面，共计办理林权不动产权证书125本、运输证9870件、采伐证2111件、检疫证11612件。

【森林权属】保障林权证向不动产登记证过渡工作，新办不动产登记证数据落宗，避免产生林权纠纷问题，切实维护好林权人权益。调处集体林地承包纠纷12件。落实沈白高铁修建征占林地的服务工作，做好新宾桓仁两县的林地林木权属调处工作。

森林经营

【概　况】科学培育现有森林资源，逐步提高森林产量和质量，提高森林各种有益效能。全年植树造林3435公顷，完成森林抚育10066.67公顷，采伐蓄积5.3万立方米。实施项目林管护和林木种子培育，把好苗木质量关。获得林业贴息补助资金1238.5万元，森林保险资金439.6万元。发展涉林种养面积83500公顷，林产品加工企业397家，建立林业产业扶贫基地11处。

【造林绿化】全县造林绿化涉及15个乡镇和1个种畜场。完成植树造林3000公顷，造林树种为乔木。其中荒山荒地造林共667公顷，采伐迹地更新造林1133公顷，退化林分修复1200公顷。完成封山育林667公顷。在荒山造林、采伐迹地更新、退化林分修复三项工程建设中完成经济林建设1435公顷。其中营造红松、核桃楸果材兼用林1118公顷，大果榛子经济林171公顷，刺嫩芽118公顷，苹果、梨等果树3.3公顷。

【森林培育】完成2018—2019年度中央财政森林抚育补贴任务6667公顷，共2915个作业小班，采伐蓄积3.4万立方米，出材2.5万立方米，其中集体完成抚育面积6333公顷，采伐蓄积3.1万立方米，出材2.3万立方米；国有林场完成抚育面积333公顷，采伐蓄积0.3万立方米，出材0.2万立方米。完成2019年度中央财政森林抚育补贴项目任务2333公顷，其中集体完成1333公顷、国有林场完成1000公顷。三项作业设计主要以松材线虫病处置采伐和天然林抚育采伐为主，共完成审批面积1066.67公顷，采伐蓄积1.9万立方米。其中松材线虫病虫害完成400公顷，采伐蓄积0.9万立方米；天然林抚育完成近666.67公顷，采伐蓄积1万立方米。

【林业技术推广】项目造林贷款涉及全县14个乡镇100多个村。对世行贷款的单位和有关农户进行催缴。耐心细致做好答疑解惑工作，让贷款村镇、个人了解国家政策。加强项目林的保护管理，真正达到速生丰产的目的。做好林木种子生产经营管理，良种使用达30%以上，基地供种率达到60%以上，一级苗出圃率达到90%以上。加强对后备种源基地钢山林场阔叶林基地和北旺清红松种子基地管理，提前准备好春季育苗用种、容器育苗、种子培育生产工作，为生态建设重点工程项目造林打好基础。抓好明春造林苗木质量关。对于重点工程项目造林用苗，严格把关，对苗圃没有两证一签不许采购。抓好林业科研管理工作，加强莫家沟实验基地管理、管护、防火工作；加强城郊实验苗圃新品种实验研发、管理等工作。对全县23个村村屯绿化进行指导检查。完成创造“新宾森林城市”后期结尾工作。

【山区开发】申报林业贷款贴息补助共计57家，其中林业企业20家、53笔贷款，农户与林业职工37户、58笔贷款。经审计符合林业贷款贴息补助要求的有49家，获得贴息补助资金1238.5万元。全县森林险投保面积195333.33公顷，其中公益林面积132133.33公顷，商品林面积63200公顷，森林保险资金共计439.6万元，其中30.8

万元由县财政和林权者承担，其余408.8万元申请国家、省、市三级财政补贴，占总额的93%。全县涉林种植业项目留存面积83500公顷，涉及农户42113户。其中以红松、核桃、榛子为主的经济林面积40500公顷；林下经济43000公顷，其中以林下参、淫羊藿、细辛为主的森林中药材面积25746.67公顷；以刺嫩芽、大叶芹、蕨菜为主的林下种植和林地野生山野菜15986.67公顷；林下种苗、食用菌基地达1266.67公顷。全县涉林产品加工企业397家，具有规模以上企业44家。木质加工企业337家（规模以上企业25家），其中木材加工厂94家，板方材加工厂96家，集成材加工厂115家，人造板、机制木炭、木质颗粒等32家；防腐电杆加工厂18家（规模以上企业3家）。非木质加工企业42家（规模以上企业16家），其中森林中药加工企业30家、经济林果品加工企业10家、山野菜加工企业2家。全县有植物和木制工艺品等加工企业18家，年产5000万件左右。龙头企业。全县龙头企业35家。国家级2家：抚顺合兴万家木业有限公司、抚顺森隆达木业有限公司；省级龙头企业8家：抚顺新宇木业有限公司、抚顺日月明木业有限公司、抚顺龙兴特艺有限公司、新宾满族自治县和丰林下中药材专业合作社等；县级龙头企业26家。将11家林地经济生产经营项目户推荐为市林业产业协会会员，在全县林地经济生产中发挥领头羊作用，同时把培育林业产业生产典型与发展林业产业协会会员、全面提升林业产业协会会员综合素质紧密结合，推动本地区林业产业快速健康发展。创建林业产业扶贫基地11处，安排建档立卡贫困人口60人，与产业扶贫基地签订委托书，将贫困人口就业问题落实到位，助推全县脱贫攻坚工作。

森林保护

【概　况】 坚持“生态立县”战略，开展森林资源和野生动植物资源保护，严厉打击非法占用林地、乱砍滥伐等破坏森林资源和生态环境的违法行为。规范木材经营加工场所，严管森林采伐限额，查处非法营运木材行为。对森林资源进行监测，及时更新相关数据。规范森林资源培育、保护和管理，改进森林防火措施，严查野外火源违法行为，巩固造林绿化建设成果。开展闭坑矿治理，修复林业生态，合理开发和利用保护区自然资源和自然环境，促进生态旅游可持续发展。

【资源保护】 向县政府争取防火经费30万元，主要用于4支专业森林消防队训练、扑火补助。同时，对专业运兵车、扑火机具进行维护、维修。消防队已基本实现装备现代化，全力开展野外用火整治。森林公安机关治安拘留127人，办理失火案件28起，其中取保候审3人、刑事拘留1人、治安拘留6人、行政罚款6人。

4月3日，森林公安局在新宾镇五副甲村前大地进行扑救森林火灾实战演练　　万东宫　摄

连续开展扫黑除恶专项斗争、打击生态环境犯罪“昆仑4号”、破坏森林资源违法犯罪“绿卫2019”“禁种铲毒”“非法砍柴”“打击毁林种参专项整治行动”和整治野外用火等专项整治行动，核实扫黑除恶线索34个，侦查办结案件12个，正在侦办2个；移交案件20个，其中移交涉林纠纷案件4个，向县公安机关移交16个。在侦查办结的12个案件中，破获刑事案件8件，行政案件4件，打击处理24人。办理林业案件285件，打击处理343人，抓获网上逃犯5人。

【资源监测】 完成遥感判读疑似图斑的资源图、

表材料核对、外业调查核实、内业材料整理，共涉及773个图斑（其中涉外12个），历时40天、350人次、105车次。森林资源管理一张图数据更新。在北京地林伟业专家的精准指导下，将经营管理资料转到CGCS2000坐标系统上，形成经营管理数据矢量化，统一技术标准和要求，实现资源中心数据共享。开展林地变更调查。抽调4名年轻技术骨干开始进行变更工作，组织全县各乡镇和国有林场技术人员对所属林地需变更的小班进行野外调查，历时两个月，于6月19日完成林地变更工作。本次变更共完成8933个小班更新。其中小班因子更新8900个小班，权属变更23个小班，征占用林地4个项目10个小班。根据《新宾满族自治县自然资源发展中心关于开展2019年森林采伐作业伐后审计的通知》（新林字〔2019〕13号）、《新宾满族自治县人民政府办公室关于下达2019年森林采伐限额的通知》（新政办发〔2019〕15号），由资源监测中心、国营林业总场牵头抽调12名相关技术人员组成审计组，从9月11日开始，结合2019年资源审计工作对伐区内和伐区相邻的小班进行审计检查。对审计发现的问题以审计报告形式上报自然资源局，对构成违法的问题以交办通知的形式移交森林公安。

【林政管理】 加强木材加工厂管理，逐步完善管理制度，清理无照经营加工、超项目加工和伪造、变卖、非法转让木材经营执照的违法行为。辅助做好全县保护发展森林资源目标责任制考核工作和2019年度采伐限额分配工作。安排落实国家林业和草原局移交森林图斑775个，完成森林督查录入、提交、现地审计核查工作。全年共检查运输木材车辆3.2万台次，检查木材86万立方米，办理违法运输案件641起，打击处理641人，收缴罚款140万元。

【森林病虫害防治】 2018—2019年度松材线虫病疫木除治工作全部完成。制定下发《松材线虫病疫木除治工作实施方案》及《2018—2019年度松材线虫病疫木除治任务》，对南杂木镇、上夹河镇、木奇镇、永陵镇、红升乡、榆树乡6个疫点乡镇及上夹河林场、永陵林场、陡岭林场、赵家林场4个国有林场布置疫木除治任务。全县除治疫木11.5万株，完成总任务数的102%；除治面积687公顷，完成任务的100%。秋季普查后，对东南公路两侧所有死亡松木进行清理，共清理松木24公顷1098株。完成除治任务的102%。

开展松材线虫病检疫执法行动。由县林草局、县自然资源发展中心、森林公安局所属相关单位成立领导小组，制定《新宾满族自治县松材线虫病疫木检疫执法专项行动实施方案》。森林病虫害防治检疫站、林政股、森林公安局、国有林业总场、法制办、自然资源综合执法大队共同对全县15个乡镇和木材加工企业单位（个人）的剩余库存松木及其制品情况进行检疫执法排查和跟踪调查登记。对全县317家木材加工企业进行排查，共查清有剩余库存松木及其制品的木材加工和经营单位63家。调查登记库存量42053立方米，其中松原木4253立方米、松板材1793立方米、松木集成材7165立方米、松木油电柱28842立方米。

全县林业有害生物发生面积10561公顷，防治面积10248公顷，防治率为97.03%；生物防治面积4320公顷，无公害防治面积10051公顷，监测面积8643公顷，监测覆盖率为99.9%；检疫

11月12日，森林病虫害防治检疫站与森林公安局对南杂木疫木加工厂检查　　金　铎　摄

苗圃143处，实施产地检1021.07公顷，应检苗木10036.13万株，实检苗木10016.06万株，产地检疫率99.8%。发布生产性林业有害生物预测预报4期。

【野生动植物保护】 开展野生动物保护宣传活动，提高全民野生动物保护意识。森林病虫害防治检疫站结合每年野生动物保护宣传月和爱鸟周，制定宣传活动方案，加大野生动物保护宣传的力度。采取多种形式，在醒目的建筑物上挂横幅32个，设立宣传站29个，出动宣传车37台次，粘贴标语1500张，散发传单2000张，在县电视台连续报道“爱鸟周”宣传活动。

坚决遏制乱捕滥猎和非法经营野生动物及其产品案件发生，严厉打击破坏野生动物资源违法犯罪活动，强化野生动物及栖息地保护，规范野生动物繁育利用管理，保障野生动物资源发展和永续利用。

开展野生动物救护工作。在鸟类栖息地悬挂鸟巢，全年救护国家重点保护野生动物秃鹫1只、水鸟1只、狐狸1只、猫头鹰5只，护理康复后，放归大自然。

【青山工程建设】 全面推进青山工程建设，2019年度全县闭坑矿山治理工程计划面积4.5公顷，实际完成削坡、整形、回填土石方、覆土等治理主体工程面积4.76公顷，共4块。其中旺清门镇大岔沟2公顷、黑沟子1公顷、榆树乡都督村0.76公顷、钢山林场1公顷。开展“林美”建设，推进植树造林、生态修复、资源保护等项目。完成12个乡镇造林85.78公顷，8个乡镇19个村村屯绿化工程。

7月25日，青山保护中心在榆树乡都督村进行闭坑矿治理整地现场　侯培军　摄

【自然保护区】 全县共有2处自然保护区、1处森林公园和1处地质公园，分别是：龙岗山自然保护区、猴石自然保护区、猴石省级森林公园、兴京地质公园。全县共有湿地面积337.8公顷，其中河流湿地163.4公顷、泥炭矿130.2公顷、苗圃地35公顷、湿地公园5公顷、耕地4.2公顷。强化旅游管理，拓展猴石品牌知名度。加大媒体宣传力度，以生态旅游和保护区特有的魅力为宣传主题，加快生态建设和旅游联姻，提升生态旅游知名度，增强社会公众对自然保护区重要性的认识。坚持依法管理，规范旅游市场秩序。对从事旅游业的各类单位和个人，都必须依法办理工商登记，领取营业执照，严禁无证经营，逐步建立健全旅游投诉机制。推进岗位培训，实行旅游从业人员资格认证和考试制度，提高旅游业服务的质量和水平。加强生态旅游可持续发展，提升旅游品位。在遵守保护优先、不破坏保护区的自然资源和自然环境的前提下，合理开发和利用自然景观资源，开展观光、度假、休闲、野营、垂钓、科普、部分娱乐活动等一些参与性的民俗项目。在辽宁兴京省级地质公园、猴石国家森林公园开展设施建设，埋设界碑数量共计33块，其中兴京地质园区设立18块界碑、猴石园区设立15块界碑。

【生态公益林】 2019年，根据县委、县政府相关文件要求把村委班子主要成员纳入护林员管护队伍，每个行政村签订一名符合护林条件的村委干部参加护林工作，增加护林管护队伍的力量。制定《护林员管理办法》，对管护人员的日常工作进行考核，县生态办统一印制护林考核记录、护林员工作证、袖标。采取举办培训班、以会代训、专家讲座等形式对护林员进行教育培训、交流管护经验，加强实战演练，提高护林员的业务素质和综合能力，有效地遏制乱砍盗伐现象的发生，确保新宾满族自治县森林资源的安全。兑现到户补偿资金。2019 年的直补资金兑现工作，完成率为 97%，因还有少部分村林改没有完成，无法兑现。除集体权属外全部实行一卡通发放。共兑现公益林直补面积 235066.67 公顷，其中集体权属个人 134733.34 公顷（国家级 66666.67 公顷、省级 68066.67 公顷）、集体权属 62333.33 公顷（国家级 30466.67 公顷、省级 31866.66 公顷）、国有权属 38000 公顷（国家级 22666.67 公顷、省级 1533.33 公顷），共兑现公益林直补 2354 万元，其中集体权属个人 1457 万元（国家级 1100 万元、省级 357 万元）、集体权属 670 万元（国家级 503 万元、省级 167 万元）、国有权属 227 万元（国家级 204 万元、省级 23 万元）。享受国家公益林补偿基金面积为 119600 公顷，其中国有林场 23800 公顷、集体和个人 95800 公顷。享受省级公益林补偿基金面积为 115266.67 公顷。其中国有林场 16333.33 公顷、集体和个人 98933.34 公顷。到年底收到公益林补偿资金 3570.3 万元，其中国家公益林 2354.9 万元、省级公益林 1215.4 万元。加强公益林管护，提高林分质量，最大限度地发挥森林资源的综合生态功能，保证公益林和天然林年蓄积量增加 2%。公益林和天然林火灾受害率控制在 0.1% 以内。对公益林监测小区进行核查，县境内共有天保工程检测区 14 个，涉及 56 个小班。分布在 6 个乡镇 5 个国有林场。根据省市公益林监测小区核查工作相关文件要求，生态办成立 2 个核查小组，按照文件时间要求进行监测点野外核查工作，整理野外调查情况，编写 2019 年新宾满族自治县生态公益林监测报告。

国有林场

【概　况】 全县 14 个国有林场已全面完成改革任务，确定为公益服务性事业单位，所有在职人员转隶手续已完成，纳入县财政管理，并参加事业养老保险、医疗保险、缴纳住房公积金。退休职工已经在 5 月由事业养老平台发放退休金。国有林场已经完成企业转为事业的基本工作。

【林场经营】 因松材线虫疫情影响，2019 年全县国有林场没有进行采伐作业。完成更新造林 321 公顷，完成补植造林 449 公顷。销售 2018 年库存木材 2578 立方米，销售收入 207.2 万元。

（李　钦）

2019 年新宾满族自治县林业资源情况表（一）

表 6

序号	地权	森林类别	总面积（公顷）	林地（公顷）			
				合计	有林地		
					小计	林分	乔木经济林
合计			428738	352646.32	322476.23	320924.03	1552.2
1		国家公益林补偿	—	123976.4	116793.27	116793.27	—
2		地方公益林补偿	—	38442.91	33023.42	33023.42	—
3		地方公益林未补偿	—	80.8	49.16	49.16	—
4		商品林	—	190146.21	172610.38	171058.18	1552.2
5	国有		—	68392.03	64239.2	64194.37	44.83
6	国有	国家公益林补偿	—	26016.78	25779.7	25779.7	—
7	国有	地方公益林补偿	—	4448	4342.46	4342.46	—
8	国有	地方公益林未补偿	—	63.3	33.5	33.5	—
9	国有	商品林	—	37863.95	34083.54	34038.71	44.83
10	集体		—	284254.29	258237.03	256729.66	1507.37
11	集体	国家公益林补偿	—	97959.62	91013.57	91013.57	—

续表 6

序号	地权	森林类别	总面积（公顷）	林地（公顷）			
				合计	有林地		
					小计	林分	乔木经济林
12	集体	地方公益林补偿	—	33994.91	28680.96	28680.96	—
13	集体	地方公益林未补偿	—	17.5	15.66	15.66	—
14	集体	商品林	—	152282.26	138526.84	137019.47	1507.37

2019 年新宾满族自治县林业资源情况表（二）

表 7

序号	地权	森林类别	疏林地（公顷）	灌木林（公顷）	未成林地（公顷）	苗圃地（公顷）	无立木林地（公顷）	宜林地（公顷）	辅助生产林地（公顷）
	合计		351.99	9285.32	4565.43	238.81	11258.05	3272.33	1198.16
1		国家公益林补偿	118.92	3146.01	585.72	9.54	2594.61	728.33	—
2		地方公益林补偿	24.41	3573.69	400.57	7.45	1213.37	200	—
3		地方公益林未补偿	—	—	5.19	—	0.91	25.54	—
4		商品林	208.66	2565.62	3573.95	221.82	7449.16	2318.46	1198.16
	国有	合计	14.7	209.95	1354.99	96.6	1022.04	258.29	1196.26
5	国有	国家公益林补偿	10.3	53.69	38.49	—	105.03	29.57	—
6	国有	地方公益林补偿	—	48.04	27.44	—	21.84	8.22	—
7	国有	地方公益林未补偿	—	—	4.86	—	—	24.94	—
8	国有	商品林	4.4	108.22	1284.2	96.6	895.17	195.56	1196.26
	集体	合计	337.29	9075.37	3210.44	142.21	10236.01	3014.04	1.9
9	集体	国家公益林补偿	108.62	3092.32	547.23	9.54	2489.58	698.76	—
10	集体	地方公益林补偿	24.41	3525.65	373.13	7.45	1191.53	191.78	—
11	集体	地方公益林未补偿	—	—	0.33	—	0.91	0.6	—
12	集体	商品林	204.26	2457.4	2289.75	125.22	6553.99	2122.9	1.9

2019 年新宾满族自治县植树造林投资情况表

表 8

工程造林	植树完成情况		
	树种	投资（万元）	面积（公顷）
总计		880	3000
三北防护林工程造林	乔木	250	333.34
中央财政补助荒山造林	乔木	100	333.33
中央财政补助采伐迹地更新	乔木	170	1133.33
中央财政补助退化林分修复	乔木	360	1200

2019年新宾满族自治县大型木材加工企业一览表

表9

序号	企业名称	法定代表人	生产项目	年产值
1	抚顺市合兴万家木业有限公司	王海波	集成材、装饰材料	500万元以上
2	抚顺市罕督进出口有限公司	衣秀丰	集成材	500万元以上
3	抚顺市美世人造板有限公司	刘井岐	刨花板	500万元以上
4	抚顺市日月明木业有限公司	关振波	刨光板、地板、集成材、家具、加工板方材	500万元以上
5	新宾满族自治县旺达防腐有限公司	庞庆军	油电柱	500万元以上

2019年新宾满族自治县大型私营林场名单一览表

表10

序号	名称	林场主姓名	主要经营树种	总经营面积（公顷）	主要经营区域
1	成泰林场	张会波	落叶松、油松、柞树、红松	987.2	木奇镇北沟村
2	春彦林场	刘春彦	落叶松、油松、柞树、红松	1499.32	旺清门镇大荒沟村
3	国忠林场	张国忠	落叶松、油松、柞树、红松	2088.4	榆树乡边外村
4	海湖林场	那海湖	落叶松、油松、柞树、红松	2158.6	平顶山镇小甸子村
5	宏国林场	韩运祥	落叶松、油松、柞树、红松	670.4	红庙子乡查家村
6	会志林场	赵会志	落叶松、油松、柞树、红松	1803	永陵镇二道村
7	金田林场	马金田	落叶松、油松、柞树、红松	728.9	永陵镇夏元村
8	童鹤林场	王　鹏	落叶松、油松、柞树、红松	743.8	木奇镇北沟村
9	文玉林场	赵文玉	落叶松、油松、柞树、红松	529.3	大四平镇草盆村
10	星都林场	关　键	落叶松、油松、柞树、红松	751.57	北四平乡北旺清村

水 利

综 述

【概 况】 2019年，新宾满族自治县水务局完成农村饮水工程项目198项，解决125个村屯的饮水困难问题；完成水利设施续建工程、河道治理及小流域、侵蚀沟治理工程6项。加强水环境保护，开展节水型社会建设，落实“河长制”，开展河库“清四乱”（乱占、乱采、乱堆、乱建）行动，清理河库垃圾1.84万立方米。对全县水库、电站进行维修养护，加强安全监管。做好防汛抗旱工作，提升防灾减灾能力，维修水毁河道4条。做好移民扶持工作，完成移民项目建设66项。3月，按照《新宾满族自治县公益性事业单位调整方案》，县水务局原下属7个事业单位重新整合后组建新宾满族自治县水利事务服务中心，为县政府直属事业单位，机构规格副科级，由县水务局代管。

农村水利

【饮水工程】 全县农村饮水安全项目建设总投资6725万元，改造完成农村饮水安全工程198处，解决125个村屯130644人的饮水困难问题，覆盖贫困人口1202人。其中农村饮水安全巩固提升工程（木奇镇集中供水一期工程），建设总投资440万元，改造完成农村饮水安全工程1处，解决2个村6500人的饮水困难问题；农村饮水安全水质配套完善氟超标项目，建设总投资221万元，改造完成农村饮水安全工程4处，解决4个村4260人的饮水困难问题；农村饮水安全水质配套完善铁锰超标项目，建设总投资489万元，改造完成农村饮水安全工程21处，解决21个村12070人的饮水困难问题；农村饮水安全扶贫解困项目，建设总投资5514万元，改造完成农村饮水安全工程169处，解决95个村68214人的饮水困难问题，覆盖贫困人口1202人；农村饮水水质检测项目，共496份，完成省级资金41万元；2019年市本级农建“大禹杯”竞赛考核专项资金项目，建设总投资20万元，改造完成南杂木镇、永陵镇水厂维护、红升乡红升村水源井维修工程3处，解决39600人的农村饮水安全及饮水困难问题。中央农村饮水工程维修养护项目总投资74万元，完成大四平镇、红庙子乡、木奇镇、平顶山镇、上夹河镇、旺清门镇、苇子峪镇、响水河子乡、永陵镇9个乡镇农村饮水维修养护工程项目35处，解决35个村屯30863人的饮水安全问题。

【农业用水】 市级小型农田水利工程“先建后补”项目总投入84万元，完成3项小型农田水利工程建设，改善灌溉面积39400公顷。省级小型农田水利工程“先建后补”项目总投入470万元，共完成29项小型农田水利工程建设，改善灌溉面积297.87公顷。

11 月 12 日，上夹河自来水水厂施工现场

郭 鹏 摄

农业水价综合改革区域确定在红升中型灌区、红庙子乡、响水河子乡开展，共计 3000 公顷水田。4 月，将 2016—2019 年实施及计划实施改革面积按照核心、重点、一般三种类型划分区域并确定改革区域水权、用水总量及定额管理。已完成水价初步测算，全成本水价每立方米 0.07 元，运行成本水价每立方米 0.03 元。由于没有进行价格监审，主要是以协商定价为主。定价方式以每年对水田灌区清淤费用作为水田灌区的水费，清淤由村委会筹工筹劳。农田水利用系数测算工作涉及 5 个乡镇、11 处灌区，监测面积 1535.33 公顷。

水利设施

【水利工程】 完成永陵镇老城橡胶坝续建工程，5 月蓄水运行，投入资金 920 万元。完成兰旗拦河闸除险加固续建工程，主体工程投入使用，投入资金 1605 万元。完成太子河新宾满族自治县段防洪治理工程，河道治理总长度 56 公里，总投资 3425 万元。完成新宾满族自治县双河（马架子村至汇河口段）治理工程，河道治理总长度 33 公里，总投资 2167 万元。完成陡岭小流域章木伙洛项目区、上下围子小流域续建工程、头道砬子生态清洁型小流域、二道砬子项目区工程，共分为五个标段，总投资 680 万元，治理水土流失面积 75119 公顷。2019 年，中央财政水利发展资金侵蚀沟综合治理工程共分为四个标段，总投资 1018 万元，治理 32 条侵蚀沟，固滨石笼护坡工程（3 层）、固滨石笼生态袋护坡工程（3 层）、固滨石笼生态袋护脚工程（2 层）共 9712 米，生态袋护坡工程 3611 米，修作业路 5751 米，设置宣传标志牌 8 个。

【水毁修复】 “8 · 15”洪水致使红庙子乡、旺清门镇多处河道受损。启动“8 · 15”河道水毁修复工程，总投资 340 万元，其中，红庙子乡五道沟村丁家屯五道沟河水毁修复工程投资 128 万元、红庙子乡红庙子村东金沟屯东金沟河水毁修复工程投资 48 万元、红庙子乡西岔村西岔屯西岔河水毁修复工程投资 106 万元、旺清门镇头道沟村砬子沟屯头道沟河水毁修复工程投资 58 万元。

【水库、水电站】 县域内有水库 27 座，其中中型水库 1 座，为红升水库；小型水库 26 座。组织水库管理单位编制水库防洪与兴利调度运行计划，进行水库实时调度运行。安排 2 名库管员负责水库工程检查与观测，对每次检查与观测的现场记录、测值及时进行整理分析。开展经常性的养护修理，组织实施夹河北水库等 20 座小型水库的维修养护，投入资金 126 万元。完成红升水库等 19 座中小型水库大坝安全鉴定工作。对县域内 7 座水电站安全生产监管，明确安全生产责任人，完善安全生产管理制度，设立安全生产公示牌。组织各电站编制防汛应急预案，报县防汛抗旱指挥部审批。

水资源管理

【宣　传】 结合“世界水日”和“中国水周”开展主题为“坚持节水优先，强化水资源管理”的宣传活动。11 月，与县教育局联合为全县中小学印发宣传海报，统一召开班会，让学生了解水资源的重要性，自觉增强爱水、节水、保护水资源意识。

【节约用水】 完成 31 家用户计划用水管理；完成

县域节水型社会达标建设工作，总投资 100 万元；对 39 家公共机构和单位进行节水设施改造、绿地喷滴灌建设，开展节水标识创建、节水宣传、创建节水单位及企业等活动；完成 2019 年第三次水资源评价工作。

11 月，县水务局联合县教育局开展节水宣传活动
王 珵 摄

河道治理和水土保持

【水土保持】 3 月 5 日，召开全县生产建设项目情况摸底会议，对全县水土保持生产建设项目进行摸底清查，共清查出未记录在案的违法违规水土保持生产建设项目 106 个，以现场、电话、邮件等形式下发责令整改通知，对整改情况进行复检。全年对岭前坡面径流观测场进行管理和维护运行，对所有仪器设备进行维护升级，确保采集工作正常开展并保证数据的真实性、可靠性和上报及时性。全年共取数据 25 次，产生径流 7 次，做相关实验 19 次。

【河道整治】 全年，县、乡、村三级河长累计巡河 3500 余次，解决问题 1600 个。清理河库垃圾 1.84 万立方米，发放传单 1200 余张，张贴通告 543 张，出动人员 3100 人次，出动工程机械、运输车辆 2200 台次，投入资金 193.8 万元。11 月 7 日，完成河长制信息系统平台搭建并投入使用，为全县落实河长制工作目标管理、任务督办、绩效考核提供信息化支撑。完成全部流域面积 100000 公顷以上、50% 流域面积、5000—100000 公顷的河流划界工作，共计 18 条河流及 4 个水文站的管理范围划定工作，河流长度 575.42 公里。拍卖砂石 6.7 万立方米，共取得采砂出让价款 126 万元，上缴省级 25.2 万元，上缴市级 25.2 万元。办理采砂许可证 4 本。

9 月 29 日，县副总河长、县委常委、副县长谢大利在新宾镇民主村召开现场办公会，推进二道河四乱整改工作（从左至右依次为：水务局副局长孙吉武，新宾镇镇长杨波、谢大利，自然资源局副局长赵鹏）

【水政执法】 在全县范围内悬挂禁止河道内违法电鱼、采砂宣传条幅共 60 余副，发放水事条款宣传单 750 余份，供广大人民群众阅读和学习，了解相关政策。全年共受理河道内违法采砂案件 7 件，全部办结。对县内各处遗留沙堆情况进行调查说明，定期对全县河道进行巡查，对县内砂场进行监管。

防灾减灾

【防 汛】 6 月 1 日至 9 月 21 日，全县降雨量为 536.9 毫米，比 2018 年同期多降 102.1 毫米。为全面加强防汛期间的应急能力，6 月 20 日，县防汛抗旱指挥部在红升乡张家村组织全县应急演练。

全县共发放到各乡镇防汛应急宣传手册 6000 份、危险地带住户逃险明白卡 65000 份，发放到户、到人。汛前对全县所有山洪灾害自动站点进行无死角排查，维修完好率达到 100%，保障汛期数据准确上传。汛前进一步调整县级预案 1 份、

6月20日，在红升乡张家村村部开展全县防汛应急演练 栗 权 摄

乡镇级预案15份、村级预案181份，保证实用有效性。对全县各乡镇汛前检查进行布置，县防汛抗旱指挥部联合县水行政执法监察大队对河道、水库进行全面排查，对2座水库非法占用溢洪道进行查处。对27座水库、98处险工险段防汛进行排查、部署。召开全县防汛指挥部成员会议、调整防汛指挥部成员、落实各级防汛责任人。8月14日23时至8月16日8时，新宾遭遇特大暴雨侵袭。平均降雨量58毫米，红庙子乡降雨量233毫米、响水河乡降雨量148毫米、红升乡降雨量158毫米、旺清门降雨量149毫米、北四平乡降雨量101毫米、新宾镇降雨量76毫米。全县15个乡镇中红庙子乡灾情尤为严重。此次灾情新宾各乡镇受灾人口18236人，共转移安置人口1827人，没有出现失踪人口及人员伤亡。农作受灾面积4066.2公顷，农作物成灾面积2046.53公顷，农作物绝收面积622.53公顷。因灾死亡大牲畜585头（包含死亡羊只556头），房屋倒塌6户15间，房屋严重损坏35户94间，房屋一般损坏14户34间。造成直接经济损失24416.8万元，其中农业经济损失7329.6万元（包含农业、林业、畜牧业、渔业）、水利经济损失11290.5万元、交通经济损失5081万元、其他经济损失715.7万元。

【抗　旱】 春季干旱，县防汛抗旱指挥部从6月1日起实行旱情日报告和零报告制度，县财政拨付5万元抗旱维修经费，共维修抗旱用水泵、柴油机120台套。针对全县旱情，全年共下拨抗旱设备87台套。启动应急预案，保障供水安全和农业正常供水。

移民扶持

【概　况】 全县核定移民人口16701人，大中型水库移民后期扶持移民资金2365.28万元。移民直补人数6910人，直补资金每人每季度150元，采取财政“一卡通”形式按季度及时足额发放，全年发放移民直补资金414.82万元，没有出现误发、漏发、延误发放等问题。

5月，新宾镇移民在直补资金入户调查中签字确认 卜艳华 摄

【移民项目】 全年下达移民项目66项，资金1950.46万元。其中600元内规划项目26项，资金587.46万元，完成农村基本口粮田及水利设施建设6项；农村饮水安全、交通等基础设施建设9项；文化、卫生等社会事业设施建设7项；农村种植业开发项目4项。河道治理2009米，渠道239米，漫水桥2座，农村道路7394.5米，新建水源井1处，阀门井3座，管理房1座，管道铺设100米，截水沟两处29米，活动室面积317.97平方米，围墙950米，路灯198盏，卫生室锅炉房9.94平方米，农资268.867公顷。600元外规划项目32项，资金1049万元，完成农村基本口粮田及水利设施建设16项；农村饮水安全、交

通等基础设施建设9项；农村社会事业设施建设及监测评估7项。完成河道治理3881米，排水渠350米，渠道衬砌735米，泄水闸1座，桥2座，边沟3331米，自来水管线33602米，井3座，泵房2座，阀门井7座，截水墙40米，净水厂1座1360立方米，混凝土路面3470平方米，路灯371盏，美丽乡村1处，监测评估1项。小库规划项目8项，资金314万元，完成红升乡张家村、旺清门镇夹河北村河道完成河道治理732米，护岸治理645米；完成平顶山镇平顶山村、永陵镇头道堡村、木奇镇穆家村自来水工程和大四平镇东小堡村农桥工程，铺设管道1851米，井3座，阀门井3座，消毒井1座，维修管理房172平方米，截水墙70米，桥1座；完成新宾镇关家村、红庙子乡红庙子村路灯工程，安装太阳能路灯101盏。

（陆　旭）

2019年农村饮水安全水质配套完善氟超标项目完成情况表

表11

工程名称（乡、村、屯）	建设性质	受益人口（人）	工程投资（万元）	
			总投资	申请投资
合计		4260	221	221
大四平镇东小堡村东小堡屯自来水工程	改建	1376	46	46
榆树乡岔路嘎叭塞自来水工程	改建	1445	68	68
新宾镇黄旗村前堡屯自来水工程	改建	1015	46	46
永陵镇大和睦村大和睦屯自来水工程	改建	424	61	61

2019年农村饮水安全水质配套完善铁锰超标项目完成情况表

表12

乡（镇）	村	受益人口（人）	工程处数（处）	工程投资（万元）	
				总投资（询价）	申请投资
合计	21	12070	21	489	440
上夹河镇	2	594	2	27	25
榆树乡	1	156	1	13	12
平顶山	3	140	3	66	59
木奇镇	1	1571	1	78	70
苇子峪镇	2	2140	2	43	39
永陵	3	3047	3	48	42
新宾镇	3	632	3	59	53
旺清门镇	2	610	2	38	34
南杂木	2	516	2	30	27
红升	1	267	1	15	13
响水河乡	1	1137	1	72	66

2019年农村饮水安全扶贫解困项目完成情况表

表13

序号	饮水困难人口对应的工程地点			工程处数（处）	受益人口（人）	其中贫困人口（人）	工程投资（万元）	
	乡镇	村	屯				总投资	申请投资
合计	15	97	169	169	68214	1202	5514	5514
1	北四平乡	2	2	2	710	26	126	126
2	大四平镇	6	7	7	1104	205	212	212
3	红庙子乡	5	8	8	3131	94	285	285
4	红升乡	1	1	1	390	56	12	12

续表 13

序号	饮水困难人口对应的工程地点			工程处数（处）	受益人口（人）	其中贫困人口（人）	工程投资（万元）	
	乡镇	村	屯				总投资	申请投资
5	平顶山镇	5	8	8	3575	44	141	141
6	旺清门镇	5	14	14	2451	97	202	202
7	下夹河乡	6	9	9	2449	90	174	174
8	响水河子乡	6	8	8	4879	79	452	452
9	榆树乡	10	17	17	6122	39	718	718
10	木奇镇	7	12	12	8163	58	464	464
11	南杂木镇	1	4	4	1196	1	237	237
12	上夹河镇	11	27	27	5788	152	456	456
13	苇子峪镇	8	13	13	8661	85	698	698
14	新宾镇	18	37	37	14105	155	1204	1204
15	永陵镇	2	2	2	2011	21	133	133

2019 年市财政小农水“先建后补”项目完成情况表

表 14

序号	项目名称	建设内容	投资（万元）	效益（公顷）
	合计		84	55
1	新宾县永陵镇下房子村喷灌工程	新建大口井 1 眼，管网铺设 4 公里	54	40
2	新宾县新宾镇林子头村喷灌水源工程	新建大口井 1 眼，管网铺设 6 公里	15	3
3	新宾县苇子峪镇杉松下堡方塘水源工程	方塘长 150 米，宽 40 米，对方塘深度进行开挖并防护	15	12

2019 年省财政小农水“先建后补”项目完成情况表

表 15

序号	所在灌区（乡镇）	村屯	主要建设内容	安排省级资金（万元）	新增、改善灌溉面积（公顷）
合计	11	25		420	225.13
1	新宾镇	1	新建水源、铺设喷灌管线	5	3.33
2	平顶山镇	2	新建水源、铺设喷灌管线	25	10.81
3	北四平乡	2	新建水源、铺设喷灌管线	30	18.93
4	木奇镇	3	新建水源、铺设喷灌管线	79	34.12
5	上夹河镇	3	新建水源、铺设喷灌管线	62	29.8
6	旺清门镇	2	新建拦河坝 20m、铺设预制渠道 700m	48	29.06
7	榆树乡	1	新建水源、铺设喷灌管线	23	13.34
8	永陵镇	4	新建水源、铺设喷灌管线	60	58.74
9	苇子峪镇	3	新建水源、铺设喷灌管线	25	4.24
10	南杂木镇	2	新建水源、铺设喷灌管线	58	20.36
11	下夹河乡	1	新建水源、铺设喷灌管线	5	2.4

2019 年度水土流失综合治理任务完成情况表

表 16

项目类别	建设规模（公顷、条）	投资（万元）			水土流失综合治理任务完成情况						
		总投资	其中		合计（公顷）	坡耕地治理（公顷）	坡面治理（公顷）		封育治理（公顷）	小型水利工程	
			国家财政投资	省级投资		保土耕作	水保林	经果林		点状工程（处、座）	线状工程（米）
合计	—	1698	618	1080	751.19	177.84	132.96	18.67	421.72	32	20374

续表 16

项目类别	建设规模（公顷、条）	投资（万元）			水土流失综合治理任务完成情况						
		总投资	其中		合计（公顷）	坡耕地治理（公顷）	坡面治理（公顷）		封育治理（公顷）	小型水利工程	
			国家财政投资	省级投资		保土耕作	水保林	经果林		点状工程（处、座）	线状工程（米）
侵蚀沟工程	32 条	1018	618	400	—	—	—	—	—	8	19074
省属水土保持工程	751.19	680	—	680	751.19	177.84	132.96	18.67	421.72	—	1300

2019 年新宾满族自治县移民统筹项目完成情况表

表 17

项目类别 / 项目名称	建设地点（个）	总投资（万元）				设计效益				
		合计	移民资金	地方	其他	受益村数（个）		受益总人数（人）	受益移民户数（户）	受益移民人数（人）
						库区村	移民村			
合计	26	587.46	587.46	—	—	11	15	3022	12281	34046
基本口粮田及水利设施建设	6	218	218	—	—	1	5	90	251	6264
饮水安全、沼气、交通、供电、通信广播等基础设施	9	148.06	148.06	—	—	4	5	1039	4323	12894
文化、教育、卫生等社会事业设施	7	129	129	—	—	2	5	731	2904	10006
种植业、养殖业、林业、畜牧业、渔业、旅游业、加工业、服务业等生产开发	4	92.4	92.4	—	—	4	—	1162	4803	4882

2019 年新宾满族自治县移民 600 元外项目完成情况表

表 18

项目类别 / 项目名称	建设地点（个）	总投资（万元）				设计效益				
		合计	移民资金	地方	其他	受益村数（个）		受益总人数（人）	受益移民户数（户）	受益移民人数（人）
						库区村	移民村			
合计	32	1049	1049	—	—	4	27	38180	332	888
基本口粮田及水利设施建设	16	513	513	—	—	1	15	20499	199	530
饮水安全、沼气、交通、供电、通信广播等基础设施	9	302	302	—	—	3	6	10575	81	225
文化、教育、卫生等社会事业设施	6	219	219	—	—	—	6	7106	52	133
监测评估	1	15	15	—	—	—	—	—	—	—

2019 年新宾满族自治县移民小库项目完成情况表

表 19

项目类别 / 项目名称	建设地点（个）	总投资（万元）				设计效益				
		合计	移民资金	地方	其他	受益村数（个）		受益总人数（人）	受益移民户数（户）	受益移民人数（人）
						库区村	移民村			
合计	8	314	314	—	—	3	5	12965	349	947
基本口粮田及水利设施建设	2	122	122	—	—	1	1	3483	82	270
饮水安全、沼气、交通、供电、通信广播等基础设施	4	149	149	—	—	1	3	4724	86	176
文化、教育、卫生等社会事业设施	2	43	43	—	—	1	1	4758	181	501

扶贫开发

综　述

【概　况】 新宾满族自治县扶贫开发领导小组办公室（以下简称县扶贫办），归新宾满族自治县农村经济发展局管理。2019年1月，根据《新宾满族自治县机构改革方案》，新宾满族自治县农业农村局加挂新宾满族自治县扶贫开发领导小组办公室牌子。县扶贫办的主要工作职责是贯彻落实国家和省、市有关扶贫开发的方针政策和法律法规，拟订并组织实施全县扶贫开发工作的政策、规划并组织、协调、指导全县脱贫攻坚工作，会同有关部门拟订扶贫资金分配方案，指导、检查、监督扶贫资金使用和管理，负责重点扶贫项目、扶贫信息体系建设、统计信息工作，指导全县扶贫开发对象的动态监测，协调社会各界的扶贫工作，承担县扶贫开发领导小组和县脱贫攻坚领导小组日常工作。

【体制机制】 健全县、乡、村党委、政府主要领导任"双组长制"的脱贫攻坚领导小组，严格落实"五级书记"抓脱贫机制。县委、县政府认真贯彻落实中央及省、市关于扶贫开发工作重大战略部署，全年召开县委常委会议5次、脱贫攻坚领导小组全体会议3次、脱贫攻坚工作推进会议2次、部门调度会议7次、乡镇扶贫办主任会议4次，专题研究和解决脱贫攻坚工作存在的问题和困难。及时调度县直各行业部门参与脱贫攻坚工作，形成上下贯通、责任到底、合力攻坚的责任体系。

7月4日，县委书记那学成（右一）陪同省扶贫办主任李军（中间）到永陵镇陡岭村建档立卡贫困户家中调研

建档立卡

【概　况】 新宾满族自治县是辽宁省15个扶贫开发重点县之一，2017年贫困县摘帽，全县有贫困村53个，全部销号退出。全县有贫困人口9073户19617人，稳定脱贫不享受政策2765户6989人，享受政策6308户12628人，其中包括已脱贫6249户12506人、未脱贫59户122人。

【开展"三查"工作】 7月，在全县范围内开展脱贫质量大普查大排查大督查（"三查"）工作。各乡镇成立交叉调查组，进村入户填写入户调查表。县委、县政府抽调人员成立15个督查组，派驻到15个乡镇进行指导、推进和监督，每周调度工作进展情况，确保大普查大排查的有序推进。

7月19日，全县脱贫质量大普查大排查大督查督查组在新宾镇黄旗村检查

“三查”期间，新增34户74人、回退27户52人。

【信息采集】10月，各乡镇组织包村干部、村干部进村入户开展扶贫对象信息采集和更新，详细填写《贫困户信息对照采集表》和《贫困村信息对照采集表》，按照“谁调查、谁登记，谁审核、谁负责”原则，准确填报相关表格，切实做到真入户、真采集、摸实情，确保数据真实准确。

【动态调整】10—12月，按照《抚顺市2019年度扶贫对象动态调整和建档立卡信息采集录入工作方案》（抚脱贫发〔2019〕31号）文件要求，进行动态调整。10月，开展2019年建档立卡贫困人口脱贫退出工作。完成建档立卡贫困人口2685人的减贫目标。贫困人口按照脱贫退出“两公示一公告”程序，于11月4日前完成了村级评议公示、乡镇党委审核公示；11月6日，由县扶贫办抽调骨干力量对全县预脱贫人员按10%比例进行验收评估，共验收179户；11月10日前完成县级公告；11月11—30日，各乡镇将动态调整人员录入扶贫信息系统，并完成系统内所有贫困户信息完善等工作。

政策落实

【概　况】严格落实“摘帽不摘责任、摘帽不摘政策、摘帽不摘帮扶、摘帽不摘监管”的要求，围绕“两不愁三保障一安全”目标，扎实推进“五个一批”工程，推进各项扶贫政策落实落地。继续开展建档立卡贫困人口重病兜底工作，全年县级3所医院兜底1497人，兜底资金137.6万元；慢性疾病签约治疗2786人，签约率100%。投入2582万元完成建档立卡贫困户危房改造。通过产业扶贫带动贫困户6387户、贫困人口12907人增收致富。

【健康扶贫】完成建档立卡贫困人口2019年新农合筹资；继续实施大病重病兜底、慢病投药等扶贫政策；印制健康扶贫政策宣传单2.5万份，让健康扶贫政策宣传到户到人；为贫困人口代缴2020年城乡居民基本医疗保险个人缴费部分；为建档立卡贫困人口缴纳医疗补充保险，每人100元；协调县卫健局、县医保局做好建档立卡贫困人口门诊和住院信息数据整理、核对及医疗补充保险的报销理赔。

【危房改造扶贫】由县住建局牵头，县民政局、县残联、县扶贫办配合，对各乡镇上报的危房改造计划进行核查；全年建档立卡贫困户危房改造346户，其中D级翻建254户、C级维修46户、无房户46户，全部竣工入住。

【产业扶贫】县农业农村局组织各乡镇做好产业项目实施工作，对2019年新增产业扶贫项目进行申报，及时完善项目库，入库数531个。全县下拨产业扶持资金3297万元，对接产业项目58个，实现贫困户参与产业全覆盖，贫困户变股东完成100%。

【教育扶贫】县教育局对376名义务教育阶段（2018—2019学年度）建档立卡贫困家庭学生自愿性收费给予一次性补助，小学阶段每生补助850元、补助211人，初中阶段每生补助1000元、补助165人，补助资金总额34.435万元；为2019—2020学年度贫困家庭学生自愿性收费项目予以免除；落实贫困家庭新成长劳动力接受中高职职业教育补助，完成申报77人，补助资金23.1万元。

【兜底保障扶贫】 县人力资源和社会保障局开展农村低保标准提标工作，进一步做好建档立卡贫困人口和低保对象的两项衔接，力争做到“应保尽保”。开展2017—2019年农村低保和建档立卡贫困户识别工作，对收入超出低保标准但因重病、突发重大事件等困难家庭，采取“救急难”、临时救助等方式进行救助，每户1000—3000元。

【就业扶贫】 落实就业扶贫政策，开展公益性事业单位面向建档立卡贫困家庭大学毕业生公开招聘工作，录取19人。在各乡镇设立公益性扶贫专岗，安置农村贫困劳动力73人就业。

【饮水安全】 解决贫困人口安全饮水问题，全县农村饮水安全项目建设总投资6725万元，改造完成农村饮水安全工程198处，解决125个村屯130644人的饮水困难问题，覆盖贫困人口1202人；争取市级扶贫资金360万元解决饮水配电工程资金问题。

资金监管

【概　况】 投入各级财政扶贫专项资金5915.49万元，其中中央级1456万元、省级2462.04万元、市级1297.45万元、县级配套资金700万元。结合全县脱贫攻坚工作总体部署，做好资金使用计划，并监管资金使用。

【资金核验】 4月23日，召开乡镇扶贫办主任工作会议，对2017年、2018年扶贫专项资金的使用跟踪回访工作进行安排，开展危房改造资金、教育补助资金和医疗扶贫资金的审核查验，避免扶贫资金存在截留、挪用等违法违规现象，对各乡镇扶贫资金的管理和使用进行考核评价。

【评估审计】 8月15日，省审计厅交叉审计派驻辽阳审计组进驻新宾，对脱贫攻坚政策措施落实情况进行为期三个月的专项审计。10月24日，县审计局派驻审计组对2018年至2019年上半年脱贫攻坚政策落实情况进行跟踪审计，进一步加强扶贫资金的管理和使用。11月6日，全省扶贫资金绩效评价第三方评估到苇子峪镇、永陵镇开展资金绩效评估检查。县扶贫办对审计提出的问题，全部进行整改，并建立扶贫资金长效运行管理机制。

11月12日，县委书记那学成在全省脱贫攻坚成效第三方评估工作对接会议上汇报新宾满族自治县脱贫攻坚工作

督查整改

【概　况】 全年共接待省、市各类督查、调研、检查17次，其中包括省扶贫办督查检查5次、第三方评估1次、省扶贫办调研3次；市扶贫办督查检查6次、调研2次。按照县委要求，对巡视巡察反馈的有关脱贫攻坚问题进行整改。

【第三方评估】 11月11—13日，省扶贫办委托沈阳农业大学师生开展2019年脱贫攻坚成效评估检查。抽取新宾镇黄旗村（贫困村）、木奇镇下营子村（贫困村）、红庙子乡查家村（非贫困村）40户贫困户入户走访调查，对脱贫攻坚工作进行全面评估。

【巡视巡察整改】 落实省委第四巡视组巡视反馈意见的整改工作。针对省委巡视反馈的在贯彻中央及省委扶贫要求有差距、扶贫资金管理不够规范、扶贫政策落实不到位3项问题，全面认领，严肃整改。已经整改办结2项，完成阶段性整改任务的1项。

落实市委巡察乡镇发现问题整改工作。针对市委巡察组提出的扶贫资金滞留、扶贫资金管理不规范、扶贫对象识别不精准问题，督促各乡镇持续整改。全县15个乡镇完成项目入库579个，实现对接118个，落实资金2612万元。对扶贫互助金转型使用情况进行排查，加大逾期互助金追缴力度，收回互助金87万元。组织对建档立卡贫困人口精准识别问题、住房安全问题等进行排查，确保脱贫质量。

【年货大集助力】 在12月28日开幕的“2019—2020年满族农庄过大年”活动中，县政府为建档立卡贫困户安排20个摊位，各乡镇组织贫困户参与年货大集卖自产年货增加收入，县扶贫办设立服务站为参与活动的贫困户服务，县书法家协会专门手书300副春联和“福”字助力，乡镇扶贫办主任参与志愿活动。

社会扶贫

【概　况】 组织和引导动员企业法人、公益慈善类组织、志愿者、爱心人士等社会各界力量，开展社会帮扶活动。开展“中国社会扶贫网”注册使用工作，完成建档立卡贫困户注册3454户，镇村两级管理员注册560人。

【“五整洁一规范”】 与县妇联联合组织开展贫困人口人居环境“五整洁一规范”（房前屋后整洁、院内整洁、室内整洁、厨房整洁、个人卫生整洁和物品摆放规范）活动，助力“千村美丽、万村整洁”行动。组成验收小组，开展贫困户人居环境“五整洁一规范”活动情况验收评比，为评出的清洁家庭示范户颁发清洁家庭示范户标志牌并实施动态管理。县扶贫办将此项工作常态推进，对贫困户进行常提醒、常帮扶、常坚持。通过经常性调度、常态性推进等措施，形成长期坚持的良好氛围，实现贫困户物质和精神“双脱贫”。

贫困村帮扶

【概　况】 贫困村帮扶采取由省、市、县三级选派驻村工作队开展驻村帮扶，帮助贫困村发展种养殖项目、完善基础设施，带动贫困户增收，改造贫困村整体环境。

【基础设施建设】 整合政府债券资金1570万元及扶贫专项资金20万元，用于53个贫困村的基础设施建设，每村30万元标准。县住建局负责村容村貌和路灯项目建设，村容村貌项目概算资金为573.34万元，采购金额为542.1万元，项目共分为5个标段，涉及32个行政村；路灯项目概算资金356.09万元，政府采购金额为343.344万元，涉及21个行政村。县交通运输局负责道路桥梁和广场建设项目17个，投资188.55万元。县水务局负责饮水和河道河堤项目建设13项，项目资金225.17万元。

（杨珺尧）

工　业

综　述

【概　况】 2019年，全县工业把优化经济结构、转换增长动力作为工业经济发展理念，提升招商引资质量，拓宽外贸进出口渠道，准确把握外事工作方向，着力推进高新技术产业、新兴产业和现代服务业的发展，保障经济质量和效益平稳发展。完成规模以上工业总产值17.53亿元，同比增长-14.7%，完成规模工业增加值2.66亿元，同比增长-3.2%。

【工业经济运行情况】 2019年，全县工业经济整体呈下降的趋势。全县有规模以上企业23户，其中，化工企业2户，产值4.29亿元，占全县总产值的24.4%，同比增长23.3%；建材企业4户，产值2.8亿元，占全县总产值的16%，同比下降40%；轻工企业10户，产值4.2亿元，占全县总产值的24%，同比下降28.8%；食品企业1户，产值3.47亿元，占全县总产值的19.8%，同比下降13.3%；冶金企业1户，全年进行生产线改造，产值0；医药企业2户，产值0.57亿元，占全县总产值的3.3%，同比下降16.2%；装备企业3户，产值2.2亿元，占全县总产值的12.5%，同比增长22.2%。规模以上企业中超亿元企业仅3家，工业经济体量较小。全年新增个转企115家。

县域工业产业结构是以木制品加工和食品、粮食及中药材加工为主导产业，逐步壮大装备制造、耐火材料、脱氧材料产业，引导工业企业向智能制造等高科技转型。

新宾满族自治县重点企业主要是抚顺东工、大化国瑞、添泷耐火、秘参堂药业和华驰汽车等几家企业。其中抚顺东工冶金的传统牌号铝合金焊丝已实现量产，某型号惯导安装板、头锥、控制舱、尾段等产品也实现产业化生产，年底增材制造产值占比达到40%，同比增长20%；大化国瑞通过技术改造，突破一焙一化技术，使企业石墨化生产设施和后续加工能力都得到极大改善，缩短生产周期3个月，生产的核石墨粉、石墨球产品纳入国内唯一直接为中核集团供货的两家企业之一；添泷耐火未能实现满负荷生产，产值同比下降严重；秘参堂药业正处于高速发展势头，因国家建设沈白客专高铁线路规划上将占用企业生产车间，企业未满负荷生产，产值增长速度缓慢；辽宁华驰汽车运营重点投放在城市环卫市场化开发方面。

注重高新技术产业扩能改造。主要围绕东工冶金电弧熔丝增材制造建设项目的验收和军用重型装备关键重要部件数字化再制造产业化项目的开工建设，以及隆烨化工两化融合、添泷耐火清洁化生产等项目进行扩能改造，抓好续建项目的后期完善，扶持好新项目的落地开工和后续资金投入问题。

企业升规

【升规企业培育】 与税务部门联动，及时掌握大企业经营情况，鼓励、动员符合条件的企业升级限上企业；与统计部门联动，认真做好限上企业的预报预估工作，及时了解企业数据报送情况，对限上企业实行“提档增速”专项攻关行动，确保经济指标全面完成。定期对入库企业进行量化考核和精准培育。

【“小升规”企业】 建立新宾满族自治县“小升规、规升巨”培育库。在保证规模以上企业不退库的基础上，将8家有发展潜力的民营企业列入重点小升规培育计划，安排县领导及相关部门包保4家民营企业年底升规，全年完成升规2家，分别是辽宁中科诺维生物科技有限公司和抚顺捷通铝线制造有限公司。完成“规升巨”企业1家，即抚顺新宇木业有限公司。全县2019年必退库企业1家，即抚顺美世人造板有限公司。

【政策支持】 为提高民营企业的升规积极性，对实现升规目标的企业，在市政府奖励新升规企业5万元的基础上，研究制定新宾满族自治县小升规相关奖励配套政策，年底一次性给予资金奖励。利用国家放宽中小企业投融资政策机遇，帮助企业做好融资对接，破解企业融资难、融资贵的问题。引导和鼓励县域内民营企业利用国家、省对境外展会的扶持政策，带产品到境外参展，拓宽国际市场渠道，扩大国际市场份额，增加销售收入。对各乡镇工业企业进行调研走访，挖掘升规潜力企业。持续关注其他列入培育计划的6家企业，将抚顺金隆矿业有限公司、抚顺昊源生物科技有限公司、抚顺市森茂人参制品有限公司、抚顺万通天成防腐木材有限公司、新宾满族自治县兴达木材防腐厂、抚顺中信防腐材料有限公司6家企业纳入小升规培育库进行关注调度。

投资服务

【工业投资】 全县500万元以上工业投资项目共8个，其中新建项目6个，续建项目2个，计划总投资10.34亿元，2019年完成投资2.4亿元。主要建设项目有：抚顺东工冶金材料技术有限公司铝合金电弧熔丝增材制造产业化项目。项目总投资1.2亿元，建设年产电弧熔丝增材制造专用铝合金材料1000吨，电弧熔丝增材制造结构件3200件产业化的生产线，完成4500平方米增材制造产业化车间建设工程，已投入使用；订购并安装电弧增材制造专用材料加工设备55台套，具备700吨/年生产能力；完成8台套专用高效电弧增材制造装备订购。该项目的增材制造部分，通过县发改部门积极争取振兴东北老工业基地创新链中央预算内投资金716万元已经发放到企业。辽宁捷通机械制造有限公司9万吨/年电工圆杆铝线技改项目计划总投资5000万元。完成1台30吨熔炼炉建设，3条连铸连轧铝杆生产线和冷却水池、乳化池及地磅等三条生产线的建设并实现生产。项目经过市场分析，购进年底国内、国外最先进的轧机组，采用最先进的生产技术，产品质量达到国家质量认证标准及国际同类产品的先进水平，添补该项目东北三省空白。辽宁中科诺维生物科技有限公司年产300吨固体饮料（人参提取物）项目计划总投资2亿元，建设地点在永陵镇农产品加工集聚区，占地28258平方米，建筑面积22606平方米，2019年投资6000万元，建设综合楼及1#厂房2#、3#库房，平地人参种植。项目于5月开工，10月一期工程正式建成投产。

【服务企业】 解决融资难问题。积极搭建平台，加大银企对接力度，先后两次组织企业参加辽宁省工信厅举办的银企对接会议，帮助辽宁中科诺维生物科技有限公司实现新宾首个当年落地、当年建设、当年投产的壮举；促进抚顺东工冶金材料技术有限公司与军企融合进程，提高电弧熔丝增材制造订单份额。全力推进项目建设，促进工业转型升级。建立副县级以上领导项目包保机制，加大服务扶持力度，千方百计帮助企业解决历史遗留问题6项。大力推进高科技企业发展，帮助企业解决生产建设中的相关问题。加快推进抚顺东工冶金材料技术有限公司铝合金电弧熔丝增材制造产业化项目和辽宁捷通机械制造有限公司年产9万吨电工圆杆铝线加工项目建设。坚持经济运行月报告季分析，有效防范和化解风险。完善各项基础工作，搞好工业经济运行分析和监测，着重加强对工业重点行业、重点企业的分析，及时发现运行中苗头性、趋势性问题，防范和化解工业运行中的风险。6月下旬，帮助抚顺东工冶金材料技术有限公司包装并申报项目。帮助民营企业清理欠款，年底国企偿还县政府欠款两笔，共1055万元，其中县殡仪馆拖欠账款总额698.5万元，偿还380万元；县供热管理所欠款1146.2万元，偿还675万元。政府部门欠款两笔共2104.65万元，已偿还1614.65万元，剩余欠款总额490万元。

行业监管

【强化特殊行业管理】 协助全县成品油经营企业顺利完成成品油年检、换证工作。坚持对商贸流通企业的常规检查与专项整治，净化商贸流通领域的安全生产环境。推进中旅旧机动车服务中心项目早日竣工，打造二手车自由流通市场，完善城市建设配套服务机构。

【企业运行监测】 对工业企业运行实施监测，按周调度、月汇总的要求，加强与统计、税务部门的沟通对接，注重数据匹配等调度分析，有针对性地采取应对措施，促进产业健康发展。

企业发展

【加快现代服务业发展步伐】 共组织9家企业先后参加全国各地展会5个，新宾特色产品得到来自全国各地客商的充分认可，部分企业与外地客商达成销售意向。

【促进传统服务业转型升级】 推动传统企业向电子商务转型升级，提升电子商务覆盖面，利用电子平台将商品销售到全国各地。为更好的发展电子商务产业，积极申报2019年电子商务进农村项目，出台《新宾满族自治县电子商务发展规划（2019—2021）》（新政办发〔2019〕25号）。为企业搭建销售平台，努力促成新宾满族自治县特色生产企业与华晨宝马汽车有限公司、阿里巴巴、京东商城深度合作。

（孟范科）

2019年新宾满族自治县规模以上企业一览表

表20

序号	企业名称	县区
1	新宾满族自治县供热管理所	新宾满族自治县
2	抚顺市添泷耐火材料有限公司	新宾满族自治县
3	抚顺东工冶金材料技术有限公司	新宾满族自治县
4	辽宁捷通机械制造有限公司	新宾满族自治县
5	抚顺盛源牧业有限公司	新宾满族自治县
6	辽宁天赐钙业有限公司	新宾满族自治县
7	辽宁大化国瑞新材料有限公司	新宾满族自治县
8	抚顺市雅臣工艺品厂	新宾满族自治县
9	抚顺隆烨化工南杂木有限公司	新宾满族自治县
10	抚顺罕督进出口有限公司	新宾满族自治县

续表 20

序号	企业名称	县区
11	辽宁秘参堂药业有限公司	新宾满族自治县
12	抚顺兴林木业有限公司	新宾满族自治县
13	抚顺森隆达木业有限公司	新宾满族自治县
14	辽宁华驰专用汽车制造有限公司	新宾满族自治县
15	抚顺荣海木业有限公司	新宾满族自治县
16	抚顺青松药业有限公司	新宾满族自治县
17	抚顺市宏业机械厂	新宾满族自治县
18	新宾满族自治县旺达防腐有限公司	新宾满族自治县
19	抚顺美世人造板有限公司	新宾满族自治县
20	抚顺新宇木业有限公司	新宾满族自治县
21	抚顺合兴万家木业有限公司	新宾满族自治县
22	新宾满族自治县公路管理段沥青拌和站	新宾满族自治县
23	哥俩好新材料股份有限公司	新宾满族自治县

城乡建设

综 述

【概 况】2019年，新宾满族自治县城乡建设工作认真贯彻落实城乡建设、城市管理、行政执法及人民防空工作的方针政策和决策部署，牢固树立创新、协调、绿色、开放、共享的新发展理念，结合新宾发展实际，坚持以人为本，着力保障和改善民生，不断提升城市建设能力、改善城市居住环境、提高城市综合竞争力，加强队伍建设，提高服务能力和业务水平，为百姓服好务、做好事，促进新宾满族自治县城乡建设行业的发展，城乡建设工作取得较好成效。

1月，根据《新宾满族自治县机构改革方案》，将县城乡建设管理局的职责，以及县政府办公室（人民防空办公室）的人民防空工作职责等整合，组建新宾满族自治县住房和城乡建设局（以下简称县住建局），加挂新宾满族自治县城市管理综合行政执法局、新宾满族自治县人民防空办公室牌子。主要负责综合管理和指导全县建筑活动、规划建筑市场；指导管理全县城市村镇建设和城市供水、燃气热力、市政设施、园林绿化、污水处理、环境卫生及城市建设监察工作；制定并组织实施人民防空建设规划、计划，保障全县城镇低收入家庭住房、推进住房制度改革。

3月，根据《新宾满族自治县公益性事业单位调整方案》，重新组建新宾满族自治县城乡建设事务服务中心（以下简称县城乡建设服务中心），为县政府直属副科级事业单位，由县住建局代管。县城乡建设服务中心由原县城乡建设管理局所属的市政管理所、环卫管理所、村建管理办公室、建筑企业管理办公室、城镇节水办公室、建筑工程质量监督站、房屋征收管理办公室、镇容镇貌执法大队、城镇规划执法大队、建筑工程质量检测中心共10个机构整合组建。主要负责为全县公共事业、市政基础设施项目建设及维护、县城环境卫生、村镇建设、房屋征收及补偿、建筑业招投标、工程造价、工程质量及安全等工作提供技术支持和服务保障。

【营商环境建设】优化营商环境，简化审批流程，加快推进“一网通办”，方便群众办事创业。县住建局在政务服务事项目录清单中认领并维护包括行政处罚、行政强制、行政裁决、行政征收、行政奖励、公共服务、行政许可、其他行政权力、行政确定、行政给付10个行政类别的337个事项，并对进审批服务大厅办理事项实行“互联网+政务”公开。

县城及乡镇建设

【概 况】2019年，县城及乡镇建设总投资102995.54万元。其中，县城建设投资73400万元；村镇建设危房改造投资2682万元；重点工程建设投资22858.34万元；环卫管理投资4055.2万元。

【县城建设】 继续做好棚改工作，自2013年起至2016年止，已改造西出口地块及丰田农机东侧地块，共计解决1257户居民的居住问题。2019年，县住建局积极开展县城待改造棚户区问题的自查工作。县城平房聚居区约有505户居民（农民与市民混居），居住密度较大，该区域房屋为早年各单位家属房及村民自建房，面积约16230平方米，主要集中在富江路以南，东至衍水街，西至兴京街，是县政府重点民生关注区域。

新宾镇镇容

继续推进新宾镇西出口工作，签房屋征收补偿协议的被征收人7个，下征收决定30个，法院判决19户，完成西出口9号地块残土清运工作。农贸市场的房屋征收工作帮助农贸市场被征收户办理房产证30个，接收御熙家园回迁门市房29个。中心小学地块完成4个被征收户的房屋征收补偿协议，并完成回迁和补偿，还剩余2户未征收。配合好不动产中心，协助回迁户办理好房产证的工作。

收集《中华人民共和国土地法》《中华人民共和国林业法》《中华人民共和国城乡规划法》《国有土地上房屋征收与补偿条例》《国有土地上房屋征收评估办法》等相关法律法规并汇编成册，组织干部职工进行学习培训，全年共整理法律、法规15个、地方性法规5个、部门条例3个，组织培训15次。组织人员到被征收区内发放材料15次，发放资料共计2000份，全年化解矛盾累计15件，化解后成功签协议10件，成功率75%。对征收范围内的房屋、土地、人口等基本信息及被征收户的征收意愿、方案的选择等情况进行摸底调查。坚持“先补偿、后拆迁”“先安置、后拆迁”的以人为本原则，根据被征收户的具体情况，按照相关法律法规及征收补偿安置方案的规定，对被征收户的房屋及土地进行丈量、测算、补偿。

提升物业管理服务水平，探索建立“自治管理”模式，充分发挥居民在物业管理中的参与作用。鼓励群众建立志愿者队伍，弥补物业服务“短板”。在招标时明确物业公司应优先从居民中招聘管理服务人员，特别是保洁、绿化、维护、维修等物业服务岗位，优先聘用低保户等困难家庭人员。房产物业经营公司管辖区内完成整体防水17栋、14500平方米；楼房局部维修防水34栋、50户、2500平方米；楼房楼檐砸抹12栋、860延长米；室外下水井清掏、疏通91个、1300余延长米；自来水管线（含暖气管线）更换70米、20户；下水管线更换40米、15户。

【村镇建设】 全县实施农村危房改造791户，投资2682万元。其中建档立卡贫困户危房改造723户，投资2582万元，其中C级42户，投资42万元；D级635户，投资2540万元；无房46户；其他三类人群68户，投资100万元。其中C级35户，投资17.5万元；D级33户，投资82.5万元。开工791户，竣工778户。危房改造工作按照年初计划认真贯彻落实相关政策，根据鉴定等级制定相应的改造方案，保证贫困户住房安全。

加强农村生活垃圾分类及资源化利用。协助制定《新宾满族自治县农村生活垃圾分类及资源化利用管理条例》《关于打造农村垃圾分类及资源化利用工作“升级版”实施意见（试行）》，将《条例》宣传材料与《实施意见》发放到各乡镇，要求各乡镇落实主体责任，抓好政策的贯彻落实。加强宣传引导，集思广益，利用各种途径，采取多种形式，使农村生活垃圾分类处理知

实施农村生活垃圾分类及资源化利用工作后，村容村貌干净整洁

识深入群众、深入人心，家喻户晓。农村生活垃圾分类及资源化利用在“户分类、户处理、不出院、零填埋”的基础上，积极探索“户分类、户处理、少出院、村收集、乡运转、县处理、零填埋”的新模式，县领导和住建局多次到各乡镇开展实地调研垃圾闭环运行工作方案，并由永陵镇、木奇镇做运行成本试点。完善设施设备投入，对各乡镇垃圾转运处理设施损坏情况进行统计汇总，积极向上争取维修资金，及时维修损坏的设施，保障垃圾运行体系正常运作。在新宾镇蓝旗村新建一座垃圾分选场，11 月末投入使用。

强化督导考核。由住建局牵头成立“农村生活垃圾分类及资源化利用工作”督查小组，制定考核细则，通过巡查暗访、走访农户等形式，对各乡镇所有行政村、小组（屯）的农村人居环境以及农村生活垃圾分类及资源化利用工作成效进行督查考核。督查结束后，对各村评分进行排名，依次评定典型村、达标村和不达标村，并对各乡镇评分进行排名。督查结果作为各乡镇农村生活垃圾分类及资源化利用工作年度考核、县政府对各乡镇年终绩效考核依据。2019 年各乡镇形成垃圾闭环运营体系后生活垃圾处理体系已覆盖全部 181 个行政村，覆盖率达到 100%；收集农村生活垃圾 7392 吨，收集率达到 100%；清运农村生活垃圾 7820 吨，清运率达到 100%。

【重点工程建设】 重点扶贫村基础设施建设村容村貌项目涉及 32 个行政村，分为 5 个标段共 44 个项目，工程预算金额为 573.34 万元，已全部竣工验收。重点扶贫村基础设施建设路灯项目涉及 22 个行政村，共安装 1762 盏太阳能路灯、8 盏景观灯，已安装调试完毕，验收合格，投入使用。

“特色小镇”建设有永陵启运古镇和中国北方根艺小镇两个项目。永陵启运古镇项目已完成新规划初稿编制，标识设计完成并投入使用。镇区滨河路改造、古城街建设、自来水管网改造、污水管网改造、永陵镇罕王路非机动车道及污水改造及板涵工程等项目稳步推进。中国北方根艺小镇建设完成特色小镇概念规划，投资 20 万元；对镇内锅炉房及供暖管线进行改造，投资 240 万元；举办首届中国北方抚顺 · 新宾根艺奇石节，投资 100 万元。

人参（中药材）综合市场项目。已录入到县统计局项目库中。投资额 2.5 亿元，已完成投资额 2.1 亿元。

公安局业务技术用房建设项目。已录入到统计局项目库中。投资额 1107 万元，已完成主体验收，完成投资 925 万元。

【城区管理】 对乱停乱放的车辆进行统一标准的管理和处罚，确保行人出行方便，道路畅通。上半年共清理违停车辆 1500 多台。

利用“呼死你”电话追呼系统，针对违法张贴小广告、随处乱发宣传单的违法行为进行电话号码追呼，追呼号码约 200 个，罚款金额约 3000 元。指定专人利用小广告清洗机对县城内张贴的小广告进行清洗，共计清洗小广告 25000 余张。县城内悬挂条幅必须经执法大队审批后，方可在指定地点规定时限内进行悬挂，产权单位负责维护、拆除，共计拆除条幅广告牌匾 290 幅（块）。

配合小区改造，共拆除大棚房 3 处、搭棚车库 3 个、仓房 185 个、门斗 3 处、临时建筑 6 处、清理河堤及河道 2 处、乱堆乱放 77 处、制止窗改门 6 处。

对检查井、雨水井进行全面清掏，其中清掏雨水井514座、检查井105座、清排洪沟4条，对东河沟挡土墙进行翻建，保证安全度汛。

【市政建设】 路灯改造共计21个杆、维修路灯3903盏，更换、改造路灯线路5858延长米。翻建排水管线232.5延长米，疏通排水管线1860延长米，维修检查井86座、雨水井78座。镇内油路维修5272.7平方米、边石维修312米，维修步道砖576.5平方米、花岗岩石板612.7平方米，浆砌排洪沟199延长米。栅栏、木地板、灯杆等刷油漆2156平方米。小区绿化养护管理14108平方米。国庆节安装国旗348面。安装护栏161米、摆石球60个，消除安全隐患。

对绿化苗木草坪进行修剪、浇水、拔草、病虫害防治、涂白等养护工作，更换草坪5676平方米、白三叶草坪6252平方米，共栽植时令花卉162990盆、宿根花卉翻种150平方米。灌溉花草树木动用洒水车120台次，潜水泵80个台班，投入人工480个工日。共对绿化苗木喷洒杀虫剂、杀菌剂27遍、对绿化苗木施肥9遍。坐凳全部粉刷一遍，拆除并安装坐凳6个、维修坐凳9个，拆除并安装果皮箱7个。对肇兴路11500延长米隔离带、衍水街3000延长米绿化带进行围挡。

【环卫管理】 2019年，润洁环境科技有限公司负责县城约135万平方米的清扫保洁面积、58万平方米河道面积、24座（含旱厕）公厕及2019年新增的10万余平方米清扫保洁面积（含绿地）。实行环卫一体化运营，润洁环境科技有限公司投入3辆洒水车、1辆高压清洗车、6辆电动快速保洁车，合计158万元，更换衍水街等双体果皮箱22个、政府单体果皮箱6个，合计2.2万元。

严格按照《新宾满族自治县城市环境卫生检查考核办法》《新宾满族自治县城市环境卫生作业标准和规范》进行考核、监督、检查。

【城镇综合执法】 2019年，开展以“全面治理城市、共建宜居家园”为主题的县城环境卫生综合整治行动。执法队员对市场进行为期一个月的早6:00—晚6:00的集中治理，于10月中旬结束。对影响镇容镇貌的商户进行及时管理，专项整治和日常管理相结合，对市场外摆摊设点予以取缔，严厉打击商贩违规经营行为和流动商贩、占道经营现象。

早市设立在衍水街北段，夜市设立在新华书店十字路口以北、百货十字路口头以南的兴京街，开放时间为4月上旬至10月下旬。针对早、夜市的管理，县执法大队与经营者签订保证书。早、夜市商贩共计200户左右，全年收取摊位费共计约20万元。开放山菜和夏季露天烧烤等季节性早、夜市，定点摆摊。执法大队调整工作时间，采取突击整治、早晚驻守、机动巡查等多种执法形式相结合的方式进行管控，防止市场外溢、占道经营影响交通、妨碍出行。

认真办理居民投诉案件。全年办理人大、政协建议提案13件，办结率100%，代表、委员满意率100%。接到民心网、市长公开电话、县长公开电话、信访局、群众来信、来电、来访案件260多件，答复率100%、满意率90%。

基础设施

【概　况】 2019年，县城基础设施建设总投资1848.7万元。其中，绿化工程投资179.8万元，设施维修工程投资172.2万元，裸露地面改造工程投资290万元，老旧小区改造工程投资605万元，供热主管网项目投资181.7万元，县城供热分户改造项目投资150万元，水厂加氯车间改造项目投资180万元，物业维修项目投资90万元。

【老旧小区改造】 2019年老旧小区改造工程投资605万元，改造轻工业家属楼、青年路29号楼、邮政家属楼、卫生家属楼、北道集资楼5号楼、青年路（教师公寓）、岗山路（河畔花园）、卫生家属楼（河道）、二道河（河堤）、苏水北路等8

个住宅小区，共27栋楼，824户。完成油路摊铺14508平方米、供热管线1300米、供水管线912米、雨污管线1412米。

【市政绿化】 春季绿化工程于3月30日开工，8月底全部完工。共计补植枫树、梓树、垂榆等305棵、水蜡苗2万株、花卉13.6万盆、草坪14300平方米，总投资100万元。

【城市重点基础设施建设】 完成裸露地面改造工程，改造面积合计14181平方米，工程总投资290万元，其中，药材一条街至南山教堂路面摊铺工程，面积750平方米，铺设路基及沥青路面；南山裸露路面（天主教堂门口）摊铺工程，面积890平方米；兴京街路面摊铺工程，面积10948平方米；美食一条街路面摊铺工程，面积1593平方米。

县城书香门第、人参小镇市政供热主管网项目。书香门第小区一级网管径为DN400毫米—DN300毫米，管道长度为1040米，概算投资131.2万元；人参小镇（含二期）一级管网管径为DN300毫米，管道长度为560米，概算投资50.5万元。项目总投资181.7万元。

【供　水】 2019年全年供水640万吨。完成上水工程10项，共铺设管线DN25-DN160长度2527米。维修安装砌筑井室29座、更换阀门13台、室外消火栓3台、维修漏点97处。

检定安装水表1163块。其中安装山虎智能水表453块、新增GPS远传水表2块、普通机械表318块。对剩余门市水表更换72块，并加封施封锁。对换热站、机关企事业、学校水表轮值48块。

对客户来电来访耐心解释和回复，并认真做好登记，全年客服接听电话2700余次，受理用户来访等相关业务73件，处理网上投诉办理单15件。利用新宾满族自治县自来水公司微信公众号，及时向广大居民用户发布停水信息。定期与不定期相结合进行巡查，对混合用水户的性质进行严格区分。全年规范用水户7户、查处违章用水14起。登记造册车库用户1560户、抚顺车库用水户258户。

【供　气】 加大对全县液化石油气企业（站）安全监督管理力度，对检查中发现安全隐患必须立即整改，下达安全整改指令书23份，整改率达90%。严厉打击无证无照非法经营液化石油气违法行为，明察暗访及日常检查和突击检查相结合3次，有效震慑违法经营的小商小贩。加强燃气安全知识的宣传，深入燃气用户及公共场所，开展燃气安全知识宣传，向广大用户发放安全用气宣传单，提高群众日常正确使用燃气的安全意识。开展城镇燃气设施建设，新建燃气管线1200米，新增天然气用户400余户。

【供　热】 为保证2019—2020年采暖季的安全、高效运行，5月初，县供热管理所即开始安排夏季“三修”工作。抽调业务骨干对县城所有供热设施和管网进行摸底、排查，对排查出的问题及时制定维修方案。外网方面，清洗换热站42台换热机组、维修井口110个、更换阀门135个、检查维修阀门1000余个。热源厂对锅炉及其附属设施存在的问题进行精心修缮，完成更换两台锅炉除尘器布袋700条、除氧器更换氧化铁、除尘器烟道内外涂刷防火防腐油漆、1号炉旋风分离器及料腿耐火浇注料部分拆除补修、2号炉旋风分离器筒体、椎体及返料腿耐火浇注料施工等主要工程。

【供热改造】 2019年完成分户改造共计21栋楼，面积38469平方米，改造管线长度楼内和外网约为6000米。通过三年的努力，共改造40多万平方米，成功解决老百姓家里供热设施陈旧老化、堵塞漏水严重、室温不理想等问题，得到用户的理解与支持。原有老旧供热管网改造长度约为1000米，新建书香门第一次网和人参小镇一次网，管网长度1500米，新增入网面积12.2万平方米。

【排　污】 全县污水管线总长33.91公里，雨水管线14.67公里。共有新宾镇、永陵镇、南杂木镇3座污水处理厂，总占地面积1.96公顷、总建筑面积4239.4平方米。

4月，县住建局委托辽宁省建筑设计研究院有限责任公司制定污水处理厂的升级改造工程方案，年底完成新宾镇、永陵镇、南杂木镇、木奇镇、上夹河镇5座污水处理厂的升级改造工程方案的可研工作。污水处理厂升级改造项目，计划投资28万元。2019年新宾镇污水处理厂新购置隔膜压滤机一台，投资27.96万元，使污泥含水率从80%下降至60%以下。积极做好污水处理厂的日常运行工作，加大巡查力度，保证污水处理厂各项设备的运行及维护，发现问题及时上报，及时解决。做好污水处理厂折流、“淹没式生物膜法+深度处理工艺”、A2/O工艺、CAST工艺、生物转盘工艺的学习工作。

（李东芮　佟　玲）

乡村规划

【概　况】 编制完成新宾满族自治县宜居乡村总体规划、“美丽乡村试点村”规划。完成《全县国土利用规划修改方案》的审查及上报工作。编制旺清门、红升、永陵、木奇、上夹河特色乡镇创建申报规划。完成上夹河、木奇、永陵特色乡镇创建申报规划工作。完成“旗袍根源文化小镇”的包装与申报规划工作。完成全县充电桩规划设计与规划图制作。完成县城《燃气规划》的编制与上报备案工作。完成县城《市政基础设施专项规划》的编制工作。完成永陵供热站规划编制。编制完成《新宾满族自治县新型城镇化规划2016—2020》。编制永陵、上夹河特色乡镇规划及申报材料。完成《永陵镇总体规划》编制工作。编制完成《新宾满族自治县农产品加工集聚区规划》。完成南杂木五一厂规划、县城2＃地块规划、新宾镇中心小学规划、县城书香门第居住区规划设计。完成“沈白高铁”选线规划、“人参市场”规划、“永陵农产品加工集聚区”规划。编制完成《南杂木产业提升》规划。

【项目审批】 全年共完成审批公建项目选址29个，重点项目有木奇中心幼儿园、新宾满族自治县人民医院门诊病房综合楼建设项目、新宾满族自治县档案馆综合楼建设项目等；审批公建项目33个，用地面积共29.3238万平方米；签发建设用地规划许可证33个；建设工程规划许可证9个，重点项目有新宾满族自治县人参（中药材）综合市场（一期）、年产300吨固体饮料（人参提取物）项目、木奇镇中心幼儿园、辽宁亿家衣服装加工项目、星都世纪花园三期工程等；规划核实项目11个，核实建设规模共11.7630万平方米，重点项目为新宾满族自治县残疾人托养设施（残联人综合服务中心）、亿源综合开发大厦、人参（中药材）综合市场（一期）等。

全县平房行政审批共完成9户，其中建档立卡贫困户5户，建筑面积共200平方米，分布在刘鲜村、民主村、前进村、五里村；失火后原面积翻建2户，在民主村共90平方米；翻建扩建户2户，在刘家村共114平方米。

（李东芮　宁功林）

2019年新宾满族自治县城乡建设基本情况表（一）

表21

		乡镇面积（公顷）	村镇建设用地面积（公顷）	年末行政村（个）	年末自然屯（个）	集中供水村屯（个）	其中	
							自流引水（个）	提水（个）
总计	上年	426388.7	5339.77	181	615	355	346	15
	本年	426388.7	5340.76	181	615	355	346	15
	增减	0.00	0.02	0.00	0.00	0.00	0.00	0.00

续表 21

		乡镇面积（公顷）	村镇建设用地面积（公顷）	年末行政村（个）	年末自然屯（个）	集中供水村屯（个）	其中	
							自流引水（个）	提水（个）
新宾镇	上年	37340	1607	31	79	31	31	—
	本年	37340	1607	31	79	31	31	—
旺清门镇	上年	23050	72	9	32	9	9	—
	本年	23050	72	9	32	9	9	—
永陵镇	上年	52507	55	25	83	83	83	—
	本年	52507	55	25	83	83	83	—
木奇镇	上年	43965	458	12	63	54	49	5
	本年	43965	458	12	63	54	49	5
上夹河镇	上年	26717.9	54	11	64	11	11	—
	本年	26717.9	54	11	64	11	11	—
南杂木镇	上年	9565	565	6	17	10	9	1
	本年	9565	565	6	17	10	9	1
苇子峪镇	上年	40500	504	9	36	28	26	2
	本年	40500	504	9	36	28	26	2
平顶山镇	上年	35098	210	15	59	14	12	2
	本年	35098	210	15	59	14	12	2
大四平镇	上年	25140	731.6	11	34	11	11	—
	本年	25140	731.6	11	34	11	11	—
响水河子乡	上年	14160	298	8	22	22	20	1
	本年	14160	299	8	22	22	20	1
红庙子乡	上年	33000	52.49	10	38	38	38	—
	本年	33000	52.49	10	38	38	38	—
红升乡	上年	12658.9	211.77	7	2	9	9	—
	本年	12658.9	211.77	7	2	9	9	—
北四平乡	上年	24770	51.9	7	26	24	21	3
	本年	24770	51.9	7	26	24	21	3
榆树乡	上年	32616.9	338	12	34	5	11	1
	本年	32616.9	338	12	34	5	11	1
下夹河乡	上年	15300	131	8	26	6	6	—
	本年	15300	131	8	26	6	6	—

2019 年新宾满族自治县城乡建设基本情况表（二）

表 22

		分散式供水（个）	供水管道长度（米）	其中		用水人口（人）	年供水总量（吨）	其中
				主管道（米）	分管道（米）			生活用水量（吨）
总计	上年	24	1771411	808926	962485	248976	35725496	35711746
	本年	24	1794651	828156	969095	244995	33914999	34198375
	增减	0.00	1.31	2.38	0.69	-1.60	-5.07	-4.24
新宾镇	上年	—	120340	101170	19170	65000	9490000	9490000
	本年	—	125480	103740	21740	64000	9344000	9344000
旺清门镇	上年	—	47000	7000	40000	10340	1509640	1509640
	本年	—	47000	7000	40000	10340	1509640	1509640
永陵镇	上年	—	186000	26000	160000	39000	5694000	5694000
	本年	—	186000	26000	160000	39000	5694000	5694000

续表 22

		分散式供水（个）	供水管道长度（米）	其中		用水人口（人）	年供水总量（吨）	其中
				主管道（米）	分管道（米）			生活用水量（吨）
木奇镇	上年	5	208420	85420	123000	17828	2602888	2602888
	本年	5	208420	85420	123000	15819	2309574	2609574
上夹河镇	上年	—	60000	39600	20400	10793	1575778	1575778
	本年	—	60000	39600	20400	10793	1575778	1575778
南杂木镇	上年	6	25000	10000	15000	5000	105000	91250
	本年	6	25000	11000	16500	4985	103000	90976
苇子峪镇	上年	8	160000	70000	90000	13418	1959028	1959028
	本年	8	160000	70000	90000	13526	1974796	1974796
平顶山镇	上年	—	280000	180000	100000	15200	2219200	2219200
	本年	—	280000	180000	100000	15000	2190000	2190000
大四平镇	上年	—	117920	13680	104240	19631	2866126	2866126
	本年	—	117820	13680	104240	19364	2827144	2827144
响水河子乡	上年	1	126900	61900	65000	8512	1242752	1242752
	本年	1	143100	76900	66200	8469	1236474	1236474
红庙子乡	上年	—	133000	43890	89110	9789	1429194	1429194
	本年	—	135000	44550	90450	9725	1419704	1419704
红升乡	上年	—	99530	71000	28530	5909	862714	862714
	本年	—	99530	71000	28530	5862	855852	855852
北四平乡	上年	2	96158	52670	43488	7220	1054120	1054120
	本年	2	96158	52670	43488	6756	986376	986376
榆树乡	上年	—	21143	6596	14547	12836	1874056	1874056
	本年	—	21143	6596	14547	12836	1874056	1874056
下夹河乡	上年	2	90000	40000	50000	8500	1241000	1241000
	本年	2	90000	40000	50000	8520	14605	10005

2019 年新宾满族自治县城乡建设基本情况表（三）

表 23

		集中供热面积（平方米）	污水年排放总量（立方米）	生活污水处理（立方米）	其中			污水处理厂个数（个）	排水管道长度（米）	村镇绿化覆盖面积（平方米）	村镇绿地面积（平方米）
					共享处理（立方米）	单独处理（立方米）	不处理（立方米）				
总计	上年	3907420	7547433	7160333	6479029	167444	758230	9	179270	775800	564600
	本年	3912920	7333163	6952666	6485110	167456	574380	9	203370	838000	622200
	增减	0.14	−2.84	−2.90	0.09	0.01	−24.25	—	13.44	8.02	10.20
新宾镇	上年	2380000	5475000	5475000	5475000	—	—	1	56720	4800	4300
	本年	2380000	5475000	5475000	5475000	—	—	1	56720	5000	4500
旺清门镇	上年	23800	16550	13550	3540	—	10010	—	4600	1800	1600
	本年	23800	16800	14800	4700	—	10100	—	4600	1800	1600
永陵镇	上年	480000	910000	910000	910000	—	—	1	10000	24000	12000
	本年	480000	910000	910000	910000	—	—	1	10000	24000	12000
木奇镇	上年	110000	2674	1044	—	1044	—	2	16500	396000	396000
	本年	110000	2373	1056	—	1056	—	2	16500	396000	396000
上夹河镇	上年	33000	140000	—	—	140000	—	1	3000	138000	3000
	本年	33000	140000	—	—	140000	—	1	3000	138000	3000
南杂木镇	上年	580000	30000	30000	—	—	—	1	8500	24000	5000
	本年	580000	30000	30000	—	—	—	1	8500	24000	4000

续表 23

		集中供热面积（平方米）	污水年排放总量（立方米）	生活污水处理（立方米）	其中			污水处理厂个数（个）	排水管道长度（米）	村镇绿化覆盖面积（平方米）	村镇绿地面积（平方米）
					共享处理（立方米）	单独处理（立方米）	不处理（立方米）				
苇子峪镇	上年	8000	—	150000	—	—	150000	—	—	23000	1000
	本年	8000	—	150000	—	—	150000	—	—	25000	1100
平顶山镇	上年	43000	312000	278000	—	—	—	1	1800	25000	21000
	本年	43000	142000	153000	—	—		1	1800	31000	26000
大四平镇	上年	120000	402620	73000	73000	—	329620	1	2600	6800	6500
	本年	120000	397280	73000	73000	—	324280	1	2600	6800	6500
响水河子乡	上年	35000	—	100000	—	—	100000	—	—	10000	6000
	本年	42000	—	10000	—	—	1000	—	—	11000	6300
红庙子乡	上年	30000	26350	18100	7250	—	90600	—	8500	2000	1600
	本年	30000	30500	22200	9200	—	13000	—	8500	2000	1600
红升乡	上年	1620	4679	1679	1679	—	3000	—	3250	1400	1000
	本年	1620	6650	4650	4650	—	2000	—	24350	1400	1000
北四平乡	上年	10000	65000	65000	—	—	65000	—	9600	80000	80000
	本年	8500	64000	64000	—	—	64000	—	12600	133000	133000
榆树乡	上年	42000	100000	26400	—	26400	—	—	5500	4000	4600
	本年	42000	100000	26400	—	26400	—	—	5500	4000	4600
下夹河乡	上年	11000	18560	18560	8560	—	10000	1	48700	35000	21000
	本年	11000	18560	18560	8560	—	10000	1	48700	35000	21000

2019 年新宾满族自治县城乡建设基本情况表（四）

表 24

		生活垃圾处理（吨）	其中			生活垃圾清运量（吨）	生活垃圾处理方式（吨）	其中			环卫专用车辆（辆）	专职环卫工人（人）
			共享处理（吨）	单独处理（吨）	不处理（吨）			掩埋（吨）	焚烧（吨）	无害化处理（吨）		
总计	上年	78832	64086	10771	2500	77086	68961	48630	1860.4	19055.6	320	582
	本年	79364.17	66067	10461	2284	77784.17	69699.17	50405	1710.5	19101.5	320	595
	增减	0.68	3.09	-2.88	-8.64	0.91	1.07	3.65	-8.06	0.24	0.00	2.23
新宾镇	上年	37000	37000	—	—	37000	37000	37000	—	—	217	28
	本年	38000	38000	—	—	38000	38000	38000	—	—	217	28
旺清门镇	上年	2000	—	2000	—	2000	—	1000	—	1000	5	7
	本年	2000	—	2000	—	2000	—	1000	—	1000	5	7
永陵镇	上年	14660	14660	—	—	14660	14660	—	—	14660	14	150
	本年	14740	14740	—	—	14740	14740	—	—	14740	14	150
木奇镇	上年	1825	—	—	1825	1825	—	—	—	—	13	176
	本年	1805	—	—	1805	1805	—	—	—	—	13	189
上夹河镇	上年	900	—	900	—	900	900	—	—	900	4	4
	本年	850	—	850	—	850	850	—	—	850	4	4
南杂木镇	上年	9125	9125	—	—	9125	9125	9125	—	—	5	35
	本年	10000	10000	—	—	10000	10000	10000	—	—	5	35
苇子峪镇	上年	1100	—	1100	—	1100	1100	700	400	—	3	6
	本年	1000	—	1000	—	1000	1000	700	300	—	3	6
平顶山镇	上年	48	—	—	—	48	48	—	—	—	7	59
	本年	20	—	—	—	30	30	—	—	—	7	59

续表 24

		生活垃圾处理（吨）	其中			生活垃圾清运量（吨）	生活垃圾处理方式（吨）	其中			环卫专用车辆（辆）	专职环卫工人（人）
			共享处理（吨）	单独处理（吨）	不处理（吨）			掩埋（吨）	焚烧（吨）	无害化处理（吨）		
大四平镇	上年	7365	2190	4500	675	6690	2190	—	—	2190	11	22
	本年	7169	2190	4500	479	6690	2190	—	—	2190	11	22
响水河子乡	上年	1200	—	1200	—	1200	1200	500	700	—	7	9
	本年	1000	—	1000	—	1000	1000	400	600	—	7	9
红庙子乡	上年	13	2	11	—	2	2	—	0.4	1.6	10	11
	本年	14	3	11	—	3	3	—	0.5	2.5	10	11
红升乡	上年	249	249	—	—	249	249	—	—	249	7	16
	本年	254	254	—	—	254	254	—	—	254	7	16
北四平乡	上年	1427	—	—	—	1427	1427	—	—	—	7	7
	本年	532.17	—	—	—	532.17	532.17	—	—	—	7	7
榆树乡	上年	120	60	60	—	60	60	5	60	55	6	36
	本年	180	80	100	—	80	100	5	110	65	6	36
下夹河乡	上年	1800	800	1000	—	800	1000	300	700	—	4	16
	本年	1800	800	1000	—	800	1000	300	700	—	4	16

建筑业

【概　况】 2019年，全县有建筑企业17家，其中新增2家。全年建筑业总产值实现7.68亿元，同比增长15.9%；房屋建筑面积完成11.2万平方米，同比增长24.4%；竣工面积为5.4万平方米，同比增长-40%。利润总额完成518万元，同比增长-78.8%。

【建筑市场管理】 完成招标12项，建筑面积20.32万平方米，中标额2.64亿元。规范建筑市场管理。县住建局下发《关于开展整治建筑工程施工发包与承包违法行为专项行动的通知》，7月，开展全县建筑市场大检查专项整治活动。检查在建项目12项，对存在问题的项目下发整改通知单4份，对相关责任单位及责任人进行通报批评，有效地规范全县的建筑市场。加强施工许可管理，加大对未批先建项目的检查力度，采取“四不两直”的检查方式，对全县在建项目进行地毯式排查。

按照《辽宁省住房和城乡建设厅关于推行建筑劳务人员实名制管理的通知》《辽宁省住房和城乡建设厅关于全面推行使用建筑工人实名制管理服务平台的通知》要求，在建项目全部使用实名制管理服务平台，实行实名制管理达到100%。

全年办理资质新办企业6家、资质增项企业8家、引进外来的施工企业3家。

【工程建设监理】 全县在建工程14项，建筑面积25.9492万平方米，其中跨年工程3项，建筑面积4万平方米；新开工工程11项，建筑面积21.349万平方米。在建公建项目10项，建筑面积9.9607万平方米；在建住宅项目4项，建筑面积15.9885万平方米。竣工验收备案8项，建筑面积1.6926万平方米。对全县在建工程抽查138次、巡查12次、共下达《建筑工程质量整改通知单》64份，全部监督整改到位。

【工程质量监管】 至10月17日，共对65项单位工程进行材料检测，新建工程57项，续建工程8项，其中，混凝土试块1133组、砂浆试块473组、水泥79组、砂61组、石20组、混凝土配比19组、砂浆配比92组、回弹520组、混凝土抗渗107组、红砖2组、实心砖10组、空心砌块69组、防水67组、保温材料96组、钢筋1691组、电线37组、管材58组、管件58组、阻燃材料83组、开关3组、插座3组、钢筋保护层12组、窗13组，共4707项，其中不合格29项。针对所有不合格信息，在第一时间以口头或书面形式通知到质量监督站、建设单位、施工单位及现场监理等相关人员，进行整改，保证只有合格的建筑材料在工程上使用。

【安全生产】 春季复工前，重点对闲置一冬的起重机械设备、临时用电、脚手架、临边防护、机具等进行安全检查，对存在安全隐患的施工企业责令限期整改，整改不到位的禁止复工。夏季施工事故监管。及时深入施工现场形成以“帮扶、指导、监管”为一体的监管体系，有效控制和遏制夏季施工事故的发生。

以高层建筑和公安业务用房建设为突破口，以点带面，着重预防建筑施工高处坠落、吊车倾倒、临时用电、模板坍塌事故的发生。重点对建筑施工高处坠落、吊车倾倒、触电、深基坑、模板坍塌和施工现场脏、乱、差、特种作业人员持证上岗等问题进行专项治理，对起重机械基础验收、起重机械告知登记、检验检测、报废淘汰等方面做出具体规定，对脚手架、预留洞口“三宝、四口”、临时用电、模板体系、临边防护等专项检查。贯彻执行《危险性较大的分部分项工程安全管理规定》，督促工程参建各方主体建立健全危险性较大的分部分项工程安全管控体系，组织建设、勘察、设计、施工、监理等单位和市行业专家组对新宾满族自治县中心小学风雨操场高支模进行专家论证。

召开在建项目安全生产会议，要求各施工企业做好自检自查。县住建局质量安全部门进行专项治理排查，共发现安全隐患12项，现场指导解决4项。对排查出的安全隐患及时整改落实，复查其他安全隐患整改达标率100%，实现安全隐患排查整改、验收、销号闭环管理，将安全生产工作落到实处。开展消防安全隐患专项治理工作，对建筑施工消防安全排查治理，排查治理14个在建项目，涉及施工企业9家。枫华书香门第建设项目施工现场存在手提式干粉灭火器和消防工具不足，不能满足施工现场要求，通过治理，新增手提式干粉灭火器3个、沙箱5个、防火钩2把。

县住建局下发《关于开展2019年住建系统安全生产大检查工作的通知》、城建事务服务中心下发《开展全县建设工程质量安全生产大检查工作的通知》，设立以“全面推进依法治理、夯实安全生产基础”为主题的咨询站，开展夏季安全生产大检查活动。特别是汛期和防台风期间转发各种安全生产文件和天气预报，及时有效为各单位、各部门提供安全生产相关信息，提示各单位、各部门制定突发事件预防措施。

【勘察设计管理】 县勘察设计院共完成设计项目2项，建筑面积0.42万平方米；美丽乡村环境改造项目15项，其他维修改造项目4项。勘察项目4项，钻孔49个。勘察设计费收入25万元，上缴税金0.5万元。

房地产开发　房产管理

【概　况】 全年在建房地产项目18项，建筑面积26.01万平方米。其中跨年续建项目7项，建筑面积4.66万平方米；新开工项目11项，建筑面积21.35万平方米。新增开发房地产项目4项。房地产总投资3.06亿元。全年完成商品房销售面积2.7727万平方米，销售总额12529万元。

【重点项目】 书香门第房地产开发项目位于新宾镇西部新城9号地块，由抚顺枫华房地产开发公司开发建设，计划投资5亿元，项目占地面积6.0284万平方米，规划建筑面积12.7298万平方米，其中地下停车场建筑面积3.7885万平方米、地下住宅建筑面积1.0644万平方米、地上住宅建筑面积7.8769万平方米。已完成17栋楼的主体建设工程，进入装饰装修阶段；完成投资约2.6亿元，完成建筑面积约12万平方米，剩余2栋楼计划明年加油站搬迁后开工建设。

华联龙昇湖畔房地产开发项目由抚顺华联置业地产有限公司开发建设，2019年续建2栋27层高层商住楼，投资1.2亿元，项目资金来源为开发公司自筹，建筑面积2.97万平方米。

星都花园三期2栋6层住宅建筑项目，建筑面积6686.24平方米。至年底正在进行零星工程收尾工作，已完成工程量的90%。

新宾满族自治县人参（中药材）综合市场一期工程分为两个标段，其中一标段建筑面积3.159万平方米，投资3828.56万元，已进入收尾工作；二标段建筑面积3.2853万平方米，投资3991.6万元，已基本完工。

【住房管理】 为更有效解决近两年因建筑市场不景气和物业管理滞后等原因导致的建筑销售状况不好的问题，加大县城商品房去库存工作力度，制定县城化解商品房去库存工作方案，明确工作目标、落实工作责任，建立楼盘销售台账，对每个楼盘的实际销售情况进行核实，实行各开发企业销售月报制。召开房屋交易会，在房交会期间对购买参展楼盘的商品房免契税、登记费，二手房住宅免登记费优惠政策。至3月，商品房库存共计20.66万平方米、2908套，其中住宅10.924万平方米、1515套；非住宅9.736万平方米、1393套。年末，商品房去库存完成4.26万平方米、524套，其中住宅3.91万平方米、450套，非住宅0.35万平方米、74套。

【不动产登记】 全年，不动产交易登记中心共计办理各类不动产登记业务6045宗，登记房屋建筑面积162.04万平方米，土地使用权面积114.60万平方米。其中，首次登记1092宗，房屋建筑面积66.76万平方米，土地使用权面积31.18万平方米；转移登记2622宗，房屋建筑面积21.04万平方米；变更登记149宗，房屋建筑面积9.35万平方米，土地使用权面积2.88万平方米；注销登记1341宗，房屋建筑面积54.67万平方米，土地使用权面积80.14万平方米；更正登记46宗，房屋建筑面积0.86万平方米；预告登记122宗，房屋建筑面积1.05万平方米；查封登记152宗；其他登记521宗，房屋建筑面积8.31万平方米，土地使用权面积0.35万平方米。发放不动产权证书4003个，不动产登记证明1244张，整理入库档案4980卷。

新宾满族自治县不动产交易登记中心、税务局合作设立不动产税务综合窗口

【不动产交易】 办理商品房交易582宗，房屋建筑面积5.10万平方米，交易量比上年下降30.30%。办理二手房交易1038宗，房屋建筑面积9.50万平方米，交易量比上年增长7.12%。不动产交易总量比上年度下降10.25%。

【物业管理】 县城共有居民住宅楼482栋、2.77万户，建筑面积240万平方米。其中，有物业公司管理的居民住宅楼176栋、9163户、建筑面积76.76万平方米。弃管楼房306栋、18537万户、建筑面积163.24万平方米。全县有物业公司7家，注册6家，未注册1家（新宾满族自治县兴京房产经营物业管理处）。县兴京房产经营物业管理处服务82栋住宅楼、3600户、建筑面积22万平方米及5处建筑面积8783平方米的办公楼。县兴京房产经营物业管理处物业费0.3元/平方米（使用面积），收费率仅为40%—60%。辽宁万泽物业管理有限公司服务御熙家园、卉海一期、卉海二期、优山福地、星都河畔花园、星都世纪花园、星都嘉苑、高中十一层、高中十二层9个小区，60栋住宅楼、3229户、建筑面积27.7万平方米。锦兴物业有限公司服务龙兴京城小区（锦州银行小区）5栋住宅楼、339户、建筑面积4.82万平方米。喜来登物业公司服务喜来登小区住宅楼1栋，高层、495户、建筑面积3.94万平方米。抚顺市正晟物业管理有限公司服务舒美芳洲小区2栋高层住宅楼、17栋多层住宅楼、1036户、建筑面积13.5万平方米。抚顺启运物业管理有限公司服务龙升湖畔小区2栋高层住宅楼、7栋多层住宅楼、464户、建筑面积4.8万平方米。统一收费标准为高层1.2元/平方米，多层1元/平方米（含年度卫生费）。

部分建筑及房地产开发企业简介

【抚顺兴京建安有限责任公司】 2019年完成的主要工程有：年产300吨固体饮料（人参提取物）项目，工程造价2000万元；枫华地产书香门第房地产开发项目二标段，工程造价7539.8476万元；永陵供热煤仓改造工程，工程造价59.9162万元；北四平中心幼儿园维修改造工程，工程造价31.7271万元；新宾满族自治县中小学校改造项目（一标段），工程造价38.58万元；县融媒体中心土建改造工程，工程造价33.1万元。2019年实现营业收入3514万元，上缴税款17万元，利润18万元。

【抚顺宏泰建筑工程有限责任公司】 2019年公司承揽新宾满族自治县人参（中药材）综合市场工程项目，工程总造价8000多万元，为国家创造税收1000多万元。同时公司还承揽枫华地产书香门第房地产开发（一标段）工程项目，工程总造价6000多万元。

【辽宁东誉建设有限公司】 2019年有职工120余名，各种专业技术人员50多人，其中国家认定的壹级项目经理1人，贰级项目经理24人；公司中高级职称的工程技术和工程管理人员共40余人，初级技术管理人员10余人，技术力量雄厚。行业涉足房屋建筑工程、农田水利基本建设、市政基础设施建设、道桥隧道工程建设、园林景观建设、消防及机电设备安装工程等多个工程领域。

2019年承建了禾丰牧业白羽鸡屠宰场、饲料厂、大型种猪场等工程、辽阳石化生活区供暖系统工程、沈阳铁路局“三供一业”改造工程、美丽乡村工程、移民水利工程、高标准农田建设工程、清源蓄能电站隧道工程等，各类工程合格率100%，优良率95%以上。2019年纳税571万元，利润113万元。

【辽宁良信建筑安装工程有限公司】 2019年有员工120人，其中有专业项目经理和专业工程师、设计师等一批高精尖人才和专业施工管理团队，技术力量雄厚。在工程施工过程中引入了标准化管理机制，确保各分项及分部工程的优良性。

2019年承建高标准农田建设工程、农业综合开发土地治理项目等，各类工程合格率100%，优良率95%以上。2019年公司上缴税款437万元，利润47.6万元。

【辽宁盛安建筑工程有限公司】 2019年，公司拥有职工80余人，其中具备专业二级注册建造师17人、工程技术专业工程师15人、各类专业技术人员15人、专业工人及管理人员40余人。2019年公司主要承建星都世纪花园三期工程，工程造价980万元。

【抚顺积鑫建筑工程有限公司】 2019年，公司有职工80人，其中工程技术人员43人；中专以上学历55人，专业技术人员50人，其中高级职称1人、中级职称19人、初级职称30人。持证技术工人38人。有资质的二级建造师11人。

2019年，公司承建新宾满族自治县高级中学宿舍、卫生间、水房及彩钢仓库建设项目，新宾镇五副甲村人参加工厂建设工程，木奇镇、下夹河乡、永陵镇、南杂木镇敬老院及新宾镇黄旗中心敬老院维修改造工程，红升水库生态防护网工程，县教育局学校改造项目（二标段），辽宁亿家衣服装加工项目，古楼大桥围网及桥外厕排水项目，上夹河镇、旺清门镇、永陵镇户厕改造室外施工项目，县中等职业技术专业学校食堂北侧路面及台阶维修工程，榆树乡蔡家村村部维修扩建工程等房屋建造、维修及室外项目，工程项目总造价 1354.1977 万元。2019 年，公司实现利润 82 万元，上缴税款 197 万元。

（李东芮　佟　玲）

生态环境

综　述

【概　况】2019年，抚顺市生态环境局新宾分局围绕饮用水水源地整治、碧水工程、蓝天工程、净土工程、农村环境整治等方面工作，全面推进污染防治和生态环境保护工作。

1月，原新宾满族自治县环境保护局正式更名为抚顺市生态环境局新宾县分局（以下简称生态环境局新宾分局），隶属于抚顺市生态环境局。

【环境质量】2019年，新宾满族自治县红升水库饮用水水源地水质均符合Ⅲ类标准，苏子河古楼国控断面和4个市控断面年平均水质均达标。年平均空气质量达到二级标准，全年空气质量优良率为93.35%。

2019年苏子河监测断面水质达标情况表

表25

序号	河流名称	断面类别	断面名称	水质目标	水质类别	达标情况
1	苏子河	国控	古楼	Ⅱ类	Ⅱ类	达标
2	苏子河	市控	关家下	Ⅰ类	Ⅰ类	达标
3	苏子河	市控	红升下	Ⅱ类	Ⅱ类	达标
4	苏子河	市控	新宾下	Ⅲ类	Ⅲ类	达标
5	苏子河	市控	永陵下	Ⅲ类	Ⅲ类	达标

2019年空气质量平均浓度情况表

表26

细颗粒物≤$PM_{2.5}$（微克/立方米）	细颗粒物≤PM_{10}（微克/立方米）	二氧化硫SO_2（微克/立方米）	二氧化氮NO_2（微克/立方米）	一氧化碳CO（95百分位）（毫克/立方米）	臭氧O_3_8h（90百分位）（毫克/立方米）
25	41	7	18	1.7	146

环境保护

【环境监察】加强环境监察执法，保障县域环境质量安全。监察大队每季度开展排污单位随机抽查监察工作；开展水源地重点风险源排查及建档工作；牵头开展非煤矿山企业专项执法监察；开展中高考噪声污染环境监察；汛期大伙房饮用水水源专项环境监察，防范汛期污染行为的发生；开展禁烧秸秆专项行动，形成网格化环境监管体系建设，防范秸秆焚烧行为。监察大队出动执法人员285人次，监察二级保护区内企业和各类风险源150家。排查大伙房水源保护区内风险源，将66个风险源列入环境风险防控工程清单，将53个风险源纳入重点环境风险管控清单。受理信访案件103件，其中“8890”服务平台10件、环保举报管理系统13件、生态环境信访信息管理系统9件、市民投诉办理单56件、电话来访8件、辽宁信访信息系统7件。103个案件已经全部办结回复。从11月起，对中央环保督察及“回头看”期间交办的信访案件实行复查制度，共复查案件6件。

【环境监测】 深化环境质量监测，准确反映环境质量状况，做好县域地表水环境质量监测，委托第三方对苏子河关家源头、红升桥下、新宾桥下、永陵桥下4个断面每月开展1次监测，全年共12次。由抚顺市环境监测站协助对新宾满族自治县县级饮用水水源地红升水库进行例行监测，每季度开展1次，全年共4次。由抚顺市环境监测站协助对新宾满族自治县重点排污单位新宾镇污水处理厂进行例行监测，每季度开展1次，全年实际完成12次。完成核辐射自动监测站的运维工作。委托第三方机构负责县级空气自动站全年稳定运行，配合省监测站完成对县级空气自动站上收前的仪器检测验收工作。

【建设项目环境管理】 审批建设项目15个，完成项目验收4家。开展南杂木工业集聚区环境综合整治，县政府共投资1500万元开展五一河、木材市场环境综合整治工作；工业集聚区内企业投资7000多万元开展地面硬化、车间封闭、安装烟气治理设施等整治工作，南杂木地区环境得到明显改善。完成5家企业应急预案备案工作。开展4家医院卫生院的辐射安全许可证审核工作，开展全县所有村级卫生所的医疗废弃物申报登记工作。

【水源保护区环境治理】 继续推进中央环保督察反馈意见整改工作。大伙房饮用水源二级保护区内21家养殖场已经拆除20家，转湾子村1家养殖场始终处于零存栏状态。协助、配合省、市开展南杂木二级保护区调整工作。10月8日，省政府印发《关于调整大伙房饮用水水源保护区（抚顺部分）的批复》（辽政〔2019〕110号）后，开始对南杂木工业集聚区中企业重新完善环保手续。牵头完成县级饮用水水源地整改工作。红升水库饮用水水源地6项整改工作，包括畜禽养殖、农业退耕、餐饮旅游、交通穿越、生活面源和小加工作坊污染问题，全部完成整改。开展大伙房保护区内风险隐患排查和整改工作，分别于4月和8月开展2次比较集中的风险隐患排查，共反馈85个问题。在省厅组织排查的基础上，组织环境监察人员排查涉水企业和重点排气企业42家。完成378家工业企业、12个污水集中处理设施、1家填埋场和211家养殖场的生产废水、生活污水以及雨水与入河排放口的关联溯源工作。完成永陵镇头道砬子水库、龙头水库农村饮用水水源地保护区划定工作，县级财政共计投资18万元。为下一步打好水污染防治攻坚战，推动流域生态环境质量改善做好基础工作。

【大气环境污染防治】 推进10吨以上燃煤锅炉升级改造。县城集中供热完成脱硫、脱硝、除尘设施建设，在线监测数据实现与市局联网，实时掌握污染物排放情况；隆烨化工有限公司完成2台15吨燃煤锅炉的除尘、脱硫设施升级改造工作。狠抓扬尘污染治理。隆烨化工、大化国瑞完成封闭煤库建设，县城环卫实现湿式清扫，责令天赐钙业进行无组织排放问题整改、添泷耐火原料进入库房。华驰汽车、森隆达、新宇木业、罕督木业完成挥发性有机物治理设施建设。开展春、秋两季秸秆焚烧管控工作。管控期间共查处秸秆焚烧违法行为127起，拘留127人。完成非道路移动机械摸底调查工作。

【土壤污染防治】 全县共有加油站41座，至年底，有39座加油站完成防渗改造。完成南杂木镇哥俩好新材料股份有限公司搬迁地块疑似污染地块申报工作。

【农村环境整治】 完成红升乡南蜂蜜沟村及北蜂蜜沟村2个村农村生活污水处理项目；另有北四平乡北四平村及宝汤村2个村在建农村生活污水

处理项目。2019年，共下达中央补助资金795.5万元。完成禁养区补充划定工作和定点屠宰场整治工作。依据省委、省政府办公厅印发的《辽河流域综合治理总体工作方案的通知》中关于“在辽河、浑河、太子河干流和受养殖污染影响较大的支流沿岸依法划定300—500米的禁（限）养区”要求，生态环境局新宾分局牵头开展3个流域内养殖场排查和禁养区划定工作，禁养区补充划定范围共5586公顷。结合防治非洲猪瘟和排污许可证管理要求，整治全县定点屠宰，全县保留新宾镇、永陵镇、木奇镇、南杂木镇4家定点屠宰场。

【第二次全国污染源普查】 完成424家工业源数据填报、质量核查和排放污染物计算工作。8月26日通过国家普查办的质量核查工作，424家工业企业错误率控制在1%以下，所获得的数据真实有效。规范普查档案建设，424家企业“一企一档”。10月9日顺利通过国家普查办档案管理核查。

【环境宣传】 环境宣传教育工作主要围绕提高全民环境保护意识开展，结合“6·5世界环境日”等开展宣传活动，现场设立环保咨询站，发放环保宣传资料2000余份。

（姚　实）

商　贸

服务业

【概　况】 2019年完成社会消费品零售总额38.95亿元，同比增长0.2%。其中，批发业销售额完成34.57亿元，同比增长3.9%；零售业销售额完成46.98亿元，同比增长2.3%；住宿业销售额完成1.2亿元，同比增长2.0%；餐饮业销售额完成20.28亿元，同比增长7.7%。

【传统商贸业】 抓好批发、零售、餐饮、住宿等传统商贸业的发展，改善功能，提升质量，优化环境，打造集购物、休闲、娱乐为一体的经营模式，从单元化向多元化发展，推动传统商贸企业提档升级，促进城乡连锁超市和便利店发展。培育新的经济增长点，扩大商贸业经济总量。开展形式多样的促消费活动，营造放心消费的良好市场环境，引导商贸行业健康发展，有效拉动大众消费。组织县百货大楼、民族商场、大型超市等重点流通企业，通过有奖销售、让利酬宾、打折促销、品牌推介、特色商品展销费优惠等方式，以换季服装、鞋帽、针纺织品、化妆品等为重点，开展丰富多彩的促销活动，满足不同层次消费需求，促进消费。

【电子商务】 将电子商务作为激活县域经济新的渠道和实现转型升级、发展现代服务业的重要抓手，不断整合资源、搭建平台，加大人力、物力投入，加快推动县域电子商务事业实现快速发展。初步形成以龙头电商企业为先锋，以快递、物流企业为渠道，以公司、家庭农场、合作社为主体，涉及食品、日用品、农资、食用菌、药材、花卉、工艺品、畜牧8大方面的电商经营模式。全县从事销售本地特色产品的电子商务企业达100余家，其中大型专业电商企业有3家，分别是辽宁新益农科技有限公司、邮乐购电商服务平台和抚顺鑫隆汇电子科技发展有限公司（兴京惠农商城）。除龙头企业外，许多以个人形式在淘宝网、京东商城、微信等注册开网店进行电子商务的小微商，据快递、物流公司不完全统计，数量达2000家以上。主要销售土特产品、美妆、服饰、生活用品等（这些小微商多数为中转销售，接到订单后再向上级销售商购货销售）。各大商场内商铺、专卖店等实体店为主的微信销售网、QQ群销售网等，实现线上线下融合销售。积极申报2019年电子商务进农村项目，出台电子商务发展规划（2019—2021）。推动传统企业向电子商务转型升级，提升电子商务覆盖面，利用电子平台将商品销售到全国各地。为企业搭建销售平台，努力促成新宾满族自治县特色生产企业与华晨宝马汽车有限公司、阿里巴巴、京东商城深度合作。

【电商产业精准扶贫】 认真落实中央、省、市、县关于精准扶贫工作要求，充分调动各方参与产业扶贫的积极性，加快电商产业助力脱贫攻坚步伐。以建档立卡贫困人口脱贫为出发点，依托产业扶贫做好精准脱贫和稳定增收工作。依据区位资源、产业优势和市场需求，将农村电商作为加速农村地区经济发展和繁荣的重要产业，按照“互联网+贫困户”的电商扶贫模式，将农产品放网上销售，使产品从过去农民自己使用转为小批量订单电商销售，走出一条接地气、适合贫困群体的精准电商扶贫路。依托兴京惠农商城电商平台，农村农产品收购网点已全面普及。县电商龙头企业兴京惠农商城在榆树乡红旗村建立一个13.33公顷绿色蔬菜种植基地，采用“公司+合作社+贫困户”的模式，由贫困户负责种植绿色有机蔬菜，电商企业统一负责包装销售，共带动23户贫困户脱贫致富，充分发挥电商在脱贫攻坚中的重要作用。

【商贸领域安全检查】 认真履行安全生产监管职责，做好安全生产的各项工作，为新中国成立70周年营造良好的安全生产环境。加强日常检查，开展专项整治，加大监管力度，强化源头治理，先后组织开展商贸领域安全生产隐患排查、流通领域安全整治和“安全生产月”等一系列专项整治活动，对检查中发现的隐患问题现场提出整改意见，明确整改时限，企业签字认领，及时消除重大事故隐患。督促企业完善企业主体制度，强化部门综合监管责任，完善事故防控体系和事故隐患排查治理体系。消除安全隐患，规范经营秩序，营造安全放心的商贸流通环境。

【拓宽企业销售渠道】 组织全县特色企业10余家先后参加2019中国天津贸易洽谈会、第四届丝绸之路国际博览会、2019辽宁特色产品采购订货会、2019厦门贸易投资洽谈会、“辽宁礼物”各地巡展、2019中国（宁波）食品博览会等展会，新宾特色产品得到来自全国各地客商的充分认可，部分企业与外地客商达成销售意向。

【新宾特产入选辽宁礼物】 8月，在辽宁省商务厅主办的第三届“辽宁礼物”发布会上，继新宾满族自治县秘参堂秘制参连续三年被评选为“辽宁礼物”后，东星冰葡萄酒、准记榛子也入选了“辽宁礼物”。新宾满族自治县连续三年推荐企业参加“辽宁礼物”评选活动。本次评选，抚顺市共有6家企业获评，新宾满族自治县有3家企业获评。

【督导猪肉市场销售供应】 非洲猪瘟防控期间，为保证市场供应，维护市场稳定，县工信局联合县市场监督管理局对部分商贸流通企业生鲜超市猪肉市场销售供应情况开展专项检查。检查组先后查看县内各大超市、市场猪肉采购、供应、价格情况，听取超市、市场在猪肉采购、销售方面采取的措施，要求商贸企业做好非洲猪瘟防控工作。从检查情况看，新宾满族自治县商贸流通企业能够按照中央和省市防控非洲猪瘟工作部署要求，严格把控猪肉购进渠道，认真组织市场供应，稳定市场价格，居民购买正常，销量逐步增多，猪肉市场整体运行平稳。

【成品油行业监管和油气回收治理】 开展加油站油气回收治理情况及成品油品质专项检查，全县34家加油站基本完成油气回收改造工作，对个别加油站存在油气回收装置老化、油气回收规章制度不全等问题，下达整改通知要求其尽快整改、尽快达标。对拒不整改的加油站，依据相关法律法规加大行政处罚力度。协助全县成品油经营企业顺利完成成品油年检、换证工作。

【特殊行业管理】 坚持对商贸流通企业的常规检查与专项整治，确保商贸流通流域的稳定生产环境。推进中旅旧机动车服务中心项目早日竣工，打造二手车自由流通市场，规范二手车管理。以完善商贸流通网络、提升城乡商业发展水平为重点，紧贴商务工作实际，充分调动一切积极因素，全方位、多渠道争取项目引进和支撑，加强商贸流通市场体系建设。

（刘佳音）

商业零售企业简介

百货大楼

【概　况】 新宾满族自治县百货大楼有限公司（以下简称百货大楼）属于国有企业。主要经营针棉织品、服装鞋帽、文具化妆品、日用百货、文教体育专用品、家电等10余类商品，经营品种4000种以上。2019年有员工233人，全年销售额469万元。

新宾百货大楼一角

【经营管理】 百货大楼本着“高效、优质、求实、节能”的经营理念，完善管理制度，把主营业务做好，积极探索新的经营方法拓展市场。2019年组建专业团队，突破技术层次的壁垒，采取多种营销策略，主动满足市场需求，成为客户最值得信赖、商户最强有力的合作伙伴。

（栾　海）

新宾世纪华联超市

【概　况】 新宾世纪华联超市是私营零售超市企业，2019年有员工50人，主要经营蔬果生鲜、烟酒食品、洗涤百货、小家电、针织用品等，全年销售额达到684万元。

【经营管理】 世纪华联超市坚持以“诚信为本，和谐共赢”的企业宗旨，严把商品进货关，质量负责到底，价格货比三家，满足广大顾客的需要。管理上借鉴国际最先进的现代商业企业经营理念和管理模式，走“统一采购、统一经营、保质保真、天天平价”连锁经营规模化发展的策略，每月举办打折、特价、秒杀等方式进行促销活动，在“五一”“十一”及店庆等重大节日期间更是加大促销力度，带动销售量。“8·15”水灾第一时间组织人力物力，为红庙子乡送去2万余元的救灾物资，同时以县工商联会员企业身份为全县受灾地区捐款捐物。

（孟凡扬）

新宾家家福购物广场

【概　况】 辽宁家家福商业连锁有限公司新宾家家福购物广场是一家私营企业，2019年有员工75人，超市经营业户16家，全年营业额420万元。公司主要经营预包装食品兼散装食品、乳制品（含婴幼儿配方乳品）、针织品、五金电料、照明器材、文体用品、办公用品、水产品、肉蛋禽、水果、蔬菜、日用百货、化妆品、洗涤用品、保健食品等。

【经营管理】 始终信守“顾客第一，品质至上”的经营理念和“为民、便民、利民”的经营宗旨，在抓好规模经营、规范管理的同时，注重抓好精神文明建设，努力打造好的购物环境，做好老百姓的菜篮子。开展行之有效的促销活动，每月及重大节假日都加大商品打折促销力度，让老百姓购得方便，购得实惠，购得满意。参与社会献爱心活动，“五一”国际劳动节给新宾环卫工人免费发放200袋面粉。

（金衍风）

新宾家家福购物广场

新宾物尔美超市

【概　况】 新宾满族自治县物尔美超市属于私营企业，是一家销售预包装食品兼散装食品（含冷藏冷冻食品）、特殊食品（婴幼儿配方乳粉）、保健食品、文化用品、日用品、针织品、床上用品、儿童玩具、蔬菜、水果、鲜肉、水产品等商品的大型超市。2019 年有 24 名员工，全年营业额 180 万元。

【经营管理】 围绕城乡居民的消费需求及情感需求，以“便利消费与品质生活”相结合的原则，提供健康、高品质的生鲜及食品，满足居民的日常所需。采取节假日打折促销手段提高销售量。

（邱少华）

物尔美超市蔬菜专卖区

对外贸易

【概　况】 2019 年，新宾满族自治县开展对外贸易的企业共有 18 家，进出口总额为 28422 万元，同比增长 1.87%。其中出口额为 19895 万元，同比增长 41.1%；进口额为 8527 万元，同比增长 -38.21%。新增外贸进出口资质企业 3 家。

【外贸企业】 新宾满族自治县对外贸易产品主要有木制品、人参提取物和工艺品等。4 月 16 日，辽宁中科诺维生物科技有限公司落户永陵农产品加工集聚区，实现当年建设、当年投产目标，为新宾满族自治县出口贸易的龙头企业。手工艺品出口主要集中在永陵镇，从事手工艺品出口的企业为抚顺市辽东特艺有限公司、新宾满族自治县亨泰工艺品有限公司、抚顺龙兴特艺有限公司、新宾满族自治县乙源工艺品有限公司等。榆树乡工业园区和南杂木镇工业园区主要为木材进口及木制品出口，代表企业有抚顺罕督进出口有限公司、抚顺合兴万家木业有限公司、抚顺森隆达木业有限公司、抚顺市兴林木业有限公司、抚顺市荣海木业有限公司等。

【贸易开放】 组织企业参加春秋两季的“广交会”、第二届中国国际进口博览会等，新宾特色产品得到来自全国各地客商的充分认可，很多企业与外地客商达成销售意向。深入融入“一带一路”建设，加强区域对接合作。深度参与京津冀协同发展战略，对接长江经济带、长三角一体化、粤港澳大湾区战略，主动承接产业转移创新要素辐射，加强与苏州对口合作。主动融入东北亚开放新格局，借助沿海边沿地区优势，进一步扩大外贸进出口贸易。学习借鉴推广辽宁自贸试验区改革创新经验，制定新宾满族自治县复制推广辽宁自贸试验区改革创新经验的工作方案。

（房志轩）

烟草专卖

【概　况】 2019 年，新宾满族自治县烟草专卖局（以下简称县烟草专卖局）有编制 28 人，实有人员 37 人，内设 4 个部门，销售网点覆盖 13 个乡镇、108 个自然村落，有零售客户 1243 户。

【打假打私】 严格落实“精益专卖”目标责任，共查处涉烟违法案件 98 起，查获违法卷烟 1153.6 条，分别完成全年任务的 163.33% 和 100.3%，卷烟查处数量同比增长 0.3%。其中非渠道卷烟 878.6 条、走私烟 165.3 条、假冒卷烟 109.7 条，结案率 100%。联合公安机关，2 月，在杨某家中查获假冒卷烟 56 条；6 月，在无证户李某库房查获走私烟 104 条。两起案件案值均达到万元以上，经过调查取证于 11 月 2 日配合市局直属队端掉杨某三个窝点，查获假冒卷烟2147.8条。对辖区各快递公司走访检查24次，接专卖科反馈信息3次，查处违法案件4起，查扣卷烟11条。对物流寄递环节的监管工作逐步规范。筛选存疑户2759户，走访检查零售户2759户，完成率100%，零售户信息维护率95.32%，检查命中率平均值为5.09%。

【落实“放管服”】 全年共新办许可131户、延续368户、责令停业6户、歇业74户、注销66户、变更2户。至净网行动前，网上办理率12%，网上延续率11.9%。严格落实“四减四办”（减材料、减环节、减时限、减次数、马上办、网上办、就近办、一次办）工作要求。坚决杜绝收取非法定申请材料，对材料不齐全的均通过网络、微信等其他渠道获取信息，避免群众多跑路，实现马上办、一次办。同时为更好地解答零售户相关问题，建立“证件管理服务群”，对需延续的业户进行定期提醒。组织专卖执法技能培训4次，共计8学时，5月，两名工作人员参加技能鉴定考试全部通过，专卖持证率100%，高级持证率70%以上。严格执行稽查所人员“在所办公”规定，稽查所管理制度进一步细化，与公安部门联合执法，外省临近路口设卡路截等工作定期进行。全年，稽查所查处案件37起，占总案件的37.75%，查获卷烟369.1条。

【卷烟营销】 全年实现卷烟销量7977.6箱，同比减少614.54箱，其中，一类烟同比增长6.69%、二至四类烟同比分别减少0.62%、1.43%、32.28%，占总销比重分别为6.83%、19.65%、58.78%、15.15%。实现重点品牌销售6128.3箱，同比增加53.5箱，占总销比重77.02%，同比增长6.32个百分点；重点品牌卷烟实现销售收入15485万元，同比增长3.03%。卷烟销售收入（含税）17678.2万元，同比减少122.4万元；单箱销售收入22228元，同比增加1511元。

全年建设现代终端75户，其中“辽叶e家”示范店8户，已完成目标；同时市局营销中心与中国建设银行开展合作，为新宾全地区标准现代终端店全部配备双屏机，实现互助共赢的终端建设模式，节省终端投入的成本，为下一步终端数据的采集提供硬件支撑。

【卷烟营销配送】 新宾中转站克服送货区域跨度大（覆盖3县，清原84户，抚顺县11户）等难题，全年安全行驶81237公里，同时注重加强相关培训，服务到位，做到100%落地销售，无差错率，烟损率为零。

（李林壑）

供销合作

【概　况】 新宾满族自治县供销合作社联合社（以下简称县供销社）负责制定和指导全县各基层供销社及所属企业的发展规划，协调与政府各部门之间的关系。对重要农业生产资料、防汛物资、农副产品进行组织、协调、经管、管理。培育新农村现代流通服务网络体系，培育发展专业合作社。

【企业改革】 基层社合并办公4个。红庙子供销合作社、响水河子供销合作社、旺清门供销合作社三社合并办公；北四平供销合作社、红升供销合作社、新宾镇供销合作社、城郊供销合作社四社合并办公；下夹河供销合作社、苇子峪供销合作社二社合并办公；木奇供销社、上夹河供销合作社二社合并办公。

【合作经济组织】 全县有供销行业协会5个，分别是新宾满族自治县农村合作经济组织联合会、新宾满族自治县农资商品流通协会、新宾满族自治县山野菜协会、新宾满族自治县再生资源协会、新宾满族自治县农民经纪人协会。

【电子商务】 依托县供销社成立的兴京惠农商城（网络商城），充分发挥供销社点多面广的优势，为农民搭建电商服务平台，为农产品进城、工业产品下乡提供综合服务，打通乡村配送最后一公里，增加农民收入。2019年，新发展乡镇电商点3个，分别是红升乡、响水河子乡、红庙子乡；

新发展电商服务村级点30个，分布于全县各乡镇。成立农产品配送中心1个，在木奇镇、永陵镇设销售节点2个。全年电商交易额2156万元。

【再生资源】 2019年，全县有再生资源城乡回收点9个，分别为新宾满族自治县物资回收公司、新宾镇、旺清门、木奇、南杂木、平顶山、永陵、苇子峪、大四平供销社废旧物资回收站。无分拣中心及再生资源回收利用基地。9个站点全年回收城乡废旧物品（棉、麻、胶、纸、布、废旧金属、废旧塑料等）600余吨，回收农膜15吨，回收农药包装废弃物15000余件，交易额2172万元。

【日杂供应】 县供销社下属日杂公司、供销商场、14家基层社、130个基层商店，全年实现日用消费品销售额10004万元，其中城镇销售5624万元，乡村销售4380万元。全县鞭炮烟花销售点134个，销售额380万元。

【农资供应】 为保证春耕生产顺利进行，县供销社下发《加强化肥农药经营管理确保春耕生产顺利进行的通知》，要求各基层供销社、各农资经营单位提高认识，加强服务，严格管理，扎实认真做好农业生产资料供应工作。认真配合相关部门进行农资打假检查，发现问题及时处理，杜绝假冒伪劣、坑农害农事件发生。加强安全管理，严格落实一把手负责制，教育、引导经营业户认真遵守服务公约和服务承诺，为广大农民提供优质高效服务。完成全县农业生产农资供应工作，销售化肥18000吨、农药200吨、农膜450吨。

【服务“三农”】 全年供销系统实现商品销售额24200万元，农副产品交易总额5078万元。苇子峪供销社千家农机专业合作社、榆树顺赢农机专业合作社积极参与农业产业化生产，共流转、托管农民土地252公顷，以优质低价为农业生产提供服务。2019年完善提高15家庄稼医院。新建林农林下参专业合作社。新建木奇供销合作社、苇子峪供销合作社为农业服务中心。改造红升、永陵、榆树、红庙子4个基层社营业室和库房总面积6000平方米。新建永陵生猪屠宰场化验室70平方米，购置相关设备四套。5月举办化肥农药培训班，培训160人次；8月举办烟花爆竹培训班，培训134人次；9月分别组织农民专业合作社理事长专业合作社经营管理培训和农民专业合作社财务人员参加省农业专业合作社金融培训、农村电子商务技能培训，共计培训60人次。

【食品安全】 全面改善和提高农村食品质量安全水平，严格落实《关于印发加强农村假冒伪劣食品治理的指导意见》精神。成立由理事会主任为第一责任人、分管主任、相关科室、具体责任人为成员的新宾满族自治县供销社食品安全领导小组；各基层社也成立由领导班子成员组成的食品安全小组。积极配合由县农业农村局、工信局、公安局、市场监管局、供销社为成员的“全县农村假冒伪劣食品问题专项整治行动工作组”开展工作。深入开展《中华人民共和国食品安全法》《辽宁省食品安全条例》《辽宁省农产品质量安全条例》等法律法规的学习宣传活动，出动宣传车2次，全系统共制定张贴宣传标语20多条，同经营企业签订《食品安生生产经营承诺书》。6月、7月组织人员对各基层社开展2次食品安全大检查；国庆节期间为保证食品安全经营对全系统进行1次全面排查；各企业在县社的安排下对各自管辖区内的门店进行食品安全排查。

（吕　晶）

集市贸易

【概　况】 2019年，全县重点城镇共有大型综合农贸市场（菜市场）7个，农村大集23个，遍布全县15个乡镇；小型流动集市遍布全县181个行政村。经营管理机制基本形成，城乡居民生活所需能够得到保障。在大型综合农贸市场中，南杂木供销社营业大厅总建筑面积3100平方米，其中有100平方米的办公室，有摊位220个，业户

150余户，经营范围有农副产品、服装鞋帽、大小百货、五金电器、针织品、床上用品，经营品种50余种，经营管理比较规范。

【农贸市场】 全县农贸市场均经营农产品、服装、百货、餐饮、日杂、生鲜、水产等，市场交易频繁。经营业态不断提升。一些商品开始实现连锁配送经营，使经营更趋时代性和个性化。但是，随着城乡建设的快速发展，大多数农贸市场在设施、功能和管理方面已不能适应经济发展和群众生活需要，普遍存在市场规模小、交易场所拥挤、服务功能不全和管理不到位、乱摆乱停乱放、环境卫生差、市场经营胀市等突出问题。

（房志轩）

粮食购销

【概　况】 2019年，完成粮食收购154928吨，粮食销售135235吨，年末库存42990吨；完成军粮供应20.75吨；市级地方储备粮6000吨，全部轮换；粮食购销经营利润总额115.2万元。

【行政执法】 圆满完成2018年度秋粮收购专项检查工作。工作期间每日向抚顺市农委上报秋粮收购工作，每周上报秋粮收购玉米价格信息，每半月上报玉米市场化收购资金情况，为省、市农委安排下一步秋粮检查工作提供准确数据。完成社会粮油供需平衡统计调查和农户存粮调查工作，为稳定粮食市场安全提供有力依据。加强对14家涉粮企业的监督检查工作，采取“双随机、一公开”方式，巡视检查粮食市场12次，保证粮食市场稳定。

【储备粮管理】 对全年的安全生产和消防安全进行全面部署，与各企业法人签订安全生产责任状，明确企业法人为第一责任人。在生产作业期、春季防火期、夏季防汛期和节假日等时间节点重点排查，发现问题及时整改。与市直属库、县农发行联合成立国家储备粮监督检查专门工作小组，先后4次深入到木奇粮库重点检查国家临储粮库存质量品质情况、各项要求落实情况，保证临储粮的质量和数量安全。2019年有市级储备玉米6000吨，已经全部轮换，数量准确、质量达到储备要求。

【国有资产管理】 健全和完善管理体制，对全县10家粮食企业的国有资产情况进行全面普查，进行资产统计、登记、备案，防止和纠正各种损害国有资产权益的行为。企业财产统一保险，保险总额度为1464.8万元。盘活北四平粮库闲置资产租赁给辽宁企业科技有限公司。完成全县粮食企业新一轮的承包合同签订工作。

（贾　昕）

石油经销

【概　况】 2019年有自营加油站18座，占新宾地区加油站总数50%。有员工84人；ERP在册员工76人，劳务派遣人员8人。

【营　销】 克服系统外成品油经营单位以大幅度低于国家定价的价格销售油品，抢夺零售市场份额影响，适时开展点对点促销，接续开展“春耕惠农”“清凉一夏”“金秋送爽”等主题活动。全年实现油品销售3,83万吨，其中汽油1.67万吨，同比减少929吨；柴油2.16万吨，同比减少831吨。以抓好便利店销售业务为核心，加快发展非油品业务。非油销售收入861.3万元，同比增长136%。润滑油销售业务以大客户为重点，积极与合兴木业、隆烨化工等大企业合作，全年销售润滑油及车辅产品285.6万吨，同比增加30.7吨，增长112%。积极与工行、建行等企业联合开展“十日惠”等跨界营销活动。实施加油站全流程诊断与优化，开展“开口营销”服务竞赛。全面提升加油站经营、管理、服务水平。全年新发加油卡1.3万张。开展客户大普查活动，完善客户档案信息，建立常态化客户维护机制。

（张明科）

交通 邮政 通信 供电

交通运输

【概　况】 2019年1月，按照《宾满族自治县机构改革方案》，新宾满族自治县交通局更名为新宾满族自治县交通运输局（以下简称县交通运输局），主要负责全县国省干线4条176.45公里、县级公路13条285.975公里、乡级公路83条505.738公里、村级公路410条792.835公里的督导、检查、建设工作。

3月，按照《新宾满族自治县公益性事业单位调整方案》，将原县交通运输局所属农村公路管理所、公路管理段、公路运输管理所及邮政业务发展中心共4个机构整合组建新宾满族自治县交通运输事业发展中心（以下简称县交通运输中心）。主要负责贯彻执行公路管理的法律、法规、政策，落实公路建设、养护管理等工作指标，编制全县干线及县级公路养护管理工作、工程建设项目的技术支持和服务保障，对全县乡、村级公路养护、邮政业管理提供技术支持服务保障，编制全县综合交通运输体系规划，协调推进县内高速公路、高铁建设、指导各乡镇农村公路管理、养护工作。

【路政管理】 深入开展路政法制宣传月活动，共出动宣传人员70多人次、宣传车26余台次，设置宣传台3处，发放宣传单150余份，发放路政联系卡120余张。开展上门送法活动10次。4月中旬，邀请公路沿线村民、商户、企业代表召开“路政业务服务月”专题会议。抚顺路政执法队新宾大队与县公路管理段多次联合召开公路路政群管联席会议，围绕美化控制区内路域环境建设共同与公路管理段下属6家养护公司签订公路路政群管网责任状，向养护公司发放路政便民联系卡，联合打击道路违法违章行为，形成齐抓共管、共同参与的局面。实行路巡和治超执法力量相结合机制，充分利用群管网机制，缓解执法力量不足的矛盾，扩大巡查监管覆盖面。至12月20日，累计发现路巡事项86件，其中清除非公路标志66个、堆占2处13平方米、打场晒粮4处65平方米、损坏路产14处。立案14件，破案14件，破案、结案率100%。收取公路赔（补）偿费共计172411元。深入15个乡镇对全县33个县级以上公路骑路市场进行调查整治，县政府下发《关于进一步加强公路路政管理工作的通知》。以治理路容路貌脏、乱、差为重点工作，广泛发动群众积极参与规范村、规范路创建与管理活动，提高公路通行能力和服务水平，提升公路路域环境和路政管理规范村整体形象。全年完成两处规范村的创建：沈通线（白旗村）K213+800米-K214+850米长1150米，沈通线（旧门村）K224+800米-K225+300米长500米；完成一处规范路创建：彰桓线K334+024-K361+894长27870米。与县公安交警大队建立超限治理联合执法长效机制，定期开展夜间联合执法，不定时针对过境车辆进行专项整治。在分装卸载工作中严格做到“超必卸，卸必标”，并全程保留视频记录。查处超限超载车辆62台，卸载货物3032.75吨，签订超限超载运输货物卸载分装承诺书62份，交警扣分290分，罚款8.23万元，累计扣分人数56人。与县公安交警大队开展联合执法210天，出动执法车辆654台次。

加强农村公路路政管理，全年共上路巡查230余次，立案9起、处理违法人员9人、追缴索赔路产补偿费9.424万元，下达违法行为通知书8份，清理堆占6处约477平方米，打场晒粮1处约60平方米，清理牌幌、非公路标志条幅31个，制止违建8起，拆除违章建筑1处约30平方米，实地检查涉路施工现场1处。

【公路建设】 农村公路维修改造工程计划35项108.4公里，实际完成112.9公里。农村公路新改建工程计划14项，路面工程37公里，实际完成37.6公里。桥梁工程计划5座65.6延长米，实际完成78延长米。农村公路危桥改造工程2项2座23.4延长米，实际完成23.29延长米，“一事一议”财政奖补村内道路建设工程计划117.49公里，桥梁9座137.4延长米，按计划完成。超前实施上五线（上夹河—五龙村）乡级公路维修改造工程计划5.178公里。农村公路重点扶贫村基础设施建设项目，路面工程14558平方米。4月11—13日，辽宁省对新宾满族自治县农村公路新改建工程进行复查，抽检12条线路30.4公里，全面完成。围绕《辽宁省交通运输厅关于2018年抚顺市农村公路新改建路面工程质量复查情况的通报》提出的有关问题，对照检查情况及整改措施一览表逐项落实整改，于7月22日全部整改完成。辽宁省抽检未覆盖项目32条线路，县交通运输局委托第三方辽宁省交通专科学校公路工程试验检测中心完成复检，其中19条线路存在相关问题，已于8月完成整改。实施干线公路傅桓线（五道堡—县界）中修工程8.2公里，完成投资347.8万元。实施红升水库饮用水水源地保护区普通公路路线隐患路段治理工程（通武线、平桓线），完成投资127万元。

【水毁工程】 8月15日，红庙子乡、旺清门镇、响水河乡等地遭受洪水灾害，配合全县防汛指挥部统一部署，县交通运输局及时组织交通系统各方力量实行雨中道路阻断情况调查，调拨施工机械就近开展道路抢通工作。“8·15”洪水累计水毁农村公路路面11.6公里、桥梁15座363.5延长米、防护工程50处45517立方米、涵洞22道156米。完成农村公路水毁修复工程设计立项并签订施工合同。9月15日，省道平桓线遭受严重的水毁，损失700多万元，已完成路基恢复工作。

【公路养护】 冬季除雪防滑工作共动员人员1161人次、机械台班766个，使用融雪剂1115吨、防滑料3290立方米，保障公路及时安全畅通。实施公路“路美”工程，投资54万元用于县级以上公路绿化美化建设。国省干线绿化4条线路，98.92公里，栽胸径4厘米榆树5800株、0.6米宽的花灌木4000株，投资19.8万元。县级公路绿化7条线路，112.848公里，栽植紫叶稠李5200株、金丝垂柳300株、胸径4厘米榆树4228株、胸径2厘米柳树4630株、0.6米宽花灌木8568株，投资26.46万元。县级以上公路种花332.2公里，其中国省干线6条、县级公路9条。播种各类宿根生菊花籽396公斤，种花7500株，投资7.09万元。干线桥梁维修65座，投资27.11万元。县级桥梁维修39座，投资31.7万元。干线方钢式护栏维修7座，投资5.98万元。县级公路方钢式护栏维修3座，投资1.08万元。完成饶盖线、通武线、平桓线、傅桓线、铁苇线、柞本线等干线公路小修工程，共投资59.64万元。完成永红线、台上线、上徐线、下李线、新柳线、旺桦线、旺双线、边关线、木桦线、偏小线等县级公路小修工程，共投资35.64万元。干线公路标志维修56

处，钢护栏维修2180米，更换钢护栏端头4个，钢护栏刷新9404米，路沿石维修72米，投资21.16万元。完成上夹河停车区、旧门停车区、鸦鹘关停车区三处服务停车区建设，建停车区指示牌6套、公共卫生间3处、室外休息区3处、观景台1处、垃圾箱3个、游乐设施4套，停车位硬化、标线3处，路网图6套，各类防护及排水工程358.28立方米，美化绿化全覆盖，每处投资35万元，共105万元。乡级公路83条505.738公里、村级公路410条792.835公里全部列养。乡级公路除雪防滑工作合计投入资金约25万元，村级公路除雪防滑工作由村内组织人员自行除雪。乡村级公路维修桥栏栏杆2272根，新建及维修防撞墙80延米，累计投入小修资金35万元，乡村级路面维修投入资金45万元。

【公路管理】 全县认真执行乡道乡管、村道村管的原则，推行“路长制”，总路长由县委书记那学成、县长陶承海担任，副总路长由分管交通副县长担任，成员由各乡镇长担任。建立以公共财政分级投入为主、多渠道筹措为辅的农村公路建设、管理、养护、运营资金筹措机制，保证必要的经费投入，对农村公路建、管、护、运提供一系列政策支持。按照路长制实施标准，县级财政配套150万元用于专业化日常养护，各乡镇投入125万元用于公路绿化及养护。制定新宾满族自治县农村公路养护管理实施细则、农村公路养护春秋季集中会战实施方案、防汛通阻维修实行办法等。建立除雪防滑急弯陡坡备料明细表，通过微信实时反馈现场信息统筹整体工作。乡镇对本辖区内所有农村公路、桥梁、路面、路基、边坡、通道、管涵、排水系统、防护工程、标志牌等设施进行全面安全隐患排查摸底，建立台账并上报备案，适时开展相应修补工作。积极开展路田（宅）分离工作，由交通部门给予资金补贴支付，乡镇村解决拆迁占问题。村委会安排人员组织人力对公路沿线羊粪牛粪进行及时清理，以确保路面不被腐蚀损坏。开展“七美新宾”“路美”之畅、洁、绿工作。“四好农村路”示范县创建通过辽宁省“回头看”检查，完成创建省级“四好农村路”示范乡镇督导考评工作。

国道通武线公路扎喀关休闲景区

【长途客运】 2019年，县客运公司共有营运线路87条，其中跨省5条、跨市17条、跨县9条、县内56条。有营运客车254台，6201个客位。全年完成客运量247万人，旅客周转量12350万人公里，总运营里程936万公里，日发客车230班次，日均客流量2000人次，最大客流量2400人次。新宾客运站采用网络售票与自动售票机扫码售票等方式，旅客购票更方便、快捷。开通公众号，及时更新公众号的内容，让广大群众充分了解客运的相关情况。

红升乡旧门村村路

【运输管理】 2019年，全县有营运车辆3850台。其中，客车254台，6201个客位；出租车424台，2120个客位；货车3150台，72445个吨位。全年完成客运量291万人，旅客周转量15577万人公里，同比分别增长 -1.7%、-1.9%；完成货运量1997万吨，货物周转量349476万吨公里，同比分别增长21.5%、21.6%。货物运输业逐渐规模化、集约化，老旧车型基本淘汰，货运车辆向多轴大吨位更新。出租汽车客运车辆方面，新能源、双燃料等车辆已大量进入全县客运市场。

【安全生产】 全年，交通系统共召开安全生产各项专题会议8次，开展安全生产检查10次。开展交通运输行业安全生产“百日攻坚战”“春节”、两会期间，安全生产大检查、特种设备专项检查、安全生产消防检查、“两客一危”安全检查、扫黑除恶专项斗争、“防风险保平安迎大庆”消防安全执法检查等专项检查行动。开展“安全生产月”“安全生产新宾行”工作和“保平安、迎大庆”“压事故、保平安”深化行业治乱专项整治行动，以及安全生产风险防控和隐患排查治理百日行动等。县交通运输局安全生产委员会对客运公司、客运站、公路沥青拌合站、在建工程现场均进行安全生产隐患排查检查。客运方面检查客运车辆安检情况、安检记录，围绕“春运”“清明”“五一”“端午节”等客流高峰时间开展安全检查，驻站办充分发挥驻站管理的优势，严格执行“三不进站”“六不出站”的工作要求，杜绝不符合标准的车辆出站。客运公司安全工作人员利用休息时间对公司的营运班车安装96台监控设备，通过GPS监控平台开展监督工作。客运站更新“三品”检测仪，签订责任状、承诺书及危险告知书等1000余份。全年例检车辆5万余台次，查出故障车辆500余台次；大修厂全年共保养车辆623台次，超额完成23台次。路检路查28次，杜绝超员等违法行为的发生。全年利用GPS查出超速车辆700余台次，其中电话警告600余台次。营运科认真审证，确保证件的有效性。公司利用大屏幕和宣传栏广泛宣传安全知识。6月14日，开展消防逃生演练。运管所定期对危货企业危化品运输进行检查，不定期开展专项整治排查活动。组织相关人员先后对辖区内的客运企业、客运站、危化品运输企业、普通货物运输企业等进行专项安全检查。先后检查企业50余次，排查从业人员190人，排查车辆112辆，出动执法人员23人次，对5家企业下达限期整改通知书，并全部整改完成。全县共有危险品运输企业11家、车辆408台，对危险品运输企业的年度审验工作严格把关，全年完成年审3600台次。对危货车辆的实车检查率达到100%，保证全县危货车辆的安全运营，没有危险品运输车辆，无安全事故发生。3月，按计划完成全县危险品运输企业、50台以上规模普货企业的信誉考核工作，按照计分标准进行严格的评定，被考核企业全部为AA级以上。公路段、公路工程段进行安全警示培训教育，组织应急演练，加强干线公路、农村公路危险路段的检查与防护，对全县319座11058.71延米桥梁进行检查，共进行隐患排查28次，受检单位77个次，发现隐患整改51项。

【驾驶员培训】 全县有机动车驾驶员培训学校3家，教练车86辆，教练员102人。交通运输局对培训机构严格管理，严禁培训过程中的吃、拿、卡、要等现象。全年开办道路运输从业人员培训班1期，参加培训和考试42人，考试合格已取得资格证36人。开办道路运输从业人员继续教育培训班55期，培训从业人员4530人。

【机动车维修企业管理】 全县有维修企业96家，实行备案制管理。定期抽查并结合投诉和群众反映信息及时处理维修企业不规范经营的行为。组织专项检查2次，4—5月，主要督促企业安全生产、人员资格设备配备的落实情况，所检企业全部达标；6—7月，主要开展废机油等污染物的储存和规范管理专项检查。重点抽查企业15家，对发现的违规存放行为予以责令改正。着重加强新办企业的审查勘验工作，对企业购置的仪器仪表、专用设备、通用设备、检测设备等，认真核查合格证及设备磨损状况，严把维修市场的准入关口。对较大型的维修企业进行维修资质认定，提升全县机动车维修能力。

【打击非法营运】 全年开展非法营运治理行动4次。春节期间以春运安全为主题对客运站周边以及客运线路上的违法、违规运营行为进行治理，查处部分“黑车”和在客运线路上拼客运营的出租车。3月结合出租车信访诉求，在新宾镇、永陵镇开展对三轮车“黑车”的专项治理工作。联合公安交警巡特警，采取突击检查，错时巡查等方式，对全县非法营运重点区域，例如县医院、永陵二院、新宾满族自治县客运总站、永陵客运站、回迁安置小区、城乡接合部等进行日间常态化巡逻。组建夜间巡查队伍，共派出夜间巡查执法车辆90余台次、执法人员160余人次、查扣非法营运车辆44台、非法营运三轮车60台。

【高铁建设】“沈白客专”（沈阳至白山高铁专线）新宾境内全长79.2公里，途径上夹河镇、木奇镇、永陵镇、新宾镇、红升乡、北四平乡、旺清门镇7个乡镇。新宾满族自治县成立“沈白客专”建设工作领导小组，小组办公室设在县交通运输局。配合铁路设计部门确定高铁线路方案，推进高铁建设进入可研批复阶段。委托县公证处并会同有关部门及乡镇对全县高铁沿线土地进行现状保全工作；牵头协调县住建局、自然资源局、水务局等相关部门完成可研拆迁测算工作；协调高铁相关部门完成高铁线路穿越国省干线、农村公路以及跨越河流方案审查、批复审批工作；协调7个乡镇、2个林场完成高铁地质勘测临时占用林地4.6公顷，签订征占补偿合同91份。配合市铁建办及国资集团完成高铁征拆补偿工作标准的调研工作。

【公共交通】 全县有环城车运输企业2家。辽宁沐与康氢缘汽车租赁有限公司在新宾镇有2条环城客运线路，每条线路投入氢燃料电池车辆10台，共计20台。永陵镇3条环城客运线路，每条线路投入车辆5台，共计15台。南杂木天运客运公司投入普通客运车辆12台在南杂木地区从事环城客运线路经营。全县出租车公司2家，兴京出租汽车公司有车辆372台，主要在新宾镇及周边乡镇运营；南杂木红伟出租汽车公司有车辆52台，主要在南杂木、上夹河地区经营。

【铁　路】 2019年，由沈阳车务段和新宾满族自治县人民政府共同投资154万元对南杂木火车站进行建站以来一次大规模的翻新改造，重新改造后的火车站是一个全新的、具有民族风格的车站，候车大厅面积802平方米，宽敞，舒适，明亮。南杂木火车站等级为四级。有员工47名，全年客货运输实现利润2040万元。

火车站有运输线路8条，分别为正线1条，到发线路3条，货场线3条，粮库专业线1条。年客运平均发送量10万人次，年货物平均发送量35万吨。车站日停靠客车车次为6列，其中上行（沈阳方向）2列，分别是K7370（图们—营口）、K7426（舒兰—沈阳）；下行（吉林方向）4列，分别是K971（青岛—通化）、K7425（沈阳—舒兰）、K7369（营口—图们）、K7397（沈阳—白河）。车站不停靠日通过旅客列车7列，其中上行4列，分别是K216（吉林—北京）、K7512（白河—大连）、K972（通化—青岛）、K338（长春—宁波）；下行3列，分别是K337（宁波—长春）、K7511（大连—白河）、K215（北京—吉林）。

2019年重新改造后的南杂木火车站

（曲　波　高亚鹏　房广绪　邢　军
刘海峰　姜乃时）

2019 年新宾满族自治县公路路线里程情况表

表 27

单位：公里

路线编号	路线总数（条）	里程总计	重复里程	等级公路					等外公路	养护里程
				小计	一级	二级	三级	四级		
总计	506	1584.548	0.379	1449.406	2.399	269.675	80.274	1097.058	135.142	1584.548
县道	13	285.975	—	285.975	2.399	239.613	43.963	—	—	285.975
乡道	83	505.738	0.379	505.738	—	30.062	36.311	439.365	—	505.738
村道	410	792.835	—	657.693	—	—	—	657.693	135.142	792.835

说明：按技术等级分

2019 年新宾满族自治县公路里程情况表

表 28

单位：公里

项目	总计	有铺装路面			简易铺装路面	未铺装路面	晴雨通车里程	可绿化里程	其中：已绿化里程	养护里程
		合计	沥青混凝土	水泥混凝土						
合计	1584.548	1202.747	1147.282	55.465	8.908	372.893	1584.548	895.106	563.92	1584.548
县道	285.975	280.763	280.763	—	5.212	—	285.975	280.937	280.937	285.975
乡道	505.738	461.188	456.415	4.773	3.696	40.854	505.738	358.543	170.116	505.738
村道	792.835	460.796	410.104	50.692	—	332.039	792.835	255.626	112.867	792.835

说明：按路面类型分

2019 年新宾满族自治县公路桥梁情况表

表 29

项目	总计		其中：危桥		按建筑材料和使用性质分	
					永久性	
	座	延米	座	延米	座	延米
总计	513	16469.76	7	431.9	513	16469.76
县道	142	5039.99	2	23.4	142	5039.99
乡道	226	6924.11	3	321.5	226	6924.11
村道	145	4505.66	2	87	145	4505.66

说明：按使用年限分

邮 政

【概　况】 2019 年，中国邮政集团公司新宾满族自治县分公司（以下简称邮政新宾分公司）全局业务总收入达 3795.5 万元，其中金融类业务实现收入 3020.6 万元、渠道增值类业务实现收入 375.3 万元、包裹快递专业实现收入 393.7 万元。

【经营管理】 余额规模突破 20 亿元。在面临 2019 年代理金融收入下滑的情况下，不断坚定信心，寻找新增长点来实现金融业务收入。通过不定期的业务培训增强网点人员业务能力；采取形式多样的竞赛活动提高网点人员积极性和主动性，提高网点的服务水平。

开展“一村一会”活动，促进大化肥销售。由支局长带领柜员挨村挨户走访，登记人员名单、耕地亩数，确定具体订购会时间及地点，排序清晰，确保订购会的连续性，保证百姓需求，做好服务“三农”。累计开展订购会 34 场，登记客户信息 2100 余条，销售大化肥 740.2 吨，全面完成市公司下达的目标。

【报刊订阅】 按照市公司的总体部署，坚持“稳中有升”的发展总基调。面对政府机构改革，单位缩编的不利局面，邮政新宾分公司及时同县委宣传部进行沟通，达成必保党报党刊的共识，及时将未订阅党报党刊的乡镇通报给县委宣传部，加强督促，完成报刊流转额。订阅量稳中有升。

加快拓展图书、数字媒体等新领域，推进邮政报刊发行向知识信息服务平台转型。对行业报刊重点跟进，抓住县老干部局、县人社局等重点大客户。

【包裹揽收】 邮政新宾分公司面对其他快递公司的激烈竞争，将邮政小包进行转型，变成新快递包裹，在服务及管理上下功夫，更好地发展业务。提供优质服务为业务发展树立口碑，打好基础。不但上门揽收，还帮助客户打包、封装及小规模的仓储。通过为客户提供热敏打印、免费封装、上门取件、邮件跟踪、查验赔偿等服务，吸引许多微商，新开发协议客户20家。

【集　邮】 全年，发展会员421人，累计实现收入70万元。3月，举办集邮展览专场，当天实现销售额近50万元。

【爱心邮路】 开展“转变作风树形象，服务群众创一流”“服务群众最后一公里”等活动，邮政新宾分公司在各乡镇村设立便民村邮站，开办代收电费、电话费、存取款、农资产品分销等一系列便民业务，深受广大农民朋友的欢迎。在全县邮政网点开展为民服务“爱心邮路”活动，公司有44名投递员，其中37名乡邮员，共计58条段道。投递员走乡串户为广大村民提供爱心帮扶活动，帮助五保户、困难村民等买米、买面、交水电费、打扫卫生等，提升邮政服务水平。

【安全管理】 邮政新宾分公司党委始终坚持“防范胜于治理”的法则，始终绷紧教育安全管理这根弦，做到警钟长鸣。把增强员工的防范意识放在十分突出的地位，重点围绕防抢、防盗、防火的应知应会等内容对网点员工进行预案教育和防范技能教育。组织员工熟悉“三防预案”，掌握正确的操作规范和程序以及发生紧急情况的应急处置措施、各种自卫武器、报警监控装置的操作使用等。4月，组织全县支局长进行消防演练；5月对支局进行防抢防盗演练，19个储蓄网点全部安装防弹玻璃，配足配齐防盗、防抢、防暴、防火等防卫器械，年底所有网点防护设施都达到规定的标准，基本形成人防、物防、技防相结合的防护体系。

（王辰旭）

通　信

中国电信股份有限公司新宾分公司

【概　况】 2019年，中国电信股份有限公司新宾分公司（以下简称电信新宾分公司）在省、市双旦活动中，获发展精英市级一等奖，有两个支局分获省级农村PK赛一等奖、二等奖。在暖冬行动中获小组PK赛市级第一名、橙分期突出贡献奖、存量单C升融市级第二名。在全省农村争霸赛中乡镇支局长白晳获个人一等奖。在暑期促营销活动中获实体渠道三等奖。在农村双攻坚活动中获优秀双攻坚乡镇二等奖。在厅店运营实战比赛中获活动组织优胜奖。乡镇支局支局长白晳荣获“抚顺市新时代好工人”称号。

电信新宾分公司主要经营业务分为基础电信业务和增值电信业务两项，基础电信业务：在本行政区范围内经营800HZCDMA第二代数字蜂窝移动通信业务和CDMA2000第三代数字蜂窝移动通信业务，增值电信业务：信息服务业务（仅限移动通信服务），LTE/第四代数字蜂窝移动通信业务（TD-LTE/LTE FDD）；经营固定网本地通信业务（含本地无线环路业务）、固定网国内长途通信业务、固定网国际长途通信业务、互联网国际数据传送业务、国际数据通信业务、公众电报和用户电报业务（原《电信业务分类目录》（2003版）中的业务）、26GHz无线接入设施服务业务、国内通信设施服务业务；经营与通信及信息业务相关的系统集成、技术开发、技术服务、技术培训、技术咨询、信息咨询（国家有专项规定的除外）；设备及计算机软硬件的生产、销售、安装和设计与施工；房屋租赁；通信设备租赁。

【信息惠农政策】 电信新宾分公司积极响应国家提出的智慧农业、信息惠农政策，深入落实中国电信集团公司转型升级新战略，联合县工信、县公安以及部分优秀企业组成“惠农团”深入到各乡镇、村屯，深入到百姓中。通过免费体检、免费手机优化和贴膜、提速降费等措施为百姓带去实惠。采取为贫困户大幅减免话费、免费提供手机、赠送流量等举措，减低贫困户的负担，使所有村民都可以享受手机通信带来的便利，体验到智慧农业、信息惠农为生活带来的改变。

【经营活动】 相继推出美乡卡、畅享套餐等针对县乡产品的移动政策，结合固网宽带业务推出分期礼包、智慧家庭礼包、全屋 Wi-Fi 礼包、安防礼包等产品，使用户享受到多元化的宽带服务产品。通过“以店包片”“宽带免费体检”等政策，提升用户对通信产品的体验，满足个人用户日益增长的对智能产品的需求。不断丰富天翼高清频道、优化天翼高清呈现质量，满足每一个家庭的需求。推出翼支付、天翼视讯、云产品、物联网等创新产品，让广大用户尽情享受信息智慧新生活。

【网络质量提升】 采取优化网络质量、提升网络能力、改善运行环境、加强装维管理等措施全面提升网络服务质量。以问题为导向，对存在问题的各类网络问题按照轻重缓急、难易程度尽快给予解决。通过变革和创新调优机制体制，与合作伙伴形成优势互补，实现合作共赢。10 月，完成新宾镇、永陵镇、南杂木镇 3 个镇的宽带设备的升级改造，实现光纤宽带带宽提升至 200 米。年底完成新办公楼机房宽带设备建设的需求，并计划在 2020 年初完成全县固网宽带设备割接搬迁的工作，提升网络设备性能，降低网络设备的使用率，为用户宽带网络运行，上网质量提供优质服务及保证。

【防范通信诈骗】 切实履行好国企防范打击通信诈骗的政治、社会责任，义不容辞地保护人民群众的根本利益。持续深入开展防范打击通信诈骗工作。严格执行电话用户实名制登记管理，加强源头管控，全渠道 100% 实名入网。完善主动防诈体系，利用各类技术手段实时监测超频呼叫，主动拓展核查违规号码，一经查实立即关停。严查恶意短信链接，一旦发现不良短信全网封堵。通过“云堤”防 DDOS 攻击、网站篡改、反钓鱼、域名无忧四大产品，全方位保障互联网安全，从上至下对通信诈骗予以全方位、无死角的防范打击。

（朱征宇）

中国移动通信集团辽宁有限公司新宾分公司

【概　况】 2019 年，中国移动通信集团辽宁有限公司新宾分公司（以下简称新宾移动公司）围绕年初确定的总体思路和“三领先一突破”（技术、网络、应用领先，自我突破）的发展目标，在公司深化改革、转型发展的关键时期，重点推进市场经营、集团信息化和网络工程，圆满完成全年任务。

【市场经营】 利用重点客户保拓、精准拉新、大颗粒套餐新入网及大颗粒接续、个人数字化业务等活动，满足不同客户群体流量使用需求。采用集团现场营销、网格经理联合社会渠道，采取“下沉”式营销手段，提升客户业务办理便捷性。以新零售赋能实体渠道、规模拓展新型渠道，提升互联网和新零售渠道能力。持续落实国家“提速降费”战略部署，进一步降低流量单价，降幅 47%。借助市公司放号政策、全员营销、扶贫政策、客户经理异网集团赢回、社会渠道参与、开展精准拉新等营销手段发展新增市场。以家庭宽带融合套餐、爱家套餐为营销主导，通过全员户外营销、客户经理驻点营销、代销商“扫村”营销，同时利用铁通公司的宣传队在早市、夜市、乡村集市等地点开展便民服务，发展家庭宽带。坚决落实携号转网工作部署和要求，推出携号转网系列惠民服务举措。开展营业厅服务质量专项提升，建立服务质量社会监督机制，通过规范早晚会、店面督导巡检抽查等方式，使得营业人员业务能力提升明显、服务意识逐步加强。坚持以人民为中心的发展思想，集中整治不知情定制、违规外呼、账单不透明等焦点问题，加大力度治理垃圾短彩信，拦截骚扰、诈骗电话，提高数据安全保护能力，实现客户信息零泄露。开展扶贫帮困工作，对建档立卡贫困人群进行优惠赠送手机。

【集团信息化】 行业拓展重点围绕党政军、工业能源、交通、医疗、农商等八大重点行业开展工作。邀请县直20多家单位参加5G移动信息化巡展活动，全面展示中国移动信息化能力。优化信息化项目售前评审环节，合理降低信息化项目建设成本。针对政府、物流等行业拓展大数据产品应用，面向政府、医疗、工业、金融、教育行业拓展行业云。积极转化垂直领域的行业信息化平台能力，聚焦工业云、医疗云、视频监控、智慧出行等九大平台，实现平台价值释放，提升集团产品的增值服务。

【网络工程】 开展网络质量领先行动，着力攻坚解决网络结构性问题，完成全网2G设备替换，根据业务发展需求提升网络覆盖深度和广度，为全县用户打造精品网络。深度优化4G网络，实施TDD/FDD融合组网优化，解决群众热点问题，全年处理信号投诉47次，新建参仙谷、何家村、杨家村等基站解决信号覆盖问题。

2019年，县移动公司网建部参加全省网建业务比武大赛

8月15日，红庙子乡遭受洪涝灾害，移动公司为防汛应急指挥部提供24小时信号支撑，并率先恢复红庙子乡所有信号覆盖，为后续抢险救灾提供坚实基础。加快农村驻地网施工进度，响应国家“宽带中国”战略部署。开展农村网络设施专项整治工作，强化农村地区网络维护与质量管理，坚决杜绝漠视侵害群众利益问题发生。圆满完成新中国成立70周年等重大网络安全保障任务，实现零重大网络事故、零重大安全事件、零重要客户投诉的保障目标。

（高　岩）

中国联合网络通信有限公司新宾县分公司

【概　况】 2019年，中国联合网络通信有限公司新宾县分公司经营主要业务有在抚顺经营固定网本地电话业务（含本地无线环路业务）、公众电报和用户电报业务、国内通信设施服务业务；固定网国内长途电话业务、固定网国际长途电话业务、IP电话业务（限PHONE-PHONE的电话业务）、900/1800MHzGSM第二代数字蜂窝移动通信业务、WCDMA第三代数字蜂窝移动通信业务、LTE/第四代数字蜂窝移动通信业务（TD-LTE/LTE FDD）、卫星国际专线业务、因特网数据传送业务、国际数据通信业务、26GHz无线接入业务；3.5GHz无线接入业务，国内甚小口径终端地球站（VNST）通信业务、固定网国内数据传送业务、无线数据传送业务、用户驻地网业务、网络托管业务、在线数据处理与交易处理业务、国内因特网虚拟专用网业务、因特网数据中心业务、语音信箱业务、传真存储转发业务、X.400电子邮件业务、因特网接入服务业务和信息服务业务；经营与通信及信息业务相关的系统集成、设备生产销售、设计施工业务；技术开发、技术服务、技术咨询、技术培训；寻呼机、手机及其配件的销售、维修；电信卡的制作、销售；客户服务；房屋租赁；编辑、出版、发行电话号码簿、设计、制作、发布、代理国内外各类广告（涉及许可证或国家专项规定的，须凭许可证经营或按专项规定办理相关手续）。

2019 年，公司加强新装和续费客户服务和管理，同时严格考核各营销单元的新装和续费融合渗透率。指导各营销单元制定属地化的营销政策及方案，组织两次乡镇营销人员的专项培训，提升乡镇营销人员的营销水平和综合发展能力。投资 20 万元对公司营业厅、南杂木单元营业厅实施卖场化改造。全年较好地完成抚顺市联通公司下达的各项经营指标和业务发展指标。

【维　护】 完成交接箱整治 200 个，完成资源核查和录入 3100 余条。完成更换下坐电杆 1470 棵，电杆扶正 918 棵，更换拉线 165 条。完成抢修和迁改 222 件，其中工程队完成 10 件，全部为抢修类；自维完成 212 件，其中抢修类完成 205 件，为大客户迁改类完成 7 件，为公司节约成本 62.6 万元。开展基站小区可用率低效工作和节能减排工作，机房整治 8 个，下电并拆除三个支局 PDH 光端机 12 台，基站 BBU 下电 5 台，割接老联通 SDH 设备 25 台到 IPRAN 上，原有设备下电，节约电费，为公司降低运营成本。全县新建基站 96 个，积极进行随工验收，查找基站障碍点，配合工程施工，使全部基站提前顺利开通。对 4G 原有设备进行拆闲补盲，对铁塔反包基站进行一塔一表和现场核查等工作，共发现问题 23 起，已全部整改；查修大客户障碍 80 余起。更换支局和模块局开关电源 33 套，更换电池 27 组，更换 30 千瓦柴油发电机 2 组。

12 月 8 日下午，新宾联通公司工会组织员工开展趣味运动会

（黄　伟）

中移铁通抚顺分公司新宾满族自治县分公司

【概　况】 2019 年，中移铁通抚顺分公司新宾满族自治县分公司（以下简称铁通新宾分公司）围绕安装、维护等工作目标，推进市场，较好地完成全年各项任务。主要工作为宽带网络安装、维护。全年安装电话 470 多部，安装宽带 5100 余户。

【网络安装维护】 开通小区（村）72 个。共计维护宽带 17620 余次，抢修光缆 59 公里，小区改造 3 个，新宾河畔花园小区、新宾锦州银行小区、星都世纪花园二期小区，光改用户 190 余户。

【缩短故障处理时长】 铁通抚顺分公司推行《关于缩短故障处理时长办法》，实施无条件保证故障 24 小时内处理完毕标准。2019 年，铁通新宾分公司故障处理 24 小时及时率达 100%，故障处理预约率达 99.9%，回访用户满意率达 99.89%。

【提升网络品质】 组织检查 106 次 ONU 机房、48 个 ONU 箱，巡视抽查 19 家大客户和 20 次线路修复质量，重点线路巡视抽查 19 次，完成电缆整治项目 22 个，电话故障总件数减少 1178 件，电缆故障减少 613 件，缆线故障减少 953 件，促进通信网络质量的提高。

【安全管理】 始终坚持“防范胜于治理”的原则，始终绷紧教育这根弦，做到警钟长鸣。铁通新宾分公司把增强员工的防范意识放在十分突出的地位，重点围绕登高、防火的应知应会等内容对网点员工进行预案教育和防范技能教育。组织员工熟悉“三防预案”，掌握正确的操作规范和程序以及发生紧急情况的应急处置措施。

（李　岩）

供 电

【概 况】2019年，国网新宾满族自治县供电公司（以下简称新宾供电公司）着力在加快电网建设和提高客户满意度上下功夫，通过不断地加强精益化管理，供电可靠性与优质服务水平持续提高。用实际行动践行“人民电业为人民”的企业宗旨。

全年供电量累计完成33056万千瓦时，同比下降1.94%；售电量完成30834万千瓦时，同比下降4.55%；综合损失率为6.72%，同比上升2.55%；电费回收率完成100%；供电可靠率完成99.6985%，同比下降0.0597%；电压合格率完成99.144%，同比增长0.004%；完成高压新装、增容43户，同比增加22户，容量减少805千伏安。

【输电线路】220千伏主网架：220千伏跨境输电线路4条，包括清原中寨变电站至新宾永陵变电站同塔双回线路的中永一线、中永二线；抚顺变电站至永陵变电站同塔双回线路的抚永一线和抚永二线。该4条线路使抚顺东部形成220千伏线路双环网供电。66千伏电网网架：新宾地区有66千伏送电线路27条。通过66千伏铧马线与本溪电网相连，通过66千伏金河一线、金河二线与清原县220千伏金木变电站联网。

【营销服务】持续提升优质服务水平。充分发挥微信群作用，做好电力宣传、停电告知、故障抢修等服务，提升用电客户满意度。加强业扩报装，对重点项目提前介入，开辟绿色通道，优化业扩办理手续，缩短在途流转时间，提高办电工作效率。深入推广应用“互联网+电力营销”体系，推进用电业务线上受理，推进网上国网APP、电e宝、微信等线上电费交纳方式，满足客户智能服务需求。积极解决用电客户各项诉求，客户满意率100%。

大力推广新型业务。推广煤改电供暖工作，在供暖期到来前，利用营业厅宣传、深入乡镇等渠道，解读宣传煤改电、电采暖政策，普及相关知识。为提升电力交易市场化发展，降低客户用电成本，各营业厅充分利用客户办理新装、暂停、减容复用等契机加大市场化交易宣传力度。

积极开展宣传活动。新宾供电公司在新宾高中、新宾一中、南杂木小学等单位协助下开展“有序用电、科学用电、节能减排”宣传活动，发放《安全用电》《家庭节能用电常识》等多种宣传资料，宣传有序用电、科学用电、节能减排、安全用电等用电常识。利用“5·15政务宣传日”在街道等人群往来密集处设立业务办理、电价政策、安全用电等咨询台，推广使用网上国网APP、微信、电e宝等多种缴费方式进行电费缴纳，为前来咨询的用户答疑解问，发放宣传单、小礼品。

服务小微企业。随着新宾满族自治县域经济的发展，小微企业纷纷落户，针对小微企业数量多、办电业务多、资金链相对薄弱的特点，围绕便民、降本、提速要求，通过压减环节、精简资料，推广线上办电、预约上门和业务代办服务，实现大中型企业客户办电“最多跑一次”、小微企业客户办电“一次都不跑”。为解决小微企业办电成本高的问题，全面落实省公司优化营商环境省力、省时、省钱“三省”服务措施，扩大低压业扩报装容量接入标准。助力小微企业发展，通过优化报装流程、精简办电环节、压缩办电时限，进一步优化电力营商环境，提升“获得电力”水平。

【电业管理】加快构建以客户为中心的服务体系，为客户省时省事，以高效、便民的服务新标准为人民生活提供可靠的电力保障。全面推开“放管服”改革业扩报装提升工作，“以客户为中心、以市场为导向”，从“精简资料、简化流程、缩减时长、创新服务方式”等方面实施“放管服”改革创新，全面构建业扩报装新模式，全面承接上级下放的各项管理权限，办电质效得到提升。

继续加大作风整顿力度，规范营业服务行

为，对吃、拿、卡、要行为严肃处理。深入开展用户受电工程“三指定”专项治理工作，进一步规范业扩报装管理，优化工作流程，提升报装服务质量和水平，全面开放用户受电工程市场，杜绝“三指定”行为，由客户自主选择电力工程设计、施工、试验监理和供货单位，营造“三不指定、办事公开”的业扩环境，提高供电服务水平。

【配电线路及变压器】 新宾地区共分布58条10千伏配电线路。2019年，新宾供电公司完成新宾66千伏变电站的扩建工作，发生故障停电时可由备用变电站暂时供电。新建及改造线路增加新宾地区线路的绝缘化水平，降低跳闸停电事件的发生概率。新宾地区共1036台变压器，2019年新建及改造197台变压器，解决新宾地区用电重过载变压器，保证电力用户的安全可靠用电。

【变电站】 新宾域内220千伏站1座（永陵变电站）；66千伏变电站15座，分别为南杂木变电站、西山变电站、上夹河变电站、木奇变电站、老城变电站、新宾变电站、兴京变电站、旺清门变电站、红庙子变电站、榆树变电站、杨家变电站、大四平变电站、马架子变电站、苇子峪变电站、五一厂变电站。220千伏永陵变电站为新宾主电源，正常运行方式为13个乡镇供电，220千伏金木变电站（位于清原境内）为南杂木镇和上夹河镇供电。

（郭佳宝）

2019年综合台区情况表

表30

单位	台区数（个）	营业户数（户）	供电量（万千瓦时）	售电量（万千瓦时）
合计	1170	115204	16702	16112
新宾镇	240	31193	6087	5926
北四平	48	3349	372	362
红升	27	2892	363	343
南杂木	86	11236	1793	1731
永陵	133	16355	2041	1966
木奇	112	7291	786	753
旺清门	49	4067	445	420
红庙子	100	7211	788	760
上夹河	74	5452	651	619
榆树	55	5089	799	761
平顶山	73	5740	678	653
大四平	69	6446	791	756
苇子峪	104	8883	1107	1063

财政　税务　金融

财　政

【概　况】2019年1月，按照《新宾满族自治县机构改革方案》，新宾满族自治县财政局（以下简称县财政局），对外挂新宾满族自治县国有资产监督管理局牌子，不再加挂县国有资产监督管理委员会办公室牌子。

3月，根据《新宾满族自治县公益性事业单位调整方案》，由原县财政局所属收费中心、财源建设办公室、核算中心、城建资金管理办公室，原县统计局所属普查中心，原县气象局所属人工影响天气办公室，原县总工会所属职工活动服务中心共7个机构整合组建新宾满族自治县财政服务中心（以下简称县财政服务中心），为县政府直属事业单位，机构规格正科级。

2019年，县财政局、县财政服务中心认真贯彻落实县委、县政府的决策部署，按照“保工资、保民生、保运转”的工作思路，充分发挥财政职能作用，依法治税理财，全力组织收入，统筹规划预算安排，大力压缩“三公”经费支出，严格控制一般性支出，保证了全县财政供养人员工资支付和党政机关运转及社会稳定、民生事业支出的需要。深化会计制度和国库集中支付电子化管理改革，规范监督管理机制，强化财政监督，确保财政预算运行平稳。认真落实“减税降费”政策，拓宽资金渠道，多方筹措资金，支持县域经济发展。

【预算执行情况】2019年，全县一般公共预算收入（全口径）完成81028万元，完成年度预算90821万元的89.2%，其中税务收入完成68357万元，完成年度预算77146万元的88.6%。一般公共预算收入完成55998万元，完成年度预算的100%，比上年同期增加8187万元，增长17.1%。其中县本级完成28074万元，完成年度预算的131.8%；乡镇级完成27923万元，完成年度预算的80.4%。税务收入完成43327万元，完成年度预算的102.3%，其中县本级完成16128万元，完成年度预算的198.2%；乡镇级完成27198万元，完成年度预算的79.5%。财政（非税）收入完成12671万元，完成年度预算的92.7%，其中县本级完成11946万元，完成年度预算的90.8%；乡镇级完成725万元，完成年度预算的140%。

全县政府性基金收入完成7732万元，完成年度预算的42.4%，同比减收6037万元，下降43.8%。原因是国有土地收益基金收入同比减少247万元；土地出让总价款减收5134万元；城市基础设施配套费收入同比减少663万元；污水处理费收入同比减少6万元。

全县一般公共预算支出完成239940万元，完成年度预算的148.8%，比上年同期增加21728万元，增长10%。其中县本级支出完成216122万元，比上年同期增加17159万元，增长8.6%；乡镇级支出完成23818万元，比上年同期增加4569万元，增长23.7%。

全县政府性基金支出完成10588万元，完成年度预算的54.6%，比上年同期减少7871万元，下降42.6%。

【预算支出】 2019年，一般公共预算支出完成239940万元，完成年度预算161252万元的148.8%，比上年同期增加21728万元，增长10%，其中，八项支出完成131119万元，比上年增加4590万元，增长3.6%；政府性基金支出完成10588万元，完成年度预算19396万元的54.6%，比上年同期减少7871万元，下降42.6%。

一般公共服务支出完成17591万元，完成年度预算的163.8%，比上年同期增加3587万元，增长25.6%。

公共安全支出完成7229万元，完成年度预算的162.8%，比上年同期减少1714万元，下降19.2%。

教育支出完成28851万元，完成年度预算的135.5%，比上年同期增加507万元，增长1.8%。

科学技术支出完成111万元，完成年度预算的191.4%，比上年同期减少132万元，下降54.3%。

文化旅游体育与传媒支出完成3447万元，完成年度预算的183.4%，比上年同期增加691万元，增长25.1%。

社会保障和就业支出完成41039万元，完成年度预算的111.9%，比上年同期减少316万元，下降0.8%。

卫生健康支出完成20882万元，完成年度预算的117.5%，比上年同期增加671万元，增长3.3%。

节能环保支出完成8862万元，完成年度预算的248.1%，比上年同期增加2811万元，增长46.5%。

城乡社区支出完成6554万元，完成年度预算的79.3%，比上年同期增加824万元，增长11.2%。

农林水支出完成81480万元，完成年度预算的278.4%，比上年同期增加16338万元，增长25.1%。

交通运输支出完成6418万元，完成年度预算的112.2%，比上年同期减少2908万元，下降31.2%。

资源勘探信息等支出完成1227万元，完成年度预算的195.7%，比上年同期减少476万元，下降28%。

商业服务业等支出完成98万元，完成年度预算的118.1%，比上年同期减少444万元，下降81.9%。

自然资源海洋气象等支出完成853万元，完成年度预算的294.1%，比上年同期减少3872万元，下降81.9%。

住房保障支出完成7071万元，完成年度预算的174%，比上年同期增加2476万元，增长53.9%。

粮油物资储备支出完成820万元，完成年度预算的854.2%，比上年同期减少517万元，下降38.7%。

灾害防治及应急管理支出完成1594万元，完成年度预算的140.9%。比上年同期增加1594万元，增长100%。

其他支出完成4239万元，完成年度预算的34.3%，比上年同期增加4130万元，增长37.89%。

债务付息、发行费用支出完成1554万元，完成年度预算的74.2%，比上年同期增加136万元，增长9.6%。

【财政管理】 按照“严把支出，谋划收入，保工资，保运转，保民生”的总体工作思路，把有限的资金摆到台面上，科学调度，统筹规划，努力使有限的资金发挥最大的效益，确保全县机关事业单位的正常运转，保证全县公教人员的工资发放，支持县域经济社会的稳定。保证道路交通出行顺畅，及时拨付各级公路维修、改造、绿化、景观建设等资金。确保环境保护、水源保护及河道治理、节水滴灌、小型农田水利项目、水库除险加固工程、河道封育、水利工程维修养护等方面资金的及时拨付，为城乡环境保护、改善、饮用水安全、农村安全生产等提供资金保证。积极落实敬老院建设、殡仪馆新建工程、供热管网改造、县城基础设施改造等工程项目，为城乡居民生活的便利、安全提供基础保障。顺利完成“一事一议”村内道路项目以及“一事一议”美丽乡村项目。扶持壮大村集体经济。对各乡镇上报的壮大村集体经济重点村会同县农业农村局审核，确定向上申报争取2019年壮大村集体经济试点村21个，每个村扶持资金50万元。夯实农村公共服务运行维护机制建设试点工作。县财政争取农村公共服务运行维护机制建设奖补资金694万元，其中省494万元、市112万元，县配套112万元。资金的拨付采取两种方式，按全县农村居民每人20元的标准安排一部分资金；根据村屯规模、公共服务运行维护机制建设投入、日常管理及开展垃圾分类减量等方面绩效考核，依据评价情况拨付一部分资金。加强地方政府性债务管理，防范化解财政金融风险，强化事前、事中、事后管理，在实行债务数据月报制度的同时，多措并举积极化解政府性债务，并积极筹措资金做好政府债务利息的偿还工作。为减小自然灾害、不确定因素等对农业收入的影响，及时做好农业保险项目的核实、申报工作，积极筹措项目资金。2019年，全县农业保险保费金额3020.86万元，县财政配套262.83万元。发挥金融平台推进县域经济发展的积极作用，积极开展中央财政贴息小额担保贷款工作。同银行、就业局、妇联做好沟通协调，认真审核每一份申报材料，确保贴息项目质量；加快创业贷款和小额妇女贷款资金的拨付进度，积极推进金融扶贫工作，助力县域经济发展。

【财政监督】 全年共盘活11户单位财政存量资金1259万元，已全额上缴国库。加强对县直各单位闲置固定资产的盘活工作。在对县直各单位闲置固定资产情况进行摸底调查基础上，共排查可盘活资产6处，分别为新宾职专原校区、镇中心小学南北校区、实验幼儿园原校区、疾控中心办公楼、饮服公司办公楼、木材公司大院，总占地面积5.53公顷。如能明确地类性质，挂牌上市，可收土地出让金8288万元。圆满完成2019年度省委、市委巡视组巡视反馈意见整治工作。制定各项整改措施，对巡视反馈意见中涉及财务管理问题进行全面彻底整改。向县委常委会汇报1次、县领导6次听取专题汇报。制定《新宾满族自治县乡镇财政财务管理制度》、编制《财经制度汇编》，发放到各乡镇政府，并要求进行公示；将《中华人民共和国会计法》《中华人民共和国预算法》《中华人民共和国政府采购法》《新宾满族自治县县本级国内公务接待实施细则》《新宾满族自治县财政专项资金管理办法》《新宾满族自治县县直党政机关差旅费管理办法》等文件在财务核算中心的公示板进行公示。

【政府采购】 积极主动稳妥地推进政府采购工作的全面展开，使全县政府采购工作向又好又快的方向发展。根据县财力的实际情况，严格执行政府集中采购目录和限额标准，增加政府采购项目，扩大政府采购范围和规模，2019年政府采购预算资金6059.914万元，实际采购金额5703.4万元，节约资金356.52万元，节约率为5.9%，其中货物采购资金3084.5万元，工程采购资金1442.21万元，服务采购资金1533.2万元。政府采购工作主要以部门集中采购为主，政府采购市场主要以省内为主，采购方式主要以询价、公开招标为主，体现集中采购的优越性，使财政性资金得到很大的节省。其中国家机关采购金额为3797.84万元，占采购总量的66.5%，事业单位采购金额为1905.56万元，占采购总量的33.5%。节能类产品采购比重达到90%以上，环保类产品采购比重达到90%以上。

【社保基金管理】 县财政局所管理的社保基金包括城乡居民养老保险基金、机关事业单位养老保险基金、新型农村合作医疗基金。2019年，城乡居民养老保险基金上年结余8861.8391万元，本年收入6992.7405万元，其中，省级及以上财政补助4379万元、市级财政补助307万元、县级财政补助769.3389万元、个人缴费1451.7万元、利息77.3999万元、转移收入8.3017万元，本年支出6142.4975万元，本年结余9712.0821万元。机关事业单位养老保险基金上年结余7925.3375万元，本年收入28075.1315万元，其中，省级及以上财政补助1444万元、县财政补助11000万元、缴费收入14465.5059万元、利息30.1614万元、其他收入1113.7505万元、转移收入21.7137万元，本年支出27071.7234万元，本年结余8928.7456万元。新型农村合作医疗保险基金上年结余10052.0203万元，本年收入14998.8353万元，其中，省级及以上财政补助8071万元、市级财政补助986万元、县财政补助985.9512万元、个人缴费4929.872万元、利息26.0121万元，本年支出12578.26万元，本年结余12472.5956万元，暂付款38.3345万元。

【非税收入】 认真落实中央、省、市“减税降费”政策，优化营商环境，围绕为企业减负开展工作，努力拓宽资金渠道，多方筹措资金，支持县域经济及其他事业的发展。非税收入管理有效加强，以源头管理为重点，强化非税收入收缴系统网络运行管理。完成2020年非税收入预算汇总编制工作，为县人大及政府工作报告的编审提供依据。

【农村综改】 农村综合改造工程投入资金6959万元，其中县级配套资金636.1万元。“一事一议”村内道路建设工程完成15个乡镇、104项村内道路建设，建成黑色路面117.5公里，争取各级奖补资金3491万元，其中省级以上资金2792.8万元，市级资金349.1万元，县级资金349.1万元。“一事一议”美丽乡村项目工程共争取美丽乡村建设试点村17个，至年末，前期批复的新宾镇后仓村、平顶山镇上青村、苇子峪镇大堡村、木奇镇北沟村、上夹河镇南嘉禾村、红升乡红升村、下夹河乡岗东村、永陵镇那家村和赫图阿拉村北关屯9个试点村，硬化、亮化、绿化、净化、美化管理优化建设全部完成，后追加的木奇镇下湾子村、北四平乡宝汤村、榆树乡红石村、南杂木镇榔头沟村、大四平镇小四平村、红庙子乡五道沟村、新宾镇郝家村和佟家村8个试点村，施工总进度达30%。争取各级奖补资金1700万元，其中省级资金1350万元，市级资金175万元，县级资金175万元。壮大村级集体经济工作，对上争取壮大村集体经济试点村21个，项目落实财政奖补资金1050万元，其中省级资金945万元，市级资金105万元，至2019年末，根据扶持项目实际实施情况已下拨资金900万元。农村公共服务运行维护争取各级奖补资金718万元，其中省级资金494万元，市级资金112万元，县级资金112万元。惠民补贴资金“一卡通”发放上线运行6年来，“一卡通”系统发放已从原来的惠农转向惠民，实现省、市、县财政联网。2019年新增惠民补贴资金“一卡通”项目20个，至此全县已有134个项目纳入“一卡通”系统，累计发放资金达12.9亿元，惠及人口26.4万人。

【财务管理】 全面深化政府会计制度和国库集中支付电子化管理改革，构建资金安全“防护网”和规范的监督管理机制，在财政服务管理水平上实现新跨越。自2019年1月1日新出台的会计制度正式实施，县财政服务中心组织相关人员参加市财政局和县财政局组织的新会计制度培训，为执行新会计制度打下坚实理论基础。针对会计核算软件系统升级后因系统不完善造成的诸多问题，积极与软件公司沟通、协调，共同探索研究，在实践中逐一加以解决完善，保证新旧会计制度有效衔接及顺利实施。实施国库支付电子化管理改革，逐步建立现代国库管理制度，打破原有的预算执行时间和空间限制，从根本上提高财政资金运行的安全性，全面提高财政服务效能，改革共涉及人民银行、商业银行、国库、县直各部门、乡镇及教育等170个预算单位。不断加强财务审核监督力度，规范会计记账规则和财务收支管理机制，严格执行政府采购制度、国有资产管理规定和工程招投标要求，加大预算执行力度，确保财政资金有效发挥作用。配合审计、纪委、巡察等多部门对56个核算单位开展财务审计、检查、巡察工作，对审计、检查、巡察中反馈的问题及时整改，不断完善工作机制和内容，强化服务意识和水平。

【网络安全】 财政系统网络维护、信息化建设、电子政务、应用软件管理、网络硬件管理全面加强。严格执行管理制度，管理员定期对电脑设备进行全面检查和维护，随时监测网络和信息安全，及时排除隐患，确保设备良好运行。加强对本系统财政重要数据备份的指导工作，有效保证财政数据的安全。

（王东移　初凤伟）

税　务

【概　况】 2019年全县税务系统共组织税费收入119460万元，同比增长26.04%，增收24681万元。其中税收入库70899万元，同比增收7273万元；社保及其他非税收入累计征收48561万元，同比增收17408万元。公共预算收入全年完成43326万元，同比增收7996万元，完成县政府年度计划42345万元的102.32%，增收981万元。新宾税务局荣获抚顺市精神文明建设指导委员会授予的2017—2018年度“雷锋号先进集体”称号。

【税　收】 全年，增值税完成42219万元，完成年度预算的76.9%，比上年同期减少917万元，下降2.1%。主要原因是采矿业同比减少82万元，制造业同比减少1339万元，建筑业同比增加679万元，批发和零售业同比增加1646万元，交通运输、仓储和邮政业同比减少1278万元，金融业同比增加309万元，租赁和商务服务业同比增加1036万元。

企业所得税完成6062万元，完成年初预算的65.7%，比上年同期减少2010万元，下降24.9%。主要原因是制造业同比减少243万元，建筑业同比减少25万元，批发和零售业同比减少1915万元，交通运输、仓储和邮政业同比减少189万元，金融业同比增加613万元，租赁和商务服务业同比减少142万元。

个人所得税完成2879万元，完成年初预算的96.0%，比上年同期增加264万元，增长10.1%。资源税完成416万元，完成年初预算的69.3%，比上年同期减少141万元，下降25.3%。主要原因是中广矿业2019年未实现税收。

城建税完成1882万元，完成年初预算的106.3%，比上年同期增加241万元，增长14.7%。房产税完成1018万元，完成年初预算的87.7%，比上年同期减少62万元，下降5.7%。

印花税完成786万元，完成年初预算的62.8%，比上年同期减少425万元，下降35.1%。

城镇土地使用税完成1043万元，完成年初预算的95.9%，比上年同期增加75万元，增长7.7%。

土地增值税完成345万元，完成年初预算的76.7%，比上年同期减少53万元，下降13.3%。

车船使用税完成8820万元，完成年初预算的1075.6%，比上年同期增加8004万元，增长980.9%。原因是县政府优惠政策，各乡镇加大引进车船税力度。

契税完成1490万元，完成年初预算的139%，比上年同期增加460万元，增长44.7%。

环保税完成29万元，完成年初预算的96.7%，比上年同期增加8万元，增长38.1%。

【组织收入】 局党委牢固树立收入任务观，加大对征收单位和税源管理部门的考核力度，加强对重点税源企业的管理，严格实行“领导包点”的收入督导制度，由领导班子成员分别带队深入重点企业实时掌控重点税源变化，监督检查收入进展情况。严抓税费收入质量，严格落实组织收入原则，坚决不收“过头税”，牢固树立不落实税收优惠政策也是收“过头税”的观念，用积极稳健、审慎灵活的方式处理好组织收入与地方财政收入的关系。推进征管规范化建设。成立金税三期系统并库小组，顺利完成金税三期“大双轨”并库压力测试及业务测试，提升税费征管能力。积极推广电子税务局，在多功能厅开设第二办税大厅，抽调业务骨干辅导纳税人近千人次，圆满完成电子税务局上线工作，电子税务局网上申报率多次在全市名列前茅。着力推进征管方式的统一规范，积极对税务干部开展征管规范2.0及核心征管系统培训，全面使用新的表证单书。规范欠税欠费管理，依法进行欠税欠费追缴，妥善处理历史欠费问题，采取税收保全、强制执行和借用第三方信息清理欠税，全年共计清理欠税1841万元、欠费232.6万元。强化税费精细化管理。在金税三期并库、年度报表更新、减税降费新政陆续推出、电子税务局上线等诸多压力下，圆满完成2018年度企业所得税汇算清缴工作，实现汇算面100%、小微政策享受面100%、申报差错户为零，并有6家企业享受研发费加计扣除优惠政策，享受金额951.99万元，同比增长84%。扎实推进个人所得税改革，对有税纳税人进行点对点、面对面的培训，并设立公开电话随时解答纳税人的问题，主动提供上门服务，确保个人所得税申报率达100%。积极推进全县城乡居民养老保险征收工作，在加强宣传辅导，畅通缴费渠道的同时，强化与人社、财政、银行等部门的沟通协作，通过联席会议及时解决征收工作中的问题。妥善做好2019年度城乡居民基本医疗保险征收工作，共完成城乡居民医疗保险申报18万人次，组织入库4557.61万元。

【依法治税】 全年完成各类疑点分析共6600余条，增加入库税款3.2万余元，完成100余户的增值税税控系统技术服务费退费工作。落实上级部署，圆满完成税邮双代的前期准备工作。参与全市税负测算工作，累计完成税负分析、减税辅导853户次，撰写税负报告6篇，整理档案卡853页，圆满完成省、市局下发的税负测算任务。完成企业所得税核定征收工作，开展核定征收企业风险核查，发现6家企业主营业务发生重大变化，及时调整已确定的应税所得率，查补税款35.3万元；做好出口退税企业的政策辅导，确保全部企业未出现申报错误，全年共办理出口退税2001万元。加强对国际税收、财产行为税疑点数据的核查。把减税降费工作落到实处，早谋划、早部署、早发力，由主要领导带领精兵强将深入企业上门辅导税收优惠政策，实现点对点精准“滴灌”，让纳税人应知尽知、应享尽享，让减税降费政策措施落地生根。联合县直相关部门开展减税降费大走访活动，走访企业1856家，走进个体工商户2160户，发放宣传手册5776份，解决疑难问题590余次，征集反馈意见130余次。全年减税降费共计16696万元。

【税收风险管理】 为健全风险管理机制，局党委制定“项目遴选—风险指引—等级应对—部门联动—复核审查”五环紧密衔接、运转高效的风险管理方式，在检查手段上积极借鉴稽查手段，不断规范平台操作与行政处罚程序，防范执法风险；继续开展重点行业税收风险应对，完善行业模型，成立3个专家小组，对筛选出的10家交通运输行业和2家金融行业开展纳税评估，共查补税款58.76万元，滞纳金6.67万元。根据2家金融行业应对结果提出税收风险防控建议，形成纳税评估模型及案例，有效地扩大风险分析成果；通过纳税评估、提示提醒等方式高质量完成上级推送的40批，217户风险应对任务，共弥补亏损2万元，补缴税款195.36万元，滞纳金46.57万元；推进跨区域风险管理协作，在24小时内接收并进

4月9日，新宾满族自治县税务局业务骨干彭程（中）和姜铎（右）为纳税人发放宣传资料

行任务分配。对任务进行跟踪管理，到期未按时反馈的，及时督促各分局反馈协查结果，确保跨区域协作工作取得实效；积极参与省局税收大数据管理平台建设，作为税收动态监控系统的试点单位，圆满完成民营经济监控的测试工作。

【优化营商环境】 制定县税务局直通车服务实施办法（试行），成立直通车领导小组，组建由注册税务师、业务骨干为主的服务团队，收集纳税人需求信息，提供团队上门服务，实现政策直通、人员直通，及时为企业排忧解难，减少纳税遵从成本，控制税务风险。充分发挥党员干部“红色头雁”效应，弘扬爱岗敬业的“雷锋精神”，依托党支部党员活动、学雷锋活动、志愿者服务等，做好优惠政策解答和办税指引，及时回应纳税人诉求。设立千户集团首席联络员，为企业提供“一对一”的个性化服务，快速响应企业的涉税诉求，为大企业提供风险预警提醒，及时提示可能导致降低大企业纳税信用等级的行为。以企业需求为导向，打造税企互动沟通平台，建立大企业微信群，开展税企见面会、“走进大企业”活动，对企业进行政策辅导、解答涉税疑难、及时了解企业服务需求。升级便民利民举措，持续优化税收营商环境。

【宣传工作】“税收宣传月”期间开展普法“六进”活动。进机关、进乡村、进社区、进校园、进企业、进千户集团，深入解读新个人所得税法，深化增值税改革，让全社会全面了解改革成效。在税法宣传进校园活动中，税务干部们精心准备课件，用通俗易懂的语言阐述税收的基本概念、税收的来源；结合当下热门话题联系税法讲解税收取之于民用之于民的职能，让老师和学生在短时间内对税法有了基本的了解，对税法产生敬畏，培养学生们“诚信纳税、利国利民”的意识，使税法宣传达到教育学生—影响家庭—辐射社会的宣传效果。扎实开展纳税信用等级评价，积极倡导诚信经营理念。利用办税服务厅、微信平台、宣传栏等形式，倡导纳税人树立诚信价值观。加强对纳税信用评价结果的应用，根据信用等级评定结果对纳税人实施守信激励与失信惩戒措施，近30家诚信经营的小微企业通过税务局与银行的“银税互动、合力惠企”合作活动，申请到1500多万元的低息贷款。

（马　珺）

10月15日，新宾满族自治县税务局部分干部代表进行“不忘初心、牢记使命”主题教育理论学习测试

2019年新宾满族自治县纳税百万元以上企业一览表

表31　　单位：万元

序号	企业名称	纳税额
1	中国人民财产保险股份有限公司新宾满族自治县支公司	5548
2	抚顺承海商贸有限公司	3784

续表31

序号	企业名称	纳税额
3	辽宁智存融汇科技有限公司	1610
4	辽宁新宾农村商业银行股份有限公司	1528
5	中国平安财产保险股份有限公司新宾支公司	1450
6	哥俩好新材料股份有限公司	1429
7	抚顺市添泷耐火材料有限公司	1353
8	抚顺隆烨化工南杂木有限公司	1323
9	抚顺宏润再生资源有限公司	1319
10	抚顺捷通铝线制造有限公司	1165
11	中华联合财产保险股份有限公司抚顺市新宾支公司	1067
12	抚顺鑫茂贸易有限公司	908
13	抚顺华海再生资源有限公司	793
14	抚顺顺航通贸易有限公司	695
15	抚顺茂谦商贸有限公司	665
16	中国太平洋财产保险股份有限公司新宾支公司	663
17	辽宁东誉建设有限公司	625
18	抚顺万通广顺物流有限公司	585
19	辽宁鑫隆矿产品销售有限公司	528
20	抚顺兴达贸易有限公司	515
21	抚顺金隆矿业有限公司	494
22	新宾满族自治县鑫盛耐火材料有限公司	446
23	新宾满族自治县城建投资有限公司	445
24	抚顺兴京建安有限责任公司	433
25	抚顺积鑫建筑工程有限公司	432
26	锦州银行股份有限公司新宾支行	431
27	抚顺华信商贸有限公司	408
28	抚顺华联置业地产有限公司	407
29	辽宁日升水利工程有限公司	405
30	抚顺汇勤石化有限公司	373
31	新宾满族自治县正奥市场营销策划有限公司	352
32	抚顺强德经贸有限公司	324
33	辽宁龙达钢铁炉料有限公司	310
34	抚顺德旭丰新材料有限公司	307
35	抚顺金誉商贸有限公司	292
36	抚顺盛金源废旧物资回收有限公司	290
37	新宾满族自治县公路工程处	288
38	抚顺鼎盛贸易有限公司	284
39	新宾满族自治县德勤科技咨询有限公司	279
40	抚顺市旺源炭素经贸有限公司	277
41	抚顺金梧商贸有限公司	269
42	抚顺逸丰运输有限公司	260
43	阳光财产保险股份有限公司抚顺中心支公司新宾支公司	255
44	新宾满族自治县天天废旧物资回收有限公司	255
45	辽宁华驰专用汽车制造有限公司	251
46	抚顺市世明石化有限公司	246
47	抚顺市北方矿业煤炭销售有限公司	242
48	新宾满族自治县洋洋废旧物收购部	239
49	新宾满族自治县永新物资经销处	238

续表 31

序号	企业名称	纳税额
50	抚顺鼎聚盈商贸有限公司	235
51	中国石油天然气股份有限公司辽宁抚顺新宾经营部	232
52	新宾满族自治县叶子废旧物资回收有限公司	230
53	抚顺德诚煤炭销售有限公司	229
54	新宾满族自治县鑫华物资经销处	224
55	抚顺昌兴商贸有限公司	219
56	辽宁诚磊大宗物资贸易有限公司	215
57	抚顺市铭泽矿业有限公司	213
58	抚顺安森特化工有限公司	212
59	抚顺鑫林矿业有限公司	212
60	辽宁良信建筑安装工程有限公司	209
61	抚顺亚星煤炭洗选有限公司	209
62	抚顺北方动力商贸有限公司	207
63	抚顺华隆运输有限公司	204
64	辽宁天赐钙业股份有限公司	203
65	抚顺市安智科技咨询服务有限公司	195
66	中国农业银行股份有限公司新宾满族自治县支行	193
67	抚顺市山一经贸有限公司	193
68	抚顺晟源矿业有限公司	191
69	抚顺新铂鑫商贸有限公司	186
70	抚顺宏昌运输有限公司	183
71	抚顺德鑫化工科技有限公司	181
72	新宾满族自治县广儒物资经销处	177
73	抚顺新宇木业有限公司	172
74	抚顺市天顺工业用砂有限公司	163
75	辽宁龙盛钢铁有限公司	162
76	新宾满族自治县舒亮市场营销策划有限公司	161
77	抚顺新东启运输有限公司	161
78	抚顺金蟾运输有限公司	160
79	辽宁宏拓建设工程有限公司	159
80	抚顺鑫隆铭豪钢铁销售有限公司	158
81	抚顺金业石化有限公司	157
82	抚顺安泰物业服务有限公司	156
83	抚顺正通金属材料有限公司	156
84	抚顺鑫联贸易有限公司	155
85	安邦财产保险股份有限公司新宾满族自治县支公司	153
86	抚顺帅彤市场营销策划有限责任公司	150
87	新宾满族自治县风来雁归人参有限公司	148
88	抚顺盛源牧业有限公司	148
89	抚顺宏泰建筑工程有限责任公司	147
90	抚顺新宾抚银村镇银行股份有限公司	143
91	新宾满族自治县若弘科技咨询服务有限公司	143
92	抚顺正启石化有限公司	141
93	抚顺铭达新材料有限公司	140
94	抚顺祉郡矿业有限公司	139
95	抚顺星万隆劳务派遣有限公司	138
96	抚顺恒信通贸易有限公司	137

续表 31

序号	企业名称	纳税额
97	辽宁智存融汇科技有限公司	136
98	新宾满族自治县矿山机械二厂	136
99	抚顺市永泰物资有限公司	136
100	抚顺中油劳务派遣有限公司	135
101	抚顺市安运危险品货物运输服务有限公司	135
102	抚顺天焱医疗科技有限公司	134
103	抚顺北方紫金实业有限公司	132
104	抚顺亿利化工有限公司	129
105	辽宁秘参堂药业有限公司	128
106	辽宁兴源矿业有限公司	124
107	抚顺市垚鑫煤炭销售有限公司	123
108	抚顺合兴万家木业有限公司	122
109	新宾满族自治县广儒物资经销处	122
110	抚顺市宏业机械厂	121
111	抚顺旭日煤炭有限公司	121
112	抚顺文博工贸有限公司	120
113	辽宁昊翔煤业有限公司	118
114	抚顺天域医疗科技有限公司	112
115	辽宁路广建设工程有限公司	111
116	新宾满族自治县启程客运有限公司	110
117	辽宁杭琬建设工程有限公司	103
118	抚顺瑞凯商贸有限公司	103
119	辽宁盛世联华安装工程有限公司	103
120	抚顺市巨丞建筑工程有限公司	102

金　融

综　述

【概　况】 2019 年，全县有金融机构 7 个，分别是中国农业银行股份有限公司新宾支行、中国农业发展银行辽宁省新宾满族自治县支行、中国建设银行股份有限公司新宾支行、辽宁新宾农村商业银行股份有限公司、锦州银行股份有限公司新宾支行、抚顺新宾抚银村镇银行股份有限公司、中国邮政储蓄银行股份有限公司新宾支行。县域内金融分支机构和营业网点 33 个。

【存　款】 各项存款保持稳定增长，非金融企业存款增幅较大。全县金融机构各项存款 1520513 万元，较同期增加 185547 万元，增长 13.9%。按存款类别分，住户存款 1300556 万元，较同期增加 154620 万元，增长 13.9%；非金融企业存款余额 95621 万元，较同期增加 48100 万元，增长 101.22%，其中活期存款 59974 万元，较同期增加 26015 万元，增长 76.61%；定期存款 35646 万元，增加 22084 万元，增长 162.84%。企业存款增加表明企业流动性、经营状况有所改善，与辖内前三季度第二产业增加值 26.33% 增幅向好趋势相符。从机构存款变化看，较同期比较，锦州行个人存款增加 62289 万元，占全县金融机构增加额的 40.29%；农村商业银行各项存款均有较大增幅。其他银行机构各项存款保持 5% 以上不同程度增长。

【贷　款】 各项贷款余额 676523 万元，较同期增加 151947 万元，同比增长 28.97%，环比高 11.18 个百分点；全县金融机构存贷比 44.49%，提高 5.19 个百分点。

发挥货币政策导向作用，扩大扶贫信贷资金

投放。全年累放扶贫再贷款1.2亿元，余额0.5亿元，支持农村产业发展。发挥政策合力，农行、邮储银行充分落实财政扶贫政策加大信贷投放，全年累计发放财政贴息“惠农贷”25514万元，以产业带动、解决就业等方式助力脱贫攻坚。

【账户审批】 全面贯彻党的十九大精神和“放管服”改革要求，积极落实国务院、人民银行关于取消企业银行账户许可工作的决策部署，坚持“企业开户便利度不减、风险防控力不减，优化企业银行账户服务要加强、账户管理要加强”的总体原则，全面提升企业支付服务质量和效率，进一步改善营商环境。按照《中国人民银行关于取消企业银行账户许可的通知》（银发〔2019〕41号）和《辽宁省取消企业银行账户许可工作实施方案》（沈银发〔2019〕50号），县人民银行制定辖区取消企业银行账户许可工作实施方案、辖区企业银行账户监督管理方案和辖区企业银行账户业务应急预案。7月22日正式取消企业银行结算账户许可工作。企业银行结算账户由原来的县人民银行核准变为商业银行机构审批，商业银行实行向县人民银行报备制。自取消企业银行结算账户许可后，县人民银行核准类账户共计97户，银行机构报备案共计832户。

【服务创新】 加强政策引导，通过召开行长联席会、发放扶贫再贷款、窗口指导等方式，支持引导银行机构加大信贷产品和服务创新力度，增强对“三农”领域服务能力。各机构开展信贷产品创新，推出“银保合作+专业大户”“农村电商+贫困户”“扶贫再贷款+产业+贫困户”“惠农贷”“云税贷”“惠农e贷”等信贷产品，提升信贷可得性，推出“裕农通”服务，提供集“存贷汇缴投”于一体的普惠金融服务，打通金融服务“最后一公里”。提供支付结算便利，提高金融机构资金管理水平。

【信用建设】 坚持“政府主导，人行牵头，机构参与”的原则，加大信用体系建设力度，发挥银行机构和政府部门合力。开展农户、农村新型主体信用培育，开展信用村建设，为普惠金融发展创造良好信用环境。开展企业信用培育，开展融资顾问进创新型企业活动，提升企业增信水平，支持企业提升发展质量。开展乡村振兴示范区建设，引导资金资源倾斜，发挥示范区在信用体系建设和乡村振兴建设方面引领示范作用。

（白金辉）

中国人民银行新宾满族自治县支行

【概　况】 2019年，中国人民银行新宾满族自治县支行（以下简称县人民银行）内设3个部室，分别是办公室、管理部、营业部，主要职责是发布与履行其职责有关的命令和规章；依法制定和执行货币政策；发行人民币，管理人民币流通；监督管理银行间同业拆借市场和债券市场；实施外汇管理，监督管理银行间外汇市场监督管理黄金市场；持有、管理、经营国家外汇储备、黄金储备；经理国库；维护支付、清算系统的正常运行；指导、部署金融业反洗钱工作，负责反洗钱的资金监测；负责金融业的统计、调查、分析和预测；从事有关的国际金融活动等。

【存款业务】 全县金融机构存款1520513万元，同比增长13.9%，定期存款余额995365万元，较同期增加133346万元，增长15.47%，定期存款增加额占全部住户存款增加额的86.24%。一方面是住户可支配收入平稳增长，存款来源较稳定；另一方面是存款产品进一步丰富，居民储蓄存款结构变化大，追求高收益长期限偏好明显。非金融企业存款余额95621万元，增长101.22%。企业存款增加表明企业流动性，经营状况有所改善，与辖内前三季度第二产业增加值26.33%增幅向好趋势相符。从机构存款变化看，较同期比较，锦州行个人存款增加62289万元，占全县金融机构增加额的40.29%；农村商业银行各项存款均有较大增幅。其他银行机构各项存款保持5%

以上不同程度增长。数据显示，部分机构存款产品利率保持高位，市场竞争强度不减，同时，存款外流现象明显。

【贷款业务】 贷款增速较快，投向变化明显，稳定性增强。从投向部门分析，住户贷款增速回落，短期经营性贷款下降明显，长期经营性贷款增幅较大。至年末，住户贷款余额228778万元，较同期增加13148万元，增幅6.1%，其中住户短期经营性贷款89452万元，较同期减少9276万元，降低9.4%，长期经营性贷款85722万元，较同期增加21059万元，增幅32.57%。住户贷款期限结构变化，反映出小微、个体工商经营资金周转期限延长；非金融企业及机关团体贷款增长明显。贷款余额447745万元，较同期增加138798万元，增幅44.93%，其中非金融企业长期贷款318663万元，较同期增加65076万元，增长25.66%。企业贷款保持高速增长，显示金融支持实体政策有效落实。从贷款投向和承贷主体分析，2019年12月末，涉农贷款余额为383878万元，较同期增加72449万元，增幅23.26%；农林牧渔业贷款余额1583317万元，较同期增加1414399万元，增幅837.33%。农村新型经营主体贷款累计投放27950万元，较同增加3878万元，增幅16.11%；农户贷款178345万元，较同增加14660万元，增幅8.96%；从投放机构分析，农商银行、农业银行贷款占比较高，农商行保持高位，贷款余额占全县金融机构的60.34%，农业银行达15.33%，两家机构成为支农主力。

【助力脱贫攻坚】 至12月末，以金融支持产业带动、直接投放贷款等方式，带动建档立卡贫困户258人，已脱贫建档立卡贫困户95人。县人民银行与辖内银行机构有效落实金融助力脱贫攻坚要求，完善监测督导机制，落实各银行机构扶贫主体责任，探索开展融资与融智相结合扶贫模式，联合县扶贫办、就业局、新宾邮政储蓄银行举办“帮扶贫困人员创业培训会”；联合县农商行、农业银行、邮政储蓄银行召开支持脱贫攻坚创新信贷产品推荐会。

推进金融扶贫和产业扶贫融合，切实发挥“惠农贷”“户贷户用”扶贫贷款作用，针对有劳动能力的贫困人口，积极扶持其创业、就业。县人民银行加大扶贫再贷款的投放力度，引导县域法人金融机构优先支持带动贫困户就业发展的企业和建档立卡贫困户。扩大创新信贷业务规模和使用范围，各机构结合自身发展特色，培育创新信贷产品，实施“一业一策”“一企一策”“量身定制”等经营策略，力求都有自己独特的信贷品牌，切实化解农业新型主体信贷需求大，抵押品不足难题，有力支持农村产业转型升级，切实支持当地小微实体发展，加大信贷资金用于当地的力度。

【助力乡村振兴】 支持农村新型经营主体发展，落实信贷支持农业新型主体主办行制度，有效支持农村产业转型升级，支持农业供给侧新动能发展，5家涉农银行机构共对485户新型农业主体发放贷款38031万元，支持户数较同期增加77户，增长18.87%。金融支持小微企业能力增强，支持企业高质量发展。县人民银行推介农担贷公司与银行机构对接，完善贷款风险担保机制，增强银行支持实体能力。至12月末，全县金融机构农村企业贷款149504万元，较同期增加43582万元，增长41.15%。银行机构加大金融产品和服务创新力度，增强服务“三农”能力。ACS系统是为实现中央银行会计数据的高度集中，通过再造业务流程，实现内部管理扁平化，信息数据的网络化传输和共享，支持金融机构提高资金管理水平，为其提供多元化服务的中央银行会计核算数据集中系统。辖内辽宁新宾农村商业银行共调整7次准备金，抚顺新宾抚银村镇股份有限公司共调整3次准备金。两家法人机构准备金账户浮动比例各调整1次。全年共办理业务703笔，其中72笔准备金缴存业务、73笔财政性存款缴存业务、

5笔支票转账、55笔大额支付业务、4笔开户申请等。ACS系统每日及时与辖内金融机构进行电子对账，每旬及时缴存准备金和财政性存款。降低贫困地区社会融资成本，县人民银行于4月18日向辽宁新宾农村商业银行发放再贷款1亿元，7月11日收回5000万元。抚顺新宾抚银村镇股份有限公司先期归还再贷款200万元，7月18日归还剩余再贷款1800万元。为了解决法人机构融资问题，特开立辽宁新宾农村商业银行常备借贷便利账户以及辽宁新宾农村商业银行常备借贷便利表外欠息账户，县人民银行对支付结算工作相关制度文件、指导书等所有资料及时上传下达，确保支付结算制度执行的时效性。

【账户管理】 推进“放管服”改革要求，优化企业银行账户服务与管理。1月1日至7月19日，县人民银行核准类账户共计1112户，其中，开立661户、变更241户、撤销210户。7月22日正式取消企业银行结算账户许可工作。企业银行结算账户由原来的县人民银行核准变为商业银行机构审批，商业银行实行向县人民银行报备制。自取消企业银行结算账户许可后，县人民银行核准类账户减少至97户，其中开立63户、变更19户、撤销15户。银行机构报备案共计832户，其中开立524户、变更76户、撤销232户。对企业银行账户核查率100%。

【资金流动】 资金外流明显，经统计，全县金融机构上存资金超60亿元，占各项存款40.67%，资金生产要素配置不合理，大量资金难以有效用于当地；涉农机构乡村振兴资金供给不平衡，涉农贷款较同期降幅16.08%，农商行存贷比高达78.49%，提升空间有限，最低机构为15.99%，支农作用发挥明显不足；政策传导不畅影响金融扶贫效果。金融扶贫政策传导不畅问题仍未有效缓解。全年，累计投放扶贫小额贷款132万元，扶贫小额贷款余额51万元，仅带动29户贫困户，“户贷户用”专项扶贫贷款推进缓慢。提升风险应对能力，切实维护辖区金融安全。法人机构、城商行加强资产质量监控，控制央行存款保险评级等级下降，切实提升盈利能力，防范突发事件而引发的流动性风险，提升应急反应能力；监测预警非法集资、非法证券、金融诈骗等犯罪行为，维护正常的金融秩序；深化金融消保工作，降低化解涉诉案件。

【金融管理】 严格执行重大事项报告制度，及时、妥善处理锦州银行新宾支行、南杂木支行存款异常支付重大事项。落实推进存款保险差别费率工作，完成新宾抚银村镇银行和新宾农商行存款保险现场评估。净化人民币流通环境，开展农村现金服务网点设置工作。已在15个乡镇建立16个现金服务网点，开展违规使用人民币图样行为专项整治工作。至12月末，共收缴假币517张，金额49060元，其中银行机构共收缴假币245张，金额21860元；公安局破获制假窝点，上缴假币272张，金额27200元。开展征信管理，规范银行机构征信行为，维护征信主体合法权益。

【货币政策】 扶贫再贷款、“定向+普惠降准”、利率市场定价、惠农贷、妇女创业就业贷款情况、主办行制度落实普惠政策，提升货币政策传导效率。落实“定向+普惠降准”政策，本年度1次下调村镇银行准备金率0.5个百分点，5次下调农商行存款准备金率，累计下调4.5个百分点，可释放资金1.8亿元。推进利率市场化改革，辖内各银行机构贷款利率已经开始参考贷款市场利率LPR报价。全年累计投放扶贫再贷款1.2亿元，余额0.5亿元，新宾农业银行、邮政储蓄银行全年累计发放财政贴息“惠农贷”25514万元，累计发放政府担保“户贷户用”扶贫小额贷款132万元，余额51万元。5家涉农银行机构落实主办行制度，支持农村产业转型升级，支持农业供给侧新动能发展，共对485户新型农业主体发放贷款38031万元，支持户数较同期增加77户，增长18.87%。

【金融服务】 行政许可（代码证、账户）、征信查询、支付结算、残损币兑换、信用体系建设、示范区创建简化行政审批手续，改机构信用代码证、账户许可证发放审核制为备案制。合规开展征信信息查询，为个人、企业提供信用报告查询。改善农村金融生态环境，开展农村、小微企业信用体系建设，培育信用农户、信用村，并在全县金融机构中进行推广。在北四平乡开展金融助力乡村振兴示范区创建，全年共向示范区投放贷款5922万元，较同期增加1826万元，增长30.83%，重点支持药材、蓝莓种植，支持产业转型升级。

（白金辉）

中国农业银行股份有限公司新宾支行

【概 况】 2019年，中国农业银行股份有限公司新宾支行（以下简称新宾农行）以党建工作为统领，坚持以求真务实、开拓创新为发展主线，以服务“三农”、服务县域经济建设为己任，真抓实干，经营成果实现了跨越式发展，实现社会效益与银行效益的共赢，为县域经济发展做出突出贡献。新宾农行被辽宁省政府授予“全省民族团结进步模范集体”；被农业银行辽宁省分行授予“先进职工之家”，被辽宁省农行评为“安全保卫先进单位”；被农业银行抚顺市分行授予“先进基层党组织”和“五一劳动奖状”荣誉。

【金融业务】 2019年，新宾农行净利润实现2042万元，营业收入实现5689万元，全市农行系统内排名第一。中间业务收入实现1057万元，比2018年同期多增150万元，创近年来最高水平。各项存款大幅提升，存款余额实现263529万元，较年初增加21824万元，创近年来新高。其中储蓄存款余额实现247667万元，较2018年增加20929万元；对公存款余额实现15855万元，较年初增加888万元，扭转多年负增长的局面。贷款投放持续开展，全年累计发放贷款1.6亿元，各项贷款余额实现98114万元。为客户安装ETC设备1200个。加大投入力度，对永陵二级支行、南杂木二级支行、苇子峪分理处3个基层网点进行装修改造；对6个网点营业环境进行美化、亮化。新宾农行2019年有惠农服务点212个，分布在全县15个乡镇181个行政村，机具及线上服务渠道做到全覆盖。

【存 款】 各项存款业务包括人民币储蓄存款、外币储蓄存款、对公存款和同业存款等。2019年末，新宾农行各项存款余额26.35亿元，比1986年建行初期时增加64.27倍。对公存款余额1.59亿元，比1986年末1360万元增加12倍。储蓄存款余额达到24.77亿元，比1986年的1760万元增加140倍。加大网点建设步伐，调整营业网点布局，将经营重心向东南公路沿线城镇转移。同时加快电子化和系统升级进程，6个网点共安装30余台ATM自动存取款机，6台离行式自动存取款机，20余台查询机和自助终端等，开通掌上银行、手机银行等。至2019年末，外币存款余额552万美元，国际结算量累计6800万美元。

【贷 款】 年底，“三农”类贷款余额25251万元，较年初增加7678万元，在全省系统内排名靠前。其中本年累计投放农户类贷款27461万元，惠农e贷余额20347万元，较年初增加15790万元；发放金穗快农贷3100万元，为15户小微企业发放纳税e贷1300万元。法人线下贷款余额930万元。

【结 算】 主要办理人民币结算业务和外币结算业务。结算方式主要是现金业务、转账业务、银行汇票、商业和银行承兑汇票、银行本票、定额支票、委托收款、付款、电子银行等业务。结算系统逐年升级，为客户提供快捷、方便、安全的结算方式。

（杨志敏）

中国农业发展银行辽宁省新宾满族自治县支行

【概 况】 2019年，中国农业发展银行辽宁省新宾满族自治县支行（以下简称农发行新宾县支行）坚持党建统领全局工作，认真学习贯彻党的十九大精神，聚焦高质量快速发展总要求，有效应对困难挑战，坚定改革发展信心，埋头苦干实干巧干，信贷业务实现突破，基础管理不断夯实，员工队伍保持和谐稳定，各项工作总体向好。11 月 12 日，新宾县支行信贷业务部获得抚顺市分行组织的贷后百日提质竞赛团体一等奖；获得新宾满族自治县人民政府颁发的金融行业支持县域经济特殊贡献奖。

【业务经营】 农发行新宾县支行作为农业政策性银行，始终坚持执行政府意志、服务“三农”需求、遵循银行规律，紧紧围绕县政府经济发展总体规划开展业务工作，切实担负起政治责任和社会责任。至 2019 年末，存款余额为 1.33 亿元，较年初提高 1.02 亿元；贷款余额 2.95 亿元，较年初提高 1.13 亿元；实现利润 53 万元，较年初提高 34 万元，全年实现利息收入 1290.25 万元。发挥政策性金融职能作用，宣传信贷产品和政策优势，及时了解掌握全县各领域项目和融资需求第一手资料，部分业务实现“零”的突破。做好各项储备工作，全年共投放储备贷款 1080 万元，确保企业粮食收购资金足额供应。积极适应玉米收购市场化改革，把粮食市场化业务作为转型发展的主攻方向，围绕重点客户，制定客户群建设规划，择优扶持风险可控、专注主业的粮食企业，全面提升信贷服务，新准入市场化客户 1 户，授信金额 6000 万元，实现审批 1 笔，金额 2000 万元，为近十年来投放的首笔市场化收购贷款。以业务模式创新为主线，以支持地方经济发展为抓手，把中长期项目的营销作为工作重点，努力筹备，积极谋划，全面创新开展项目调查，确定营销重点，寻找合作契机，推进贷款项目的尽快落地。成功探索出以高标准农田及占补平衡土地综合整理工程为基础，创新融入农产品加工集聚区起步区建设工程、人参市场产业园区建设工程和宜居新农村建设工程的“土地 +”贷款模式和以新宾满族自治县存量项目为基础，融入新建项目盘活地方政府存量资产的 PPP 贷款模式，实现贷款审批 50700 万元，投放 11780 万元，真正做到因势而变、创新应变。加大服务乡村振兴的支持力度。深入贯彻落实党中央、国务院关于改进小微企业等实体经济金融服务的决策部署，缓解小微企业融资难等问题，以服务上门的营销理念，主动服务民营小微企业。根据总行《关于加强小微企业信贷业务管理的指导意见》，结合企业自身经营情况和第二还款来源覆盖情况，择优选择辽宁秘参堂药业有限公司和抚顺龙兴特艺有限公司 2 家企业进行信贷支持，共为两家小微企业投放贷款 505 万元，切实解决企业的燃眉之急，突出农发行政策性金融支持实体经济的示范作用。

【社会责任】 10 月，以“不忘初心、牢记使命”主题教育为契机，充分发挥农业政策性银行“干事创业敢担当，为民服务解难题”的家国情怀，组织开展爱心扶贫志愿活动，全体员工自发捐款购买爱心物资看望旺清门镇的贫困孤寡老人。

（柳　斌）

中国建设银行股份有限公司新宾支行

【概　况】 2019 年，中国建设银行股份有限公司新宾支行（以下简称建行新宾支行）主要经营办理人民币存款、贷款、结算业务，办理外币储蓄业务，办理票据贴现，代理发行金融债券，买卖政府债券；代理保险业务；从事银行卡业务、保管箱业务、工程造价咨询业务等，以及经银保监会批准的业务。

【经营成果】 2019 年，建行新宾支行坚持以党建为引领、以价值为导向，突出零售优先、综合发展战略，提升合规经营和风险防控能力，践行“普惠金融、住房租赁、金融科技”三大战略，突出重点发展，实现各项经营稳健、可持续发展。全口径存款余额为 112000 万元，较年初新增

21184万元。各项贷款余额为15568.29万元，其中，涉及支农及小企业贷款1314.9万元、个人类贷款14253.39万元。全年新增中间收入417.8万元。

【主要业务】 在负债业务发展上，拓展全量资金。个人存款余额94712万元，较年初新增16467万元。

个人贷款着力开展主题营销，个人类贷款14253.39万元。涉及支农及小企业贷款1314.9万元，其中，云税贷累计发放金额2997万元、云电贷累计发放金额81.3万元、裕农易贷发放金额142万元。

【业务创新】 全年，开立对公账户220户。在对私业务方面，打造全量个人客户经营平台。按照客户AUM制定针对性的拓展和维护策略，实现全量客户的差异化服务。根据客户聚类特征，开展特色业务聚合商户、ETC、善融商务、裕农易贷等各类商圈套餐式营销，全年新增聚合支付商户285户，仅对公商户存款新增1500万元。扎实推进金融精准扶贫工作，新增善融商户5户，累计签约善融企业10家，每周均为不同商户开展善融特惠产品活动，善融商务扶贫交易额新增1559万元，完成抚顺市全年扶贫交易总额。在第六个“国家扶贫日”，建行新宾支行携手县扶贫办、县人民银行以及辽宁秘参堂药业有限公司、抚顺凯莱食品有限公司、抚顺清谷食品有限公司三家扶贫企业开展一次“电商扶贫，善融龙支付一元购活动”，共下载注册善融商务203户，完成扶贫交易900笔，为百姓带来福利的同时，建行善融商务得到大力推广。

全年裕农易贷申请户数达97户，已受理28户，金额142万元。新增ETC签约2793户，占新宾地区签约总和的80%左右。实现“裕农通、村村通”。共同拓展裕农通服务点198户，累计发展249户，完成全县15个乡镇、181个行政村及13个社区的全覆盖。开通小微快贷业务，共发放企业类贷款1296.1万元。其中，云税贷发放72笔，累计发放2997万元，余额1175万元；云电贷累计发放81.3万元。积极拓展信用卡分期业务领域，利用房贷、公积金、预审批数据等做好精准营销，建成手机商户分期、教育类商户分期等生态圈，扩大分期份额。

【风险防控】 对存量对公不良贷款逐户制定处置方案，在现金回收优先的前提下，充分利用核销、打包转让等手段，最大限度地处置不良贷款，不断优化信贷资产结构。前移风险控制关口。利用风险排查、信贷检查、项目回访和各类预警系统，积极查找和发现问题、提示风险、及时整改，加强纵向横向信息沟通。落实总省行贷后跟踪会议，整合贷后六类会议内容，提高工作质量和工作效率。加强合规管理，严控操作风险，对全行进行不相容岗位职责专项检查。做好岗位轮换，落实交流制度以及强制休假制度。开展各类安全生产大检查，全年无安全事故发生。

（徐凤禧）

辽宁新宾农村商业银行股份有限公司

【概　况】 2019年，辽宁新宾农村商业银行股份有限公司（以下简称新宾农商银行）所辖15个营业网点，乡镇覆盖率达100%，其中1个营业部，14个支行，总行设置10个职能部门8个中心。新宾农商银行先后获得辽宁省农村信用社联合社2018—2019年度先进党委、中共抚顺市农村信用社委员会2018年度先进党委、新宾满族自治县金融服务先进单位光荣称号，在抚顺市农村信用社第四届职工篮球比赛中获得冠军。

全年资产总额55.36亿元，较年初增加8.97亿元，增幅19.34%。负债总额49.09亿元，较年初增加8.82亿元，增幅21.90%。所有者权益6.27亿元，较年初上升0.15亿元，增幅2.45%。

全年实现净利润0.65亿元，较同期增加0.58亿元，增幅828.57%。资产利润率达到1.28%。实现总收入2.74亿元，同比增长0.54亿元，增幅24.55%。

新宾农商银行资本充足率、一级资本充足率和核心一级资本充足率分别为14.59%、13.51%、13.51%。不良贷款率1.6%，拨备覆盖率176.4%，贷款损失准备充足率125.03%。

各项存款余额45.84亿元，较年初增加7.27亿元，增幅18.85%。其中对公存款13.93亿元，较年初增加4.2亿元，增幅43.17%；储蓄存款31.91亿元，较年初增加3.07亿元，增幅10.64%。

【服务“三农”】 发展电子金融业务，提升服务质效。完善电子银行渠道，为客户提供安全、便捷、全面的在线服务。借记卡累计发卡50.80万张；手机银行用户累计23021户，较年初增加6763户，增幅41%；在全县布放23台自助设备，8台智能柜台，7980户收单商户，180个助农取款点，实现181个行政村金融设备全覆盖，有效解决“农村金融服务最后一公里”。客户通过手机银行、云闪付付款，享受便捷的农村金融服务，节省时间，提高效率。开办ETC 2321户，通过免费送设备、优惠通行费方式推广ETC，让金融消费者得到实惠。代收新农保等资金5425万元，代发各项财政涉农补贴资金及企事业单位工资共计4.3亿元，将服务“三农”、情系“三农”落到实处。

全年累计发放各项贷款40.82亿元，较年初增加14.95亿元，增幅57.77%。其中涉农贷款25.14亿元、农户贷款9.75亿元、两权贷款0.54亿元、小微企业贷款22.63亿元。

不断创新金融服务方式，开办住房、商业用房按揭贷款、金信助商贷、POS机流水贷、公务员消费贷、农户小额可循环贷款、金信两权惠农贷等多项符合客户需求、经营需要的信贷产品。抢前抓早投放春耕、备耕资金，结合信贷资金需求和农业生产规划，合理确定资金投放进度和投放方向，全年累计发放涉农贷款25.92亿元；拓宽农民融资方式，允许农村流转土地和宅基地为融资提供担保，通过“两权”抵押的方式满足农户信贷资金需求，有效解决农民融资担保难的瓶颈问题，全年累计发放“两权”贷款2439万元。坚守“三农”客户市场，调整信贷结构，培育发展特色农业和区域主导产业，开展“一行一品、一村一品”贷款投放，用信贷资金的合理配置引导农民开展产业化、规模化经营。重点支持红庙子乡（木耳种植）、平顶山镇（香菇种植）、北四平乡（中药材种植、蓝莓种植）等特色产业。履行“县域金融机构”扶贫工作职责，通过资助扶贫、造血扶贫、企业带动扶贫等多种模式，加大扶贫资金投放力度。2019年向人民银行申请并获取扶贫再贷款资金1亿元，于5月末前全部投放完毕。降低小微企业客户的转贷费用，对于企业经营状况良好、销售资金回笼周期长的企业贷款，适当延长贷款期限，减少转贷过程中评估和冻结费用，全年累计发放小微企业贷款91户，金额14.8亿元。

【风险管理】 严格把控新增客户准入标准，全面落实贷款“三查”操作要求；严格按照监管要求，审慎投放大额贷款，重点加大支农支小贷款投放，持续加大担保类贷款投放。加强资产负债期限结构管理，强化流动性分析，通过建立健全制度与组织架构，严格落实制度规定，按期进行监测排查，按季开展压力测试、按年开展应急演练，完善流动性风险管控。建立合理的利率定价机制，提高利率定价的科学性和有效性，降低市场风险。定期开展合规检查，根据检查情况和监管部门通报的案例及时对相关条线进行风险提示，利用远程集中授权系统、事中预警系统、短信服务功能等风控系统，完善对前台操作风险的监控。

【合规管理】 年初与各责任单位负责人签订《内控合规工作责任状》和《案件防控工作责任状》。加大合规绩效考核力度，严守合规操作底线。组织案件合规管理暨警示教育培训班，聘请外部专业人员对防范职务犯罪和法律风险进行授课。加大会计条线检查与考核力度，强化员工风险防范意识，开展人民币流通、会计条线案件专项治理等检查，召开会议对发现的问题提出整改措施，组织整改。按月召开会计人员工作例会，对会计人员进行业务培训及辅导，提高员工业务素质，全年举办业务培训班6期，培训员工390人次。强化审计监督，采取现场与非现场结合方式，全方面开展审计工作，确保不留死角。做到查必真实，及时整改。

（史　航）

锦州银行股份有限公司新宾支行

【概　况】 2019年，锦州银行股份有限公司新宾支行（以下简称锦州银行新宾支行）坚持以求实创新加快发展为主线、以服务县域经济为方向、以提升经济效益为中心，实现存款规模持续扩大，呈现出超计划、超同期、阶梯式良好发展势头。1月，被锦州银行抚顺分行授予“存款先进单位”；3月，被抚顺市妇女联合会、抚顺市精神文明建设指导委员会办公室授予“巾帼学雷锋示范站点”；9月，被抚顺市精神文明建设指导委员会授予“雷锋号先进集体”。

年末，总存款303997万元，比年初增加37525万元，增幅14.08%，其中储蓄存款286578万元，比年初增加50924万元，增幅21.61%。储蓄总户数92029户，比年初增加13374户，增长17%。全渠道业务量达到128.29万笔，日均业务量达到3514笔。

【推广普惠金融】 延伸金融触角，深推普惠金融，先后三次开展“走百村，访万户”乡镇、村屯走访营销，将普惠金融根植于千家万户，夯实存款基础。采取向陆续返乡归来的农民工兄弟及村民全面介绍锦州银行的综合金融实力、企业发展斐然业绩、为县域经济发展所做贡献、算利息、比收益、回答金融疑问等方式，让村民们了解锦州银行的产品与服务，提升锦州银行普惠金融服务的品牌形象和信任度。利用承办庆祝中华人民共和国成立70周年和喜迎建党98周年文艺晚会开展普惠金融宣传。支行搭建4个“普惠金融”服务站，广泛开展答疑解惑、互动交流，积极宣讲锦行特色服务和优势产品、普及金融知识，让到场的全县各行各业代表和市民百姓进一步了解锦行产品、认可锦州银行。

（郭　旭）

抚顺新宾抚银村镇银行股份有限公司

【概　况】 2019年，抚顺新宾抚银村镇银行在抚顺银保监分局和市、县人民银行的监督指导下，在发起行抚顺银行的鼎力支持下，通过全行干部员工的努力工作，较好地完成各项经营指标。全行各项存款余额38393万元，比年初增加3804万元，增幅为11%。其中，对公存款10936万元，占比28.48%，比年初减少149万元，下降1.34%；储蓄存款27457万元，占比71.52%，比年初增加3953万元，增长16.82%。

全行各项贷款10660万元，比年初减少5726万元，下降34.94%。法人类贷款余额1101万元，共计6笔。个人类贷款余额9559万元，共计121笔。以现金方式收回不良贷款194万元。

【财务收支】 实现各项收入1936万元，利润42万元。计提贷款减值准备1326万元，比2018年增加200万元。其中，贷款利息收入754万元，比2018年减少369万元；同业利息收入1126万元，比2018年增加440万元。

【贷款清收】 高度重视客户新增贷款正常类中逾期、欠息贷款的监测、分析和转化工作。对逾期、欠息贷款的管理提高到清收不良贷款同等重要的位置，逐户制定切实可行的风险化解方案。加大客户贷款的贷后检查、监测力度，做好风险评估和风险预警。对难以通过正常渠道化解的贷款，积极与借款人协调、沟通，针对借款人的具体情况制定清收、转化方案，确保信贷风险得到有效的控制。

【风险管理】始终将风险管理贯穿于全年各项工作之中，夯实风险管理基础，加强案件防控能力。组织营业网点开展金融知识宣传工作，以LED播放宣传、摆放宣传折页等方式，普及金融知识，保护金融消费者合法权益。组织员工专题培训，学习专题案例及风险警示录像，使员工在培训中有收获、有见解，达到学以致用的目的，增强风险防控意识。

（赵　崭）

中国邮政储蓄银行股份有限公司新宾满族自治县支行

【概　况】2019年，中国邮政储蓄银行有股份有限公司新宾满族自治县支行（以下简称邮政新宾支行）实现利润1297.63万元，完成预算进度的236.36%，同比增加1089.63万元，同比增幅523.86%。累计实现收入2558.15万元，完成预算进度的102%，同比增幅5.9%，其中个人金融收入818.13万元、信用卡收入114.07万元、“三农”金融收入974.07万元、消费贷收入274.19万元、公司收入124.69万元、其他收入253万元。经济增加值459万元，人均经济增加值9.26万元，经济资本回报率29.93%，成本收入比58.5%。

个人储蓄存款时点余额47618万元，累计净增4113万元；日均余额46259万元，累计净增4528万元。公司存款时点余额5807万元，净增441万元；日均余额4970万元，净增–385万元。

“三农”贷款结余2.64亿元，净增744万元，完成年计划的18.6%；消费贷结余1.2亿元，净增1430万元，完成年计划238%。

代理保费1739.8万元；理财月均保有量15622万元，其中净值型理财月均保有量3212万元；资管计划销售973万元；国债销售1750.83万元；黄金定投累计结存1060户；基金定投有效户80户；非货币型基金销售493万元；手机银行净增激活2363户；快捷支付绑卡3531张；条码收单完成110户；信用卡累计进件2846件，累计发卡2513张；ETC累计完成1051台。

【风险管理】高度重视风险防控管理工作。通过梳理各部门及各条线重点业务的风险点，进行风险防控分析，总结经验，制定防控方案。认真落实风险防控问题识别、评估、整改及问责机制，对日常工作中查找出的问题举一反三，严格整改。细化相关制度，加强全流程管理，从各项工作细节入手，深入开展合规风险排查，提升员工风险防控意识。加强员工风险防控思想教育，组织学习《中国邮政储蓄银行辽宁省分行外部机构处罚问责管理办法》《中国邮政储蓄银行内部检查屡查屡犯问题问责管理办法》《警示教育期刊》《中国邮政储蓄银行员工违规行为处理办法》《内控管理手册》等，撰写学习心得，对学习内容进行考试，让风险防控入脑入心。

【资产保全】严把贷款准入关，贷前认真调查，做好交叉验证和平行作业，每笔贷款均召开审贷会，近两年不良贷款金额逐渐下降，不良贷款结余1403万元，减少172万元，不良率3.66%，同比下降29.53%，实现“量、率”双降。通过不间断自主催收和联动法院执行局等举措，全年共计回收逾期欠款156笔，现金806.69万元，同比上升175.32%，其中，司法回收58笔，金额224万元；起诉逾期欠款59笔，金额1248.11万；对152人次送达开庭传票；核销27笔，金额440.44万元；26笔执行局案件上失信人名单，涉案人员71人。

（常　瑜）

商业保险

中国人民财产保险股份有限公司新宾支公司

【概　况】2019年，中国人民财产保险股份有限公司（副部级央企）新宾满族自治县支公司（以下简称人保财险新宾支公司）实现保费收入12000万元，其中，机动车辆保险8678.5万元、政策性农业保险3024万元、其他种类保险297.5万元，实现净利润2445.1万元。全年共处理各类理赔案件9416件，支付赔款2760.42万元。

6月27日，人保财险新宾支公司组织外勤人员参加反洗钱和非法集资培训会

【创新工作模式】 以“警保联动”服务为核心，以公安交管“12123”事故互联网快速处理系统和公司理赔系统工具为支撑，以公司理赔人员在城市主城商圈、城市主干道、重要交通节点开展路面巡查为主要方式，第一时间发现和到达事故现场，协助当事人自行协商，实现简易交通事故的快速处理、快速赔付、快速撤离现场。客户的等待时间从原来的半个小时及以上缩短至5分钟以内。拓展与当地交管部门的合作深度，实现人民保险与车管所便民服务站一体化办公，推出“车驾管”服务，客户进入人保营业厅即可完成机动车行驶证、驾驶证、检验合格证、车辆号牌申领补换及车辆违章处理等业务类别，为客户提供了便利。

【风险防范】 围绕经营管理的各个业务环节开展合规风险测评工作，对公司内部控制制度和业务环节的运行情况进行综合评价。重点关注重要业务环节、重大业务事项、监管关注重点和高风险领域，及时发现风险缺陷，及时规范和加强合规管理，提升公司经营管理水平和风险防范能力，夯实经营管理基础。

【助力乡村振兴】 公司上下联动积极配合政府部门推进农险经营模式市场化改革，加强自身服务能力建设，深度服务政府需求和“三农”发展需要，全面支持农业现代化发展，农业保险支农惠农效应进一步放大。全面推进农村网点建设，打通农业保险服务的“最后一公里”，形成农业保险“网络连成片、服务面对面”的网格化布局，为农业保险实现承保理赔到户提供有力支撑。公司全力配合政府承办政策性农业保险，创新产品开发、提高保障水平、丰富保险供给、提升响应效率，快速应对暴雪、暴雨等重特大自然灾害，广泛运用无人机等现代科技开展精准服务。公司始终将保险扶贫作为首要的政治任务，加强与县政府的沟通互动，为全县建档立卡贫困人口提供意外身故、意外医疗和疾病医疗保障，兜住建档立卡贫困户因灾、因病致贫和返贫的风险。农业保险在支持农民增产增收、成为农民生活的保障器、农业产业的助推器和农村社会的稳定器方面发挥了不可或缺的作用。

（王骞浩）

中国人寿保险股份有限公司新宾满族自治县支公司

【概　况】 2019年，中国人寿保险股份有限公司新宾支公司（以下简称国寿新宾公司）在新宾地区个人寿险保险份额寿险为40%，团体意外伤害险为78%，农合医疗补充保险为100%。保费规模由分业经营时期的200万元增加到现在10200万元（含续期保费）。个人寿险首年保费共计完成1416万元，团险完成672万元，银保业务完成49万元，寿险新单保费达成2137万元。理赔以及满期给付金额为3860万元。

【经营范围】 国寿新宾公司主营商业性保险以及政策性医疗保障保险。商业性保险包括疾病健康保险、意外伤害保险、养老保险、两全保险、分红储蓄类型、女性安康保险6大类保险。其中年底正在开办的保险险种包括福满一生、福禄尊享两全、福禄双喜两全、红盈两全、鑫安保险组合、全家福保险、国寿长久呵护类保险等。

【风险管理及合规经营】 2019年，公司继续加强风险防控工作，多次召开风险防控会议，把各项工作按照部门、人员进行全方位分解，确保风险防控工作踏踏实实完成。加强对销售人员、管理人员进行防范风险专业知识和法律知识培训，让所有员工进一步明确保险风险防范以及相关法律知识，同时，通过管理人员对外对内进行风险防范宣传，让广大客户了解保险风险防范基础知识，提高保险风险防范意识。采取有效措施保证公司合规合法经营以及市场稳定。加强法律法规宣传，保证公司在各项工作上做到合规经营，合法宣传，合理实施；加强对销售人员的重点排查，通过层层筛查，查找出风险点以及风险人员存在的问题，及时进行处理；与公司管理人员和销售人员签订《承诺书》，保证每一份承诺书的真实有效。

（于海军）

中国太平洋财产保险股份有限公司新宾支公司

【概　况】 2019年，中国太平洋财产保险股份有限公司新宾支公司（以下简称太保财险宾支公司）保费总收入1734万元，同比增长363.8%，其中中农险保费29万元，非车险保费90万元，车险保费1615万元。

【行业整治】 2019年6月，太保财险新宾支公司开展“整治乱象、合规经营”督导工作，对本机构进行现场督导，强化责任，层层落实，明确责任分工，以乱象治理为契机，进一步强化内控合规建设，提升风险防控能力，巩固治理成果。8月，太保财险新宾支公司开展扫黑除恶专项斗争宣传活动，进一步强化公司日常经营过程中的风险控制机制和管控能力，全面提升合规经营执行力。

（王　振）

中国太平洋人寿保险股份有限公司新宾支公司

【概　况】 2019年，中国太平洋人寿保险股份有限公司新宾支公司（以下简称太平洋寿险新宾支公司）全年实现新保收入2500万元，同比增长5%，续期收入10265万元。全年共处理理赔案件137件，支付理赔款3365万元。其中大病赔付50件，理赔款1900万元；死亡赔付42件，理赔款1452万元；医疗赔付45件，理赔款12万元。11月，太平洋寿险新宾支公司获2019年度辽宁分公司竞争力评选“辽分前十机构”奖。

【经营业务】 公司承保人民币和外币的各种人身保险业务，包括人寿保险、健康保险、意外伤害保险等业务，办理上述业务的再保险业务，办理各种法定人身保险业务，与国内外保险及有关机构建立代理关系和业务往来关系，代理外国保险机构办理对损失的鉴定和理赔业务及其委托的其他有关事宜；经批准参加国际保险活动。

【业务宣传】 太平洋寿险新宾支公司始终秉承以“诚信天下，稳健一生，追求卓越”为核心的价值理念，积极宣传公司保险业务，拓展市场。7月8日全国保险宣传活动日，公司内外勤员工在百货大楼广场设立宣传站点，发放保险宣传手册，讲解保险知识，帮助市民解读手中的保单，真正让

太平洋寿险新宾支公司新老客户保险知识普及讲座

市民感受到“保险就是服务”的服务宗旨，进而巩固“太保蓝本”“重疾绿通”服务成果。积极推进“太保家园宣传”活动，利用公司职场产品说明会及宣传片正确引导客户利用保险进行养老的理念，助推公司保险事业的蓬勃发展。

【风险防范】 积极开展扫黑除恶专项斗争，坚决杜绝个别人利用保险进行洗钱活动，强化公司日常经营过程中的合规管理，加强风险控制机制和管控能力，提升公司合规经营能力。坚持稳健经营，以效益为中心，积极推动可持续价值增长，不断为客户、员工、社会和利益相关者创造价值，为社会的和谐稳定和经济发展提供风险保障。

（于立平）

中国平安人寿保险股份有限公司新宾营销服务部

【概　况】 2019年，中国平安人寿保险股份有限公司抚顺中心支公司新宾营销服务部（以下简称“平安人寿新宾营销服务部”）主要为客户提供便捷的投保、保全信息变更及理赔等服务。全年，个险首期保险业务收入1488万元，同比增长27.2%；寿险理赔金额403.8万元，同比增长67.95%。

【经营范围】 承保人民币和外币的各种人身保险业务，包括各类人寿保险、健康保险（不包括“团体长期健康保险”）、意外伤害保险等保险业务，办理各种法定人身保险业务，代理国内外保险机构检验、理赔、及其委托的其他有关事宜，证券投资基金销售业务；经中国保监会批准的其他业务。代理销售机动车辆保险、企业财产保险、家庭财产保险、货物运输保险、船舶保险、工程保险、责任保险、信用保险、保证保险、人寿保险、年金保险等险种。

【业务拓展】 2019年，平安人寿新宾营销服务部依托集团公司的资源平台，积极推广《平安金管家》APP，实现客户保险业务自助线上办理。开展优秀代理人下乡进村活动，将优质的服务带到千家万户，让村民们足不出户办理保险相关业务，鼓励村民学习保险相关知识从而挖掘更多优秀的保险代理人，帮助广大农民群众提升收入。

（张　巍）

中国平安财产保险股份有限公司新宾支公司

【概　况】 2019年，中国平安财产保险股份有限公司新宾支公司（以下简称新宾平安财险）车险保费收入1243万元，当年已报告赔付率51.52%。为更好地服务全县人民，在各乡镇铺设保险专业代理人及团队，普及财产保险相关知识内容。成功搭建客户迁徙平台，利用平安好车主APP为核心载体，开展平安财险3.0时代客户线上化经营，坚持以用户体验为核心，贴合公司经营目标，用大数据、人工智能等新科技手段为用户提供有温度的品质服务。在全县各乡镇推行保单配送服务，广大客户办理保险业务更加方便快捷。对于上门客户，做到微笑服务，真诚待人，树立良好的企业形象。

【理　赔】 对公司理赔人员进行全面岗前培训，查勘车辆车况良好，按照标准化服务，及时处理案件现场，保证高时效结案。“95511”全国统一服务电话提供7×24小时接报案、咨询、紧急救援服务；平安首创的全国通赔服务，客户无论在国内任何区域出险，都可以从报案到领取赔款，全程享受平安标准、一致性的优质服务，不受时间与空间限制。首推“510”极速查勘，方便客户。

【合规经营】 加强合规守法能力和制度建设，坚持合规守法发展已成为公司经营管理的新常态。做好自查行事历，明确各部门职责与完成时间；下发自查范围，规定自查节点，方便日后整改追踪；做好自查指引表、自查报告，以便部门人员开展自查；做好自查追踪表，以便开展自查工作追踪。

（吴昊羿）

大地财产保险股份有限公司新宾支公司

【概　况】 2019年，大地财产保险股份有限公司新宾支公司（以下简称大地保险新宾支公司）总保费518万元，其中车险保费450万元，同比增长5.8%；财产保险23.3万元，意外险33.8万元，同比增长47.14%；健康险10.9万元，同比增长101.52%。当年满期赔付率31.17%，结案件数295件，案件结案率111%。

【理　赔】 理赔工作按公司要求真抓实做，按照标准化服务，车况良好，着装上岗，在专职查勘车上配备牵引绳，强光手电，电瓶连线等设备。在“8·15”洪水期间，公司全力投入，安排专人专车，全程待命，及时对洪灾中发生的事故进行赔付，打开理赔绿色通道，第一时间到现场办案，第一时间赔付。对小额快赔案件加快结案时效，24小时内赔付。

（曹　鹏）

科学技术

科技管理

【概　况】 2019年，新宾满族自治县科学技术工作全面实施创新驱动发展战略，务实重干，强化服务，全力推进创新发展，激发社会创新活力，开创科技工作的新局面，较好地完成全年目标工作任务。县科技局被评为辽宁省科技特派优秀组织实施单位。

1月，按照《新宾满族自治县机构改革方案》，新宾满族自治县科学技术局（以下简称县科技局）的职责划入县发改局，对外挂县科技局牌子，业务进行调整，增加外国专家局职能，不再负责知识产权局的相关工作。改革后的县科技局主要负责统筹推进县创新体系建设和科技体制改革，牵头建立统一的科技管理平台和科研项目资金协调、评估、监管机制；编制县重大科技项目规划、成果应用示范，拟订高新技术发展及产业化、科技促进农业农村和社会发展的规划、政策和措施；拟订科技人才队伍建设规划和政策，负责引进国外智力工作，组织开展国际科技合作与科技人才交流，拟订科学普及和科学传播规划、政策等。

【科技创新】 根据《辽宁省创新型县（市）建设工作指引》精神，积极申报省级创新型县建设，制定《新宾满族自治县省级创新型县建设实施方案》，充分发挥科技在创新发展中的积极性和主动性，探索县域创新驱动发展途径，推动县域创新驱动发展，总结新宾满族自治县科技创新基本情况。完成创新型县指标体系设计，通过抚顺市政府推荐、现场答辩、公示等工作程序，成为抚顺市唯一一个成功入选辽宁省首批“省级创新型县”建设工作名单的县区（辽科发〔2019〕39号），建设期3年，为新宾满族自治县创新发展迈出坚实的一步。

【服务企业】 加强对各级科技政策的解读和培训，鼓励和帮助企业申报各类科技型资格评审。推荐辽宁大化国瑞新材料有限公司、新宾满族自治县水利勘测设计院等高企复审2家，新增抚顺东工冶金材料技术有限公司、抚顺蓬勃节能墙体材料厂2家科技型中小企业。组织新宾满族自治县明芳农业开发有限公司申报省级“星创天地”。组织企业参加与高校及科研院所的对接活动7次。在第三届抚顺市创新创业大赛中，抚顺东工冶金材料技术有限公司荣获总决赛第一名，辽宁华驰专用汽车制造有限公司获得行业赛三等奖。

【农业科技】 承接省水稻所的优质水稻产业科技特派团、沈阳农业大学的中药材与食用菌科技特派团，针对县域农业特色产业发展，解决制约地方农业产业发展的关键性技术问题，两个科技特派团分别与红升乡白旗村、旺清门镇东江沿村、新宾镇郝家村和北四平乡确定试点进行对接。就种植节点进行服务指导10次，召开技术培训会5

次，参加培训人员500余人次。

【科技项目】 辽宁沐与康燃料电池产业发展有限公司申报的氢能观光车项目已经被列为2020年省科技重大项目指南，哥俩好新材料股份有限公司的“新型环保建筑免钉胶的开发”项目获省科技进步奖三等奖。9月，经新宾镇政府推荐，对抚顺东工冶金材料技术有限公司的“铝合金电弧熔丝增材及智能制造应用技术攻关”项目申报县本级科技创新资金项目进行评审立项。

【科普宣传】 到红升乡开展科普宣传1次，发放科普资料10种1000余册。针对主导产业举办培训5次，培训人员300余人次。

【科技队伍】 继续实施辽宁省农民技术员培养工程，组织培训养殖示范户15人，推荐高级农民企业家培训班2人。协助组织部门开展“三向培养”，把党员致富能手培养成村干部，加强村干部队伍的生机和活力。2019年向抚顺市科技局报送培养对象1人，入抚顺市“三项培养”人才库。

（梁　雪）

气　象

【概　况】 2019年，新宾满族自治县气象局围绕气象灾害防御，加强气象防灾减灾标准化建设，组织开展防御气象灾害宣传和应急演练，全力做好气象防灾减灾和应对气候变化、重大社会活动气象保障服务，扎实推进农村气象综合信息服务体系建设，积极为全县乡村振兴和脱贫攻坚提供气象服务，广泛发布森林火险气象预报、警报，为森林防火、抗旱及生态建设提供人工影响天气作业，为新宾经济建设提供有力保障。

【气象灾害防御】 全面加强基层气象防灾减灾标准化建设，更新气象灾害预警信息接收人员信息库，包括县、乡政府防灾减灾负责人，主要涉灾单位负责人、气象灾害重点防御单位责任人信息，基层气象协理员、信息员、村干部等，入信息库人数达到500人。组织开展2019年全县防御暴雨灾害应急演练，参加全县防汛应急抢逃险演练。整理和完善气象灾害风险相关数据信息，绘制新宾满族自治县防灾减灾地图。建立重大气象灾害电话“叫应”制度，确定本地需要启动“叫应”服务的灾害、启动标准、服务内容、工作流程等。全年发布各类气象灾害预警27期，发布和转发气象灾害预警信号367次。启动暴雨（雪）、高温等气象灾害应急响应11次。编制《新宾满族自治县气象局气象防灾减灾业务规范》，根据灾害发生的地点，对气象灾害防御区域进行划分，开展分级警戒。利用“3·23世界气象日”“5·12防灾减灾日”“5·15政务公开日”和科技周等，开展气象防灾减灾知识进社区、进校园、进农村等集中科普宣传活动4次，接受中小学生参观2次，人数达到200人。联合县防汛抗旱指挥部召开2019年度全县应急（信息员）培训会议1次。完成历史灾情上报。针对突发性灾害天气，增设便携式移动观测设备一套，浅层土壤温湿度观测仪一套。

【气象服务】 全年完成23次降雨、降雪、高温、寒潮、大风等重大灾害性天气的预报预警服务，共制作决策气象服务材料142期。汛期发布各类灾害性天气预警信号116次，报送决策服务材料37期，《重要天气报告》6期。先后为满族风情节、春运、中高考等重大活动提供专题气象保障服务7期。多渠道广泛发布森林火险气象等级预报和红色、橙色警报。与县农业部门密切合作，开展作物长势田间调查7次。适时制作农业气象服务产品，建立全县农民合作社、专业种养殖大户等新型农业经营主体服务对象信息库，开展特色农业气象服务调研，依据服务需求，编制新宾满族自治县农业气象服务年度“直通式”工作方案和农业气象服务手册。与农业和保险公司联合协同推进政策性农业保险工作。完成北四平蓝莓、旺清门水稻气候品质评价。完成水稻的精细化农业气候区划和干旱、低温冷害的农业气象灾害风险区划制作。根据全县森林防火、抗旱服务和生态建设需要，组织开展18次人工影响天气作业，发射增雨火箭弹151枚。表彰优秀气象信息服务站1个，优秀气象信息员1个。

【气象业务现代化建设】 全年各项气象业务指标均达到或超过上级考核指标。完成181套农村应急广播系统社会化保障改革和与辽宁省突发事件预警信息一体化发布系统对接，发布手段采用短信、传真、农村应急广播、预警信息显示屏等。定期开展自动气象站等设备巡检校标和维修维护工作。重建自动气象站围栏5套。完成新宾国家基本站地面综合观测业务软件（ISOS）升级，降水和光电式数字日照计平行观测工作。按照标准化图册，对观测场内所有观测设备进行重新测量和调整，按期完成气象观测质量管理体系认证工作，1人次参加内审员培训班。新增2个人影作业站点，人影物联网监控系统进入应用阶段。完成25个区域站分类及规范命名，根据气象数据连续观测标准，新宾国家基本站被评定为“五十年”台站。

【气象社会管理】 制订新宾满族自治县气象主管机构权力清单和责任清单目录。通过政府网站、电视台发布防雷检测公告及2019年防雷安全监督检查计划。建立全县防雷安全重点监管场所名录库。完成防雷安全监管重点单位场所双平台录入工作。组织全县爆炸和火灾危险场所完成两次防雷装置定期检测。采取专项检查、“双随机”抽查、部门联合检查等多种形式，开展防雷、施放气球安全生产检查5次，气象行政执法检查4次。开具各类气象灾害证明21件，群众满意度为100%。

（杨志宇）

教　育

综　述

【概　况】2019年，全县投入教育经费3.86亿元，同比增长2.56%。其中，财政性教育经费3.71亿元（其中教育事业费2.7亿元，同比增长0.09%；教育税费0.15亿元，同比增加3.9%），同比增长2.5%。

1月，组建中共新宾满族自治县教育工作委员会，作为县委派出机构，与新宾满族自治县教育局（以下简称县教育局）合署办公，主要负责贯彻落实教育改革方针、政策、规划及相关法律法规，拟定全县教育改革与发展规划，负责全县教师、教育经费管理，教育资源均衡配置等。

2019年，全县共有各级各类学校（幼儿园）83所，在校生23899人，其中小学4610人、中学2226人、九年一贯制学校8514人、高中2510人、职业教育中心1151人、特殊教育学校120人、幼儿园4768人。教职工总数2646人，专任教师2260人。幼儿园47所，教职工410人，学前三年毛入园率为83%。

2019年新宾各级各类学校情况表

表32

学校类别	学校数（所）	班级数（个）	毕业生数（人）	招生数（人）	在校学生数（人）	预计毕业生数（人）	教职工数（人）	
							计	专任教师
合计	83	759	6807	6296	23899	7324	2646	2260
一、基础教育	82	739	6362	5930	22748	6884	2582	2219
高中	3	54	872	826	2510	837	320	284
教师进修学校	1						41	37
九年一贯制	12	272	2171	1909	8514	2239	1074	964
初中	3	54	766	690	2226	785	257	217
小学	15	137	763	836	4610	730	467	426
幼儿园	47	211	1779	1665	4768	2287	410	279
特殊教育	1	11	11	4	120	6	13	12
二、中等职业教育	1	20	445	366	1151	440	64	41

2019年新宾各级各类学校办学情况表

表33

学校类别	校均规模（人）	生均占地面积（平方米）	生均建筑面积（平方米）	生均图书（册）	生师比
幼儿园	101	15.9	7.48	1	11.6∶1
小学	307	30.4	7.6	36	9.87∶1

续表 33

学校类别	校均规模（人）	生均占地面积（平方米）	生均建筑面积（平方米）	生均图书（册）	生师比
初中	742	33.4	16.5	45	8.66 : 1
九年一贯制	710	42.1	22.3	46	7.93 : 1
普高	1255	31.9	17.7	34	7.84 : 1
中职	1151	30.4	14.5	18	17.9 : 1

【德育工作】 深入开展学雷锋活动，推进学校德育工作。组织全县各学校开展“我心中的雷锋”系列主题教育实践活动、“雷锋精神永驻校园”等活动，鼓励学生从身边事做起、从小事做起，学雷锋、知雷锋、做雷锋，传承雷锋精神。举办田径、球类、游泳等学生比赛及中小学生综合性运动会，举办全县中小学迎春长跑接力比赛及第二届中学生男子珍珠球比赛，培养学生的集体主义精神。将《中小学综合实践活动课程纲要》纳入学校教学计划，将动手实践内容纳入学生综合素质评价。通过日常家务、学工学农、社会实践、志愿服务等多种方式，培养学生尊重劳动、热爱劳动的品德和吃苦耐劳的精神。

【教育均衡发展】 在巩固义务教育基本均衡发展成果基础上，统筹指导县域内城乡义务教育一体化工作，加强乡村小规模学校和乡镇寄宿制学校建设，制定打造领军学校方案，推进城乡义务教育优质均衡发展。保障特殊群体受教育权利，安置进城务工人员随迁子女入学，关爱农村留守儿童。减轻群众教育负担，制定《新宾满族自治县落实省教育厅等九部门关于中小学生减负措施实施方案》，在全县中小学开展“规范行为与提质减负”专题大学习大讨论活动。全县 30 所义务教育阶段学校实施课后服务学生参与人数为 14039 人。健全和完善家庭经济困难学生资助体系，为全县符合资助条件的 1527 名学生发放资助金 85.3475 万元。实施农村义务教育阶段学生营养改善计划，省财政承担新宾营养膳食补助资金 598 万元，保证秋季开学全县 28 所农村义务教育学校 15311 名学生营养午餐全部实现按时开餐，实现了全覆盖。

【基础建设】 改善学校办学条件。投资 3192.5 万元，其中市以上投入 1988.5 万元，县投入 1204 万元，对学校进行加固改造和排险维修。安排长效机制资金 282 万元，用于 18 所学校的建设项目。积极对上争取资金 5300 万元。投资 6200 万元完成新宾镇中心小学建设工程，开学交付使用；投资 2710 万元完成北四平、永陵满族小学、旺清门中心幼儿园、榆树等 14 所学校维修改造工程。县教育局聘请第三方机构，对全县各中小学、幼儿园进行财务审计。投入 500 多万元购置图书、计算机、学生床、桌椅等。为全县中学足额配备中考加试器材、药品，使中考加试工作得以顺利进行。对科学实验室、化学实验室进行全面系统的检查，对账、卡、物进行逐一核对，规范各校对实验室的管理工作。

【提高教育质量】 深入推进学前教育普及普惠发展。对普惠性幼儿园幼儿按照每年每生 500 元基准定额补助，引导和支持民办幼儿园提供普惠服务，普惠性幼儿园学位达到 76%。落实城镇小区配套幼儿园建设和使用政策，排查城镇小区配套幼儿园 23 所，需要治理的 7 所已全部转为普惠性幼儿园。开展去“小学化”专项治理，进一步规范幼儿园办园行为。完成义务教育学校标准化管理考核细则，学校工作考核方式转变为以基础教育股和教师进修学校为主导的教育教学内容来实施。以提升教育教学质量为目标，全县共组建 7 个教育联盟，确定 8 个领军学校培养对象。立足课堂，依托教师队伍建设，开展 12 次教研活动。

【教师队伍建设】 落实《关于全面深化新时代教师队伍建设改革的实施意见》和《关于推进中小学教师“县管校聘”管理制度改革的指导意见》，

稳步推进教师队伍管理改革。落实省委省政府关于“在乡村中小学任中级专业技术职务满10年，仍在乡村教学一线任教的中小学教师，任中级专业技术职务以来年度考核合格的，可直接评聘副高级专业技术岗位，不受岗位职数限制”的政策，1152名乡村中小学教师受益。为全县艰苦偏远地区乡村教师发放差别化补贴243.8398万元（每人每月近300元）。做好教师缺额的补充工作，招聘农村义务教育学校“特岗计划”教师68名。

【优化教育环境】 建立健全县教育行政执法“三项制度”体系，行政许可、行政处罚、行政检查等行政执法行为做到执法行为全过程记载、执法全过程可回溯管理、重大执法决定法制审核全覆盖，行政执法信息公开透明、执法全过程留痕、执法决定合法有效。全县中小学（幼儿园）、中职学校完成一校一章程建设目标。开展法治宣传校园行、宪法精神进校园活动，组织法治副校长开展宣讲，培育青少年学生的国家意识和公民意识，提高青少年学生法治素质。健全督导评估体系。开展县乡两级政府履行教育职责评价工作，对乡镇履职评价自评情况进行实地核查，出具评价意见报告。将全县幼儿园划分为督学责任区，聘任责任督学6人，启动幼儿园责任督学挂牌督导工作。对公办、民办幼儿园办园行为进行督导评估。加强学校安全风险防控体系建设，开展校园及周边综合治理、重点领域隐患排查与整治、安全教育及督导检查等工作。完成安全生产“百日攻坚战”“安全生产月”“防风险保平安迎大庆”“校园和学生安全”等专项整治工作。全县各学校按照计划更新安装一键式报警设施。全年，各学校安全稳定，未发生安全责任事故。

教育督导

【概　况】 3月6日，市政府教育督导团来新宾满族自治县进行春季开学综合督导检查，共抽查10所中小学（幼儿园），就学校安全、条件保障和重点推进工作三方面进行细致检查。检查团对学校周边环境治安管理、食品安全（饮用水）管理等所取得的成绩给予肯定，对部分学校存在的周末校车超员、高中生均经费未足额发放等问题，再次提出建议和督导。10月14—17日，辽宁省人民政府教育督导团对新宾满族自治县幼儿园办园行为进行为期3天的实地督导评估检查。共检查5所民办幼儿园，有4所幼儿园达到省督导评估检查验收标准；下夹河乡的未来之星幼儿园因分数未达到标准，没有通过省评估验收。11月29日，抚顺市政府督考办对新宾满族自治县义务教育基本均衡整改落实情况进行实地督查，副县长杨东汇报全县义务教育基本均衡整改落实情况。督查组到永陵中学和永陵满族小学进行实地督导检查。11月11日，出台《新宾满族自治县规范校外培训机构发展工作联席会议制度》（新政办发〔2019〕69号）。

中等职业教育

【概　况】 职业教育中心有教职员工64人，在校生1151人，毕业生445人，招生数为366人。专任教师41人，生师比为14.60∶1，学历合格率为100%。双师型教师26人，省教学名师1人。

全年投入145万元，用于教学设备添置、校园绿化、宿舍维修、校园其他建设。落实特聘教师制度，兼职教师14人，专任教师与文化基础课教师比例2∶1。“双师型”教师比例达33.33%。毕业生初次就业率达100%，月收入平均2000元。计算机专业和高星级饭店运营与管理专业为省级示范专业。11月19日，职专4位老师参加市教师进修学院组织的市优课评选中获得优秀课。2019年，全校有211名学生参加升学考试，有155人考入本科院校，本科升学率达73.4%。学校现开设5个专业：计算机应用技术专业、现代农艺技术专业、高星级酒店服务与管理、农村经济综合管理、学前教育专业，其中计算机应用技术专业共6个教学班、农村经济综合管理专业共3个教学班、学前教育专业共4个教学班、现代农艺技术专业共4个教学班、高星级酒店服务与管理专业共3个教学班。9月27日，职教中心正式与山东蓝海股份有限公司签订“精英人才培养”校企合作协议书，正式开启校企合作项目，实施订单培养和冠名培养。依托职业院校专业优势，大力开展普惠制就业、企业职工转岗培训、退役士兵技能提升、新型职业农民、现代青年农场主和军转干部教育等培训，全年共培训195人次。职业教育培训中心申报辽宁省2019年度“终身学习品牌项目”。

2019年新宾中等职业学校办学条件情况表

表34

学校	占地面积（平方米）	建筑面积（平方米）	图书（册）	数字资源量	计算机（台）		教室（间）		网上教学课程数（种）	固定资产总值（万元）	
				电子图书（册）	合计	教学用（台）	合计	网络多媒体教室		合计	其中：教学、实验仪器设备资产值
职专	94610.7	26656	22800	—	490	480	37	6	—	2203.4	993.6

基础教育

【学前教育】 制定《新宾满族自治县城镇小区配套幼儿园治理工作实施方案》，对治理工作要求、任务、责任分工、完善工作保障措施等方面做了明确规定。先后对全县城镇小区配套幼儿园进行全面排查摸底和专项治理，确保配套幼儿园的公益普惠性、按时间节点完成回购、完成公办幼儿园学位覆盖率省定目标。出台《新宾满族自治县普惠性民办幼儿园认定管理与奖补办法》，15所民办幼儿园实施普惠，普惠性在园幼儿覆盖率为76.6%，达到国家规定标准。组织幼儿参加抚顺市“春芽杯”讲故事比赛，荣获一等奖4人、二等奖3人、三等奖5人，实验幼儿园赵俊凯、杨舒恋两名幼儿分别以幼儿组总分第一名、第二名的优异成绩荣获“故事大王”称号。聘请省学前教育专家，在新宾镇中心小学开办“尊重规律，科学衔接”讲座，全县197名幼儿教师参加学习。针对2018秋季幼儿园办园行为专项检查存在的问题，2019年4月10—24日，对全县47所幼儿园再次进行规范办园行为专项检查，对30所幼儿园下达整改通知书，限期整改。加强对登记注册幼儿园的动态管理，根据《辽宁省学前教育管理条例》《辽宁省幼儿园（所）管理办法》等政策法规，制定并出台《新宾满族自治县幼儿园年度检查制度》和《新宾满族自治县幼儿园年度检查量化考评细则》。

【义务教育】 4—7月，在全县中小学开展“规范行为与提质减负”大讨论活动。组织15名骨干班主任在县教师进修学校召开课题研究成果交流会，促进班主任做好课题研究的归纳总结和成果推广的准备工作。邀请抚顺市优秀班主任给全县班主任做经验介绍，取长补短。全县中学6名班主任代表在新宾一中交流班级管理经验。组织全县中小学43名班主任开展主题班会评优活动。组织教师参加全国实验教学说课大赛，获得国家级奖项1人次。6月20日，抚顺市民盟、民进团队到上夹河镇九年一贯制学校送医送教。民进抚顺市委两次到新宾满族自治县乡村学校送教20余节，通过听课、评课交流、问题研讨、现场答疑等诸多方式就中考话题进行深入交流。立足课堂，依托教师队伍建设，开展12次教研活动。5月15—17日，组织全县基础教育股股长、教师进修领导班子、骨干校长、主任共38名研训人员赴大连沙河口区异地研修。11月11—14日，组织各学校校长、名师工作室主持人、主任等共计46人赴重庆异地研修，学习学校课程体系建设工作。12月25日，外出学习人员分五组完成学习交流研讨。3月12日，组建县中小学名师工作室共9个，6月24日完成授牌，开始工作。在实验小学召开名师工作室工作推进会，对工作开展情况进行总结。6月4日，在新宾镇中心小学开展推进课程体系建设工作现场会，全县小学校长、主任、骨干教师共126人参加。10月18日，在榆树乡中学召开全县初中深化课改落实《中小学德育工作指南》工作现场会，全县中学校长、主任、骨干教师共87人参加。经过不懈的努力，基本消除大班额。

【高中教育】 新宾高中系辽宁省示范高中。2019年在校生2510人，毕业生872人，招生数为826人，有38个教学班。新宾高中有教职工202人，专任教师167人，其中高级教师84人、市级及以上骨干81人。生师比为11.3∶1，学历合格率为100%。生均校舍面积22.2平方米，生均图书43册。建有物理、化学、生物数字化实验室，数字化地理、历史专用教室、语音室和校园电视台。

选派优秀教师到名校学习、听课、研讨达260人次。开展新高考综合改革政策研究，召开2019级学生高考政策解读培训会和高中生综合素质评价专题会议。推进2018级学生选课走班教学，共成立6种组合，13个行政班。新宾高中团结奋进锐意改革，针对问题改革制度。改革教师业务考试制度，启动教研组长、备课组长量化考核办法。出台新的教研组评选办法。尝试改革职称评定程序。12月20日、28日，分别开展研学活动2次，6所初中280多人到新宾高中参加活动。继续加大尖子生培养力度，创新培养模式，沿用、完善全校范围的“一对一”辅导制度，在高三抽出一个前20名的小班，针对学生特点，因人施教。2019年高考600分以上人数为11人，理科最高分649分，文科最高分623分。自主招生上线人数共计130人，自主招生上线率24.4%，高于去年4.1个百分点。本科上线人数454人，本科上线率85.2%，高于去年7.9个百分点。农村专项政策继续惠及满乡学子，有30余人不同程度地享受到优惠录取政策。其中王思航同学以645分考入北京航空航天大学工科试验班，北航2019年录取最低分662分，优惠超过17分；姜佳旺同学以618分考入西安交通大学工科试验班，西安交大录取最低分653分，优惠超过35分；还有四名同学已通过一本线就可被华北电力大学录取优惠政策，实际得到优惠幅度达到20—62分不等，农村专项政策给满乡学子创造更多考入名校的机会。改革和创新普通高中招生制度和办法，开办满乡中学生冬令营和优秀中学生到校研学等活动，招收以普通学生为主，艺术、体育特长兼顾的优秀毕业生，推进普通高中多样化、特色化发展。

2019年新宾高中办学条件情况表

表35

学校	占地面积（平方米）	建筑面积（平方米）	图书（册）	数字资源量	计算机（台）		教室（间）		网上教学课程数（种）	固定资产总值（万元）	
				电子图书（册）	合计	教学用（台）	合计	网络多媒体教室		合计	其中：教学、实验仪器设备资产值
高中	62000	41600	100000	30000	330	120	60	52		4300	620

【民办教育】 及时传达上级关于规范校外培训机构文件精神，使校外培训机构明确规范办学的意义。建立规范校外培训机构发展工作联席会议制度，全县共有17家校外培训机构提交办学申请，

其中12家予以下发规范办学许可证。

【特殊教育】 顺利完成学校转型为培智学校，着力发展康复教育和职业教育相结合的办学模式，对智障学生进行文化知识、劳动技能和康复训练等综合培养。建设数字校园，30个无线AP实现校园网络全覆盖，师生网络学习空间全覆盖，同时配备学生个性学习需要的平板电脑等终端设备。全力做好适龄残儿教育安置，落实好“一人一案”工作，残疾儿童义务教育入学率达到95%以上。

【德育教育】 3—11月，以《中小学德育工作指南》为德育工作基本遵循，构建学校德育管理体系。6月4日，在新宾镇中心小学开展“农村人居环境整治、新宾教育在行动”启动工作。

【安全教育】 利用多种形式对学生进行安全教育。办安全教育展示板98块、出黑板报215块、张贴安全标语500多幅、办安全宣传栏80多个、出宣传站20多次。以“安全教育日”“消防宣传日”等载体开展丰富多彩的安全教育活动。各学校召开主题班会300多节、专题讲座80多节、召开家长会40多次、召开校车安全工作会议30多次，致家长一封信19000多封。全面培养学生自我保护能力，增强家长安全监护责任。开展交通安全知识教育，教育学生自觉遵守交通法规。各学校在校园内安装高清监控摄像头105个，及时掌握校车情况。落实校车“对接制度”，确保校车不超员。10—11月，牵头乡镇政府、县直学校相继召开“冬季校车运营安全工作会议”，明确相关部门和司机职责，保证校车冬季安全运营。结合教育系统工作实际，积极配合公安反恐部门排查、防范、化解各种矛盾和问题。5月10日，全县35所学校20000名学生参加“5·12防灾减灾日”地震应急疏散演练活动。5月18日，对全县各学校校园安全工作进行检查。组织全县中小学开展“校园欺凌”专项治理系列活动，各学校充分利用主题班会等多种形式对学生进行校园反欺凌教育，多措并举治理校园欺凌。9月，组成秋季校园防爆安全督查组，对学校的反恐防暴开展情况、视频监控设备、安保器材、保安人员配备、安全制度等进行检查指导，督促学校严格落实校园安全防范措施，加强对校园进出人员的检查与登记，严防不法分子进入校园，切实保障校园安全。深入学校开展消防安全检查，确保学校消防安全。

【师资队伍】 根据《2019年辽宁省农村义务教育阶段学校教师特设岗位计划招聘工作方案》的精神，招聘新教师14名，其中硕士研究生6人。学校为14名新任教师聘14名师傅，指导新教师专业化成长。全年为农村学校招聘特岗教师68人，其中初中17人、小学51人。为县实验小学选调教师6人。5月8—10日，赴沈阳师范大学招聘教师28名，其中新宾高中8人、新宾二高中5人、新宾职专2人、实验小学5人、新宾镇中心小学6人、特殊教育学校2人。5月和10月完成2018年一级、高级职称正常评审和2018年符合乡村一级满十年共推荐评审通过高级557人，正常评审高级38人、中级111人、初级82人；11月完成职称评审工作，共推荐评审通过高级87人（其中乡村十年不占岗位38人）、中级102人、初级5人。乡村十年不占岗位共计595人。根据省市县农村教师差别化补助相关文件规定，11月末完成教师差别化补助的审批，共计发放金额204.02万元。12月9日，完成差别化补助的审批、发放。符合发放条件1328人，发放金额39.8万元。根据《辽宁省人民政府办公厅关于进一步落实民办教师待遇彻底解决民办教师遗留问题的通知》《关于调整抚顺市失业保险金标准的通知》（抚人社发〔2019〕81号）文件精神，参照失业保险金标准，为不合规辞退民办教师提高生活补助，共65人，每人每月增加270.4元，从11月1日执行。按所在县域内同等条件公办退休教师月退休金的2/3标准，审批10名达到退养年龄的不合规辞退教师的退养生活费，平均每人月增加 590.92 元，并补发与退养前失业保险金差额。审批发放非公办教师养老补助 1091 人，金额总计 233.5 万元，通过一卡通方式发放。

【招生考试】 5 月 30 日，县教育局局长苏岫岷、副局长吕品、安全办等相关人员分别带队到考试指挥中心和部分考点，检查 2019 年高考考点考前准备工作。6 月 7—9 日，在新宾职业中专考点 896 名考生参加高考。6 月 28—30 日，在新宾职业中专考点 1387 名考生参加中考。

2019 年新宾中小学办学条件情况表（一）

表 36　　　　单位：平方米

学校类型	学校占地面积	校舍建筑面积	教学及辅助用房							行政办公用房		生活用房	其他用房
			合计	其中：						合计	其中：教师办公室		
				教室	实验室	图书室	微机室	语音室	体育馆				
合计	625342	202408	90145	70464	8649	4646	4863	1526		22464	16047	69145	20640
小学	140256	35266	20842	16754	1403	1300	1084	300		4299	2994	7302	2821
初中	74242	24328	6673	4033	1574	400	666			2948	2866	8680	6026
一贯制	350535	98437	44108	34958	4376	1415	2609	747		8323	6251	34241	11763
高中	60309	44377	18531	14719	1296	1531	504	479		6894	3936	18922	30

2019 年新宾中小学办学条件情况表（二）

表 37

学校类型	体育运动场（馆）面积（平方米）	计算机（台）		图书（册）	数字资源（GB）	固定资产总值（万元）	
		合计	教学用		电子图书（GB）	合计	其中仪器设备总值
合计	323525	4794	2986	743465	131	26837	4396
小学	81848	1273	846	170468	72	3656	764
初中	44125	616	342	99451	5	5681	503
一贯制	158381	2385	1478	387718	54	12568	2746
高中	39171	475	320	85828		4932	383

少儿保健

【农村义务教育营养改善】 县教育局会同县发改局等六部门制定《新宾满族自治县农村义务教育学生营养改善计划工作方案（试行）》，按照《学校食品安全和营养健康管理规定》，要求各学校在食堂就餐场所醒目位置安装电子屏幕，显示每天营养餐带量食谱和陪餐领导姓名。从秋季学期开学起，全县农村义务教育阶段中小学校 28 所，全部实施营养改善计划，受益学生 15311 人，农村义务教育学生吃到更加“安全、营养、保温、可口”的营养餐。按照《抚顺市市场监督管理局、抚顺市教育局关于开展春季校园食品安全专项督查工作的通知》，3 月 18—22 日，对全县中小学、托幼机构开展春季校园食品安全专项督查，重点围绕索证索票及进货台账登记等管理制度执行情况、餐具清洗消毒情况、食品留样管理情况、餐厨废弃物处置情况、主要卫生设施以及操作间内外卫生状况等进行检查，突出监督检查半成品与成品、熟食装容器混装情况，对存在问题提出意见，限期整改。会同县市场监督局对全县中小学校 30 所食堂、1 所托幼食堂、1 所特殊教育学校食堂、28 个小卖店进行全面检查。组织全县中小学校食堂、小卖店从业人员 235 人参加健康体检，全部合格。

【“爱眼日”宣传教育】 5 月中旬，完成全县中小学生视力筛查。采集学生近视、远视、散光、角膜曲率等眼健康基础数据，建立完善新宾满族自治县中小学生眼健康数据库。6 月 6 日，结合全国第 24 个“爱眼日”，组织各学校开展主题为

“共同呵护好孩子的眼睛、让他们拥有一个光明的未来”的爱眼活动。

【军训指导督导】 结合市教育局年初下发的《关于加强中小学生国防教育及高中学生军事训练的通知》，全县各级各类学校认真开展国防教育和高中生军训工作，初中、小学保证40学时国防教育或军事体验活动；新宾高中、新宾二高中、职教中心新生入学都保证7天的军事训练活动，让国防教育真正走进课堂。

教育扶贫

【概　况】 全面完成各项教育资助扶贫任务，共为4905人发放扶贫资金和助学贷款总金额为627.8873万元。其中，家庭经济困难的在园儿童发放学前资助金280人次，总金额16.8万元；完成义务教育阶段建档立卡贫困家庭学生发放免除自愿性收费补助806人次，总金额48.7323万元；完成义务教育阶段家庭经济困难学生发放生活费补助2290人次，总金额101.2375万元；完成义务教育阶段建档立卡贫困家庭学生发放教育扶贫资助金45人，总金额1.8875万元；完成普通高中家庭经济困难学生发放普通高中国家助学金874人次，总金额174.8万元；为中等职业学校家庭经济困难学生发放普通高中国家助学金244人次，总金额48.8万元；为建档立卡贫困家庭学生发放农村贫困家庭新成长劳动力接受职业教育补助17人，总金额5.1万元；为大专以上家庭经济困难学生（含预科生）办理生源地助学贷款349人，贷款总金额230.53万元。

（李　臣）

学　校

新宾满族自治县教师进修学校

【概　况】 2019年，新宾满族自治县教师进修学校有教职员工60人，其中高级教师26人，一级教师27人，二级教师4人。

【教育科研】 2019年，教师进修学校以教学为中心，狠抓教研教改，提高教育教学质量，全面实施素质教育。9月17日，举办“新宾教育庆祝建国70周年经典诵读大赛”主题活动。10月12日，举办“不忘教育初心，牢记育人使命，基于语文核心素养的群文阅读实验研究”教学观摩现场会。5月被抚顺市教育学会评为先进集体，7月被中共新宾满族自治县委员会评为先进党支部。

（吴　妍）

10月12日，县教师进修学校在南杂木镇中心小学举办“不忘教育初心，牢记育人使命，基于语文核心素养的群文阅读实验研究”教学观摩现场会

新宾满族自治县高级中学

【概　况】 2019年，新宾满族自治县高级中学（以下简称新宾高中）有39个教学班，1900余名学生，200名教职员工。年内新建适应新高考改革的数字化地理、历史、语音教室、校园电视台。

【教育改革】 改革教师业务考试制度、班主任量化考核办法，启动教研组长、备课组长量化考核办法，出台新的优秀教师、教研组评选办法，调动教师的积极性，增强学校发展新动能。

【教　学】 从教师、学生特点出发，开展“推门听课”“抽签听课”活动，强化日常教学效果，提升教师教学能力。2019年高考，在全县中考前100名流失67人的情况下，新宾高中600分以上

11 人（文科 1 人），其中 640 分以上 4 人；理科最高分 649 分（全省排名 1515 名），文科最高分 623 分（全省排名 813 名）。本科上线 514 人，上线率 86.5%，同比提升三个百分点。

【开放办学】 敞开大门开展大型研学活动。邀请全县 14 所初中的部分学生及学生家长到新宾高中参观、座谈，单次参加人数达 500 多人。开展大型家长开放日活动，家长随机听课、参加活动、与教师座谈、填写意见反馈单，单次参加人数达 300 多人。活动增进了家校联系，收集到大量意见建议，更好地促进学校发展。

新宾高中家长开放日活动

【奖学助学】 充分发挥工会作用，将筹集的本校教师自愿捐赠的近 10 万元，全部用于奖学、助学。学校支出 20 余万元，在食堂设置 30 多个勤工助学岗位，在校贫困学生可以勤工助学免费用餐。充分发挥学生资助中心的作用，筹集社会善款，资助贫困学生，2019 年共有 1354 人次享受到了 160 万元的资助。

（秦喜玉）

新宾职教中心

【概　况】 2019 年，新宾职教中心有在编教职员工 169 人（普高部 105 人，职专部 64 人），其中高级职称教师 64 人、省市级骨干教师 49 人、兼职教师 39 人。全校有 33 个教学班，实际在校学生 1577 人，其中普高部 595 人，职专部 982 人。职专部在原有的计算机应用专业、学前教育、现代农艺技术、农村经济综合管理、高星级酒店服务与管理五大专业基础上，本年新增设休闲体育（高尔夫球）、电子商务、酒店服务三个专业。年内，新宾职教中心被评为辽宁省最美校园、获得抚顺市雷锋号先进集体、师德建设先进单位、文明校园、新宾满族自治县先进党总支、先进单位等荣誉称号。

【教　学】 以升学为导向，狠抓高三备考。两部高考成绩均创佳绩。职专部高三毕业生中 221 人参加高考对口升学，一本录取 21 人、二本录取 134 人，本科录取率 70.1%，总升学率 100%；普高部实际就读培养 211 人，文化课本科上线 17 人，上线率 8.07%；体育生 11 人，艺术生 2 人，总计本科上线 30 人，上线率 14.22%；专科 181 人，总升学率 100%。

【科　研】 高度重视师资队伍建设，实施教师培养计划和名师工程。充分发挥名师引领学科教学科研及对年轻教师的指导、示范、培养作用。举办校级优秀课、教案、专业技能等评优活动，加强教师间的交流学习，提高全校教师教学能力。将企业生产案例引入专业课教学，提升专业教学内容的实践性和操作性。组织新老教师结对子，进行传、帮、带活动，采取教学评优、教学观摩、教学研讨、经验交流、课后反思等形式，对教师的备课、说课、听课、评课、辅导学生、批改作业等环节开展教学技能培训。运用现代教育思想、教育理论、教育技术和相关学科的新知识武装教师，使他们了解学科前沿发展动态，在教育教学实践中拓展专业知识，提高教研能力。

【德育教育】 狠抓学生行为习惯养成教育。继续开展周“文明班级”的创建评比活动，检查、量化、评比，日公示、周总结各班的得分情况颁发流动红旗。结合自身的办学条件和中职学生的发展特点，在严抓纪律的基础上，通过开展校园好声音、法制教育讲座、篮球赛、运动会、拔河比赛、征文、书法比赛、文明风采技能大赛、宿舍温馨家居评选等主题教育活动，在兴趣中激发学生潜能。继续开展学生成长日记活动、周反思课活动，每月评出星级文明学生，以喜报的形式公布，每学期评出星级文明学生进行全校表彰，让学生体验成功和认同感。

2019 年职教中心运动会

【招生工作】 实行全员招生制度，采取校领导包片，招生名额到组，所有教工深入学生家里逐户进行招生的工作方法，制定相应的奖励处罚机制。通过印发《招生简章》、市县电视宣传、技能竞赛、社会培训、送高考通知书等形式，积极宣传国家发展职业教育的法律法规和政策，为社会认识了解职业教育提供有效平台。针对初三不参加升学的学生，及时调整招生工作方案，开展春季招生，提前让这些学生接受中职教育，避免学苗外流。针对高考政策变化，积极调整专业设置，积极开展校企合作、联合办学订单培养，吸引学生。2019 年，在生源紧张的前提下，圆满完成招生任务，奠定学校持续发展的良好基础。

【特色就业培训】 学校以服务新宾地方经济发展为宗旨，为新宾战略转型绿色发展提供有力的人才支撑，积极服务“三农”、服务社会，为残疾人脱贫提供基本技能培训。2019 年，在继续开展第二期“满绣”培训班、抚顺市农药经营人员资质培训班、抚顺市农产品质量监督人员培训班、社会闲置人员焊工班、全县幼儿教师专业技能培训班的基础上，陆续开办电工、电子商务、月嫂等培训班。

（赵　蕊）

新宾满族自治县朝鲜族中学

【概　况】 新宾满族自治县朝鲜族中学（以下简称新宾朝中）是新宾满族自治县唯一一所集幼儿园到高中部为一体的朝鲜族学校。2019 年全校有 15 个教学班，学生 147 名，教师 75 名。

【办　学】 2019 年，在农村产业结构调整与城市化建设进程的加剧、生源日趋减少的背景下，学校秉持“以人为本，以德治校，创建农村民族特色教育”的办学理念，坚持师德建设率先化、常规教学规范化、孝道礼仪行为化、法制教育经常化、预防工作前瞻化、爱心活动传递化、内部管理制度化，控辍保学常态化，努力办好民族特色学校。

（张正民）

新宾满族自治县朝鲜族中学的校本课程——传统礼仪教育

新宾满族自治县第一中学

【概　况】 新宾满族自治县第一中学（以下简称新宾一中）是新宾满族自治县建校最早的县级重点初中。2019 年，全校有在校学生 1470 名，设置 30 个教学班。有教职工 173 人，其中高级教师 81 人、中级教师 75 人，有省先进教师 14 人、市先进教师 36 人、抚顺市素质教育拔尖人才 2 人、省级骨干教师 6 人、市骨干教师 45 人。学校多次荣获省、市科研成果奖；有 22 名教师获国家级英语、化学、物理竞赛指导奖。

【德育教育】 构建“学校、家庭、社会”三位一体的德育工作网络，形成以校长主抓、教师共管、学生检查监督的新格局，使德育教育目标明确、内容系统、途径多样、方法科学、评比规范，让学校的德育工作再上新台阶。

【教　学】 丰富课程资源，完善课程体系。按照学校提出的责任教育理念，初步构建起新宾一中责任课程体系，进一步完善艺术、体育、信息技术、劳动技术等校本课程内容。教师对学生进行基本的劳动技能训练和劳动习惯培养。地方课程与基础课程结合，思品、历史、生物、健康学科分别将地方课程内容融合在学科教学内容中。抓好学科教研组和备课组活动，完善三级备课制度，课前集体备课，课后交流完善，形成具有较强实用性的教学设计。制定和完善《教师上课制度》《外出学习汇报和信息发布制度》《辅导和考试监考制度》《教师考核制度》《班主任考评标准》《教师、学生民主测评制度》等一系列管理措施，学校施以科学管理。2019 年参加中考学生 468 人，升入高中 438 人，升学率为 93.6%。

（王永成）

新宾满族自治县特殊教育学校

【概　况】 新宾满族自治县特殊教育学校是县域内唯一一所对智障学生进行综合教育的福利性质学校。2019 年，学校设小学部和初中部，7 个教学班，现有教职员工 23 人，在籍学生 120 人，其中在校生 77 人，送教上门服务的重度残疾儿童 43 人。学校先后被评为省级优秀科研单位、抚顺市优秀残疾人之家、扶残助残先进集体、三八红旗集体、新宾满族自治县教育系统师德先进单位、先进党支部等荣誉称号。

【办　学】 按照辽宁省、抚顺市《第二期特殊教育提升计划实施方案》，8 月，学校转型为培智学校，招生全部是智力残疾、自闭症、脑瘫和多重残疾的学生。学校以“学生向往、教师幸福、社会满意”为办学目标，努力打造“以义务教育为

新宾满族自治县特殊教育学校孩子们的时装汇演

核心，着力发展康复教育和职业教育”的办学模式，对残障孩子进行文化知识、劳动技能和康复训练等方面的综合培养。学校把体验生活教学作为校本课程，引进课堂。将生活技能大比拼、快乐大课间、文艺汇演、研学旅行活动等纳入每学期教育教学计划，以此丰富学生校园生活，培养学生自理、自立、自信能力。努力提升办学品位，凸显办学特色，强化个别化、生活化的教育，在文化课程的基础上，开设了舞蹈、唱游、串珠、烙画、卷纸、钻石画、玄丝画等技能康复课程，为残疾孩子将来走上社会做个自食其力的合格公民做出不懈的努力。

（王长安）

新宾满族自治县永陵中学

【概　况】 新宾满族自治县永陵中学（以下简称永陵中学）是一所县级直属中学，2019 年，全校有教学班级 16 个，学生 700 余名，教职工 81 人。参加中考学生数 234 人，升入高中 180 人，升学率为 76.9%。

永陵中学秉承“立人，做以生为本的真正践行者”的办学理念，紧紧围绕高质量、有特色、现代化的办学目标，全面实施内强素质、外树形象、争创特色的发展策略。深化教学改革，坚定不移地走质量立校、特色兴校、科研强校之路，以创建绿色校园、数字化校园、学习型校园为载体，着力提升和发展学校办学特色，整体办学水平

显著提高。年内，荣获抚顺市教育系统先进学校、中共新宾满族自治县委教育工作委员会先进党支部、新宾满族自治县教学质量优胜单位等称号。

【教育科研】 鼓励教师积极承担各级课题研究，大力提供科研保障和条件。2019年学校承担市级教研科研课题《农村中学古诗词经典导学校本教材的开发应用与研究》。学校教师在省级以上刊物发表及省学科会上交流文章10余篇。

永陵中学学生联谊活动

【教学改革】 教学向关注学生个体差异转变，创造机会，因材施教，帮助学生实现个体价值。注重学生全面成长，建立起“全面发展、突出个性”的培养模式，使每一个学生都能在全面发展的过程中，发挥特长，突出个性，充满灵气。学校不仅关注学生的学业成绩，而且还注重过程性评价，着重于发现和发展学生多方面的潜力潜能，及时发现学生发展中的需要。帮助学生认识自我，建立自信，激发其内在发展动力，促进学生在原有水平上获得发展，实现个体价值。

（白辛雨）

新宾满族自治县实验小学

【概　况】 2019年，新宾满族自治县实验小学有教职工87人，班级26个，学生1407人。学校坚持“实施阳光绿色工程，传递幸福快乐教育”的办学理念，全面提高学生的核心素养，让校园的每一个角落都充满教育的和谐与智慧。年内，学校先后获得辽宁省文明校园、体育艺术“2+1”示范校、抚顺市教育系统先进单位、新宾教育系统先进单位等荣誉称号。

【德育教育】 秉承“好习惯、好生活、好品质、好人生”的育人理念，实施以“快乐体验、快乐成长”为特点的“双快”德育模式，全力打造多元化德育。围绕德育三级目标，将德育常规课程、德育特色课程与学校教育、家庭教育、社会教育相结合，使德育课程得以延伸和拓展。体验教育课程是学校德育工作的特色课程，2019年末，共创建节日体验、家庭体验、社会体验、实践体验、手拉手学校体验、模拟集市体验等丰富系统的体验课程，促进了学生的品德形成。

2019年，为落实”双快”教育课程，学校开展校本研修工作，重点探索并实践个性教育的校本课程。学校以读书为主要个性发展形势，系统创建个性阅读课程、个性研究性学习课程、个性化发展论坛课程。“读喜欢的书，做有梦想的人”成为个性教育课程主题。

实验小学的以物易物活动深受孩子们喜爱，孩子们正等待那开心的一刻

【教育科研】 2019年有在研课题两个，分别是《“双快”教育研究》和《个性阅读与发展研究》，研训、研修一体化进一步得到落实。

（李宝凡）

新宾满族自治县实验幼儿园

【概　况】 2019年，新宾满族自治县实验幼儿园有在编教师19人，外聘教职员工46人，其中高级职称教师 2 人，市级中心组成员 1 人。幼儿园开设大、中、小 18 个教学班级，幼儿在园人数 550 余人。年内，实验幼儿园成功申报成为足球特色幼儿园。

【办　学】 实验幼儿园以“一切为了孩子”为办园宗旨，以“团结求实、奉献创新”为园风，全面实施素质教育。2019 年，幼儿园幼儿参加市级故事大赛，在幼儿园、小学、中学、高中综合学段评选的 10 名故事大王中摘得 2 名故事大王称号。在全县幼儿绘画比赛中，实验幼儿园获得优秀组织奖，幼儿的绘画作品获得一、二、三等奖若干项，优秀指导教师 10 余名。

2019 年，幼儿园的“十三五”课题研究初见成果，在幼儿园室内外环境打造、园本课程编写上都有较好收获。多名教师的优秀课在市、县教师培训会上做示范课观摩展示。为庆祝中华人民共和国成立 70 周年，全园师生录制的《今天是你的生日》微视频被“学习强国”收录。

（迟振坤）

新宾镇中心小学

【概　况】 2019 年，新宾镇中心小学有在校学生 1360 人，教学班 36 个；有在职教师 128 人，其中高级教师 90 人、中级教师 30、初级教师 8 人。

学校坚持“人文关怀、追求卓越”的办学理念，秉承“传承民族文化，打造绿色教育”的办学特色，全面实施素质教育，提升学校教育教学质量。2019 年，学校被授予国家足球训练基地校、辽宁省基础教育创新创客教育联盟实验学校、优秀家长学校、传统文化基地校、抚顺市优秀少先队集体等称号。2018—2019 学年度，学校荣获国家级荣誉 1 人、省级荣誉 8 人、市级荣誉 28 人、县级荣誉 92 人次，市级骨干教师 11 人，国家级优秀论文 9 篇。

【德育教育】 立足学校“七心少年”四级评价体系，利用“班优”日常管理，评选出各班校级“周冠军”“月冠军（月进步星）”“学期冠军”“年度冠军”学生名单，由学校统一表彰，充分调动学生们争当“总冠军”的积极性，循序渐进地培养学生良好的品行。2019 年，有近 600 名学生走上“七心少年”领奖台。同时，评选出年度冠军家长 26 人。

开展丰富多彩的德育教育主题教育活动，给学生创设、搭建展示自我的大舞台，丰富孩子们的校园生活。3 月，在全县中小学生迎春接力长跑比赛中，学校两个组别分别荣获小组第一名、第三名。9 月 3 日，带领 20 名优秀值周生走上街头，开展“千村美丽、万户整洁”“垃圾分类减量”宣传活动。9 月 22 日，在全县中小学“重温红色经典、传承红色基因”主题话剧表演大赛中，选送的《小英雄雨来》和《王二小》两部作品分别荣获第一名和第二名。9 月 24 日，在“全县各族群众喜迎国庆 70 周年暨 2019 民族团结进步宣传月文艺展演”中，学校推送的“威风锣鼓”表演，作为开场节目第一个登台展示。10 月 27 日，在全县小学生满族故事讲演活动中，周振业同学荣获第一名。11 月 25 日，在抚顺市青少宫举办的中小学魔方大赛中，有 6 名学生挺进前 8 名。

9 月 24 日，喜迎国庆 70 周年，新宾镇中心小学“威风锣鼓”精彩再现

【学校管理】 建立三级家长委员会，即班级家长委员会、年部家长委员会和学校家长委员会，先后开展多次家校共建活动。12 月 6 日，开办家庭教育指导讲座，全校 659 名家长齐聚新宾高中报告厅，聆听由高雁老师主讲的《为孩子扣好人生

第一粒扣子》家庭教育辅导讲座。

开展千名党员教师走访万户学生活动，了解学生家族情况。党员教师捐款捐物1万余元，为贫困孩子补助交通费1万余元，补助贫弱儿童生活费总金额5000余元。救助贫困学生185人次，资金达4余万元。教师外出培训150人次。

【教　学】 打造自主、合作、有效课堂，提升教学质量。推进学校课程、课堂改革，大力开展“同课异构”教学研究活动，开展有效的教学常规交流与教学常规督查。定期对各年级教学质量进行检测与分析。设立教学开放日，让家长、社会、同行听评课。力求教学成绩的新突破，加强对学生的学法指导，帮助学生改进学习方法和养成良好的学习习惯，促进学生会学、乐学。组织好各阶段检测工作，制定毕业班工作计划，研究复习策略和毕业班管理策略，对不同的学生提出不同的目标，采取分层的教学辅导方式。开展微课录制展评、优课达人教学比武活动，全年有1人获省级“一师一优课”、4人获市级“一师一优课”、2人获县级“一师一优课”，市级优秀教学设计获得者12人，县级优秀教学设计获得者10人。

【安全工作】 定期、定时、定人对南北校区的安全设施配备及安全隐患进行监督与排查，把安全工作想到、做到、做实、做细。9月9日，召开安全管理工作会议。定期召开班主任安全工作会议。发动学校安全志愿者小队的力量，利用升旗仪式，以“争做安全小卫士”为主题，做好安全教育宣讲。

（李祥林　焦凤虹）

旺清门镇九年一贯制学校

【概　况】 新宾满族自治县旺清门镇九年一贯制学校由旺清门镇中心小学、旺清门镇中学及几所村小合并而成。2019年，学校有在编教师71人，其中小学部43人、中学部28人，有高级教师39人、市骨干教师20人、市级优秀教师30人。小

旺清门中学庆祝中华人民共和国成立70周年歌唱祖国主题活动

学部有12个教学班，学生总数309人。中学部有6个教学班，学生总数209人。年内，投资1.8万元在校门外新建学生车棚300余平方米。

【教学管理】 小学部以问题导学式教学模式的课堂实践为载体，以问题解决为基石，实现有效性教学。开展“青年教师工作坊”活动，实行“拜师结对”“带题研究”“主题课例研训结合”三大培养模式，使教师在“研中有训，训中有研”的教学机制中快速成长。中学部在教学上尝试“精细化管理，小组合作”和“学生预习加教师预习”等方式，开展多形式的教师培训，更新教学观念、掌握新的教学方法，提高自身的综合素质。

【德育教育】 小学部注重实践德育，以培养小学生核心素养为核心，积极开展“阳光少年”评选活动，充分运用评价软件实现评价网络化。通过系列主题实践活动，多维助推学生健康、快乐成长。以“留守儿童之家”为依托，以“成长、温暖、责任”三大模块为主题，全力开展留守儿童的课后服务活动，为其营造健康、快乐、平等、

和谐的成长环境。以球育德、以球健体、以球促智的目标初步体现。中学部完善德育自律教育网络，从学校广播、校园纪律、卫生文体活动到食堂、寝室都由学生参与管理。培养自律，树立主人意识和养成换位思考习惯。同时，学校最大限度地把时代精神、中华传统文化教育融入校园文化之中。

（张　明）

永陵满族小学

【概　况】 永陵满族小学是全省最早的一所满族小学。2019 年，有在职教师 128 人，其中高级教师 98 人、一级教师 26 人、二级教师 4 人。有 30 个教学班级，在校学生总数 1299 名，94% 的学生为满族。

学校本着“思想品德教育是立校之魂，教学质量是立校之本，传承满族文化是办学之己任”的办学宗旨，深入课改实践，数学学科的“三段六步”教学法、语文学科的“自主预习，多元互动”教学方法取得显著教学效果，教学质量得到提高。

【德育教育】 全面开展“德育评星晋级”活动。以年组为单位，全体教师参与，建立“以学生自我管理、自我约束、全体评价为主”的机制，积极探索学生自我成长的办法、途径。充分利用班队会时间，结合相关节日对学生进行传统思想教育。全校上下形成齐抓共管的良好德育

2019 年，永陵满族小学“欢乐童年、放飞梦想”第三届校园文化艺术节

氛围，取得良好的德育效果，学生日常行为规范合格率达 100%。

【特色教育】 开设满语和满族文化、满族剪纸、满族歌舞、满族刺绣、满族故事、满族体育游戏等课程和第二课堂活动。

满语和满族文化。学校自编满语教材 2 册、满族文化读本 6 册，作为校本课程引进课堂。多次开展各种竞赛活动，激发学习满语言兴趣，搭建学习满语言的平台，让学生有交流和展示的空间。自编的满族文化读本获辽宁省校本课程一等奖。

满族剪纸。根据学校实际，自编剪纸教材一册，作为校本课程纳入美术课堂教学中。开设第二课堂，进行课外辅导。美术教师徐丽鸣已成为市级满族剪纸传承人。学校的剪纸作品多次获奖，学生的 60 幅剪纸作品在县会展中心展出。

满族歌舞。成立 80 人的合唱队，40 人的满族舞蹈队。利用音乐课和二课堂教唱满族歌曲和满族舞蹈，打造一支具有浓郁满族特色的合唱队、舞蹈队。

满族刺绣。学校配备专门的刺绣教室及刺绣工具，利用每周三下午二课堂时间授课，系统地教给学生满族刺绣的相关针法、技巧，“满族刺绣”的传承，使学生养成很多良好的学习习惯，培养了孩子们的耐性和自制力。

讲满族故事。开设故事演讲班，以讲满族故事为主，并借助社会新闻媒体平台，让孩子走上舞台，学生多次在县、市比赛中获奖。

满族体育游戏。学校把珍珠球活动纳入体育课教学之中，成立一支有实力的珍珠球队。满族游戏欻嘎拉哈、急急令、滚铁圈、赛乎威、举石弹等游戏也在学校开展。

（梁　强）

木奇镇中心小学

【概　况】 2019 年，新宾满族自治县木奇镇中心

小学有在校学生328人，在职教师45人，其中高级教师24人、中级教师12人、初级教师9人。

学校秉承“书香润泽心田，军训强健体魄”的办学理念，以“少年军校”为办学特色，努力培养适应现代社会发展的一代新人。

【教学科研】 积极开发校本研训，改进课堂教学。把垃圾分类减量内容引进课堂，让学生从小受到爱护环境的教育，学校自主编写垃圾分类减量校本教材。全体教师积极参与科研，科研课题《小学语文课堂渗透国学教育方法的研究》，已经形成新的教学模式，读经典、用经典、爱经典，已深入到学校每一位学生的内心。多次举办“课外阅读润心田·国学经典永流传”主题活动。

（蔡　雷）

木奇镇中学

【概　况】 2019年，新宾满族自治县木奇镇中学有教师49人，其中高级教师28人、中级教师11人、初级教师10人；有在校学生334人。

学校以“立本致求”为办学理念，师资队伍不断壮大，教师的政治素质和业务能力不断提升，综合办学实力和学校各方面工作不断迈上新台阶。

【教　学】 2019年新聘特岗教师2人。定期举办西片联盟学校青年教师交流研讨会，培养青年教师。有22人参加了“一师一优课”的录制活动，共获得市县优秀课8节次，其中李明老师的课例被评为全国优秀课例。有16名教师在教师节中受到县教育局的表彰。2019年中考考入新宾高中26人、新宾二高中13人、新宾职业中专19人，其他中职学校5人。

2019年，西片联盟学校青年教师成长汇报交流会在木奇中学召开

（吴宝祥）

上夹河镇九年一贯制学校

【概　况】 2019年，新宾满族自治县上夹河镇九年一贯制学校有教师99人，其中本科学历72人、专科学历27人。有教学班25个，学生725人。年内，荣获新宾满族自治县教育系统先进党支部称号，中心小学多名教师分别获得县优秀班主任、县优秀教师等荣誉。

2019年9月29日，上夹河九年一贯制学校运动会开幕式

【德育教育】 坚持“一切为了学生，为了学生的一切，为了一切的学生”的办学思路，实施以德育为载体的活动工程，开展以班队会为龙头的系列德育活动。以养成教育为重点，以学科渗透和系列活动为途径，多方面对学生进行礼仪教育、感恩教育、诚信教育。塑造学生的人格，促进学生正确的人生观价值观的形成。

【教　学】 扎实推进新课程计划，结合新课标、新理念，引进“先学后教，当堂训练”的教学模式，改变教师一言堂的惯性讲法，调动学生自主学习的热情，培养学生自主学习的能力，提高课堂效率，减轻学生课业负担，教学质量明显提高。全校48人次参加各课题组，覆盖率达60%以上。

（富玉娥　马世新）

南杂木镇九年一贯制学校

【概　况】 2019年，新宾满族自治县南杂木镇九年一贯制学校中学部有12个教学班，56名教师，500名学生；小学部有30个教学班，102名教师，1198名学生。学校的各种专用教室齐全，师资配备合理。立足实际，锐意进取，在实践中积累一定的办学经验，形成了一定的办学特色。

【教　育】 坚持“以人为本”的教育理念，坚持“五育”并举，办公平而有温度的教育。精确定位德育、教学、科研等教育内容，通过多种教育方法，把社团活动确定为学校的特色化建设，通过整合各级教学课程和资源，成立各种社团20多个。

重视家校之间的互通、互助、互联工作。成立各级家长委员会，构建学校、家庭、社会三位一体的教育网络，使学生时刻都能在教育网络中学习、提升、成长。

南杂木小学魔方比赛

南杂木中学学生综合素质表彰

【教　学】 全面贯彻党的教育方针，遵循教育规律和学生成长规律。坚持以“德育为先，能力为重，全面发展为本”的教育观念。加强社会主义核心价值观教育。聚焦学生发展的核心素养，全面落实立德树人的根本任务。着眼学生应具备的终身发展和适应社会发展需求的必备品格和关键能力，突出个人修养、社会关爱、家国情怀，增强学生社会责任感、创新精神、实践能力。面向全体学生，全面提高义务教育质量，促进学生全面发展、个性发展和持续发展。加强课堂管理，注重教学管理。构建义务教育课程与质量管理高效运行的长效机制，让师生在教育教学过程中心灵相通、和谐共处、共同发展、互相促进，形成“生以师为荣，师以生为傲”的局面。

（刘海滨　王茂科）

苇子峪镇九年一贯制学校

【概　况】 2019年，新宾满族自治县苇子峪镇九年一贯制学校中学部有教师55人，其中高级教师23人、中级教师11人、初级教师21人。中学部中考升学人数91人，升学率80.5%。小学部有教师75名，其中高级教师47人、中级教师10人、初级教师18人，有本科学历38人。有18个教学班，795名学生。幼儿园有教职工21人，其中在编教师5人，高级教师4人、中级教师1人；外聘教师16人，有幼儿203名。5月，学校被抚顺市教育学会授予先进集体荣誉称号；9月，被评为县教育工作先进单位。幼儿园被抚顺市教育局评为四星级幼儿园、平安和谐校园、文明校园等荣誉称号。

【教　育】 围绕“教育就是服务”的理念，狠抓学校内涵建设，以立德树人为根本，以责任意识培养为抓手，强化学生的综合素养，以构建生命化课堂为核心，推进学校活力课堂改进，提升办学质量。加强队伍建设，促进学校高质量和谐发展，培育特色，办人民满意的教育。注重科研兴校，质量强校，抓精致管理，促活力课堂，实现跨越发展。

（刘广敬　姚　睿）

平顶山镇九年一贯制学校

【概　况】2019 年，新宾满族自治县平顶山镇九年一贯制学校有在职教职工 119 名，在校学生总数 948 人。年内，学校被评为新宾满族自治县教育系统先进单位。9 月 24 日，在“民族一家亲、奋进新时代”全县各族群众喜迎国庆 70 周年暨 2019 民族团结进步宣传文艺展演大会上，学校的满族秧歌队获得“最佳表演奖”的荣誉称号。

2019年9月24日，平顶山小学秧歌队参加全县“民族一家亲、奋进新时代”文艺展演合影

【教　学】小学获市级优秀课 8 节，县级优秀课 19 节。中学获县级观摩课 12 节，市级优秀课 6 节，省级优秀课 2 节。2 名教师被评为县优秀教育工作者，5 名教师被评为县优秀教师，3 名班主任被评为县优秀班主任。在“一师一优课”的评选中有 7 名教师的课被评为县级优秀课。在抚顺市组织的教学设计中，有 6 名教师被评为一等教学设计。教学课件大赛有 3 名教师的两个作品均获县一等奖；5 名教师的德育案例被评为县优秀案例设计；2 名教师参加新宾满族自治县班会评优活动，均取得一等奖的好成绩。

【教　育】始终坚持“不求人人成功，但求人人发展”的办学理念，努力搭建多元平台，让每一个孩子都能有适合自己的舞台，都能在不同的平台上得到不同的发展，让他们在美好的环境中拥有美好的体验，实践美好的行动，打造美好的心灵。拥有多个社会德育教育基地，为学生创建良好的德育教育平台，促进学生优秀道德品质的形成。开齐、开足国家课程、地方课程，坚持德、智、体、美、劳五育并举，在开足、开全、开好国家、地方课程的同时，有侧重地开设校本课程。满语、满族剪纸、满族秧歌、围棋等校本课程成为孩子们最喜欢的课程。学校少年宫的活动丰富多彩，开设篮球、乒乓球、花样跳绳、计算机、科技、魔方、绘画等兴趣小组，丰富了孩子们的课余生活，使学校成为孩子们学习、成长的乐园。

（张　涛　李艳波）

大四平镇九年一贯制学校

【概　况】2019 年，新宾满族自治县大四平镇九年一贯制学校有教职工 155 人，有教学班 30 个，在校生 805 人。其中，中学部有学生 287 人，教职工 61 人；小学部有 12 个教学班，518 名学生，教职工 94 人。

2019 年大四平镇中心小学六一活动

【教　学】学校始终坚持“学为师之骨，德为师之魂”的办学理念，追求办学特色，使每一名学生都得到全面发展。有 8 名教师的课被评为抚顺市优秀课，有 15 名教师被评为市级骨干教师。学校编写的校本教材《美丽家乡—大四平》纳入

校本课程，对学生进行“知家乡、爱家乡、建家乡”教育。

（曲来玲　李占富）

响水河子乡九年一贯制学校

【概　况】2019年，新宾满族自治县响水河子乡九年一贯制学校有教学班15个，学生386人。有教师52人，其中，中层领导11人，专任教师51人，副高级教师20人。学校外树形象、内抓管理，教育教学质量不断提升。年内获县教育系统教育工作先进单位称号。

【教　育】学校以“争一流，创名校”为办学的总目标，结合九年一贯制学校的特点，强化内部管理，务实创新，坚持以人为本、全面发展的教育方向，注重学生文化知识的学习和实践能力的培养。通过实施“五环教育”，做到德育为首抓方向，教学为主抓质量。

【教　学】凸显特色化管理，提高学生综合素养。小特色：小学部以“柔道”“古筝”和“民族舞蹈”为特色课，编课入表，每日正常授课，以此作为学校课后服务的重要内容。中课改：中学部以坚定不移走“课改”之路为教学主线。通过制度引领、理念引导、外出培训、听评研讨、教学反思、评估赛课等方式夯实管理，践行“学导展练评”教学模式，提升高效课堂实效性。大预习里展风采：小学部学生开展“诵读经典”活动—提升文学素养。中学部学生开展“预习新

2019年，响水河子乡小学的古筝特色课表演

2019年，响水河子乡中小学的柔道特色课表演

知”活动—提高自主学习能力。寒暑假期间开展充实假期这样过主题活动，教师“一调控，二指导”，运用家长微信群、钉钉群调控学生在家学习情况，通过不定期走访和定期电话访以及钉钉视频指导学生的居家学习。

（杨春林）

红庙子乡九年一贯制学校

【概　况】2019年，新宾满族自治县红庙子乡九年一贯制学校共有17个教学班，学生535人，专任教师64名。学校和教师获得了各种荣誉，其中小学部获市级优课1人次、县级优课4人次，获团省委垃圾分类优秀集体、课本剧《金色鱼钩》获县级一等奖；中学部荣获2019年全县中小学生迎春长跑接力比赛初中组第六名、新宾满族自治县教育系统教育工作先进单位、优秀团支部等荣誉称号。

【德育教育】在学生中深入开展社会主义核心价

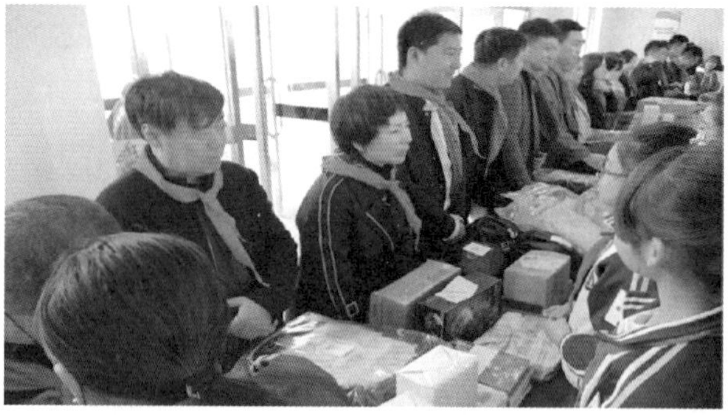

9月，红庙子乡中心小学开展的爱心微心愿活动（左一县教育局局长苏岫民、左二县政府副县长段晓云、左三红庙子乡党委书记汪加欢）

9月，红庙子乡中心小学举办歌唱祖国红歌演唱比赛

值观教育，引导学生认真读好书，养成良好习惯和品德修养，形成“师生互动，家校联动”的教育工作机制。先后举办“美丽中国、我的中国梦”“红旗飘飘、引我成长”等主题教育活动。开展礼仪教育、感恩教育、理想教育、好习惯的养成教育。

【教　学】 确立“责任担当”的办学理念和“轻松快乐”的办学目标，鼓励教师开展信息化助力课堂教学改革，不断探索适合学生发展的课堂教学模式和教育方法。学校完善课改教学模式，形成教师先指导学生“自学、互学、导学”，然后以“引、学、疑、练、用”为基本环节，以实践应用为拓展的教学模式，倡导学生能学不教、多学少教和先学后教，培养自主、会学、自信的阳光学生，提高课堂教学效率。

（王雪峰）

红升乡中心小学

【概　况】 2019年，新宾满族自治县红升乡中心小学有教师29人，其中高级教师20人，一级教师9人，共有6个教学班，185名学生。年内，投资30万元新建红升乡中心幼儿园（幼小衔接班），教室面积126平方米，室外活动场面积300平方米。开设珠心算、快乐阅读、奥尔夫音乐、幼儿英语、简笔画、益智活动等科目。本年，学校获得抚顺市教育学会先进集体、新宾满族自治县教育系统先进单位、教学工作先进单位等荣誉。

【德育教育】 按照“让每一个学生都做德行合格的人”的宗旨，努力打造“管理自治—活动自主—行为自律—精神自强”的“快乐德育”格局，促进学生基本素养和自主、自律、自强等良好品质的养成。通过课程、文化、活动、实践、管理和协同六大育人途径，培养全面发展的人。利用节假日开展每月主题活动，丰富学生的课外活动，培养学生动手动脑的能力。利用各种日常管理常规，培养学生的各种道德意识，培养学生的健全人格。让每一个学生管理一件小事，让每一个学生都有机会担任班级中的小干部，激发学生的主动性，增强学生的集体荣誉感。

2019年红升乡中心小学庆“六一”文艺演出

【教　学】 坚持低起点、小台阶、反复抓的教学方针，把基础知识教学的各个环节做实、做细、做严。以体、音、美、读特色教育为突破口，增加学校特色教学投入，为兴趣生提供良好的发展平台，促进学生全面发展。

按照国家课程要求，开全开齐课程，对学科实践活动课的培训也日益加强，在2019年下学期的期末考试中，红升学校三、五年级语、数、英总成绩名列全县第一名，四年级数学成绩排全县第六名。

开设少年宫活动。建有舞蹈、电子琴、美术、书法、信息技术、葫芦丝、足球、乒乓球、篮球、益智、剪纸11个兴趣小组。其中足球小组参加新宾满族自治县“兴都杯”小学生足球比赛获得第四名。

【教育科研】 2019年有多名教师参加市级《农村小学学科实践活动教学策略的研究》课题研究，课题组教师对课题进行深入研究，并将课题融入校本教研中，以研究为抓手，以课堂教学为重点，推动校本教研工作的深入开展，获得抚顺市科研先进单位称号。年内，学校有市级骨干教师2名、县级骨干教师5名，县级优秀课2节。

（张志强）

北四平乡九年一贯制学校

【概　况】 2019年，新宾满族自治县北四平乡九年一贯制学校有18个教学班，其中中学部6个教学班，192名学生；小学部12个教学班，267名学生。全校有教职工72名，其中中学部26人，小学部46人。中学部有高级教师19人、中级教师6人、小学部有高级教师23人、中级教师7人。中小学全部实现班班通，每个班级都配备触摸一体机，教师每人配备1台电脑，实现信息化助力教学。年内，新建2020平方米的食堂宿舍综合楼；投入600万元，完成学校综合楼和电暖气改造工程，是全县唯一一所电取暖学校；对上争取资金40万用于办园条件改善。

【德育工作】 落实立德树人根本任务，加强和改进师德建设，改进、完善德育工作内容，制定德育工作计划。加强学生良好行为习惯和学习习惯的养成教育，秉承“以德促教、以活助德”的教育方式，形成校园有特色、班班有特色的“双特”教学模式。加强学校、社会、家庭三位一体教育网络建设，形成独具特色的开放型德育新体制。推进“家长开放日”“家委会会议”等制度建设，通过“校访日”“开放日”，让家长走进教室，走近教师和学生，沟通教育理念和经验。利用各种活动进行感恩、养成等教育。认真开展关心、关爱留守、贫困儿童工作。2019年，先后给予百余名贫困学生1000元、500元、150元不同程度的救助。

【教　学】 小学部。狠抓常规教学，从保证教学时间到教学质量考核考评、从教师教案备写到学生作业批改等日常工作入手，扎实进行检查和考评。坚持集体备课制度，每周组织教研活动不少于2次。加强随堂听课，中层领导听课不少于40节，教师听课不少于15节。开展灵活多样的教研活动，为教师搭建展示平台，促进教师教学技能的提升。9月，开展全校教师诵读比赛、硬笔书法比赛。10月，开展特岗教师优秀课教研活动。11月，开展新教师诵读、粉笔字、课堂教学展示等教学基本功技能比赛。12月，在本校开展东片教研联盟活动。积极选派教师参加各级各类教研培训学习和教学比赛。在全市国家级课程教学设计比赛中，徐晓丹老师获高年级数学教学设计一等奖；季秀玲老师获科学教学设计一等奖。在全县体育优秀课评选中金晓琳老师获一等奖。在“一师一优课”活动中，有多人获不同奖项。

中学部。认真落实国家、地方、校本三级课程改革。研究与探索“全课程”整合教学、“主题式”学习活动等，增强课程的综合性。充分整合师资，分解地方课程、校本课程、综合实践课程内容，完成相应教学任务。科学、灵活安排课时，结合实际，采取同年级或跨年级合班上课。发挥信息化在教育教学等方面的助力，重视电子阅卷数据分析的教学诊断功能。发挥年级组、教研组作用，积极开展教学诊断活动，打造有效课堂，向高效课堂迈进。注重骨干教师培养，发挥示范辐射作用，通过结对带徒优化教师队伍。2019年中学部考入新宾高中24人，再创历史新高。

【安全工作】 成立安全工作领导小组，与教师签订安全责任状，建立健全责任追究制度；与学生家长签订交通安全责任书，强化家长的监护职责。完善各类安全应急预案，积极开展消防、地震、防恐防暴、防踩踏等各类安全应急演练活动。利用国旗下讲话、班队会、广播站、宣传栏、黑板报、法制教育课、致家长一封信等形式，对学生进行防火、防地震、防溺水、交通安全、防食物中毒、防雷电、防踩踏、反邪教等安全宣传教育。2019年，邀请法制校长开展法制知识讲座3次，开展管制刀具大排查20余次，开展消防演练4次，邀请县消防大队警官开展消防知识讲座2次，联合北四平乡公安派出所开展防恐防暴演练1次，开展地震演练2次，组织四年级至六年级学生开展青少年法治知识网络大赛1次，联合县红十字会开展应急救护知识讲座1次，开展高年级生理健康知识讲座1次。

【科研成果】 中学部校长林景华主持研究的《农村初中学生良好习惯培养策略的研究》课题顺利结题，小学部由德育主任何春玲老师主持的《以〈三字经〉为载体，农村小学生养成教育策略研究》也在结题中。

（何春玲　林景华）

榆树乡中学

【概　况】 2019年，新宾满族自治县榆树乡中学位有教师66人，学生761人。中考升入高中人数46人，占中考生人数的79.31%。学校努力践行“愉塑教育”理念，规范管理，锐意进取，在学校管理、德育教育、教学工作等方面都取得了可喜的成绩，先后被辽宁省教育厅命名为农村示范初中、被抚顺市教育局授予九年一贯制农村示范学校。

【德育教育】 创新开展“分组联动，自主管理”德育管理模式，提高学生的自我管理能力，为成人成才奠基。关注每位学生，充分发挥学生的自主性和能动性。班内每个学生都有自己的角色，人人有事做，事事有人管。建立规范科学的班级奖惩机制，公平、公正对待每位学生。开展反思课，促进学生自我提高。成立“愉塑学生会”，提高学生主动参与学校管理的自觉意识，培养学生的主人翁责任感。

【教　学】 搭建平台，开展特色校本课程。开设书法课、速滑课、科技课、满韵课堂等校本课程，其中最有特色的就是将满族文化和速滑课有机结合，开展“冰雪愉塑，满韵校园”冰雪文化课，在丰富校园文化内容的同时，传承了满族传统文化。

12月29日，榆树中学开展校园冰雪节活动

【教研活动】 开展多种形式的教研活动，提高教师的能力。以“教研＋实践＋反思”为基本模式，注重引导教师在集体教研的基础上进行教学实践、理性反思，不断积累、感悟、提升，在教研中体验成长的快乐。学校开展“学科专项突破式教研”主题教研活动，本着“哪里不行研哪里”的原则，采他山之石，融自身之长，逐项突破，攻克学科知识重点难点。教研活动卓有实效，在2019年中考中，各学科平均分均位居于全县第一名。

【教　育】 充分发挥教育优势，开展“每天都是开放日”的“驻校助教”活动，每天每个班级有一名家长进校园，参与早会、听课、活动、反思课、表奖等活动，参观宿舍、食堂等。家长可以对学校的工作“指手画脚”，通过家长委员会为学校发展出谋划策。家长可以对学校工作“品头论足”，通过家长问卷调查，了解家长的关注点，听取家长对学校发展的意见，将其作为学校新学期工作的一个重要参考内容。家校共建，促进教育活动中家校共赢。

（张春娟）

榆树乡中心小学

【概　况】2019年，新宾满族自治县榆树乡中心小学有教师46名，其中高级教师17名，获得省优课教师6名、市优课教师11名、县优课教师13名、市级骨干教师16名。有学生472人，分设12个教学班。学校先后建立《全体会议制度》《学期个人考勤制度》《学期个人工作考核制度》《期末个人总结大会制度》《榆树小学教师行为规范》等制度，注重教育事业的长远发展。年内，先后被评为全国足球运动示范校、抚顺市冰雪运动进校园示范校、抚顺市素质教育示范校，县教育系统先进单位、教学先进单位等。

【教　学】制定《小学生"三大好习惯"培养实施方案》《小学生"三大好习惯"培养实施细则》和《多维评价好习惯手册》，鼓励教师从实际出发，大胆创新，适时进行总结和改进。重视打造养成教育文化氛围，成功召开第六届培养"三大好习惯"工作总结表彰大会。把国家、地方、学校三级课程落到实处，实施素质教育，努力培养学生德智体美劳全面发展。将地方课程编入课程表，由教师们兼任。校本课程通过音乐课的口琴教学、少年宫舞蹈、美术、美食等12个兴趣小组来得以发掘和实施。

榆树乡中心小学开展的师生诵读展演会

【德育教育】坚持"德育为首""以德促教"的德育教学理念，以养成教育为目标，不断优化德育队伍，开展特色活动，增强德育教学的实效性，促进学生、教师、学校内涵建设与发展。学校所有教职员工都是德育工作者，言传身教强抓学生习惯培养，抓好常规值周检查评比工作。突出主题和特色，实现活动育人。开设学雷锋阵地、成立学雷锋小组、指导学雷锋活动、鼓励小雷锋成长。4月，隆重召开学雷锋年度工作总结表彰大会，表彰雷锋学生和雷锋教师。做好家校合一工作，召开学期班级家长会、一年级家长辅导会、邀请家长参加学校大型活动、建立和利用好家长微信群、办好《学校与家庭报》等，成为家校合一工作的亮点。

（许永德）

下夹河乡九年一贯制学校

【概　况】2019年，新宾满族自治县下夹河乡九年一贯制学校有教职员工60人，其中小学40人、中学20人，学生总数370人。学校秉承"学会学习，学会生活，学会合作，学会发展"的教育理念，坚持素质教育，坚持全面发展，坚持健全人格的培养，培养"好学、自信、会生活、有责任感"的一代新人。

【德育教育】坚定以人为本、立德树人的理念，将爱国主义教育、集体主义教育、劳动教育、人道主义与社会公德教育、科学世界观和人生观教育，融合到日常学习生活中。从小培养爱国、敬业、诚信、友善的个人价值准则，促进学生的自我完善与发展。为适应新形势的中考，学校完善德育评价体系，让学生们真正成为有社会责任感的新一代。

【教　学】积极推进课程改革，狠抓教育教学常规与创新管理。开展教学科研活动，采取新老教师互帮互助、学习新的教学模式、利用交互式电子白板等方式，为师生搭建交流平台，共享优质教学资源，充分体现以学生为主体的教学育人模式。在2019年中考中，51名毕业生中有21名考

下夹河乡中小学新老教师在一起交流教学心得

入高中，全体学生的平均成绩名列全县第四名，彰显了学校不使任何一名学生掉队的教育理念。注重学生美术特长发展，美术社团活动内容丰富，效果明显。

2019年，学校涌现出一批优秀教师，英语教师宋辞的《What is the best movie theater?》和语文教师徐艳艳的《行路难》荣获新宾满族自治县中小学骨干校长培养工程基地交流活动优秀观摩课；张丽的《放下手机，拥抱母亲》荣获全县中小学优秀班会课一等奖；付崇河老师的体育课《脚背正面踢球》获得体育学科优秀课二等奖；代莉莉老师在“一师一优课，一课一名师”的活动中被评为先进工作者；杨再友老师荣获抚顺市首届硬笔书法大赛优秀指导教师奖。学校在全县教育系统庆祝中华人民共和国成立70周年的运动会上荣获最突出表现奖。

（金秀云）

文化　体育　旅游　广电

综　述

【概　况】 2019年，完成全县2个乡镇文化站、28个村级文化广场、20个村文化服务中心标准化建设；为17个行政村安装体育健身器材17套。群众文体活动丰富多彩，群众体育队伍不断壮大。文旅活动精彩纷呈，旅游资源开发成效显著。全年共接待游客140万人次，同比增长13.7%；门票收入1430万元，同比增长9.3%。文物保护工作扎实有效。建立不可移动文物保护单位电子信息档案38处，对国家重点文物保护单位进行维修。文化市场监管规范有序。旗袍产业有序发展，注重非物质文化遗产保护与传承。发挥新闻舆论监督引导、桥梁纽带作用，做好新闻宣传报道。全年完成电视新闻1200多篇，开设《不忘初心、牢记使命》《壮丽70年、奋进新时代》《扫黑除恶在行动》《知家乡爱家乡建家乡》《抗洪抢险纪实》等50多个专栏和系列报道。在市电视台播发电视新闻260多篇，在中央、省、市电视台、报刊播发新闻100多篇。

【机　构】 1月，根据《新宾满族自治县机构改革方案》，将新宾满族自治县文化广电体育局的文化、广播电视、文物和体育管理职责，新宾满族自治县旅游局的职责整合，组建新宾满族自治县文化旅游和广播电视局（以下简称县文旅广电局），正科级单位，加挂新宾满族自治县体育局、新宾满族自治县文物局牌子。主要职能是贯彻落实党中央、省委、市委关于文化、旅游、广播电视、体育、文物工作的方针政策和决策部署，加强党对文化、旅游、广播电视、体育、文物工作的统一领导，促进文化、旅游、广播电视、体育、文物事业的繁荣发展。

3月，根据《新宾满族自治县公益性事业单位调整方案》，将原县满族文化研究发展中心，原县广播电视中心及其所属广播电视台、乡镇广播电视站，原县文化广电体育局所属清永陵文物管理所、赫城文管所、文化馆、图书馆、文化市场稽查队，原县旅游局所属旅游服务中心共10个机构整合组建新宾满族自治县文化旅游和广播电视中心（以下简称县文旅广电中心），加挂新宾满族自治县旗袍产业发展中心牌子，为县政府直属事业单位，机构规格为正科级，由县文化旅游和广播电视局代管。6月，根据《新宾满族自治县文化市场综合执法改革实施方案》（新委办发〔2019〕118号），将原县文化市场稽查队、县旅游服务中心、县广电中心整建制整合，组建县文化市场综合行政执法队，在县文旅广电局加挂县文化市场综合行政执法队牌子，实行“局队合一”体制，履行县级文化、旅游、广播电视、体育、文物、出版、电影行政执法职责。7月，根据《新宾满族自治县融媒体中心建设实施方案》的通知（新委办发〔2019〕127号），成立新宾满族自治县融媒体中心（以下简称县融媒体中心）。

文　化

【专业艺术文化活动】 打响“清皇祖地、旗袍故里”品牌，共组织公益惠民演出10场，组织策划2019年迎新春文艺晚会1场、“新宾好人”颁奖典礼1场、庆祝新中国成立70周年文艺晚会3场、大型广场文艺演出2场、大型广场快闪活动1场。先后成功举办满族农庄过大年、上夹河古勒城百年梨园第二届满族文化梨花节、猴石国家森林公园开山节、青松岭森林瑜伽节等文化旅游活动。满族农庄过大年仅开幕式当天，接待游客3万余人次。辽宁卫视《辽宁新闻》《新北方》《风物辽宁》等栏目以及新华网、网易、搜狐、新浪、游客网等各大网站对活动进行宣传报道。其他活动平均接待游客1万余人次。

【群众文化】 全年共举办迎春晚会、少儿春晚、“新宾好人”颁奖晚会等大型文艺晚会及广场舞大赛、文化下乡公益惠民演出等演出赛事14场。全年开设公益文化辅导班4期，开办蒙古族舞蹈、藏族舞蹈、初级声乐、初级电子琴、葫芦丝乐器培训课程，吸引广大文艺爱好者踊跃参与，开展培训课程40场次，培训学员320人，成功举办“满族刺绣作品展”、美术作品展、古琴展演、“七进”活动共16场。积极鼓励引导和推动群众文艺创作队伍建设，组织开展各类文艺活动，提高群众的参与度。与县内艺术团体保持密切联系，开展文艺辅导工作，于10—12月对群星合唱团50余人进行合唱训练，教授声乐基础知识和常用乐理知识。全县有大型群众文艺团体15个，包括民乐团、太极拳协会、广场舞协会、民间秧歌协会、健身舞协会、文化志愿者等群众团体。

【文化市场管理】 制定文化旅游市场专项整治方案并组织做好“五一”、“十一”、开学前、春节等重大节假日前夕检查工作，针对全县文化旅游市场营业场所进行安全专项检查4次、不定期检查13次，共出动车辆28台次，执法人员97人次。对部分场所存在的安全隐患问题提出明确整改要求，责令限期整改，经后期复检，所有安全隐患问题全部改正。共开展扫黄打非专项整治行动18次，出动车辆41台次，出动执法人员137人次，没收盗版光盘359张、盗版书籍199本。利用“4·26世界知识产权日”在县百货门前开展普法、扫黄打非宣传活动，共发放宣传手册200余册、法律知识宣传单200余张。开展扫黑除恶专项行动20次，出动执法人员110人次，出动执法车辆35台次，检查音像商店及书店75家、印刷厂15家、打字复印社26家、地摊游商9次、快递18家、互联网营业场所58家、游艺娱乐场所3家、歌厅游艺场所45家。依法暂扣罚没非法书刊134本、盗版光碟55张，责令停业整顿书店2家、歌厅1家、网吧1家。

【驻村帮扶】 文化市场综合行政执法队作为驻村扶贫工作队负责与永陵镇李家沟台村对接帮扶发展。帮助强化村“两委”班子建设、规范执行党组织制度，全年召开党小组会议12次、支部委员12次、党员大会4次、上党课4次、党日活动12次。协助做好基层组织流动党员及档案管理，建立完善的党员台账1册、流动党员微信群1个。积极宣传扶贫政策，广播宣传33次、入户走访宣传153家次，达到贫困户扶贫政策知晓率100%。协调资金5.5万元建设砬子沟自然屯文化广场。结合村实际研究确定致富项目，与村“两委”研究讨论发展“集体经济”项目3次。

【文化基础设施建设】 完成2个乡镇文化站、20个行政村（社区）的综合性文化服务中心以及28个社区和村文化广场建设任务。其中，大四平镇和下夹河乡综合文化站的建设面积各300平方米，配有体育、图书、艺术、休闲4个活动室；20个行政村（社区）的综合性文化服务中心，每个建设面积在90平方米以上，可以基本满足村民阅读、健身、会议等文化需要，累计建设面积1800平方米；每个文化广场平均800平方米，累计建设面积22400平方米。县内有图书馆、文化馆各一个，全县共有乡镇综合文化站15个、村（社区）文化服务中心194个、农家书屋181处、文体广场230个。

【非物质文化遗产】 2019年年底，全县有非物质文化遗产县级以上项目8大类30项，其中包括国家级项目1项、省级项目9项、市级项目9项、县级项目11项。文化馆广泛开展工作，继续发掘新宾当地非物质文化遗产资源，积极组织申报国家级、省级非物质文化遗产项目，通过文化遗产日、展览等形式开展宣传活动，取得一定的成果。分别于2月4—10日、2月17—21日在平顶山镇大琵琶村，对新宾满族年俗以及新宾满族放路灯习俗进行全方位的了解和采录，历时10余天。3月，完成对赫图阿拉城袁振祥老人成长经历和其讲述的新宾地区满族民间故事的编辑、整理工作，进一步丰富非物质文化遗产项目《新宾满族故事》的内容。4月5日，在上夹河镇腰站村，对满族清明节插“佛托”祭祖仪式进行现场采录、收集和整理存档，进一步丰富和完善该项目内容。4月，整理、编写新宾满族剪纸资料，完成国家级非物质文化遗产代表性项目优秀保护实践案例推荐材料；同时，经过多次走访调研，收集、整理醪醴酒坊满族古法酿酒工艺相关项目材料，进行县级非物质文化遗产名录项目的申报；开展对新宾满族火锅、新宾满族刺绣、新宾满族服饰、新宾满族冰嬉、新宾满族传统袍服制作技艺和新宾满族大酱制作技艺、兴京根艺等7项市级非物质文化遗产项目的省级申报工作，其中，新宾满族刺绣和新宾满族传统袍服制作技艺两个项目申报成功。满族传统归筋正骨术项目获批市级非物质文化遗产项目。10月，编写和完善《新宾满族自治县非物质文化遗产名录》，收录全县非物质文化遗产8大类30个项目内容。对人参炮制技艺、新宾满族放路灯习俗和新宾满族祭祖习俗相关材料进行收集整理，进行第五批国家级非物质文化遗产的申报。11月12—20日，在吉林省通化市和新宾满族自治县永陵镇，现场采录新宾满族剪纸国家级传承人关淑梅老人的个人学艺经历、带徒情况、传授新宾满族剪纸技艺的音视频资料。1月，举办“迎新年满族刺绣展览”，展出56件展品；5月27日，举办“关长胜满族剪纸展览”，共展出关长胜剪纸作品70余幅；6月，新宾满族剪纸、新宾满族刺绣两个非遗项目参与辽宁省“文化和自然遗产日”非物质文化遗产宣传展示活动。

【图书馆】 2019年，县图书馆各阅览室全部免费对外开放，保证服务时间，双休日不闭馆，采用馆员轮班上岗形式，并为特殊读者提供延时等特殊服务。保障服务内容，全方位提供外借、阅览、查阅、咨询等文献信息提供服务，适时推出书目推介、新书信息，以保障和满足读者阅读需求。6个服务窗口全年共接待读者12209人次，流通册次为1880册，数字资源浏览38344次，下载2876次。开展图书推荐活动，外借处、少儿阅览室设新书专架和新书推荐专栏，及时向读者推荐好书、畅销书。免费发放借阅证，向机关、企业发放借阅证200余张，吸引更多的干部职工关注图书馆，走进图书馆。开展送书活动，为客运站、公共行政大厅送书，全年累计赠送杂志、图书600余册。广泛开展宣传活动，倡导全民阅读，贯彻《中华人民共和国公共图书馆法》，向广大民众和青少年宣传全民阅读和图书馆服务。在组织好日常免费开放工作和传统推广的同时，充分利用电视、网络等媒体形式广泛开展全民阅读推广活动。在县电视台播放图书馆宣传广告3期；以县图书馆微信公众号、移动图书馆为服务平台，及时推出活动计划、新书预告、活动等信息，向各类群体开展全民阅读宣传与推广；大力宣传图书馆的电子资源，突破图书馆时间、空间限制，为读者提供身边的移动数字化阅读服务，发放数字期刊服务卡500余张，有效地推进全民阅读的影响力。通过引导读者和大众参与图书馆举办的各种文化教育活动，提高公众对图书馆的认知度，吸引公众充分利用图书馆，读好书，用好书。1月16日，县图书馆把歌德少儿学习一体机送到新宾维思德幼儿园，把图书馆的数字资源送到小朋友身边。1月29日，为满足乡镇群众的阅读需求，图书馆到永陵镇李家沟台村开展送书下乡活动。4月23日，前往万年康老年公寓开展送书上门志愿服务。4月21日开展“同城共读卷共知”全民阅读推广活动。4月26日，开展世界知识产权日宣传活动，在微信平台链接中国图书馆学会网站，开展“读经典、学新知、链接美好生活”为主题的全民阅读活动。7月8日，图书馆到县实验幼儿园开展主题“不忘初心、携手同行”的公益赠书活动。9月25日，举办壮丽70年阅读新时代主题图片展。9月28日，组织开展庆祝新中国成立70周年亲子拼图活动。推进图书馆信息网站和县级总馆乡镇分馆的管理软件建设，积极对上争取资金10万元，投资3.5万元对馆内网络进行改造，已经完成；经多方调研，投资6.5万元与广州图创软件开发有限公司签订interlib图书馆集群管理软件服务合同，年底总馆管理软件建设及藏书回溯建库工作已经完成，乡镇分馆管理软件建设及藏书回溯建库工作正在进行。

【电　影】 电影公司2019年落实“2131”工程，即一村一月播放一场电影，全县15个乡镇共有数字电影放映机12台，放映电影2172场次。

【文化产业】 “兴京根艺”已被列为市级非物质文化遗产保护项目，上夹河镇根艺产业园区（现称中国北方根艺市场）位于上夹河镇政府所在地。整个市场占地面积2万多平方米，建筑面积5000平方米，共有21所展厅（室）。2019年有商户112户，主要经营根（木）雕艺术品、奇石，兼营书画、旅游纪念品等，根艺市场年收入5000万元左右。素有“辽宁特艺品摇篮”之称的永陵镇特艺产业经过十多年的发展，已形成生物、铁艺、木艺、核桃艺、布艺等十大系列，万余个品种。现有特艺企业8家，其中规模以上企业1家，加工点覆盖全县15个乡镇，长期从业人员及兼职人员上万人，辐射到抚顺、本溪、铁岭等城市，年产值超亿元。人参炮制技艺年底已被列为省级非遗保护项目。新宾人参企业全年生产加工红参5万公斤，产值2000多万元。为将此项技艺传承发展，新宾将辽宁秘参堂药业有限公司设为项目传承基地。该企业研制的新品“秘制参”，是利用当地人参，采用传统制作技艺，结合现代工艺生产出来的红参精品，人参制作技艺得到突破与创新。

【旗袍产业】 为加快推进旗袍产业发展，成立新宾满族自治旗袍产业发展中心，挂牌在新宾满族自治县文化旅游和广播电视中心，统筹负责新宾旗袍产业的总体规划、招商引资、项目建设和宣传推广等工作，无编制。为增强新宾旗袍产业供给能力，2019年，陆续开展多期培训班，储备专业人才。旗袍博物馆按照旗袍流变共设9个展厅，有传统旗袍、现代旗袍、旗袍创意产品等各类展品715件、3D智慧虚拟试衣设备1台、空调2台。6月7日，胡社光时尚娘子军辽宁培训基地在旗袍博物馆正式落成。旗袍博物馆全年累计接待国内外游客41.14万人次。1月12日，新宾满绣在2019年满族农庄过大年开幕式上进行表演展示；4月5日，参加由沈阳故宫和沈阳商业城携手主办的“2019盛京文化节”活动；新宾旗袍及满绣文创商品先后在第五届沈阳文化创意产品展示会、北京“中国纺织非遗创新成果展”“2019中国（大连）纺织非遗文创品牌特别展”上进行展示；8月30至9月2日，新宾旗袍及满绣文创商品入围辽宁礼物评选活动，并在展会上进行展示。9月19日，新宾满绣入围沈阳“天女木兰”辽宁文化旅游商品创意大赛。9月9日，新宾满族自治县兴京旗袍文化有限公司所属的“兴京满绣”品牌荣获“2019辽宁省纺织服装行业十大设计师定制品牌”年度大奖。

9月19日，新宾满族自治县兴京旗袍文化有限公司出品的兴京满绣文创商品在“2019天女木兰辽宁旅游商品创意大赛”中荣获银奖

新宾满族自治县兴京旗袍文化有限公司2019年开发刺绣文创商品154种，实现营业收入40万元，同比增长100%；8月26日，公司取得进出口业务权限；以公司为主体，完成“兴京满绣”“旗人”“旗人锦绣”“旗袍故里”等商标注册。

【书　店】 全县有书店22家，其中个体21家，国有1家。新宾满族自治县新华书店有限公司为国有企业，隶属辽宁省北方传媒公司。主要经营国内版图书、报纸、期刊批发兼零售，文化体育用品、课本零售，房屋出租，厂内劳务服务，仓储服务，搬运、装卸服务等。担负着全县中、小学校教材的发行任务。全年销售收入344.3万元，其中免费教材销售收入179.1万元、非免费教材销售收入89.5万元、门市部销售收入75.7万元，较好地完成各项经营指标。加强服务工作，改善服务环境。为新华书店门市部安装大功率空调2台。

【文物考古与保护】 2019年，在全国第三次文物普查后确定不可移动文物保护单位共313处，县级以上文物保护单位共88处，其中国家级文物保护单位3处，省级文物保护单位10处，市级文物保护单位6处，县级文物保护单位69处。2004年7月1日，清永陵被联合国教科文组织批准为世界文化遗产。2019年，根据国家文物局要求，对清永陵消防水源改造工程、赫图阿拉城文物保护工程、永陵南城址文物保护工程进行评审。根据文物行政保护工作要求，完成县域内各单位用地行政审核30余处。配合省考古所进行县域内高句丽遗址调查。县域内文物保护单位卫星点位图落图完成过半，全部完成后，将实现对县域内所有文物保护单位进行科技化管理。根据国家文物局要求，组织、配合省文物局对国家级文物保护单位赫图阿拉城西大狱工程、清永陵四碑楼工程进行验收。对上争取和本级财政投入资金490万余元，用于清永陵防雷工程、启运门及果膳房工程、文物库房及管理用房建设等。

完成37处长城遗址省级文物保护单位的图纸、资料完善、保护范围和建设控制地带划定工作。10月，在木奇镇猴石国家森林公园内新发现大型的抗联密营遗址群，密营遗址群总占地面积约38万平方米，遗址群地表遗留文物遗迹极其丰富，已发现用石块做基础的人工砌筑单体建筑遗址60余处。11月2日，聘请省文物局革命文物专家沈阳建筑大学吕海平教授、“九一八”纪念馆副馆长刘长江对猴石地区抗联密营遗址群进行专题论证，论证意见一致认为猴石地区抗联密营遗址群是迄今为止辽宁地区发现的内容最为丰富、规模最为庞大、遗址信息保留最为完整、历史信息最为充分的抗联密营遗址群，具有极高的历史价值。新宾满族自治县人民政府将猴石地区抗联密营遗址群公布为县级文物保护单位，正在组织测绘和制作申报文本，拟申报省级重点文物保护单位。6月13日，《新宾满族自治县文物志》正式出版。

（马　岩）

档 案

【概 况】 2019年，全县档案工作紧紧围绕县委、县政府中心工作，以加快推进覆盖人民群众的档案资源体系、方便人民群众的档案利用体系和确保档案安全保密的档案安全体系建设为目标，在档案基础业务建设、档案资源建设、档案法制建设、档案干部队伍建设和党史、地方志等方面均取得新的成绩，使档案、史志在资政育人、促进发展、改善民生中发挥更加突出的作用。

1月，按照《新宾满族自治县机构改革方案》，新宾满族自治县档案局（以下简称县档案局）的档案行政职能划入县委办，对外加挂县档案局的牌子。3月，《新宾满族自治县公益性事业单位调整方案》将原老干部服务中心、原县档案馆、原县委组织部所属党员干部远程教育办公室、干部人事档案管理中心、原县编委办所属机构编制电子政务中心5个机构整合为县档案和老干部服务中心。

【基础业务建设】 针对县直机构改革，县档案局于4月9日印发《关于加强机构改革中档案管理工作的通知》，要求机构改革涉及的部门和单位要建立档案工作机构，安排档案工作人员，制定档案管理与处置方案，认真做好各门类档案的收集、整理和交接工作。同时，对机构改革所涉及的部分部门和单位的档案工作进行检查，对存在的问题提出整改意见。5月27日，县委办公室、县政府办公室联合印发《关于做好机构改革中档案管理工作的意见》的通知，对妥善处理机构改革中档案归属与流向问题做详细说明。机构改革所涉及的20个党政机构和16个事业中心全部建立档案工作机构，安排专门人员负责档案工作。农业农村局、司法局、税务局等涉改部门已经开始对档案进行收集整理。对县富尔江（旺清门至响水河豹子洞段）治理工程、巨流河（查家一富尔江河口）治理工程、皇寺水库、大块地水库、朝阳水库除险加固工程档案工作进行业务指导和专项验收。

12月9日，县档案局、水务局联合组织朝阳水库、大块地水库、皇寺水库除险加固工程档案专项验收

【法制建设】 结合“6·9国际档案日”、档案法颁布实施纪念日和宪法宣传周，县直机关、事业中心、乡镇通过采取设立宣传站、办宣传板报、悬挂条幅、张贴标语、播放电子屏等方式，广泛开展档案法制宣传活动，为档案工作的开展营造良好环境。7月，以整合档案资源有效服务社会为主题对苇子峪镇、永陵镇、新宾镇、红升乡、响水河子乡的档案移交工作进行专项执法检查，督促这些乡镇抓紧时间向县档案馆移交档案。对税务局、农业农村局、司法局、不动产登记中心等部分机构改革涉及单位的档案工作和档案安全保管情况进行执法检查，督促被检单位做好档案工作，改善档案保管条件。在档案行政执法过程中，坚持执法检查与日常业务指导、档案工作绩效考核相结合，全年开展专项执法检查3次，检查单位38个。

【资源建设】 按照县委组织部关于全县干部人事档案集中统一管理的要求，6月中旬，干部人事档案管理中心正式接收各单位移交的干部人事档案。在接收过程中，工作人员采取初审、整改、复审合格后接收的工作方法，在干部人事档案材料的齐全完整、整理质量方面严格把关，确保接收的每一卷档案都符合标准。至12月底，共接收62个县直事业单位（机构改革前）2408卷干部人事档案。同时，完成2个事业单位（机构改革前）

134卷档案的初审工作。开展机构改革撤并单位整理，防止档案流失、损毁。县档案馆不断整合全县档案资源，丰富馆藏内容，全年共接收各类档案3542卷260件，其中，乡镇档案2277卷，会计档案1265卷，《新宾满族自治县志（1986—2005）》编纂档案260件。征集接收史志类图书1467册。年末，馆藏各类档案已达68939卷7484件，图书资料6116册。

【安全管理】 5月，在全县范围内深入开展档案安全风险隐患排查整治工作，各乡镇和县直单位向县档案局报送自检自查报告。县档案局于7月对部分县直单位的档案安全情况进行检查，对不动产登记中心等档案室在安全保管方面存在的问题下达整改通知书并进行复检。县档案馆在排查过程中对库房窗户玻璃破损、楼顶防水等问题进行及时处理，确保馆藏档案的安全保管。日常工作中，档案馆各项工作制度健全，工作人员每天巡视库房，发现问题及时解决，确保档案实体安全。县档案馆、各基层档案室在档案信息利用方面严格把控，没有发生档案失泄密现象，档案信息安全得到保障。

【档案利用服务】 县档案馆在馆内积极推行“一站式”服务标准，进一步优化档案查阅手段，通过现场申请、电话预约、网络咨询等方式开展档案查询查阅，打通群众办事最后一公里，全面提升档案查阅服务效率。全年，县档案馆共接待各类利用者1024人次，利用档案3072卷、件，为企业退休人员、复员退伍军人、独生子女家庭、机关工作等提供大量档案信息，取得较好的社会效益和经济效益，充分发挥档案在社会生活中的重要作用。

【政务公开】 县档案局、馆全面优化公共服务，积极推进“放管服”改革，简政放权，努力打造一流的营商环境，依法定职能梳理直接面向社会公众的具体服务事项，规范审批流程，至2019年底，共梳理认领7项权责事项，包括对重点项目档案的验收，对归档和进馆档案范围认定，对在档案工作中做出显著成绩或者向国家捐赠重要、珍贵档案的单位和个人的表彰或者奖励，档案执法监督检查，对违反《中华人民共和国档案法》行为的处罚，档案科研管理、教育培训，档案业务咨询。

【基础设施建设】 7月下旬，重新启动县综合档案馆新建计划。新建的县综合档案馆总建筑面积3085平方米，总占地面积1235平方米，项目总投资预计1062万元。10月底，完成县综合档案馆建设项目立项审批工作，转入项目建设前期手续办理阶段。

10月30日，县档案和老干部服务中心全体党员为新宾镇五里村书法班的孩子们购买了学习书法用品

【党史县志】 10月，在木奇镇猴石森林公园发现抗联遗址，11月初，经省党史专家和红色文物鉴定专家初步确认是抗联三师于1936年冬修建的密营遗址，共有5处，属省内最大、保存最为完善的抗联遗址群。10月，启动《新宾年鉴（2020）》编纂工作，开始拟年鉴编写框架，筹备年鉴编纂工作启动暨培训会议。《新宾年鉴（2020）》是新宾满族自治县编纂出版的第一部年鉴。

（焦凤英）

体　育

【概　况】 2019年，新宾满族自治县体育工作紧紧围绕全县经济和社会发展目标，全面贯彻落实《全民健身计划纲要》及《全民健身条例》，以观念创新、思想创新、工作创新为先导，继续深化和推进以“全民健身”为主题的群众体育活动，全民健身活动更加广泛普及，群众体育健身活动更加活跃，竞技体育人才辈出，体育人才培养保持良好的态势，使新宾体育事业得到迅速发展。

【群众体育】 群众体育队伍不断发展壮大，群众体育全面发展。建立政府组织、社会支持、群众参与和体育活动运作机制，抓住“活动、组织、建设”三个环节，使各项体育活动贴近群众，形式和内容更具参与性和普及性。充分发挥各体育协会组织和社会体育指导员的作用，年底，全县单项体育协会有18个，社会体育指导员1226人，其中国家级3人，已经达到每1000人有4个社会体育指导员，超过国家要求的3/1000的配比，在全市配比最高，基本保证全县15个乡镇所有健身站点的各项健身活动都有社会体育指导员作为指导。10月，市体育局三下乡活动到新宾对太极拳、广场舞的部分社会体育指导员进行培训和指导，有效地提高指导员的实际指导工作的能力。举办新宾满族冰嬉文化节、篮球比赛、抚顺市乒乓球分站赛（新宾站）比赛、羽毛球比赛、全县广场舞比赛、太极拳展示表演、“新宾农商银行杯”乒乓球比赛、教工乒乓球比赛、“锦州银行杯”中国象棋比赛，有数万名市民参加。

【学校体育】 全县中小学推广每天一小时体育活动，积极开展冰雪运动进校园、校园冬季长跑、校园足球、踢毽子、跳绳等体育活动。全县有省级体育传统项目学校2所。3月，举办全县中小学迎春长跑接力比赛，35支代表队、280多名学生参赛，其中高中组2个代表队、初中组15个代表队、小学组18个代表队。5月，举办全县第四届小学生校园足球联赛，10支球队、100多名学生参赛。7月，举行全县第二届中学生男子满族珍珠球比赛，15支代表队、150多名学生参赛。全县中小学施行《国家体育锻炼标准》的施标率100%，达标率87.52%，健康标准优秀率10.65%以上。12月6日，参加省教育厅组织的“辽宁省冰雪进校园系列活动”启动仪式，全县各中小学陆续开展“冰雪进校园系列活动”。

【民族传统体育】 全年组织开展具有民族特色的满族冰嬉表演、冰蹴球比赛、冰龙舟比赛、速度滑冰比赛、雪地足球邀请赛、中学生男子珍珠球比赛、太极拳展示表演等赛事。

【业余训练与竞赛】 2019年参加抚顺市中学生田径运动会获得团体总分第一名；参加辽宁省县区田径优秀苗子比赛获得金牌1枚、银牌1枚、铜牌2枚的优异成绩。向辽宁省水上运动学校输送优秀运动员3人。

【体育健身设施建设】 3月末，按省市要求开展全国第四次经济普查及体育场地统计普查工作，从4月1日开始调集和培训普查人员18人，建立体育场地统计普查表册、档案。此次普查，为新宾满族自治县体育产业发展积累第一手资料，也为制订全县体育产业发展规划奠定基础。积极对上争取，争取省体育局健身器材13套130件，市体育局健身器材4套45件。4月，为南杂木镇朝阳村安装多功能篮球架；8月，为25个村安装健身路径及篮球架，全县15个乡镇181个行政村13个社区已经达到健身器材全覆盖和15分钟健身圈的要求，人均体育场地面积达到2.1平方米，全县体育人口达到39.8%以上。10月，成立新宾满族自治县健身器材维修服务队，对部分健身活动场地健身器材进行检查和维修，保障城乡居民健身安全。

（颜景全）

旅　游

【概　况】 2019年，新宾满族自治县旅游工作围绕年初工作目标，以产业融合发展为重点，全力推进宣传促销、招商引资、项目建设、景区提升等工作，有9个旅游开发、基础设施改造项目通过招商达成意向、签约落地、完成施工；以“满族农庄过大年”等节庆活动为载体，先后举办7项满族特色旅游活动，大力唱响“清皇祖地 、旗袍故里”旅游品牌；借助市文化旅游和广播电视局的平台，在携程、途牛等平台开展旅游产品线上宣传推广和线上订购活动；积极拓展客源市场，全力做好对接服务工作，为游客营造安全、绿色、祥和的旅游环境。全年共接待游客140万人次，门票收入1430万元。

【旅游资源】 全县境内共有定级、未定级文物保护单位289处，县级以上文物保护单位共88处，其中国家级文物保护单位3处，分别是清永陵、赫图阿拉城、永陵南城址；省级文物保护单位10处，市级文物保护单位6处；以觉尔察城、尼玛兰城、黑沟山城、古勒城等为代表的遗址遗迹共20处。拥有新宾满族剪纸、新宾满族故事和新宾满族地秧歌等8大类30项县级以上的非物质文化遗产（其中满族剪纸为国家级非物质文化遗产）。生态环境优越，境内大小溪流1750多条，森林覆盖率达75.7%，空气负氧离子含量是其他地区的5—8倍，入选“全国百佳深呼吸小城镇”行列。

【旅游资源开发与保护】 2月，就神树柜石哈达开发项目，县政府与凯恩集团、中冶集团正式签约，项目前期筹备就绪，正在与当地村民履行已租用土地相关合同，待土地报批审核通过后即可动工。参仙谷景区与抚顺市文化旅游集团双方达成合作意向，待整体评估后做出下步合作方案。同时，景区自主投资，施工完成水滑梯和玻璃栈道的建设。青松岭景区实施基础设施完善工程，完成30座瑜伽台、2座卫生间等建设项目并投入使用。浙江盛世鼎艺文化传媒有限公司与赫图阿拉城联合举办大型灯光秀合作方案逐步推进，并于7月中旬在新宾完成旅游演艺公司的注册。已与海南凤凰文化旅游发展有限公司和辽宁浩天文化旅游发展有限公司初步达成整合开发中华满族风情园的合作意向，项目正在推进中。药语花香生态园项目位于新宾木奇镇，占地面积24公顷，采取“公司＋农户”的经营模式，是一处集药材种苗和果蔬为主的绿色环保种植基地。先期投入资金500万元，完成种植基地观光园和配套房车营地建设，药用种苗达800万株，甜百合产量0.5万公斤，大红袍菇娘1.5万公斤，其中大红袍菇娘已销往省内各大城市水果市场，仅“十一”期间游客进园采摘量达0.25万公斤。九凤四季田园综合体项目为上海惠升园艺工程有限公司在红庙子乡查家村投资打造的一处集休闲、娱乐、康养等功能于一体的田园综合体项目，概念规划已完成，计划投资15亿元，打造休闲庄园、玻璃栈道、滑雪场、房车营地、采摘园、温泉养老、满族雪乡等10个板块服务项目。年底，已完成景区大门建设、废弃水塘清理、温室大棚土地征用、场地平整以及部分景观打造和基础工程建设。花海山溪康养度假田园综合体项目为辽宁花溪林里田园农业开发有限公司计划在永陵镇头道砬子村打造的一处集循环农业、创意农业、农事体验、休闲观光于一体的地域综合体，主要由花之语、荷塘月色、山野之乡、现代农业园、开心农场、花田牧场、田园小息、小镇农夫、景观带和户外运动10个板块组成，具备花海观赏、田园种植放牧、民宿度假、温泉养生、户外运动体验等服务功能。年底，概念规划已完成，流转项目用地66.67公顷。

【宣传营销】 多元化营销，品牌影响力显著提升。以节庆活动为载体，相继举办第六届满族农庄过大年、第二届上夹河古勒城百年梨园满族文化梨花节、第三届开山节、首届青松岭森林瑜伽节、第五届蓝莓采摘节、第三届七巧节、第三届收山节等活动。组织开展旅游产品线上推广活动。对全县旅游资源、宾馆、农家乐、旅游商品等行业信息进行全面普查，共采集梳理出旅游景区信息9家、旅游星级宾馆3家、星级农家乐50家、旅游商品经销商30家。与抚顺旅游网进行对接，借助市文化旅游和广播电视局的平台，在携程、途牛等平台开展线上宣传推广和线上订购。开展客源市场拓展的对接工作。先后承接大连、吉林、内蒙古等地旅行商到新宾踏查，策划开通大连、内蒙古、吉林白城到新宾的旅游专线和旅游专列。加大域外宣传力度，组织旅游景区、旅游商品生产企业参加辽宁省总工会与辽宁省烹饪协会主办的烹饪大赛开幕式，并在现场推介新宾满族特色美食、旅游资源、历史文化、精品线路，推介视频精美、主线明确、推介生动，赢得与会嘉宾的广泛好评。积极参与辽宁“赏花观鸟·春游辽宁”春季旅游推广活动。新宾满族自治县赫图阿拉城满族皇家礼仪表演荣登“嬉冰雪泡温泉、到辽宁过大年”辽宁省冬季文化旅游网络评选活动“2018—2019年度魅力民俗金榜”。

【行业管理】 赫图阿拉城和和睦国家森林公园完成国家AAAA级旅游景区复核，完成参仙谷风景区国家AAA级旅游景区申报。结合“5·19中国旅游日”活动，新宾各景区结合自身实际制定了优惠政策，其中赫图阿拉城、清永陵、和睦国家森林公园、猴石国家森林公园面向全国游客分别推出门票半价的优惠，妈妈沟风景区免门票，参仙谷景区对20人以上团体推出赠送价值58元人参的优惠政策。县文旅广电局与各景区分别通过微信公众号、抖音、头条等多种方式对旅游日的惠民政策进行广泛的宣传，让“中国旅游日”贴近民生，让更多的群众享受到旅游的快乐。旅游日当天，重点景区在醒目位置设置工作台和宣传条幅，由专职人员发放宣传资料，宣传文明旅游，倡导绿色旅游。开展旅游行业服务质量及安全大排查活动。会同市场监督、物价等相关部门开展联合行动，5月和9月先后对赫图阿拉城、清永陵、猴石国家森林公园等8家旅游景区开展2次服务质量和旅游安全工作大排查，对赫图阿拉城景区的消防工程存在配电电源老化问题，要求景区及时更换；清永陵景区施工期间工人未戴安全帽，要求景区当即进行整改。出台行业管理相关方案。3月，为迎接即将到来的旅游旺季，做好新一年度的旅游运营和接待服务工作，县文旅广电局下发《关于进一步加强旅游景区服务质量和综合管理的通知》；8月，又出台《新宾满族自治县文化和旅游市场整治行动方案》。6月，全国乡村旅游模范村赫图阿拉村凭借深厚的文化底蕴、良好的民俗文化保护与传承及乡村民宿的发展，成功入选全国首批乡村旅游重点村名录。9月，组织全县重点旅游商品参加由辽宁省旅游商品协会主办，沈北新区文化旅游和广播电视局、沈北新区文化旅游体育事业发展中心承办的2019“天女木兰”奖辽宁文化旅游商品创意大赛。此次评选全省共有200余家企业参与，经过对报名企业资质、商品品质等严格筛选，有98家企业获奖，其中新宾参赛的13家企业全部获奖，尚古膳满族饽饽、秘参堂秘制人参、蒲公英茶、仙芝美帝灵芝孢子粉、清谷九制黑芝麻小方、满族剪纸、兴京满绣手工刺绣作品等，赢得2金5银5铜1优秀共计13个奖项。

【旅游景区】 基于新宾独特资源优势，重点开发以国家AAAA级旅游景区赫图阿拉城和世界文化遗产清永陵为代表的文化类景区；以和睦、猴石和岗山三个国家级森林公园、参仙谷养生度假区、青松岭风景区、草帽山风景区为代表的生态类景区；结合乡村资源和民俗优势，重点打造赫图阿拉和大房子2个乡村旅游村。先后发展农家乐100余户，大房子村有10户农家乐被国家旅游局评为金牌农家乐；规模化农业采摘基地10个。

【特色旅游线路】 启运文化之旅一日游：赫图阿拉城+清永陵；二日游：赫图阿拉城+清永陵+猴石国家森林公园+启运神树。启运生态之旅一日游：A线：猴石国家森林公园+启运神树（禅修祈福），B线：和睦国家森林公园+启运神树（休闲度假），C线：岗山国家森林公园（登山赏枫），D线：参仙谷养生度假区（休闲养生），E线：

妈妈沟+上夹河根艺市场；二日游：A线：猴石国家森林公园+大房子村+启运神树，B线：和睦国家森林公园+启运神树+赫图阿拉村，C线：岗山国家森林公园+赫图阿拉城+赫图阿拉村，D线：参仙谷养生度假区+赫图阿拉城+清永陵。启运民俗之旅A线：赫图阿拉村（中华满族第一村）/大房子村（满族特色村寨）+赫图阿拉城，B线：满族农庄过大年（赫图阿拉村/大房子村）+年货大集+赫图阿拉城+错草采摘园/大自然采摘园。

（陶　杰）

清永陵

【概　况】 清永陵位于新宾满族自治县永陵镇，背依启运山，前临苏子河。隔河与照山呼兰哈达相望。群山拱卫，众水朝宗，山环水抱，风光壮美，照山形如虎踞，陵山势若龙盘。康熙皇帝东巡瞻拜永陵后，曾赋诗赞道“霭霭兴王地，风云莫可攀”。

清永陵是我国现存规模较小，但体系完整的封建帝王陵寝建筑群。它既有满族独特的建筑风格，又吸收了汉族传统文化特点，是我国珍贵的文化遗产。

清永陵不可移动文物主要有清朝原建、留存至今的古建筑9座，分别为启运殿、东配殿、西配殿、启运门、四座碑楼、正红门。复建古建筑7座，果房、膳房、祝版齐班房、茶膳涤器房、省牲所、晾果楼、焚帛亭。清永陵馆藏文物的主要来源有原藏、出土、征集、拨交四个渠道。馆藏历史文物530件，其中已鉴定为一级文物12件，二级文物33件，三级文物71件，一般文物414件，民族民俗文物213件，出土文物标本200余件。

清永陵是东北著名的帝王陵寝建筑群，1963年被列为辽宁省重点文物保护单位，1988年又被列入国务院重点文物保护单位，2001年新宾满族自治县政府将永陵列入申报世界文化遗产计划。2004年7月1日，在苏州召开的第二十八届世界遗产大会上，清永陵与沈阳的“一宫二陵”作为明清皇家陵寝扩展项目“辽宁的盛京三陵”被列入《世界遗产名录》。

2019年，清永陵接待游客7万余人，门票收150万元。

【文物保护】 2019年，清永陵文物保护工程主要有启运门及果膳房修缮工程、防雷改造工程、文物库房及管理用房建设工程、消防设施建设工程四项。3月7—9日，辽宁省文化厅组织文物专家对启运门及果膳房屋面维修工程方案、清永陵古建筑防雷工程方案、清永陵消防设施建设工程方案进行论证。6月15日，文物库房管理用房工程开工；9月3日、8日，启运门果膳房修缮、防雷工程分别开工，10月末全部完工。消防设施建设工程于10月9日开标，12月18日，由新宾电业公司工程队完成了地下电缆铺设分工程后停工。11月20日，委托原沈阳电子研究所做清永陵监控设备升级改造设计工作。

【营销宣传】 1月15日，参加南京明孝陵第24届梅花节既世界遗产旅游发展论坛。3月，制作2000枚印有清永陵美景图案的磁性冰箱贴用于营销宣传。在市公交车报站处做了清永陵的宣传广告。与抖音小视频合作，制作短视频，投放量为16万点击率。4月13—14日，在辽宁省旅游摄影协会举办的旅游摄影节中推介清永陵，并在

世界文化遗产——清永陵　　陈绍华　摄

现场发放宣传资料和精美的小礼品。“五一”至“十一”期间，与赫图阿拉城歌舞团、赫图阿拉村合作，每周日举办祭祖表演，再现当年的祭祀盛典，丰富清永陵旅游内涵。与酷秀集团签订网络门票代理合作协议，同时与携程网、美团网续签网络售票及网络整体宣传等相关合同。6月14日，与驴迹旅游集团进行门票合作，并在清永陵安装验票设备。与抖音合作制作发布短视频宣传片，点击率超16万。9月28日，2019“一带一路”国际旗袍模特大赛分会场在清永陵举办，参赛人员200余人。

【安全工作】 年初，对清永陵安全消防设施进行全面检查，补充购置灭火器、水龙带等消防器材。5月27日、9月27日，举行两次大型消防、救护、疏散联合实战演练，全体职工参与，主要演练后院初起火灾扑救、游客疏散等。6月初，针对视频保存期限不足、制度不全、存档资料不全面等问题，清永陵对监控系统进行整改，与沈阳中盛国华电子科技有限公司续签监控设备维保合同；完善相关制度和全部档案资料。

（全跃栋）

赫图阿拉城

【概　况】 赫图阿拉城位于新宾满族自治县永陵镇东4公里的苏子河南岸的台地上。山川钟灵毓秀，古城地灵人杰。赫图阿拉是满语，汉译为“横岗”，即平坦的山冈。1963年，赫图阿拉城被列为辽宁省重点文物保护单位。2002年，赫图阿拉城被国家旅游局评为国家AAAA级旅游景区。

2019年，赫图阿拉城景区共接待游客51.6万人次，经营收入817.1万元，其中门票收入670.3万元，导游费收入88.8万元，游览车收入15.1万元，停车费收入7.9万元，文创商品经营收入15.3万元，其他收入19.7万元。

【景区建设】 2019年，赫图阿拉城景区先后为赫图阿拉村打造垃圾处理造地实验田投入资金5万元，为该村修建农耕道路投资1万元。4月，景区栽植花卉10余个品种20余万株，对内城东城门等重点部位规划设计，景区绿化、美化，环境得到进一步提升。8月26日，辽宁省文化旅游厅对国家AAAA级旅游景区赫图阿拉城实地复核，经过审阅资料、现场检查等环节，赫图阿拉城景区完成并通国家AAAA级旅游景区复核。

2019年10月1日，赫图阿拉城的模仿努尔哈赤登基大典表演

【营销宣传】 加大对沈阳、鞍山、本溪、吉林、通化等省内外城市的宣传，深入各大院校、团体和社区，投放宣传资料20余万份。采取线上和线下、传统与新媒体相结合的宣传方式，适时开展特色活动，营造旅游氛围，提升景区活力。与辽宁卫视、辽宁都市、辽宁生活等频道合作广告宣传。4月18日，辽宁都市频道新闻正前方《小城风物》栏目播出赫图阿拉城景区专题片；6月13日，辽宁都市频道播出“赫图阿拉城满族美食”；7月18日，辽宁都市频道新闻正前方栏目播出“走进旗袍故里——新宾赫图阿拉”；9月，与辽宁都市频道《爱的选择》栏目合作现场秀节目；4—9月，分别在沈阳东陵高速口、沈阳公交车尾屏、沈阳65个小区投放户外广告，在沈阳多家万达影城做映前广告；与深圳腾讯公司合作微信朋友圈推送广告，曝光量达130万次；利用手机抖音平台成功发起“新宾赫图阿拉城景区第二届抖音大赛”，话题播放量达153.7万次；通过网络平台成功发起“2019年赫图阿拉

城景区征文大赛”。

【惠民政策】 1月12—13日，配合“2019新宾满族农庄过大年”活动，赫图阿拉城景区面向全国游客免费开放2天；2月4—14日（除夕至正月初十），赫图阿拉城景区面向全国游客推出“10元游皇城”活动；5—10月，在国家法定假日和周末期间，每天14：00在汗宫大衙门院内举办“仿努尔哈赤登基大典”展演活动，观众可免费观看；“五一”假期，对获得劳动模范和县级以上荣誉称号的游客实行免票；5月12日（母亲节），对全国女性免票；9月13—15日（中秋节），赫图阿拉城景区推出“游皇城赠月饼”活动，对购买景区全价门票的游客，凭当日门票免费领取月饼一份。“十一”假期结束后，为解决景区旅游淡季人少局面，赫图阿拉城与沈阳、鞍山、辽阳、吉林通化等地多所校院达成研学游意向，至11月中旬，来自各大城市研学游团体比上年增加近2万余人次。

（唐旭哲）

猴石国家森林公园

【概　况】 猴石国家森林公园位于辽宁省抚顺市新宾满族自治县木奇镇大房子村，总面积1935公顷，其地貌是长白山系龙岗山余脉延伸部分，受第四纪冰川作用，形成了起伏连绵、挺拔峻峭的冰川地貌景观。

6月7日，猴石国家森林公园第三届药香节，游客如织

景区自然景观独具特色，历史文化底蕴深厚。大自然化育的山体、峰峦、幽谷、峭石和林海构成了石猴、启运石、夹扁石、观音泉、情人石、罗汉山、林海行舟、弥勒大佛、云雾双灵等一幅幅瑰丽的天然画卷。具有“奇峰峭列、溪涧流香、草木竞秀、野趣盎然”的自然风貌和生态环境。景区地理位置隐秘，交通便利。景区分为服务区、游览区、狩猎区和自然保护区四大功能区。景区以森林景观资源为主、自然景观为辅、人文景观点缀。

2019年，猴石国家森林公园接待游客50.02万人，总收入368.69万元。

【营销宣传】 猴石国家森林公园发挥旅游资源优势与满族民间习俗相融合，丰富旅游产品，打造民众旅游品牌。1月1日，举办冰雪活动节，滑雪圈、滑冰车、打冰尜。2月19日，举办元宵节走百病活动，悬挂彩灯、点蜡烛、赛威呼雪地走等。5月1—5日，承办第三届开山节活动，萨满祈福，祈求一年风调雨顺、五谷丰登，开启全年好运。“5·19中国旅游日”，景区推出门票半价的优惠政策。6月7—9日，承办第三届药香节，景区内设置药香泉洗眼、吃五毒饼、挂五彩线、挂香囊、百姓在舞台、风味小吃和满族手工艺等互动项目。7月1日，举办重走抗联路、唱红歌庆祝党的生日。8月7—11日，承办第三届乞巧节活动，活动期间，景区内设置松林寻宝、蓝夜斗巧、乞巧祈福、欻嘎拉哈、情侣走红地毯、旗袍表演、满族地秧歌、百姓大舞台等丰富多彩的游艺项目。10月1—5日，承办第三届收山节活动，举行祭山神仪式，村民们载歌载舞庆祝一年的丰收。同时举办了息林游戏、长街宴、山货大集等活动。11月9日（农历十月十三），举办第三届颁金节活动，设置满族地秧歌及歌舞表演、赛威呼、雪地走等项目。

（猴石国家森林公园景区）

参仙谷

【概 况】 参仙谷原生态养生度假区位于新宾满族自治县永陵镇，占地1360公顷，位于生态源头，沟谷纵横百余里。2019年接待游客2.4万人次，门票收38万元。

【经营管理】 2019年，投资1000万元，完成参仙谷景观瀑布、玻璃观景桥等项目建设。景区新增水仙漫步、萌宠乐园、许愿回廊、丛林漂流、星宿乐园和古风集市等多个娱乐项目供游客参与体验。“5·19中国旅游日”期间，景区对20人以上团体推出赠送价值58元人参的优惠政策。年内，完成国家AAA级旅游景区申报工作。

（参仙谷景区）

宾 馆

【天瀛宾馆】 天瀛宾馆始建于2013年，2015年正式开始对外营业，是新宾满族自治县唯一一家具备三星级标准的大型商务宾馆，2019年有员工30余人，营业收入200多万元。天瀛宾馆主要经营洗浴、休闲娱乐、商务、餐饮、婚宴、住宿等业务。2019年投资1200余万元对洗浴中心、宾馆进行装修改造。

【五副盔甲度假酒店】 五副盔甲度假酒店位于新宾镇五副甲村南部，是一家以五星级标准装修，集饮食、商务、会议、住宿于一体的酒店，主要服务项目是住宿和餐饮服务。2019年有员工20人，营业额200万元。

广播电视

【概 况】 2019年，新宾满族自治县广播电视工作围绕中心服务大局，抓住群众关心、关注的热点问题，不断规范、丰富、创新广播电视新闻报道形式，提升宣传效果。全年完成电视新闻1200多篇，开设《不忘初心、牢记使命》《壮丽70年，奋进新时代》《扫黑除恶在行动》《抗洪抢险纪实》《知家乡爱家乡建家乡》《凤还巢》等50多个专栏和系列报道，制作播出广播新闻900篇，向市电视台传送播发电视新闻260多篇，在中央、省、市电台、报刊播发新闻100多篇。注重提升品质，巩固广电建设成果。牢固树立安全意识，不断提升服务水平，有线数字电视信号实现全覆盖，高质量地完成国家及各省市广播电视节目的传输工作。在重点保障时期和重要时段保证安全优质播出，使党和国家的声音及时安全传送到最基层。

【广播电视安全播出】 积极做好广播电视安全优质播出工作，制定《安全播出应急预案》，不定期进行巡察检修，在重要时期和节假日期间保证24小时值班，全年安全播出8760个小时，实现广播、电视安全播出无事故。

【广播电视网络建设】 共计播出2个广播频率、182个电视频道，其中自办2个电视频道，转播中央及其他省市180个频道。至2019年底，15乡镇共有有线数字电视用户48718户，当年新增340户，有线电视收视费每月24元；宽带用户974户，宽带年费480元。全年实现收入1241.4万元，其中有线电视收视费1162.9万元，宽带收入20.4万元，广告收入33.1万元，材料费5万元，网络平台服务费20万元。

【南山转播台】 位于新宾镇南山山顶，主要功能为转播无线电视中央1套、中央7套、辽宁卫视节目，功率为1千瓦；地面数字两套发射机共转播中央12套节目，功率为300瓦；2套广播节目，即“中国之声”，频率为106.9MHz、“新宾人民广播电台”，频率为88.2MHz，功率为1千瓦。

2019年，中央下达补助地方公共文化服务体系建设专项资金45.7万元，辽宁省下拨省级广播电视无线覆盖专项资金10万元，共计55.7万元，用于南山转播台设备维修维护及基础设施更新改造。

【优化服务】 全县15个乡镇广播电视站中，北四平乡、响水河子乡、红升乡、上夹河镇、下夹河乡5个广播电视站已进入乡镇行政服务大厅开展集中业务办理。

【脱贫攻坚】 全力做好脱贫攻坚工作，把精干力量放在脱贫攻坚一线，选派两人到永陵镇李家沟台村和大四平镇小四平村任第一书记，驻村开展帮扶工作，通过走访调查、精准识别、建档立卡、问题整改等一系列工作的开展，帮助贫困村研究产业扶贫政策，制定产业发展规划，努力推进贫困村增收致富。年底，李家沟台村和小四平村的基础设施条件得到明显改善，李家沟台村党组织软弱涣问题得到整改。

【融媒体】 2019年，新宾融媒体中心立足新宾发展实际，以打造一流县级融媒体中心为目标，整合“台、网、微、端”宣传资源，集新闻传播、舆论引导、政务发布、便民服务等功能为一体，实现“一次采集、多元生成、全媒传播”，提升新闻舆论传播力、引导力、影响力、公信力。省市下拨第一笔专项资金200万元（其中省级专项资金135万元、市级专项资金65万元）用于新宾融媒体中心规划建设和设备采购。10月，新宾融媒体中心土建、电力、供暖设备、广播电视设备以及演播厅播音室装修工程进行公开招标。至年底，土建工程、电力工程以及供暖设备安装均已完工，土建工程总造价38.4482万元，电力工程总造价18.5814万元，其中电力设计服务费1.2608万元、弱电改造2.7351万元、一万伏高压变压器14.5855万元；电暖设备总造价22.92万元。县融媒体中心成立后，5月9日至12月31日，电视《新宾新闻》播出162期共计878篇稿件，上级媒体采纳稿件140篇，广播电台汉语《新宾新闻》共播出广播新闻162期共计878篇稿件，朝鲜语综合节目播出106期，新闻稿件共计447篇，中央人民广播电台采纳稿件44篇，辽宁省朝文报刊登31篇。电视《新宾新闻》相继开设“爱国情、奋斗者”“壮丽70年、奋斗新时代”“8·15洪灾特别报道”“扫黑除恶”“不忘初心、牢记使命”“宪法宣传”“人大代表风采录”“政协委员风采录”“解读《政府工作报告》”等专栏。利用新媒体，刊发各类时政、经济、文化等信息71条；新宾宣传累计刊发时政、经济、文化等各类信息93条。

（洪　艳　李东升）

卫 生

综 述

【概 况】 2019年1月，根据《新宾满族自治县机构改革方案》，将原新宾满族自治县卫生和计划生育局、新宾满族自治县深化医药卫生体制改革领导小组办公室的职责、新宾满族自治县民政局的老龄工作管理职责、新宾满族自治县安全生产监督管理局的职业安全健康监督管理职责等整合，组建新宾满族自治县卫生健康局（以下简称县卫健局），是县政府工作部门，为正科级单位。

3月，根据《新宾满族自治县公益性事业单位调整方案》，将原县卫生和计生局所属的疾病预防控制中心、妇幼保健计划生育服务中心、结核病防治所、卫生监督所4个机构整合，组建新宾满族自治县卫生健康服务中心（以下简称县卫生健康服务中心），为县政府直属事业单位，机构规格副科级，由县卫健局代管。

【卫生改革】 全县3家县级公立医院医疗费用增幅 -7.6%，药占比（不含中药饮片）42.6%，较2018年同期下降3.9%；百元医疗收入（不含药品收入）消耗的卫生材料21.4元；临床路径占比31.1%。组织落实2019年国家三级公立医院绩效考核，对3家县属医院上报的自评数据进行评分、统计。全县3家县级医疗机构和14家基层医疗卫生机构参加省药品集中采购。开展以县级医院为龙头，整合13家乡镇卫生院，开展以“合作、共赢、创新、发展”为理念的医联体工作，实现分级诊疗、上下转诊、合理配置资源，乡镇卫生院参与率达100%。3所县级医院与乡镇卫生院均建立合作关系，制定医联体章程并签署协议。建立和完善分级诊疗、双向转诊机制，积极实行分级负责，双向转诊，进一步完善医共体内急救转诊流程，建立双向转诊绿色通道。1—9月共转诊130余人次，县域内就诊率达到85%以上。县级医院积极与医联体单位开展远程医疗，开通双向转诊绿色通道。完成每个乡镇有1所政府办标准化乡镇卫生院的目标任务，按照省卫健委关于乡镇卫生院标准化建设的要求，积极对上争取，为每个乡镇卫生院填补DR、彩超等设备，所有乡镇卫生院房屋及设备均达到标准要求。新宾满族自治县一脉阳光医学影像中心项目于5月正式开业运行，全部实施远程诊疗，提高县域医疗诊断水平。下一步将推进乡镇卫生院DR和彩超与县影像中心的联网升级工程，实现医疗资源共享。

行政管理

【行政审批】 全县医师总数462人，全部完成医师电子化注册；护士总数622人。2019年，医师注册变更、多机构备案71人次，其中医师执业注册32人次、医师执业变更27人次、多机构备案

6人次、执业医师注册备案6人次、无执业医师注册注销；护士注册变更329人次，其中，护士首次注册36人、变更注册人数31人、注销7人、延续注册255人；发放《医师资格证书》及《授予医师资格审核表》17人次。

【人事科教】 组织完成农村订单定向医学生免费培养工作。在规定时间内保质保量完成6名免费定向医学生招生任务。完成2019年全科医生转岗培训考核工作，参加考试7人，合格率100%，合格人员按要求进行“全科”加注。全县共加注全科医生68人，每万名人口全科医生数为2.27人。组织完成护士执业资格考试、全国卫生专业技术资格初中级考试工作及全省高级专业技术资格考试工作。其中护士执业资格考试16人，初中级考试报名132人，高级专业技术资格报名24人。继续以沈阳医学院为平台，举办县直医疗单位高层次及紧缺人才专场招聘会，共有3家医疗机构进场招聘，经过现场报名、资格审核、面试、体检，招聘到1名高层次及紧缺人才，为县属事业单位补充后备人才。

【卫生应急】 县疾控中心及新宾满族自治县第二人民医院继续开展卫生应急规范化建设，县卫健局分别于12月5日、16日，对两家单位开展考核。制定《2019年新宾满族自治县应急演练工作计划》，全年共开展4次应急演练。5月9日，组织开展应对洪涝灾害紧急医学救援专项演练；5月23日，组织开展洪涝灾害应急处置专项演练；5月31日，组织开展应对地震灾害紧急医学救援专项演练；8月23日，组织开展人感染H7N9禽流感疫情应急处置专项演练。制定《2019年新宾满族自治县自救互救能力建设工程工作方案》，县卫健局及各医疗机构开展自救互救能力建设培训64场；发布微信公众号应急知识10篇，参加自救互救能力建设培训及微信公众号浏览量共计1.43万人次。修订《新宾满族自治县洪涝灾害卫生应急预案（2019年修订版）》《新宾满族自治县救灾防病工作应急预案（2019年修订版）》《新宾满族自治县自然灾害卫生应急预案（2019年修订版）》《新宾满族自治县非职业性一氧化碳中毒事件应急预案（2019年修订版）》《新宾满族自治县高温中暑事件卫生应急预案（2019年修订版）》《新宾满族自治县人感染高致病性禽流感应急预案（2019年修订版）》《新宾满族自治县突发化学中毒事件医疗卫生应急救援预案（2019年修订版）》《新宾满族自治县卫健局地震灾害卫生应急预案（2019年修订版）》《新宾满族自治县甲型H1N1流感防控卫生应急预案（2019年修订版）》《新宾满族自治县麻疹疫情防治应急预案（2019年修订版）》《新宾满族自治县突发生活饮用水污染事件卫生应急处置预案（2019年修订版）》《新宾满族自治县手足口病疫情防控应急预案（2019年修订版）》《新宾满族自治县应对流感大流行准备计划与应急预案（2019年修订版）》以及《新宾满族自治县反恐怖卫生应急预案》计14项。

卫生监督

【专项整治】 4月24日，召开会议部署全县蓝盾系列专项整治行动，并就5项蓝盾行动工作进行讲解和培训。分别开展学生健康蓝盾护航卫生监督蓝盾一号专项整治行动（学生近视防控卫生监督检查专项整治）、中医诊疗蓝盾护航卫生监督蓝盾二号专项整治行动（中医诊疗机构依法执业监督检查专项整治）、住宿卫生蓝盾护航卫生监督蓝盾三号专项整治行动（住宿场所卫生监督检查专项整治）、百姓就医蓝盾护航卫生监督蓝盾四号专项整治行动（医疗机构依法执业监督检查专项整治）、消毒产品蓝盾出击卫生监督蓝盾五号专项整治行动（消毒产品监督检查专项整治）等5项专项行动。共出动监督人员193人次、车辆114台次、监督检查371家次、下达执法文书

736份，提出监督意见782条、立案查处14家单位。印发《2019年新宾满族自治县随机监督抽查工作方案》。3月25日，召开“双随机”业务培训暨工作启动会议，统一部署卫生监督抽查工作。印发《新宾满族自治县2019年卫生监督随机抽查任务执行情况通报》，对抽检完成情况进行通报，及时将抽查结果信息在新宾满族自治县政府官方网站及新宾满族自治县卫生监督所官方微信公众号向社会公开。“双随机、一公开”抽检工作，共抽取112家单位，其中检测任务64家，聘请有资质的第三方检测公司对“双随机”任务清单中的学校、托幼机构、公共场所、水厂分别进行检测。检测结果均符合卫生要求。处罚案件9件，罚款0.5万元，警告1起。

对县内5家病原微生物实验室进行监督检查，对1家病原微生物实验室未建立实验档案，给予警告处罚。抗（抑）菌制剂专项监督检查工作共检查辖区内医疗卫生机构18家，未发现有违规购进使用“安提可四价流感病毒抗体喷剂”及类似产品，各医疗卫生机构的抗（抑）菌制剂的使用、管理工作基本符合要求。预防接种专项监督检查工作检查1家疾控机构和16家接种单位，预防接种相关工作开展良好，针对个别存在的二类疫苗公示不规范等问题，下达卫生监督意见书，责令立即整改。及时将专项监督检查工作开展情况在单位官方微信公众号进行发布宣传。医疗卫生机构医疗废物和生活垃圾管理专项检查工作抽取辖区内的5家医疗卫生机构进行监督检查，对存在的主要问题当场下达卫生监督意见书，要求立即整改。成立传染病分类监督综合评价工作领导小组，制定医疗卫生机构传染病分类监督综合评价工作方案，于5月16日对全县18家医疗卫生机构进行培训。对34家单位进行分类监督综合评价，双随机关闭3家，优秀5家，合格26家，合格率达到100%，无不合格和重点监督单位。评价结果通过手持终端机上报至辽宁省卫生计生综合监督管理平台。开展打击非法医疗美容联合专项行动。由县卫健局牵头，联合县公安局、人社局、市场监督管理局、网信办出台《关于印发新宾满族自治县严厉打击非法医疗美容专项行动实施方案的通知》。在新宾卫生监督所公众号公布打击非法医疗美容专项行动最新进展，宣传非法医疗美容危害等知识，提高群众的辨识能力。全县共检查生活美容院10家，于9月完成专项总结上报工作。

【监督队伍建设】 打破以往“一个专业、一部法律、一支队伍”的监督模式，集中人力、物力，实行综合执法，执法规模和监督力度都大大超过以往，执法效果明显提高，应对突发事件的能力显著增强。新招聘1名中医专业本科毕业生任监督员。强化卫生监督队伍自身建设，对卫生监督员进行多种形式的在职培训和继续教育，努力提高他们的专业技术知识水平、综合法律知识水平和职业道德水平。定期对监督员进行多种形式的考核，树立起卫生监督执法的良好形象。严格内部管理，建立健全各项工作规章制度、工作程序及依法行政制度。加强全县卫生监督协管工作，定期对协管工作进行考核，对结果进行通报。协助开展食源性疾病、饮用水卫生安全、学校卫生、非法行医和非法采供血、计划生育实地巡查1278次。卫生计生监督协管信息报告率100%。

【食品安全风险监测】 制定《新宾满族自治县食源性疾病监测工作实施方案》，成立新宾满族自治县食源性疾病监测工作领导小组，3家哨点医院全部签订《辽宁省食源性疾病监测医院承诺书》，全年共监测病例119例。

行政执法

【法制宣传教育】 建立“谁执法谁普法”的普法责任制，下发《关于贯彻落实国家机关“谁执法谁普法”普法责任制的通知》及《新宾满族自治县卫健局关于贯彻落实国家机关“谁执法谁普法”普法责任制相关工作的通知》，全面部署卫生健康系统普法责任制。组织两场全县卫生健康系统法治讲座，针对强化依法行政观念、卫生监督执法行为等进行专题培训。开展宪法宣传周活动。抽调得力工作人员在县百货广场上设立宣传站、发放宣传单，开展丰富多彩、有声有色的宣传活动。

【医疗乱象专项整治】 在持续开展扫黑除恶专项斗争过程中，本着“有黑扫黑、无黑除恶、无恶治乱”的原则，深入推进医疗乱象专项整治工作，坚决遏制损害人民群众切身利益的医疗违法违规行为，全力营造良好的医疗服务环境和执业秩序。根据《抚顺市开展医疗乱象专项整治行动实施方案》，明确行动目标、行动范围和整治重点，对专项整治行动周密安排，分别组织人员对55家医疗机构进行专项检查。9月、11月，相继开展医疗美容乱象、医疗乱象专项整治、依法执业等监督检查工作，规范新宾满族自治县医疗市场秩序。

行业建设

【中医管理】 全县有二级中医医疗机构1家，中医诊所4家。持续推进基层中医药服务能力建设提升工程“十三五”行动计划。全县乡镇卫生院总数15家，能够提供6类以上中医药技术方法的有14家，占比93%；社区卫生服务站总数1家，能够提供4类以上中医药技术方法；村卫生室总数156家，能够提供4类以上中医药技术方法的有100家，占比64%。中医馆14家，除新宾镇卫生院不承担医疗服务外，其他乡镇卫生院实现全覆盖。成立“治未病”领导小组，县中医院开设“治未病”科，实施中医馆建设的乡镇卫生院设立“治未病”门诊，开展“治未病”服务。根据《辽宁省“西学中”人才培养项目实施方案》，推荐12人参加培训；完成“传统医学医术确有专长人员报名”工作，共计2人报名。制定《新宾满族自治县中医药健康服务发展规划（2019—2030年）》；成功创建省中药材产业扶贫模式试点县；协助完成人参小镇和人参博物馆项目建设的设计工作；新培育抚顺青松药业有限公司为中医药健康旅游示范单位。组织开展全县范围内中医药文化进校园活动1次、中医药文化宣传活动2次、中医药法学习宣传活动1次，为全县中医药人员举办中医适宜技术推广培训2场，180余人参加培训。

【基层卫生】 全县基层医疗卫生机构243个，其中乡镇卫生院15个、村卫生室188个、社区卫生服务站1个；个体、厂矿卫生所39个。公共卫生机构4个，其中疾病预防控制机构1所、妇幼机构1所、专科疾病防治机构1所、卫生监督机构1所。全县有卫生人员1267人，其中卫生技术人员931人，执业（助理）医师481人，注册护士542人。全县医疗机构床位（编制）数达944张，其中医院（编制）700张，卫生院（编制）244张。全县医疗机构诊疗人次为158.5万人次，其中医院诊疗人次为30.2万人次，医疗机构住院人数2.3万人次。基本公共卫生服务经费标准提高到人均60元。通过“抓重点、抓规范、抓绩效”，全力提高原有的基本公共卫生服务均等化服务项目和新增的九项重大公共卫生服务项目水平。免费向广大居民提供慢性病管理、老年人健康体检等服务，4家业务指导部门和16家基层医疗卫生机构严格按照各项基本公共卫生指标任务全部完成。签约服务工作重点由“重数量”向“提质增效”转变，在巩固家庭医生签约服务的基础上，稳步扩大签约服务覆盖面，细化、实化签约服务相关技术规范、服务流程，完善签约服务考核评价机制，增加签约服务满意率和知晓率指标。结合“5 · 19世界家庭医生日”开展签约服务宣传，加深健康管理的理念，营造全社会参与支持签约服务的良好氛围。全县共组建16个家庭医生团队，常住人口签约服务覆盖率为35.8%，重点人群签约覆盖率62%。贫困人口实际签约率100%，计划生育特殊家庭签约率为79.8%。

【职业卫生】 印发《新宾满族自治县矿山、冶金、化工行业领域尘毒危害专项治理工作方案》，明确2019年度职业卫生工作总体要求、治理范围和任务目标。组织开展矿山、冶金、建材行业的专项治理。共检查6家用人单位，建立用人单位职业健康管理人员微信群，用于职业卫生健康宣传、工作联系、交流等。对用人单位的卫生管理人员进行职业卫生相关法律法规的培训。与用人单位签订《新宾满族自治县用人单位职业健康工作责任书》。建立《用人单位基本情况登记表》，用人单位对劳动者进行上岗前、在岗期间和离岗时进行健康体检，建立劳动者健康监护档案。定期对生产车间的职业危害因素进行检测与评价。在车间设置相应的安全警示标识。针对全年工作开展情况下达执法文书，依法做出相应处理。

【疾病预防控制】 有序开展急性传染病、艾滋病、结核病等重大传染病防控工作。开展流感等常见传染病的监测。对霍乱、流行性出血热等重点传染病采取预测、预警、预报。组织县疾病预防控制中心和各级医疗机构落实重点传染病防控各项措施，加大重点传染病防控工作力度。规范全县传染病网络报告程序，组织各乡镇、各单位开展传染病报告工作质量和管理现状自检自查工作。根据《学校结核病防控工作规范（2017版）》要求，加强校园结核病防控工作。对新宾职教中心高一新生进行结核菌素试验筛查，开展结核病防控知识宣传进校园活动。接种单位17家，全县15个乡镇均实行免疫规划疫苗接种。累计建设数字化预防接种门诊2家。全县接种个案信息填报完整率92%，乡镇集中接种率100%。在全县范围内开民健康活动月活动。利用“全国高血压日”“全民健康日”等慢性病宣传日开展健康主题宣传活动。推广限盐勺、限油壶等技术支持工具和中国居民膳食指南、成人身体活动指南等成熟的技术指南。推进儿童口腔综合干预项目。与县教育局联合制定下发《新宾满族自治县儿童口腔健康服务项目工作实施方案》，召开工作部署会议，落实项目实施机构。检查儿童1297人，检查牙数5188颗，为1177人完成3533颗牙齿的窝沟封闭工作。组织召开全县精神卫生工作会议暨严重精神障碍管理培训班，全县16个网点严重精神障碍信息系统业务管理员、数据质控员参加会议。组织到16家项目执行单位开展严重精神障碍管理项目督导考核工作。根据《抚顺市地方病防治攻坚行动实施方案（2019—2020年）》要求，建立部门协调机制，加强碘缺乏病、布病、克山病等监测工作，碘缺乏病达到消除标准。开展大骨节病监测，全县临床检查7—12周岁儿童9679人，X线阳性0例，病区村7—12周岁儿童全覆盖无大骨节病例，达到消除标准。完成全县179个病区村（社区）疑似心肌病病例监测工作，无新发克山病病例。

公共服务

【计划生育】 每个行政村配齐配强计生专干、中心户长，并解决好报酬待遇问题，全县计划生育基层机构人员稳定、网络畅通，工作有序开展。2019年，全县出生人口1156人，其中男孩575人、女孩581人。全县享受农村计划生育家庭奖励扶助4203人，享受计划生育家庭特别扶助530人。认真开展免费孕前优生健康项目。完善档案管理，规范早孕随访及妊娠结局随访，各乡镇及中医院“孕优”项目参与人的档案书写具体规范。“孕优”检查273对。召开“两癌”筛查启动会。为全县200余名乡镇和村计生专干培训“两癌”筛查工作及常见妇女病诊治。筛查宫颈癌7398人，发现可疑宫颈癌49人，确诊浸润性癌1人，癌前病变14

人，需治疗者15人均已治疗；筛查乳腺癌2970人。为771名孕妇免费筛查艾滋病、梅毒、乙肝并提供咨询检测。为22例母亲乙肝表面抗原阳性所生儿童免费注射免疫球蛋白。为6名梅毒感染孕产妇及所生儿童提供免费定期监测随访服务。

【老龄健康服务】 针对老龄人口逐年增加的情况，明确树立健康老龄化的理念，采取一系列措施，开展形式多样的孝亲敬老宣传活动，营造敬老爱老社会氛围。利用“重阳节”“敬老月”广泛开展以“孝老爱亲、向上向善”为主题的敬老月活动和慰问贫困老龄人、“关爱空巢老人”等活动。国庆节前夕，组织县民乐团、老干部局合唱团等文艺团体，在县和平广场举办“迎国庆、贺重阳”大型文艺晚会。为全县老年人办理优待证2000余本，及时将党和政府对老龄人口的关心和关怀送到老年人手中。

【精准健康扶贫】 实施大病集中救治一批，对贫困人口患25种重大疾病实施大病集中救治。全年，各乡镇卫生院已核准患25种大病贫困人口492人，其中已救治或放弃救治492人。重病兜底保障一批，贫困人口患政策规定的94种重大疾病，救治费用经新农合、大病保险、医疗救助补偿后，由健康扶贫专项基金和定点医疗机构兜底。全县3所县级医院共兜底1479人，兜底资金137.6万元。慢病签约服务一批，对贫困人口患高血压、糖尿病、结核病、重性精神病等慢性病实施签约服务。全县共签约2786人，签约率100%。白内障复明手术，为60岁以上贫困白内障患者免费实施手术治疗，对有意愿进行手术的贫困白内障患者，全部实现免费手术治疗。各乡镇卫生院核准60岁以上白内障贫困人口66人，其中已救治或放弃治疗66人。实施贫困人口特殊疾病患者长期服药补助政策。贫困人口患儿童白血病及恶性肿瘤、成人恶性肿瘤等30种重大疾病，门诊口服医保目录内药品所需费用由健康扶贫资金全部兜底，贫困患者“零支付”。共核查出2238人，已投药2068人，补助资金98.6万元。4月，启动贫困儿童免费接种流感疫苗、水痘疫苗工作，全县应接种流感疫苗贫困儿童共624人，接种流感疫苗478人，完成率达到省目标60%；符合接种水痘疫苗的贫困儿童共21人，全部完成接种。6月，启动贫困家庭适龄儿童口腔健康服务工作，符合条件的贫困儿童共46人，窝沟封闭筛查31人符合条件22人，全部完成窝沟封闭工作。开展大型义诊宣传、送医下乡、精准帮扶义诊、敬老院义诊、中医诊疗、健康咨询、合理用药指导、贫困患者免费体检、科普知识宣传等春雨惠民活动9次，选派医疗和护理人员170人次，免费为群众测血压、测血糖、中医诊疗、健康咨询和用药指导1300人次，免费发放宣传资料1.5万份。参与群众近万人。

【爱国卫生】 按照创建“国家卫生城市”、建设“健康城市”工作规划，积极开展环境卫生整治行动。以第31个爱国卫生月为契机，组织相关部门清运越冬各种垃圾残土，消除各种脏、乱、差现象。根据县委、县政府总体安排部署，4月，在全县范围内开展以“创建国家卫生城市、共建共享健康环境 ”为主题的卫生清洁月活动，4月10日，全县各乡镇统一组织开展集中大清扫活动、组织人员开展统一熏杀越冬蚊蝇工作，统一消杀，不留死角。开展大型宣传教育活动5场次，设立宣传站（点）16个，宣传受教育12000人次，发放宣传资料10000份。紧密结合“城乡环境综合整治”“七美新宾”大力开展环境卫生整治活动，集中整治环境卫生问题的重点难点部位，重点对公路沿线的卫生和机关、单位等各类办公场所的卫生进行整治，切实解决市民关心的相关问题。出动车辆240台次，清理垃圾2000吨，平整场地2500平方米，公路沿线绿化27000平方米。开展无烟机关、无烟学校、无烟医疗卫生机构（医院）创建活动。创建单位设置明显禁烟标志，张贴烟草危害宣传海报，在办公楼外正确设置吸烟区，安排控烟监督员及巡查员，对外来吸烟人员进行劝阻，定期进行控烟宣传培训。制定下发《关于做好秋季病媒生物传染疾病防控和全面灭鼠工作的通知》(新爱卫会〔2019〕4号)，确定10月14—17日为投药周，购买溴敌隆鼠药粮饵和灭蟑颗粒剂4.53万元，组织大型消杀行动5次，市第三方检测行动3次，新宾满族自治县蚊蝇鼠蟑四项密度均达到国家C级标准，主城区四害密度全面达标。

(顾呈飞)

医 院

新宾满族自治县人民医院

【概 况】新宾满族自治县人民医院(以下简称县医院)成立于1949年，是新宾地区集医疗、急救、教学、预防保健、康复治疗、重大疫情防治为一体的二级甲等医院，同沈阳医大一院、沈阳医大盛京医院、辽宁省肿瘤医院、何氏眼科医院、抚矿总院结为联盟协作单位，同抚顺市中心医院结为医联体。2019年，全院有在岗职工371人，其中专业技术人员281人，占在岗人数的76%，高级专业技术人39人，中级专业技术人员85人。全院设职能科室11个，临床科室17个，医技科室8个，编制床位500张。全年门诊量13万人次，收治住院1.3万人次，手术1200余例，急诊接诊1万余人次。全年总收入9589.9144万元，其中财政拨款收入539万元，医疗收入9050.9144万元。

【医疗服务】4月25日，与一脉阳光影像集团合作医疗项目正式开诊，标志着县医院在体制改革、科室布局上迈出可喜的一步，其中1.5T磁共振、64排螺旋CT、GE彩超、远程会诊系统等先进设备的引入使县医院的医学影像技术迈上新的台阶，彻底告别新宾县没有核磁共振的历史。全年精准扶贫652人次，报销总金额72.4万元。农合门诊报销55148人次，补偿金额376.9万元。住院报销7033人次，补偿金额1710万元。

(顾呈飞)

新宾满族自治县第二人民医院

【概 况】新宾满族自治县第二人民医院位于永陵镇内，是一所二级医院。2019年有在岗职工216人，专业技术人员174人，其中高级技术人员21人，中级43人。医院设行政科室4个、职能科室10个、临床科室12个、医技科室8个，实际开放床位200张。全年总收入4422.043万元，其中财政拨款收入375.3532万元，医疗收入2457.8825万元。

【医疗公共卫生服务】医院主要完成农村常见病、多发病的诊治与治疗。全年，门诊量70404人次，住院6490人次，手术1457例，接产598例。四种慢性病600人，100%签约，投药金额2.8529万元；建档立卡贫困人口服务人数2307人，签约服务2031人，免费体检人数897人。

(顾呈飞)

新宾满族自治县中医院

【概 况】新宾满族自治县中医院(以下简称县中医院)是一所二级医院。2019年，医院有在岗职工139人，其中专业技术人员82人。医院开设床位100张，设行政科室4个、职能科室8个、临床科室7个、医技科室4个。全年总收入1960.5494万元，其中医疗收入1353.566万元，住院收入365.6万元。

【中医治疗】县中医院在开展常见病、多发病的中医诊治的同时，还能中西医结合完成脑出血、脑梗塞、肺心病、呼吸衰竭、心力衰竭、糖尿病、各种休克及中毒的抢救治疗，新增内窥镜检查、胰岛素泵等治疗项目。康复科能应用传统与现代疗法结合治疗腰椎间盘突出、颈椎病、肩周炎，网球肘等疾病。门诊中医内科设有全国基层名中医工作室，擅长中西医结合治疗多种内科常见病及疑难杂症。开设特色中药贴敷项目，治疗多种慢性疾病。全年总诊疗人数91912人次，其中门诊人数76317人次。出院人数为1196人次，其中手术人数为141人次。

（顾呈飞）

新宾满族自治县红升乡卫生院

【概　况】 新宾满族自治县红升乡卫生院（以下简称乡卫生院）是一所乡级综合卫生院，承担全乡近万人口的医疗、预防、保健、公共卫生服务项目、医疗扶贫等工作。2019年有在岗职工17人，其中在编在岗8人、临时人员9人；有医疗专业技术人员16人，乡卫生院开设床位20张，设有行政科室2个、临床科室7个、医技科室8个。全年总收入309.3134万元，其中财政拨款收入86.4814万元，医疗收入7.1345万元，药品收入151.4869万元。

【医疗公共卫生服务】 乡卫生院对农村的常见病、多发病开展诊治。开展中医特色治疗，为脑出血、脑梗塞后遗症的患者提供中医绿色康复治疗135人次。全年免费为65岁以上的老年人健康体检273人，为贫困人口健康体检350人。为患高血压、糖尿病、肺结核、重症性精神病四种慢病签约治疗253人。

（顾呈飞）

新宾满族自治县上夹河镇卫生院

【概　况】 新宾满族自治县上夹河镇卫生院（以下简称镇卫生院）是一所乡镇综合卫生院，承担全镇居民12项基本公共卫生服务和精准扶贫工作。2019年，卫生院有在岗职工15人，其中专业技术人员14人。医院设床位18张。全年总诊疗量30931人次，住院治疗257人次。总收入545万元，其中财政拨款收入179万元，上级一般诊疗补助收入56万元，事业收入310万元。事业收入中药品收入253万元、医疗收入57万元。

【医疗公共卫生服务】 全年镇卫生院主要完成农村常见病、多发病的诊治，同时完成脑梗塞、肺心病、呼吸衰竭、心力衰竭、慢性肾功能衰竭、糖尿病和各种休克、中毒的抢救治疗等，开展中医各项适宜技术为患者提供绿色康复治疗。全年管理高血压病人1472人，规范管理1234人；管理糖尿病病人531人，规范管理438人；管理严重精神障碍患者107人；管理老年人2193人，规范管理1496人。全年新出生儿童43人，疫苗接种率达到99%。产妇数42人，产前检查及产后访视工作达99%。儿童免费体检率达98%。精准扶贫人员慢性疾病签约治疗257人，贫困人口免费体检611人，30种特病240人，其中救治227人，免费投药金额15.47万元。

（顾呈飞）

社会生活

民　政

【概　况】 2019年1月，按照《新宾满族自治县机构改革方案》，将原新宾满族自治县人力资源和社会保障局、新宾满族自治县民政局的职责整合，重新组建新宾满族自治县人力资源和社会保障局（以下简称县人社局），加挂新宾满族自治县民政局牌子。

3月，按照《新宾满族自治县公益性事业单位调整方案》，将原县人力资源和社会保障局所属人才中心、劳动就业管理局、原县民政局所属殡葬管理所、社会福利中心、婚姻登记处、居民家庭经济核对中心、原乡镇所属林业站、农业站、企业服务站、社会事业站共66个机构整合组建新宾满族自治县人力资源和社会保障中心。

【社会救助】 对全县15个乡镇低保对象认定的审核审批、动态管理、入户调查、民主评议、公开公示、经济状况核对、低保经办人员和村干部近亲属享受低保备案、责任追究制度落实情况进行全面检查，所有低保户全部依照申请、审核、审批程序公开办理。全县2019年有城镇低保1789户2820人，保障面达3.1%，发放城镇低保金1296.1344万元；农村低保5373户8873人，保障面达4.8%，发放农村低保金1959.5988万元。开展惠民政策落实情况实地核验回访工作，并对2017—2019年低保与建档立卡户进行识别。对于收入超出低保标准但因重病、突发重大事件等困难家庭，尽力通过“救急难”、临时救助等方式对这部分群体进行1000—3000元的救助，暂时缓解其生活困境。全年共发放临时救助6753人次，救助资金326.6344万元。

【社会福利】 按照“自愿求助、无偿救助”的原则，完成对流浪乞讨人员的救助接待、服务和安置、宣传教育、护送返乡、医疗救助、生活救助、主动劝导救助等项工作，使流入新宾满族自治县的流浪乞讨人员全部得到安全有效救助。共救助流浪乞讨人员234人次，动用车辆760余次、发放衣物及物品99件、矿泉水23箱、方便面12箱、面包9箱、火腿肠5箱。以“老城庙会”“冬季送温暖”“夏季送清凉”“6·19全国救助开放日”等活动为牵引，利用电视媒体、广播等渠道进行广泛宣传，积极引导社会各部门积极参与救助。加强主要街道、桥梁、涵洞、银行商业网点等处救助巡逻，提高救助工作的效率。完成救助站及未成年人救助保护中心的改造及配套设施建设。

【婚姻登记与管理】 全年共办理婚姻登记3056对，其中结婚登记1399对，离婚登记842对，补领结婚登记证814对；补领离婚登记证78份。全部合法有效，登记合格率100%。开展婚姻登记历史档案数据补录工作，9月底前全部完成新中国成立以来的现存婚姻登记历史档案的数据补录，共计19399对（份）。积极开展收养法律法规及有关政策宣传活动，及时解答收养当事人的疑难问题，办理完结1名三代以内同辈旁系血亲的子女收养申请。

【民间组织管理】 加强社会组织管理。结合年检对全县32家社会组织开展“体检”“补课”，使社会组织的作用得到充分发挥。在社会组织开展党建工作，建立健全社会组织的党建工作体系。从严从实做好新增社会组织成立审批以及监管工作，2019年注册成立17家社会组织以及6家社区类社会组织。

【殡葬管理】 全县遗体火化2058具，火化率达100%。召开全县推进整治殡葬陋习联合执法行动部署会议，推进落实殡葬改革工作。对全县15个乡镇殡葬管理工作进行专项巡查，督促落实“告知书”送达工作。全年共进行4次联合执法，联合县公安、市场监管、住建（执法局）等部门对全县殡葬用品销售网点进行执法检查，查缴销毁违规殡葬用品650件。完成市人大常委会对新宾满族自治县殡葬管理工作的调研迎检工作，调研组对新宾满族自治县殡葬管理工作取得的成绩给予很高评价。落实全县“两个摸排”工作会议精神，第一次摸排数据已上报。

【基层政权建设】 对全县181个行政村“两委”成员空缺进行补选，补选村委会主任19人、村委会委员8人，除陡岭村委会主任因不称职被停止工作暂空缺外，其余180个村委班子成员机构健全。积极向上级争取资金75万元，完成新宾镇和平蔬菜村、榆树乡蔡家村、旺清门镇江南村村部改造建设项目。

【五老供养及养老院建设】 对47名散居孤儿发放生活养育费69.43万元；对337名80—89岁老年人发放高龄津贴18.9万元；对566名失能半失能人员发放养老补贴30.93万元；对51名90周岁以上老人发放高龄补贴11.06万元；对6名100周岁以上老人发放高龄补贴2.3万元。对45名60年代精简职工发放生活费22.24万元。对5584名困难残疾人和重度残疾人发放补贴414.48万元。

全年共为1458名特困人员发放救助供养金974.17万元、照料护理费390.84万元、丧葬费22.66万元。开展敬老院安全生产大检查工作。新宾镇、永陵镇、南杂木镇、木奇镇、下夹河乡5所敬老院维修改造项目已投入使用。为1131名分散特困供养人员发放供暖费22.37万元。

（杨　檬　隽　跃）

人力资源和社会保障

【就业再就业】 2019年主要从政策落实支持就业、创新创业带动就业、技能培训提升就业、精准服务推动就业、精准扶贫稳定就业、平台建设巩固就业等六方面具体措施落实就业工作，全年主要完成城镇新增就业914人，完成年初任务指标800人的114.25%。城镇登记失业率为2.54%，控制在年初任务指标≤5%。已审核发放个体工商户创业担保贷款898万元，完成年初任务指标的179.6%。扶持创业带头人80人，完成年初任务指标的100%。带动就业480人，完成年初任务指标的100%。职业培训1900人，完成年初任务指标的100%。培训农村劳动力1330人，完成年初任务指标的133%。就业困难人员实现就业366人，完成年初任务指标的122%。零就业家庭数为零。引进高校毕业生创业者100人，完成年初任务指标的100%。高校毕业生就业率87.85%，大于市局要求≧80%。就业见习44人，完成年初任务指标的146.67%。

【劳动安全监察】 劳动监察大队主动检查各类用人单位700家，涉及劳动者1966人，针对检查中发现的未签订劳动合同、未缴纳社会保险、未办理劳动用工备案手续等问题，及时下达《劳动保障监察指令书》30份，提出各类整改意见108条，责令限期整改；下达行政处理文书4份，下达各类文书的整改率97%。依法办理解除劳动关系手续480人。收缴农民工工资保证金810.9769万元。接待群众咨询40人次；接待各类投诉案件4起，其中正式受理4起，结案率达100%。

【劳动仲裁】 受理案件114起，调解20起，裁决94起。仲裁案件数与上年持平，但劳动争议涉及事项明显增多，劳动者咨询频率也有所增长，说明企业的劳动保护意识有所提高，劳动者对法律的认识、认知也有着全方位的提升，仲裁机构也加强法律法规的学习和建设，有效务实地给劳动者提供法律的保护。

【人才工作】 为全县卫生计生系统事业单位公开招聘工作人员，各医院共招聘48人。先后4次赴辽宁师范大学、东北师范大学、沈阳师范大学、沈阳医学院招聘教师和医生，招聘35人。安置转业三期士官9人。公开招聘建档立卡贫困大学生19人。面向社会招聘“特殊计划”68人。安置3名2016级农村订单定向免费医学毕业生到乡镇卫生院工作。开展全县公益性事业单位改革工作，共转隶人员1925人，办理事业单位人员调转81人，事业单位人员解聘12人。发放机关事业单位建国70周年纪念章57枚。完成全县机关事业单位4458人的滚级升档工作、5424人的十三薪年终一次性奖金、47人增加一个月离休费的审批工作。完成乡镇事业编考公务员88人工资审批工作；完成符合条件的公务员职级并行工资审批工作36人。完成四家联审工作将全县14个国营林场顺利纳入事业单位养老保险平台。办理机关事业单位到龄职工的退休审批手续218人。审批机关事业单位在职、退休人员去世丧葬费抚恤金123人。完成事业单位职称变动工资审批工作1191人。开展辽宁省“百千万人才工程”申报工作，全县有1人获得千层次人才荣誉。

【专技职称】 开展填报辖区事业单位名称工作，全县共上报233个事业单位。核对14个国营林场的养老保险缴费基数及核算退休人员工资。对4128名事业编人员及机关工人进行考核。开展2019年专家服务基层项目申报工作，县就业局申报一个项目。办理完成1796人专业技术人员聘任工作。按照市人社局要求及各乡镇的需求，完成“三支一扶”招聘5人。教育系统共进行3次职称评审，累计994人取得职称，其中高级教师683人、一级教师224人、二级教师42人、三级教师45人。开展农林牧业、工程、交通等行业专业技术职称报卷工作，共报卷152人，其中正高级报卷4人、副高级报卷16人、中级报卷94人、初级报卷38人，取得职称共计88人，其中正高级2人、副高级7人、中级41人、初级38人。

【劳动监察】 用人单位劳动合同签订人数13832人，签订率达到95%以上。全县共涉及厂办大集体企业4家，为尽早完成职工的身份认定工作，在积极与相关企业及主管单位进行沟通的同时，通过电话、微信、新闻等多个平台发布通知，确保通知到人。逐一审核每名职工档案，确保没有遗漏与顶替，使职工切实享受到厂办大集体的相关政策。全年完成3家企业职工身份认定工作，剩余1家企业部分职工长期在外失联，企业正在与县政府、市人社局协调这部分人的身份认定工作。

【社会保障】 按照市人社局下达的养老保险扩面征缴计划18667万元的任务目标，制定扩面征缴方案，并从多方面筹措资金。至12月末，县社保中心账户社保资金14000万元，税务账户企业养老保险11672万元，共计256721万元，超额完成7005万元。建立养老保险双审制度，规范审批流程，控制风险点，保证养老金足额发放。共双审1079件档案，其中企业退休247人、灵活就业786人、遗属46人。初核退休123人，其中病退29人、特殊工种94人。全县按政策享受城镇职工和灵活就业养老保险累计发放293241人次，发放养老金金额为6.77亿元。对老农保遗留问题进行清理，成立由县长陶承海担任组长，分管副县长杨东担任副组长，各乡镇、各部门主要负责人为成员的领导小组，召开专门会议部署落实，加强督查。动员各乡镇劳动人事干部、包村干部、村“两委”班子成员等上门讲解。全县涉及老农保遗留问题人数为1932人，完成衔接或清退545人，完成率为28.2%。全县贫困人口总数29542人，应参城乡居民养老保险的贫困人口为23080人，经省市县三级政府联合推动，2019年底，已参保人数19642人、已享受待遇11443人、1953人签订放弃意向书、955人已脱贫（不符合享受扶贫政策条件）、530人正在办理（包括愿意参保但现在不在本地）。

【就业扶贫】 有适龄贫困劳动力695人，其中已就业372人、常年务农241人、上学48人、死亡2人、入伍1人、联系不上1人、自愿暂时不就业28人（残疾、大病、不需要推荐岗位，不需要扶贫专岗安置、无劳动能力等）、已脱贫2人。全年共有建档立卡困难家庭高校毕业生64人，其中已就业50人，自愿暂时不就业14人（入伍、考研、未毕业、不需要岗位推荐、不需要公益性岗位兜底安置、出国等原因）。2017—2019年共有建档立卡贫困家庭高校毕业生216人，其中已就业187人，自愿暂时不就业29人（入伍、准备考研、未毕业、不需要岗位推荐、不参加公益性岗位兜底安置、出国等原因）。

实施就业援助帮扶贫困劳动力就业。在建立贫困家庭就业台账的基础上，依托基层公共就业服务平台组织开展调查摸底工作，对贫困劳动力就失业情况实行动态管理，掌握全县贫困劳动力、贫困家庭高校毕业生数量、分布等情况，收集贫困劳动力、贫困家庭高校毕业生就业状况、就业意向及培训愿望等信息，制定有针对性的就业帮扶措施。通过多次电话联系、入户走访等方式，为贫困劳动力、建档立卡贫困家庭高校毕业生提供就业岗位及政策，帮助其尽快走上就业岗位。搭建服务平台，开展岗位对接。发挥公共就业服务活动促进贫困劳动力就业作用，以开展“就业援助月”“春风行动”“民营企业招聘周”等公共就业服务活动为契机，举办多类型、多规模、高频次的招聘活动，做好信息的宣传对接，收集适合贫困劳动力、贫困家庭高校毕业生就业岗位，将岗位信息送至贫困户手中，确保每名有就业愿望的建档立卡农村贫困劳动力尤其是贫困家庭高校毕业生实现就业。全年，共举办招聘会8场，提供就业岗位1500余个，发放宣传资料4万余份。就业援助，就业促进。由政府出资购买就业岗位，实施就业援助。积极落实就业援助政策，开发扶贫专岗，对有就业意愿并服从安排的贫困劳动力、贫困家庭高校毕业生兜底安置，共安置公益性扶贫专岗73人。开展扶贫创业培训。凡有参加创业培训要求的贫困人员、贫困家庭高校毕业生可随时申请参加扶贫创业培训，通过创业培训来提高创业成功率。全年共开办二期创业培训班，培训人数为108人。鼓励贫困劳动力、贫困家庭高校毕业生自主创业脱贫。对有创业意愿并具备一定创业条件的贫困劳动力、贫困家庭高校毕业生，给予免费创业培训和创业指导等政策扶持，符合规定条件的给予创业担保贷款政策扶持。积极开展就业扶贫宣传工作，扩大宣传，营造氛围。广泛宣传“一人就业，全家脱贫”“一技在手，就业无忧”等理念，引导贫困劳动力、贫困家庭高校毕业生树立就业脱贫的观念，在全国就业扶贫日当天，通过就业宣传车循环进行就业创业政策宣传。

（杨 檬 隽 跃）

社会保险

【概　况】 抚顺市社会保险事业服务中心新宾分中心（以下简称社保新宾分中心）原名抚顺市社会保险事业管理局新宾分局，2019年4月22日更名，隶属于抚顺市社会保险事业服务中心，属参公事业单位。2019年，社保新宾分中心被抚顺市文明委评为“雷锋号”先进集体。

【社会保险扩面及养老保险费征缴】 完成城镇职工基本养老保险扩面2366人，完成城镇职工医疗保险扩面1501人，完成失业保险扩面1014人，完成工伤保险扩面946人，完成生育保险扩面793人。协助税务部门征缴企业养老保险统筹费2.6亿元，其中社保代征1.44亿元。

【社会保险待遇发放】 为24257名企业退休人员发放养老金及遗属生活费67690万元，为44520名城乡居民达龄人员发放养老金6151万元，为6630名机关事业退休人员发放养老金26235万元，实现100%按时、足额发放。

【个人账户管理】 强化、规范基础业务工作，记清做实个人账户，维护参保人员切身利益。及时清理历史账户，当期账户100%记清做实。

【各项待遇审核】 按照省、市内控管理要求，社保新宾分中心严格授权业务经办权限，保证业务经办整个过程严谨、规范、相互制约。全年新增企业退休117人，新增遗属42人；办理丧葬费551人，发放丧葬费3352万元；办理新增失业人员415人，共为2543人/次失业人员发放失业金259万元；为工伤人员支付药费、伤残补助金等254万元。

【城乡居民养老保险】 城乡居民养老保险参保人数为116684人。其中缴费人数72164人，达龄享受待遇人数44520人。依据国家社会保险扶贫政策，完成20723名建档立卡、特困人员政府代缴养老保险费工作。9月，对乡镇、社区工作人员开展养老保险经办业务专门培训。

【机关事业养老保险】 自机关事业养老保险启动以来，加强基础工作管理，健全制度，完善基础数据，机关事业养老保险费、职业年金征缴工作已步入正轨。全年，完成地税征缴297户，征缴人数6162人，累计征缴养老金、职业年金23515万元。

【养老基金安全管理】 严格按照《辽宁省社会保险风险监测共享平台操作办法》，定期对平台公布的公安户籍信息、民政火化信息、监狱服刑人员信息及重复领取待遇人员信息进行比对，对发现的疑似问题数据自行开展核实，化解基金运行风险，确保基金运行安全。

【阳光政务】 坚持管理方式由“管理型”向“服务型”转变，服务方式由“坐等式、被动式”向“零距离、主动式”转变，精心打造“亲民、便民、利民”服务平台，树立“阳光社保”形象。年初，对工作人员进行轮岗和业务培训，对与综合柜员相关的业务进行整合，对前台窗口进行调整，全面推行综合柜员制窗口服务模式。参保对象可以在任何一个柜员窗口办结登记、申报、人员增减、缴费、退休等多项业务，无需分窗口重复排队，为参保对象提供方便、快捷、高效的服务，有效提高经办服务水平。以“不忘初心、牢记使命”主题教育为契机，结合新宾社会保险工作流程实施办法，通过围绕学文思权、问责清权、依法确权、科学分权、制度限权、全程控权、阳光示权、监督治权八个方面展开活动，有效制衡权力和阳光操作。社保新宾分中心把内控任务、廉政要求“融入到岗、落实到人”，实现权力、岗位和责任制度有机结合，从源头上防控基金风险。围绕问题易发、多发、重点岗位、自由裁量权大的环节，从基金收入、使用、结算的顺序查找出多个风险点，确立风险等级，建立管理规章制度，制定防控措施，堵塞漏洞。把业务风险防控、基金安全保障与科技手段相结合，实行信息化管理，使社保业务按规定程序、权限和时限进行，实现自发制约，全程监控，社保基金安全风险进一步降低。抓窗口建设，强化政务公开。积极开展创建标准化窗口活动，从政务公开入手，切实改善办公环境。

（丛　森）

医疗保障

【概　况】 2019年1月，按照《新宾满族自治县机构改革方案》，将原县人力资源和社会保障局的城镇职工和城镇居民基本医疗保险、生育保险职责，原卫生和计划生育局的新型农村合作医疗、药品和医用耗材招标采购和监督管理职责，原县民政局的医疗救助职责，原县发展和改革局（县物价局）的药品和医疗服务价格管理职责等整合，组建新宾满族自治县医疗保障局（以下简称县医保局），作为县政府工作部门。

3月，根据《新宾满族自治县公益性事业单位调整方案》，将原县人力资源和社会保障局所属县医保中心、原县卫生计生局所属新型农村合作医疗管理中心共2个机构整合为新宾满族自治县县医疗保障事务服务中心（以下简称县医保中心），为县政府直属事业单位，机构规格副科级，由县医保局代管。

【基金监管】 4月2日，县医保局在县百货大楼门前举行"打击欺诈骗保"宣传月活动启动仪式，开展一条街宣传。宣传月期间，全县8家医保定点医疗机构、34家定点零售药店在全县15个乡镇利用电子屏、板报、宣传站等方式开展形式多样、内容丰富的宣传活动，共制作宣传横幅50余幅，发放宣传材料6000余份。按照省市"打击欺诈骗保、维护基金安全"的统一部署，开展"两定"机构专项治理。对辖区定点医药机构采取以年度考核、日常巡查、专项检查、突击夜查、举报投诉调查及不定期随机抽查等多种方式对履行服务协议情况进行监督，规范医保服务。全年累计现场检查医疗机构120家次，检查定点零售药店40家，通报批评3家，限期整改3家，电话回访参合患者320人次，对两家医院存在的挂床行为，下达处理决定，追回医保资金2.6万元。

【医保扶贫】 县政府印发《新宾满族自治县2019年度医疗保障扶贫工作方案》，成立由主管副县长为组长，各成员单位及各乡镇为成员的工作领导小组，于7月2日组织召开全县医疗保障扶贫工作会。集中2个月时间，组织开展贫困人口大普查、大排查、再确认工作，摸清底数，确保贫困人口应保尽保。通过排查比对出应保未保建档立卡贫困人口233人，按政策已全部给予补助参加农村居民基本医疗保险，建档立卡贫困人口参保率100%，实现贫困人口基本医疗保险全覆盖。至2019年底，全县由县民政局和县扶贫办代缴的民政对象和建档立卡贫困人员共计15938人，全部进行标识工作。继续全面推行"先诊疗、后付费"的贫困人口医疗保障政策。参保贫困人员在全市定点医院就诊，全部零押金住院，办理入院手续不缴纳预付款，出院时实现"一站式"结算，大病兜底135.91万元。

【民生保障】 2019年，全县新农合参合人数189606人，同比减少3.67%；常住人口参合率100%。应筹集新农合基金总额为14789.27万元，实际到位资金14998.84万元，同比增长8.64%，基金到位率102%。新农合补偿资金12539.92万元，同比增长5.89%，其中住院17051人次，补偿金额8486.29万元，同比增长2.06%；门诊就诊548836人次，补偿金额2300.27万元，同比增长7.26%；一般诊疗费支出290.21万元，同比减少3.16%；购买大病保险1327.24万元，基金使用率60%。全年共资助贫困人口2086人次，资助金额249.93万元，其中，住院救助金额239.9万元，门诊救助金额10.03万元。

【改革支付方式】 深化医保支付方式改革，推进点数法支付改革。按照市医保局统一安排，经过培训和软件更换，新宾满族自治县人民医院、新宾满族自治县第二人民医院、新宾满族自治县中医院等3家县级公立医院全部实施点数法支付。

【离休干部医疗统筹管理】 2019年，参加统筹的离休干部78人，医疗统筹金收入204.4万元，实际发生医药费322万元，同比减少5%，全年超支117.6万元。

（金春吉　刘　超）

退役军人事务管理

【概　况】 2019年1月，根据《新宾满族自治县机构改革方案》，将原县民政局的退役军人优抚安置职责、县人社局的军官转业安置职责及军队有关职责整合，组建新宾满族自治县退役军人事务局（以下简称县退役军人事务局）。

7月，根据《县委办公室、县政府办公室关于印发〈新宾满族自治县关于构建退役军人服务保障体系的实施方案〉的通知》（新委办发〔2019〕125号）精神，设立新宾满族自治县退役军人服务中心（以下简称县退役军人服务中心），为县退役军人事务局所属事业单位。

【优　抚】 全县有各类优抚对象1874人，全年共发放优抚资金1189万元，全部实行社会化发放，确保优抚对象的待遇足额准时落实到位。春节期间对各类优抚对象进行救助，发放春节救助金11.85万元。开展端午、“八一”“十一”期间走访慰问活动。县、乡（镇）两组走访慰问部队12次，慰问退役军人和优抚对象521人，召开座谈会12次，组织联欢会、文艺演出2场次。联合下夹河乡政府、永陵镇政府，举办了孟广顺烈士迁葬仪式，同时举办了祭奠烈士活动。联合县司法局开展法律宣传进军营、安置政策进军营活动。会同联勤保障部队第967医院开展“联勤军医老区行”活动，上门巡诊、慰问老复员军人6户。发放“庆祝中华人民共和国成立70周年”纪念章51枚。开展退役军人信息采集。第一时间成立“摸底数”工作专班，将分存各处的纸质版名册录入成电子版名册。完成《建国前至2018年退役军人名册》《符合政府安排工作条件退役士兵基本情况名册》《优抚对象名册》《农村籍60周岁退役士兵名册》《伤残人员名册》《烈属、因公牺牲军人遗属、病故军人遗属名册》《老复员军人名册》《军转干部名册》《烈士纪念设施调查摸清情况汇总表》。做好退役军人和其他优抚对象信息采集工作。召开全县动员部署会议和推进工作会议，在乡镇设立采集点，充分发挥乡村党组织领导作用，按村、社区采集信息，普查核对退役军人信息，并逐人登记造册、建档立卡，至4月25日24时，采集信息10213条，省审核通过10083条。年底共采集信息10505条，完成299条问题数据修正工作。根据《国务院办公厅关于印发〈为烈属、军属和退役军人家庭悬挂光荣牌工作实施办法〉的通知》（国办发〔2018〕72号）要求和省、市退役军人事务部门关于为烈属、军属和退役军人家庭悬挂光荣牌工作安排，为军属、烈属、退役军人家庭悬挂光荣牌10351个，完成率98%。

【双　拥】 春节和“八一”前夕，县四家班子领导先后走访慰问新宾武警中队等7家驻抚驻新宾部队，共送出慰问金8.8万元。县主要领导对孔范恩、董福章、李志明、马德星、孟祥江、赵成武6位荣立战功复员军人、在乡老复员军人及受灾在乡复员军人进行慰问，发放慰问金7000元。清明节前夕，各乡镇党委政府组织机关工作人员及中小学生开展清明节祭扫烈士陵园活动。9月30日，县四家班子领导，县直各部门、部分乡镇、劳模、军烈属、老战士、驻新武警部队、中小学师生、群众等各界代表共计380余人，在人民解放战争殉难烈士纪念碑前举行公祭仪式，向烈士敬献花篮、瞻仰烈士纪念碑。

【安　置】 完成2019年秋季退役士兵接收工作。发放2018年退役士兵经济补助317.44万元，发放2018—2019年优待金350.2万元，发放“三方面人员”补助金等46.5万元。阳光安置2019年退役三期士官9人，接收安置秋季退役士兵均已办理落户介绍信等接收安置手续。建立2019年退役士兵微信群，及时发布培训就业信息。于9月全面开展解决部分退役士兵社会保险问题工作，印发《新宾满族自治县解决部分退役士兵社会保险问题工作方案》，成立工作领导小组（大专班）并明确领导小组成员单位具体工作人员（小专班）。通过县政府门户网站、县电视台、县政府公示屏、乡镇村服务站、微信等平台发布公告信息。按照“方便快捷、规范运作、安全高效”的原则，采取“一门受理、协同办理”的方式办理社保接续业务，已审核通过1519人。根据不同的退役军人类型，按照“符合政策的解决到位、不符合政策的解释到位、确有困难的解决到位”的原则，对于政策范围内的合理诉求坚决督促相关部门落实到位；对不符合政策规定的做好细致耐心的解释。认真做好落实退役士兵安置政策“回头看”，切实解决退役士兵安置遗留问题。在充分利用民政部门摸底调查数据的基础上，积极协调相关部门共同做好化解资金科学测算，做到底数有名册，测算有依据。积极化解历史遗留问题，召开政府常务会议、县委书记专题会议和县委常委会议，转变国有林场、公路管理段退役军人事业身份。联系县司法局设立驻退役军人事务局法律援助工作站。

（白立权）

慈善会

【概　况】 2019年，新宾满族自治县慈善会坚持依法行善、主动慈善、精准救助的工作职责，不断拓宽募捐救助渠道，围绕“脱贫致富”“精神康宁”“蓓蕾生命”“春蕾慈善”“衣恋助学”等救助项目及“留守儿童之家”建设等开展慈善工作，培育慈善文化，发挥慈善在社会救助中的重要补充作用。全年争取新钢铁爱心专项周转金420万元，争取省、市慈善总会慈善救助金447.58万元，募捐慈善款6.71万元；资助、救助累计支出458.75万元，有近15487人（户）受助。

【“脱贫致富”救助】 2019年，县慈善会继续开展以新钢铁爱心“脱贫致富”为重点的救助工程，把管好用好“爱心基金”助农民脱贫致富工作放在首位。为确保“脱贫致富”周转金不再流失，县慈善会会长孙金义带领慈善会全体工作人员对全县的项目村、项目基地进行认真实地考察，规范和完善周转金的发放手续。全年293万元周转金落实到9个乡镇、8个专业合作社、20户农民、8个产业、18个致富项目上，“脱贫致富”项目带动贫困户脱贫90户，带动困难户118户，劳务出工37060个，劳务收益371.6万元。

6月20日，县慈善会会长孙金义（中）、副会长孙立春（左）、秘书长关禹（右）考察新钢铁“脱贫致富”周转金扶持项目大棚草莓

【“精神康宁”救助】 按照市慈善总会年初分配的指标具体落实到人头上，建立救助档案，全面掌握救治情况，同时加强同定点医院的协调沟通，及时掌握救助动态，全年入院治疗30人，治疗费24万元。

【蓓蕾生命、春蕾慈善、情暖万家救助】 认真落实《2019年辽宁省慈善总会蓓蕾慈善救助项目实施方案》精神，对符合救助条件的重大疾病患儿吴毅赢、白血病患儿张新林进行救助，报销医疗费3万元。根据辽宁省慈善总会（辽慈发〔2018〕3号）文件精神，2019年上学期享受到省慈善总会资助小学生午餐项目款370.38万元，项目试点学校有新宾镇实验小学等15所乡镇小学，有12346

名小学生得到省慈善总会的资助。1月7日，辽宁省慈善总会"情暖万家"活动启动仪式在新宾召开，省慈善总会会长韩奎勇等11人、市慈善总会领导以及县主管县长、局长、爱心团队、受助群众代表共计160余人参加会议。省慈善总会领导作重要讲话，县书法协会会长吕传刚当场挥毫书写"善行天下，大爱无疆"，省、市、县领导当场向受助的弱势群体发放豆油、面粉，并进行入户走访。12月9日，新宾镇民主村村民毕玉梅、齐凤珍两户因烧炕不慎发生火灾，房屋全部烧毁。省慈善总会及市、县领导亲自送去现金1000元（每户500元）及面粉、豆油、毛毯、猪肉、餐具等生活用品。县慈善会始终坚持"公开、透明、直接到户，不重复救助"的原则，在救助人员的确定、救助物资的发放实行全程透明化运作，增强慈善的社会公信度。"慈善情暖万家"活动共向低保户、低保边缘户及其他特困家庭、下岗职工、蓓蕾生命救助的贫困家庭发放面粉860袋、豆油860桶，折合现金达1.72万元，惠及全县15个乡镇近千户3000多人。

【留守儿童之家建设、"衣恋"助学】 全县共建留守儿童之家10所，累计投入建设款143万元。建立慈善书屋14个，省慈善总会为每个书屋投入3万元图书及体育器材，总计42万元。2019年共支出留守儿童之家教师补助费25万元。为落实好省"衣恋"助学项目，县慈善会秉承衣恋精神，完善衣恋阳光班的管理，制定一系列的管理办法，得到衣恋集团北方区领导和省慈善总会的肯定。10月16日，衣恋集团同省慈善总会一行18人到新宾进行考察调研并召开座谈会。7年来衣恋集团累计救助学生310人，已有210名学生已完成学业。全县2019年有"衣恋"班学生110人，发放衣恋助学款33万元。

【各项公益活动】"8·15"洪灾致使旺清门镇停电、停水，给群众生活造成很大困难。县慈善会协调多家单位联系解决发电机并亲自送到旺清门镇水源站安装直至发电送水，同时又送去1万元现金，解决临时用水的燃眉之急。出资2万余元帮助红升乡白旗村建档立卡贫困户王某某对住房进行换瓦、换门窗、外墙保温，解决房屋保暖问题。8月25日，永陵镇爱心团队在新宾镇和平广场举办义卖活动，参加志愿者人数30余人，出动车辆7台，义卖商品由永陵工艺品厂捐赠，筹到善款2600元，全部用于救助贫困学生。9月19日，同团县委、教育局共同举办"重温经典、传承红色基因"庆祝中华人民共和国成立70周年主题话剧大赛，县慈善会赞助2万元。10月19日，县慈善会同营商局全体工作人员到新宾镇敬老院慰问，出资700元为老人买肉。

8月25日，永陵爱心团队在新宾镇和平广场举行义卖活动

【募捐活动】 全年共接收定向捐款6.71万元，其中，隆烨化工南杂木有限公司捐款6万元，抚顺添泷耐火材料有限公司捐款0.3万元，侯永波个人捐款0.3万元，马英华个人捐款500元，郭新个人捐款600元，这些捐款全部按照捐款人的意向捐给行政村及本人。

（孙立春）

乡 镇

新宾镇

【概　况】 新宾镇位于辽宁省东部山区，苏子河上游，县境偏东部。新宾镇地貌类型属于构造侵蚀的中低山区，以长白山余脉为主体，地势由东北向西南倾斜，地面坡度3°—8°。境内属北温带季节性大陆气候，一年四季分明，气候宜人，2019年平均气温6.3℃，比常年偏高0.7℃，全年有效积温2850℃，无霜期128天，年降水量820毫米左右。

新宾镇是新宾满族自治县委、县政府所在地，是新宾满族自治县政治、经济、文化和交通的中心，是工业、农业、商业并取，城乡结合的综合性小城镇。东与红升乡接壤，南与榆树乡毗邻，西与永陵镇相连，北与北四平乡为邻。邮政编码113200。全镇总面积为37340公顷，镇内有满族、汉族、朝鲜族、回族等少数民族，总户数30133户，总人口73821人。耕地面积4861.34公顷，主要种植水稻、玉米、大豆等，全镇蔬菜种植面积93.3公顷，其中保护地面积10公顷。林业用地总面积273333.33公顷，森林覆盖率74%。下辖31个行政村、5个社区、220个村民小组。

2019年，新宾镇党委、政府在县委、县政府的正确领导下，在镇人大的监督支持下，坚持以习近平新时代中国特色社会主义思想和党的十九大精神为指引，积极适应经济发展新常态，统筹推进各项工作，全镇经济平稳发展，社会政治和谐稳定，各项事业协调推进。全镇一般公共预算收入完成4860万元，固定资产投资完成6.4亿元，工业总产值完成7.8亿元，规模以上工业增加值完成4253万元，域外招商引资到位额完成8190万元，完成“飞地经济”项目。农村人均可支配收入达到1.8252万元。

【综合治理】 与31个村、5个社区签订《新宾镇镇2019年度社会治安综合治理和维护稳定工作目标责任书》。开展平安村（社区）、医院、学校、企业、单位、家庭等基层创建活动。开展校园周边环境专项整治行动，成立领导小组，开展网格化管理，法制副校长（司法所所长）进校园宣讲法律知识，加强（派出所）治安巡逻等强化校园安保措施。完善以社会面、重点部位、社区、单位内部、农村、区域边际等为重点的整体联动防控体系，管好用好专职治安巡逻队（治安义务巡护队）和各村组义务巡逻队，加强对群防群治队伍的教育、管理和培训。滚动排查整治突出治安问题，坚持严打不放松，对盗窃、破坏电力电信及广播电视设施、破坏输气管道、盗窃自行车等突出治安问题进行专项整治。防洪抢险期间，组织发动群防群治力量，对各村（社区）、各集中居住点、各院落进行巡逻守护，防险防盗，调处各类矛盾纠纷。累计投入资金12万元，完成镇综治指挥中心、综治视频会议系统及网格化建设。

网格化管理覆盖全镇31个村、5个社区。开展矛盾纠纷排查工作，共排查出矛盾纠纷案件32起，处理信访案件23件、办理网上信访案件7件、调处纠纷1起、个案进京访1起，接待法律咨询100余人次。持续开展反邪教、禁毒、打击非法集资等工作，全年集中清理反宣品24次，共清理光盘300余张、反宣贴画4000余份、墙壁喷绘700余条；开展禁毒宣传活动1次、开展打击非法集资宣传活动1次，采取挂图、宣传标语、宣传资料、宣传片等形式，提高百姓对各类非法活动危害的认识，为平安社会建设构筑一道防线。印制、张贴、发放打击非法侵占林地、森林防火等各类宣传标牌、条幅、传单，协助森林公安查处各类非法侵占林地行为。全年无重大灾情、火情及生产事故发生。

【统　战】 召开专题会议落实中央宗教工作督查反馈意见的整改工作，将整改任务纳入到《2019年村千分制考核细则》中，按照属地管理原则，将整改任务分解到各村（社区），明确村（社区）党支部书记为宗教工作具体负责人和第一责任人，与各村（社区）签订宗教工作管理责任书。将宗教工作列入党委重要议事日程，明确全面工作责任及任务。全镇有佛教、伊斯兰教、天主教、基督教4种宗教，已批准登记场所10处，其中佛教寺院1处、天主教堂1处、天主教活动场所1处、清真寺1处、基督教教堂3处、基督教活动场所3处。全镇共有教徒2296人，其中佛教1100人、伊斯兰教30人、天主教43人、基督教1123人。宗教教职人员8人，其中佛教3人、伊斯兰教1人、基督教4人。

新宾镇工商联分会连续三年被县工商联评为“五好商会”。成立新宾镇工商联分会服装协会、餐饮协会、美容化妆品协会、汽车服务业协会4家行业协会。6月13日，新宾镇工商联分会组织会员20余人到新宾岗山开展“知家乡、爱家乡”登岗山活动。“8・15”洪水过后，新宾镇工商联分会于两天内共筹集善款及救灾物资10余万元送到灾区，以解灾民燃眉之急。对全镇无党派人士及党外知识分子进行摸底调查，4月，完成无党派人士、党外知识分子统计工作，建立健全数据库。完善新的社会阶层党外代表人士名录和信息库。全镇有新社会阶层人士7人，属高端技术型人才。建立辖区内“三胞”眷属、归侨侨眷等统战人士基础台账，尽最大努力帮助解决困难。普查及录入企业工会58家，职工13000余人。对非公企业及个体工商户存在情况进行核对，县总工会给新宾镇提供企业信息数量为6604条（其中5584条地址区域划分不清，5个社区辖区企业地址相互交叉混淆），其中列入经营异常企业及工商户2247条，未列入经营异常企业及工商户2742条；其中非公企业681条，个体工商户2061条，经全镇31个村、5个社区排查后无法核实的信息数量为1615条。

【农　业】 促进全镇农民增收，培育6个农业产业示范园，其中，郝家村药材产业示范园面积40公顷、林子头村黑木耳种植产业园3.33公顷、黄旗村黑木耳及山野菜种植产业园4公顷、后仓中药材产业园3.33公顷、下坎村工业用辣椒产业园5.33公顷、刘家村中药材产业园13.33公顷。全年培育新型职业农民37人。完成农产品质量安全检测工作。全年农残检测50个，均符合标准。大棚房排查问题1个，已完成整改。完成耕地地力补贴8124户4003.23公顷，补贴资金533.4709万元。完成水稻生产者补贴3162户692.69公顷，补贴资金101.3277万元。完成秸秆综合利用项目。全镇共109户项目申报主体，其中玉米秸秆收储面积850.47公顷、水稻秸秆收储面积43.53公顷，饲料化利用6477.5吨，原料化利用130.58吨。完成产业结构调整工作。全镇共有玉米种植户5708户3070.73公顷，补贴资金377.1931万元；大豆种植户164户52.76公顷，补贴资金14.3955万元。

【林　业】 完成宜林荒山荒地工程造林216.62公

顷，成活率均达85%以上；完成迹地更新造林136.35公顷，成活率达85%以上；在新柳线、饶盖线公路沿线43公里内，采取小开荒还林，以林间空地见缝插针造林的方式，栽植云杉、冷杉3.5万株，面积4.52公顷；完成公益林补偿面积20369.625公顷，发放资金192.2万元。着重加强春秋两季防火工作，年内无森林火灾。

【水　利】 加强全镇范围内的水资源管理、河渠道管理、水利设施管理，对已建工程在运行过程中存在的工程设备老化、养护不到位等问题，积极联系上级技术部门及时对工程进行检测和维修，保证水田灌溉，使工程发挥最大效益。开展常态化的巡河，镇级河长做到每月巡河一次，村级河长做到每周巡河一次，认真填写巡河记录簿。完成镇内河道的垃圾清理及清障工作，共计清理垃圾5000余立方米，投入机械设备300余小时。完成五里、尹家、照阳、佟家、后仓5个村自来水工程建设的收尾工作及黄旗村大口井一座，管线1700米。

【经营管理】 加强村集体的财务管理与民主监督，落实村级财务镇代管工作，结合各村实际制定《新宾镇村集体财务管理办法》。镇经管站实行会计电算化，代替手工记账，规范各村账目。加强土地流转管理，实行统一合同格式，签订土地流转合同184份。建立土地流转市场平台，明晰农村土地承包经营权的归属，强化对农村土地承包经营权的物权保护，依法赋予农民更加充分而有保障的土地承包经营权。启动土地确权打证及颁发工作，共打印颁发土地确权证5500余份，涉及土地面积3733.33公顷。

【工业企业】 抚顺东工冶金材料技术有限公司3D打印增材制造二期项目，总投资7000万元，预定30台套设备，已到位10台套。捷通普铝杆连铸连扎融化炉组项目，总投资6000万元，项目计划建设三条生产线，第一条生产线8月底已试运行。新引进网户村秸秆综合利用项目，总投资5000万元，占地面积3公顷，经营范围为秸秆生物质颗粒研发、农业种植技术推广、环保取暖设备等，年底已建成4000平方米的有机肥发酵车间一个，采购行走式打包机6台、造粒压块设备4套，项目每年可消化6667公顷农田产生的秸秆。辽宁秘参堂药业有限公司获中国食品安全万里行推荐品牌，生产的秘制参在2019年“辽宁礼物”评选活动中被评为“辽宁礼物”。

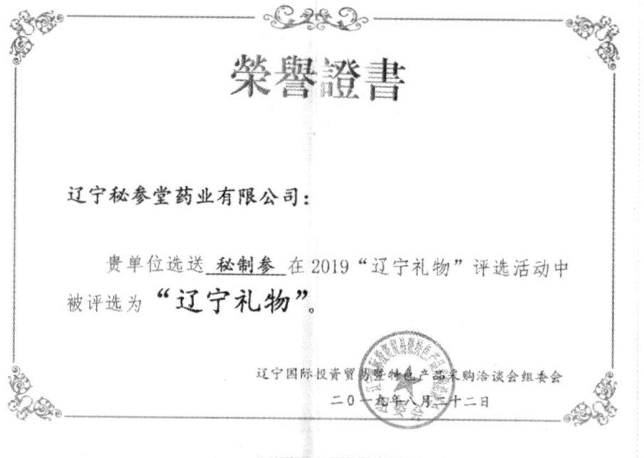

辽宁秘参堂药业有限公司产品秘制参在2019年“辽宁礼物”评选活动中被评选为“辽宁礼物”

【乡村建设】 完善全国农村人居环境系统，对全国农村住房信息系统中遗留的错误数据进行清理，对以前年度已改造但未录入的危房改造户进行重新录入。系统中共计删除13户，其中建档立卡贫困户6个。清理后系统现存户数158户（含2019年新增的改造户），其中低保户84户，建档立卡贫困户80户（含15户低保户），五保户9户。新增危房改造44户，其中，低保户8户、建档立卡户33户、五保户3户、翻建房屋5户。在向阳村、佟家村、郝家村、后仓村实行美丽乡村项目建设，累计投资87万元。

【交　通】 落实6个行政村的“一事一议”国家道路奖补工程，完成计划指标15.6公里，争取财政奖补资金581万元。投入道路养护资金21余万元，用于道路的维修、维护、道路基础设施的建设。彻底解决人大代表提案2件，解决来访问题6件。

【文 化】 完成近2000平方米的镇文体中心建设，包括文化广场、室内活动室、图书室、棋牌室、乒乓球室、健身房。完成后仓村、黄旗村、向阳村农家书屋创建达标工作，为31个村补充图书。“五一”在县会展中心举办以赞美党、歌唱祖国、爱家乡为主题的文艺演出。在镇政府会议室、街心公园、和平广场、郝家村、佟家村等放映电影50场次。协助镇妇联排练广场舞。

【生态环境】 配合县生态环境局开展全国第二次污染源普查工作。完成农村无害化厕所改造工作，完成除“四害”发放鼠药工作。结合“爱国卫生月”活动和治理河道“四乱”工作，投入11万余元，出动车辆500台次、人员900人次对各村垃圾及河道内柴草垛等进行全面清理，清理垃圾700余吨。投资300万元，在后仓村、佟家村、郝家村安装路灯573盏、新建文化广场3处、新建桥梁2座、新修边沟2400米、修建围墙1800米。投入38万元，开展“村美”建设，共栽种树木3万棵，花草10万株。投入50万元，在镇村3条公路沿线种植各类树木1.5万棵。投入6万元加强河流绿化护岸建设，种植柳树3.1万棵。

【医疗卫生】 做好辽宁人口信息管理系统录入工作，完成一孩生育指标155个，二孩生育指标90个，多孩生育指标8个。新增流动人口4人，清理流动人口7人。为奖扶、特扶家庭办理住院护理保险，其中农村部分计划生育家庭奖励扶助人员约115人。完成孕前优生免费体检筛查69对。完成宫颈癌筛查1200人，乳腺癌筛查670人。完成“两情”（环情、孕情）筛查6570人次。免费发放药具32000支。办理退补费211人次。开展“关怀关爱流动人口”、“二孩政策”、免费发放药具、留守儿童及困难儿童走访、全国避孕日宣传等活动。辖区内有17个一体化村级卫生室，4个个体诊所。全年完成0—6岁计划免疫1300人、老年人体检2400人、高血压诊治2200人、糖尿病诊治610人、精神病诊治141人、结核病诊治5人、精准扶贫体检1456人、孕妇体检90人。坚持例会制度，每月召开一次乡村医生例会，定期对各村卫生室进行巡查督导。

【社会保障】 春节慰问困难户32户，发放慰问金1.3万元。走访临时救助、因突发事件致贫、重大疾病对象200余人次，救助金额20余万元。对城乡低保进行重新核查，不符合条件的低保户及时停保。2019年，有城镇低保573户851人，新增22户31人，取消118户193人。有农村低保990户1585人，新增57户90人，取消99户166人。农村特困193人，城镇特困2人。其中集中供养43人，分散供养152人。优抚对象114人，其中在乡老复员军人53人、在乡老复员军人遗属48人、“三属”3人（在乡2人）、伤残军人19人（在乡7人）、对越1人。60周岁农村籍退役士兵173人。全镇有参加珍宝岛战役3人，烈士子女3人，全部建立档案。为13名在乡老复员军人和伤残军人发放药费补助8.9万元。为5名老复员军人和伤残军人办理困难救助1.3万元。为红旗沟村争取建设资金25万元。享受孤儿待遇17人，每月人均救助1200—1600元。全镇火化率达100%。农村老龄人口90周岁以上有97人，每人每月补助200元。低保户、边缘户、五保户中80—89周岁的低收入老年人有101人，每人每月救助50元，全部建立档案。持有二代残疾证残疾人共1742人，其中肢体障碍886人、多重残疾人277人、智力障碍193人、精神障碍138人、视力障碍114人、听力障碍123人、言语障碍11人。发放辅具120余件，完成贫困家庭无障碍改造共计26人。两项补贴资金发放，重度残疾人补贴600人次，困难生活补贴750人次。完成残疾人基础信息核查采集工作。全年总参保人数16242人，其中60周岁以下需缴费人数为9711人，已完成缴费2981人，已享受待遇人数为6531人。2019年新增参保人数312人，死亡注销

56人，享受待遇169人。贫困人员应参未参348人，低保户170人，其中停保67人，签订意向书122人，2人已参保；建档立卡175人，未脱贫6人，签订意向书140人，17人已参保；特困人员3人，2人已参保。全年各项就业工作完成创业带头人12家、安置实名制就业人员260人、建档立卡户困难人员就业76人、困难大学就业入户核实10人、农民工工资检查企业8家。

10月7日，新宾镇机关党支部在重阳节当天到新宾镇黄旗敬老院为养员包饺子（右一为镇长杨波）

【脱贫攻坚】 全镇共有建档立卡贫困户1041户1841人。其中享受政策893户1540人，稳定脱贫不享受政策148户301人。解决3户安全住房问题，完成30户危房改造项目。申报“五小”（小庭院、小家禽、小手工、小买卖、小作坊）产业项目170户，补贴资金14.583万元。投入到抚顺东工冶金材料技术有限公司370万元，带动9个村贫困户共253户431人增收，每户增收500元。对有劳动能力且有意愿的44户贫困户每户发放50只鸡雏与50公斤饲料，带动每户增收2000元。投入到抚顺东工冶金材料技术有限公司、抚顺龙峰生态农庄有限公司、抚顺旭红农牧业有限公司、抚顺翔荟食用菌有限公司、新宾志宾中药材合作社、爱军林下参种植家庭农场共计1043.902万元。壮大黄旗村、下坎村、林子头村、后仓村集体经济，注入产业扶贫资金200万元。为4名中职教育学生发放教育补助，每户3000元，共1.2万元。完成建档立卡贫困户更换2019年明白卡。

（魏爱迪）

北四平乡

【概　况】 北四平乡位于新宾满族自治县的东北部，地处辽宁、吉林两省四县交界处，东与吉林省通化市的富江乡、柳河县的向阳镇隔江相望，北与清原满族自治县湾甸子镇接壤，南与旺清门镇、红升乡毗邻，西与新宾镇相连。

全乡总面积24770公顷，其中耕地面积2385.8公顷。总户数2958户，总人口为8842人，其中农业户数2635户，农业人口8166人。境内有满族、汉族、朝鲜族三个少数民族，其中满族占90%以上。下辖7个行政村、26个自然屯、45个村民小组。境内主要公路为新柳线、平桓线、旺桦线、饶盖线，村巷通油路。乡政府所在地北四平村，邮政编码113201，距县政府所在地16公里。

北四平乡地处长白山余脉，平均海拔625米，最低海拔415米，境内最高峰为龙岗山，海拔948.2米。有两条主要河流从境内流过，东为辽、吉两省界河富尔江（境内长26公里），西为旺清河（境内长18.7公里）。境内2.5公里以上的小流域共53条。有水库3座，其中小（一）型2座，分别是火石水库，库容量115.14万立方米；六道水库，库容量256.63万立方米；小（二）型水库1座，为砬子沟水库，库容量42.97万立方米。

因地势高，境内气候冷凉，年平均气温5.2℃，1月最冷，最低气温达-33℃左右，7—8月平均气温高，最高气温达37℃。年平均降水为786毫米左右，雨量多集中在夏秋两季，6—9月约占全年降水量的72%。无霜期较短，初霜一般在9月下旬，终霜期一般在5月上旬。

境内自然资源丰富，有铁、金、镍、泥炭、沥青页岩等矿产资源，又以泥炭矿储量最多，北旺清泥炭矿储量为230万立方米，腐殖酸和有机质含量居全国之首，尚有未探明储量的砬子沟、黄梁岭约100万立方米。有人参、五味子、细参等130多种野生中药材，蕨菜、猴腿、广东菜、龙须菜、刺嫩芽等40多种山野菜，榛蘑、松伞蘑、灰蘑等10多种野生食用菌。野生动物以野猪为主，其次有狍、狐、林蛙、野鸡、野鸭、野兔、小飞龙等。森林资源丰富，以针叶林、阔叶林为主，森林面积16700公顷，其中公益林面积11303.4公顷。

全年工业总产值完成5580万元；公共财政预算收入完成1047.47万元；域外招商引资完成3010万元，荣获县委、县政府招商引资工作先进乡镇称号；固定资产投资完成2155万元；完成“飞地经济”项目任务。完成全口径税收1026.09万元，财政总收入1047.47万元，其中用于农业、林业、水利部门支出1037.64万元，用于文教、卫生支出25.12万元，行政支出295.54万元，行政离退休支出50.74万元。

【统 战】 将宗教工作列入党委重要议事日程，召开专题会议落实中央宗教工作督查反馈意见的整改工作。按照属地管理原则，将整改任务纳入2019年村千分制考核细则中，责任分解到各村，与各村签订宗教工作管理责任书，明确宗教工作责任及任务。2019年，共有佛教出家人士1人、居士5人、基督教徒165人。批准登记场所位于宝汤村。

乡工商联分会被县工商联评为“优秀基层商会”。组织会员20余人先后到宽甸、熊岳、营口考察学习3次，组织召开中药材座谈会1次。对全乡无党派人士及党外知识分子进行摸底调查，4月完成无党派人士、党外知识分子统计工作，建立健全数据库。

对辖区内“三胞”眷属、归侨侨眷等人士实行动态管理，掌握台胞台属等统战对象的家庭实际情况，尽最大努力帮助解决困难。

【综 治】 在7个村设立扫黑除恶宣传板，悬挂宣传条幅15条。矛盾纠纷排查数量为57件，化解率为100%。

【农 业】 继续建设以细辛、人参平地中药材为主的支柱产业，2019年新发展134公顷，平地中药材留存面积达666.67公顷，全乡中药材种植面积达1000公顷。新发展蓝莓13.4公顷，蓝莓种植面积达到134公顷。7月19日，成功举办抚顺·新宾第五届蓝莓采摘节。发展蒲公英种植面积33.5公顷，观赏花卉和药用花卉种植13.4公顷。在善道村和宝汤村新建村级集体经济产业基地2处。抓好农业科技示范推广，举办各类培训班24期，其中农机安全驾驶培训1期，农民科技培训5期，农产品质量安全生产培训3期，新型职业农民培训50人，做到示范引路、科技辐射，提高科技在农业生产中的重要指导作用。搞好试验、示范工作，进一步推广新的农业科技知识，建立试验、示范田3.35公顷，试验引进蓝莓新品种2个、中药材新品种示范引种3个、中药材病害防治杀菌剂对比试验4种。完成农业机械收割666.67公顷。配合农机监理所每月路检路查3—5次。积极落实惠农强农政策，审核发放国家地力补贴资金317.9342万元、玉米补贴资金187.0985万元，大豆补贴资金135.4420万元，水稻补贴资金32.9463万元。

7月19日，抚顺·新宾第五届蓝莓采摘节

【林　业】全乡共完成造林98.67公顷，封山育林完成33.5公顷，更新造林35.91公顷，完成人工林直补抚育67公顷，天然林抚育158.12公顷，生产杂木材1800立方米。加强对护林员队伍的建设与管理，2019年有护林员38人，在春季秋季防火期间做到值班领导天天查岗、护林员日日巡逻，保证全天全员在岗，坚决制止秸秆焚烧现象，杜绝火灾隐患。

【水　利】争取资金184万元，用于完善、巩固、提高各村自来水工程，解决村民用水安全。其中为火石村打深井一口、建泵房一座、铺设管道2050米，投资23万元；为宝汤村新建大口井一座、铺设主管道1100米，投资17万元；为北四平村燕家屯建设蓄水池一座、铺设管道3800米，投资13万元；为善道村建设大口井一座、铺设管道4500米，投资17万元；为北四平村新建深井一眼、泵房一座、铺设管道21800米、投资114万元。投资70万元为火石村河道治理700米；投资17万元为善道村秋木屯修路3000米；移民项目投资18万元，为冯家村幸福屯安装路灯23盏。投资11万元完成火石水库、六道水库、砬子沟水库维修养护工程。开展农村生活污水处理，宝汤村污水处理户数416户，新建化粪池361座，新建污水收集管网16073米，新建污水处理设施3座；北四平村污水处理户数601户，新建化粪池449座，新建污水收集管网20839米，新建污水处理设施5座。

【工　业】招商引资在建项目6个，包括抚顺丰晟农产品销售有限公司蓝莓加工厂，成都天地网信息科技有限公司中药材产业电子商务基地，黑龙江江达集团温泉旅游、民宿项目，金风科技河北有限公司风力发电项目，其中“飞地经济”项目1个，雷阳阳科技有限公司服装加工厂。

【经营管理】开展清查核实农村集体资金、资产、资源（简称“三资”）所有权权属工作，为7个村6个组共13个单位进行清产核资系统录入，录入360张报表近2200多条数据。建立村集体“三资”管理台账。完成应发放土地确权证2057个，发证率91%，接待来访20多人次，建立全乡土地确权台账、土地确权问题台账，便于后期查询、管理。全面完成农村集体产权制度改革任务，共界定经济组织成员2635户，成员8166人，设置个人股8166股，集体股3500股。完成土地流转合同45份，土地流转面积56.35公顷，流转金额30万元。审议通过《村经济股份合作社章程》《选举方案》等文件，选举产生理事会和监事会，批准成立北旺清村等7个村经济股份合作社。按照村党支部提议、村“两委”商议、村党员大会审议、村民代表大会审议、乡党委政府审核、实行决议、实施结果村内公示公开（简称“四议一审两公开”）程序，共有3个村提出四项重大事项申请，已全部完成审批。对各村财务收入达到应收尽收，针对人工费、用车、钩机等三项支出票据使用不规范的现象，统一制定结算单并通过转账方式进行结算。3—7月，对所辖7个村进行财务结算，在各村村务公开栏进行公示；年末对各项资产、债权债务、收益分配等明细进行公开。全乡有登记注册的农民专业合作社30家、家庭农场36家。

【文　化】完善全乡7个农村书屋建设，对各村书屋管理员进行管理知识指导，完善图书分类与登记，更新维修书架座椅等硬件设施10余套，购置灭火器14件，让书屋在管理中更加科学、规范。加强全民健身工程建设，对全乡文化广场进行重新统计测量，卫星定位；向上级申请文化广场健身器材2套、篮球架3个以及乒乓球台1个。协助乡妇联排练广场舞。6—10月，在全乡7个村播放15部电影共计96场，由乡政府出资解决老放映员工资及补助2.1万元。

【医疗卫生】有卫生院一个，医务人员15人，床位12张；下辖村级医疗点6个。全年诊疗7619人次，农合补偿金为136.769万元，疫苗注射851

人次，免疫率占应防疫人数的98%。2019年新出生人口24人，死亡29人，初婚19人。流动人口总数372人，其中流出361人，流入11人。已婚育妇女1714人，优质服务到位率100%。农村计划生育奖励扶助申报年审达100%。累计为300名妇女进行宫颈癌筛查，为100名妇女进行乳腺癌筛查，孕优体检12人，“三查”率达95%。组织优生优育政策宣传5次，参加人员1195人次，发放各类资料1000余份，发放避孕药具820盒，群众知晓率达95%以上。独生子女父母奖励547人，发放金额3.372万元，发放率100%；计划生育家庭奖扶200人，发放金额19.2万元，特别扶助27人，发放金额16.884万元。中心户长33人，发放金额1.98万元。

【劳动人事】 新招录公务员7名。农转培训目标400人次。积极树立创业典型，报送农村创业带头人13人，组织创业活动2次。建立贫困劳动力档案108人，参加就业培训11人。北四平村有3名贫困户成功与就业局签订保洁员工作合同。

【社会保障】 积极推进新型农村养老保险和城镇居民养老保险制度合并，2019年全乡共有5338人参保，其中新参199人；有2116人已享受待遇。稳妥推进91名农保退保及衔接工作。年初，全乡共有农村低保户247户427人，城镇低保户17户29人，经动态调整，10月末，全乡农村低保户244户421人，城镇低保户17户27人。农村低保金人均200元/人，参保率达3.2%，低于全县平均水平。在4月、5月和8月、9月共用4个月时间清理不符合低保条件人员6户10人。全乡参加农村合作医疗保险人数为7538人，参合率为85.7%。全乡共有五保户45人，其中新增3人，在两个敬老院集中供养的有15人，分散供养的有30人。五保户供养金从7月开始统一调整为每人每月622元，护理费按评定等级分为520元、260元、130元三个档次。全乡有重点优抚对象29人，优抚对象的各种优待政策全部及时足额打入一卡通。为20名60周岁以上退伍军人办理退伍补贴，为1名残疾军人、老复员军人家属办理遗属补助，为全乡所有残疾军人换发新的残疾军人证，免费为所有的重点优抚对象办理城乡医疗保险。为近20名新满80周岁的老人办理尊老金登记，为260多名60周岁以上老年人办理意外伤害保险；为2名孤儿办理瑞华助孤，帮助他们继续完成学业；对0—6岁的残疾儿童进行统计，并分类进行康复训练。办理医疗救助138户、临时救助206户、慈善救助5户，累计救助金额26万元。接待来人来访900人次，发放救灾款3万余元。

【村镇建设】 全乡经排查鉴定共有D级危房29户，其中24户原址翻建，5户本村购置，国家补助资金113万元。新增建房6户。

【交　通】 在宝汤村以拓宽巷道方式建成1200平方米的村级文化广场；在宝汤村青沟子屯修建桥梁一座，造价12万元；在杨树村边沟屯修建桥梁一座，造价40万元；在善道村二组到秋木屯修建路基3.5公里，造价17万元；对善道村玄真沟破损路面进行测绘，全长1.5公里；对善道村善鲜桥及北四平北头桥的桥栏进行维修更换。在北四平村中心十字路口，设立电子警示灯。春季道路两旁植树2000余棵，五种树苗，合计投资4.4万元。

【美丽乡村】 实行乡机关干部包村、村干部包街包户的网格化管理制度，深入推进垃圾分类及资源合理化利用，实现全乡垃圾闭环式管理。引导发挥妇女优势，逐户宣传发动，达到引领示范作用。组织乡中小学生开展“爱我家园、保护环境”为主题的垃圾分类教育活动，让每一名中小学生都能够肩负保护环境、清洁家园的责任，监督自己家庭成员、倡议自己身边亲属、引导自己周边邻居，做好垃圾分类工作。打造森林花园村庄，建设“七美”乡村。

【脱贫攻坚】 年初，对未脱贫的建档立卡贫困户进行逐户走访，精准制定有针对性的帮扶措施，为每一户享受政策的建档立卡贫困户安排一名帮扶责任人，帮扶责任人定期入户走访，宣传宣讲扶贫政策，让结对贫困户清楚明白政策规定，增强脱贫信心和动力。严格按照“一超五有”“两不愁三保障”的精准脱贫原则，扎实做好脱贫攻坚工作，对能发展产业的，帮助其就近就地发展产业；能打工的鼓励外出打工；对无劳动能力的强化社会兜底保障，切实做到因地制宜、因户施策。北四平乡2018年底原有建档立卡贫困户437户1128人，2019年脱贫239户540人。7月，对全乡脱贫质量进行大排查，全乡有178户539人符合稳定脱贫不享受政策标准，新增2户3人。在帮扶方面，为11户建档立卡贫困户安装户用分布式光伏发电系统，每户每年发电收入可达到3100元左右，2019年将该笔资金拨付到户。全乡共有214户申报“五小”产业项目，补贴53.196万元。发展壮大村集体经济，将50万元产业扶贫资金投入到北四平村，发展蓝莓5.36公顷，草莓2.68公顷；将61万元（50万元产业扶贫资金和11万元回收互助金）投入到宝汤村，购买4年生蓝莓6.03公顷；将47.834万元产业扶贫资金，用于扶持火石村发展村集体经济，发展蓝莓2.68公顷。引进成都天地网公司在火石村建立中药材深加工厂，公司建立种植基地67公顷，其中包括17户建档立卡贫困户流转土地8.04公顷，每户增收2500元左右；企业吸收有劳动能力的贫困人员到企业打工，带动16户，户增收400—2000元。为促进蓝莓产业持续健康发展，将产业扶贫资金48.575万元与扶贫互助转型使用资金160.2486万元整合，投入抚顺丰晟农产品销售有限公司，在冯家村建设蓝莓深加工厂，安置25名贫困人口到企业打工，实现脱贫致富。同时，收益与未脱贫贫困户分红，每户可增收500元。已脱贫贫困村北四平村、冯家村申报基础设施建设项目，北四平村修建自来水，共投资110万元，其中抚顺市民宗局出资80万元，县扶贫办出资30万元；冯家村修建路灯120盏，修缮广场1处，投资30万元。对全乡精准扶贫档案进行整理，做到一户一档，让每一户建档立卡贫困户从进入到退出都符合程序、信息真实、有迹可循，扎实记录贫困户脱贫过程，全力服务精准扶贫、精准脱贫工作。

【安全应急】 成立应急管理委员会，乡长为主任，副乡长为副主任，其他班子成员为成员。制定突发事件应急处置制度及预案，对乡内发生的突发事件进行预防、预警及处置。开展应急避险逃生演练1次，共计40余名群众参与。联合派出所对各村、企业、细辛加工点、饭店、加油站、液化气站、商店的消防安全设备进行检查、宣传。年底对烟花爆竹经销商进行安全检查。

（刘　爽　张　然）

红升乡

【概　况】 红升乡位于辽宁省抚顺市新宾满族自治县的东部。北接北四平乡，东邻旺清门镇，西贴新宾镇，南靠红庙子乡。下辖7个行政村。全乡总户数2613户，总人口7815人。总面积13000公顷，其中森林面积8567.9公顷、耕地面积2061.56公顷。全乡地势东高西低，因地处长白山余脉，山地、丘陵此起彼伏，制高点是旧门村的大鸡架山，海拔749.7米。红升乡是浑河主要支流苏子河的发源地，源头在南沟村的分水岭下。境内的红升水库，表面积167公顷，满库容储水量3900万立方米，保证下游新宾满族自治县城的生活用水和700公顷水田的灌溉需要。全年平均气温4.8℃；年平均降水量480—650毫米；无霜期120—130天；夏季最高气温33℃；冬季最低气温-38℃，最深冻层1.5米。红升乡自然灾害主要是早春的倒春寒和秋季的早霜。水灾、旱灾、风灾、雹灾，个别年份有所发生。全乡人工林每年采伐量平均为2000立方米；森林覆盖率达75%以上。林下野生药材资源十分丰富，有细辛、五味子、黄芪、桔梗、苍术、独活、龙胆草、车前子等。野生植物有苇子、葛条、山芝麻等；山野菜有刺嫩芽、刺五加、大叶芹等；菌类有榛蘑、松蘑、木耳、榆蘑、大腿蘑、趟子蘑等。境内栖息着众多鸟类、爬行类、两栖类野生动物。张家村、南沟村东昌屯一带铁矿石总储量约100万吨。全乡境内有通武、平桓两条公路通过。乡政府所在地红升村，邮政编码113202，距县城9公里。

2019年，全乡公共财政预算收入完成989万元，固定资产投资完成1017万元，工业总产值完成3500万元。

【统　战】 与7个村签订宗教管理责任书。发放民族宗教政策和宗教管理条例宣传单100余份。4月，组织8名乡工商联会员与全体乡机关干部一同前往关家村正岔捡拾垃圾。6月，通过乡工商联的牵线搭桥，联系到一名大连企业家，为乡敬老院老人们送去米、面、油等生活用品。

【综合治理】 乡村两级共排查调处矛盾纠纷11件。立治安案件42起，查结30起，查结率72%；立刑事案件12起，破8起，破案率67%。全年7宗信访案件，结案5宗，结案率72%，没有出现越级信访现象。成立以党委书记于士君为组长的扫黑除恶专项斗争工作领导小组，制定《红升乡扫黑除恶专项斗争实施方案》，对全乡的扫黑除恶工作进行部署。加强宣传，营造氛围。充分利用宣传标语、横幅、村喇叭、微信群等广泛宣传。向全乡每户群众发放《全县关于依法严厉打击黑恶势力违法犯罪的通告》，在全乡主要道路和各行政村显著位置挂横幅14条，在各村选举现场发放扫黑除恶明白纸2500余张。设置举报箱，公开举报电话。

【农　业】 推进刺五加和食用菌产业，新栽植刺五加88万株71.33公顷，全乡刺五加种植面积达266.67公顷。发展以香菇为主的食用菌生产20公顷，共计300余万袋。聘请省农科院水稻研究所专家到白旗村举办水稻栽培技术现场会2次，累计160人次参加现场培训。保证农产品质量安全，完成30个检测样本农残检测工作，超额完成县里布置的15个检测任务。发放耕地地力保护补贴2086户1414.61公顷，补贴资金188.5113万元。发放生产者补贴1209.33公顷，补贴资金198.7507万元，其中，玉米种植面积749.56公顷，补贴资金92.0722万元；大豆种植面积311.51公顷，补贴资金84.9917万元；水稻种植面积148.26公顷，补贴资金21.6868万元。开展以专业合作社为主线，带动农民增收为目的科技培训工作。新宾满族自治县丰易农产品种植专业合作社在省农科院水稻研究所技术指导和大力支持下，2019年种植水稻品种619、小粒香、粳优653、沈稻7号等7个品种共计20.67公顷，平均增产10%左右。辽宁省农业科学院特色产业科技服务团为张家村红香叶合作社蔬菜种植的产前、产中、产后提供全方位的技术指导。气象大喇叭开机率达到98%。

全乡有肉鸡饲养户1户，年出栏65600只；绒山羊饲养户16户，年末存栏2793只；生猪饲养户217户，年末存栏787头；牛饲养户67户，年末存栏525头。所有畜禽猪瘟、口蹄疫、禽流感免疫率达100%。

【林　业】 完成植树造林236.19公顷。其中，三北防护林10.93公顷、县内荒山造林2.67公顷、采伐迹地造林9.52公顷、退化林分修复造林213.07公顷。

【水　利】 南沟村新建10米自流井1座，更换主管线1200米，总投资35万元；东昌屯自来水管网改造投资19.2万元；旧门村新建105米深井1眼，全村自来水管网改造，投资40万元；红升村维修水毁井2座，投资15万元；北沟村自来水管网改造投资26万元。“8·15”水灾使全乡7个行政村的农田、河堤、自来水井、机耕路等设施损毁严重，直接经济损失达850万元。结合水源地保护政策，共计制作水源地保护宣传牌20余块。

【工　业】 工业总产值完成计划的107%。引进兴京惠农商城仓储物流中心项目落地红升村。新签约"飞地经济"项目1个，投资方为抚顺顺腾纺织品有限公司，投资金额约2000万元，项目落户旺清门镇。有长梗刺五加育苗基地、果松栽植及松子加工项目、空气源热泵组装项目3个在谈项目。

【经营管理】 为7个村进行清产核资，建立村集体"三资"管理台账，制定村级财务管理制度。土地确权工作进入收尾阶段，全乡发放土地确权证1915个，颁证率达到90%以上。全面开展农村集体产权制度改革工作，完成2603户7785名村民村集体组织成员身份界定和股权设置工作。完成7个村的办证赋码工作，后续工作有序进行中。全年接待土地纠纷来访问题5起。年末对7个村进行财务审计核实工作。

【生态环境】 退耕红升水库一级保护区内水源地16.87公顷，拆除水库周边违建别墅2座，关停饭旅店6家，关停养殖户11户，发放养殖户关闭拆除补偿款1211.33万元。规范3处小作坊的生产行为，使其达到排污标准。在水库周边设立环保标志牌、封闭围栏、消防应急池。投资537.6万元建设南沟村、北沟村等4个村屯的生活污水收集处理系统，为一级保护区内的4家饭旅店及敬老院安装生活污水收集设施。全乡完成卫生改厕480户。继续开展垃圾分类及资源化利用及美丽乡村建设宣传工作。

【文　化】 乡文化服务中心配备图书4000多册，设有图书管理员1名，每年参与图书借阅的人员有100多名，归还率98%。各村都建有文化广场，配备体育健身器材和篮球架等。全乡成立广场舞队伍7个。对全乡20个文化广场重新普查并上报到国家文化数据库。为南沟村东昌组争取1套体育健身器材，为各村农家书屋送书籍400多册。春节前夕，与县文联联合为白旗村村民送春联200多副。联合县文联、旺清门镇等9个单位在白旗村妈妈伙洛屯举办农民篮球比赛。

【医疗卫生】 乡卫生院有床位20张，医务人员15人。2019年增添大型DR、彩色超声及远程心电图设备。农村医疗保险事业全乡投保人数6396人，参合率达99%。全年门诊接诊21300人次，支付医疗费用220.11万元。有常住0—6岁儿童247人，流动儿童13人，新生儿20人。针对卡介苗、乙肝、麻疹、百白破、脊髓灰质炎"五苗"接种500针次，开展查漏补种工作接种20针次，免疫率占应防疫人数的98%。全乡出生人数46人，男孩26人、女孩20人，出生率5.9‰。全乡15—49周岁育龄妇女人数2118人，已婚育龄妇女人数1659人。2月，设立流动人口计划生育维权服务宣传站。3月，组织各村计生主任及中心户长培训2次。4月19日，深入开展"流动人口维权月"活动。5月，开展"国际家庭日""5·29"计生协会会员活动日走访活动，为全乡8户失独、伤残家庭送去电风扇。开展"9·25"国际避孕日宣传活动1次。完成孕优检查、"两癌"筛查目标任务。全乡共有437人享受独生子女奖励费、234人享受60周岁计划生育奖励扶助金、2人享受结扎后遗症补助金、2人享受母亲年龄49周岁以上子女伤残家庭特殊扶助金、5人享受母亲年龄49周岁以上子女死亡家庭特殊扶助金。

【社会保障】 严格落实各级优抚政策，年底有农村低保户170户301人，城镇低保户10户15人，特困户50人，其中集中供养11人。全年发放农保资金61.9036万元、城保资金5.2506万元、特困资金26.799万元。有孤儿3人，补助资金3.7512万元。临时救助279户13.05万元。冬春救助350户633人4.554万元。90周岁以上老年人12人，补助资金2.86万元。完成二代残疾证的换发及新办证工作，做好残疾人再就业工作。残疾人两项补贴119人，补贴资金12.8415万元。残疾人无障碍改造10户，补助资金3.7万元。残疾人义务教育1人，补助1000元。残疾人个体创业扶持7人2.1万元。残疾人重度鉴定补贴2人300元。残疾人燃油轮椅车补助10人2600元。有优抚对象73人，发放优抚资金39.9068万元。

【脱贫攻坚】 1月，将互助金转型80万元投入到关家村40万元、红升村20万元、香溢农场20万元；上级拨付扶贫资金206.67万元投入到张家村建大棚20万元、红升生态公司166.67万元、预留20万元发展“五小”产业。乡领导高度重视扶贫项目的落实，多次研究、调研，确立以分红、打工的方式带动贫困户增收。落实“五小”产业奖补，奖补贫困户11.1605万元，剩余8.8395万元，整合资金注入红升生态公司。完成建档立卡贫困户危房改建工作，全乡有11户建档立卡贫困户符合D级危房，12月末前全部完成危房改建。7月9日，召开全乡包片领导、包村干部、驻村工作队、驻村第一书记、村党支部书记、村主任、村会计会议，全面落实脱贫攻坚“大普查、大排查、大督查”工作，于7月31日前完成入户核查工作。全乡未脱贫建档立卡贫困户110户223人，已在10月末全部实现脱贫。

（盖　挺）

旺清门镇

【概　况】 旺清门镇原名为“汪清门”。道光九年，清宣宗爱新觉罗·旻宁下旨改为“旺清门”，意为“兴旺大清之意”沿用至今。旺清门镇地处新宾满族自治县东侧，位于北纬41°47′0″—41°37′48″，东经125°18′44″—125°10′0″，东与吉林省通化县隔江相望，南与响水河子乡、西与红升乡、红庙子乡接壤，北与北四平乡相连。镇政府驻旺清门村中心路1号，距新宾满族自治县城26公里。旺清门镇地处富尔江畔，地势属丘陵地带小平原，东高西低，四面环山，中间平坦，成盆地状。南以富尔江为界，东西均为水田。海拔在410—800米之间。境内最高山头道沟北山，海拔803米。气候属温带大陆性季风气候，其特点是四季分明。每年平均气温5.2℃。生长期年平均165天，无霜期年平均134天，最长达159天，最短为114天。年平均降水量764毫米。境内主要河流有二级河1条，总长15.4公里；三级河3条，总长34公里；四级河2条，总长8公里，河流总长度为57.4公里。最大河流为富尔江，从夹河北村横山子至江南村流经东江沿汉族、东江沿朝鲜族、旺清门汉族、旺清门朝鲜族村，流域面积12000公顷，主要支流有旺清河、夹河北河、头道沟河。镇内野生资源十分丰富，主要有蕨菜、大叶芹、蘑菇、榛子、山梨、山里红、核桃、猕猴桃等。旺清门大米曾有“贡米”之称。水稻、玉米、大豆已取得产地认证和产品认证，“满乡甜水”大米已获A级绿色稻米标志。主要经济作物有人参、细辛、山野菜、食用菌。全镇总面积23020公顷，其中陆地面积22500公顷，水域面积520公顷。有耕地面积3200公顷，其中水田面积1200公顷，人均占有耕地0.2公顷；林地面积15267公顷。下辖9个行政村，34个自然屯，70个居民组，总户数5079户，人口总数14622人，其中农业人口10359人，城镇人口4263人，总人口中以满族为主，占64%，朝鲜族占15%。

2019年，全乡工业总产值完成1200万元；公共财政预算收入完成1675万元；外贸进出口完成15万元；域外招商引资到位额完成6994万元；固定资产投资完成1391万元，完成“飞地经济”项目任务。

【统　战】 召开企业精准扶贫工作和村集体经济对接推进会1次，团结广大非公经济人士为乡村振兴做贡献。联络归国少数民族群众参与乡村振兴建设。提高信教群众对宗教政策的认识，引导和教育信教群众与不信教群众互相尊重，加强团结，共同致力于发展经济、共建和谐。

【综合治理】加强法治宣传教育，全镇共悬挂宣传条幅20条，播放LED电子显示屏2块，张贴公告200余份，发放明白卡8000余份。召开村民代表大会，为村民播放宣传视频，讲扫黑除恶专项党课9场次；采取向社会公布举报电话、设立举报电子信箱等方式，发动广大群众举报犯罪、提供线索。在各村选举现场发放扫黑除恶明白卡4500余张。设置11个举报箱，公开举报电话。对辖区内的重点人群（安置帮教人员、社区矫正人员、精神病患者）进行突击检查。组织4次依法治镇法制宣传活动，受教育人数达到2100余人次。各村利用宣传阵地开展禁毒宣传，张贴禁毒标语500张，悬挂横幅5条，分发《致全镇居民的一封信》近1000份，出动无人机达10余次。信访实施“五位一体”包保责任制。全镇共发生8件个体信访案件，已解决6件，满意率100%。

【工业企业】已谈成在建、续建项目3个，“飞地经济”项目1个。完成全国第四次经济普查，组织18人对辖区内个体经营情况进行细致调查，全镇有药材加工合作社13个，商店、超市37个，饭店及其他场所20个，大小企业32个。

【农　业】利用农业资源优势，大力发展绿色有机水稻、中小药材等高品质农产品，其中园参种植面积133.33公顷，林下参种植面积333.33公顷，细辛种植面积333.33公顷，山野菜种植面积100公顷，香菇、姬菇、木耳等食用菌种植面积33.33公顷，苦参种植面积16公顷。建立农产品生产基地，完善基地基础建设。旺清门镇沃土科技有限公司已与昆仑好客签订有机水稻供销合约，解决本地农户水稻销售问题，加大品牌效应。加强农业产业园区建设，中药材园区总种植面积253.33公顷，其中林下参种植面积48公顷、平地参种植面积200公顷。大榛子园区已形成林业产业规模面积66.67公顷，以生产、采摘、观光等形式推动园区发展。先期栽植的2公顷大榛子已经结果，带动农民增收近50万元。生态蕨菜园区山野菜种植面积已达46.67公顷，主要品种有大叶芹、刺五加、刺嫩芽等，年产量在1000吨左右，年产值为1200多万元。开展以专业合作社为主线，带动农民增收为目的科技培训工作。与沃土科技有限公司签订稻米加工合同，种植水稻品种619、小粒香、粳优653、沈稻7号等7个品种共计74公顷，平均增产10%左右。加强动物卫生监督工作。年末，全镇畜禽存栏猪1818头、牛821头、羊3852只、鸡7285只、鸭2437只、鹅1801只，所有畜禽猪瘟、口蹄疫、蓝耳病、禽流感防疫率达100%。全年内无重大动物疫病发生。

【林　业】完成植树造林49.47公顷。其中，三北防护林29.33公顷、中央财政拨款造林20.13公顷、采伐迹地造林6.67公顷、封山育林33.33公顷。积极组织开展疫木择伐和场地清理工作。在春、秋两季成立扑火队，有6台风力灭火机，人员12人，24小时值班值宿。全年无重大森林火灾发生。

【水　利】完成头道沟村小流域治理800米，夹河北、窑地、大荒沟水井5眼，大荒沟村南岔、北岔自来水工程改造，砬子沟护河堤坝18.5公里，夹河北喷灌改造，头道沟村、江南、大荒沟、旺汉、旺鲜安全饮水项目，砬子沟水毁修复等项目。全面建立镇、村二级河长制，成立工作组，开展河流环境专项整治行动，实现全镇河道无杂物漂浮、无污水直排、无污泥淤积。

【经营管理】完善农村“三资”工作，落实“三资”管理制度，出台“三资”管理文件，切实加强对“三资”工作的审核监督力度。土地确权工作进入收尾阶段，办证率达95%。农村产权制度改革已完成登记赋码工作。

【文　化】组织参加在红升乡白旗村妈妈伙洛举办的农民篮球比赛。协助镇妇联组织广场舞队伍参加全县广场舞大赛。

【美丽乡村】开展“农村垃圾减量先锋行”、党员志愿者服务等活动。328名在家党员每人全年入户开展垃圾分类监督、宣传和指导20余次，利用党日开展义务服务10余次。头道沟村在村东新建300平方米的花园（原来是个垃圾场），被评为全县垃圾减量及资源化利用精品村。通过“一事一议”完成夹河北村三组到五组巷道540延长米、旺汉村南窑主路340延长米、大荒沟村巷道2000延长米、蜂蜜沟大青沟2500延长米油路、头道沟西领沟线3760延长米、江南村村路5000延长米、旺鲜村村路改造1250延长米。

【安全生产】 累计发放安全生产宣传画报20余份，宣传单页500余份。组织召开安全会议3次，与重点企业责任人签订责任状。全年无安全事故发生。

【医疗卫生】 全镇参合户数6075户，参合率90%（其中民政对象566人，核销保费8.988万元）。有常住0—6岁儿童307人，流动儿童23人，新生儿31人。针对卡介苗、乙肝、麻疹、百白破、脊髓灰质炎“五苗”接种700针次，开展查漏补种工作接种21针次，免疫率占应防疫人数的98%。

【社会保障】 全年低保认定323户540人，发放资金110.5万元；分散供养五保户66人，发放资金57.8万元；集中供养20人，发放资金12.5万元。落实优抚政策，有优抚对象128人，发放优抚金60万余元。救灾救济工作及时有效，发放救灾金17.3万元，棉被100余床。十大民生救助制度政策持续推进，实施临时救助262人次，救助资金17.8万余元。有40名高龄老人，发放高龄补贴5万元。对145名残疾人分类实施补贴，发放资金15万余元。

【脱贫攻坚】 大力发展产业扶贫项目。为夹河北村投资30万元修建冷库1个，带动全村贫困户增收。完成24户建档立卡贫困户D级危房改建工作。开展脱贫攻坚“大普查、大排查、大督查”，于7月10日召开全镇包片领导、包村干部、驻村工作队、驻村第一书记、村党支部书记、村主任、村会计会议，进行全面落实，7月底前全部完成入户核查工作。2019年末，全镇脱贫建档立卡贫困户717户，已有716户实现脱贫。剩余1户将在2020年实现脱贫。

（王　贺）

红庙子乡

【概　况】 红庙子乡位于新宾满族自治县东南部，东与响水河子乡相连，南与本溪市桓仁满族自治县交界，西与永陵镇相接，北与红升乡、旺清门镇毗邻。乡政府驻地红庙子村，距新宾满族自治县政府所在地35公里。全乡总面积33000公顷，山林面积26000公顷，耕地面积3401.4公顷，其中水田868.33公顷、旱田2531.1公顷。下辖10个行政村、40个自然屯、58个村民小组，总户数4860户，总人口15149人，其中农业人口13948人，由满族、汉族、朝鲜族、回族、苗族、蒙古族组成。境内有巨流河由西向东贯穿36公里，5座小型水库总库容398万立方米，其中小（一）型水库1座、小（二）型水库4座，水域面积31.33公顷。年平均降雨量780毫米，森林覆盖率78%，林业和水利资源比较丰富。红庙子乡矿藏资源较为丰富，种类比较多，开发潜力大，主要有钾长石、石英石、锡铬、铁矿、草碳等。全乡土地流转面积1614.53公顷，占土地总面积的47.5%。全乡拥有各种农业专业合作社27家、家庭农场35家。其中汇禾源家庭农场是抚顺市第一家注册的家庭农场。

2019年，以“打造生态宜居环境为重点，发展多种有机、特色产业”的总体思路进行发展。全乡工业总产值完成2610万元；公共财政预算收入完成1114万元；域外招商引资到位额完成4183万元；固定资产投资完成894万元；完成“飞地经济”项目任务。

【综合治理】 建立健全乡、村两级调解组织，有村级调委会10个，国家级调解能手1人，全年共排查调处矛盾纠纷16件，涉及金额21.879万元。由乡综治办牵头加强群防群治工作指导，明确职责任务，积极落实人防、技防等措施和制度。开展扫黑除恶斗争，净化社会治安环境。将扫黑除恶、“禁毒铲毒”与“套路贷”等专项整治、安全宣传工作紧密结合在一起，严厉打击各类刑事犯罪活动。在各村悬挂扫黑除恶条幅，下发宣传单，设立匿名举报电话，有效防止涉黑涉恶犯罪、严重刑事犯罪和涉及“黄、赌、毒”等犯罪现象。矛盾纠纷的排查化解工按照“早预防，早排查，早发现，早调处”的原则，作做到责任到人，分工明确，逢会必讲，精心安排，周密布置。采取集中排查的形式，先后对10个村的矛盾纠纷进行摸排，边排查边化解，不留隐患。加大信访力度，强化信访责任。坚决落实“属地管理、分级负责、谁主管、谁负责”原则，发现一起处理一起。畅通信访渠道，及时掌握信访诉求，积极解决处理信访案件，全年29件信访案件，结案29件，结案率达到100%。面向基层，面向群众，开展“禁毒铲毒”宣传教育活动。

【统　战】 全乡共有3处合法宗教活动场所，其中红庙子村1处、英盈汉族村1处、长岭子村1处，全部为基督教活动点，共有信教群众147人。召开宗教工作专题推进会和民族宗教矛盾纠纷排查工作会，安排部署全乡宗教工作，与各村支部书记签订基督教私设聚会点包保责任制，把此项工作纳入村干部的年末考核当中。推荐党外知识分子1人、无党派人士4人。上报贫困归侨侨眷二类人员1人，进行公示，使其享受到国家救助政策。重阳节期间，乡部分工商联会员出资到敬老院为养员们送去米、面、油等生活必需品和节日祝福。

【农　业】 以香菇为主的食用菌产业种植面积54.33公顷，以平地人参为主的平地中药材种植150公顷，以大果榛子为主的果蔬种植142.33公顷，以有机水稻生产为主的有机农业种植100公顷。开展“大棚房”全面排查，对疑似房屋逐户核实。张贴禁限农药令50份。组织水稻种植户26人到县农业农村局进行科技培训。组织红庙子、响水河子、旺清门3个乡镇学员65人在本乡培训，并带领3个乡镇学员35人外出考察。全乡中药材种植面积333.33公顷，承担省试验项目4个，开展病虫害监测。国家地力保护补贴核实4020户，补贴资金352.6223万元；“五小”产业补助122户，补助资金14.6075万元；生产者种植补贴4782户，补贴资金370.386万元。新型职业农民学员招收培训30人。大力发展畜牧业，全乡有肉鸡饲养户26户，年出栏786150只；绒山羊饲养户87户，年末存栏8966只；生猪饲养户415户，年末存栏1211头；牛饲养户288户，年末存栏2179头。做好动物疫病防控工作，所有畜禽猪瘟、口蹄疫、禽流感免疫率达100%。

【林　业】 植树造林全年实际完成荒山、荒地造林50公顷，迹地更新造林86.67公顷，成活率在85%以上。森林经营完成森林抚育天然林180公顷，迹地更新65公顷，人工林小抚育3622余立方米。对采伐作业加强指导、监督，做到不超界、不超量、不超强度采伐。封山禁牧，林业站与全乡养殖户签订圈养协议书100余份，张贴宣传布告500张，加强巡查、处罚，发现违规放牧一律严肃处理。针对松材线虫病，组织护林员对全乡松树林进行调查取样，统一送到县林业局化验，按照上级技术部门的要求进行防治。对长岭子湿地公园进行亮化建设，主要包括种植向日葵6.67公顷、各种花卉2公顷、退耕还湿10余公顷。清理池塘3处。设立防火宣传站10个，发放宣传单3000余张，张贴条形标语500余条，防火旗帜200余面，增修扑火器具，实行领导24小时值班值宿、零报告制度。乡政府成立50人的半专业化扑火队伍，配备汽车1辆，风力灭火机6台，锹镐等防火工具50把。

【经营管理】 全乡共有土地承包户数3629户，已完成打证3629本，颁证3598本。全乡共有耕地面积3401.66公顷，其中参加农业保险面积2877.488公顷。全乡10个村全部完成清产核资工作，正在进行组织成员身份界定、资产量化等工作。2019年，新增家庭农场4家，申报省级示范家庭农场3家，新增加土地流转面积62.47公顷。处理土地纠纷共计7起。

【科　技】 组织全乡激活科普中国APP，注册科技志愿者10余人，开展农机安全讲座1次、农产品追溯管理登记注册技术培训1次。

【水　利】 修建查家村自来水，直径8米大口井，管道300米，30米截水墙，投资10万元；查家大北山组自来水，直径6米大井，管道2000米，40米截水墙，投资20万元；四道沟村自来水，直径8米大井，20米截水墙，管道200米，投资11万元；腰岭自来水，直径6米大井，管道1800米，20截水墙，投资18万元；杨木沟自来水，直径6米大井，管道850米，截水墙30米，投资10万元；西岔村部自来水，直径6米大口井，截水墙70米，管道200米，投资22万元；西岔村东岔组自来水，直径4米大口井，管道200米，截水墙32米，投资7万元；西岔村一组自来水，直径4米大口井，管道1800米，截水墙35米，投资12万元。完成水库维修养护4座，新建自来水13处。新建库仓沟护村河堤400延长米。全乡境内所有河流、水库及塘坝，均实施“河长制”管理。开展河道综合整治，改善河道水质及周边生态环境，基本达到“水清、流畅、岸绿、景美”。

【工　业】 钾长石矿开采项目，初步探明储量1300多万吨，开采年限20年。年底已完成矿区范围划定，采矿权手续已通过审批。分散式风能发电项目，计划投资1.5亿元，项目用地已调整完规划，年底前正式签约落地。林下黑猪养殖项目、生物质热电联产项目和飞机维修基地与教学基地项目正在洽谈推进中。协助完成全乡83家企业的年检工作，完成率达100%。积极联系在外成功人士回乡投资创业，通过他们引进更优质的资源进行开发。红汉村在外创业企业家刘惠生回乡投资九凤田园综合体项目，预计投资15亿元，项目已开工。全年共新增企业及个体户110家。续建项目一个：益康平地人参种植项目。

【文　化】 完成全年公益电影放映任务120场。指导各村对基层文化活动中心的书籍进行分类，完善相关借阅制度。南四平村和英鲜村新建文化广场各1处，已通过验收。

【医疗卫生】 强化国家基本公共卫生服务项目。乡卫生院对贫困人口210人进行免费体检，贫困人口签约人数381人，签约率达100%。卫生院全体员工利用倒班休息时间多次逐村逐户宣传健康扶贫政策，使健康扶贫政策家喻户晓。推进基层工作，强化医疗质量管理。落实基本药物和家庭医生签约制度，网上基本药物采购比例60%，全部药品均实行零差价销售。卫生院全年医疗收入232.8235万元，其中药品收入185.8202万元、中医药收入18.5145万元、材料费2.9853万元。医疗支出140.8564万元，人员工资139.9663万元，维修资金0.8901万元。通过月例会、视频等形式对村医进行手把手培训，组织相关人员每季度到村卫生室进行督导工作。办理一胎生育指标35人，二胎生育指标29人。时时登录辽宁省人口信息平台，进行人口数据变更。办理奖扶29人、特扶1人。免费孕优检查完成20对40人，对随访人员进行随访。完成全年报表和药具发放，每月上报两条药具信息。利用元旦、春节、“三八”妇女节、“5·29”协会纪念日和“9·26”世界避孕日等进行大力宣传，做好计划生育工作。每天进行流动人口平台变更和反馈工作。全年发放独生子女奖励827人，发放资金51480元；奖特扶301人，发放资金41.292万元。全乡中心户长42人，发放资金2.52万元。

【社会保障】 严格落实各级优抚政策，社会保障水平稳步提升。全乡共有10190人参加城乡居民医疗保险，其中，农村户籍参保10145人、城镇户籍参保45人，参保率达70.2%。低保户、优抚对象605人由民政部门代缴，合计缴费金额18.311万元；建档立卡贫困人员935人，由扶贫部门代缴，合计缴费金额27.945万元。有农村低保309户524人，发放保障金11.3744万元；城镇低保17户22人，发放保障金1.2769万元。全年经核查共计取消农村低保20户44人，新增10户14人。对退役军人进行信息采集并发放光荣牌，新增2名遗属。发放建档立卡残疾人扶持资金3.3万元，发放辅助器具60件。“8 · 15”洪水残联拨付1.85万元。残疾证办理共计18人，无障碍改造6户，动态更新347人，精准康复信息录入347人，市个体就业5户，省个体就业12户。二代残疾证换证253人。

【脱贫攻坚】 全乡共完成115户241人未脱贫建档立卡贫困户退出工作，巩固已脱贫116户215人不返贫。完成抚顺市脱贫攻坚扶贫专项巡视共性问题整改，全面对照、自查自纠、举一反三。对自查中发现的3个问题列出问题清单、任务清单和责任清单，逐项整改、逐条落实，做到立行立改。完成中国社会扶贫网村级信息管理及贫困户录入工作。完成教育扶贫资金核验32人、危房改造补助资金5户。完成三次国家扶贫开发系统数据清洗工作，及时更正贫困户信息。完成扶贫领域“大普查、大排查、大督查”工作。扶贫项目资金已全部落实到位，落实“五小”产业补助资金14.6万元，产业扶贫实现全乡216户441人全覆盖。投入老戏场村产业扶贫资金60万元，用于扩建标准化大棚2栋。投入西岔村产业扶贫资金30.7万元，用于完善2栋标准化大棚种植项目。新建查家村冷库2栋，投入40万元，带动贫困户35户83人。互助金转型使用200万元，产生收益12万元，用于全乡建档立卡贫困户收益分红。按扶贫政策为全乡216户441人全部缴纳新农合及大病保险，将符合低保条件的贫困户全部纳入低保保障范围。为低保户、五保户、优抚等对象缴纳房屋保险、五保、农村低保309户524人，保障金11.3744万元。建档立卡残疾人发放扶持资金3.3万元，发放辅助器具60件。为50户建档立卡贫困残疾人发放救助种子化肥共计8.50万元；发放设备9户，共计1.8万元。残疾人惠农资金回访29户。

【环境卫生】 共开展爱国卫生环境大清扫活动2次，共出动110人次、出动垃圾清运车20台次，覆盖38个居民小组。在2019年的全县垃圾分类工作评比中，西岔村、长岭子村被评为精品村，老戏场村、查家村、五道沟村、英鲜村、四道沟村被评为达标村。

（朱希望）

响水河子乡

【概　况】 响水河子乡位于新宾满族自治县东部，处于辽吉两省三县交界处，北纬41° 37′ 30″—41° 35′ 08″，东经125° 18′ 45″—125° 26′ 15″。东与吉林省通化县大泉源乡接壤，南与本溪市桓仁满族自治县古城镇毗邻，西与红庙子乡相连，北与旺清门镇相接。辖区东西最长距离26公里，南北最长距离16公里，总面积14160公顷。乡政府驻响水河子村富江街1号，邮政编码113204，距新宾满族自治县城35公里。下辖8个行政村，50个村民小组。

境内地势北高南低，主要山脉有龙岗山脉，境内最高峰脚印峰位于龙岗山脉，海拔1373.1米，最低点位于富江村，海拔363.7米。境内属富尔江流域，流域面积14100公顷，占99.6%。主要河流有一级河富尔江1条，总长度10公里；二级河有小荒沟河、岗山河、曲麻菜河、三道沟河共4条，总长46公里。

气候属亚热带季风气候，冬季低温少雨，夏季干旱或多雨。多年平均气温4℃—8℃，极端

最低气温 -36℃—-42℃；7月最高气温36℃—39℃，最低月均气温-16℃，最高月均气温22.4℃。无霜期年平均132天，最长达150天，最短129天，年平均降水量769.5毫米，有效积温2600℃。

野生资源丰富。野生植物有细辛、黄芩、龙胆草、大力籽、天麻、柴胡、桔梗、蒲公英、刺嫩芽、猴腿、蕨菜、大叶芹、刺五加、山胡萝卜、山辣椒秧、龙须菜、猫爪子、大头菜、小皮袄、荠荠菜等。野生动物有野猪、野鸡、野兔、狍子、獾子、松鼠、花尾榛鸡、林蛙、家燕、燕雀、三道眉草鹀、青蛙、喜鹊、飞鼠、北滑晰、黑眉蝮蛇、白眉蝮蛇、黄鼬、刺猬、啄木鸟、大雁、布谷鸟等。

2019年末，全乡总人口8469人，其中农业人口8219人，占97%；非农业人口250人，占3%；男性4289人，占50.6%；女性4180人，占49.4%。居民以满族为主，达到6380人，占75.3%；汉族1218人，占总人口14.4%；朝鲜族807人，占总人口9.5%；其他少数民族64人，占总人口0.8%。2019年人口出生率0.46%，人口死亡率0.55%，人口自然增长率-0.09%。

2019年，全乡工业总产值完成3570万元，公共财政预算收入完成509万元，域外招商引资到位额完成4562万元，固定资产投资完成1103万元。

【综合治理】 在8个村设立扫黑除恶宣传板，全乡共悬挂条幅37条、张贴宣传画32幅、制作宣传展板14块、发放各类宣传单3870张，投入经费0.8万元。县转信访案件1件；排查矛盾14件，化解并办结14件，化解率达到100%；发现并破获刑事案件21起；发生和处理治安案件28起，治安拘留11人、公安调解5起。与全乡1457户签订《新宾满族自治县禁种铲毒承诺书》，共铲除罂粟200余株。

【统　战】 全乡有知名人士3名、新社会阶层人士3名，建立健全乡、村两级统战工作网络，中心组统战理论专题学习3次，组织非公人士学习1次。建立健全乡村两级宗教工作组织机构，对全乡3所宗教场所负责人及信教人士登记建册。

【农　业】 建设以优质稻米生产、平地人参及其他中小药材平地种植为主的支柱产业，新发展平地中药材60公顷。新建富江村、下围子村、双砬子村、东腰堡村村级集体经济产业贝母药园4处。举办各类农业培训班10期、农民科技培训班6期、农产品质量安全生产培训班3期，新型职业农民培训10人。推广新型农业科技，建立试验、示范田200公顷，其中肥料利用率试验，玉米肥料2个，水稻肥料1个；配方校验试验水稻肥料3个，玉米肥料1个。示范耕地保护和质量提升与肥料减量增效项目，面积200公顷。发放地力补贴172.6339万元、玉米补贴100.5441万元、大豆补贴14.8608万元，水稻补贴55.7655万元。

【林　业】 全乡完成宜林荒山造林18.8公顷，采伐迹地更新造林25公顷，完成幼林中央直补透光抚育68.9公顷，全部验收合格，补助资金全部通过一卡通发放。完成天然林抚育300立方米。有护林员22名。春、秋防火期间，乡政府领导轮流值班查岗，村委会及护林人员坚持巡逻，全乡无森林火灾发生。

【水　利】 争取水利资金183万余元，主要用于扶贫解困居民安全用水项目，其中为上围子村投入48万元，新建10米大口井一座，100米深井一眼，新铺设管道15000余延长米；为双砬子村投入69万元，新建10米大口井一座，100米深井一眼，管理房一间，新铺设管道2000余延长米；为东腰堡村投入42万元，新建10米大口井一座，铺设管道300余延长米，新建截水墙6米；为双鲜村投入8万元，新铺管道400余延长米，对原水源井进行滤料更换和新上围栏；为富江村投入16万元，新建100米深水井2眼，管理房二间，新铺管道300米。通过改造新建，有效保证村民饮用水安全。

【工　业】 新签约落地2000万元以上药材加工项目1个，厂房建设已完工，该项目由新宾满族自治县万合中药材有限公司投资。宝发农牧业发展有限公司投资500万元新建人参切片厂房，已投入使用。订单种植农业、平地人参种植、商贸经营等项目相继落户。

【经营管理】 为8个村及49个村民小组共57个单位进行清产核资。采取多种方式发放土地确权证1376本，发证率76.4%。共界定经济组织成员2634户，成员7789人；设置个人股7789股，集体股3338股。成立响水河子村等8个村经济股份合作社。完成土地流转471.7公顷，签订合同773份，占流转土地的98.3%。全乡有农民专业合作社16家、家庭农场6家。

【文　化】 完善全乡8个农村书屋建设，向上级申请文化广场硬化两处1600平方米，健身器材6套，篮球架2个。协助乡妇联组织排练广场舞。8月6—7日，举办全乡全民健身广场舞、篮球赛，丰富村民的业余文化生活。在响水河子村和下围子村新修文化墙1400延长米。

【医疗卫生】 有乡卫生院1个，医务人员16人，床位15张，下辖医疗点4个。全年诊疗22136人次，农合补偿金为92.95万元，疫苗注射575人次，免疫率占应防疫人数的95%。全乡有已婚育妇女1127人。新出生人口37人，死亡39人，初婚22人。流动人口总数362人，其中流出321人，流入8人。农村计划生育奖励扶助申报年审达100%。开展大型宣传6次，累计发放各类宣传品1000余份，发放避孕药具860盒。累计为270名妇女进行宫颈癌筛查，为90名妇女进行乳腺癌筛查；孕优体检12人。组织优生优育政策宣传5次，参加人员670人次，发放各类资料900余份，群众知晓率达95%以上。独生子女父母奖励人数356人，发放金额2.232万元，发放率100%；计划生育家庭奖扶41人，发放金额39.648万元；特别扶助10人，发放金额7.176万元。中心户长32人，发放金额1.92万元。

【人事劳动】 远程教育培训100人；报送农村创业带头人4人，组织创业活动1次；建立贫困劳动力档案77人，参加就业培训11人。东腰堡村3名贫困户及响汉村1名贫困户成功与就业局签订保洁员工作合同。

【社会保障】 年初，全乡共有农村低保216户337人，城镇低保12户14人。年末，全乡有农村低保190户299人，城镇低保11户13人。全年新增农村低保9户16人，取消低保35户54人。全乡农村低保金人均188元。年末为全乡最低生活保障人口发放冬季取暖补助累计4.13万元。全乡共有2635人参加新型农村养老保险，其中新参保157人，373人已享受待遇。参保人员中民政扶持369人，民政资助保费7.38万元；建档立卡贫困户648人，扶贫资助保费19.802万元。全乡有参加新型合作医疗保险人数为6150人，参合率为99%。全乡共有特困人员49人，其中，集中供养人员18人、分散供养人员31人。集中供养特困人员已经全部入住响水河子乡敬老院。全乡有重点优抚对象29人，60周岁以上退役士兵49人。为827名55周岁以上老年人办理意外伤害保险，协助全乡1466户村民投保政策性农房和财产保险，合计投保金额5.328万元。协助出险农户完成相关保险理赔3.63万元。办理临时救助295户，累计发放困难群众临时救助金额13万余元，发放冬春生活救助款34万余元。

【乡村建设】 做好建档立卡贫困户危房改造工作，共投入41万元为11户建档立卡贫困户通过采取维修、异地购买或翻建的方式解决安全住房，其中C级房1户、D级房6户、无房4户。

【交　通】 全年共争取资金365万余元，完成双鲜村、富江村等道路改造11.58公里，新建东腰堡村、富江村桥梁4座。

【美丽乡村】 全力打造“七美”乡村，实行党政主要领导每周至少深入村屯1次、包村领导和包村干部每周至少深入村屯2次，村干部包片、包街、党员包户的网格化管理体制，引导发挥妇女优势，逐户宣传发动，达到示范引领作用。完成下围子村美丽乡村示范村建设项目，投资80.19万元。

【脱贫攻坚】 为27户建档立卡贫困户安装户用分布式光伏发电系统。全乡共有建档立卡贫困户98户申报“五小”产业项目，共计补贴8.683万元。将产业扶贫资金及互助金转型资金共计72万元分别投入到下围子村20万元、富江村22万元、东腰堡村30万元，扩大发展村集体经济。乡政府以资产投入的方式，投入万丰农机专业合作社、宝发农牧发展有限公司400万元，带动享受扶贫政策的144户337人增收致富，未脱贫户增收1800元、已脱贫户增收800元。吸收贫困户劳动力到企业打工、促进贫困户土地流转，实现多措并举脱贫致富。响水河子村、东腰堡村两个脱贫省级贫困村，2019年完成基础设施建设项目，每个村30万元。享受政策的建档立卡贫困户每户都有一名帮扶责任人，帮扶责任人定期入户走访。严格按照“一超五有”“两不愁三保障”的精准脱贫原则，扎实做好脱贫攻坚工作。响水河子乡2019年有建档立卡贫困户332户949人。7月，经排查，全乡有188户612人符合稳定脱贫不享受政策标准。

【安全应急】 年初与企业、学校及各村签订安全生产责任状，进一步明确安全生产工作责任。结合元旦、春节、“五一”、国庆等重大节日，围绕“安全生产月”组织开展活动，共开展工矿商贸综合大检查15次，检查各类市场经营主体近260余家。对查出的安全隐患，及时提出整改意见，认真落实整改措施，严格督促整改到位，派专人负责监督落实整改。制定各种突发公共事件应急救援逃险预案，组织两次演练，参加人数500人次。

（解堡权）

永陵镇

【概　况】 永陵镇位于辽宁省东部山区，地处新宾满族自治县中部，东邻新宾镇，南连榆树乡、平顶山镇，西与木奇镇接壤，北与清原满族自治县大苏河乡相接，地理坐标是北纬40°31′—41°50′，东经124°41′—125°05′。永陵镇下辖25个行政村、3个城镇社区、2个国营林场，1个省级森林公园，镇域总面积52507公顷，镇区面积302.08公顷。永陵镇城镇化水平44.7%。全镇总人口4.5万人，其中城镇人口2.1万人，在总人口中，满族占75%。永陵镇属大陆季风气候，冬冷夏热，季节分明，年平均气温4.3℃，最高气温32℃，最低气温-38℃，主导风向夏季为东南风，冬季为西北风，年平均降水量859.8毫米，无霜期130天，地面结冻深度1.5米。

永陵镇地处长白山系边缘，全镇地势东高西低，南北高，镇中间为苏子河谷。抚通高速、永桓高速在永陵镇汇合，设有永陵出入口。镇域内共有国、省、县、乡级公路13条。其中国道2条，即通武线、铙盖线。省道1条，即傅桓线；县道1条，即永红线；乡道9条。镇域内各级公路实际总长度为134.2公里，公路网四通八达，是新宾地区公路交通枢纽。镇政府所在地距省会沈阳市140公里，距抚顺市区100公里，距新宾满族自治县城20公里。

全镇山地和丘陵面积为38767.7公顷（占辖区面积的73.8%）；耕地面积5353公顷（占辖区面积的10.2%）。林地面积38330公顷，森林蓄积量1490357立方米，森林覆盖率达73%。永陵地区属浑河水系苏子河流域，全镇有7大流域10条主要河流，水域面积1256.2公顷（占辖区面积的2.4%）。有中小型水库5座，即白家水库、错草水库、瓦子沟水库、龙头水库、皇寺水库，总蓄水量1034.625万立方米。镇域内山多林密，土特产资源丰富，以中草药材、林蛙、山野菜、食用菌、畜牧、林业经济、特色蔬菜为农业主导产业。

2019年，镇党委、政府把发展作为第一要务，认真贯彻落实科学发展观，结合镇情，科学谋划，加快发展，初步形成清永陵景区、赫图阿拉城景区、苏子河漂流区、和睦国家森林公园、特色农业园区、特艺产业园区、城镇商贸服务区等七大经济优势。特艺产业成为永陵对外的一个产业品牌。大小18家工艺品厂遍布整个园区，年实现订单1亿元，安置就业人员5000多人，成为全镇的主导产业。新农村建设初见成效，涌现出省级标兵村1个、省级文明村1个、市级文明村2个、县级文明村5个。扶持和培育具有一定规模的养殖、黄烟、物流、食用菌、中药材等10个特色产业特色村、41个农民专业合作社和7个专业协会。全镇地区生产总值实现5.25亿元，工业生产总值完成1.6亿元，规模以上工业增加值完成676万元，公共财政预算收入实现2805万元，全镇固定资产投资额实现9250万元，域外招商引资到位额完成6414万元，外贸进出口完成6570万元，农村居民人均可支配收入实现13347元。

【综合治理】 以创建“平安永陵”为出发点，实施信访案件“清仓起底”。强化各项信访化解工作机制，变上访为下访，完善信访和不稳定因素排查调处责任。全年处理各类信访案件21件，办结18件。信访案件做到小事不出村，大事不出镇。开展扫黑除恶专项斗争，各类治安案件发案率下降21.6%。

【统　战】 将统战工作作为党委会的重要议题，专门进行研究。将统战工作理论纳入党委中心组学习内容，同时纳入村干部考核细则。完善统战工作对象台账，统战对象底数清、情况明。对归侨、侨胞、侨眷进行排查，建立归侨和侨胞、侨眷台账。永陵镇共有佛教、道教、基督教三种教派，其中佛教信徒309人，场所2处；道教信徒7人，场所1处；基督教信徒317人，场所8处。全年对11个宗教场所进行全面细致的排查，建立和完善相关台账。取缔非法聚会点2处。“十一”前夕，对全镇的宗教场所进行安全检查，防止意外事件发生。发挥镇工商联分会工作优势，积极促进镇域经济发展。对全镇工商联分会会员信息进行完善和梳理，建立台账并录入信息系统，规范管理。组织会员外出考察，开阔视野，增进友谊。镇工商联分会会员自发捐款，为红庙子乡洪水受灾户送去慰问金6万余元。9月，为永陵镇后甸子因火受灾的3户居民送去慰问金5000元，为2名会员免费提供建房木材。

【农　业】 全镇中药材种植面积在800公顷的基础上扩大到1000公顷，其中永陵镇启运惠民中药材种植合作社中药材种植面积扩大至66.67公顷。2018年申请的1940万元高标准农田建设项目继续实施，完成水旱田改造，建成拦河坝、灌排渠。落实惠农政策，发放各类农业补贴共计1035.6万元，其中综合地力补贴567.8万元，玉米、大豆补贴439.2万元，“五小”产业补贴24.15万元。抓强中药材产业，拓宽产业发展思路。启运惠民中药材种植合作社扩大中药材种植面积近33.33公顷，通过卖苗和种植其他农作物创收30余万元。提升中药材种植产业优势，利用产业扶持资金，以村集体、合作社、村民资金、土地入股的形式，带动那家村扩大中药材种植面积7.33公顷；大和睦村扩大中药材种植面积21.33公顷。积极与沈阳药科大学、辽宁中医药大学对接，提高中药材整体技术管理水平，极力开发中药材发展潜力，为中药材种植产业打下良好基础。红旗村申请资金50万元，建设“冷库”项目；嘉禾村申请资金120万元用于鹿养殖项目，多个村有自己发展集体经济的思路，村集体经济出现全面向好趋势。

【林　业】 春季完成县政府下达的疫木清理工作，共涉及4个行政村、5户农户、20个小班。完成200公顷中央直补抚育任务，其中国家公益林补助136.8468万元、省级公益林补助37.3931万元，总计174.2399万元。完成造林135.42公顷，其中荒山荒地造林25.16公顷、迹地更新造林97.93公顷、退化林分修复12.32公顷。为全镇危房改建、民生自用办理采伐手续提供优质便捷的服务，得到农户的认可。开展林业法律法规、森林防火宣传，与各村签订防火责任状，悬挂防火宣传条幅。在全镇共设立防火宣传站4处，安排专人值班值守，做到24小时值班零报告。防火物资准备充分。加大护林员队伍的管理，成立半专业扑火队。春季防火期间共处罚3起焚烧秸秆案件，对3人予以处罚；另有2起焚烧秸秆案件已上报到县林业公安，林业公安对2人处以行政拘留。对破坏森林资源的不法分子进行严惩。

【水　利】 完成腰堡村白家屯自来水改造，投资62万元；大和睦村大和睦屯自来水改造，投资14万元；全镇各村屯14个自来水维修工程，投资32万元；全镇新打7眼深水井，投资70万元；头道砬水库上游水土保持工程，投资340万元；龙头、白家水库维修，投资14万元；西堡村台沟水土保持工程，投资300万元。以上工程资金总计832万元。

【工　业】 牢固树立“无工不富”和“全心全意服务产业发展”的理念，全力支持镇域工业企业发展。辽宁中科诺维生物科技有限公司入驻农产品加工集聚区，实现当年投产当年见效益的目标。辽宁花溪林里田园农业开发有限公司在头道砬子水库上游投资5000万元打造观光、度假、餐饮等众多业态为一体的花海山林康养度假田园综合体。抚顺文体旅集团与参仙谷景区合作，计划一期投资5000万元，对参仙谷景区继续开发建设，投资约200万元新建玻璃栈道、林间小路等多处景观。抚顺市政建设集团总部落户永陵，为全镇的经济和财源建设提供有力保障。组织市工商联及10名知名企业家到永陵镇调研考察，构建企业与政府相互交流的平台，政府与企业互通有无，为下一步项目建设创造更多机遇。大力改善营商环境，想企业之所想，急企业之所急、解企业之所困，对企业服务到位、支持到位。

【安全生产】 镇企业办每季度对企业、饭店、加油站、液化气站、商店的消防安全设备进行一次检查，年底对烟花爆竹经销商进行安全检查。设立突发事件应急处置制度及预案，对突发事件进行预防、预警及处置。严格进行安全生产监督检查，查出事故隐患61项，限期进行整改，杜绝重大安全事故的发生，保障生产安全。

【经营管理】 配合巡察组完成经管站、代理办及各行政村2013—2017年度财务审查工作；安排专人审查各村上报的财务收支情况，监督各村按季公开财务，实现村级财务收支公开、透明。巩固、完善农村土地承包制，减轻农民经济损失。对土地承包引起的纠纷入村实地取证、入户走访调查，协调配合村、组及相关部门解决纠纷。做好土地确权颁证工作，打证5353份，颁证5333份，有20户因全户外出未颁证。另有635户信息有误正在修改，641户暂缓确权，后续工作正在进行中。配合上级部门做好农业保险宣传、参保信息录入、保费代收代缴、受灾统计上报及理赔等工作，减轻村民因自然灾害造成的经济损失。帮助21个行政村（组）完成农村集体资产清产核资系统录入工作，实现村集体经济组织财务信息网络化管理。协助21个村按时完成产权制度改革成员身份认定、资产量化、股份设置、赋码登记工作。

【文　化】 扩建团结村、李家村等7处文化广场，投资50万元，广场面积约7000平方米；组织嘉禾村自行投资新建文化活动展览馆；为村、社区选购广场音响等7套，投资8000元；为色家村、金岗村、羊祭台村、西堡村、李家沟台村5处广场增添健身器材。在东钢社区组建满乡之韵艺术团，丰富老年人文化生活。在全镇播放电影300

余场。巩固“满族农庄过大年”“祭祖大典”等活动成果，将以赫图阿拉村民宿为代表的“民宿”产业扩大规模，投入270万元进行民宿和商铺升级，入选全国首批乡村旅游重点村，在大和睦村新建1处“民宿”。以“全域旅游”为目标，投入300万元在赫图阿拉村、那家村、金岗村建设美丽乡村项目，同时打造路边景观点。投入20万元打造嘉禾文化景观；投入30万元打造头道砬子荷花广场；投入50万元打造大和睦文化景观和色家文化墙；投入1万元在河南新建一处凉亭；投入30万元将河边垃圾场打造成绿植景观；投入39万元新建公厕2处。开展全民健身活动25次，1500余人参加全民健身活动。

【生态环境】 开展全镇春季清洁月活动，成立领导小组，组长由镇党委书记、镇长直接挂帅，各副科级以上领导任副组长，相关部门负责人任成员。同时建立副科级以上领导包片、机关干部包村的包保机制。以环境治理作为工作重点，结合全镇垃圾分类工作和“森林村庄”的打造，共出动车辆400余台次，清洁水体15处，清理垃圾3500余吨。开展大型义务劳动50次，出动1200人，整治重点场所公共卫生6处，清除乱张贴500余张，清除违规广告40处。清除白色污染物、漂浮物500余公斤，绿化环境5000平方米。开展大型宣传教育活动4场，设置宣传站30个，受教育人数达1000余人，村、社区制作爱卫专栏25期（次），累计印发宣传资料500余份，提高群众健康知识知晓率。集中开展春季灭鼠活动。

【教　育】 全镇小学共有教师337人，退休教师192人，其中返岗7人（高级职称），在职教师145人，另有3名特岗教师已上岗。在校学生总数1299人，满族小学1272人，永兴小学27人。以办好人民满意教育为宗旨，充分调动老师积极性，深化课程改革，大力提高教学水平，提高学生成绩。

【劳动人事】 圆满完成公益性事业单位人员公务员考录工作，新招录公务员11名。办理失地农民参加养老保险。为征地农民养老保险人员建立档案。办理新农保新参、催缴、变更、注销、达龄等相关业务。为建档立卡贫困户、低保户、特困户办理城镇医疗保险参保。上报创业带头人、带动就业人、农村转移再就业人。对农村贫困家庭就业情况进行摸底调查，建立档案，为有就业意向的人员推荐工作。对建档立卡未就业高校毕业生的就业情况进行入户走访，提供就业、创业咨询及相关岗位信息。组织全镇行政村及3个社区观看远程教育培训。为全镇下岗失业人员办理“就业创业登记证”。为一年内退休的符合就业困难职工条件的人员办理就业困难登记。完成城乡居民医疗保险的收缴、制卡、参保工作。宣传申领社保卡程序，指导参保人员自己办理社保卡，尽快投入就医使用。为全镇5220位村（居）民办理意外伤害保险，每人30元，共收缴保费15.66万元。

【社会保障】 城乡困难群众临时救助948人次，支出51万元。全年共有200多户城乡居民申请低保、五保，共新办城乡低保66户97人；清退145户393人。新办五保11人，清退12人。全镇共有低保1211户2051人，其中农村低保759户1270人、城镇低保452户781人、五保户169人。配合脱贫攻坚工作，年末对全镇600多户享受政策的没有纳入低保的建档立卡贫困户全部入户核查，对符合条件的纳入低保范畴。全镇共有各类优抚对象193人。“八一”建军节慰问老复员军人等30名重点优抚对象。对辖区所有的退役军人发放光荣牌777个。对流浪乞讨人员随时发现、及时关怀、给予妥善的安置和遣送。4月，为全镇5455户平房居民办理政策性补贴房屋保险，收取保费11万多元。为4355名老年人办理政策性补贴意外伤害险，收取保费9万多元。敬老院有47名养员和9名工作人员，争取上级专项资金35万多元，对镇敬老院锅炉、化粪池等进行更新改造。积极开展助残各项工作，共争取上级各类补助资金112万元，为909人次贫困残疾人解决生产生活中的困难。为全镇80周岁以上老年人办理高龄补贴手续，及时享受待遇。为60岁以上的老年人办理老年证。为全镇多名失能半失能老人争取到上级下发的生活补贴。

【医疗卫生】 本年内新出生人口274人，其中男孩136人、女孩138人；有已婚育龄妇女7006人。计划生育家庭60周岁奖励扶助对象新增48人，奖励扶助享受人员达到546人，每人每年能享受960元。计划生育特别扶助对象新增8人，独生子女伤残、死亡家庭特别扶助对象全镇有76人，独生子女伤残家庭每人每年享受5760元，独生子女死亡家庭每人每年享受7320元；结扎后遗症纳入特扶的1人，每人每年享受2400元。对3691名育龄妇女进行三情监测，检查出政策外怀孕1例、环下移4例、新发现子宫肌瘤6例。免费孕优检查26对，“两癌”筛查1400余人次。开展宣传教育和计生三下乡活动，共设立宣传站4次，发放宣传单1000余份，发放避孕药具1520余盒。投入0.5万元，组织失独家庭游参仙谷活动、母亲节走访慰问。打击“两非”专项治理活动，联合镇公安、武装、妇联、卫生等部门对镇内的药店、保健品商店、永陵二院的B超室进行突击检查4次。

【城镇管理】 加大城镇管理力度，综合管理更加精细化。管控镇区“六乱”，开展“大棚房”和违建别墅清查治理专项行动，拆除“大棚房”1处、和睦公园违建别墅1处，清理店外店36户，清理流动商贩81户，清理违章建筑、车库、仓房22个，清理违停车辆、僵尸车辆共计205辆，清理其他乱堆乱放等问题70余次。针对群众反映的镇内公共厕所过少、不方便出行问题，新建设永陵造纸厂旅游公厕及永陵农贸市场公厕2处。

【交　通】 农村公路建设维修项目8项，总里程22.1公里，总投资201.6万元。其中中修永四线（头道堡至四道堡）3.7公里，投资44.4万元；下台线（下房子至台堡）1.9公里，投资22.8万元；龙色线（龙头至色家）1公里，投资12万元；穆外线（羊祭台至外和睦）1公里，投资12万元；多关线（多木至关家）1公里，投资12万元。新建设项目3项，总里程13.5公里，总投资98.4万元。其中下多线（下房子至多木）1.6公里，投资48万元；团前线（团结村至前进村）1.3公里，投资39万元；团结线桥梁工程10.6延长米，投资11.4万元。

【美丽乡村】 推进“千村美丽、万村整治”专项行动，打造全镇25个行政村垃圾分类与资源化利用工作“升级版”。充分利用各种媒介做宣传，全方位调动各种资源，尽全力打造好永陵镇“垃圾分类工作升级版”。认真实施《新宾满族自治县饮用水水源保护条例》，每条河道均安装河长制公示牌，每月开展河道环境综合检查，对巡河发现的问题及时整改。推动治理河道“四乱”问题，清理河道垃圾堆放点、柴草垛、养殖点、烟架220余处，整治沙堆、沙场14处，拆除河堤违建3处。对大伙房水库水源保护区风险源防范工程涉及的7家企业进行整改，制定整改方案，并实时跟进整改进度。严格管控秸秆焚烧，空气优良率达到90.7%。金银河黑臭水体综合治理项目稳步推进，着手改造穿越镇区的金银河1850延长米，年底已完成200延长米。投资680万元对镇区自来水管网进行改造，新铺设及更换供水管道12000延长米。投资1800万元对污水管网改造，改建污水管网9300延长米。投资1530万元对非机动车道改造65000平方米，规划停车位1230个，安装监控摄像头9个。投资380万元对滨河路2.3公里道路进行改造升级，栽植树木445棵，铺建草坪9700平方米，年底河堤路硬化、绿化、亮化、美化及小品凉亭等设施建设全部完成。投资500万元对供暖老旧管网进行改造，完善镇区供暖系统。着手古城街建设项目，该项目总投资

1000万元，已按照计划完成征地1.73公顷。投资1050万元在夏园、前进、头道砬子水库建设水保工程。投资300万元新建永陵满族小学食堂。协助完成66千伏永陵变电站6处塔基建设工程，解决永陵镇内无双电源的历史问题。永陵镇供暖、供水两大难题全部圆满解决，镇内供暖站延后停暖一周、提前供暖一周，供暖满意度100%；解决多年“间歇性供水”问题，实现在供水安全有保证的情况下不间断供水。

【脱贫攻坚】 对全镇建档立卡贫困户进行“大普查、大排查、大督查”工作，做到情况清，底数实。对全部建档立卡贫困户房屋进行排查，符合危房标准的按照程序进行翻建，列入翻建计划42户，维修4户，年底翻建全部完工。积极对上争取，解决贫困户、贫困村安全饮水问题，新打深水井4口。依托启运惠民中药材种植合作社积极带动陡岭、那家、大和睦等12个村实施中药材种植项目，在壮大村集体经济的同时增加农民收入。将享受扶贫政策的建档立卡贫困户651户1255人全部纳入产业带动范围，每户年增收300—500元。启运惠民合作社共为贫困户分红21.4万元。至年底，永陵镇尚有7户11人未达到脱贫标准。

（田英男）

木奇镇

【概　况】 木奇镇位于新宾满族自治县西部，东与永陵镇接壤，西与上夹河镇毗邻，南与苇子峪镇相连，北与清原满族自治县为界。东西长11.2公里，南北长36.2公里，距县政府所在地43公里。全镇总面积43965公顷。山地占全镇总面积的72.9%，丘陵占15.9%，平地占8.9%，河流沼泽占2.3%。全镇耕地面积为3664公顷，园地面积为644公顷，林地面积为37155公顷，居民点及工矿用地面积为458公顷，交通用地面积为202公顷，水域面积为945公顷，未利用地面积为897公顷。

辖区地势北高南低，北部沟长地狭，中部平坦开阔，东部山岭起伏。境内属长白山支系龙岗山脉，由东向西贯穿于新宾清原之间，山势高，沟岔多，平均海拔498米，最高峰是棒槌砬子，海拔870米。有800米以上山岭15座。

境内属苏子河水系，共有大小河流7条，总流长165公里，年径流量为1.1亿立方米。水资源丰富，河流地表水完全满足镇域内生产生活需求。

境内矿产资源主要有铁、钼、金银、硫、铜、花岗岩等，已开采的有东韩家村的脉金矿、下营子村的铅锌硫铜钼矿、北沟村的铁矿。林业资源丰富，林业用地中天然林18301.9公顷、人工林10474.8公顷、防护林13982.3公顷，有林地28776.7公顷、荒山62.1公顷、灌木1897.4公顷、疏林地6.3公顷。

木奇镇地处中温带，属大陆性季风气候。境内四季温差变化大，年平均气温5.7℃。最冷月是1月，月平均最低气温为-21.4℃。最热月为7月，月平均最高气温28.1℃。年平均降雨量785.7毫米，农作物生长季（4—9）月的降水量为627.7毫米，占全年降水量的85%。初霜日一般在9月25日前后，终霜日一般在5月8日前后，年平均无霜期为138天。自然灾害有风灾、旱灾、水灾、雹灾、病虫害、低温冷害等。

镇区距抚通高速公路0.5公里，设有木奇出入口。国道通武线、省道铁苇线穿境而过，为新宾满族自治县西部重要的交通枢纽，交通十分便利。境内旅游资源丰富，有许多名胜古迹，主要有建州“三关”、御路古榆、“神树”、柜石山、苏子河、穆家水电站、国家AAAA级旅游景区猴石国家森林公园。

木奇镇下辖12个行政村、63个自然屯，全镇总户数为6508户，总人口17633人，为汉族、满族、蒙古族、回族、朝鲜族等多民族聚居镇。

镇政府所在地木奇村，邮政编码113213，距县政府所在地40公里。

2019年，全镇农村通信网络覆盖率达到100%。农村宽带信息网络有用户1672户。公共财政预算收入完成4241万元，工业总产值完成7221万元，固定资产投资额完成4062万元，域外招商引资到位额完成1.1亿元，外贸进出口完成33万元，完成“飞地经济”项目1个。

【统 战】 一季度，以各基层党支部为单位，组织有关人员在全镇范围内对非公经济代表人士、侨眷、台属及宗教场所进行深入细致地调查，进行分类登记，汇总造册，建立台账，实施动态管理。4月中旬，组织各党支部书记、分管负责人学习党的十九届三中全会精神、木奇镇统战工作要点。5月下旬，结合每月一次的村（居）妇联主席例会，组织全镇妇联主席学习党的统战理论和方针政策及各方面的业务知识。抓好少数民族困难家庭的扶贫工作。镇党委班子成员每人结对帮扶1户，并明确农业、水利、计生三个部门各挂钩少数民族困难户，会同村负责人从资金、信息、技术等方面给予帮扶，使他们尽快脱贫致富。年初，召开返乡在外成功人士联谊会，介绍近年来木奇镇经济发展情况，号召他们回家乡创业或为家乡建设出谋划策。加强与非公企业的联系，坚持“团结、帮助、引导、教育”的方针，认真做好非公有制经济代表人士的思想政治工作和培养教育工作，鼓励他们抓住机遇发展企业，为社会多做贡献。镇工商联分会于“五一”期间组织会员到猴石国家森林公园景区进行交通疏导及清理垃圾活动。5月12日，组织召开外地企业家围绕全镇经济发展建言献策座谈会。5月16日，召开全体会员大会。9月30日晚，全体会员举行庆国庆文艺演出。木奇镇范围有基督教活动场所4处，活动人数100余人。镇党委制定宗教活动场所负责人责任制，并签订责任书。

【综合治理】 深入开展走访、排查调处活动，共排查出矛盾36起，调解36起。建立禁种铲毒工作领导小组，与各村负责人签订禁种铲毒工作责任状，建立五位一体包保体系。与全镇常住农户签订禁毒铲毒承诺书3000多份。开展扫黑除恶专项斗争，发放扫黑除恶明白卡6000份，张贴《致居民的一封信》240张、宣传条幅65个、设举报信箱13处。做好信访工作，保持信访渠道畅通，及时了解掌握信访人的诉求，做到接案及时处理，结案认真负责，全年发生22件信访案件，结案22件，信访人满意100%。

【农 业】 种植中药材146.67公顷，山野菜2公顷。先后于4月15日、6月11日举办农民专业技术培训班2次，培训人数120人。12月6日，培训新型职业农民4人。新增种植专业合作社1家。全镇12个行政村新增道地中药材种植面积68.26公顷，发放耕地地力补贴面积2465.11公顷，发放玉米补贴面积1791.76公顷，累计金额548.5908万元。全镇气象大喇叭在线率达99.5%。全镇大型农业机械数量达97台。全面做好各种重大动物疫病防控工作。强化外引动物、畜禽饲养场监管。规范和提升产地检疫、屠宰检疫工作质量。加大违法行为打击力度，全面推进畜牧技术和兽药、饲料、种畜禽监督管理、畜产品安全工作。全镇有生猪养殖户135户，存栏0.9689万头，年出栏1.01万头；肉鸡饲养户26户，年出栏85万只；绒山羊饲养户56户，存栏0.6219万只，产绒量6500公斤；肉牛存栏0.1655万头，年出栏0.0316万头。各种畜禽禽流感、口蹄疫、猪瘟、蓝耳病、布病等重大疫病防疫率100%。全年内无重大疫病发生，无畜产品安全事件发生，全镇畜牧业稳步健康发展。

【林 业】 完成荒山荒地造林45公顷，用苗量28万株；完成采伐迹地造林69.1公顷，用苗量53万株；完成退化林分修复78.05公顷，用苗量12万株；完成封山育林33.3公顷。疫木除治

58.64公顷，除治株数10681株，除治蓄积2790立方米。建设苗木基地50公顷，苗木产量150万株。种植刺嫩芽15公顷，种植其他山野菜13公顷。天然林抚育314.48公顷，蓄积55157立方米，中央财政直补幼林抚育200公顷。全镇有73名护林员，负责公益林管护面积28963公顷。护林防火组织健全，落实责任制。镇政府成立森林防火指挥部，各村成立森林防火领导小组。镇政府与各村签订防火责任状。全镇成立扑火队13个。防火期间加大宣传力度，利用宣传车巡回宣传，悬挂防火旗120面，大字块条幅标语2000多条，各村设立防火宣传站12个，林业站添置扑火工具20余件。处罚野外用火人员8人，处罚漏岗护林员5人。

【经营管理】 签订土地流转合同210份。全镇12个行政村进行土地确权颁证工作，涉及农户4460户，已颁证3662份，涉及土地面积2320.67公顷。农村经济组织登记证书完成网上申报工作。8月，12个村集体入股新宾满族自治县木底洲民宿有限公司，注册资金200万元。

【水　利】 完成北沟村老虎庙子饮水工程，大口井一眼，主管线截水墙导工程，投入资金6万元；完成上房申村常家屯自来水工程，投入资金13万元；完成上房申村关家屯自来水工程，投入资金19万元；完成赵家村自来水工程，投入资金17万元；完成大洛村下卜屯自来水工程，投入资金15万元；完成大洛村上卜屯自来水深水井一眼，投入资金9万元；完成大洛村上卜屯自来水管网改造工程，投入资金18万元；完成大洛村吴家屯自来水工程，投入资金18万元；完成水手村三道关屯自来水工程，投入资金5万元。水利站共计争取省资金120万元。木奇镇河长制队伍人数总计41名，设总河长2名，副总河长3名，村级河长24名，水管员12名，总河长及副总河长实行分段管理，村级河长实行属地管理。镇政府设防汛抗旱指挥部，各村成立村级防汛抗旱指挥部及抢险队伍，实行分段管理责任制，层层压实管理责任。

【工　业】 积极推进隆盛矿业有限公司整体转让进程，促进项目尽快达产；积极推进木奇神树、柜石景区的开发。抚顺威名钙业有限公司到位资金195万元，已经完成场地购置、电力设施安装、场地平整、办公房修缮，正在进行设备底座灌浆。协助华威矿业科技发展有限公司尽快获得采矿证，华威矿业多金属矿采选项目先期实际投资近11000万元，完成矿洞清理、探矿材料汇总、污水处理厂建设、生产厂区购置、办公区购置，电力安装。“飞地经济”项目引进落地新宾镇工业园区的辽宁捷通机械制造有限公司，同湖南超越节能科技有限公司及徐州市新东电电工机械有限公司共同签订捷通铝业投资合同。实际到位资金3500万元，已经投产。2019年，木奇镇镇域内民营经济总产值为12560万元。

【安全生产】 3月24日，制定木奇镇“党政同责、一岗双责、失职追责”方案，明确和落实镇党委、政府和领导干部责任，与各企业签订目标管理责任状。于3月28日、5月21日、8月16日组织开展3次安全生产大检查和安全生产专项整治活动，镇长战孝义带队检查企业安全生产工作。6月，深入开展“安全生产月”活动，开展“安康杯”“保护生命，安全出行”“安全生产法”等宣传教育活动。设立隐患排查治理台账和“四个清单”（检查任务清单、隐患问题清单、隐患治理任务清单、复查验收清单），明确隐患治理责任单位、责任人、整改时限、督办单位和安全防范措施，对重大隐患实施挂牌督办。配备2名专兼职安全监管人员，制定镇应急救援预案及非煤矿山、危险化学品、消防等重点行业领域应急救援预案，完成备案率达到100%。5月24日，镇政府组织1次高危行业企业应急救援演习演练，56人参加。

【文　化】 全镇12个村配备标准的文化广场

（800平方米以上），全部正常开放，每天群众自发组织广场舞等娱乐活动。各村农村书屋存书在2000册以上，每周定时开放，极大地丰富群众的文化生活。各村建有文化活动中心，每天有村民组织下棋、打牌等娱乐活动。每个村配备标准的篮球场和健身器材，供村民平时锻炼身体。不定期举行篮球比赛，增强广大村民的身体素质。举办全镇庆祝建党98周年、建国70周年大型文艺汇演，群众3000多人观看演出。

【教　育】 全镇共有小学4所，教师总数63人，其中高级教师35人、中级教师11人、初级教师17人；学生495人。中学1所，有教师49人，其中高级教师27人、中级教师11人、初级教师11人，在校学生334人。

【医疗卫生】 全镇有农业人口13832人，其中常住人口13720人。参合人数13720人，参合率达到100%。其中民政代缴758人，扶贫办为建档立卡贫困户代缴408人，共筹农合基金356.72万元，其中民政代缴19.708万元、扶贫办代缴10.608万元、个人缴纳326.404万元。镇内有卫生院1座，2019年有医务人员19人，设床位30张。针对百白破、乙脑、脊髓灰质炎、麻风疫苗、A群流脑、A+C疫苗、乙肝、甲肝8种疫苗进行防疫，注射1756人次，免疫率占应防疫人员的98%。上级调拨卫生院DR一台。全年镇内门诊量57200多人次，支付医疗费用127.3859万元。全镇有已婚育龄妇女4206人，初婚87人，出生94人（男孩47人，女孩47人），死亡154人。镇计生协会于春节前对25户特殊家庭户（子女死亡、伤残家庭）进行走访慰问，每户现金300元。1月25日，利用外出务工返乡人员返乡期间开展“避孕药具”宣传，发放避孕药具130盒、宣传册86份。利用“妇女节”开展宫颈癌、乳腺癌检查宣传，发放药具260盒，宣传册120份。4月8日，开展“流动人口维权月”活动，集中为外来务工人员举办培训班，讲解相关政策。5月，镇计生办联和镇医院为辖区居民进行“双情检测”（环情、孕情）共计1025人。8月23日，开展打击非法药械器材进入市场活动，对镇内5家药店进行排查。9月26日，开展“世界避孕日”宣传活动，发放避孕药具96盒，宣传册56份。为9名破产和关停企业退休职工办理独生子女父母奖励费，每人发放2000元。发放独生子女奖励费1076人68.644万元；发放计划生育家庭奖励扶助费406人38.976万元；发放特殊家庭扶助费34人22.788万元。

【社会保障】 对民政低保对象实行动态管理。有农村低保户339户556人、城镇低保15户16人、特困127人，其中集中供养27人。全年发放农保保障金114.4534万元、城保保障金13.446万元、特困保障金81.997万元。发放优抚对象164人93.1814万元，临时救助424人22.84万元。发放80—89周岁低收入高龄津贴15人9700元，失能半失能老年人养老补贴22人1.37万元，90周岁以上老年人养老补贴39人8.82万元。完成残疾人第二代残疾证的换发及新办证工作，争取专项扶贫、阳光助养残疾人两项补贴358人（其中双重身份87人），发放资金27.649万元。“八一”期间走访特困老复员军人24人，为每人送去300元现金。

【生态环境】 全镇山体绿化153.33公顷，其中退耕绿化46.67公顷；河道“四乱”整治42000米，其中拆除牛圈5个、搬迁柴草垛35个、清理垃圾5吨。结合省级“四好公路”创建工作，对全镇乡道进行整治5000米，其中维修路肩15000米，涵管清淤13个，种植各种树木12000株，清理边沟垃圾3.5吨。村庄环境整治结合垃圾分类及资源化利用，以“五指分类法”为标准，落实村妇女主任主体责任，发动环保志愿者、妇联巾帼志愿者不定期入户进行垃圾分类的宣传和指导。全镇共组建13支学雷锋志愿服务队伍，开展有组织的志愿活动20余次，各村志愿者在村内清理巷道，开展义务栽花、拔草、植树、拾捡垃圾、清扫积雪等活动。村庄绿化植树15000株，种花50000株。在全县环境评比中，全镇共创建精品村3个、典型村3个、达标村5个。

【脱贫攻坚】 实现未脱贫人口43户92人全部脱贫。根据贫困户自身情况按户制定脱贫措施，做好贫困户的帮扶对接，落实村"两委"的主体责任并签订责任状。2019年，木底洲民宿有限公司实现赢利，年收入21万元，全镇12个村集体参加分红，确保村集体有收入。村集体聘用公益岗位200户403人，带动贫困户增收。公司直接分红44户69人，脱贫户每人500元，未脱贫户每人1000元。产业扶持资金78.89万元，开展两次"五小"产业奖补41.8793万元，其他整合木底洲民宿有限公司使用。建档立卡贫困户房屋维修5户，每户补贴1万元；翻建20户，无房新建4户，每户补贴4万元，全部发放到户。帮扶带动入户走访32户（郭明义爱心团队20户、抚顺生态加12户），每户入户不少于2次。

【交　通】 新建农村公路3条，其中下营子村到穆家村12.4公里，投资372万元；穆家村围口组至北头子组2.5公里，投资52.5万元；小洛村东洼组至洞上组2.5公里，投资75万元。"一事一议"村内道路建设涉及8个村，全长3.7公里，总投资100万元。农村公路维修改造4条，其中，东岭至小洛村洞上组1.3公里，投资15.6万元；砬常线至大洛村吴家组1.9公里，投资22.8万元；小洛村小洛组至东洼组全长1.4公里，投资30.8万元；穆家村北头子组至西堡组南3.7公里，投资81.4万元。在小洛村洞上组新建大桥1座，投资300多万元。

（任国伟）

上夹河镇

【概　况】 上夹河镇位于新宾满族自治县西北部。镇政府驻地上夹河村，西距抚顺市67公里，东距县政府所在地62公里。西接抚顺县，东邻清原满族自治县，北连南杂木镇，南靠木奇镇。省道铁苇线、县道下李线、台上线、上徐线从镇内通过，是西出新宾的交通要道。抚通高速公路从镇内通过，并设有上夹河出入口。

上夹河镇属于长白山系龙岗山脉。地势由东北向西南倾斜，平均海拔492米。下辖11个行政村、64个自然屯。全镇总人口16752人，满族人口占总人口的93%。其中，农业人口13905人，非农人口2213人。镇域面积26718公顷，其中，耕地面积2400.01公顷、林地面积19133.43公顷。农业主产各种粮食、蔬菜作物和一些山野菜，如玉米、大豆、花生、烟叶龙须菜、蕨菜、刺嫩芽等。

2019年，上夹河镇工业总产值完成5855万元；公共财政预算收入完成654万元；域外招商引资到位额完成5591万元；固定资产投资完成1420万元；完成"飞地经济"项目任务。

【综合治理】 开展扫黑除恶专项斗争。制定《上夹河镇开展扫黑除恶专项斗争的实施方案》，部署全镇扫黑除恶专项斗争工作。在11个行政村村部设立举报箱，在镇、村主要街道、住宅楼、市场等人员密集场所张贴布告100余份、悬挂条幅40条、发放宣传单及明白卡10000余份。利用微信群、党员会议等进行宣传。严厉打击邪教活动，开展以宣传"健康生活，远离邪教"为主题的宣传活动。两会期间，对重点信访案件进行集中化解。继续做好信访"清仓起底"工作，按照"减存控增"工作要求开展信访大排查，梳理近年来的所有信访案件并制定化解计划，明确化解时限。

【统　战】 年初，组织有关人员在全镇范围内对统战工作对象进行调查摸底，分类登记造册，全面掌握统战成员的户数和人数。召开返乡在外人士联谊会，号召他们回家乡创业或为家乡建设出谋划策。做好少数民族贫困家庭的扶贫工作。班子成员每人结对帮扶一户，明确农技、水利、计生三个部门各挂钩少数民族困难户，从资金、信息、技术等方面给予帮扶，同时各村落实一名负责人对这些少数民族困难户给予指导帮扶。全镇有宗教活动场所7处，建立宗教活动场所负责人责任制，签订责任书，加强管理。加强和非公有企业的联系，宣传《国务院关于鼓励支持和引导个体私营等非公有制经济发展的若干意见》。组织侨胞、台属学习《中华人民共和国反国家分裂法》，对他们进行国际国内形势教育。

【农　业】 完成农业产业调整统计调查工作。开展科技示范户培训3次，下村技术指导、推广人均20余次，发放宣传材料500余份。完成2018年职业农民培育后期的实践工作，组织学员外出参观2次。全镇无农产品安全事故，监测抽样农产品残留样品40个。农机安全宣传发放材料300份。发放耕地地力补贴2422.42公顷，补贴资金322.8119万元；种植者补贴1820.21公顷，补贴资金223.585万元；大豆补贴89.34公顷，补贴资金24.3734万元；水稻补贴183.8公顷，补贴资金7.3821万元。发放“五小”产业补助资金278户21.5527万元。开展农业面源污染排查工作，对全镇面源污染源进行排查，要求使用地膜覆盖的生产者做好回收。完成10个村的高标准农田建设申报工作。按时完成农产品检测45个、农广校招生4人、百万农民上大学招生2人、产业基地项目申报及档案整理、病虫害防治及监测、农药瓶、地膜使用调查等工作。加强防疫检疫工作。共免疫猪口蹄疫13479头、猪瘟9832头、牛口蹄疫3378头、羊口蹄疫12516只、小反刍兽疫600只、羊布病2941只、牛布病175头、禽流感268605只，免疫密度达到100%。强化产地检疫，对辖区内的规模饲养场、社会散养户畜禽、畜禽交易市场建立产地检疫档案。为辖区内生猪屠宰点配置1名专业检疫员，认真做好宰前、宰后检疫及回收三证和耳标。全年生猪屠宰4792头，出具产品检疫证明4792张。畜产品安全建立所长负总责、专职人员负直接责任的制度，每月不定期对辖区内规模饲养场、生猪屠宰点、饲料兽药店进行监督检查，建立相应的管理档案。畜牧技术推广工作建立科技示范户15户，以点带面带动周边养殖户利用科技高效养殖，增加经济效益。

【林　业】 全镇共完成宜林荒山荒地造林面积20公顷，迹地更新造林面积41.33公顷。松材线虫病防治共完成疫木采伐123.24公顷，采伐蓄积量9993.6立方米。对树根进行铁丝网包根处理，有效控制疫情的扩散。对全镇感染松材线虫病的采伐场地按标准进行火烧清理，做到不留死角，不漏地块，清理到位。加强对村森林防火工作的领导和督导，做到“打早、打小、打了”。严格实行森林防火责任制，层层落实责任，明确责任人。先后出动宣传车共200余台次，发放宣传单15000余份，悬挂宣传旗1200余幅，设立防火宣传站11个。全镇共组建50人以上的防火队伍20支。强化护林队伍建设，搞好天保工程。全镇共有48名护林人员，林业站定期召开全体护林员会议，加强对护林员业务能力和政策等综合素质的培训，提高护林队伍整体工作水平。

【水　利】 完成吕家村、徐家村、胜利小东街屯等21个村屯自来水深井改造工程，完成赵家自来水深井房改造建设，镇内自来水水厂工程前期工作正在稳步推进。对各项水利工程建设和河道进行汛前检查和除险。备齐各类防汛物资，组建防汛抢险预备队。

【工业企业】 招商引资项目落地开工4个项目：根艺市场二期工程总投资额5亿元，已完成两栋住宅楼建设工程8000平方米、一期市场建设工程25000平方米，以上两项工程总投资5000万元；胜利电站建设工程总投资1.6亿元，由抚顺华尊水能开发有限公司投资，工程进展顺利，一、二、三号机机组全部安装完毕，已试运行；南嘉禾生物质燃料工程总投资1000万元，由新宾满族自治县和何生物质燃料有限公司投资，5月开工，一期投入100万元；服装加工项目总投资1000万元，由大连多姿服装有限公司投资，占地1200平方米，厂房300平方米，4月开工。

【经营管理】 加强对农村“三资”的管理，做到管理规范化、监督常态化。完善各项制度，用“一个中心、两级审核、三权不变、三位监督”保障集体资金健康运行，实行台账制、公开制、合同制、责任制。农作物保险完成3452.08公顷。土地确权户数为3816户，土地确权证书已颁发3228户。加强土地流转风险防范，推进农村土地流转合同制，严格执行规范统一的土地流转合同示范文本，全镇土地流转面积803.43公顷，规模以上（3.33公顷以上）土地流转13户，11个村集体经济组织成员身份确认基本工作已经完成。

【安全生产】 年初同各单位、各部门签订安全生产责任状。1月，开展校车安全检查；3月，开展食品安全检查；4月，开展农产品安全检查；6月，开展消防安全生产检查，共计检查单位70家，未发现安全生产隐患。

【文　化】 向县文化局争取图书4000余册，价值近6万元；向市文化局争取健身器材两套、篮球架两组。书籍全部发放到11个村的书屋，健身器材在3个村安装完成。完成135场电影放映工作，组织82名妇女参加全县广场舞大赛，获得第二名。对全镇18个体育场地进行详细普查，对根艺市场43户商户进行统计，上报市文化产业处。对11个村117位文体骨干登记并建立电子档案。与县文物部门联合，对全镇文物保护单位进行普查，未发现有损毁的。组织4名乒乓球员参加新宾“农商银行杯”乒乓球比赛，获得男子B组个人单打第一名，男子团体第二名。《辽宁日报》社记者唐佳丽、吴限在腰站村调研后，分别撰写宣传和保护腰站村的文章——《拯救刻不容缓——别让乡愁无处安放》（2019年10月22日）、《腰站——世界唯一的爱新觉罗聚居古村落》（2019年11月22日）在《辽宁日报》发表，让更多的人了解腰站村厚重的满族历史文化和满族生产生活习俗。

【教　育】 上夹河镇有中学1所，中学教师31人。小学2所，小学教师51人。中心幼儿园1所，幼儿教师2人。2019年投资2万余元完成新建幼儿园后期的装饰工作。

【医疗卫生】 全镇有医疗卫生机构13个，包括上夹河镇卫生院及其分院以及11个村卫生室，共有床位73张，执业医师8人。对全镇的纸质版健康档案进一步完善，合格率达95%；对电子版健康档案规范管理率达到75%。对65岁以上老人、高血压患者、糖尿病患者、重症精神疾病者、建档立卡贫困人员每年进行一次免费健康体检。针对卡介苗、乙肝、麻疹、百白破、脊髓灰质炎“五苗”接种1150针次，接种儿童427名。2019年新出生人口70人，其中男孩31人、女孩39人。利用“流动人口维权月”、国际家庭日、庆祝计生协会成立39周年、世界人口与宣传日、世界避孕日等开展宣传活动，宣传免费孕优检查、全面二孩政策、关爱女孩等，免费发放避孕药具。实施农村孕妇中期免费超声筛查告知制度，开展再生育家庭全程服务。“两癌”筛查活动中宫颈癌筛查590人次、乳腺癌筛查485人次。全镇计划生育奖励扶助人数为288人，发放资金27余万元。计划生育特殊特困家庭扶助17人，发放扶助金10万余元。发放独生子女父母奖励金共计5.7万元。完成全镇关停企业（指关、停、并、转、破企业）退休职工的独生子女父母退休补助费审批，合格2人。

【社会保障】 扩大低保面，严格规范低保申请审查程序，确保把符合条件的群众全部纳入低保范围。全镇农村低保户有258户421人，全年共发放低保金94.7472万元。城镇低保户有27户37人，全年共发放低保金24.0204万元。将敬老院生产和生活结合起来，做到以院养院。加强内部管理，给老人们营造一个安逸的居住生活环境。敬老院现共入住养员 25 人。全镇有特困户 123 人，其中集中供养 25 人、分散供养 98 人，全年共发放特困供养金 91.8072 万元。全镇有 8 名老复员军人、1 名带病还乡军人、3 名伤残军人、4 名参战人员、20 名遗属、106 名农村籍退役士兵，全年共发放优抚金 64.2516 万元。

【乡村建设】 全镇危房改造完成 23 户，其中建档立卡贫困户 20 户、低保户 3 户。人居环境整治完成全镇非正规垃圾点排查及整改、各村垃圾分类、镇内卫生治理、东大桥的治理、镇内垃圾填埋场整改、全镇厨余垃圾处理工作。完成腰站古村落前期围墙、大门调查工作。完成镇内供暖锅炉改造工作。

【交　通】 完成“一事一议”项目 4 项：胜利屯路 4.44 公里，宽 3.5 米，总投资 111 万元；五龙屯路 1.3 公里，宽 5 米，总投资 45.5 万元；西韩家屯路 0.5 公里，宽 3.5 米，总投资 12.5 万元；吕家屯路 3.64 公里，宽 5 米，总投资 127.3 万元。完成大中修项目 2 项：马穆线乡级路 2.8 公里，总投资 84 万元；上五线乡级路 5.17 公里，总投资 145.1 万元。新建桥梁 2 座，共 21.2 米，总投资 32.4 万元。

【生态环境】 先后召开垃圾分类利用及美丽乡村建设工作专题会议 5 次，专题听取各村汇报 5 次。在家庭和学校广泛开展最干净家庭和小手拉大手、垃圾分类从我做起、共建美好家园活动。投入 26 万元，植树 2280 株、栽花 13 万株，绿化成活率达到 95% 以上，实现有条件的 5 个村，村与村、屯与屯绿化相连。建立镇村垃圾分类工作微信群，各村妇联主席与全村妇女也建立垃圾分类微信群，每周以美篇、图片形式展现、宣传垃圾分类做法。组织县、镇人大代表对全镇 11 个行政村 63 个自然屯人居环境整治工作进行视察，形成视察报告。成功接待外省、市、县、乡镇到上夹河镇学习交流垃圾分类工作。

【脱贫攻坚】 全镇共有建档立卡贫困户 727 户 1480 人。其中 2015 年脱贫 256 户 514 人，2016 年脱贫 140 户 288 人，2017 年脱贫 212 户 440 人，2018 年脱贫 30 户 58 人，2019 年脱贫 88 户 179 人，剩余 1 户 1 人。全镇有 3 个省级贫困村，其中，古楼村 2016 年底销号，河西村 2017 年底销号，吕家村 2018 年底销号。全年，共有 280 户申报“五小”产业项目，获得补助资金 21.5527 万元，平均每户增收 770 元。县扶贫办拨付产业扶贫资金 98.89 万元，其中 40 万元用于徐家村沙棘产业，20 万元用于马尔墩村沙棘产业，用于“五小”产业 21.5527 万元，剩余 17.3373 万元拨付给吕家村建冷库。全镇共有建档立卡贫困在校生 75 人，共获得教育补助资金 9.09 万元。其中，学前教育在校生 12 人，每人获得教育补助资金 1200 元；小学在校生 36 人，每人获得教育补助资金 1000 元；初中在校生 18 人，每人获得教育补助资金 1250 元；高中在校生 9 人，每人获得教育补助资金 2000 元并免收学杂费。9 月 25 日，沈阳欧锐信息技术有限责任公司贾瑞总经理资助上夹河镇贫困学生 5 万元，使全镇 50 名贫困学生受益。为建档立卡贫困人口参加城乡居民合作医疗个人缴费部分全额给予资助，共 1480 人，每人 310 元。危房改造 20 户，其中，D 级 9 户、C 级 7 户、无房 4 户，18 户已完成改造，2 户无房户已买房。

（王　旭）

南杂木镇

【概　况】 南杂木镇位于新宾满族自治县西部，东、南与上夹河镇相邻，西与抚顺县相接，北与清原满族自治县相连。下辖 6 个行政村，3 个行政社区。镇政府所在地南杂木村，距县政府所在地 73.5 公里，邮政编码 113122。南杂木镇是汉族、满族、朝鲜族等多民族聚居镇，全镇总户数8615户，总人口18503人，其中少数民族人口12493人，占比67.52%，少数民族以满族、朝鲜族为主。

镇域总面积9565公顷，其中耕地面积1111.07公顷、园地面积78.31公顷、林地面积7262.14公顷、草地面积35.03公顷、城镇村及工矿用地591公顷、交通运输用地292.54公顷、水域及水利设施用地184.51公顷、其他土地面积14.64公顷。境内地势南高北低，东高西低，群山环绕，为长白山余脉延伸之地，丘陵山地为主；镇区坐落在浑河南岸，为浑河冲积盆地，平坦开阔。气候四季分明，年平均气温13℃，日平均光照8小时，年平均降水800毫米，无霜期127天，风向以西北风为主。境内水资源丰沛。野生植物百余种，其中苇子、山芝麻、细辛、五味子、刺嫩芽、大叶芹、蕨菜、红蘑、山木耳、榛子蘑等具有较高经济价值。野生动物有鸟类、兽类、爬行类、两栖类动物等。自然灾害主要是早春的倒春寒和秋季的早霜、水灾、旱灾、风灾、雹灾。生态环境优美，森林覆盖率73.8%。境内妈妈山景区、转湾子村蝴蝶谷及百余家品味各异的满族餐饮企业与独具特色的“乡村农家院”旅游产业满足都市人群远离喧嚣、回归乡土的心愿，南杂木镇成为辽宁中部城市群的水涵养地及休闲避暑的绿色基地。沈吉铁路、沈吉高速公路、抚通高速公路、国道黑大线以及省道铁苇线多条交通要道交汇于此，纵横交错，四通八达，形成完备的交通网络，通畅的交通将南杂木镇纳入以沈阳为核心的辽宁中部城市群“一小时经济圈”中。全镇通信网络覆盖率100%，信息交流迅捷方便。镇工业园区是省政府确定的44个重点建设产业化基地之一，已成为新宾满族自治县唯一重点建设产业化基地，是本县经济增长高地。城镇化建设水平高，街区面积129.6公顷，拥有楼房面积50余万平方米；有65吨锅炉2座，供热能力达120万平方米的供暖站1个，实现“一镇一热源”供热。有日供水能力1万吨的净水厂1座，实现城镇4100户居民24小时供水。全镇全年用电量5280.76万千瓦小时，其中主要为工商业、农业用电，居民用电仅123万千瓦时。

2019年，全镇工业总产值完成12.4亿元，规模以上工业增加值完成1.9亿元，外贸进出口完成1.35亿元，固定资产投资完成581万元，域外招商引资到位额完成5000万元，完成全口径税收5963.8万元，一般公共预算财政拨款收入2129.4万元，其中镇本级税收3529.73万元，县财政补助收入2154.16万元，本级决算支出2129.45万元，上解县财政支出1618.41万元，上解省市财力支出1936.03万元，实现收支平衡。

【统　战】 镇党委与6个行政村和3个社区签订宗教管理责任书。组织人员对全镇宗教场所进行检查。对3家合法教会点实行网格化管理，发放民族宗教政策和宗教管理条例宣传单110余份。5月，组织部分工商联会员到各村视察垃圾资源化利用工作。

【综合治理】 以人民调解为基础，利用人民调解、行政调解、司法调解联动的工作机制，开展走访、排查调处活动，排查出矛盾58件，调解58件，调解成功率100%。推进“平安镇、和谐镇”建设。完善防控新机制，做到打防结合。外设警务室2个，维护南杂木镇及周边地区厂矿的治安秩序。立治安案件160起，查结120起，查结率75%；立刑事案件30起，破15起，破案率50%。信访工作做到接案及时处理、结案认真负责。全年38件信访案件，结案37件，达到97.4%，信访人基本满意，没有出现越级信访现象。做好节假日期间信访工作。严格执行“五位一体”包案工作制度，对信访案件进行“清仓起底”。成立扫黑除恶专项斗争工作领导小组，制定《南杂木镇扫黑除恶专项斗争实施方案》，对全镇的扫黑除恶工作进行部署。全年召开扫黑除恶专题会议7次。充分利用宣传标语、横幅、村喇叭、微信群等广泛宣传，全力做好扫黑除恶宣传工作。向全镇每户群众发放《全县关于依法严厉打击黑恶势力违法犯罪的通告》，在全镇主要道路和各个社区、各行政村显著位置挂横幅30条，在各村选举现场发放扫黑除恶明白卡4000余张。设置举报箱9个，公开举报电话。

【工业企业】 南杂木产业聚集区有工业企业125家，规模以上企业11家。以特种材料、木制品加工、精细化工、机械铸造为主导产业，形成以东北最大的木材市场——南杂木木材市场为基础，以拥有42家民爆企业的隆烨化工、科技含量最高的耐火材料企业添泷耐火、占全国市场份额最多的集成材企业合兴万家、出口欧洲市场的地板生产企业森隆达和罕都、东北最具竞争力的人造板企业美世人造板等骨干企业为支撑，以国内能生产核石墨的两家企业之一的大化国瑞、与沈阳机床厂形成多年合作的宏业机械、能生产60多种特种车辆的华驰专汽为框架的产业集群。结合全镇产业布局和发展优势，将招商引资和项目建设作为经济发展的核心工作，以工业聚集区为依托，引进高附加值项目和延伸产业项目，鼓励企业向工业4.0蓄力发展。完成招商引资项目2个，即抚顺佳利制衣有限公司和抚顺市合兴万家生物质颗粒项目，引资额4000万元。

【农　业】 转湾子村百亩黄芪、榔头沟村威灵仙种植、聂尔库村五味子种植等项目初见成效。全镇中药材面积超过46公顷，培训农民40人次；完成农产品质量抽样40次。有养猪户31户，存栏4010头；养牛户91户，存栏651头；养绒山羊户21户，存栏2593只；禽总存栏6958只。所有存栏畜禽猪瘟、口蹄疫、禽流感等免疫率达100%。

【经营管理】 完成各类农经报表和各村财务审计及委托记账工作。发放玉米生产者补助面积524.16公顷，补助资金64.8003万元。全镇气象大喇叭开机率99%。调解转湾子村土地纠纷2起，1起已申请进行土地仲裁，1起责成村组自行调解解决。调解榔头村土地纠纷2起。全镇各村土地确权户数1554户。完成各村土地经营权证打证1515本、颁证1410本，颁证率91%。完成各村清产核资及数据录入、经济组织成员身份界定、资产量化及股权设置及“两委”选举、农村集体经济组织赋码登记等农村集体产权制度改革工作。

【林　业】 完成植树造林61.97公顷，完成荒山、荒地造林17.97公顷，退化林分修复9.03公顷，更新造林16.11公顷，补植造林14.77公顷，“七美新宾”造林4.1公顷。栽植落叶松3.39公顷、刺槐44.43公顷、红松2.67公顷、大果榛子7.37公顷、刺嫩芽1.09公顷、绿化苗木3.03公顷。总用苗量19.99万株。

【水　利】 榔头沟村治河240米，投资19.5万元；转湾子村打深井7眼，投资24.5万元；国道旁村打深井7眼，投资7万元；朝阳村打深井3眼，投资10.5万元；国道旁村建农田喷灌系统8.67公顷、聂尔库村建农田喷灌系统6公顷，共投资45万元；转湾子村建漫水桥2座，投资25元元；榔头沟村修建油路850延长米，投资90万元。

【村镇建设】 动迁维修房屋70余户，投资10万元；维修路灯60处，投资2万元；清淘道路污水井及雨水井13处，投资5000元；人行道维修45平方米，投资4000元；哥俩好大街道路基础施工200延长米、新城路36号和38号楼前人行道硬化、站前小广场300平方米地面硬化、后街路面改造180延长米，合计投资37万元；聚兴广场建公厕1处，投资11万元；福泰小区后侧建便民桥及砌围墙，投资6万元。

【生态环境】 大伙房水库一级保护区建设围栏总长24000余延长米，总面积117.33公顷，其中在册耕地面积87.21公顷、死角地面积15.9公顷、水线下在册面积14.22公顷。共涉及转湾子村359户农户，每年发放补偿金额为182.69万元。

在一级保护区内及周边设立环保标志牌、封闭围栏。关停禁养区内养殖户5户，发放养殖关闭拆除补偿款214.2552万元。投资300.924万元对木材市场内道路、污水管网、环境卫生等进行综合整治。五一河治理，建设河堤2400延长米，铺设管线2900延长米，建设污水井70座，共计投资802.2573万元。深入开展农村生活垃圾分类及资源化利用工作，成立垃圾分类工作领导小组，制定《环境整治和垃圾分类实施方案》《环境卫生管理制度》《垃圾分类实施细则》《五好倡议书》等，建立流动红旗评化、垃圾分类星级示范户评比、垃圾分类指导督导等制度，组织全体机关干部和村干部到平顶山镇学习先进经验；组织全体包村干部到转弯子村逐户指导，亲自示范，科学高效。认真落实4条河流河长制，开展常态化巡河检查。

【社会保障】 全镇有农村低保户271户433人，城镇低保户189户164人，特困户97人，其中集中供养14人。全年发放农保资金69.52万元，城保资金142.74万元，五保资金76.9万元。优抚慰问9人，发放慰问金1.1万元，慰问部队0.8万元。临时救助176户，发放救助金6.015万元。做好第二代残疾证的换发及新办证工作。做好残疾人再就业工作，培养残疾人致富带头人，争取专项扶贫、阳光助养等。发放低收入补贴80—89周岁21人，补贴资金1.24万元；90周岁高龄补贴27人，补贴资金3.9万元；残疾人双项补贴279人，补贴资金21.132万元。

【文　化】 全镇现有6个农村书屋，3个社区书屋，各书屋按时开放借阅。建设社区书屋和南杂木村书屋被评为新宾县优秀书屋，两书屋的管理员被评为优秀管理员。7月，组织“书屋走进生活、书香温馨你我”读书征文活动。9月，向县文旅局争取图书1400余册，分别发放给6个村3个社区。10月，组织“庆十一篮球赛”。全镇组织文艺汇演20余场，欢庆祖国70华诞。11月，对全镇健身器材进行安全检查，对破损器材进行修理，不能修理并有安全隐患的器材予以全部拆除。

【医疗卫生】 南杂木中心卫生院为综合性医院，有病床50张，在职人员73人，其中卫生技术人员63人，工勤人员10人。年内门诊病人42307人次，支付医疗费用347.0147万元。院内有大型医疗检查设备CT、DR、腹部彩超、脑彩超、心电图、动态心电图、胃电图仪、大生化分析仪、血球分析仪、尿液分析仪、微量元素分析仪、全自动凝血分析仪、离子浓度测量仪、电热恒温水浴箱、离心机、免疫发光仪等医疗设备。0—6岁儿童775名，乙肝接种221人次、麻疹接种115人次、百白破接种455人次、脊髓灰质炎接种1144针次、流脑接种441人次、乙脑接种269人次、甲肝接种105人次，开展查漏补种工作接种324针次，接种率为98%。全镇农村医疗保险投保人数7484人，参合率96%，其中民政代缴519人、优抚代缴7人、扶贫代缴162人。全镇新生儿101人，其中男孩63人、女孩38人，出生率5.2‰。死亡109人。对特殊特困家庭等进行走访慰问，对独生子女死亡家庭户实行生育关怀。开展“5·29”协会成立39周年纪念活动和会员活动日走访活动。8月13日，举办全镇计划生育工作者培训班。镇计生协会在春、秋两季到各村为育龄妇女进行“双情监测”，为育龄妇女进行身体检查和咨询服务。全镇有921个独生子女家庭得到独生子女父母奖励费。企业下岗职工独生子女奖励费补助143人。及时兑现计划生育家庭户奖励扶助金发放工作，有310人得到60周岁计划生育奖励扶助金，有68人得到母亲年龄49周岁以上失独家庭特殊扶助金。完成孕优检查25对，“两癌”筛查784人。全年发放避孕药具10000个。

【脱贫攻坚】 全镇有建档立卡贫困户169户351人，其中享受政策贫困户64户135人，全部脱贫。对已脱贫户进行巩固提升。危房D级改建1

户。发展贫困户养鸡52户，养鸡1455只，按照上年的成功模式指派畜牧技术人员提供养殖技术指导。依托产业扶贫资金，为58户贫困户每户增收1680元。带动13户贫困户开展光伏发电项目，平均每户年增收1000元。为11名贫困学生发放补助1.7万元。医疗帮扶工作组对贫困户家庭成员进行健康体检并定期义诊。对贫困户进行垃圾分类指导，改变贫困户的生活环境和生活习惯。组织64户建档立卡贫困户参与"五好"示范户评比活动，评出示范户24户，分三个等级表奖，共给予9800元奖励，其中一等奖4户，每户1000元；二等奖6户，每户600元；三等奖14户，每户200元。

（陈德富　张　鑫　李系光）

榆树乡

【概　况】 榆树乡位于新宾满族自治县西南部，东与红庙子乡接壤，北与永陵镇相连，西与木奇镇隔山相望，西南与苇子峪镇、平顶山镇相邻，东南与桓仁满族自治县接界。下辖12个行政村。榆树乡地貌类型属于构造侵蚀的中低山区，以长白山余脉为主体，地势由东北向西南倾斜，地面坡度3°—8°。境内属北温带季节性大陆气候，一年四季分明，气候宜人。2019年平均气温7℃，比常年偏高0.7℃，全年有效积温2850℃，无霜期128天，年降水量820毫米左右。全乡总户数为3639户，总人口12836人，其中农业人口11927人。人口构成为农民、工人、知识分子及事业干部，其中男性6630人、女性6206人。受教育程度，学龄前761人，小文学化3523人，初中及高中文化6689人，大专以上1863人。全乡总面积32616.9公顷，其中，耕地面积1933公顷，农作物耕种面积1706公顷，其中粮食作物面积1093公顷。野生植物有葛条、山芝麻等。野生药材有人参、细辛、五味子、黄芪、龙胆草、车前子、百合等。常见山野菜有刺嫩芽、刺五加、枪头菜、大叶芹等。菌类有榛蘑、松蘑、木耳、大腿蘑、趟子蘑等。野生动物有喜鹊、麻雀、乌鸦、鹰、野鸡、兔子、野猪、蛇、青蛙、林蛙等。自然灾害主要有风灾、旱灾、水灾、雹灾、病虫害、倒春寒。境内有3条支流汇成二道子河流入苏子河。境内红石水库位于榆树西9公里处，最大库容152万立方米，水库下游保护村庄3个，人口4000人，耕地2400公顷。乡政府所在地榆树村，邮政编码113207，距县政府所在地20.5公里。

2019年，榆树乡党委、政府坚持生态治理为总基调，以加快新农村建设为主线，以促进财政增长和农民增收为核心，以招商引资、项目建设、美丽乡村建设为重点，加快推进"乡村城镇化、农业产业化、环境生态化"进程，实现全乡经济健康发展、社会和谐稳定、人民幸福安康、党的建设全面加强的良好局面。通信网络覆盖率达到100%。农村宽带信息网络全覆盖。全乡工业总产值完成2.7亿元，规模以上工业增加值完成385万元，公共财政预算收入完成1112万元，外贸进出口完成2469万元，域外招商引资到位额完成2140万元，固定资产投资完成1345万元。

【综合治理】 成立平安创建工作领导小组，由党委书记王晓鸣、乡长冯树仁直接挂帅，负责领导和指导全乡的平安创建活动，建立党政班子成员联系单位、村的创建活动制度，明确"一把手负总责，分管领导具体抓""谁主管、谁负责"的领导工作责任制，各单位及村相应组建平安创建工作领导机构。深入开展走访排查调处活动，受理调处民事纠纷32起，调解成功32起，调解成功率100%。完善打防结合防控新机制，外建警务室2个。受理治安案件25起，查处25起，受理数比2018年下降25%，查处率上升14%。刑事案件发生12起，破获12起，发案数比2018年下降38.1%，破案率上升5.4%。实现无命案、无民转刑案件、无贩毒、种毒、制毒案件，无治安灾害事故，无群体性事件发生。全年信访案件总量为19起，其中林权纠纷9起、土地纠纷8起、社保1起、违建1起，已解决6起。全乡12个村1个林场及30个小组，成立12支65人的安保巡逻队，每晚5—10人参与巡逻值勤。开展扫黑除恶百日会战专项行动，在12个行政村悬挂条幅，利用各村气象大喇叭播放开展扫黑除恶专项斗争致全县人民的一封信和各级举报电话。

【农　业】食用菌产业以榆树村、红石村、蔡家村、边外村、何家村、哈山村为主形成6个规模小区，累计种植将近650棚，面积达到37公顷，种植数量200多万棒。新建灵芝10棚。新建蔬菜种植基地，占地约13公顷，新建冷棚124棚、暖棚30棚。大果榛子持续稳步发展，春季新栽植大榛子6.7公顷，累计发展近73公顷，果园（李子）新种植1公顷。累计种植山野菜面积接近200公顷。中药材57公顷。新发展圆枣子基地占地6.7公顷。全乡种植黄烟53公顷、大豆55公顷、高粱16公顷、小豆3.3公顷。新建设施小区占地16公顷，新建钢架冷棚170棚。蔡家村完成香菇基地翻建占地20公顷，新建钢架冷棚196棚。全乡开展以农业龙头企业、专业合作社、重点项目为主线，带动农业项目发展为出发点，以农民增收为目的综合新型农民培训、农业科技培训工作。输送到大专院校培训科技农民3人，培育新型职业农民10人。农机作业完成机械整地1000公顷、水稻机插秧133公顷、机械收割1333公顷，合作社代耕代收67公顷。气象大喇叭在线率达到90%以上。全乡玉米种植面积1733公顷，其中秸秆还田腐熟利用1000公顷，秸秆利用率占总面积的58%；秸秆机收当作燃料333公顷，秸秆利用率占总面积19%；秸秆充当饲料利用400公顷，秸秆利用率占总面积23%。全年发放地力保护补贴1829公顷，补助资金243.74万元；发放玉米补贴2899户，面积1516公顷，补助资金186.21万元；发放大豆补贴54公顷，补助资金14.76万元；发放水稻补贴220公顷，补助资金32.24万元。有肉鸡养殖户40户，出栏肉鸡60万只；绒山羊养殖户20户，存栏1005只；生猪养殖户15户，存栏2427头；牛存栏2700头。畜禽猪瘟、口蹄疫、蓝耳病、禽流感防疫率达到100%，全年无重大动物疫病发生，无畜产品安全事件发生。

7月，辽宁省农科院“食用菌提质增效生态循环技术集成示范与推广”项目现场会在榆树乡召开

【林　业】共完成春季造林80公顷，其中三北造林13公顷，中央财政补贴造林14公顷、迹地更新42公顷、退化林分修复9公顷、县级造林2公顷，成活率达95%以上。村屯绿化完成3个村，植树9600株。完成人工林幼林割灌除草100公顷，天然林抚育集体限额57公顷、蓄积700立方米；私营林场290公顷，蓄积3900立方米。疫木除治25公顷，蓄积605.3立方米，株数1478棵。为全乡140家集成材加工厂和20家原木加工厂及时办理木材运输证明，建立销售台账、卡片，对外来木材号印不全的木材补充号印。对原木加工企业不定期进行检查。

【经营管理】全乡12个村全部完成集体经济组织成员身份界定、产权量化工作，有10个村注册成立村集体经济股份合作社。全乡土地确权3271户，已经完成土地经营权证书打证3087户，发放证书3087户，打证、发证率为94.4%。全乡土地流转653公顷，其中，流转合作社及家庭农场300户，流转面积213公顷；农户之间流转400户，流转面积440公顷。新增注册登记农民专业合作社共3家，全乡合作社达45家。

【水 利】 对4个村的4处水利工程设施进行新建，包括都督村堤防工程、红石村陈家堡子河堤共投资80余万元，该工程的受益人口达600余人，保护耕地66.67公顷。改善群众饮水困难和饮用水安全问题，新建样子沟2眼深水井、都督1眼深水井、猫脸1眼深水井、彭家1眼深水井、红石村赵家堡子1眼深水井、红旗村吴家堡子1眼深水井、房家堡子1眼深水井、5个村7个屯的自来水管网铺设管道2000延长米，总投资30万元。

【工 业】 2019年，园区内有企业25家，安置剩余劳动力1000多人。企业主要生产体育地板、家装地板、实木拼板、刨花板、集成材、家具配件等，原料主要来自吉林、黑龙江、俄罗斯、美国、加拿大等地，本地原料仅占2%左右。产品销往欧、美、韩等国家及国内大中城市。其中荣海木业、森埜木业两家为规模以上企业。针对全乡产业布局和发展优势，把招商引资和项目建设做为经济工作的重中之重来抓，紧紧围绕木制品加工这一主导产业，重点引进高科技含量、高附加值木制品和延伸产业项目，推动产业向高、精、深方向发展。加强木制品行业建设，为拉动木制品产业发展搭建平台。积极组织企业“走出去”，引导企业转变生产观念，改变销售方式，拓宽原料来源。鼓励优质企业发展，兴林木业新上体育地板生产线一条，金隆矿业恢复生产，增加本级税源。

【文 化】 加强文化资源的保护和利用，坚持寓教于文、寓教于艺、寓教于乐，培养群众崇高思想、美好心灵、纯洁情操，丰富群众文化生活。在榆树村部举办庆“三八”文艺汇演，参加全县广场舞大赛，获得二等奖。

【医疗卫生】 对全乡城乡居民医疗保险和农村新农合进行合并，统一之后实施城乡居民医疗保险体系，全乡投保9445人。榆树乡卫生院面积1300平方米，在编15人，其中护士4人、医师6人、工勤1人、财会1人、医技3人。有病房5间，床位12张，下属10个村卫生室，每个卫生室配备1名乡村医生，床位3张。2019年，乡卫生院门诊接待患者11127人次，支付医疗费70余万元。针对结核病、乙肝、流脑、乙脑、破伤风等防疫，注射1479人次，免疫率占应防疫人数的100%。全乡有育龄妇女（15—49周岁）2990人，初婚26人，新出生81人（男孩33人、女孩48人），死亡82人。元旦过后，乡计划生育办公室对特殊特困家庭进行走访慰问，为他们送去米、面、油等物品和现金，对独生子女死亡家庭户实行生育关怀。2月，在边外村大集开展流动人口关怀、关爱宣传活动，共悬挂宣传条幅12幅。结合“5·29”计划生育协会成立39周年，开展纪念活动和“5·29”会员活动日走访活动、“我爱我家、关心婆婆的好儿媳”“关爱女孩”活动评选活动以及致全体共产党员、共青团员一封公开信发表39周年纪念活动。8月13日，举办计划生育工作者培训班，12个村妇女主任、中心户长共54人参加培训。对全乡母亲年龄在40周岁以上的特殊家庭进行信息登记，建立计划生育特殊家庭档案。乡计生协会在春、秋两季为育龄妇女进行“双情监测”、身体检查和咨询服务。完成孕优检查10对、“两癌”筛查610人。全乡共有671户独生子女家庭得到独生子女父母奖励费。及时落实兑现计划生育家庭户奖励扶助金发放工作，共有185人得到60周岁计划生育奖励扶助金，9人得到母亲年龄49周岁以上失独家庭特殊扶助金。

【社会保障】 对民政低保对象实行动态管理。全乡有农村低保户277户464人，发放农村低保金97.5937万元；有城镇低保11户14人，发放城镇低保金8.9448万元。有特困人员84人，其中集中供养11人，发放保障金、护理费、丧葬费77.4514万元。发放优抚资金55.9319万元。临时救助236人次12.054万元。有低收入80—89岁老年人11人，发放补助8150元。做好残疾人二代残疾证的换发及新办证工作。推动残疾人再就业工作，培养残疾人致富带头人。为273名发放残疾人两项补贴，补贴资金19.538万元。

【生态环境】 开展农村环境绿化工作。各村因地制宜规划绿化地块，共栽植柳树4000株、榆树3000株、海棠400株，村路两侧栽植绿化树3000株，全乡种花、种草20多万株。新建边外村文化广场一处，面积3000平方米。新安装路灯506盏，新修边沟1200延长米，自来水管网改造21143延长米，新建深水井17眼。

将垃圾分类减量工作作为全乡环境治理的重中之重来抓。建立“政府推动、全民参与、市场化运作、法制化规范”的运行管理机制，按照“减量化、资源化、无害化”的原则，把垃圾减量任务分解落实到每家每户，全面实施“垃圾减量五指分类法”。利用宣传车、微信、宣传资料、标语横幅等形式宣传垃圾分类工作，全乡垃圾减量宣传工作做到全覆盖。改善人居环境，共投入环境治理经费30余万元，购置环卫垃圾回收车6台，平均为每村配备保洁工人3人。集中开展村庄清洁行动共7次，包括出动车辆84台次、人员140人，资金10.2万元，清理垃圾数量为190吨。结合“打赢蓝天保卫战，做好垃圾分类”主题教育活动，努力营造人人讲环保、人人参与垃圾分类的良好氛围。有4个村被县委、县政府评为垃圾分类减量精品村。

（曹 妍）

平顶山镇

【概 况】 平顶山镇位于新宾满族自治县西南部。东与桓仁满族自治县交界，西临苇子峪镇，南与大四平镇毗邻，北与榆树乡接壤。境内平均海拔540米，有北大山、红石砬子、平顶山、关门砬子、老秃顶等主要山峰，老秃顶子山坐落在镇东南部，海拔为1327米，为新宾、桓仁两县界山。全镇全长70公里，宽5.1公里。属东北亚季风气候，春季东南风，夏季南风，秋季西北风，冬季北风。全年有效积温2700℃，年降水量800毫米左右，无霜期约125天。地质构造由石灰岩花岗岩构成，土壤结构为棕壤土和草甸土。全镇总面积35460公顷，其中耕地面积4741公顷、园田地面积133公顷、林地面积28350公顷、草地面积223公顷、城镇村及工矿用地597公顷、交通运输用地373公顷、水域面积362公顷。矿产资源有煤、铌钽、铜、铁、石灰石、云母、陶土。林业资源为天然林15899公顷，人工林6350公顷，防护林12560公顷，有林地22249公顷，荒山1566公顷，灌木268公顷，疏林地37公顷，苗圃4.1公顷。辖区内主要树种有蒙古栎、辽东栎、水曲柳、花曲柳、黄菠萝、钻天柳、五角枫、白桦、黄桦、红松、长白落叶松、日本落叶松、刺槐、小叶杨等。野生药材有人参、细辛、五味子、黄芪、龙胆草、车前子、百合等。山野菜有刺嫩芽、刺五加、枪头菜、大叶芹等。菌类有榛蘑、松蘑、木耳、大腿蘑、趟子蘑等。野生动物有喜鹊、麻雀、乌鸦、鹰、野鸡、兔子、野猪、蛇、青蛙、林蛙等。自然灾害有风灾、旱灾、水灾、雹灾、病虫害、倒春寒。太子河发源于本境，自西向东横贯全镇，流长20公里，大小河流10条，有关门砬子小型水库1座，水域面积25公顷，库容250万立方米。

平顶山镇为中等乡镇，下辖15个行政村（62个自然屯），总户数5267户，其中农业人口户数4755户；总人口18420人，其中农业人口17320人。人口构成为农民、工人、知识分子及事业干部，其中男9577人、女8843人。人均收入13400元。全镇交通便利，村巷通油路。镇政府所在地平顶山村，距离县政府所在地70公里，邮政编码113208。

2019年，全镇工业总产值完成2610万元，公共财政预算收入完成961万元，域外招商引资到位额完成1217万元，固定资产投资完成3653万元。

【综合治理】 加强社会防控体系建设，以人民调解为基础，充分利用人民调解、行政调解、司法调解联动的工作机制，排查矛盾67起，调解67起，调解成功率100%。开展平安医院、平安校园、平安村创建活动。外设警务室15个，派出所治安案件立案62起，查结42起；刑事案件立案20起，破案20起。认真开展扫黑除恶排查，全镇发放扫黑除恶宣传单5267份，排查出问题线索4起。全年发生40件信访案件，结案38件，结案率达到95%，信访人基本满意。

【统　战】 全镇有台属1人。有登记备案的基督教会点1处，有教徒50余人。平顶山镇工商联分会有会员25人，组织会员开展走访慰问贫困户活动。

【农　业】 东瓜岭村香菇小区种植香菇150棚，菌段60万段，共投资300多万元，获得经济效益600万元左右；全年共栽植大榛子6.67公顷，全镇已累计栽植333.33公顷；山野菜发展有了新起色，大东沟村的闫刚、徐灵武大叶芹、刺嫩芽、刺五加等林下、荒山、平地发展山野菜已成规模，共发展10公顷，其中山野菜冷棚近50棚，温室大棚30棚。在15个行政村设有农产品监督员，监督农产品质量安全工作，全年抽检样品50个150多批次，农产品检测全部合格，并完善检测建档等一系列工作。年初对农机安全生产进行培训，全年无交通事故，各类农机补贴31.78万元按程序全部发放到位。全镇各村气象大喇叭在线率达98%以上。三大农作物种植补贴共394.0895万元，其中，玉米补贴2853.14公顷，补贴资金350.4654万元；大豆补贴61.58公顷，补贴资金16.8012万元；水稻补贴183.38公顷，补贴资金26.823万元。

【林　业】 中央财政补贴人工林抚育红松任务186.67公顷，完成192.17公顷，完成目标任务的103%。其中，中央财政补助造林15.66公顷、县级宜林荒山地造林7.21公顷、“七美新宾”造林18.51公顷、三北绿化工程造林31.04公顷、退化林分修复造林87.66公顷、迹地更新造林32.09公顷。林业局下达三北封育工程任务33.33公顷，完成33.33公顷。成立护林防火指挥部，下设护林防火办公室，并安排专人值班、值岗。在春秋两季防火期内，共出动防火宣传车辆140余台次，出动防火人员500人次，认真做好防火知识宣传工作。与15个行政村签订护林防火责任状。组建以70名护林员为主的半专业扑火队。年末，全镇5000余户林农的村集体森林直补款足额发放到位，没有遗漏、遗留问题。榄厂村、大东沟村和杉木厂村发展林下参133.33公顷；西安村、榄厂村等村发展林下中药材33.33公顷。

【水　利】 完成农村自来水改造项目17处，共投入资金235万元，其中，黄岗子村黄岗子组大口井提水，投资8.1万元；黄岗子村西坎屯深井，投资8.4万元；平顶山村砬前屯接镇内水，投资6.5万元；杉木厂村深井，投资6.8万元；上青村北关门砬子屯深井，投资15万元，西安村老屯深井，投资30万元；西安村新屯大口井，投资10万元；下青村大口井提水，投资20万元；榄厂村林家屯大口井，投资14万元；小甸子村板桥子屯深井，投资7万元；小甸子村钟灵寺屯深井，投资6万元；上青村深井，投资6.7万元；李家村深井，投资10万元；大琵琶村深井，投资15万元；镇内饮水大口井提水，投资15万元；大哪吽自来水井维修，投资1万元。投资126.7万元用于农村基础设施建设，其中，杉木厂村完成路灯131盏，投入资金43万元；大东沟村边沟整治1831米，投入资金14万元；杉木厂村治河478米，投入资金44万元；下青村修渠道262米，投入资金10.7万元；黄岗子村修渠道583米，投入资金15万元。

【畜 牧】有肉鸡养殖户65户，出栏肉鸡110万只；蛋鸡养殖户6户，蛋鸡存栏34300只；绒山羊养殖户107户，饲养量21678只，存栏14563只；生猪养殖户1345户，饲养量12434头；牛养殖户276户，存栏2451头。猪瘟、口蹄疫、禽流感防疫率100%。

【工 业】成功引进禾丰牧业集团落户李家村，项目投资8000万元，建现代化种鸡场，占地12.27公顷，4栋鸡舍已封顶。东瓜岭石灰石深加工项目已完成先期手续办理及征占地工作，项目总投资1.4亿元。2019年有民营经济12家，个体转企业2家。

【经营管理】完成全镇土地确权工作，发放土地确权证达到99%。完成全镇15个村“三资”清查工作，加强对“三资”工作的审核监督力度，达到全镇各村无白条子入账，严格按照“四议一审两公开”要求报账。全镇共有家庭农场38家，农民专业合作社14家，流转土地968.8公顷。

【科 技】认真落实科技富农、科技兴农目标，先后带领各村科技户260人去天津、邢台、抚顺、沈阳等地参观药材基地、蔬菜基地，学习食用菌等技术。东瓜岭村成立香菇合作社、大东沟村成立山野菜合作社，主要经营香菇、刺嫩芽、大叶芹等。邀请市、县科技专家培训蜜蜂养殖和山野菜种植等技术，传授农民致富课程4次。

【文 化】全镇15个村均建成村公共服务中心。村公共服务中心建起图书室、阅览室及文娱活动室，并配备文化体育活动设施，为农村党员和农民学文化、学技术和开展文体活动提供场所。加强农村书屋的管理和使用，各村书屋坚持每周开放5天，培养群众养成读书、学习的好习惯。15个村均有1—2支文艺队，自发开展扭秧歌、跳广场舞等活动。镇八旗艺术团全年深入到各村进行7场专题宣传演出。协助妇联组织参加县第五届广场舞大赛、抚顺市“网约家康杯”广场舞大赛。完成大甸子村650平方米的文化广场改建，投资5.5万元；完成杉木厂村650平方米的文化广场改建，投资5.2万元；完成上青村700平方米的文化广场改建，投资5.6万元。新建李家村文化广场，面积1500平方米，投资15万元。

【医疗卫生】全镇农村医疗保险投保14819人，参合率99%，其中低保户709人，民政资助保费21.979万元；建档立卡贫困户1159人，扶贫资助保费35.929万元。全镇有中心医院1处，有床位20个，医务人员30人。有村卫生室15个。全年镇内门诊就医36036人次，支付医疗费23.4484万元。

针对结核病、乙肝、流脑、乙脑、破伤风、骨髓灰质病、小儿“四苗”等防疫，注射1730人次，免疫率占应防疫人数的98.2%。全镇有已婚育龄妇女（20—49周岁）3040人，完成孕优检查20对，宫颈癌筛查615人，乳腺癌筛查305人。计划生育奖扶156人，发放资金14.976万元；特殊扶助13人，发放资金7.98万元。

【社会保障】全镇有农村低保户322户555人，发放低保资金99.56万元；城镇低保对象27户35人，发放城保资金17.45万元；特困供养对象115人，其中集中供养31人，分散供养84人，发放特困供养资金55.46万元，护理费16.52万元；优抚慰问148人，发放慰问金81.69万元；冬春灾民救助990户1420人次，救助资金71万元，临时救助483人，救助资金19.13万元。低收入80—89岁老年人12人，补助资金7700元；90周岁以上老年人享受养老金40人，发放资金8.22万元；大病救助23户，救助资金3.2万元。残疾人两项补贴164人（其中双重身份146人），发放生活补贴14.04万元，护理补贴9.65万元，合计23.69万元。完成残疾人第二代残疾证的换发及新证办证工作。

【生态环境】在大琵琶村和李家村2个村实施垃圾分类及资源化利用试点工作，取得明显成效。按照“六有五无”要求，以培育“最美环保家庭”“美丽乡村”等为抓手，深入开展“垃圾分类先锋行”和“垃圾分类妇女行”活动。代表新宾满族自治县接受省第三方评估通过达标。中央电视台、辽宁电视台、新华社、《人民日报》等多家新闻媒体先后到平顶山镇采访；葫芦岛、铁岭、营口、盘锦、辽阳、丹东、阜新等市先后到平顶山镇参观学习，全年共接待外地参观、交流学习人员达12000多人次。全镇在6个试点村落实“七美新宾”建设工作，按照山美、水美、林美、田美、路美、村美、人美建设标准，对大琵琶村东至桦皮甸屯的约0.5公顷裸露山体进行绿化修复；对李家村南、金桦线路两侧修复山体碎石0.23公顷；以河堤生物护岸工程为主完成河堤压柳3000延长米；完成穿村河治理工程8470延长米；实现106.67公顷农田秸秆还田及增施有机肥；各村因地制宜规划植树地块，共栽植柳树8000株、榆树15300株、樟子松2000株，村路两侧栽植绿化树2040株。在李家村、上青村文化广场种花、种草8900平方米，新安装路灯110盏，新修边沟700延长米，自来水管网改造20600延长米，新建大口井5眼，新建围墙（栏）2940延长米，改造大门74户，每个村打造一面300平方米的文化展墙。

【脱贫攻坚】 全镇共有建档立卡贫困户633户1671人，已脱贫569户1540人。2019年预脱贫65户136人，实际脱贫64户133人。享受政策190户438人。开展为期2个月的脱贫质量“大普查大排查大督查”工作。通过包村领导、包村干部、驻村第一书记、村干部的入户走访核实最终稳定脱贫569户1540人，新增1户3人。将稳定脱贫不享受政策的12户20人拉回享受政策，将建档立卡贫困户中自然死亡的17人做系统删除。将建档立卡贫困户2户5人确立为监测户并在系统中标注。完成建档立卡贫困户636户1690人的家庭信息采集工作，并修改完善全部扶贫系统的相关数据。建档立卡贫困户危房翻建工作完成D级危房13户。由镇党委牵头，采取“党委+支部+贫困户”模式，利用扶贫互助资金200万元、产业扶持资金332万元新建养牛场一座（规模300头）。平顶山镇平兴养牛合作社2019年为平顶山、小甸子、赵家、樸场、大甸子、大琵琶、大东沟、杨家、杉木场、冬瓜岭等10个村委会分红2万—3万元，为建档立卡贫困户每人每年分红300—800元。合作社有牛存栏近300头，带动10个村145户342名贫困人口实现致富增收。通过“五小”产业给贫困户发放补助9.8721万元；利用产业扶贫资金和壮大村集体经济资金给建档立卡贫困户190户442人产业分红，共计13.78万元。

（董仁宾）

大四平镇

【概　况】 大四平镇位于新宾满族自治县东南部，镇政府所在地大四平村，邮政编码113209，东距新宾满族自治县城80公里，北距抚顺市120公里，西距本溪市110公里，东南距桓仁满族自治县城75公里。

东北部与平顶山镇接壤，西部与苇子峪相连，西南与本溪县碱厂镇为邻。全镇为不规整之三角形，南北长25.3公里，东西长22.8公里，总面积为25140公顷，有大小山岭86座。境内河流为太子河水系上游，水资源丰富，有徐家大沟水库一座，为小（二）型，库容量152万立方米。镇内最高峰为草帽山，海拔1260米，为辽宁省第9高峰，位于新宾满族自治县、桓仁县、本溪县交界处。辖区内有林业用地面积20533.4公顷、耕地确权面积1960公顷（实有耕地总面积3627公顷）。土壤为棕壤土，矿产资源储量大、品质优，主要有煤炭、石灰石、硅、铁矿、黏土矿等。野生资源丰富，有刺嫩芽、刺五加、大叶芹、枪头菜、木耳、松蘑、大腿蘑、榛蘑等。大四平镇有木桦线、偏小线过境，将辖区11个村串为环形。大四平镇下辖11个行政村和2个社区，共33个自然屯，57个居民小组。全镇总户数6348户，总人口19364人，其中城镇人口7015人，农业人口12349人，居民人均纯收入14150元。属满族、汉族、朝鲜族等多个民族聚集的乡镇，其中满族人口达到60%以上。

2019年，全镇工业总产值完成9015万元，规模以上工业增加值完成1180万元，公共财政预算收入完成1150万元，域外招商引资到位额完成8100万元，固定资产投资完成1.3亿元。荣获县委、县政府2019年度招商引资工作先进镇。

【综合治理】 以村民自治、村规民约为依托，大力倡导乡村文明新风。通过广播、条幅、标语、微信等形式大力宣传，指导各村召开村民代表大会，全镇无大操大办现象。执行殡葬改革工作要求，全年殡葬火化率达到100%。打击处理社会治安案件54起，结案34起，行政拘留29人；受理刑事案件14起，破获5起，刑事拘留2人；拘留吸毒人员2人，抓获网上逃犯1人。打击网上散播谣言案件1起，拘留1人。接待受理信访案件22件，已办结18件，正在办理4件。通过市长热线、“民心网”政务平台为百姓解决各类生产生活问题、提供政策咨询解答29件次。全年无重大、群体性上访事件。

【统　战】 将统战工作纳入重要议事日程，建立健全镇、村两级统战工作网络。建立知名人士3名、新社会阶层人士3名的基础台账。针对统战理论专题学习3次，组织非公人士学习1次。大四平镇工商联分会召开成员会议4次，组织会员对贫困家庭、学生等进行捐款捐物多次，有效增强大四平镇工商联分会的凝聚力、影响力。强化民族宗教工作，维护社会和谐稳定。

【工业企业】 镇域内主要有辽宁天赐钙业股份有限公司、天时石灰石有限公司、抚顺优耐特有限公司、辽宁德金矿业、马架子水泥厂等非煤矿山企业5家，四平煤矿1座，辽宁亿家衣服装有限公司1家，以水木缘为代表的农业企业和金草帽旅游开发有限公司各1家。由大连上达集团投资建设的辽宁亿家衣服装加工项目，企业一期工程投资2000万元，年底完成投资1000余万元，进入厂房主体建设收尾阶段。抚顺优耐特钙业有限公司年产30万吨氧化钙项目已经投入生产，全年产值达到3000万元；金草帽旅游开发有限公司在完成景区栈道、餐饮住宿等相关基础设施建设后，2019年又投资260万元完善采摘园、游客服务中心、停车场及其他附属设施建设。马架子石灰石有限公司的石灰石深加工项目总投资10亿元，矿区总面积226.7公顷，将建设5座高标准环保回转窑，年产石灰石200万吨，项目一期投资5亿元，先建3个回转窑，投入资金700余万元对东小堡村、四方台村采矿区内的160公顷林地完成收购，下步将进入林地征占、林木采伐、土地调规、碎石场建设等阶段。辽宁德金矿业有限公司井巷工程已掘进1200米。全年无重大安全生产责任事故。

【农　业】 全镇粮食稳产高产，玉米平均公顷产量达到10500公斤以上。样尔沟村肉牛养殖、皇木场村食用菌、香瓜种植、草盆村小尾寒羊、四方台村蛋鸭养殖、大四平村柞蚕养殖及中药材种植、龙湾村肉鸡养殖已形成规模。全镇新增地栽香菇0.67公顷、建成设施农业日光温室小区1.34公顷、中药材种植15.6公顷。完成农作物政策性保险6400公顷，签订土地经营权流转合同322户，流转面积363.89公顷。发放土地确权证3894个，发放率达到98%。新办家庭农场1家，被评为省级优秀家庭农场2家；完成大四平村天诚家庭农场特色产业基地申报；完成全镇11家新型科技示范主体3批33人次农业新技术培训。发放地力补贴资金230万元；玉米、大豆、水稻补贴321.8万元；“五小”产业奖补48.2万元。

【林　业】 完成“三北”人工造林6.42公顷，中央奖补造林30.21公顷，采伐迹地造林23.03公顷。完成县级造林任务5.92公顷。发放国家公益林奖补资金120.969万元，发放地方公益林奖补资金43.3566万元，发放天然公益林奖补资金154.989万元。

【教育文化】 全镇学前教育适龄三年普及率达到95%，小学适龄儿童入学率100%，中学入学率100%。参加中考55人，升入重点高中31人。积极组织参加新宾满族自治县第五届“舞动梦想·魅力满乡”广场舞大赛，取得优异成绩。参加新宾满族自治县“农商银行杯”乒乓球比赛，获得男子团体第一名、男子单打第三名、第六名和第七名。认定乡镇放映员两人，落实乡镇老电影放映员工龄补助和资金发放。

【基础设施】 对上争取资金260万元，完成乡级公路改造6公里，养护21.6公里；新修巷路6.8公里，巷路改造2公里，村级公路养护32公里，桥梁维修3座。投资4万元，新设镇区河堤路限速带11条，维修路灯35盏，清理小学门口私人占地，对道路路面进行硬化，保障群众出行安全；对镇中学校园两个球场实施硬化。徐甸子村和四方台村新建文化广场各1个，完成马架子村马海屯至四方台村河道整治、浆砌石笼2800延长米，草盆河河堤整治2600延长米。对上争取资金100万元，完成小四平村“美丽乡村”建设；草盆村村部改造工程按期推进。对供热企业进行资金补助，实施供暖管网改造，完成9栋楼150户“一户一阀”改造。对上争取项目已列入计划桥梁9座，预算总金额255.9万元；村屯路4条，预算总金额124.5万元。

【医疗卫生】 全年，新农合缴费13351人，收缴费用298.454万元，参合比例达到应参总人数的80%。全镇有1个镇级中心卫生院，9个标准一体化村级卫生室，2个厂矿诊所，4个个体诊所。镇中心卫生院有床位20张，有在职医护人员21人，其中有19名专业技术人员（含执业医师4人），承担全镇19364人的公共医疗卫生服务，对农村常见病、多发病进行及时救治。全年门诊接待14683人次，门诊报销金额56.7953万元；住院患者115人，住院报销金额12.3858万元。免费为65岁以上老年人健康体检2693人，管理糖尿病人661人、高血压病人1840人、精神病人109人、孕产妇40人。全年有新生儿38人。全镇精准健康扶贫人口1513人，签约治疗1499人；慢性病515人，投药161人，免费投药金额12万元。孕前优生优育检查28对，完成妇女“两癌”筛查800人。计划生育奖励扶助117人，发放奖扶资金11.232万元。对16人发放计划生育特殊扶助资金10.596万元，对中心户长55人发放补助3.3万元，对21名独生子女父母发放退休补助4.2万元，对938名独生子女父母发放奖励费5.946万元。

【人事劳动】 圆满完成公益性事业单位人员公务员考录工作，新招录公务员7名。远程培训100人。积极树立创业典型，报送农村创业带头人10人，组织创业活动1次。建立贫困劳动力档案77人，参加就业培训11人。各村建档立卡贫困户成功与就业局签订保洁员工作合同。

【美丽乡村】 清除河道垃圾240多车，清除河道畜禽养殖20余处，清除“六乱”50多处，各村绿化植树5000多株，栽花22万株。制作宣传条幅42个，发放《新宾满族自治县农村生活垃圾分类及资源化利用管理条例》2500册，张贴《管理条例》宣传页100张。评选出精品村2个、典型村3个、达标村4个。投资35万元对污水处理设备维修、管网改造，重新启用大四平镇污水处理厂。对秸秆焚烧行为进行严厉打击，行政处罚2人，拘留8人。对全镇规模化生猪、肉鸡养殖场进行摸底排查，建立管理台账。加大对天赐钙业、天时石灰石、优耐特等企业的环保检查力度，配合县环保部门对企业污染行为进行处理。

【社会保障】 全镇有农村低保户543户907人，累计取消70户182人，新增36户48人；共发放农村低保金196.6426万元。有城镇低保342户628人，大集体62户62人，累计取消107户279人，新增3户4人，全年共发放城镇低保金252.695万元。有特困供养人员共101人，其中城镇集中供养1人、城镇分散供养6人、农村集中供养15人、农村分散供养79人，累计取消1人，为农村集中供养人员；新增5人，其中农村分散供养2人、城镇分散供养2人、城镇集中供养1人；共发放特困供养金51.3431万元，特困护理费23.3532万元。有80—89岁困难群众高龄补贴35人，新办1人，取消4人，共发放补贴1.62万元。90—99岁高龄补贴共有35人，新办5人，取消3人，共发放补贴3.92万元。高龄失能、半失能老人养老补贴48人，新办2人，取消8人，共发放补贴2.30万元。享受儿童福利的儿童5人，新办2人，取消1人，发放补贴5.1912万元。享受60年代精简退职人员补贴3人，发放补贴7494元。取暖救助发放金额34.2786万元，其中，农村分散取暖补助12.38万元、城镇分散取暖补助15.825万元、城镇集中取暖补助6.0736万元。发放优抚金49.4696万元。发放临时救助金58万元。

【脱贫攻坚】 有建档立卡贫困户919户2295人。2019年全镇完成精准脱贫80户182人。完成危房改造75户，其中建档立卡69户、低保户6户，已全部竣工验收。产业带动注入辽宁腾达隧道工程有限公司241.75万元，带动贫困户80户184人，分红19.34万元，为各村村集体年增收8000元，带动贫困户户均增收1300余元。注入辽宁众兴牧业有限公司210万元，带动贫困户180户461人，分红16.8万元，贫困户户均增收933元。用于发展“五小”产业项目48.2466万元，带动贫困户511户1290人增收。建立镇级产业扶贫基地1个、村级产业扶贫基地6个，共带动建档立卡贫困户586户1290人，实现贫困户产业扶贫100%全覆盖。落实医疗保障扶贫政策，由民政办、扶贫办为低保户、贫困户代缴医疗保险80余人。到2019年底，尚有14户30人未脱贫。

【安全应急】 与企业、学校及各村签订安全生产责任状67份。结合元旦、春节、两会、“五一”、国庆等重大节日，围绕“安全生产月”组织开展安全生产督查检查活动。对已关闭煤矿、非煤矿山企业进行安全生产监督检查共18轮200余家次，对查出的安全隐患，及时提出55份整改意见，压实企业安全生产主体责任，认真落实整改措施，严格督促整改到位，全年未出现安全事故。

（杨　洋）

苇子峪镇

【概　况】 苇子峪镇位于新宾满族自治县南部，距县政府所在地75公里。东与平顶山镇、大四平镇相邻，西与抚顺县接壤，南与下夹河乡相接，北与木奇镇、榆树乡相连。下辖9个行政村（37个自然屯），3个国营林场。地形地貌为山区，最高海拔764米，最低海拔284米，地势东北西三面高、南低，辖区南北长24.426公里，东西宽16.58公里。气候四季分明，年平均气温13℃，日平均光照8小时，年平均降水800毫米左右，无霜期127天，有效积温2650℃。风向以西北风为主。有较大山岭5座，境内水流充沛，有42个大沟组成14条河流汇入太子河北支流流经全境。全镇总面积40490公顷。有耕地面积4254公顷，其中水田面积485.2公顷、旱田面积3771公顷。森林面积34273公顷，其中人工林面积4923公顷、天然林面积17064公顷、国家公益林面积8398公顷、地方公益林面积2220公顷、商品林面积8392公顷、果材兼用林面积172公顷。水域面积1057公顷、村镇及工矿面积504公顷、交通运输面积331公顷，其他未利用面积71公顷。矿产资源种类与储量均十分丰富，已探明有优质石灰石储量达1000多万吨以上，另有铜、铁、钼、锌和非金属矿藏10余种。铁矿储量150万吨，钼矿石储量1000万吨。有苇子、山芝麻、人参、细辛、五味子、刺嫩芽、大叶芹、蕨菜、红蘑、山木耳、榛子蘑等野生植物、山野菜、菌类100余种。野生动物种类有鸟类、兽类、爬行类、两栖类动物等。自然灾害有风灾、旱灾、水灾、雹灾、病虫害、低温冷害等。全镇总户数为4196户，总人口为14824人。其中农业人口12118人，为汉族、满族、朝鲜族等多民族聚居镇。其中满族12600人，占总人口85%，汉族2001人，占总人口13.5%。朝鲜族192人，占总人口1.3%。通武线31公里、柞本线25公里、饶盖线24公里贯通全镇。全镇交通便利，村屯街巷通油路。镇政府所在地苇子峪村，邮政编码113211。

全镇经济健康发展，社会和谐稳定，人民生活幸福。农村通信网络、有线电视覆盖率达到100%。农村宽带信息网络进一步完善，全镇已有用户2616户。全镇用电量1000万千瓦/小时。2019年，全镇全口径税收收入2508.16万元，一般预算收入1207.81万元，上级补助收入1194.87万元，上解支出1071.65万元，一般公共服务支出199.72万元，教育支出12.18万元，社会保障和就业支出115.99万元，卫生健康支出44.7万元，城乡社区支出1万元，农林水支出218万元，住房保障支出20.15万元。实现农民人均收入12520元；完成固定资产投资额2589万元，香菇、菌棒出口货值600万元，社会商品零售总额完成8600万元，工业总产值完成2640万元，外贸进出口完成216万元，域外招商引资到位额完成3600万元。

【综合治理】 开展平安单位、平安村、平安家庭、平安医院创建活动。完善矛盾纠纷调解体系，建立以人民调解为基础，行政调解、司法调解共同参与的联动工作机制。大力开展扫黑除恶专项斗争，排查扫黑除恶线索1条，上报县扫黑除恶办公室，相关部门已处理。开展禁种铲毒专项行动，各村做到“三个严防”（严防种子落地、严防植物开花挂果、严防成果割浆），加大踏查力度，做到不留“死角”，不留盲区，早发现，早铲除，严打击，全镇共清除罂粟花400株。全年治安案件立案50起，查结42起，查结率84%；刑事案件立案11起，破9起，破案率81.1%。开展信访矛盾减存控增三年攻坚行动。排查矛盾纠纷25件，调处22件；网上处理信访案件5件，息访4件。畅通信访渠道，加强与信访人的沟通，了解和掌握信访诉求，做到接访及时处理，结案认真负责。全年发生信访案件30件，结案28件，结案率93.3%。30件信访案件中，个人访29件，占96.7%；集体访1件，占3.3%。

【农　业】 全年粮食播种面积3488公顷，粮食总产量26117吨。对产业结构进行调整，新增经济作物种植面积96.3公顷，其中，中药材55.06公顷、食用菌26.4公顷、山野菜6.86公顷、甜瓜8公顷。大力发展设施农业，其中，冷棚香菇面积8公顷、菌棒310万棒、发菌暖棚2公顷、木耳17.3公顷。新型职业农民培训46名学员，其中有5名建档立卡贫困户学员。农产品质量监测抽样60次，全部合格；全镇气象大喇叭上线率93%。新建两栋保鲜库，其中小堡村香菇保鲜库50平方米、大堡村香瓜保鲜库30平方米。全镇有农产品监理员9人，完成两次农产品安全集中培训。全镇4200公顷作物全部完成农业土地保险投保。完成国家农业科技体系建设培训任务，共培训160人次。推广国家农业减肥增效项目533.33公顷，培训220人次。实现农业全程机械化生产达到70%。新宾满族自治县菇满香香菇种植专业合作社作为全省农业科技培训基地，累计培训1300人次。全镇有6名农业科技指导员，负责对农业大户和合作社进行农事生产科技指导。全年，发放耕地地力保护补贴2192.15公顷，补贴资金292.1253万元；发放水稻补贴466.95公顷，补贴资金68.3052万元；发放玉米补贴1689.45公顷，补贴资金 207.5231 万元；发放大豆补贴 57.73 公顷，补贴资金 15.7517 万元。全镇有生猪饲养户 56 户，存栏 9804 头；肉牛饲养户 182 户，存栏 1476 头；绒山羊饲养户 61 户，存栏 8625 只；肉鸡饲养户 49 户，出栏 761000 只；蛋鸡饲养户 6 户，存栏 48400 只；肉种鸡饲养户 1 户，存栏 75000 只。抓好畜禽重大疫病的日常免疫工作。畜禽重大疫病（猪瘟、口蹄疫、禽流感、小反刍兽疫、布病、狂犬病）免疫均达到 100%。

坐落于新宾满族自治县苇子峪镇杉松村的菇满香香菇合作社基地

【林　业】 完成造林 394 公顷，其中，采伐迹地更新造林 16.12 公顷、荒山荒地造林 1.43 公顷、退化林分修复 351.6 公顷、中央财政补贴造林 10.18 公顷、“七美新宾”之“林美”造林 9.11 公顷、三北防护林工程造林 5.55 公顷。封山育林 33.33 公顷。公益林直补面积 18822.3 公顷，下发补助资金 205.89 万元。广泛宣传森林防火，4 台防火宣传车全天候不间断巡逻。成立 15 人的专业扑火队，采取问责制度，严防、严管、严治。年内未发生森林火灾。

【经营管理】 土地确权颁证完成 3308 户，剩余 87 户（三道关组）未申请确权。完善 9 个行政村的“三资”工作，其中包括清产核资、股权量化、赋码登记工作。乡村振兴项目基地建设三道关村，投资 200 万元。新宾满族自治县聚拓养殖专业合作社被评为县级优秀合作社，获得补贴资金 2.6 万元，用于购买机械设备。备案 5 家合作社和家庭农场参与项目资金启动，带动贫困村及贫困户。完成 9 个行政村的账目整理及惠农项目资金发放工作。

【水　利】 完成大堡香瓜合作社、杉松香菇基地等“先建后补”节水灌溉项目，投入资金 25 万元；新建大堡屯、甸边子屯等自来水水源工程，投入资金 150 万元；镇内新建自来水厂一座，投入资金 750 万元；为小堡屯安装路灯 135 盏，投入资金 34 万元；完成富家屯通子沟浆砌护堤 600 延长米，投入资金 75 万元。

【工　业】 全镇有钼矿企业 1 家，为新宾满族自治县振兴矿业有限公司；铁矿生产加工企业 1 家，为新宾满族自治县中广矿业有限公司。积极帮助铁矿企业解决现存问题，全力推进矿产企业复工复产。沃谷铜锌矿 2019 年已进行电容改造并试运营。木制品及农产品企业稳步运行，全年进出口总额 216 万元。紧紧围绕“两香一棘”特色产业，重点引进符合本地特色产业的深加工项目，推动特色产业向高、精、深方向发展。策划包装香瓜干、香瓜酱菜等系列即食产品。以“两个园区”为载体，聚焦新宾“四业”发展，拓展“飞地经济”“凤来雁归”等渠道，开展招商引资。抚顺依林生态科技发展有限公司投资 1000 万元建围封沙棘林地 700 公顷，已建育苗基地 13.33 公顷；规划建设集观赏游乐区、服务区、休闲农业采摘园、养殖区四个园区于一体的鸦鹘关旅游项目，项目已完成可行性研究论证。完成全国第四次经济普查工作，普查登记单位 65 家，清查个体户 421 户。

【文　化】 支持各村群众性广场舞、大秧歌等娱乐健身活动的开展，居民常年在镇中心广场开展广场舞、篮球、健身等娱乐活动。积极参加全县第五届广场舞大赛，获得第三名。

【医疗卫生】 全年参加农村合作医疗保险 11613 人，其中包括政府承担费用的五保户、贫困人口、军烈属、精准扶贫人员 771 人。全镇有 1 座卫生院、11 所村卫生室。镇卫生院安装彩超、DR、全自动生化分析仪、尿分析仪、血细胞分析仪、心电图等设备，能够开展常见病的诊治。卫生院有床位 20 张，医务人员 20 人。卫生院免费为全镇 65 岁以上老年人体检 1403 人，为贫困人口体检 494 人，为精神病人体检 67 人。每年义务对高血压、糖尿病、结核病、精神病人进行 4 次随访。同时开展签约服务 14299 人。孕产妇免费管理 68 人，孕期检查 356 人次；儿童体检 450 人，产妇及新生儿同时访视 46 人。开展计划免疫工作，乙肝、百白破等一类疫苗免费接种 1548 人次；水痘、流感等二类疫苗接种 304 人次。卫生院利用电视、板报、集市开展健康教育宣传，发放宣传单 2218 份。全年，新农合住院及门诊诊疗人数 33219 人次，支付医疗费 149.0104 万元。全镇有育龄妇女 1850 人。全年出生 105 人，其中，男孩 59 人、女孩 46 人，死亡 65 人。对计划生育特殊家庭（独生子女死亡户）进行走访慰问。2 月，在镇农村大集开展流动人口关怀、关爱宣传活动，并在各村悬挂宣传条幅。3 月，在镇农村大集开展流动人口计划生育维权月宣传活动。开展“5·29”计生协会周年纪念活动及关爱贫困母亲走访活动。8 月 13 日，举办镇计划生育工作者药具业务培训班。对全镇母亲年龄在 40 周岁以上的特殊家庭进行年度信息更新登记，完善计划生育特殊家庭档案。在春、秋两季到各村为育龄妇女进行“双情监测”，为育龄妇女进行身体检查和咨询服务。全镇独生子女家庭共有 930 人得到独生子女父母奖励费，有 169 人得到 60 周岁计划生育奖励扶助金，有 3 人得到母亲年龄 49 周岁以上失独家庭特殊扶助金。

【社会保障】 全镇有城镇低保对象 13 户 21 人、农保对象 212 户 311 人、五保户 61 人（其中集中供养 11 人）。全年发放农保资金 82.7647 万元、城保资金 10.0494 万元、五保资金 33.9622 万元。优抚慰问 15 人，发放优抚金 1.5 万元。临时救助 59 人次，发放救助金 3.163 万元。残疾人两项补贴 228 人，补贴资金 18.0675 万元。发放残疾人农资补贴 39 人，补贴资金 5.1831 万元。残疾人无障碍改造 5 人，补助资金 1.7 万元；残疾人燃油补贴 7 人，补贴资金 0.182 万元。残疾人创业 12 人，补助资金 3.6 万元。残疾人个体就业设备扶持 2 人，补助资金 0.6 万元。开展就业培训 1 次，解决 125 人就业。

【脱贫攻坚】 全镇有建档立卡贫困户 394 户 904 人，其中享受政策的有 240 户 527 人，备案处理 154 户 377 人。为 238 户建档立卡贫困户发放产业效益分红 11.9 万元。投入发展产业资金 60.46 万元，两个村集体经济收入 4 万元。投入转型互助金 200 万元，三道关村集体经济收入 14 万元。贫困人口新农合保险 534 人，资金补助 11.214 万元。推荐 8 家农事企业申请产业扶贫项目库，其中新宾满族自治县菇满香香菇种植专业合作社、新宾满族自治县玉成养殖有限公司等 6 家企业共启动产业扶贫资金 450 万元。为 5 个行政村村集体增加收入，带动全镇 242 户建档立卡贫困户增加收入。198 户建档立卡贫困户通过发展“五小”产业获得扶持资金 13.2245 万元。完成对产业扶贫资金使用安全的审核工作。

【乡村建设】 在于家村、小哪吽村等 11 个村屯开展亮化工程，安装路灯 269 盏。建档立卡贫困户的危房维修改造 11 户，其中翻建 10 户，维修 1 户，补助资金 40.5 万元。西厢大堡村实行美丽乡村项目建设，修建路边沟，统一院墙，总投资 100 万元。

【安全监察】 加强对矿山企业、烟花销售网点、校车安全管理，签订安全责任状。节假日期间联合公安派出所进行安全检查，春秋两季进行安全警示教育培训。

【交　通】 抓住“一事一议”“新改建”等优惠政策，完成屯通及巷道硬化路面共计 17 公里，面积达 7 万平方米。全镇 37 个自然屯屯通巷道硬化已全部覆盖。新建桥梁 1 座，54 延长米。

（王希广）

下夹河乡

【概　况】下夹河乡位于新宾满族自治县西南部，面积15300公顷，距县城90公里，东与大四平镇接壤，西与抚顺县马圈子乡、本溪满族自治县清河城镇为邻，南与本溪满族自治县南甸镇、碱厂镇搭界，北与苇子峪镇相连，属新宾、抚顺、本溪三县交界处。境内系长白山支脉，沟壑纵横、河流萦绕、土质肥沃、气候温和，是新宾南部的稻米产区之一。下夹河乡地处观音阁水库上游，境内有大小河流30多条，最大河流太子河是新宾境内三大水系之一，发源于平顶山镇上青村，途经平顶山镇、苇子峪镇，由东北向西南斜穿下夹河乡，进入本溪县观音阁水库。全乡下辖8个行政村，27个自然屯。总人口10215人，其中农业人口9480人。聚居的少数民族有满族、朝鲜族、锡伯族、回族、布依族、蒙古族等，其中满族人口占90%以上。全乡有耕地面积1566.67公顷，其中旱田面积1346.67公顷、水田面积206.67公顷。林地面积11066.67公顷，木材蓄积量61万立方米。无霜期为145天左右，受观音阁水库小气候的影响，无霜期相对延后15天左右。平均年降水量为850毫米，风向冬季以西北风为主，夏季以东南风为主，最高气温35℃，最低气温-34℃。农作物以玉米、大豆、水稻为主，兼种其他杂粮。全乡自然资源比较丰富，主要矿藏有铁矿、硅石矿、石灰石矿等。养殖业以黄牛、绒山羊为主，太子河鸭蛋近几年销量逐年增加，远近闻名。有丰富的药材资源，如山参、细辛、龙胆草、五味子、地龙骨等。食用菌木耳、香菇产业前景乐观。下夹河乡山川秀丽，森林资源丰富，野生植物种类繁多，有山蕨菜、刺嫩芽、野生榛子、山核桃、山葡萄、猕猴桃、山里红等，其中野生榛子覆盖面积达2000公顷。在河南村、下夹河村境内有大量的天然溶洞。

2019年，全乡工业总产值完成1989万元，公共财政预算收入完成2068万元，外贸进出口完成5556万元，域外招商引资到位额完成6350万元，固定资产投资完成4751万元，完成“飞地经济”项目，荣获县委、县政府“飞地经济”工作先进乡镇。

【综合治理】全面开展扫黑除恶专项斗争。建立扫黑除恶工作机制，召开各类会议9次，专题讲座8次，乡村两级悬挂条幅44条；走村入户，重点对门市和商铺开展问卷调查，填写问卷170份；发放明白卡10000份，在乡政府、各村监控区外设置举报箱10个、宣传板14个。建立乡党委主导、村（部门）负责、群众广泛参与的工作机制，明确乡党委书记、村书记、综治成员单位的负责人为第一责任人，利用护林防火宣传车进村进屯开展宣传；利用各村气象大喇叭早中晚宣传；利用乡办事大厅、乡会议室、村会议室LED显示屏集中宣传，积极鼓励群众检举、揭发黑恶势力犯罪线索和犯罪事实。发现问题线索1个，已移交公安部门查处。开展信访矛盾三年攻坚行动。到12月末，省交办信访积案4件，化解并办结3件，化解率75%，超计划目标30%。全乡共发生信访矛盾11件，已经化解11件。每双周召开一次全乡矛盾排查研判会议，做到早发现、早解决。全年发生并破获刑事案件8起，发生和处理治安案件37起，治安拘留15人，公安调解12件。没有发生命案及重大刑事案件，没有发生安全生产事故。在禁止焚烧秸秆环境保护行动中，共拘留3人。5月，开展多种形式的平安宣传月活动，特别是在5月6日、23日平安月集中宣传日，发放宣传册100份。对中小学门前的治安环境开展集中整治2次；对营运的校车进行安全检查5次。定期对全乡58个受查单位进行检查；完成全乡夏季消防安全检查工作。开展打击非法集资宣传月活动。对乡内寄递物流单位进行检查1次。

【统　战】召开统战专题工作会，听取统战工作情况汇报2次；中心组学习统战理论知识2次。

组织全体机关干部和乡工商联分会会员集中观看学习《榜样3》。有商会会员32人。召开商会会员大会10次，开展清扫大街、保护环境活动2次。建立健全“大统战”工作机制，开展困难户帮扶工作。对全乡华侨、侨眷进行调查，补录信息。商会举办篮球赛、拔河比赛和有机农业规划发展培训会；组织退休老干部召开“九九重阳节”座谈会。商会会员自筹会费参观菊花、白芍等中药材种植基地，并种植百余亩菊花进行试验。成立下夹河乡宗教领导小组并与8个村签订宗教工作管理责任书，清理基督教私设聚会点7处。

【农　业】 开展各种农业技术培训5122人次，发放技术资料300余份，举办农业技术专题讲座2场次。多次到田间进行技术指导。到各村进行生产技术调查20余次，向市县主管部门上报玉米等作物生产技术意见，调查报告和技术总结等10余份。对乡管辖范围内超市、果蔬生产大户以及蔬菜生产基地进行定期抽查和监控，共抽检农产品样本42份，检测合格率100%。组织全乡各村农产品质量安全监管员参加培训5次，其中乡级培训4次、县级培训1次，共培训50余人次，发放培训材料100余份。利用宣传栏、宣传车及各村屯广播设备，每日播报气象信息。全年无重大自然灾害及人员伤亡事件发生。全乡共计发放农业补贴4批次，其中耕地地力保护补贴1512.35公顷，补贴资金201.5353万元；玉米种植补贴面积1266.65公顷，补贴资金155.5878万元；大豆种植补贴面积70.94公顷，补贴资金19.3549万元；水稻种植补贴面积174.125公顷，补贴资金58.6345万元。食用菌种植面积5.335公顷，中药材种植面积23.34公顷。全乡畜牧业稳步健康发展。动物卫生监督所全面做好各种重大动物疫病防控工作、强化外引动物、畜禽饲养场监管。规范和提升产地检疫、屠宰检疫工作质量。加大违法行为打击力度，全面推进畜牧技术和兽药、饲料、种畜禽监督管理、畜产品安全工作。各种畜禽重大疫病禽流感、口蹄疫、猪瘟、蓝耳病、布病等防疫率100%，全年内无重大疫病发生，无畜产品安全事件发生。

【林　业】 制定全乡防火工作计划和措施，并与全乡8个村签订防火责任状。清明前夕，动用3台宣传车、设立10余个防火宣传站、设置100多面防火旗、悬挂张贴45条标语、护林员包村等多种形式进行广泛宣传。非法野外用火处罚4人，拘留6人。共查处林业滥砍盗伐现象2起，处罚2起，罚款1万余元。宣传禁牧工作，制定具体意见和处罚条例，对全乡绒山羊养殖户重点宣传，实行绒山羊圈养。完成宜林荒山、采伐迹地造林52公顷。三北围栏封育33.33公顷。成立调查小组对全乡松材线虫病害进行全面排查，没有发现病情。

【水　利】 配合各村清理河道垃圾180吨。汛前对河道开展安全隐患排查工作，与8个村签订防汛责任状，制定各村应急抢逃险预案，发放明白卡2970张。开展治河工程，在下夹河砖厂建格宾石笼483延长米，在双河村建格宾石笼1000延长米，在南沟屯建拦河坝一座24延长米，在平河村小夹河屯建拦河坝一座72延长米、建格宾石笼2100延长米，在支家村马路屯、威子屯建格宾石笼2800延长米，共投资750万元。完成农村自来水工程3项，其中平河村后胭脂房屯打深井一眼，投资7万元；岗东村建自来水厂，投资15万元；双河村打深井一眼，投资5万元。完成护地堤800延长米。

【经营管理】 全乡有土地确权承包户2515户，核发土地确权证2499户（14农户不签字、2户纠错），完成99.4%；颁证土地2477户（8户死亡、6户韩国打工、8户联系不上）完成99.1%。调解土地颁证纠纷8起。全乡参加农业保险面积2469.14公顷，保险金额20.7408万元。新培育鼎聚赢专业种植合作社，合作社占地面积共9.33公顷，总投资135万元，其中建厂房75万元、烘干设备25万元、土地租金及喷灌设施35万元，主要经营菊花加工及中药材，带动农户12户、残疾人11人。新增土地流转20公顷。志富和永盈2个新型经营主体逐步发展壮大。3个村集体经济项目稳步运行，初步解决村集体经济“空壳化”问题。

【招商引资】 引进落户永陵农产品加工集聚区的“飞地经济”项目—辽宁中科诺维生物科技有限公司，4月2日，与新宾满族自治县人民政府签订人参提取物深加工项目2期投资协议，项目投资1.2亿元，建设地点在永陵镇农产品加工集聚区，占地28258平方米，建筑面积22606平方米，建设现代化的符合国际标准的厂区，包括综合楼（数据中心、研发中心、检测中心等）、厂房及库房7栋，其中达到GMP标准1栋，建成4条人参提取物生产线。2019年投资6000万元，建设综合楼及1#厂房2#3#库房及平地人参种植。项目于5月开工，完成综合楼及厂房和库房建设，10月，一期工程正式建成投产。该项目实现当年建厂，当年投产，年产300吨固体饮料（人参提取物），年出口创汇1500万美元。二期工程进展顺利。

【社会保障】 全乡有农村低保户192户343人，发放农村低保金68.6964万元；有城镇低保户15户25人，发放城镇低保金12.021万元。对全乡低保户进行2次全面核查，对存在问题的低保户及时进行停保。对符合标准的家庭进行纳入，根据家庭情况的变化及时调整保障金额，做到动态调整，应保尽保。全乡有特困人员79人，其中，分散供养66人、集中供养13人，发放保障金53.0896万元，护理费21.572万元。对敬老院进行全面维修改造。全乡有优抚对象81人，其中重点优抚对象8人、烈士子女4人、60周岁退伍兵56人、遗属12人、入朝民工1人。随时掌握优抚对象动态，及时增减，在重点节日对重点优抚对象及时发放节日慰问金。对生活困难的家庭及时发放临时保障金，对于因受灾造成困难的家庭发放救灾款。对全乡未脱贫建档立卡贫困户进行多次核查，将符合条件的建档立卡贫困户纳入低保范围当中。临时救助78户，发放临时救助金5.66万元。

【医疗卫生】 全年新出生50人，其中男孩27人、女孩23人，出生率为4.841‰。死亡32人，死亡率3.09‰。计划生育节育率达99.8%。有独生子女户692户，发放奖励费4.362万元。有60岁独生子女户和双女户（特扶户）128户，发放奖励扶助金16.3948万元。建立计划生育咨询站1个，悬挂宣传标语9条，发放各种宣传资料500多份，免费发放避孕药20板，避孕用具3000支。举办计划生育业务和法律法规培训班1次，入户走访宣传政策、法规10余次。分别与8个村、5个单位签订计划生育责任状。召开流动人口工作协调会议1次，举办全乡妇女主任培训班4次，开展入户调查5次，掌握流出人员的流出地点等信息，建立健全流动人口登记册。举办药具知识培训班1次。开展避孕药具清查活动，3次对全乡8个村的合作医疗站、药店和乡医院进行全面认真的检查。组织4次大型计划生育（流动人口）宣传活动，群众的知晓率在95%以上，使用药具满意率达95%以上。春节前开展贫困妇女和贫困儿童慰问救助活动，为每位特困妇女送上慰问金300元。

【文　化】 建设支家村文化广场，占地面积500平方米。8个行政村图书室增加农业、科技、文学、历史、政治、名著等方面图书近500册。8个村均配有电脑、打印机等办公设备。各村利用农闲开展丰富多彩的文化娱乐活动（扭秧歌、跳健身舞），陶冶情操。

【交　通】 新修机耕路1.2万米，岗万线和岗蜂线道路改造12.45公里；完成下夹河至河南村道路拓宽改造设计工作。

【脱贫攻坚】 成立脱贫攻坚领导小组，由乡党委书记担任组长，乡长和分管副乡长担任副组长，下设脱贫攻坚办公室，成员由扶贫办、农经站、村建办、财政所、民政办等多个部门的负责人组成。投入扶贫资金100万元，发展3个产业基地，带动农户167户312人；完成危房改造10户；开展饮水安全脱贫攻坚工程，为7个村屯争取打井用电资金13万元。为贫困户发放“五小”产业扶贫资金7.378万元。争取产业扶贫资金142.91万元，转型使用投入新宾满族自治县富贵种植专业合作社项目扶持贫困户资金95.532万元；将没有转型的互助金捆绑一并投入下夹河乡残疾人合作社，采取“442”经营模式，40%作为成本收回，40%用于壮大村集体经济，20%用于扶持贫困户。在乡脱贫攻坚领导小组督导和指导下，对脱贫攻坚存在的问题进行自查，并及时整改。两次进行贫困人口和非贫困人口大排查工作，对新纳入的贫困户信息及时录入国家扶贫动态管理系统。对享受扶贫政策的贫困户分别做了产业带动方面的帮扶，帮扶率100%；医疗救助帮扶、贫困家庭学生帮扶，帮扶率100%。根据“两不愁三保障”标准，对2019年的54户105人建档立卡贫困人口进行入户核查，确保家庭年人均收入不低于当年国家规定最低生活保障线。全乡所有贫困人口529户1012人全部参加新农合，参合率100%。对贫困人口实行免费体检，定点投药政策。建档立卡贫困家庭所有在校学生，均得到教育扶贫资金的资助，各学龄阶段零辍学率。全年共排查出C级危房1户、D级危房5户，完成危房改造工作。结合省脱贫攻坚专项巡视、督查巡查、领导调研、绩效考核、审计、群众来访等反馈的问题，逐一排查，及时整改到位。

【美丽乡村】 加快“七美新宾”建设，清理卫生死角、废弃街区1.2万平方米，栽花植树进行美化。新增加岗东村美丽乡村、农村饮水水厂、村内道路、农田水利建设4个民生领域工程。乡村两级河长各尽其责，河道清洁、无污水排放。开展“垃圾分类及资源化利用”宣传活动，发放宣传手册3000余份。发动环保志愿者、妇联巾帼志愿者入户进行垃圾分类的宣传和指导。政府出资试种“紫斑牡丹”“锦绣海棠”，努力打造“花海”“油库”，为美丽乡村建设奠定坚实基础。

（王美音）

人　物

人物简介

马春华　男，1979年2月出生于内蒙古赤峰市巴林左旗林东镇山弯村，2003年7月毕业于南京森林公安高等专科学校，分配到新宾满族自治县林业局森林公安分局红升警务区。9月，新宾满族自治县成立第一支专业森林扑火队，任队长兼教官。2005年调至森林公安平顶山警务区，民警兼扑火队队长。2007年加入中国共产党。2009年任森林公安上夹河派出所民警兼扑火队队长。2012年调至森林公安城郊派出所，任指导员。同年，加入抚顺市森林防灭火专家组，全面负责全县森林火灾一线指挥工作。2015年调至永陵森林公安巡警二队，任指导员，兼扑火队队长。2016年任森林公安红升警务区警长，兼森林消防队队长。2018年1月任森林公安城郊派出所所长。三级警督。入警队15年，用实际行动彰显人民警察忠诚担当、奉献为民的公仆情怀。2010年2月，被抚顺市森林公安局评为"执法工作先进个人"；2013—2015年连续三年被评为县级优秀公务员；2016年12月，荣获抚顺市森林公安机关最佳基层勤务指挥员称号；2017年马春华带领的红升警务区因工作成绩突出，被抚顺市森林公安局评为"最佳警队"。2018年10月，经公安部批准，马春华被国家林业和草原局森林公安局记个人二等功一次。2019年9月，马春华被中共辽宁省委授予人民满意的公务员称号。

兰郡泽　2001年4月出生，抚顺市新宾满族自治县南杂木镇人。2019年5月2日6时40分，南杂木镇新城路附近一栋居民楼一楼日杂商店突发火情，火势迅速蔓延，滚滚浓烟将一至七楼包围，楼上居民被困。正在附近工地的吊车工兰郡泽闻讯赶来，看到一对母子站在3楼窗口拼命呼救，迅速跑回工地将吊车开到离起火居民楼仅几米远的地方，对被困人员进行施救。他不顾热浪和爆炸危险，果断起落吊臂，争分夺秒，一次次举起铁臂吊篮，一个个生命获救。经过近30分钟的紧张救援，共救出从3楼到7楼的14名被困群众。他临危不惧、英勇救人的事迹被新华社、中央电视台（新闻联播、24小时面孔等栏目）、省级主要媒体以及央广网、新华网、光明网、人民日报等多家网站纷纷报道。兰郡泽事迹已在全社会引发强烈反响，其英勇行为被广泛传颂。

2019年5月9日，县文明委授予兰郡泽"新宾好人"荣誉称号。市文明委破例授予兰郡泽"百姓雷锋"荣誉称号。市妇联授予兰郡泽家庭"最美平民英雄之家"荣誉称号，省妇联授予兰郡泽家庭"辽宁省最美家庭"荣誉称号。兰郡泽荣获2019年度"辽宁好人·身边好人""中国网事·感动2019年度获奖人物"称号并荣登"中国好人榜"。

张明东　男，1963年9月出生，满族，大专文化，中共党员，1981年8月于新宾县家畜家禽改良站参加工作；1985年9月就读于锦州畜牧兽医学校；1987年8月在新宾满族自治县畜牧局工作；1997年9月到沈阳农业大学学习；1999年4月任新宾满族自治县畜牧局工作股长；2006年4月任新宾满族自治县动监局副局长；2016年6月任新宾满族自治县动监局副科级干部；2019年3月，任新宾满族自治县农业农村局班子成员，二级主任科员。2019年，被评选为新宾满族自治县劳动模范，全国农业农村系统先进个人。

张春霞 女，1966年11月出生，初中文化。1998年进入辽东特艺工艺品有限公司工作，2001年任车间主任，至今已有20年。2016年被评为新宾满族自治县劳动模范，2017年当选新宾满族自治县第九届人大代表，2018年获得抚顺市“五一劳动奖章”。2019年获得辽宁省“五一劳动奖章”。

金孝南 男，朝鲜族，1962年5月出生，1983年8月考入辽宁青年干部学院，1985年8月参加工作，任共青团新宾满族自治县委干事，1987年7月加入中国共产党，1997年7月任共青团新宾满族自治县委副科级调研员，1999年10月任中共新宾满族自治县委组织部干部组副组长，2003年12月任中共新宾满族自治县纪委常委、审理室主任，2008年12月任新宾满族自治县民族宗教事务局副局长，2015年1月任新宾满族自治县民族宗教事务局主任科员，2015年获抚顺市民族团结进步模范个人称号。2019年5月任中共新宾满族自治县委统战部主任科员。2019年获全国民族团结进步模范个人称号。

姜志强 男，1962年5月出生，1984年8月参加工作，1996年12月加入中国共产党，1981年9月入铁岭农业机械化学校农机化专业学习，1984年8月在县农机局管理股工作，1996年9月入沈阳农业大学农机化专业学习，2008年1月任县农机监理所所长，2012年9月任县农业信息培训中心（农广校）主任（校长）。

在农民培训实践中，他总结出“一点两线、全程分段培训模式”，做为典型，于2016年被写进《辽宁省新型职业农民培育实施方案》中，在全省推广应用。针对整个培育过程，他推出了“六统一”“五分散”“三规范”“五个必须”“两个全程”，即“65352”培训要点，使培训规范有序，效果良好。

与县电视台合作为农民培训工作共录制专题片、技术讲座片40余部。辽宁电视台《黑土地》栏目组，多次到新宾满族自治县录制农民培训专题节目。2016年CCTV-7全程跟踪丁辉的有机稻生产，录制播出《老丁和小丁》专题片，在农业系统影响很大。在他的带领下，全县共培育新型职业农民2353人，占全市培育人数的44.7％；认定发证1703人；职业技能鉴定1261人，中等职业教育711人，设施农业技术培训3500人，科技示范主体培训5500人次，远程教育培训1200人次。全县新型职业农民已完成土地流转1万公顷，占比为25%；农产品绿色食品认证21家，占全市58%；地理保护产品2个；农业专业合作社650家，家庭农场175家；水稻全程机械化率达到65%；返乡再创业的农民达50多人。

姜志强获得多项荣誉。2001年获中国农机化报社优秀通讯员、新宾满族自治县优秀共产党员；2010年获新宾满族自治县抗洪抢险先进个人；2011年获新宾满族自治县“双评”活动重点岗位最佳工作人员奖；2015年、2017年被评为县级优秀公务员；2019年获全国优秀农广校校长称号。

附　录

2019 年中共新宾满族自治县委、县委办公室重要文件一览表

表 38

文件号	文件标题	发文时间
新委〔2019〕2 号	中共新宾满族自治县委关于 2018 年度县委常委班子专题民主生活会的情况报告	2019 年 2 月 26 日
新委〔2019〕3 号	中共新宾满族自治县委关于县级机构改革中调整党组织设置及隶属关系的通知	2019 年 3 月 1 日
新委〔2019〕4 号	关于成立中共新宾满族自治县委落实省委第四巡视组巡视反馈意见整改工作领导小组的通知	2019 年 3 月 9 日
新委〔2019〕6 号	新宾满族自治县“大棚房”问题专项清理整治行动完成情况的报告	2019 年 3 月 22 日
新委〔2019〕7 号	中共新宾满族自治县委关于新组建县委议事协调机构设置事项的通知	2019 年 3 月 21 日
新委〔2019〕8 号	关于新宾镇胜利村推迟选举的批复	2019 年 3 月 28 日
新委〔2019〕9 号	关于南杂木二级保护区企业关闭引发社会稳定问题紧急报告	2019 年 4 月 3 日
新委〔2019〕10 号	中共新宾满族自治县委关于召开省委巡视反馈意见整改落实专题民主生活会的情况报告	2019 年 4 月 19 日
新委〔2019〕11 号	中共新宾满族自治县委关于县公益性事业单位设立党组及调整党组织关系隶属关系的通知	2019 年 5 月 13 日
新委〔2019〕12 号	中共新宾满族自治县委 2019 年上半年意识形态工作情况报告	2019 年 5 月 16 日
新委〔2019〕13 号	中共新宾满族自治县委关于省委第四巡视组巡视反馈意见整改情况的报告	2019 年 5 月 24 日
新委〔2019〕17 号	中共新宾满族自治县委、新宾满族自治县人民政府关于撤销新宾满族自治县沈佳客专建设工作领导小组成立新宾满族自治县沈白客专建设工作领导小组的通知	2019 年 7 月 4 日
新委〔2019〕18 号	中共新宾满族自治县委关于县委常委工作分工的通知	2019 年 7 月 8 日
新委〔2019〕22 号	中共新宾满族自治县委关于成立县委“不忘初心、牢记使命”主题教育筹备工作领导小组的通知	2019 年 8 月 1 日
新委〔2019〕23 号	中共新宾满族自治县委、新宾满族自治县人民政府关于成立新宾满族自治县违建别墅问题清查整治专项行动领导小组的通知	2019 年 8 月 1 日
新委〔2019〕24 号	中共新宾满族自治县关于省委巡视整改情况的通报	2019 年 8 月 2 日
新委〔2019〕28 号	中共新宾满族自治县委关于成立县委“不忘初心、牢记使命”主题教育领导小组的通知	2019 年 9 月 12 日
新委〔2019〕33 号	关于推荐市人大代表候选人建议人选的报告	2019 年 11 月 4 日
新委〔2019〕37 号	关于新宾满族自治县计划生育工作的报告	2019 年 11 月 5 日
新委〔2019〕39 号	关于成立新宾满族自治县生态环境保护委员会调整县委保密委员会等议事协调机构的通知	2019 年 12 月 18 日
新委〔2019〕45 号	中共新宾满族自治县委常委班子民主生活会情况报告	2019 年 12 月 2 日
新委〔2019〕46 号	中共新宾满族自治县委常委班子民主生活会情况通报	2019 年 12 月 2 日

续表 38

文件号	文件标题	发文时间
新委〔2019〕48 号	中共新宾满族自治县委关于县委常委工作分工的通知	2020 年 1 月 14 日
新委发〔2019〕1 号	中共新宾满族自县委、新宾满族自治县人民政府关于转发《中共辽宁省委办公厅、辽宁省人政府办公厅关于印发〈新宾满族自治县机构改革方案〉的通知》的通知	2019 年 1 月 17 日
新委发〔2019〕2 号	中共新宾满族自治县委、新宾满族自治县人民政府关于印发《南杂木大伙房饮用水源二级保护区中工业企业关闭整改搬迁工作实施方案》的通知	2019 年 1 月 29 日
新委发〔2019〕3 号	中共新宾满族自治县委、新宾满族自治县人民政府关于印发《新宾满族自治县“七美新宾”建设之“山美”建设三年行动计划（2019—2021 年）》的通知	2019 年 3 月 8 日
新委发〔2019〕4 号	中共新宾满族自治县委、新宾满族自治县人民政府关于印发《新宾满族自治县“七美新宾”建设之“水美”建设三年行动计划（2019—2021 年）》的通知	2019 年 3 月 8 日
新委发〔2019〕5 号	中共新宾满族自治县委、新宾满族自治县人民政府关于印发《新宾满族自治县“七美新宾”建设之“林美”建设三年行动计划（2019—2021 年）》的通知	2019 年 3 月 8 日
新委发〔2019〕6 号	中共新宾满族自治县委、新宾满族自治县人民政府关于印发《新宾满族自治县“七美新宾”建设之“田美”建设三年行动计划（2019—2021 年）》的通知	2019 年 3 月 8 日
新委发〔2019〕7 号	中共新宾满族自治县委、新宾满族自治县人民政府关于印发《新宾满族自治县“七美新宾”建设之“路美”建设三年行动计划（2019—2021 年）》的通知	2019 年 3 月 8 日
新委发〔2019〕8 号	中共新宾满族自治县委、新宾满族自治县人民政府关于印发《新宾满族自治县“七美新宾”建设之“村美”建设三年行动计划（2019—2021 年）》的通知	2019 年 3 月 8 日
新委发〔2019〕9 号	中共新宾满族自治县委关于印发《新宾满族自治县“七美新宾”建设之“人美”建设三年行动计划（2019—2021 年）》的通知	2019 年 3 月 8 日
新委发〔2019〕10 号	中共新宾满族自治县委印发《关于深入开展新时代“三向培养”工程实施方案》的通知	2019 年 3 月 8 日
新委发〔2019〕11 号	中共新宾满族自治县委印发《关于落实省委第四巡视组巡视反馈意见整改方案》的通知	2019 年 3 月 22 日
新委发〔2019〕12 号	中共新宾满族自治县委、新宾满族自治县人民政府关于表彰 2018 年度绩效考核经济工作先进单位、优秀企业和招商引资先进个人的决定	2019 年 3 月 4 日
新委发〔2019〕13 号	中共新宾满族自治县委、新宾满族自人民政府关于印发《新宾满族自治县扶持壮大村级集体经济实施方案》的通知	2019 年 4 月 19 日
新委发〔2019〕14 号	中共新宾满族自治县委关于印发《2019 年全县精神文明建设工作要点》的通知	2019 年 4 月 12 日
新委发〔2019〕15 号	中共新宾满族自治县委关于印发《2019 年全县意识形态工作要点》的通知	2019 年 4 月 12 日
新委发〔2019〕16 号	中共新宾满族自治县委关于印发《县委对市委第二巡察组巡察红升乡和红庙子乡反馈巡察意见的整改》的通知	2019 年 4 月 16 日
新委发〔2019〕17 号	中共新宾满族自治县委、新宾满族自治县人民政府关于印发《南杂木大伙房饮用水水源二级保护区内工业企业搬迁工作实施方案》的通知	2019 年 5 月 13 日
新委发〔2019〕18 号	中共新宾满族自治县委关于印发《中国共产党新宾满族自治县委员会书记专题会议事规则》的通知	2019 年 5 月 14 日
新委发〔2019〕19 号	中共新宾满族自治县委关于印发《中国共产党新宾满族自治县委员会常务委员会议事决策规则》的通知	2019 年 5 月 14 日
新委发〔2019〕20 号	中共新宾满族自治县委关于开展向“百姓雷锋”兰郡泽学习的决定	2019 年 5 月 22 日
新委发〔2019〕21 号	中共新宾满族自治县委、新宾满族自治县人民政府关于印发《2018 年新宾满族自治县目标绩效考评结果通报》的通知	2019 年 5 月 27 日
新委发〔2019〕22 号	中共新宾满族自治县委、新宾满族自治县人民政府关于印发《新宾满族自治县工作实绩考核实施办法》的通知	2019 年 6 月 3 日

续表 38

文件号	文件标题	发文时间
新委发〔2019〕23 号	中共新宾满族自治县委、新宾满族自治县人民政府关于印发《新宾满族自治县非煤矿山综合治理实施方案》的通知	2019 年 6 月 25 日
新委发〔2019〕24 号	中共新宾满族自治县关于印发《县委关于市委第三巡察组对永陵镇、木奇镇、榆树乡整改“回头看”反馈意见的整改方案》的通知	2019 年 7 月 16 日
新委发〔2019〕25 号	中共新宾满族自治县委关于建立县政府向县人大常委会报告国有资产管理情况制度的意见	2019 年 9 月 11 日
新委发〔2019〕26 号	中共新宾满族自治县委关于印发《贯彻落实〈中共中央关于加强党的政治建设的意见〉具体工作安排》的通知	2019 年 11 月 29 日
新委发〔2019〕27 号	中共新宾满族自治县委关于印发《贯彻落实〈中共中央关于坚持和完善中国特色社会主义制度、推进国家治理体系和治理能力现代化若干重大问题的决定〉责任分工方案》的通知	2019 年 12 月 5 日
新委办发〔2019〕1 号	县委办公室、县政府办公室关于做好县级机构改革有关事项的通知	2019 年 1 月 17 日
新委办发〔2019〕2 号	县委办公室、县政府办公室关于调整新宾满族自治县反恐怖工作领导小组成员的通知	2019 年 1 月 21 日
新委办发〔2019〕3 号	中共新宾满族自治县委办公室关于调整县纪委监委机关机构编制事项的通知	2019 年 1 月 22 日
新委办发〔2019〕4 号	中共新宾满族自治县委办公室关于调整县委办公室机构编制事项的通知	2019 年 1 月 22 日
新委办发〔2019〕5 号	中共新宾满族自治县委办公室关于调整县委组织部构编制事项的通知	2019 年 1 月 22 日
新委办发〔2019〕6 号	中共新宾满族自治县委办公室关于调整县委宣传部机构编制事项的通知	2019 年 1 月 22 日
新委办发〔2019〕7 号	中共新宾满族自治县委办公室关于调整县委统战部构编制事项的通知	2019 年 1 月 22 日
新委办发〔2019〕8 号	中共新宾满族自治县委办公室关于调整县委政法委机构编制事项的通知	2019 年 1 月 22 日
新委办发〔2019〕9 号	中共新宾满族自治县委办公室关于调整县委机构编制委员会办公室机构编制事项的通知	2019 年 1 月 22 日
新委办发〔2019〕10 号	县委办公室、县政府办公室关于明确政府办公室机构编制事项的通知	2019 年 1 月 22 日
新委办发〔2019〕11 号	县委办公室、县政府办公室关于明确县发展改革局机构编制事项的通知	2019 年 1 月 22 日
新委办发〔2019〕12 号	县委办公室、县政府办公室关于调整县教育局机构编制事项的通知	2019 年 1 月 22 日
新委办发〔2019〕13 号	县委办公室、县政府办公室关于调整县工业和信息化局机构编制事项的通知	2019 年 1 月 22 日
新委办发〔2019〕14 号	县委办公室、县政府办公室关于调整县公安局机构编制事项的通知	2019 年 1 月 22 日
新委办发〔2019〕15 号	县委办公室、县政府办公室关于明确县司法局机构编制事项的通知	2019 年 1 月 22 日
新委办发〔2019〕16 号	县委办公室、县政府办公室关于调整县财政局机构编制事项的通知	2019 年 1 月 22 日
新委办发〔2019〕17 号	县委办公室、县政府办公室关于明确人力资源和社会保障局机构编制事项的通知	2019 年 1 月 22 日
新委办发〔2019〕18 号	县委办公室、县政府办公室关于明确县自然资源局机构编制事项的通知	2019 年 1 月 22 日
新委办发〔2019〕19 号	县委办公室、县政府办公室关于明确县住房和城乡建设局机构编制事项的通知	2019 年 1 月 22 日
新委办发〔2019〕20 号	县委办公室、县政府办公室关于明确县交通局机构编制事项的通知	2019 年 1 月 22 日
新委办发〔2019〕21 号	县委办公室、县政府办公室关于调整水务局机构编制事项的通知	2019 年 1 月 22 日
新委办发〔2019〕22 号	县委办公室、县政府办公室关于明确农业农村局机构编制事项的通知	2019 年 1 月 22 日
新委办发〔2019〕23 号	县委办公室、县政府办公室关于明确县文化旅游和广播电视局机构编制事项的通知	2019 年 1 月 22 日
新委办发〔2019〕24 号	县委办公室、县政府办公室关于明确县卫生健康局机构编制事项的通知	2019 年 1 月 22 日
新委办发〔2019〕25 号	县委办公室、县政府办公室关于明确县退役军人事务机构编制事项的通知	2019 年 1 月 22 日
新委办发〔2019〕26 号	县委办公室、县政府办公室关于明确县应急管理局机构编制事项的通知	2019 年 1 月 22 日
新委办发〔2019〕27 号	县委办公室、县政府办公室关于调整调整县审计局机构编制事项的通知	2019 年 1 月 22 日
新委办发〔2019〕28 号	县委办公室、县政府办公室关于调整县市场监督管理局机构编制事项的通知	2019 年 1 月 22 日
新委办发〔2019〕29 号	县委办公室、县政府办公室关于调整县统计局机构编制事项的通知	2019 年 1 月 22 日
新委办发〔2019〕30 号	县委办公室、县政府办公室关于明确县营商环境建设局机构编制事项的通知	2019 年 1 月 22 日
新委办发〔2019〕31 号	县委办公室、县政府办公室关于明确县医疗保障局机构编制事项的通知	2019 年 1 月 22 日

续表 38

文件号	文件标题	发文时间
新委办发〔2019〕32 号	县委办公室、县政府办公室印发《新宾满族自治县关于解决居民已入住商品房“办证难”问题工作实施方案》的通知	2019 年 1 月 28 日
新委办发〔2019〕33 号	中共新宾满族自治县委办公室关于印发《中共新宾满族自治县委办公室职能配置、内设机构和人员编制规定》的通知	2019 年 2 月 14 日
新委办发〔2019〕34 号	中共新宾满族自治县委办公室关于印发《中共新宾满族自治县纪律检查委员会 新宾满族自治县监察委员会机关职能配置、内设机构和人员编制规定》的通知	2019 年 2 月 14 日
新委办发〔2019〕35 号	中共新宾满族自治县委办公室关于印发《中共新宾满族自治县委宣传部职能配置、内设机构和人员编制规定》的通知	2019 年 2 月 14 日
新委办发〔2019〕36 号	中共新宾满族自治县委办公室关于印发《中共新宾满族自治县委统一战线工作部职能配置、内设机构和人员编制规定》的通知	2019 年 2 月 14 日
新委办发〔2019〕37 号	中共新宾满族自治县委办公室关于印发《中共新宾满族自治县委政法委职能配置、内设机构和人员编制规定》的通知	2019 年 2 月 14 日
新委办发〔2019〕38 号	中共新宾满族自治县委办公室关于印发《中共新宾满族自治县委机构编制委员会办公室职能配置、内设机构和人员编制规定》的通知	2019 年 2 月 14 日
新委办发〔2019〕39 号	中共新宾满族自治县委办公室关于印发《中共新宾满族自治县委巡察工作领导小组办公室职能与置、内设机构和人员编制规定》的通知	2019 年 2 月 14 日
新委办发〔2019〕40 号	县委办公室、县政府办公室关于印发《新宾满族自治县人民政府办公室职能配置、内设机构和人员编制规定》的通知	2019 年 2 月 14 日
新委办发〔2019〕41 号	县委办公室、县政府办公室关于印发《新宾满族自治县发展和改革局职能配置、内设机构和人员编制规定》的通知	2019 年 2 月 14 日
新委办发〔2019〕42 号	县委办公室、县政府办公室关于印发《新宾满族自治县教育局、中共新宾满族自治县委教育工作委员会职能配置内设机构和人员编制规定》的通知	2019 年 2 月 14 日
新委办发〔2019〕43 号	县委办公室、县政府办公室关于印发《新宾满族自治县工业和信息化局职能配置、内设机构和人员编制规定》的通知	2019 年 2 月 14 日
新委办发〔2019〕44 号	县委办公室、县政府办公室关于印发《新宾满族自治县公安局职能配置内设机构和人员编制规定》的通知	2019 年 2 月 14 日
新委办发〔2019〕45 号	县委办公室、县政府办公室关于印发《新宾满族自治县司法局职能配置、内设机构和人员编制规定》的通知	2019 年 2 月 14 日
新委办发〔2019〕46 号	县委办公室、县政府办公室关于印发《新宾满族自治县财政局职能配置、内设机构和人员编制规定》的通知	2019 年 2 月 14 日
新委办发〔2019〕47 号	县委办公室、县政府办公室关于印发《新宾满族自治县人力资源和社会保障局职能配置、内设机构和人员编制规定》的通知	2019 年 2 月 14 日
新委办发〔2019〕48 号	县委办公室、县政府办公室关于印发《新宾满族自治县自然资源局职能配置、内设机构和人员编制规定》的通知	2019 年 2 月 14 日
新委办发〔2019〕49 号	县委办公室、县政府办公室关于印发《新宾满族自治县住房和城乡建局职能配置、内设机构和人员编制规定》的通知	2019 年 2 月 14 日
新委办发〔2019〕50 号	县委办公室、县政府办公室关于印发《新宾满族自治县交通运输局职能配置、内设机构和人员编制规定》的通知	2019 年 2 月 14 日
新委办发〔2019〕51 号	县委办公室、县政府办公室关于印发《新宾满族自治县水务局职能配置、内设机构和人员编制规定》的通知	2019 年 2 月 14 日
新委办发〔2019〕52 号	县委办公室、县政府办公室关于印发《新宾满族自治县农业农村局职能配置、内设机构和人员编制规定》的通知	2019 年 2 月 14 日
新委办发〔2019〕53 号	县委办公室、县政府办公室关于印发《新宾满族自治县文化旅游和广播电视局职能配置、内设机构和人员编制规定》的通知	2019 年 2 月 14 日
新委办发〔2019〕54 号	县委办公室、县政府办公室关于印发《新宾满族自治县卫生健康局职能配置、内设机构和人员编制规定》的通知	2019 年 2 月 14 日
新委办发〔2019〕55 号	县委办公室、县政府办公室关于印发《新宾满族自治县退役军人事务局职能配置、内设机构和人员编制规定》的通知	2019 年 2 月 14 日

续表 38

文件号	文件标题	发文时间
新委办发〔2019〕56 号	县委办公室、县政府办公室关于印发《新宾满族自治县审计局职能配置、内设机构和人员编制规定》的通知	2019 年 2 月 14 日
新委办发〔2019〕57 号	县委办公室、县政府办公室关于印发《新宾满族自治县市场监督管理局职能配置、内设机构和人员编制规定》的通知	2019 年 2 月 14 日
新委办发〔2019〕58 号	县委办公室、县政府办公室关于印发《新宾满族自治县统计局职能配置、内设机构和人员编制规定》的通知	2019 年 2 月 14 日
新委办发〔2019〕59 号	县委办公室、县政府办公室关于印发《新宾满族自治县营商环境建设局职能配置、内设机构和人员编制规定》的通知	2019 年 2 月 14 日
新委办发〔2019〕60 号	县委办公室、县政府办公室关于印发《新宾满族自治县医疗保障局职能配置、内设机构和人员编制规定》的通知	2019 年 2 月 14 日
新委办发〔2019〕61 号	中共新宾满族自治县委办公室印发《中共新宾满族自治县委组织部职能配置、和人员编制规定》的通知	2019 年 3 月 5 日
新委办发〔2019〕62 号	中共新宾满族自治县委办公室印发《关于评选表彰新宾满族自治县先进集体和劳动模范的实施方案》的通知	2019 年 3 月 7 日
新委办发〔2019〕63 号	中共新宾满族自治县委办公室关于印发《新宾满族自治县纪委监委关于开展监察职能向基层延伸工作方案》的通知	2019 年 3 月 13 日
新委办发〔2019〕64 号	中共新宾满族自治县委办公室关于印发《新宾满族自治县纪委监委派驻县直机关机构工作方案》的通知	2019 年 3 月 8 日
新委办发〔2019〕65 号	中共新宾满族自治县委办公室关于启用中共新宾满族自治县委机构编制委员会和中共新宾满族自治县机构编制委员会办公室印章的通知	2019 年 3 月 14 日
新委办发〔2019〕66 号	县委办公室、县政府办公室关于印发《新宾满族自治县促进“飞地经济”发展的实施方案》的通知	2019 年 3 月 8 日
新委办发〔2019〕67 号	县委办公室、县政府办公室印发《关于加快推进民营经济发展的若干意见》的通知	2019 年 3 月 8 日
新委办发〔2019〕68 号	中共新宾满族自治县委员会办公室关于印发《新宾满族自治县公益性事业单位调整方案》的通知	2019 年 3 月 21 日
新委办发〔2019〕69 号	县委办公室、县政府办公室关于规范使用县委、县政府机构名称的通知	2019 年 3 月 21 日
新委办发〔2019〕70 号	中共新宾满族自治县委办公室关于印发《新宾满族自治县市场监督事务服务中心主要职责、内设机构和人员编制规定》的通知	2019 年 5 月 8 日
新委办发〔2019〕71 号	中共新宾满族自治县委办公室关于印发《新宾满族自治县自然资源发展中心主要职责、内设机构和人员编制规定》的通知	2019 年 4 月 26 日
新委办发〔2019〕72 号	中共新宾满族自治县委办公室关于印发《新宾满族自治县公共资源和行业服务中心主要职责、内设机构和人员编制规定》的通知	2019 年 4 月 26 日
新委办发〔2019〕73 号	中共新宾满族自治县委办公室关于印发《新宾满族自治县财政服务中心主要职责、内设机构和人员编制规定》的通知	2019 年 4 月 3 日
新委办发〔2019〕74 号	中共新宾满族自治县委办公室关于印发《新宾满族自治县市场监督事务服务中心主要职责、内设机构和人员编制规定》的通知	2019 年 5 月 8 日
新委办发〔2019〕75 号	中共新宾满族自治县委办公室关于印发《新宾满族自治县文化旅游和广播电视中心主要职责、内设机构和人员编制规定》的通知	2019 年 4 月 3 日
新委办发〔2019〕76 号	中共新宾满族自治县委办公室关于印发《新宾满族自治县医疗保障事务服务中心主要职责、内设机构和人员编制规定》的通知	2019 年 4 月 3 日
新委办发〔2019〕77 号	中共新宾满族自治县委办公室关于印发《新宾满族自治县现代农业和生态产业发展中心主要职责、内设机构和人员编制规定》的通知	2019 年 4 月 3 日
新委办发〔2019〕78 号	中共新宾满族自治县委办公室关于印发《新宾满族自治县城乡建设事务服务中心主要职责、内设机构和人员编制规定》的通知	2019 年 4 月 3 日
新委办发〔2019〕79 号	中共新宾满族自治县委办公室关于印发《新宾满族自治县交通运输事业发展中心主要职责、内设机构和人员编制规定》的通知	2019 年 4 月 28 日
新委办发〔2019〕80 号	中共新宾满族自治县委办公室关于印发《新宾满族自治县卫生健康服务中心主要职责、内设机构和人员编制规定》的通知	2019 年 4 月 3 日

续表 38

文件号	文件标题	发文时间
新委办发〔2019〕81 号	中共新宾满族自治县委办公室关于印发《新宾满族自治县水利事务服务中心主要职责、内设机构和人员编制规定》的通知	2019 年 4 月 3 日
新委办发〔2019〕82 号	中共新宾满族自治县委办公室关于印发《新宾满族自治县委党校主要职责、内设机构和人员编制规定》的通知	2019 年 4 月 3 日
新委办发〔2019〕83 号	中共新宾满族自治县委办公室关于印发《新宾满族自治县档案和老干部服务中心主要职责、内设机构和人员编制规定》的通知	2019 年 4 月 3 日
新委办发〔2019〕84 号	中共新宾满族自治县委办公室关于印发《新宾满族自治县互联网舆情监测中心主要职责、内设机构和人员编制规定》的通知	2019 年 4 月 3 日
新委办发〔2019〕85 号	中共新宾满族自治县委印发《关于落实省委第四巡视组巡视反馈意见整改方案》的通知	2019 年 3 月 22 日
新委办发〔2019〕86 号	中共新宾满族自治县委办公室关于印发《2019 年全县宣传思想文化工作要点》的通知	2019 年 4 月 12 日
新委办发〔2019〕87 号	中共新宾满族自治县委办公室印发《新宾满族自治县贯彻落实省委关于统筹开展中央重大决策部署贯彻落实情况督导督查的工作方案》的通知	2019 年 4 月 28 日
新委办发〔2019〕88 号	中共新宾满族自治县委办公室转发《中共抚顺市委办公室、抚顺市人民政府办公室关于切实做好当前森林防灭火工作的紧急通知》的通知	2019 年 4 月 28 日
新委办发〔2019〕89 号	中共新宾满族自治县委办公室关于印发《关于进一步推进市委巡察乡镇发现共性问题整改工作方案》的通知	2019 年 4 月 28 日
新委办发〔2019〕90 号	中共新宾满族自治县委办公室关于印发《进一步推进乡镇整改违反中央八项规定精神问题的实施方案》的通知	2019 年 4 月 28 日
新委办发〔2019〕91 号	中共新宾满族自治县委办公室关于印发《新宾满族自治县纪委监委派驻县直机关机构工作补充方案》的通知	2019 年 4 月 26 日
新委办发〔2019〕92 号	县委办公室、县政府办公室关于进一步做好重要紧急信息报送工作的通知	2019 年 5 月 13 日
新委办发〔2019〕93 号	县委办公室、县政府办公室印发《新宾满族自治县氢能与燃料电池产业发展扶持办法（试行）》的通知	2019 年 5 月 13 日
新委办发〔2019〕95 号	县委办公室、县政府办公室关于切实做好“五一”期间安全生产和值班值守工作的通知	2019 年 4 月 3 日
新委办发〔2019〕96 号	县委办公室、县政府办公室关于印发《新宾满族自治县党政主要领导干部和国有企业领导人员离任经济事项交接办法》的通知	2019 年 5 月 6 日
新委办发〔2019〕98 号	中共新宾满族自治县委办公室关于印发认真学习贯彻执行《中国共产党重大事项请示报告条例》的通知	2019 年 5 月 15 日
新委办发〔2019〕106 号	中共新宾满族自治县委员会办公室关于启用新宾满族自治县档案和老干部服务中心、新宾满族自治县互联网舆情监测中心印章的通知	2019 年 5 月 16 日
新委办发〔2019〕107 号	中共新宾满族自治县委办公室关于印发《政协新宾满族自治县委员会机关职能配置、内设机构和人员编制方案》的通知	2019 年 5 月 22 日
新委办发〔2019〕108 号	中共新宾满族自治县委办公室关于印发《新宾满族自治县人大机关职能配置、内设机构和人员编制方案》的通知	2019 年 5 月 21 日
新委办发〔2019〕109 号	中共新宾满族自治县委办公室关于印发认真学习贯彻执行《中共中央关于加强党的政治建设的意见》的通知	2019 年 5 月 28 日
新委办发〔2019〕110 号	县委办公室、县政府办公室印发《关于做好机构改革中档案管理工作的意见》的通知	2019 年 6 月 1 日
新委办发〔2019〕111 号	县委办公室、县政府办公室关于做好节假日和特殊敏感时期值班工作的通知	2019 年 6 月 14 日
新委办发〔2019〕114 号	中共新宾满族自治县委办公室关于开展全面从严治党“两个责任”专项督查的通知	2019 年 7 月 4 日
新委办发〔2019〕115 号	县委办公室、县政府办公室关于印发《新宾满族自治县贯彻落实“千村美丽、万村整洁”行动实施方案（2019—2020 年）》的通知	2019 年 7 月 4 日
新委办发〔2019〕116 号	县委办公室、县政府办公室关于印发《新宾满族自治县市场监管综合行政执法改革实施方案》的通知	2019 年 6 月 28 日
新委办发〔2019〕117 号	县委办公室、县政府办公室关于印发《新宾满族自治县农业综合行政执法改革实施方案》的通知	2019 年 6 月 28 日

续表 38

文件号	文件标题	发文时间
新委办发〔2019〕118 号	县委办公室、县政府办公室关于印发《新宾满族自治县文化市场综合行政执法改革实施方案》的通知	2019 年 6 月 28 日
新委办发〔2019〕119 号	县委办公室、县政府办公室关于印发《新宾满族自治县推行农村公路“路长制”实施方案》的通知	2019 年 6 月 28 日
新委办发〔2019〕120 号	县委办公室、县政府办公室关于印发《新宾满族自治县交通运输综合行政执法改革实施方案》	2019 年 6 月 28 日
新委办发〔2019〕121 号	中共新宾满族自治县委办公室印发《关于贯彻落实〈辽宁省基层党建质量提升行动计划（2019—2021 年）〉的实施方案》的通知	2019 年 7 月 11 日
新委办发〔2019〕122 号	中共新宾满族自治县委办公室印发《县委关于对市委巡察乡镇发现共性问题整改情况进行检查验收的工作方案》的通知	2019 年 7 月 1 日
新委办发〔2019〕123 号	县委办公室、县政府办公室关于举办新宾满族自治县第五届“舞动梦想·魅力满乡”广场舞大赛的通知	2019 年 7 月 4 日
新委办发〔2019〕124 号	中共新宾满族自治县委办公室关于转发《〈党组讨论和决定党员处分事项工作程序规定（试行）实施细则〉》的通知	2019 年 7 月 8 日
新委办发〔2019〕125 号	县委办公室、县政府办公室印发《关于构建新宾满族自治县退役军人服务保障体系的实施方案》的通知	2019 年 7 月 22 日
新委办发〔2019〕126 号	中共新宾满族自治县委办公室关于印发《新宾满族自治县退役军人服务中心主要职责、内设机构和人员编制规定》的通知	2019 年 7 月 12 日
新委办发〔2019〕127 号	中共新宾满族自治县委办公室关于印发《新宾满族自治县融媒体中心建设实施方案》的通知	2019 年 7 月 22 日
新委办发〔2019〕128 号	县委办公室、县政府办公室关于印发《新宾满族自治县中央扫黑除恶第 145 督导组第一轮督导“回头看”反馈意见整改落实方案》的通知	2019 年 7 月 23 日
新委办发〔2019〕130 号	中共新宾满族自治县委办公室印发《关于推进新时代文明实践中心工作的实施方案》的通知	2019 年 8 月 2 日
新委办发〔2019〕131 号	中共新宾满族自治县委办公室印发《新宾满族自治县融媒体中心主要职责、内设机构和人员编制规定》的通知	2019 年 8 月 14 日
新委办发〔2019〕132 号	县委办公室、县政府办公室关于印发《新宾满族自治县违建别墅问题清查整治专项行动实施方案》的通知	2019 年 8 月 14 日
新委办发〔2019〕133 号	县委办公室、县政府办公室关于印发《新宾满族自治县深入推进审批服务便民化工作方案》的通知	2019 年 8 月 15 日
新委办发〔2019〕134 号	县委办公室、县政府办公室关于印发《进一步加强农村集体“三资”管理工作的实施意见》的通知	2019 年 8 月 15 日
新委办发〔2019〕135 号	县委办公室、县政府办公室关于印发《新宾满族自治县残疾人拖养中心拖养康复服务管理办法（试行）》的通知	2019 年 8 月 23 日
新委办发〔2019〕136 号	县委办公室、县政府办公室关于印发《新宾满族自治县乡镇机构改革方案》的通知	2019 年 9 月 3 日
新委办发〔2019〕137 号	县委办公室、县政府办公室关于印发《新宾满族自治县 2019 年度工作实绩考核实施方案》的通知	2019 年 8 月 3 日
新委办发〔2019〕138 号	中共新宾满族自治县委办公室印发《关于实施“雁归巢”行动计划助推乡村振兴和“三向培养”工程的实施方案》的通知	2019 年 9 月 9 日
新委办发〔2019〕139 号	中共新宾满族自治县委办公室印发《关于认真学习贯彻〈中国共产党重大事项请示报告条例〉的实施意见》的通知	2019 年 9 月 9 日
新委办发〔2019〕140 号	县委办公室、县政府办公室印发《关于充实县委贯彻落实习近平总书记在辽宁考察时和在深入推进东北振兴座谈会上的重要讲话精神“1+8”文件的意见》的通知	2019 年 9 月 9 日
新委办发〔2019〕141 号	县委办公室、县政府办公室印发《新宾满族自治县解决部分退役士兵社会保险问题工作方案》的通知	2019 年 9 月 27 日
新委办发〔2019〕142 号	中共新宾满族自治县委办公室关于印发《新宾满族自治县实施公务员职务与职级并行制度工作方案》的通知	2019 年 10 月 18 日

续表 38

文件号	文件标题	发文时间
新委办发〔2019〕143 号	县委办公室、县政府办公室印发《关于打造农村垃圾分类及资源化利用工作“升级版”的实施意见（试行）》的通知	2019 年 11 月 4 日
新委办发〔2019〕144 号	县委办公室、县政府办公室印发《关于进一步完善全县招商引资工作体系的意见》的通知	2019 年 10 月 31 日
新委办发〔2019〕145 号	县委办公室、县政府办公室关于调整县政府相关部门职责和机构编制事项的通知	2019 年 11 月 13 日
新委办发〔2019〕146 号	县委办公室、县政府办公室关于印发《新宾满族自治县应急管理局职能配置、内设机构和人员编制规定》的通知	2019 年 11 月 13 日
新委办发〔2019〕147 号	县委办公室关于认真学习宣传贯彻党的十九届四中全会精神的通知	2019 年 11 月 18 日
新委办发〔2019〕148 号	县委办公室、县政府办公室关于印发《新宾满族自治县县级党政领导干部食品安全工作责任清单》的通知	2019 年 11 月 20 日
新委办发〔2019〕149 号	县委办公室、县政府办公室关于印发《新宾满族自治县融媒体中心人员转隶实施方案》的通知	2019 年 12 月 3 日

2019 年县九届人大常委会决定、决议一览表

表 39

序号	内容	时间
1	县人大常委会《关于推选谢大利同志为新宾满族自治县人大常委会代理主任的决定》（县九届人大常委会第九会议通过）	2019 年 7 月 3 日
2	县人大常委会关于通过《新宾满族自治县第九届人大常委会 2019 年工作要点》（县九届人大常委会第九会议通过）	2019 年 7 月 3 日
3	县人大常委会《关于批准 2019 年县财政预算部分指标调整方案的决议》（县九届人大常委会第九会议通过）	2019 年 7 月 3 日
4	县人大常委会《关于批准 2018 年县本级财政决算的决议》（县九届人大常委会第九会议通过）	2019 年 7 月 3 日
5	县人大常委会《关于 2018 年度财政预算执行及其他财政收支情况审计工作报告的审议意见》（县九届人大常委会第九会议通过）	2019 年 7 月 3 日
6	县人大常委会《关于接受谢大利同志辞去县九届人民代表大会常务委员会副主任职务请求的决定》和《关于推选戴清江同志为新宾满族自治县人大常委会代理主任的决定》（县九届人大常委会第十会议通过）	2019 年 9 月 23 日
7	县人大常委会《关于 2019 年上半年国民经济与社会发展计划执行情况的审议意见》（县九届人大常委会第十会议通过）	2019 年 9 月 23 日
8	县人大常委会《关于 2019 年上半年财政预算执行情况的审议意见》（县九届人大常委会第十会议通过）	2019 年 9 月 23 日
9	县人大常委会批准《关于县政府 2018 年落实县人大常委会决议决定审议意见情况的报告》（县九届人大常委会第十会议通过）	2019 年 9 月 23 日
10	县人大常委会《关于加强和保障县人民检察院开展公益诉讼工作决定情况报告的审议意见》（县九届人大常委会第十会议通过）	2019 年 9 月 23 日
11	县人大常委会《关于接受冯忠德等 3 名同志辞去县九届人民代表大会代表职务请求的决定》（县九届人大常委会第十会议通过）	2019 年 9 月 23 日
12	县人大常委会通过《关于九届人大二次会议期间代表建议批评意见办理情况的报告》（县九届人大常委会第十一次会议通过）	2019 年 10 月 31 日
13	县人大常委会通过《关于 2018 年县财政预算执行及审计发现问题整改情况的报告》（县九届人大常委会第十一次会议通过）	2019 年 10 月 31 日
14	县人大常委会《关于接受吴芳辞去抚顺市第十六届人民代表大会代表职务请求的决议》（县九届人大常委会第十一次会议通过）	2019 年 10 月 31 日
15	县人大常委会通过《新宾满族自治县人民代表大会常务委员会代表资格审查委员会关于补选代表的资格审查报告》（县九届人大常委会第十二次会议通过）	2019 年 11 月 27 日
16	县人大常委会通过《关于召开县九届人大三次会议有关事宜的报告》（县九届人大常委会第十二次会议通过）	2019 年 11 月 27 日
17	县人大常委会通过《新宾满族自治县人民代表大会常务委员会工作报告（讨论稿）》（县九届人大常委会第十二次会议通过）	2019 年 11 月 27 日

2019年新宾满族自治县政府、县政府办公室发文总目一览表

表40

发文字号	标题	发文时间
新政发〔2019〕1号	新宾满族自治县人民政府关于做好2018年冬季退役士兵高瑀廷、王志接收安置工作的通知	2019年1月29日
新政发〔2019〕2号	新宾满族自治县人民政府关于印发《新宾满族自治县保障农民工工资支付工作年度目标责任制考核办法》的通知	2019年4月1日
新政发〔2019〕3号	新宾满族自治县人民政府关于印发《新宾满族自治县推进医疗卫生与养老服务结合发展实施方案》的通知	2019年5月17日
新政发〔2019〕4号	新宾满族自治县人民政府关于印发2019年度县政府部门涉企行政执法检查计划的通知	2019年5月31日
新政发〔2019〕5号	新宾满族自治县人民政府关于印发新宾满族自治县非煤矿山综合治理专项行动工作方案的通知	2019年8月13日
新政发〔2019〕6号	新宾满族自治县人民政府关于印发《新宾满族自治县节约用水管理办法》的通知	2019年8月28日
新政发〔2019〕7号	关于部分已脱贫人员批量导入缴费系统享受政府代缴城乡居民养老保险费的通知	2019年9月19日
新政发〔2019〕8号	新宾满族自治县人民政府关于公布新宾满族自治县县级行政执法主体名单的通知	2019年9月30日
新政发〔2019〕9号	新宾满族自治县人民政府关于公布县政府（办公室）规范性文件清理结果的通知	2019年9月30日
新政发〔2019〕10号	新宾满族自治县人民政府办公室关于印发《新宾满族自治县人民政府关于加强和改进公安工作的意见》的通知	2019年10月23日
新政办发〔2019〕1号	新宾满族自治县人民政府办公室关于印发《新宾满族自治县农民工工资应急周转金使用管理办法（试行）》的通知	2019年1月8日
新政办发〔2019〕2号	新宾满族自治县人民政府办公室关于印发《新宾满族自治县农村假冒伪劣食品专项整治行动实施方案》的通知	2019年1月9日
新政办发〔2019〕3号	新宾满族自治县人民政府办公室关于印发《新宾满族自治县矿山地质环境恢复和综合治理规划（2018—2022年）》的通知	2019年1月24日
新政办发〔2019〕4号	新宾满族自治县人民政府办公室关于开展全县第三次全国土地调查的通知	2019年2月18日
新政办发〔2019〕5号	新宾满族自治县人民政府办公室关于印发《新宾满族自治县农村水利服务体系建设与管理考核办法》的通知	2019年3月6日
新政办发〔2019〕6号	新宾满族自治县人民政府办公室关于调整新宾满族自治县森林防火指挥部组成人员的通知	2019年3月11日
新政办发〔2019〕7号	新宾满族自治县人民政府办公室关于印发《2019年一般公共预算收入计划表》《2019年乡镇一般公共预算收入计划表》的通知	2019年3月13日
新政办发〔2019〕8号	新宾满族自治县人民政府办公室关于启用新宾满族自治县自然资源局等单位印章的通知	2019年3月15日
新政办发〔2019〕9号	新宾满族自治县人民政府办公室关于调整县粮食生产能力规划田间工程及农技服务体系建设项目工作领导小组成员的通知	2019年3月21日
新政办发〔2019〕10号	新宾满族自治县人民政府办公室关于成立新宾满族自治县中医药健康产业发展领导小组的通知	2019年3月27日
新政办发〔2019〕11号	新宾满族自治县人民政府办公室关于启用新宾满族自治县林业和草原局等单位印章的通知	2019年3月27日
新政办发〔2019〕12号	新宾满族自治县人民政府办公室关于印发《新宾满族自治县节水型社会达标建设工作实施方案》的通知	2019年3月27日
新政办发〔2019〕13号	新宾满族自治县人民政府办公室关于做好2019年清明节期间殡葬管理与服务保障工作的通知	2019年4月3日
新政办发〔2019〕14号	新宾满族自治县人民政府办公室关于印发松材线虫病疫木除治利用监督管理方案	2019年4月4日
新政办发〔2019〕15号	新宾满族自治县人民政府办公室关于下达2019年森林采伐限额的通知	2019年4月4日
新政办发〔2019〕16号	新宾满族自治县人民政府办公室关于印发《 新宾满族自治县河道“清四乱”及垃圾清理专项行动实施方案》的通知	2019年4月4日
新政办发〔2019〕17号	新宾满族自治县人民政府办公室关于落实省委巡视组 反馈意见的整改方案	2019年4月11日
新政办发〔2019〕18号	新宾满族自治县人民政府办公室关于印发《新宾满族自治县特种设备安全隐患专项整治工作方案》的通知	2019年4月19日

续表 40

发文字号	标题	发文时间
新政办发〔2019〕19 号	新宾满族自治县人民政府办公室关于成立新宾满族自治县特种设备安全隐患专项整治领导小组的通知	2019 年 4 月 19 日
新政办发〔2019〕20 号	新宾满族自治县人民政府办公室关于印发《新宾满族自治县加氢站审批及管理暂行办法》的通知	2019 年 4 月 23 日
新政办发〔2019〕21 号	新宾满族自治县人民政府办公室关于进一步规范会议记录工作的通知	2019 年 4 月 5 日
新政办发〔2019〕22 号	新宾满族自治县人民政府办公室关于印发《新宾满族自治县农村集体产权制度改革试点方案》的通知	2019 年 4 月 17 日
新政办发〔2019〕23 号	新宾满族自治县人民政府办公室关于印发《新宾满族自治县 2019 年河长制工作考核方案》的通知	2019 年 4 月 27 日
新政办发〔2019〕24 号	新宾满族自治县人民政府办公室关于成立新宾满族自治县防范化解养老金支付风险应急处置领导小组的通知	2019 年 5 月 6 日
新政办发〔2019〕25 号	新宾满族自治县人民政府办公室关于印发《新宾满族自治县电子商务发展规划（2019—2021）》的通知	2019 年 5 月 10 日
新政办发〔2019〕26 号	新宾满族自治县人民政府办公室新宾满族自治县市场监管事务服务中心等单位印章的通知	2019 年 4 月 15 日
新政办发〔2019〕27 号	新宾满族自治县人民政府办公室关于成立新宾满族自治县第三次全国国土调查领导小组的通知	2019 年 5 月 17 日
新政办发〔2019〕28 号	新宾满族自治县人民政府办公室关于印发《2019 年新宾满族自治县人民政府“重实干、强执行、抓落实”专项行动实施方案》的通知	2019 年 5 月 17 日
新政办发〔2019〕29 号	新宾满族自治县人民政府办公室关于印发《新宾满族自治县传染性非典型肺炎应急预案（2019 年修订版）》的通知	2019 年 5 月 21 日
新政办发〔2019〕30 号	新宾满族自治县人民政府办公室关于印发《新宾满族自治县鼠疫控制应急预案（2019 年修订版）》的通知	2019 年 5 月 21 日
新政办发〔2019〕31 号	新宾满族自治县人民政府办公室关于印发《新宾满族自治县突发公共事件医疗卫生救援应急预案（2019 年修订版）》的通知	2019 年 5 月 21 日
新政办发〔2019〕32 号	新宾满族自治县人民政府办公室关于印发《新宾满族自治县突发公共卫生事件应急预案（2019 年修订版）》的通知	2019 年 5 月 21 日
新政办发〔2019〕33 号	新宾满族自治县人民政府办公室关于调整新宾满族自治县打击侵犯知识产权和制售假冒伪劣商品专项行动领导小组的通知	2019 年 5 月 21 日
新政办发〔2019〕34 号	新宾满族自治县人民政府办公室关于成立新宾满族自治县全面实施非煤矿山综合治理工作领导小组的通知	2019 年 6 月 4 日
新政办发〔2019〕35 号	新宾满族自治县人民政府办公室关于印发《新宾满族自治县控辍保学工作实施方案》的通知	2019 年 5 月 31 日
新政办发〔2019〕36 号	新宾满族自治县人民政府办公室关于开展 2018 年度乡（镇）级政府耕地保护责任目标检查工作的通知	2019 年 6 月 4 日
新政办发〔2019〕37 号	新宾满族自治县人民政府办公室关于印发《推进“四好农村路”建设实施方案》的通知	2019 年 6 月 5 日
新政办发〔2019〕38 号	新宾满族自治县人民政府办公室转发《关于印发〈抚顺市重大行政执法决定法制审核人员培训制度〉的通知》的通知	2019 年 6 月 5 日
新政办发〔2019〕39 号	新宾满族自治县人民政府办公室转发《关于建立行政执法全过程记录制度的通知》的通知	2019 年 6 月 5 日
新政办发〔2019〕40 号	新宾满族自治县人民政府办公室关于做好 2018 年度卫片执法检查违法图斑整改的通知	2019 年 6 月 11 日
新政办发〔2019〕41 号	新宾满族自治县人民政府办公室关于调整新宾满族自治县防汛抗旱指挥部成员的通知	2019 年 6 月 15 日
新政办发〔2019〕42 号	新宾满族自治县人民政府办公室下发关于落实农村饮水安全工程管理单位及责任人的通知	2019 年 6 月 24 日
新政办发〔2019〕43 号	新宾满族自治县人民政府办公室关于印发《新宾满族自治县 2019 年度城乡居民医疗保障扶贫工作方案》的通知	2019 年 6 月 27 日
新政办发〔2019〕44 号	新宾满族自治县人民政府办公室关于印发《新宾满族自治县 2019 年度地质灾害防治方案》的通知	2019 年 6 月 27 日
新政办发〔2019〕45 号	新宾满族自治县人民政府办公室关于调整处置非法集资工作领导小组成员的通知	2019 年 7 月 1 日
新政办发〔2019〕46 号	新宾满族自治县人民政府办公室关于调整新宾满族自治县健康扶贫领导小组的通知	2019 年 7 月 2 日

续表 40

发文字号	标题	发文时间
新政办发〔2019〕47号	新宾满族自治县人民政府办公室关于印发《新宾满族自治县红升水库饮用水水源地环境保护攻坚战实施方案》的通知	2019年7月11日
新政办发〔2019〕48号	新宾满族自治县人民政府办公室关于调整新宾满族自治县行政审批中介服务事项清单的通知	2019年7月11日
新政办发〔2019〕49号	新宾满族自治县人民政府办公室关于印发《新宾满族自治县河道公益性采砂管理（审批）办法》的通知	2019年7月12日
新政办发〔2019〕50号	新宾满族自治县人民政府办公室关于做好批后未供地块项目落实的通知	2019年7月12日
新政办发〔2019〕51号	新宾满族自治县人民政府办公室关于落实《抚顺市全面推行行政执法公示制度执法全过程记录制度重大执法决定法制审核制度工作方案》的通知	2019年7月15日
新政办发〔2019〕52号	新宾满族自治县人民政府办公室关于关于开展审核确认全县行政执法主体资格与行政执法事项清单工作的通知	2019年7月15日
新政办发〔2019〕53号	新宾满族自治县人民政府办公室关于启用新宾满族自治县公安局新印章的通知	2019年7月17日
新政办发〔2019〕54号	新宾满族自治县人民政府关于启用“新宾满族自治县非洲猪瘟防控工作领导小组”印章和“新宾满族自治县非洲猪瘟防控工作领导小组办公室”印章的通知	2019年8月18日
新政办发〔2019〕55号	新宾满族自治县人民政府办公室关于印发《新宾满族自治县2019年农业机械购置补贴实施方案》的通知	2019年8月18日
新政办发〔2019〕56号	新宾满族自治县人民政府办公室关于设立新宾满族自治县政务服务中心分中心的通知	
新政办发〔2019〕57号	新宾满族自治县人民政府办公室关于印发《新宾满族自治县非煤矿山综合治理专项行动工作方案》的通知	2019年9月25日
新政办发〔2019〕58号	新宾满族自治县人民政府办公室关于印发《新宾满族自治县关于依申请类政务服务事项进驻县政务服务大厅集中办理的实施方案》的通知	2019年9月4日
新政办发〔2019〕59号	启用“新宾满族自治县非洲猪瘟防控工作领导小组”印章和“新宾满族自治县非洲猪瘟防控工作领导小组办公室”印章的通知	2019年8月16日
新政办发〔2019〕60号	新宾满族自治县人民政府办公室关于启用新宾满族自治县退役军人服务中心印章的通知	2019年9月2日
新政办发〔2019〕62号	新宾满族自治县人民政府办公室关于印发《新宾满族自治县中药材产业扶贫工作实施方案》的通知	2019年9月25日
新政办发〔2019〕63号	新宾满族自治县人民政府办公室关于印发《红升水库饮用水水源地规范化建设实施方案》的通知	2019年10月12日
新政办发〔2019〕64号	新宾满族自治县人民政府关于调整新宾满族自治县农产品质量安全工作领导小组的通知	2019年11月11日
新政办发〔2019〕65号	新宾县清理拖欠民营企业账款工作方案	2019年10月31日
新政办发〔2019〕66号	新宾满族自治县关于调整县级总河长、副总河长及河长有关事项的通知	2019年10月31日
新政办发〔2019〕67号	关于调整县处置非法集资领导小组成员	2019年11月6日
新政办发〔2019〕68号	新宾满族自治县人民政府办公室关于印发《新宾满族自治县工程建设项目审批制度改革实施方案》的通知	2019年11月11日
新政办发〔2019〕69号	新宾满族自治县人民政府办公室关于建立新宾满族自治县规范校外培训机构发展工作联席会议制度的通知	2019年11月11日
新政办发〔2019〕70号	关于印发《新宾满族自治县创新型县建设工作方案》的通知	2019年11月12日
新政办发〔2019〕71号	新宾满族自治县人民政府办公室关于调整新宾满族自治县食品安全委员会成员的通知	2019年11月2日
新政办发〔2019〕72号	新宾满族自治县人民政府办公室关于印发《新宾满族自治县食品安全事故应急预案》的通知	2019年11月2日
新政办发〔2019〕73号	新宾满族自治县人民政府办公室关于印发《新宾满族自治县2019年农作物秸秆综合利用重点县项目实施方案》的通知	2019年11月27日
新政办发〔2019〕74号	新宾满族自治县人民政府办公室关于印发《新宾满族自治县2020年度城乡居民基本医疗保险筹资工作实施方案》的通知	2019年11月27日
新政办发〔2019〕75号	新宾满族自治县人民政府办公室关于印发《新宾满族自治县农村义务教育学生营养改善计划工作实施方案》的通知	2019年11月26日
新政办发〔2019〕76号	关于下达2019年人工阔叶林采伐限额的通知	2019年12月3日
新政办发〔2019〕77号	新宾满族自治县人民政府办公室关于印发《新宾满族自治县农村教师差别化补助实施意见（试行）》的通知	2019年11月28日

续表 40

发文字号	标题	发文时间
新政办发〔2019〕78 号	新宾满族自治县人民政府办公室关于印发《新宾满族自治县城区冬季除运雪实施方案（2019—2020 年）》的通知	2019 年 12 月 3 日
新政办发〔2019〕79 号	新宾满族自治县人民政府办公室关于成立新宾满族自治县根治拖欠农民工工资工作领导小组的通知	2019 年 12 月 13 日
新政办发〔2019〕80 号	新宾满族自治县人民政府办公室关于印发《新宾满族自治县农村饮水安全工程运行管理办法（试行）》的通知	2019 年 12 月 17 日
新政办发〔2019〕81 号	关于调整流浪乞讨人员救助管理工作领导小组成员的通知	2019 年 12 月 31 日
新政办发〔2019〕82 号	新宾满族自治县产粮大县奖励资金使用方案	2019 年 12 月 26 日

主要机构及负责人名录

中共新宾满族自治县委员会

书记：那学成

副书记：陶承海　王庆伟（6—12 月）

王　瑞（挂职）

常委：张　敏（1—7 月）

魏　兵（7—12 月）

张明友（1—8 月）

谢大利（8—12 月）

朱　涛（6—12 月）

张　勇（1—6 月）

张文新（1—6 月）

谷凤威（6—12 月）

张报吉　金　钊

李向楠（1 月调离）

程佩林（6—12 月）

杨玉民（1—7 月）

王志伟（8—12 月）

新宾满族自治县人民代表大会常务委员会

主任：赵连舜（1 月调离）

张明友（12 月任职）

副主任：

谢大利（1—8 月，7—8 月任代理主任）

戴清江（9—12 月任代理主任）

黄绍华　刘玉春　黄　野（12 月任职）

新宾满族自治县人民政府

县长：陶承海

副县长：张明友（1—8 月）

谢大利（9 月任职）

谷凤威（1—6 月）

张　勇（1—6 月）

徐卫华　高树斌（1—5 月）

刘汉波（7—12 月）

杨　东（7—12 月）

孟庆光（7—12 月）

杨吉国（7—12 月）

段晓云（1—6 月）

中国人民政治协商会新宾满族自治县委员会

主席：赵晓日

副主席：耿宗柱　张云起　徐锦玉　孔祥禄

中共新宾满族自治县纪律检查委员会

书记：张　敏（1—7 月）

魏　兵（7—12 月）

副书记：夏国栋　蔡　闯

纪委常委：吕振峰　宋　宏

新宾满族自治县监察委员会

主任：张　敏（1—7 月）

魏　兵（9—12 月任代理主任、12 月任职）

副主任：夏国栋　蔡　闯

监察委委员：吕振峰（1—5 月）

田利军（7—12 月）　宋　宏

中共新宾满族自治县委组织部

部长：杨玉民（1—7 月）

王志伟（8—12 月）

副部长：解　巍　宫希庆　肖　峰
徐立栈（兼任，1—2 月）
王正军（兼任，1—2 月）
高艳丽（兼任，4—12 月）

中共新宾满族自治县委宣传部

部长：张报吉
副部长：董亚军　商成伟（1—10 月）
孟繁强（12 月任职）
王　雯（12 月任职）

中共新宾满族自治县委统战部

部长：张晓飞（1—4 月）
朱　涛（6—12 月）
副部长：张　昊（4—12 月）张　扬
刘金丽（12 月任职）

中共新宾满族自治县委政法委员会

书记：张明友（1—6 月）
程佩林（6—12 月）
副书记：邹秀良　吴振东
李　杰（12 月任职）

新宾满族自治县人民法院

院长：吴　亮
副院长：李宏志　柳　刚

新宾满族自治县人民检察院

检察长：兰　程
副检察长：商长发（1—10 月）霍　焱

新宾满族自治县公安局

局长：高树斌（1—5 月）
刘汉波（7—12 月）
政委：张忠华
副局长：史俊民（1—4 月）
孟繁龙（1—4 月）柳大刚
蒋长河（4—12 月）
翟　晔（4—12 月）

新宾满族自治县人民武装部

政委：金　钊
部长：孔祥鹏
副部长：李清川

新宾满族自治县武警中队

中队长：佟　达

县直党政机关负责人（正职）一览表

表 41

序号	工作单位	现任职务	姓名及任职时间
1	县纪委监委	纪委书记	张　敏（1—7 月）
			魏　兵（7—12 月）
		监察委主任	张　敏（1—7 月）
			魏　兵（12 月）
2	县委办公室	主任	冯志辉
3	县人大常委会	办公室主任	刘建华
4	县政府办公室	党组书记	陈晓冬（2—12 月）
		主任	刘　凯（1—2 月）
			陈晓冬（7—12 月）
5	县政协办公室	办公室主任	潘立名
6	县委组织部	部长	杨玉民（1—7 月）
			王志伟（8—12 月）
7	县委宣传部	部长	张报吉
8	县委统战部	部长	张晓飞（1—4 月）
			朱　涛（6—12 月）
9	县委政法委	书记	张明友（1—6 月）
			程佩林（6—12 月）

续表 41

序号	工作单位	现任职务	姓名及任职时间
10	县信访局	局长	李　杰
11	县编委办	主任	高艳丽（1—4 月）
	县委编委办		高艳丽（4—12 月）
12	县委巡察办	主任	吕振峰
13	县发展和改革局	党组书记	贾　深（1—2 月）
			牟仁杰（2—12 月）
		局长	贾　深
14	县教育局	党委书记	苏岫岷（1—4 月）
		党组书记	苏岫岷（4—12 月）
		局长	苏岫岷
15	县工业和信息化局	党委书记	崔正勇（1—4 月）
		党组书记	崔正勇（4—12 月）
		局长	崔正勇（4—12 月）
16	县司法局	党组书记	江艳梅
		局长	江艳梅
17	县财政局	党组书记	李有功
		局长	李有功
18	县人力资源和社会保障局	党组书记	王星文（2—12 月）
		局长	徐立栈（1—2 月）
			王星文（7—12 月）
19	县自然资源局	党组书记	王立鹏（2—12 月）
		局长	赵富岩（7—12 月）
20	县城乡建设管理局	党委书记	盖克鑫（1—4 月）
		局长	盖克鑫（1—4 月）
	县住房和城乡建设局	党组书记	盖克鑫（4—12 月）
		局长	盖克鑫（7—12 月）
21	县交通运输局	党委书记	孙万春（1—2 月）
		党组书记	于法友（4—12 月）
		局长	孙万春（1—2 月）
			于法友（7—12 月）
22	县水务局	党委书记	纪春林（1—10 月）
		党组书记	晁先华（11—12 月）
		局长	纪春林（1—10 月）
			晁先华（11—12 月）
22	县农村经济发展局	党委书记	孔祥禄（1 月）
		局长	贺树新（2—5 月）
	县农业农村局	党组书记	钟英胜（2—12 月）
		局长	贺树新（7—12 月）
23	县文化旅游和广播电视局	党委书记	刁　威（1—2 月）
		党组书记	彭涌洪（2—12 月）
		局长	刁　威（7—12 月）
24	县卫生健康局	党委书记	郝云龙（1—12 月）
		局长	郝云龙（7—12 月）
25	县退役军人事务局	党组书记	范国明（2—12 月）
		局长	范国明（7—12 月）
26	县安监局	局长	张志琨（1—4 月）
	县应急管理局	局长	肇　旭（7—12 月）

续表 41

序号	工作单位	现任职务	姓名及任职时间
27	县审计局	党组书记	孟宪宾
		局长	孟宪宾
28	县市场监督管理局	党委书记	范国明（1—2 月）
			王振强（2—4 月）
		党组书记	王振强（5—12 月）
		局长	王振强
29	县统计局	党组书记	梁乃斌（12 月）
		局长	杨　东（1—10 月）
			高　忠（11—12 月）
30	县营商环境建设局	党组书记	关立辉（2—12 月）
		局长	关立辉（7—12 月）
31	县医疗保障局	党组书记	喻　伟（2—12 月）
		局长	喻　伟（7—12 月）
32	县环保局	党组书记	金　毅（1—10 月）
		局长	金　毅（1—10 月）
	抚顺市生态环境局新宾县分局	局长	刘　锐（2—12 月）

县直事业单位负责人（正职）一览表

表 42

序号	单位	现任职务	姓名及任职时间
1	县市场监管事务服务中心	负责人	王振强（5—12 月）
2	县自然资源发展中心	党组书记	王树国（5—12 月）
		主任	王树国（5—12 月）
3	县公共资源和行业服务中心	党组书记	张国良（5—12 月）
		主任	张国良（5—12 月）
4	县财政服务中心	党组书记	张国春（5—12 月）
		主任	张国春（5—12 月）
5	县人力资源和社会保障中心	党组书记	于　洋（5—12 月）
		主任	于　洋（5—12 月）
6	县文化旅游和广播电视中心	党组书记	霍长红（5—12 月）
		主任	霍长红（5—12 月）
7	县现代农业和生态产业发展中心	负责人	贺树新（5—12 月）
8	县交通运输事业发展中心	党组书记	刘建国（5—12 月）
		主任	岳有新（5—12 月）
9	县委党校（县行政学校）	校长	王庆伟（6—12 月）
		负责人	李正发（5—10 月）
10	县档案和老干部服务中心	主任	焦凤英（5—12 月）
11	县应急管理中心	主任	孟宪军（5—12 月）
12	县医疗保障事务服务中心	主任	杨宝林（5—12 月）
13	县城县建设事务服务中心	负责人	盖克鑫（5—12 月）
14	县水利事务服务中心	党组书记	车忠新（5—12 月）
		主任	车忠新（5—12 月）
15	县卫生健康服务中心	负责人	郝云龙（5—12 月）
16	县互联网舆情监测中心	主任	梁庆文（5—12 月）
17	县融媒体中心	主任	梁庆文（12 月）

参公单位负责人（正职）一览表

表 43

序号	单位	现任职务	姓名及任职时间
1	县社	党委书记	梁卫东
		主任	孟宪飞

乡镇负责人（正职）一览表

表 44

序号	单位	现任职务	姓名及任职时间
1	新宾镇	党委书记	黄　野（1—12 月）
			赵东晓（12 月）
		镇长	杨　波
2	红升乡	党委书记	于士君（1—10 月）
			赵维海（11—12 月）
		乡长	赵维海（1—11 月）
			于　超（11—12 月）
3	北四平乡	党委书记	富宝伟
		乡长	马世伟
4	旺清门镇	党委书记	栾　卿
		镇长	刘　锐（1—4 月）
			冯忠德（5—12 月）
5	响水河子乡	党委书记	赵东晓（1—12 月）
			江　红（12 月）
		乡长	江　红（1—12 月）
			王　义（12 月）
6	红庙子乡	党委书记	钟英胜（1—2 月）
			汪加欢（4—12 月）
		乡长	汪加欢（1—4 月）
			黄金富（5—12 月）
7	永陵镇	党委书记	龚恩学（1—10 月）
			赵　伟（12 月）
		镇长	赵　伟（1—12 月）
			孔　明（12 月）
8	榆树乡	党委书记	王晓鸣
		乡长	冯树仁
9	平顶山镇	党委书记	黄克军
		镇长	刘光锐
10	大四平镇	党委书记	杨吉国
		镇长	赵　峰
11	下夹河乡	党委书记	张炳豪
		乡长	刘　凯
12	苇子峪镇	党委书记	贾秀峰
		镇长	赵　航（1—11 月）
			林云峰（11—12 月）
13	木奇镇	党委书记	孟宪丰
		镇长	战孝义
14	上夹河镇	党委书记	程佩林
		镇长	石成军
15	南杂木镇	党委书记	刘玉春（1—10 月）
			金　毅（10—12 月）
		镇长	孙义强

群众团体负责人（正职）一览表

表 45

序号	单位	现任职务	姓名及任职时间
1	县总工会	主席	张明友（1—12 月）
			朱　涛（12 月）
		常务副主席	张志明
2	团县委	书记	于　超（1—12 月）
			任　娟（12 月）
3	县妇联	主席	刘仁凤
4	县科协	主席	赵成伟
5	县文联	主席	崔凤日
6	县残联	理事长	王世波
7	县红十字会	副会长	鹿志慧
8	县计划生育协会	专职秘书长	孙　琳
9	县工商联	会长	徐锦玉

市属部门及金融机构负责人（正职）一览表

表 46

序号	单位	现任职务	姓名及任职时间
1	县税务局	党组书记	李　宏
		局长	李　宏
2	抚顺市生态环境局新宾县分局	局长	刘　锐（2—12 月）
3	县气象局	局长	李　峰
4	抚顺市社会保险事业管理局新宾分局	局长	张翅冲（1—4 月）
	抚顺市社会保险事业服务中心新宾分中心	主任	栾福林（4—12 月）
5	中油新宾经营部	经理	郭　鹏
6	县烟草专卖局	局长	沈荣国
7	国网新宾供电公司	经理	刘　海（1—2 月）
			张　涛（3—12 月）
8	邮政新宾分公司	总经理	王家旭
9	电信新宾分公司	总经理	付　强
10	新宾移动公司	经理	高　岩
11	新宾联通公司	总经理	武　义
12	铁通新宾公司	经理	姜春海
13	县人民银行	行长	单俊力（12 月退休）
			王　勇（12 月任职）
14	新宾农业银行	行长	孙永生
15	新宾农发行	行长	王晓莉
16	新宾建行	行长	房　博
17	新宾农商银行	董事长	田继东
18	锦州银行新宾支行	行长	王　贵
19	抚顺新宾抚银村镇银行	董事长	李　军
20	邮政银行新宾县支行	行长	孙海龙
21	国寿新宾公司	经理	李佳浩（1—5 月）
			黄　博（6—12 月）
22	人保财险新宾支公司	经理	于振国
23	太平洋寿险新宾支公司	经理	于立平
24	太平洋财险新宾支公司	经理	王　振
25	平安财险新宾支公司	负责人	都　强
26	大地保险新宾支公司	经理	曹　鹏

非党干部一览表

表 47

序号	姓名	工作单位	现任职务	任职时间	党派
1	黄绍华	县人大常委会	副主任		
2	杨　东	县政府	副县长	7—12 月	民进
3	张云起	县政协	副主席		
4	徐锦玉	县政协	副主席 工商联会长		
5	姚　锋	县财政局	副局长		
6	倪惠森	县住建局	副局长	10—12 月	
7	白立权	县退役军人事务局	副局长	2—12 月	
8	肇　旭	县应急局	局长	7—12 月	
9	初俊明	县市场监督管理局	副科级干部		
10	高　忠	县统计局	局长	11—12 月	
11	吴　楠	永陵镇	副镇长		
12	郭光明	上夹河镇	副镇长		
13	张海霞	县市场监管事务服务中心	副主任	5—12 月	
14	王宗晔	县自然资源发展中心	副科级干部	5—12 月	
15	李东海	县财政服务中心	副主任	5—12 月	
16	王培华	县财政服务中心	副主任	5—12 月	
17	杨　柳	县人力资源和社会保障中心	副主任	5—12 月	
18	史　峰	县现代农业和生态产业发展中心	副主任	5—12 月	
19	马天华	县卫生健康服务中心	副科级干部	5—12 月	

人事任免

【县九届人大常委会第九次会议人事任免名单】

免去：

关立辉的新宾满族自治县人大常委会人事代表工作委员会主任职务；

姜奎明的新宾满族自治县人大常委会财政经济工作委员会主任职务；

张勇的新宾满族自治县人民政府副县长职务；

段晓云的新宾满族自治县人民政府副县长职务；

高树斌的新宾满族自治县人民政府副县长职务；

谷凤威的新宾满族自治县人民政府副县长职务；

刘凯的新宾满族自治县政府办公室主任职务；

高树斌的新宾满族自治县公安局局长职务；

徐立栈的新宾满族自治县人力资源和社会保障局局长职务；

吕振峰县监察委员会委员职务；

查丽萍等 34 名的人民陪审员职务；

宋宏的新宾满族自治县人民检察院检察委员会委员、检察员职务；

何俊辉的新宾满族自治县人民检察院检察委员会委员、检察员职务；

王冲的新宾满族自治县人民检察院检察委员会委员、检察员职务；

苏功平的新宾满族自治县人民检察院检察委员会委员职务；

王超的新宾满族自治县人民检察院检察员职务；

郑昭德的新宾满族自治县人民检察院检察员职务；

赵宏伟的新宾满族自治县人民检察院检察员职务；

杜峰的新宾满族自治县人民检察院检察员职务。

任命：

刘汉波为新宾满族自治县人民政府副县长；

杨东为新宾满族自治县人民政府副县长；

孟庆光为新宾满族自治县人民政府副县长；

杨吉国为新宾满族自治县人民政府副县长；

陈晓冬为新宾满族自治县政府办公室主任；

崔正勇为新宾满族自治县工业和信息化局局长；

刘汉波为新宾满族自治县公安局局长；

王星文为新宾满族自治县人力资源和社会保障局局长；

赵富岩为新宾满族自治县自然资源局局长；

盖克鑫为新宾满族自治县住房和城乡建设局局长；

于法友为新宾满族自治县交通运输局局长；

贺树新为新宾满族自治县农业农村局局长；

刁威为新宾满族自治县文化旅游和广播电视局局长；

郝云龙为新宾满族自治县卫生健康局局长；

范国明为新宾满族自治县退役军人事务局局长；

肇旭为新宾满族自治县应急管理局局长；

关立辉为新宾满族自治县营商环境建设局局长；

喻伟为新宾满族自治县医疗保障局局长；

田利军为新宾满族自治县监察委员会委员；

李丽薪为新宾满族自治县人民法院审判委员会委员、刑事审判庭庭长；

吴建东等55名为人民陪审员。

【县九届人大常委会第十次会议人事任免名单】

任命：

谢大利为新宾满族自治县人民政府分管日常工作的副县长；

魏兵为新宾满族自治县监察委员会副主任、代理主任。

【县九届人大常委会第十二次会议人事任免名单】

免去：

宋岩的新宾满族自治县人大常委会内务司法工作委员会主任职务；

王鸿雁的新宾满族自治县人大常委会内务司法工作委员会副主任职务；

王德银的新宾满族自治县人民法院审判委员会委员、审判员职务；

徐仁忠的新宾满族自治县人民法院审判委员会委员、审判员职务；

陈贵山的新宾满族自治县人民法院苇子峪法庭庭长、审判员职务；

沈伟的新宾满族自治县人民法院审判员职务；

李学坤的新宾满族自治县人民法院审判员职务；

任命：

曲春雨为新宾满族自治县人大常委会人事代表工作委员会主任；

宋岩为新宾满族自治县人大常委会监察和司法工作委员会主任；

吕飞为新宾满族自治县人大常委会财政经济工作委员会主任；

龚恩学为新宾满族自治县人大常委会社会建设工作委员会主任；

王鸿雁为新宾满族自治县人大常委会监察和司法工作委员会副主任；

张明学为新宾满族自治县人大常委会社会建设工作委员会副主任；

晁先华为新宾满族自治县水务局局长；

高忠为新宾满族自治县统计局局长；

金毅为新宾满族自治县环保局局长；

何森为新宾满族自治县人民法院红升法庭庭长；

孙锡铭为新宾满族自治县人民法院永陵法庭庭长；

程云雷为新宾满族自治县人民法院苇子峪法庭副庭长、审判员；

张秀娜为新宾满族自治县人民法院审判员。

（赵启航）

光荣榜

一、集体

农业农村部命名中药材产业技术体系示范基地县

新宾满族自治县

农业农村部确定化肥减量增效示范县

新宾满族自治县

农业农村部命名中药材产业技术体系示范基地县

新宾满族自治县

农业农村部授予国家农产品质量安全县

新宾满族自治县

中央农办、农业农村部、中央组织部等六部委确定全国乡村治理体系建设试点单位

新宾满族自治县

农业农村部授予全国村庄清洁行动先进县

新宾满族自治县

农业农村部命名“新宾大米”地理标志登记保护

新宾满族自治县

2019 年全国政府采购百强县突出贡献单位

新宾满族自治县财政局

国家级中药材仓储物流基地

新宾满族自治县

司法部“大排查、早调解、护稳定、迎国庆”专项活动表现突出集体

新宾满族自治县司法局

国家林业和草原局森林公安局集体二等功

新宾满族自治县森林公安局

全国巾帼建功先进集体

新宾满族自治县菇满香香菇种植专业合作社

全国工商联 2018—2019 年度“五好”县级工商联

新宾满族自治县工商业联合会

辽宁省民族团结进步模范集体

中国农业银行股份有限公司新宾支行

辽宁省模范职工之家

抚顺百合大药房连锁有限公司

辽宁省审计机关先进集体

新宾满族自治县审计局

辽宁省检察机关年度先进基层检察院集体三等功

新宾满族自治县检察院

辽宁省法治文化基地

新宾满族自治县

辽宁林业科学技术二等奖

新宾满族自治县林业技术推广站

辽宁省百亿送贷行动先进单位

新宾满族自治县市场监督管理局

辽宁省农田基本建设“大禹杯”竞赛活动县级先进单位

新宾满族自治县水务局

辽宁省水利厅 2018 年度水利工程建设质量管理优秀单位

新宾满族自治县水利工程建设质量与安全监督站

辽宁省 2018 年全省县级财政管理绩效综合评价第一名

新宾满族自治县财政局

中国农业银行辽宁省分行先进职工之家

中国农业银行股份有限公司新宾支行

中国农业银行辽宁省分行安全保卫先进单位

中国农业银行股份有限公司新宾支行

辽宁省农村信用社联合社 2018—2019 年度先进党委

辽宁新宾农村商业银行股份有限公司

辽宁省最美校园

新宾满族自治县职教中心

辽宁省优秀家长学校

新宾满族自治县新宾镇中心小学

辽宁省传统文化基地校

新宾满族自治县新宾镇中心小学

辽宁省控辍保学先进单位

新宾满族自治县苇子峪镇九年一贯制学校

辽宁省家长学校示范校

新宾满族自治县苇子峪镇九年一贯制学校

辽宁省 2019 年农作物秸秆综合利用重点县

新宾满族自治县

辽宁省省级现代农业产业园（中药材）创建县

新宾满族自治县

辽宁百强农产品品牌

赫城贡米大米

东星原汁葡萄酒

罕王泉天然矿泉水

塬浩杂粮

抚顺市五一劳动奖状

辽宁润洁环境科技有限公司

抚顺市文明单位

新宾满族自治县北四平乡九年一贯制学校

抚顺市“雷锋号”先进集体

抚顺市社会保险事业服务中心新宾分中心

新宾满族自治县税务局

抚顺市模范职工之家

辽宁华驰专用汽车制造有限公司工会委员会

辽宁秘参堂药业有限公司工会委员会

抚顺市荣海木业有限公司工会委员会

抚顺市雅臣工艺品厂工会委员会

新宾满族自治县大四平镇昌平社区工会委员会

新宾满族自治县检察院工会委员会

抚顺市工人先锋号

新宾满族自治县启程客运有限公司客运总站

抚顺市雷锋号先进集体

新宾满族自治县职教中心

抚顺市三八红旗集体

新宾满族自治县卫生监督所

新宾满族自治县高级中学

新宾满族自治县五届先进集体

中共新宾满族自治县平顶山镇委员会

中共新宾满族自治县永陵镇委员会

哥俩好新材料股份有限公司

新宾满族自治县公安局巡特警大队

新宾满族自治县市场监督管理局行政许可注册分局

新宾满族自治县妇女联合会

新宾满族自治县百货集团

新宾满族自治县扶贫开发办公室

新宾满族自治县南杂木镇人民政府

二、个人

全国民族团结进步模范个人

金孝男　新宾满族自治县县委统战部一级主任科员

全国优秀农民教育培训基层农广校校长

姜志强　新宾满族自治县农业农村局

全国农业农村系统先进个人

张明东　新宾满族自治县农业农村局

农业农村部2019年畜牧业监测统计工作中工作突出个人

邓　允　新宾满族自治县农发局

中国网事·感动2019年度获奖人物

兰郡泽　新宾满族自治县南杂木镇

中央文明办2019年7月“中国好人榜（见义勇为类）”

兰郡泽　新宾满族自治县南杂木镇

辽宁省五一劳动奖章

张春霞　辽东特艺有限公司工会主席

辽宁省骨干校长

李威鹏　新宾满族自治县职教中心

辽宁省教育系统最美教师

张秀枝　新宾满族自治县平顶山镇小学

共青团辽宁省委新时代向上向善辽宁好青年

兰郡泽　新宾满族自治县南杂木镇

2019年度“辽宁好人·身边好人”

兰郡泽　新宾满族自治县南杂木镇

辽宁省团委优秀志愿者

刘苗壮　新宾满族自治县旺清门中学

邹　浩　新宾满族自治县苇子峪镇中学

金万爱　新宾满族自治县朝鲜族中学

辽宁省最美家庭标兵户

兰金龙家庭　新宾满族自治县南杂木镇

辽宁省最美家庭

王明芳家庭 新宾满族自治县苇子峪镇杉松村

辽宁省慈母贤妻孝女

郭 明 新宾满族自治县新宾镇

辽宁省青年致富带头人标兵

丁 辉 新宾满族自治县

辽宁农业科技贡献奖一等奖

张成华 新宾满族自治县农业农村局

辽宁林业科学技术一等奖

金 山 新宾满族自治县资源监测中心副主任

辽宁省人民满意公务员

马春华 新宾满族自治县森林公安局城郊派出所所长

辽宁省气象部门先进工作者

杨志宇 新宾满族自治县气象局

辽宁省关心下一代工作委员会最美“五老”

张吉有 新宾满族自治县德育报告团报告员、教育局关工委常务副主任

辽宁省水利厅2018年度水利工程建设质量管理优秀个人

季洪涛 新宾满族自治县水利工程建设质量与安全监督站

辽宁省2016—2018年度全省农田基本建设“大禹杯”竞赛活动先进个人（以姓氏笔画为序）

车忠新 新宾满族自治县水务局

匡显文 新宾满族自治县水务局

纪春林 新宾满族自治县水务局

张文菲 新宾满族自治县水务局

李骁朋 新宾满族自治县水务局

季洪涛 新宾满族自治县水务局

栗 权 新宾满族自治县水务局

郭 鹏 新宾满族自治县水务局

高艳宾 新宾满族自治县水务局

黄 震 新宾满族自治县水务局

辽宁省优秀工会工作者

崔立强 新宾满族自治县南杂木镇总工会主席

辽宁省优秀工会积极分子

杨 光 新宾满族自治县教育局文体股股长

辽宁省职工书画摄影展金奖

吕传刚 新宾满族自治县职教中心教师

辽宁省职工书画摄影展银奖

刘云祥 新宾满族自治县总工会工人俱乐部下岗职工

抚顺市五一劳动奖章（以姓氏笔画为序）

王淑华 新宾满族自治县百合大药房连锁有限公司总经理

刘继峰 新宾满族自治县红庙子中学教师

刘彩凤 瑞隆工艺品有限公司工人

刘新宾 新宾满族自治县朝阳林场工人

段华清 新宾满族自治县红庙子乡卫生院院长

蒋兴宾 新宾满族自治县供热管理所技术员

翟学明 新宾满族自治县自来水公司安装维修队长

抚顺市三八红旗手标兵

王明芳 新宾满族自治县苇子峪镇

抚顺市三八红旗手（以姓氏笔画为序）

李 冬 新宾满族自治县高级中学

张 琳 新宾满族自治县妇女联合会

孟宪芝 新宾满族自治县榆树中学

雷 鸿 辽宁利核生物科技有限公司董事长

抚顺市巾帼雷锋（以姓氏笔画为序）

王晓玉 新宾满族自治县妇女联合会

那媛媛 新宾满族自治县高级中学

董亚军 中共新宾满族自治县委宣传部

抚顺市雷锋传人

李贵荣 新宾满族自治县响水河子乡响汉村

抚顺市十大杰出妇联执委

洪 艳 新宾满族自治县文化旅游和广播电视中心副局长

抚顺市新时代好工人（以姓氏笔画为序）

白 哲 中国电信股份有限公司新宾分公司

乡镇支局支局长

新宾满族自治县第五届劳动模范名单（以姓氏笔画为序）

于春明　辽宁大化国瑞新材料股份有限公司总调度长

马世伟　新宾满族自治县北四平乡人民政府乡长

王　庆　抚顺市宏业机械厂总经理

王　冕　抚顺凯莱食品有限公司总经理

王　颖（女）新宾满族自治县扶贫办主任

王正军　新宾满族自治县人民政府办公室党组副书记

王利军　新宾满族自治县日用杂品有限责任公司经理

王晓玉（女）新宾满族自治县妇女联合会副主席

王海军　辽宁华驰专用汽车制造有限公司班组长

王淑华（女）抚顺百合大药房连锁有限公司总经理

王殿平　抚顺青松水泥制品有限公司经理

邓立伟　新宾满族自治县上夹河镇马尔墩村党支部书记

兰世伟　新宾满族自治县红庙子乡老戏场村党支部书记、村委会主任

田　丰　新宾满族自治县自来水公司科长

关喜艳（女）辽宁润洁环境科技有限公司副经理

刘金友　抚顺市马架子矿区开发管理处经理

刘振斗　新宾满族自治县红升乡人民政府统战委员

孙大鹏　辽宁万泽物业管理有限公司总经理

孙维伟　抚顺市荣海木业有限公司总经理

安　宴　新宾满族自治县新华书店有限公司总经理

朱春欣（女）新宾满族自治县人民法院民事审判庭庭长

池　源（女）新宾满族自治县旗袍产业办主任

那明峰　新宾满族自治县新宾镇昌大工艺品厂经理

吴学志　抚顺市山河木业有限公司经理

吴新楠　新宾满族自治县北四平乡北旺清村村委会主任

张明东　新宾满族自治县农业农村局副科级干部

张棋凤（女）新宾满族自治县福全家庭农场农场主

时　爽　抚顺东工冶金材料技术有限公司经理

李　扬　新宾满族自治县人参产业发展中心主任

李　杰　新宾满族自治县信访局局长

李　根　新宾满族自治县榆树乡红石村村委会主任

李世新　抚顺鑫隆汇电子科技发展有限公司副经理

李秀准　新宾满族自治县兴京御贡榛子专业合作社总经理

杨春华（女）新宾满族自治县新宾镇黄旗村党支部书记

苏利军　新宾满族自治县第四纪检监察室主任

苏岫岷　新宾满族自治县教育局局长

邵海军　哥俩好新材料股份有限公司车间主任

林云峰　新宾满族自治县组织部干部组组长

金　毅　新宾满族自治县环保局局长

金维东　新宾满族自治县绿地中药材专业合作社总经理

修仁虎　新宾满族自治县大四平镇样尔沟村村委会主任

姚文军　新宾满族自治县供热管理所所长
赵　航　新宾满族自治县苇子峪镇人民政府镇长
赵富岩　新宾满族自治县自然资源局局长
常智媛　（女）新宾满族自治县高级中学教务处副主任
梁乃斌　新宾满族自治县发展改革局副局长
喻　欣　新宾满族自治县公安局刑警大队队长
彭涌洪　新宾满族自治县广播电视中心主任
韩　笑　（女）锦州银行股份有限公司新宾支行副行长

辽宁省人民代表大会常务委员会关于批准《新宾满族自治县农村生活垃圾分类及资源化利用管理条例》的决定

辽宁省第十三届人民代表大会常务委员会第十次会议通过

（2019 年 3 月 30 日）

辽宁省第十三届人民代表大会常务委员会第十次会议经过审议，决定批准新宾满族自治县第九届人民代表大会第二次会议通过的《新宾满族自治县农村生活垃圾分类及资源化利用管理条例》，由新宾满族自治县人民代表大会常务委员会公布实施。

辽宁省人大常委会

2019 年 3 月 30 日

新宾满族自治县第九届人民代表大会常务委员会公告

第 16 号

《新宾满族自治县农村生活垃圾分类及资源化利用管理条例》于 2019 年 3 月 30 日经辽宁省第十三届人民代表大会常务委员会第十次会议批准，现予公布，自 2019 年 8 月 1 日起施行。

新宾满族自治县第九届人民代表大会常务委员会

2019 年 7 月 24 日

辽宁省人民代表大会常务委员会关于批准《新宾满族自治县林业管理条例（修订）》的决定

辽宁省第十三届人民代表大会常务委员会第十二次会议通过

（2019 年 7 月 30 日）

辽宁省第十三届人民代表大会常务委员会第十二次会议经过审议，决定批准新宾满族自治县第九届人民代表大会第二次会议通过的《新宾满族自治县林业管理条例（修订）》，由新宾满族自治县人民代表大会常务委员会公布施行。

辽宁省人大常委会

2019 年 7 月 30 日

新宾满族自治县农村生活垃圾分类及资源化利用管理条例

2018 年 12 月 12 日新宾满族自治县第九届人民代表大会第二次会议通过

2019 年 3 月 30 日辽宁省第十三届人民代表大会常务委员会第十次会议批准

第一条　为了加强和规范农村生活垃圾分类及资源化利用管理工作，改善农村人居环境，促进美丽乡村和生态文明建设，根据《中华人民共和国环境保护法》等有关法律法规，结合新宾满族自治县（以下简称自治县）实际，制定本条例。

第二条　本条例适用于自治县实行城市化管理区域以外的农村生活垃圾的分类、投放、收集、清扫、运输、处置及监督管理等活动。

法律、法规对危险废物、医疗废物等固体废物的管理已有规定的，按其规定执行。

第三条　农村生活垃圾分类及资源化利用遵循政府主导、村民主体、社会参与、属地管理、因地制宜、源头治理、公众监督的原则，促进农村生活垃圾的减量化、资源化、无害化。

第四条　自治县建立农村生活垃圾分类及资源化利用资金投入机制。自治县、乡镇人民政府应当将农村生活垃圾分类及资源化利用经费列入本级年度财政预算。

自治县人民政府设立农村生活垃圾分类及资源化利用奖励补偿资金，用于保障农村生活垃圾分类及资源化利用基础设施建设与管护、村保洁员待遇和考核奖励等事项。

村民委员会可以根据谁受益、谁付费的原则，向村民、驻村单位及个人收取生活垃圾处置费。生活垃圾处置费收取标准由村民代表会议决定。

第五条　自治县人民政府应当加强对农村生活垃圾分类及资源化利用工作的领导，应当将农村生活垃圾分类及资源化利用纳入国民经济和社会发展规划。具体履行下列职责：

（一）加强环境保护宣传教育，增强公众环境保护意识；

（二）制定本地农村生活垃圾分类及资源化利用专项工作计划；

（三）合理安排收购网点，支持、引导市场主体参与废塑料、废玻璃、废织物等可回收垃圾的回收利用；

（四）建立农村生活垃圾分类及资源化利用综合考核制度，并纳入对各职能部门、乡镇人民政府的绩效考评体系；

（五）依据法律、法规规定的垃圾分类及资源化利用其他事项。

第六条　自治县城乡建设主管部门为全县农村生活垃圾分类及资源化利用的主管部门，对全县农村生活垃圾分类及资源化利用工作实行统一监督管理。自治县有关部门按照自治县人民政府确定的农村生活垃圾分类及资源化利用职责分工做好相关工作。

第七条　自治县乡镇人民政府组织实施本辖区的农村生活垃圾分类及资源化利用工作，具体履行下列职责：

（一）制定本乡镇农村生活垃圾分类及资源化利用工作方案；

（二）督促、指导、考评村民委员会的生活垃圾分类及资源化利用工作；

（三）依据法律、法规规定的垃圾分类及资源化利用其他事项。

第八条　村民委员会组织开展本村生活垃圾的清扫、分类、收集、运输工作，具体履行下列职责：

（一）通过村民代表会议，建立生活垃圾分类及资源化利用管理制度，将生活垃圾分类及资源化利用纳入村规民约，引导村民积极参与生活垃圾分类及资源化利用；

（二）制定本村生活垃圾分类及资源化利用工作方案；

（三）组建保洁员队伍，制定保洁员工作职责，并监督实施。配备生活垃圾分类、投放、处置、清扫、收集、运输的设备和工具；

（四）组织开展环境卫生治理，保持村容整洁卫生，建设生活垃圾分类暂存场所；

（五）指导、监督村民、驻村单位及个人进行垃圾分类及资源化利用，对不符合规定的行为予以制止，对拒不改正的在村域范围内通报批评；

（六）依据法律、法规规定的垃圾分类及资源化利用其他事项。

第九条　自治县、乡镇人民政府和村民委员会应当加强农村生活垃圾分类及资源化利用的宣传教育，利用报刊、广播、电视、网络等媒体开展农村生活垃圾分类及资源化利用宣传工作，增强村民生活垃圾分类及资源化利用意识。

教育主管部门应当把农村生活垃圾分类及资源化利用知识纳入学校、幼儿园教育和社会实践活动。

第十条　村民、驻村单位及个人负责庭院产权范围内、承包地（水面）、办公场所、经营管理区域的保洁，自觉开展垃圾分类及资源化利用。

第十一条　村民、驻村单位及个人养殖畜禽的，对畜禽养殖过程中产生的废弃物应及时清扫、堆肥处置。

第十二条　自治县农村生活垃圾由村民、驻村单位及个人按照以下方式分类处理：

（一）可沤肥垃圾，包括厨余垃圾、鲜植物枝叶、散养畜禽粪便等可沤肥物，由村民、驻村单位及个人以堆肥、还田等方式处理；

（二）可燃烧垃圾，包括秸秆、玉米芯、干植物枝茎叶、卫生纸等可燃烧物，由村民、驻村单位及个人作为生活燃料使用处理；

（三）可回收垃圾，包括废弃纸类、塑料、金属、玻璃、织物等可回收物，由村民、驻村单位及个人售卖，或者投放至对应垃圾收集容器，由村保洁员收集、集中暂存，交相关企业回收利用；

（四）建筑垃圾，包括废弃水泥、砖瓦、砂石、残土、灰渣、陶瓷品等废弃物，由户收集，运至村委会指定地点；

（五）有害垃圾，包括废弃农药包装物、电池、药品等有害物，由村民、驻村单位及个人交村保洁员放至暂存房，交由主管部门依法处理。

禁止村民、驻村单位及个人在山边、路边、田边和河道内外等处丢弃、倾倒、堆放、简易填埋和露天焚烧生活垃圾。

第十三条　自治县人民政府应当制定对村民委员会和村民的农村生活垃圾分类及资源化利用考核奖补办法。

第十四条　自治县、乡镇人民政府应当评选农村生活垃圾分类及资源化利用工作先进典型，对于成绩突出的单位和个人给予表扬和奖励。

第十五条　自治县人民政府鼓励、监督、指导农药、化肥等农业化学品生产、经营主体通过以旧换新、押金等方式回收废弃农药化肥包装物、农用地膜、废食用菌袋等废弃物。

第十六条　任何单位和个人都有权对违反本条例的行为进行监督、劝阻、举报。

第十七条　自治县有关行政主管部门、乡镇人民政府及其工作人员不履行或怠于履行农村生活垃圾分类及资源化利用职责的，由自治县人民政府责令改正；情节严重的，给予行政处分。

第十八条　违反本条例第十一条规定的，由自治县城乡建设主管部门责令改正，拒不改正的，对达不到国家规定规模标准的畜禽养殖（场）户处以1000元的罚款；对个人处以50元的罚款。

第十九条　违反本条例第十二条规定的，由自治县城乡建设主管部门责令改正，拒不改正的，对专业种植户、个体餐饮经营者、企事业单位、医疗机构等单位处以2000元的罚款；对个人处以50元的罚款。

第二十条　本条例规定的执法事项，根据实际需要，可以由相关行政执法部门委托乡镇人民政府进行现场执法。

第二十一条　本条例自2019年8月1日起施行。

新宾满族自治县第九届人民代表大会常务委员会公告

第22号

《新宾满族自治县林业管理条例（修订）》于2019年7月30日经辽宁省第十三届人民代表大会常务委员会第十二次会议批准，现予公布，自2019年11月5日起施行。

新宾满族自治县第九届人民代表大会常务委员会

2019年11月4日

新宾满族自治县林业管理条例

2018年12月12日新宾满族自治县第九届人民代表大会第二次会议通过

2019年7月30日辽宁省第十三届人民代表大会常务委员会第十二次会议批准

第一条　为依法加强林业管理，保护、培育和合理利用森林资源，根据《中华人民共和国森林法》以及有关法律、法规，结合新宾满族自治县（以下简称自治县）实际，制定本条例。

第二条　在自治县境内从事森林资源的保护、培育、开发利用和经营活动的单位及个人，都必须遵守本条例。

第三条　自治县人民政府林业主管部门，依法管理和监督自治县境内森林资源的保护、培育、开发利用工作。

乡镇人民政府负责本行政区域内的林业工作，承担森林资源保护和管理的主体责任。

乡镇林业服务管理机构在乡镇人民政府领导下和县林业主管部门的指导下，依法行使林业管理职能。

第四条　自治县人民政府设立森林防火指挥部，划定防火责任区。

自治县和乡镇人民政府、国有林场以及其他

常驻单位，按照规定建立森林消防队伍，设置防火设施。

每年春季 3 月 15 日至 5 月 31 日，秋季 10 月 1 日至 11 月 30 日为森林防火高火险期。高火险期内，禁止一切野外用火。

第五条　自治县按规划将应封山育林的禁伐林区、幼林地等特定区域划定为封山育林保护区，实行等级封闭管理。

第六条　自治县森林病虫害防治和森林植物检疫机构负责森林病虫害的监测、预报、调查等防治工作和森林植物、林木、种苗及林产品的检疫工作，管控和扑灭疫情，监管处置疫木及其制品。

禁止运输、经营、加工未经检疫的木材、苗木、种子和林副产品。

禁止违法运输、经营、加工和使用疫木及其制品。

禁止妨碍、阻挠除治疫木的行为。

第七条　自治县禁止下列危害和破坏森林资源的行为：

（一）扒剥活立木树皮和非法收购、加工大柴；

（二）在幼林地、封山育林区和特种用途林内种植、放牧、养蚕、割柴草、割鹿柴和占坟地；

（三）毁林开荒、开垦林地种植农作物及占用已开垦的林地重复种植农作物；

（四）非法采挖、移植树木。

第八条　自治县境内征用、占用林地的单位和个人，应向林地、林木所有者支付林地、林木补偿费，并向林业主管部门预交森林植被恢复费。

流转森林资源的单位和个人，不得擅自改变林地用途。

第九条　自治县实行林木生产经营监管制度，对设计审批的森林采伐进行勘查验收，对木材的运输、加工、销售进行监督管理。运输本县产木材应持有记载起止地点和经由路线的木材运输证。

禁止绕越木材检查站和伪装通过木材检查站逃避检查。

禁止使用倒卖、转借的木材运输证。

第十条　自治县实行木材号印管理制度。企业购买的木材，应在购入木材 5 日内持运输凭证向当地林业主管部门申报并现场查验，有合法来源木材无号印或号印不全的应申请补打号印。

自治县出产的木材无检木号印的禁止运输、经营、加工。

禁止仿造、制售假检木号印或使用假冒检木号印打印木材；木材加工厂点内或运输的木材属自治县出产无号印或打印假冒号印的按无合法来源木材查处。

第十一条　自治县实行木材经营加工登记制度。市场监督管理部门应及时将木材经营加工企业登记信息推送林业主管部门进行登记备案，企业经营者应在规定的经营范围内合法经营。

第十二条　自治县实行木材经营、加工台账管理制度。木材运输证是木材入库登记的有效凭证，记入木材经营、加工台账，并以此核发木材出库运输证。

禁止使用伪造、涂改、转借的木材运输证虚假记载木材经营、加工台账。

第十三条　经省人民政府批准，自治县人民政府运输木材可在交通要道设立木材检查站。

自治县林业主管部门、森林公安部门可依法对运输木材和其他林副产品的车辆进行流动检查。执勤人员必须佩戴和使用有关部门颁发的标志和证件。

第十四条　自治县人民政府对下列单位或个人给予表彰和奖励，具体奖励标准由自治县人民政府制定。

（一）保护森林资源取得显著成绩的；

（二）扑救森林火灾有重大突出贡献的；

（三）检举揭发盗伐滥伐林木、非法运输木

材和破坏林地的行为，使国家、集体和个人财产免遭重大损失的。

第十五条　违反本条例第四条规定，森林防火高火险期内在野外用火的，责令停止违法行为，给予警告，对在大田地用火的并处500元罚款，对在林缘地用火的并处1000元罚款；

对引起火情的处3000元罚款，承担扑火费用，烧毁树木的赔偿实际损失，并处树木价值一倍的罚款。

第十六条　违反本条例第六条规定，给予下列处罚：

（一）运输、经营、加工未经检疫的木材、苗木、种子及林产品的，应当予以封存、补检，并处木材、苗木、种子及林产品的价值30%的罚款。经检疫带有检疫对象的，应当进行除害处理，无法进行除害处理的，予以销毁或者责令其改变用途。

（二）违法违规运输、经营、加工和使用疫木及其制品的，没收其全部木材及其制品，并处木材及其制品价值一倍的罚款。

（三）妨碍、阻挠除治疫木行为的，责令停止违法行为，并处3000元罚款。

第十七条　违反本条例第七条规定，给予下列处罚：

（一）扒剥活立木树皮的，没收树皮，并以每15公斤干树皮或25公斤鲜树皮折合1立方米木材计算，处以木材价值3倍的罚款。非法收购、加工大柴的，没收大柴及违法所得，并处大柴价值30%的罚款。

（二）在幼林地、封山育林区、特种用途林内种植、放牧、养蚕、割柴草、割鹿柴、占坟地的，责令停止违法行为，给予警告，并处500元罚款。

（三）毁林开荒的，予以平毁，依法赔偿损失，补种毁坏株数3倍的树木，并处以毁坏林木价值5倍的罚款；

非法开垦林地种植的，责令停止违法行为，种植物予以平毁，限期还林还草，并处以非法开垦林地每平方米10元罚款；

占用已开垦林地重复种植的，责令停止违法行为，种植物予以平毁，限期还林还草，并处以每平方米2元罚款。

对到期拒不恢复还林还草的，应交纳恢复费用，由县级以上人民政府林业主管部门组织代为恢复还林还草。

拒不补种树木或者补种不符合国家有关规定的，由县级以上人民政府林业主管部门组织代为补种，所需费用由违法者支付。

（四）非法采挖、移植树木的，按照盗伐、滥伐林木予以处罚。

第十八条　违反本条例第八条规定，未经自治县管辖的林地林业主管部门审核同意，擅自改变林地用途的，责令限期恢复林业生产条件还林还草，并处非法改变用途林地每平方米30元的罚款。

临时占用林地，逾期不归还的，依照前款规定处罚。

第十九条　违反本条例第九条规定，给予下列处罚：

（一）绕越木材检查站和伪装通过木材检查站逃避检查的，暂扣其全部木材及其制品，并处以木材价值一倍的罚款。

（二）使用倒卖、转借木材运输证运输木材的，没收其木材及其制品，并处以木材价值50%的罚款。对已出售的没收其违法所得，并处违法所得50%的罚款。

（三）无证运输的或使用过期木材运输证明的，没收其运输的全部木材，并处以木材价款50%的罚款。

第二十条　违反本条例第十条规定，给予下列处罚：

（一）运输、经营、加工无检木号印木材的，没收全部木材，并处木材价值 10% 的罚款；

（二）仿造、制售假检木号印的，没收假检木号印，并处以 2000 元罚款；

（三）非法使用检木号印打印木材并销售的，没收全部木材，并处以木材价值 30% 的罚款。

第二十一条 违反本条例第十二条规定，使用伪造、涂改木材运输证登记记入木材经营、加工台账的，清查库存木材数量，没收其非法登记的木材，并处木材价值 30% 的罚款。

第二十二条 国家公职人员、林业服务管理人员、林业经营单位人员、森林管护人员，滥用职权、玩忽职守、徇私舞弊，造成森林资源破坏和损失的，由其所在单位或上级主管部门给予处分；构成犯罪的，依法追究刑事责任。

第二十三条 本条例自 2019 年 11 月 5 日起施行。

统计资料

2019年新宾满族自治县国民经济和社会发展统计公报

2019年，在市委、市政府和县委的正确领导下，在县人大、县政协的监督支持下，团结带领全县人民，锐意进取，攻坚克难，奋力拼搏，真抓实干，克服经济下行的巨大压力，实现经济和社会平稳发展的目标，为未来可持续发展奠定坚实基础。全县地区生产总值实现52.4亿元，同比增长-0.4%，其中：第一产业增加值16.6亿元，同比增长1.3%；第二产业增加值8.8亿元，同比增长7.1%；第三产业增加值27.1亿元，同比增长-4.0%。三个产业的比重为31.6∶16.7∶51.7。公共财政预算收入实现6.0亿元，同比增长17.1%，其中税收完成4.2亿元，同比增长23.0%；全社会固定资产投资达到11.3亿元，同比增长幅度24.0%；农村居民人均可支配收入实现14607元，同比增长9.4%。

现代农业扎实推进。深化农业供给侧结构性改革，新调减玉米种植面积1333.33公顷，农田中药材种植面积达7133.33公顷，完成粮食两区划定面积37933.33公顷。特色农产品基地建设有突破，与"中国制药百强企业"四川好医生集团达成合作意向，打造好医生集团东北最大道地药材基地；投资1500万元，完成新增粮食生产能力田间工程建设项目66.67公顷；新宾县被农业农村部列为"化肥减量增效示范县""国家中药材产业技术体系示范基地县"。加大品牌创建和深加工能力建设，"三品一标"认证面积25333.33公顷、产品36个、企业28家；赫城贡米等4家企业产品被评为辽宁百强农产品品牌，新宾辽细辛被评为区域公用品牌；"新宾人参"地理商标通过国家商标总局审核；荣获第二批"国家农产品质量安全县"称号。农业社会化服务体系建设加强，破解农事融资难，投放惠农贷2亿元；培训新型职业农民380人；农业保险总投保面积54480公顷，累计理赔1296.287万元，其中"8·15水灾"理赔142万元。人参博物馆建成正式开放。人参市场完成一期6.7万平方米主体工程建设。强化农村集体"三资"管理，村集体经济不断壮大。农村集体产权制度改革全面铺开，完成177个行政村清产核资、身份办界定各项工作。加大对非洲猪瘟等重大动物疫病防控力度，全县未发生重大动物疫情。

全县实现农业总产值343773万元，同比增长3.5%，其中种植业178130万元、林业49096万元、牧业82245万元、渔业21645万元、服务业12657万元，分别增长4.0%、0.8%、13.0%、-19.8%、2.1%。大牲畜存栏21928头，同比增长19.4%，其中：牛存栏20199头，同比增长19.1%。生猪饲养量153487头，同比增长12.5%。生猪存栏69906头，同比增长17.0%。羊饲养量173305只，同比增长14.5%，羊存栏88349只，同比增长0.5%。家禽饲养量882.6万只，同比增长-1.9%。农村居民人均可支配收入14607元，同比增长9.4%。

工业经济平稳运行。规上工业总产值实现175341万元，增长-14.7%。统筹推进产业发展，工业经济负重前行。高新企业日益壮大，东工冶金二期铝合金电弧熔丝增材及智能制造应用产业化项目正式投产，在国内首次实现专用铝合金焊材出口欧洲；中科诺维人参提取物深加工项目实现当年落地、当年建设、当年达效，年出口创汇1500万美元。骨干企业作用凸显，辽宁捷通电工圆杆铝线项目完成3条生产线建设，产值达3亿元；隆烨化工完成3条生产线验收，产能增至5.9万吨。新能源产业实现突破，由沐海氢能有限公司投资的抚顺地区唯一一座35MPa撬装式加氢站建成投入使用，加氢超70万立方米；燃料电池系统及关键部件产业化项目进入试生产阶段；成功举办"抚顺·新宾氢能与燃料电池产业推介会暨氢燃料电池旅游观光车产品发布会"；金风科技风力发电项目顺利签约。"飞地经济"初见成效，重点打造永陵农产品加工集聚区和新宾镇高新材料智能制造产业园两个"飞地经济"园区，引进"飞地经济"项目6个。全县新增个转企115家、小升规2家。

文旅产业不断壮大。发挥资源优势，打造特色文旅品牌，满族农庄过大年等节庆活动品牌效益转化初见成效。依托人参文化融入"清王朝探秘之旅"旅游路线。旅游产品不断丰富，投资1600万元，完成草帽山景区、猴石景区等项目部分基础设施建设；投资1000万元，完成参仙谷景观瀑布、玻璃观景桥建设。神树柜石景区、花溪林里度假田园综合体、九凤四季田园综合体等旅游项目取得新进展。乡村旅游创新发展，投资270万元，进行赫图阿拉村民宿和商铺升级，入选全国首批乡村旅游重点村；投资400万元，完成药语花香房车营地20公顷花海基地建设。旗袍文创方兴未艾，兴京旗袍文化公司完成商标注册，取得进出口业务权限，与沈阳故宫签订《商品代销意向协议书》。新宾满族袍服制作技艺与满族刺绣列入省级非物质文化遗产名录。完成人参炮制技艺等3个国家级非物质文化遗产申报。满族饽饽、秘制人参等特色商品在省旅游商品大赛中获得2金5银的佳绩。举办庆祝新中国成立70周年等公益演出及文体活动20余场。建设农村文化广场28个。旅游综合效益显著提升，全年接待游客140万人次，同比增长13.7%。门票收入1430万元，同比增长9.3%。

开放水平显著提高。完善全县招商引资工作体系，构建招商引资组织架构。实施重大项目领导包保制度，强力推进重大项目落地生根。明确招商引资方向，采取定向招商、以商招商等方式，县级领导亲自带头，先后到珠三角、长三角等地开展有针对性地招商引资活动，全年"走出去"15次，"请进来"35次。续建项目16个全部开工，签约新建项目15个，开工率及签约数均为全市前列。积极对接国家"一带一路"贸易平台，新增外贸进出口企业3家。组织企业参加第二届"进博会"等6个展会，秘参堂等3家企业产品被评为2019"辽宁礼物"。壮大农村电商平台，拓宽农特产品销售渠道，积极推进与华晨宝马、阿里巴巴、京东商城等知名公司深度对接，促成兴京惠农商城与省农产品交易集团合作，盘活红升香菇市场，建设农产品配送中心，实现助农增收，全年销售额达8000万元；省供销社下属丰立达肥业有限公司与县农垦集团签订合作协议，推进农村电商服务工作。

营商环境持续优化。将营商环境建设指标纳入全县绩效考核指标体系。建立项目管家制度，构建"亲""清"政商关系，为25个项目和企业配备项目管家。开展"一转三服务"工作，积极推进银企对接，解决企业融资难问题。全面落实减税降费政策，新增各类市场主体2991户。

基础设施逐步夯实。投资3439万元，完成上五线等51项公路维修改造工程150公里、桥梁7座。投资3491万元，完成“一事一议”村内道路建设117公里、桥梁9座。投资188万元，完成重点扶贫村路面工程1.4万平方米。完成“沈白客专”高铁线路新宾段可研拆迁测算、签订征占补偿合同等工作。投资3425万元，完成太子河新宾段防洪治理工程。投资2167万元，完成双河治理工程。投资1950万元，完成66项移民工程。投资1760万元，完成3项水土流失治理项目。获得省政府“大禹杯”竞赛优胜奖。完成66千伏新宾变电站改造工程、66千伏北四平变电站新建工程，新宾镇内无稳定安全双电源的历史问题得到彻底解决。

城乡品质显著提升。投资895万元，完成县城1.4万平方米裸露地面改造和8个老旧小区配套基础设施改造项目。投资368万元，完成书香门第、人参市场、殡仪馆供热管网项目。投资4570万元，完成永陵镇自来水、污水、供暖管网改造和滨河路硬化等项目。投资2470万元，完成南杂木镇五一河治理、木材市场污水整治等项目。加大对县城综合执法力度，查处违建7处、违停4500次，不断规范城乡建设管理。贯彻执行《农村生活垃圾分类及资源化利用管理条例》，以“七美新宾”（“七美”即山美、水美、林美、田美、路美、村美、人美）建设为抓手，推进“千村美丽、万村整洁”专项行动，“户分类、户处理、不出院、零填埋”的模式被省委、省政府确定为“可复制、可推广”的成功经验，以奖代补方式投入1000万元，实现农村生活垃圾分类及资源化利用全覆盖。

生态建设不断加强。投资1260万元完成春季造林3000公顷，封山育林666.67公顷，森林抚育2333.33公顷。处置松材线虫病疫木11.5万株、防治面积666.67公顷。积极推进中央环保督查及“回头看”反馈意见整改落实，对大伙房水库饮用水源上游存在环境风险问题开展综合整治。投资3300万元对红升水库周边风险源进行综合整治，水质达标率100%。完成苏子河、太子河流域禁养区划定工作。完成河长制信息管理平台建设。开展河库“清四乱”专项行动。全年空气质量优良率达90.5%，高于考核指标5.5个百分点。投资3700万元，建设县城日处理能力300吨的垃圾分类处理厂。投资500万元为乡镇配备湿式清扫车、垃圾压缩车。完成“厕所革命”改厕任务2130座。加大生态保护执法力度，查办涉林、涉水、涉地等违法违规案件957件，打击处理950人。全力开展“大棚房”和违建别墅清查整治专项行动，拆除“大棚房”7处、违建别墅5处。

民生保障更加有力。实名制培训1900人，城镇新增就业905人，城镇登记失业率2.5%。保持零就业家庭动态为零。发放城乡低保金2458万元。发放困难残疾人和重度残疾人补贴345万元。发放特困人员救助供养金719万元。发放优抚金2150万元，完成县、乡、村三级退役军人服务保障体系建设。投资400万元建成残疾人托养中心并投入使用。农村饮水安全项目建设总投资6725万元，改造完成农村饮水安全工程198处，解决125个村屯130644人的饮水困难问题，覆盖贫困人口1202人。坚持量力而行、尽力而为，严控政府新增债务，化解政府债务6317万元，完成年度债务化解目标。

社会事业全面进步。成功入围省级创新型县创建试点范围，申报省重大科技项目4项、省级直接投资项目征集1项、省科技进步奖三等奖1项。开展统计法律法规宣传，完成第四次全国经济普查工作。投资6200万元，完成新宾镇中心小学建设工程；投资2710万元完成北四平、永陵满族小学等14所学校维修改造工程；争取1200万元对28所中小学校学生实施营养午餐补贴；争取530万元完成乡村教师差异化补贴发放；制定《校车安全管理办法》，规范校车管理。投资2000万元的新宾一脉阳光医学影像中心项目正式运营，新增磁共振、CT等设备，全部实施远程诊疗；完成乡镇卫生院标准化建设，基层卫生服务能力得到提升；新农合常住人口参合率不断提高，支付补偿资金8910万元。人口出生率、自然增长率和出生人口性别比均在省控指标内。

社会大局和谐稳定。健全完善“五位一体”包保责任体系，突出重点整治，强化情报信息搜集研判，全力打赢推进信访矛盾减存控增三年攻坚战。加大治安管控和整治力度，圆满完成新中国成立70周年大庆等重大活动维稳安保任务。全力开展“扫黑除恶”专项斗争和雷霆治爆专项行动，实现刑事案件持续下降，人民群众安全感逐步提升。深入实施中央宗教工作督查整改落实，依法加强民族宗教事务管理。推进安全生产管理责任制落实，安全生产形势持续稳定。严厉打击制售假冒伪劣商品行为，强化食品、药品、特种设备及产品质量安全监管，处理食品药品案件44件。

行政效能不断提升。加强法治政府建设，依法完善决策机制，严格履行决策程序，自觉接受人大依法监督和政协民主监督，认真向人大报告工作，向政协通报情况，自觉执行人大及其常委会做出的决议、决定和审议意见，落实政协的意见建议。全年办理人大代表建议批评意见104件，解决率74%、满意率100%；办理政协委员提案130件，解决率80%、满意率100%。深入推进政务公开，公开政府信息1694条。建设工程招投标项目21项、中标金额1.49亿元。完成政府集中采购72项，支出资金3076万元，节资580万元。

重点改革扎实推进。完成政府机构改革，设置政府工作部门22个，公益性事业单位14个。全面完成国有林场改革工作。进一步完善农垦集团改革工作，完成嘉禾农牧业有限公司国有资产划拨。推进农村集体产权制度改革，完成177个行政村清产核资工作。土地承包经营权确权颁证工作有序推进。厂办大集体改革顺利进行，完成厂办大集体职工身份认定工作，争取国家资金1183万元。

金融信贷平稳运行。全县金融机构人民币存款余额1520513万元，比去年同期增加185547万元，同比增长13.9%，其中：城乡居民储蓄余额1300556万元，比去年同期增加154620万元，同比增长13.49%。金融机构贷款余额676523万元，比去年同期增加151947万元，同比增长28.97%。

人口的自然增长率呈下降趋势。2019年末，全县总户数99724户，总人口287487人，其中：城镇人口95428人，乡村人口192059人，全年出生人口1747人，人口出生率6.08‰，全年死亡人口1649人，死亡率5.74‰。人口自然增长率0.34‰。2018年人口自然增长率为1.5‰，全县的人口自然增长率呈下降趋势。

2019年新宾满族自治县统计公报附表

一、全县生产总值

表48

指标（现价）	单位	2019年	2018年	不变价增长 ±%
全县生产总值（GDP）	万元	524381	518206	-0.4
第一产业	万元	165557	159913	1.3
农林牧渔业	万元	171586	166113	1.3
第二产业	万元	87670	82491	7.1
其中：工业	万元	53333	56437	-2.6
建筑业	万元	34337	26054	29.8
第三产业	万元	271154	275802	-4.0

二、商业

表49

指标	单位	2019年	2018年	增长±%
社会消费品零售额	万元	389470	388642.3	0.2
实际到位外商投资额	万美元	—	—	—
外贸出口	万元	19895	14100	41.1
外贸进口	万元	8527	13800	-38.2
域外招商引资到位额	亿元	9.04	8.34	8.4
其中：省外项目引资到位额	亿元	9.04	8.34	8.4

三、工业

表50

指标	单位	2019年	2018年	增长±%
规模以上工业总产值	万元	175341	205566	-14.7
工业增加值	万元	26676	27558	-3.2
资产合计	万元	289191	293220	-1.4
流动资产	万元	147812	148221	-0.3
负债合计	万元	166683	168454	-1.1
主营业务收入	万元	186741	203658	-8.3
利润总额	万元	-2027	-6692	-69.7
利税总额	万元	14	7.3	91.8

四、农业

表51

指标	单位	2019年	2018年	增长±%
农业总产值	万元	343773	332209	3.5
其中：种植业	万元	178130	171312	4.0
林业	万元	49096	48683	0.8
牧业	万元	82245	72814	13.0
渔业	万元	21645	27000	-19.8
服务业	万元	12657	12400	2.1
大牲畜存栏	头	21982	18410	19.4
其中：牛	头	20199	16958	19.1
生猪饲养量	头	153487	136394	12.5
生猪存栏	头	69906	59740	17.0
羊饲养量	只	173305	151353	14.5
羊存栏	只	88349	87942	0.5
家禽饲养量	万只	882.6	900	-1.9
年末实有耕地面积	公顷	57012	57012	0.0
农作物播种面积	公顷	45243	45630	-0.8
粮食总产量	吨	232800	224683	3.6
农村居民人均可支配收入	元	14607	13352	9.4

五、固定资产

表52

指标	单位	2019年	2018年	增长±%
一、全社会固定资产投资完成额	万元	112526	90741	24.0
其中：国有控股	万元	26353	45139	-41.6

续表 52

指标	单位	2019 年	2018 年	增长 ±%
住宅	万元	26239	1450	1709.6
1. 按投资渠道分	万元	—	—	—
建设项目投资	万元	81926	87710	-6.6
房地产开发投资	万元	30600	3031	909.6
2. 按产业分	万元	—	—	—
第一产业	万元	—	—	—
第二产业	万元	17230	25651	-32.8
其中工业	万元	17230	25651	-32.8
第三产业	万元	64696	65090	-0.6
3. 按隶属关系分	万元	—	—	—
中央项目	万元	—	—	—
地方项目	万元	111383	22262	400.3
4. 按经济类型分	万元	—	—	—
国有经济	万元	26353	43639	-39.6
非国有经济	万元	85030	47102	80.5
5. 按构成分	万元	—	—	—
建筑安装工程	万元	87230	47794	82.5
设备工器具购置	万元	11082	41108	-73.0
其他费用	万元	13071	1839	610.8
6. 按建设性质分	万元	—	—	—
新建	万元	72753	66625	9.2
扩建	万元	1000	3846	-74.0
改建和技术改造	万元	7030	17239	-59.2
二、新增固定资产投资	万元	66864	1830	3553.8
三、项目个数	万元	—	—	—
建设项目个数	万元	48	50	-4.0
其中本年新开工	万元	38	25	52.0
投产项目个数	万元	11	30	-63.3
四、房屋面积	万元	—	—	—
施工房屋面积	万元	230780	85802	169.0
其中：住宅	万元	159664	78000	104.7
竣工房屋面积	万元	8550	—	—
其中：住宅	万元	—	—	—

六、建筑业

表 53

	单位	2019 年	2018 年	增长 ±%
企业个数	个	17	15	13.3
建筑业总产值	万元	76835	66274	15.9
房屋建筑施工面积	万平方米	11.2	9	24.4
房屋建筑竣工面积	万平方米	5.4	9	-40.0
资产总计	万元	63814	66204	-3.6
负债合计	万元	62611	38226	63.8
企业所有者权益合计	万元	21202	27978	-24.2
营业收入	万元	72977	74996	-2.7
利润总额	万元	518	2441	-78.8
建筑业增加值	万元	34337	26054	31.8

七、劳动工资

表 54

指标	单位	2019 年	2018 年	增长 ±%
年末从业人数	人	11202	11034	1.5
其中：国有	人	9082	9151	-0.8
集体	人	427	365	17.0
其他	人	1693	1518	11.5
全年从业人数工资总额	万元	64142	56917	12.7
其中：国有	万元	52695	48850	7.9
集体	万元	3879	2461	57.6
其他	万元	7568	5606	35.0
全年从业人员平均工资	元	56737	51965	9.2
其中：国有	元	58143	52692	10.3
集体	元	90841	67416	34.7
其他	元	41697	35375	17.9

八、财政

表 55

指标	单位	2019 年	2018 年	增长 ±%
财政总收入	万元	282400	258940	9.1
财政一般预算收入	万元	55998	47811	17.1
其中：税收收入	万元	41984	34123	23.0
非税收入	万元	14014	13688	2.4
其中：税务收入	万元	43327	35330	22.6
财政非税收入	万元	12671	12481	1.5
财政总支出	万元	239940	218212	10.0
当期财政预算支出中八项支出	万元	131119	126529	3.6

九、金融

表 56

指标	单位	2019 年	2018 年	增长 ±%
年末存款余额	万元	1520513	1323055	14.9
其中：居民储蓄存款	万元	1300556	1141391	13.9
年末贷款余额	万元	676523	524577	29.0

十、人口

表 57

指标	单位	2019 年	2018 年	增长 ±%
总户数	户	99724	100029	-0.3
总人口	人	287487	290343	-1.0
其中：男	人	145806	147292	-1.0
女	人	141684	143051	-1.0
乡村人口	人	192059	194439	-1.2
城镇人口	人	95428	95904	-0.5

十一、物价

表 58

指标	单位	2019 年	2018 年	增长 ±%
居民消费价格总指数	%	103.1	102.2	0.9

新宾满族自治县 2019 年 1—12 月主要经济指标

表 59

指标	计算单位	全年计划	12 月累计	同期累计	比同期±%	为计划的 %
一、综合（按季度公布）		—	—	—	—	—
地区生产总值（地区口径）	万元	555400	524381	518206	–0.4	94.4
其中：第一产业	万元	—	165557	159913	1.3	—
第二产业	万元	—	87670	82491	7.1	—
工业	万元	—	53333	56437	–2.6	—
建筑业	万元	—	34337	26054	29.8	—
第三产业	万元	—	271154	275802	–4.0	—
※ 农林牧渔业增加值	万元	—	171586	166113	1.3	—
二、工业		—	—	—	—	—
规模工业总产值	万元	189000	175341	205566	–14.7	92.8
规模工业增加值	万元	23000	26676	27558	–3.2	116.0
三、固定资产投资	—	—	—	—	—	—
全社会固定资产投资总额	万元	105000	112526	90741	24.0	107.2
四、商业	—	—	—	—	—	—
社会消费品零售总额	万元	400000	389469.6	388642.3	0.2	97.4
批发业销售额	万元	—	345734.7	332757	3.9	—
零售业销售额	万元	—	469775	459213	2.3	—
住宿业销售额	万元	—	12049.9	11813.6	2.0	—
餐饮业销售额	万元	—	202819.7	188349.1	7.7	—
五、人民生活	—	—	—	—	—	—
居民消费价格总指数	%	—	103.1	102.2	—	—
农村居民可支配收入	元	14215	14607	13352	9.4	102.8
六、财政	—	—	—	—	—	—
全口径财政收入	万元	90821	81028	75294	7.6	89.2
公共财政预算收入	万元	56020	55998	47811	17.1	100.0
其中：税收收入	万元	40749	41984	34123	23.0	103.0
非税收入	万元	15271	14014	13688	2.4	91.8
其中：税务收入	万元	42345	43327	35330	22.6	102.3
财政非税收入	万元	13675	12671	12481	1.5	92.7
财政支出	—	—	—	—	—	—
公共财政预算支出	万元	160452	239940	218212	10.0	149.5
当期财政预算支出中八项支出	万元	—	131119	126529	3.6	—
七、税收	—	—	—	—	—	—
税收收入合计	万元	—	119460	94779	26.0	—
八、金融	—	—	—	—	—	—
1. 期末存款余额	万元	—	1520513	1323055	14.9	—
其中：居民储蓄余额	万元	—	1300556	1141391	13.9	—
2. 期末贷款余额	万元	—	676523	524577	29.0	—
九、招商引资		—	—	—	—	—
域外招商引资到位额	亿元	9	9.04	8.34	8.4	100.4
其中：省外项目引资到位额	亿元	9	9.04	8.34	8.4	100.4
实际利用外商直接投资额	万美元	—	0	0	—	—
外贸进出口总额	万元	30000	28422	27900	1.9	94.7
外贸出口额	万元	—	19895	14100	41.1	—
外贸进口额	万元	—	8527	13800	–38.2	—

续表 59

指标	计算单位	全年计划	12 月累计	同期累计	比同期±%	为计划的 %
十、房地产开发		—	—	—	—	—
商品房销售额	万元	—	12529	22179	-43.5	—
商品房销售面积	平方米	—	27727	55181	-49.8	—
建筑业产值	万元	—	76835	66274	15.9	—
房地产投资	亿元	—	3.06	0.3031	909.6	—
十一、全社会用电量		—	—	—	—	—
全社会用电合计	万千瓦时	—	30834	32305	-4.6	—
城乡居民生活用电合计	万千瓦时	—	11599	11511	0.8	—
其中：城镇居民	万千瓦时	—	5490	5481	0.2	—
乡村居民	万千瓦时	—	6109	6030	1.3	—
其中：工业用电	万千瓦时	—	10737	12566	-14.6	—
十二、交通运输		—	—	—	—	—
货运量	万吨	—	1997	1643	21.5	—
货物周转量	万吨公里	—	349476	287435	21.6	—
客运量	万人	—	291	296	-1.7	—
旅客周转量	万人公里	—	15577	15885	-1.9	—
十三、信访	—	—	—	—	—	—
进京去省上访总量	案次	—	172	104	65.4	—
其中：进京	案次	—	152	82	85.4	—
去省	案次	—	20	22	-9.1	—
去市上访总量	案次	—	8	9	-11.1	—
本县上访总量	案次	—	72	78	-7.7	—
十四：环保		—	—	—	—	—
二氧化硫	克 / 立方米	—	8	14	—	—
二氧化氮	克 / 立方米	—	24	19	—	—
一氧化碳	克 / 立方米	—	1.4	1.299	—	—
臭氧	克 / 立方米	—	71	81	—	—
可吸入颗粒物	克 / 立方米	—	52	61	—	—
细颗粒物	克 / 立方米	—	44	41	—	—
十五：服务业		—	—	—	—	—
其他营利性服务业营业收入	万元	1200	205	774.0	-73.5	64.5